कुमार निर्मलेन्दु

बिहार के शेखपुरा जिलान्तर्गत सादिकपुर नामक गाँव में 21 अक्टूबर, 1967 को जन्म। ढाई दशकों से राजकीय सेवा में। वर्तमान में उत्तर प्रदेश खाद्य एवं रसद विभाग में राजपत्रित अधिकारी के रूप में कार्यरत। साहित्य एवं संस्कृति सम्बन्धी विषयों पर पत्र-पत्रिकाओं में अनियमित लेखन। 'राजकमल प्रकाशन समूह' के लोकभारती प्रकाशन से 5 पुस्तकें प्रकाशित—(1) 'मगधनामा', (2) 'प्रयागराज और कुम्भ', (3) 'कौशाम्बी', (4) 'दिनकर : एक पुनर्विचार'; और (5) कश्मीर : इतिहास और परम्परा'। उपकार प्रकाशन, आगरा से 'सामान्य हिन्दी, रूपरेखा, व्याकरण एवं प्रयोग' शीर्षक पुस्तक भी प्रकाशित। प्रो. कृष्ण कुमार सिंह के साथ मिलकर 'प्रेमचन्द : जीवन-दृष्टि और संवेदना' नामक पुस्तक का सम्पादन; और 'यात्रा' नामक अनियतकालीन साहित्यिक लघु-पत्रिका का सम्पादन। वर्ष 2019-20 के 'महावीर प्रसाद द्विवेदी पुरस्कार' से सम्मानित।

वर्तमान पता : जिला आपूर्ति अधिकारी, गाजीपुर-233001 (उत्तर प्रदेश)

स्थायी पता : 5/114, विराम खण्ड, गोमती नगर, लखनऊ-226010

ई-मेल : kumarnirmalendu@gmail.com

कुमार निर्मलेन्दु

दिनकर : एक पुनर्विचार

लोकभारती पेपरबैक्स

पहला पेपरबैक संस्करण : 2019
संशोधित एवं परिवर्द्धित संस्करण : 2023

लोकभारती पेपरबैक्स : उत्कृष्ट साहित्य के लोकप्रिय संस्करण

लोकभारती प्रकाशन
पहली मंज़िल, दरबारी बिल्डिंग, महात्मा गांधी मार्ग
प्रयागराज-211 001
वेबसाइट : www.lokbhartiprakashan.com
ईमेल : info@lokbhartiprakashan.com
शाखाएँ : 1-बी, नेताजी सुभाष मार्ग, दरियागंज, नई दिल्ली-110 002
अशोक राजपथ, साइंस कॉलेज के सामने, पटना-800 006
1, अनमोल सोराबजी संतुक लेन, मरीन लाइंस, मुम्बई-400002

बी.के. ऑफसेट
नवीन शाहदरा, दिल्ली-110 032
द्वारा मुद्रित

मूल्य : ₹399

DINKAR : EK PUNARVICHAR
by Kumar Nirmalendu

ISBN : 978-93-90625-46-8

अपनी अर्धांगिनी
शैला शर्मा
को
सप्रेम

"जिस तरह मैं जवानी भर इक़बाल और रवीन्द्र के बीच झटके खाता रहा, उसी प्रकार मैं जीवन-भर गाँधी और मार्क्स के बीच झटके खाता रहा हूँ। इसलिए उजले को लाल से गुणा करने पर जो रंग बनता है, वही रंग मेरी कविता का रंग है। मेरा विश्वास है कि अन्ततोगत्वा यही रंग भारतवर्ष के व्यक्तित्व का भी होगा।"

—रामधारी सिंह दिनकर

विषयक्रम

- प्रथम संस्करण की भूमिका 9
- द्वितीय संस्करण की भूमिका 18

1. रामधारी सिंह दिनकर : एक परिचय 19
2. हिन्दी के हितों के प्रबल प्रहरी 60
3. दिनकर की काव्य-यात्रा 66
4. दिनकर के पूनर्मूल्यांकन का औचित्य 124
5. अपने समय का सूर्य : दिनकर 144
6. दिनकर के सपनों का भारत 157
7. दिनकर का संस्कृति-चिन्तन 170
8. दिनकर की युग-चेतना 184
9. दिनकर की इतिहास-दृष्टि 194
10. दिनकर : जीवन-दृष्टि और संवेदना 212
11. राष्ट्रकवि दिनकर की राष्ट्रीय-चेतना 223
12. दिनकर-काव्य में द्वन्द्व और द्विधा 238
13. दिनकर की काव्यभाषा 254
14. दिनकर-काव्य में अप्रस्तुत-विधान 284
15. दिनकर का गद्य-लेखन 299
16. आलोचक दिनकर 317
17. सौन्दर्य के कवि दिनकर 341
18. दिनकर की नारी विषयक दृष्टि 362
19. 'उर्वशी' का कामाध्यात्म 375
20. 'उर्वशी' : एक काव्य-नाटक 393
21. संदर्भ-ग्रंथ सूची 399

प्रथम संस्करण की भूमिका

1918 ई. में जयशंकर प्रसाद कृत 'झरना' का प्रकाशन आधुनिक हिंदी कविता का एक महत्त्वपूर्ण प्रस्थान-बिंदु है। इसके प्रकाशन के साथ ही अपने समय की परंपरागत हिंदी काव्यधारा के विरोध में एक नया और सशक्त काव्यांदोलन उठ खड़ा हुआ, जिसे 'छायावाद' कहा गया है। कविता की यह कोमल धारा दो विश्वयुद्धों के बीच के कठिन समय में प्रवाहित हुई थी। 'छायावाद' (1918-1938 ई.) को 'द्विवेदी-युग' की बाह्योन्मुखी अनगढ़ कविता की प्रतिक्रिया में उत्पन्न होनेवाला 'स्थूल के प्रति सूक्ष्म का विद्रोह' कहा गया है। हिंदी कविता की विकासयात्रा में 'छायावाद' एक महत्त्वपूर्ण मोड़ है। इसको विश्वव्यापी 'स्वच्छंदतावाद' (Romanticism) की एक कड़ी भी माना जा सकता है, जो हिंदी की अपनी साहित्यिक परंपरा की सीमाओं और विशेषताओं के बीच विकसित हुई थी। आगे चलकर छायावाद ने हिंदी के परवर्ती काव्यांदोलनों को प्रभावित भी किया। छायावाद-काल में उद्‌भूत स्वच्छंदतावादी प्रवृत्तियों का विस्तार उत्तर-छायावाद युग में देखा जा सकता है।

आधुनिक हिंदी कविता में 1936 से 1946 ई. तक के कालखंड को 'उत्तर-छायावाद' काल कहा जाता है। रामधारी सिंह दिनकर इसको 'छायावादोत्तर काल' कहते थे। यही वह कालखंड है जिसमें 'प्रगतिवाद' और 'प्रयोगवाद'-जैसे काव्यांदोलनों का उदय हुआ; और इसी दौरान 'तार सप्तक' की रचना भी हुई। भारतीय राजनीति में वामपंथी चेतना के प्रसार; और समाजवादी दलों एवं किसान-आंदोलनों के निर्माण का दौर भी यही है। इसी दौर में 1942 की जनक्रांति हुई, बंगाल में भीषण अकाल पड़ा और 1946 ई. का नौसेना-विद्रोह भी हुआ।

'मिट्टी की ओर' शीर्षक अपनी पुस्तक में रामधारी सिंह दिनकर ने लिखा है—"कविता की प्रतिष्ठा ही विशिष्ट प्रकार के कवियों के कारण होती है जो अपने ही युग में अन्य लोगों की अपेक्षा अधिक जीवित और चैतन्य होते हैं। प्रत्येक युग अपने कवि की प्रतीक्षा करता है, क्योंकि उसके आगमन के साथ यह रहस्य खुलने लगता है कि उस युग की चेतना किस दिशा में अथवा किस स्तर तक विकसित हुई है।" कहते हैं कि महाकवि विद्यापति के बाद लगभग 400 वर्षों तक मिथिला की धरती किसी महाकवि की प्रतीक्षा करती रही; और रामधारी सिंह दिनकर के आगमन के साथ उसकी यह अपेक्षा पूरी हुई। रामनरेश त्रिपाठी ने 1939 ई. में लिखा था कि

"वर्तमान भारत की दलित आत्मा दिनकर की कविता में जाग-सी उठी है। हिन्दी में अपने समकक्ष ये एक ही कवि हैं और हिन्दी साहित्य के गौरव हैं।" (कविता कौमुदी, भाग-2, पृ. 651) जबकि अज्ञेय ने अपने एक संस्मरणात्मक लेख में लिखा है कि "छायावाद के बाद के युग में जिन दो-तीन कवि-व्यक्तित्वों की छाप हिंदी-जगत् पर पड़ी, दिनकर उनमें प्रमुख थे।"

भारत के स्वाधीनता आंदोलन के दौर में वे युवा पीढ़ी के मन-प्राण और हृदय पर देशप्रेम की अभिनव प्रेरणा बनकर छा गए थे। वैसे कवि-रूप में उन्हें अपार ख्याति मिली, लेकिन सच पूछा जाए तो वे आधुनिक भारत के राजनीतिक-सांस्कृतिक नवजागरण और स्वाधीनता-आंदोलन की आंतरिक लय से सिद्धकाम होनेवाले कवि होने के साथ ही श्रेष्ठ चिंतक, आलोचक और सांस्कृतिक-इतिहासकार भी हैं।

उनकी रचनाओं में अतीत वर्तमान का पूरक बनकर प्रकट होता है। उनकी प्रसिद्ध काव्य-कृति 'कुरुक्षेत्र' में महात्मा गाँधी के विचारों का प्रतिनिधित्व युधिष्ठिर करते हैं, किन्तु जो नवयुवक गाँधीजी की अहिंसा को धर्म के रूप में स्वीकार करने को तैयार नहीं थे, उनके प्रतिनिधि अथवा प्रतीक भीष्म हैं।

दिनकर अपने युग की समस्त विविधताओं को अपनी रचनाधर्मिता में समेटने वाले कवि हैं। उनकी प्रारम्भिक रचनाएँ कवि-सम्मेलनों के प्रभाव में लिखी गई थीं। 'हुंकार' की कविताओं ने अपने समय में एक बड़े जनसमुदाय को आंदोलित और आनंदित किया था। उनको प्रशंसा और प्रसिद्धि तो 'रेणुका' और 'हुंकार' से मिली; किंतु, कविता के इतिहास में उनका महत्त्व 'रसवंती', 'द्वंद्वगीत', 'कुरुक्षेत्र', 'रश्मिरथी', 'उर्वशी' तथा 'कोयला और कवित्व'-जैसी काव्य-कृतियों के कारण ही है।

डॉ. विजेन्द्र नारायण सिंह ने दिनकर को 'छायावाद के काव्यसागर की तरंगों से फेंकी गई एक मणि' कहा है। उनको छायावादोत्तरकालीन हिंदी कविता का अगुआ भी कहा गया है। लेकिन 1954 ई. में जब प्रयोगवाद का दौर चल रहा था, तब 'नील कुसुम' की भूमिका में उन्होंने अपने आप को प्रयोगवाद का 'पिछलगुआ' कवि कह दिया था। उन्हीं के शब्दों में—'नील कुसुम' के रचयिता के सहज बंधु 'रेणुका' और 'हुंकार' के रचयिता नहीं, वरन् वे लोग हैं जिन्हें, सही नाम के अभाव में, हम प्रयोगवादी कहने लगे हैं। किन्तु मैं प्रयोगवाद का अगुआ नहीं, पिछलगुआ कवि हूँ, क्योंकि 'नील कुसुम' की कविताओं की रचना के बहुत पहले ही 'तारसप्तक' की गूँज देश में खूब छा चुकी थी।" कभी मध्यकाल में मलिक मुहम्मद जायसी ने विनयावनत होकर अपने को कवियों का पिछलगुआ कहा था—'हौं सब कबिन्ह केर पछिलगा।' यहाँ दिनकर भी विनयशील होकर स्वयं को प्रयोगवादियों का अनुगामी बता रहे हैं।

आज हम संक्रांतिकाल से गुजर रहे हैं। यह समय रचनाकारों-कलाकारों और चिंतकों-विचारकों का नहीं बल्कि राजनेताओं, नौकरशाहों और पूँजीपतियों का है। जीवन-मूल्यों के तिरोभाववाले वर्तमान दौर में दिनकर की कविता मानव जीवन के अँधेरे कोने में जलते दीये की निष्कंप लौ के समान है। उनकी कविताएँ कोई शब्दाडंबर नहीं रचतीं, बल्कि समय-सापेक्ष नए मूल्यों को बनाए-बचाए रखने का प्रबल आग्रह करती प्रतीत होती है। उनकी कविताओं में मानवीय और राष्ट्रीय चेतना के उत्कर्ष, सामाजिक दायित्वबोध के प्रति समर्पण, शोषितों-वंचितों के प्रति सच्ची सहानुभूति और लोकानुराग-जैसे तमाम संदर्भ प्रतिध्वनित होते हैं। वे इस बात पर गहरी चिंता प्रकट करते हैं कि—

बिक रही आग के मोल आज हर जिन्स मगर
अफसोस आदमीयत की ही कीमत न रही। (नीम के पत्ते)

दिनकर मानते थे कि "प्रत्येक कवि अपने समय के विश्व को विशृंखल मानता है और वह उसे सामंजस्य देकर पहले की अपेक्षा कुछ अधिक बोधगम्य बनाना चाहता है।" स्वभावत: उनकी कविताओं में भारतीय लोकचेतना की दशा-दिशा, संवेदना और सामाजिकार्थिक समस्याओं की जीवंत झाँकी देखने को मिलती है। उनकी रचनाओं में जनता का पक्ष न कभी ओझल हुआ और न ही उनकी विद्रोही चेतना की धार कभी भोथरी हुई। उन्होंने अपनी कविताओं में जनाक्रोश की आग और जनसामान्य के प्रति अनन्य अनुराग को सदैव सँजोए रखा। उनके काव्य में 'अनल-तत्त्व' प्रमुखता से विद्यमान रहा है।

है सौंदर्य शक्ति का अनुचर,
जो है बली, वही सुंदर;
सुंदरता निस्सार वस्तु है,
हो न साथ में शक्ति अगर।
सिर्फ ताल, सुर, लय से आता
जीवन नहीं तराने में,
निरा साँस का खेल कहो
यदि आग नहीं है गाने में। *(धूपछाँह)*

आचार्य शिवपूजन सहाय ने लिखा है—"बिहार में सरहपाद से आज तक जितने हिंदी कवि हुए हैं उनमें दिनकर जी का विशिष्ट स्थान है। महाकवि विद्यापति से आधुनिक कवि-परंपरा तक दृष्टिपात करने से यह प्रत्यक्ष अनुभव होता है कि बिहार के हिंदी कवियों में सरहपाद और विद्यापति के बाद कोई ऐसा कवि न हुआ, जिसकी प्रसिद्धि समस्त भारत में व्याप्त हो सकी हो तथा जिसने विदेशों में भी हिंदी की महिमा प्रदर्शित की हो। उपर्युक्त दोनों पुराने कवियों को भी उनके अपने

जीवनकाल में ही देश-विदेशों में उतना विख्यात होने का सौभाग्य प्राप्त नहीं हुआ था जितना 'दिनकर' जी को।"

छायावादोत्तर युग के हिंदी कवियों में दिनकर जी सर्वाधिक लोकप्रिय रहे हैं। कहते हैं कि लोकप्रिय होना और श्रेष्ठ होना अलग-अलग बात है। परंतु दिनकर की विशेषता यह है कि वे लोकप्रिय भी हैं और श्रेष्ठ भी। उनके इंद्रधनुषी व्यक्तित्व की भाँति ही उनका कृतित्व भी बहुआयामी है। हिंदी कविता के साथ ही उन्होंने हिंदी गद्य की विभिन्न विधाओं को भी अपनी रचनात्मकता से समृद्ध किया है। वे हिंदी के उन गिने-चुने कवियों में से एक हैं, जो कालातीत होते हैं।

दिनकर ने 'नूतन काव्यशास्त्र' शीर्षक अपने एक निबंध में लिखा है कि "जब मान्यताएँ बिखर जाती हैं और कोई भी मूल्य स्थिर नहीं रह जाता, तब कवि को अपने विश्वासों के लिए बार-बार लड़ना पड़ता है।" इस लिहाज से वे एक योद्धा-कवि हैं।

वे रचनाकार को आलोचक से बीस मानने के पक्षधर हैं। उनके अनुसार "साहित्य की सेना के असली सिपाही का नाम आलोचना नहीं, रचना है।" लेकिन रचनाकार कैसा होना चाहिए? 'रश्मिलोक' की भूमिका में उन्होंने लिखा है—"कवि कहलाने का अधिकार उसे प्राप्त होता है, जो प्राचीन और समकालीन, सभी कवियों से भिन्न है, जिसने अपने लिए कोई ऐसा रास्ता निकाला है, जो सभी रास्तों से कुछ-न-कुछ अलग है, जिसकी आवाज़ दूसरों की आवाज़ों में मिलकर लुप्त नहीं हो सकती।"

लीक-लीक गाड़ी चलै, लीकै चलै कपूत,
लीक छाड़ि तीनैं चलैं, शायर, सिंह, सपूत।

दिनकर लीक छोड़ कर चलनेवाले कवि हैं। उनकी रचनाओं के अंदर दो धाराएँ बहुत स्पष्ट हैं-एक भारतीय संस्कृति की और दूसरी राष्ट्रीय भावना की। इन दोनों धाराओं में निर्मलता और अगाधता के साथ यथेष्ट प्रखरता भी है। हिंदी की राष्ट्रीय कविता को उन्होंने ओज और ऊर्जा का एक नया तेवर तो दिया ही, कामाध्यात्म के एक नए शिखर की रचना भी की। इसके अलावा उन्होंने हिंदी काव्यभाषा को एक अभिनव संस्कार भी दिया।

सात्विक क्रोध को संस्कृत में 'मन्यु' कहा गया है। यद्यपि क्रोध की सर्वत्र निंदा की गई है, तथापि मन्यु एक स्पृहणीय भाव है। यह वैसा क्रोध है, जैसा क्रोध क्रौंच-वध को देखकर आदिकवि वाल्मीकि के हृदय में उत्पन्न हुआ था। यह वह भाव है जो शोषण, दमन, उत्पीड़न, अन्याय, कायरता और पाखंड को देखकर किसी सहृदय के मन में पैदा होता है। दिनकर जी उस मन्यु के अप्रतिम कवि हैं। वे कहते हैं कि—

अत्याचार सहन करने का कुफल यही होता है
पौरुष का आतंक मनुज कोमल होकर खोता है।

वे भारत की समावेशी संस्कृति के अनन्य गायक भी थे। उन्होंने अपनी कविताओं द्वारा भारत के सर्वतोभद्र सांस्कृतिक व्यक्तित्व को उभारने का यथेष्ट प्रयास किया है।

जिए देश का वह अतीत, जो आगे जी सकता है,
पिए हिंद नूतन प्रकाश, जितना भर पी सकता है।
गत के साथ अनागत का संघर्ष मुक्त चलने दो,
सूख चुकी जो स्वयं, शीर्ण उस शाखा को जलने दो।
पर, तुम रहो तटस्थ, शस्त्र मत दो भविष्य या गत को,
भारत स्वयं बचा लेगा अपने स्वरूप शाश्वत को।
जितना ही यह देश अंधड़ों के झोंके खाता है,
पुनः आप अपने समान उतना ही हो जाता है।

(दिनचर्या; संसद में; कोयला और कवित्व)

दिनकर ने 'मनीषी और समाज' शीर्षक निबंध में लिखा है कि—"क्रांति के समय जो तलवार चलती है, वह पहले चिंतकों के दिमाग में गढ़ी जाती है।" यही कारण है कि पराधीनता के दौर में जब छायावादी कवि-गण वायवीय कल्पनाओं में झूलते हुए एक आभासी दुनिया में विचर रहे थे, उस समय दिनकर ने युग की अपेक्षाओं के अनुकूल राष्ट्र के गौरवबोध और उसकी स्वातंत्र्य-चेतना को नए सिरे से व्याख्यायित किया। इतना ही नहीं, आज़ादी के बाद जब हमारा राष्ट्रीय परिदृश्य बदल गया, तब दिनकर ने भी अपने शब्दों के धनुष-बाण की दिशा परिवर्तित कर ली। उन्होंने सामयिक प्रश्नों के साथ ही सार्वकालिक प्रश्नों से मुठभेड़ का मन बनाया; और पूरी दृढ़ता के साथ अपनी रचनात्मक भूमिका अदा की। यही कारण है कि उनकी प्रासंगिकता आज भी यथावत है।

वे कविता को साध्य की बजाय एक साधन मानते थे। एक बार भवानी प्रसाद मिश्र ने उनसे पूछा कि साधन के रूप में प्रयुक्त करते रहने पर कविता ने आपको सर्वाधिक संतोष कब दिया? इसके जवाब में दिनकर ने कहा था कि—"सर्वाधिक संतोष मुझे उन दिनों मिला, जब स्वतंत्रता का संग्राम चल रहा था और जनता हमारी कविता पढ़कर यह महसूस करती थी कि कविता उसी के हृदय से आई है। उन दिनों मैं अंग्रेज सरकार की नौकरी में था और महसूस यह करता था कि मैं भी स्वतंत्रता के लिए लड़े जानेवाले युद्ध का एक सिपाही हूँ। उन दिनों काव्य-रचना से मुझे जितना संतोष प्राप्त हुआ, स्वराज्य के बाद उसके शतांश का भी अनुभव नहीं हुआ है।"

यद्यपि छायावाद, प्रगतिवाद और प्रयोगवाद के दौर में भी वे स्वाधीनता-आंदोलन से जुड़ी हुई कविताएँ लिखते रहे, तथापि यह कहना गलत होगा कि वे

महज स्वाधीनता आंदोलन के प्रवक्ता कवि या केवल राजनीतिक कवि है। उनके रचना-संसार में विषयवस्तु की जैसी व्यापकता और विविधता देखने को मिलती है, वैसी विविधता निराला को छोड़कर किसी अन्य हिंदी कवि में कम ही देखने को मिलती है। दिनकर की कृतियों में जहाँ एक ओर 'रेणुका', 'हुंकार' और 'सामधेनी' में प्रखर राजनीतिक चेतना है, वहीं दूसरी ओर 'रसवंती' और 'उर्वशी' में उद्दाम प्रेम का निदर्शन भी है।

आचार्य हजारीप्रसाद द्विवेदी ने ठीक ही लिखा है कि "दिनकरजी ब्रिटिश शासनकाल में सरकारी नौकर थे। परंतु नौकरी उनकी स्वतंत्र अभिव्यक्ति में कभी बाधक नहीं बनी। वे उस समय भी अन्याय के विरुद्ध बोलने की शक्ति रखते थे और बाद में स्वाधीनता के समय भी सरकारी नौकरी करते समय हमेशा उन बातों का डटकर विरोध करते थे जिन्हें अनुचित समझते थे।"

आधुनिक भारतीय चिंतन का केंद्र-बिंदु देश के सबसे निचले तबके की आशा-आकांक्षा और उनका सुख-दुख ही रहा है। स्वभावत: दिनकर ने भी अपने तरीके से, अपनी रचनाओं में उन्हीं के पक्ष में अपनी आवाज बुलंद की। लेकिन विद्रोही चेतनावाले जनपक्षधर कवि होने के साथ ही वे प्रेम-शृंगार के सुकुमार कवि भी हैं। 'नील कुसुम' में संकलित एक कविता का शीर्षक है—'अर्धनारीश्वर'। इसमें अर्धनारीश्वर का चित्रण करते हुए उन्होंने लिखा है—

एक हाथ में डमरु, एक में वीणा मधुर उदार,
एक नयन में गरल, एक में संजीवन की धार।
जटाजूट में लहर पुण्य की शीतलता-सुख-कारी!
बालचंद्र दीपित त्रिपुंड पर बलिहारी! बलिहारी!

अर्धनारीश्वर के इस चित्रांकन में कवि दिनकर का स्वयं का द्वंद्वात्मक व्यक्तित्व भी समाया हुआ है। इस दृष्टि से हम उन्हें 'अर्धनारीश्वर कवि' भी कह सकते हैं।

द्वंद्व और द्विधा उनके व्यक्तित्व और कवित्व के अभिन्न अंग हैं। 'रश्मिलोक' की भूमिका में उन्होंने लिखा था कि—"ख्याति मुझे देश-भक्ति की कविताओं के कारण मिली, किंतु पुरस्कार मुझे 'उर्वशी' के कारण मिला। किंतु, यह मात्र संयोग की बात है। अन्यथा, आरंभ से ही वीर और शृंगार, दोनों ही मुझे बारी-बारी से भाते रहे हैं। वैसे एक बार मैंने कहीं कहा भी था कि कीर्ति तो मुझे हुंकार से मिली, किंतु आत्मा मेरी रसवंती में बसती है।"

प्रबंधकाव्य, गीतिकाव्य, काव्य-नाटक, आलोचना, संस्मरण, यात्रा-वृत्तांत, ललित निबंध, वैचारिक निबंध, डायरी लेखन, पत्र लेखन—इन तमाम विधाओं में दिनकर जी ने निरंतर और बहुत अधिक लिखा है; और इस क्रम में उन्होंने साहित्यिक गुणवत्ता का भी ध्यान रखा है।

आचार्य महावीर प्रसाद द्विवेदी ने छायावाद को 'बांग्ला की रहस्यवादी कविताओं का छायानुवाद' कहा था। उनके अनुसार हिंदी की छायावादी काव्यधारा ने बांग्ला कविताओं से प्रेरणा ली थी। लेकिन विडंबना यह है कि बंगाल और बांग्ला, दोनों से जो चीज सबसे अधिक सीखने की है, वह सीख ग्रहण करने में हिंदी अब तक विफल रही। बांग्ला में एक ओर रवींद्रनाथ ठाकुर की आध्यात्मिक रचनाएँ हैं, दूसरी ओर काज़ी नज़रुल इस्लाम या बंकिमचंद्र की राष्ट्रीय-चेतनावाली रचनाएँ हैं और तीसरी ओर ताराशंकर वंद्योपाध्याय से लेकर महाश्वेता देवी तक की यथार्थवादी रचनाएँ हैं। बांग्लाभाषी समाज अपने किसी बड़े रचनाकार की रचनाधर्मिता को किसी अन्य रचनाकार के सामने रखकर उन्हें एक तुला पर तौलने की धृष्टता नहीं करता है। उनके लिए बांग्ला के सभी साहित्यकार श्रद्धास्पद हैं। वहाँ दशकों तक वामपंथी विचारधारावाले दलों का शासन रहा, परंतु उन्होंने भी प्रगतिवादिता के आग्रही होकर कभी रवींद्रनाथ ठाकुर के प्रति किसी प्रकार का उपेक्षा-भाव प्रदर्शित नहीं किया। यह एक सजग समाज का, अपने साहित्यकारों के प्रति गहरे लगाव और प्रबल आदरभाव का द्योतक है। लेकिन हमारा हिंदीभाषी समाज जब-तब अपने साहित्यकारों को परस्पर तौलता रहता है। एक तो, वामपंथी धारा के राजनीतिक आंदोलन और साहित्यिक आंदोलन के आपसी घालमेल के कारण कई तरह के पूर्वाग्रह पैदा हुए; दूसरे, साहित्यिक मूल्यांकन के दौरान साहित्यकारों को आपस में तौलने की निरर्थक प्रवृत्ति के कारण हिंदी में कई साहित्यकारों के साथ न्याय नहीं हो पाया है। रामधारी सिंह दिनकर उन्हीं साहित्यकारों में से एक हैं।

लेकिन वे एक मृत्युंजय कवि हैं। अंधकार के दुर्ग को भेद कर, प्रकाश का जय-गान करते हुए वे निरंतर आगे बढ़ते रहे हैं। उन्होंने अपनी एक कविता में लिखा है—

धन्यवाद! मैं, सचमुच, नहीं मरूँगा।
जब तक मेरे लिए कहीं भी करुणा का लवलेश है,
जब तक मेरे लिए सुधा का बिंदु कहीं भी शेष है,
मरण कोट पर चढ़ जीवन की ध्वजा उड़ाकर
मैं मृत्युंजय कवि प्रकाश की जय का गान करूँगा।

('धन्यवाद, मैं, सचमुच, नहीं मरूँगा', कोयला और कवित्व)

दिनकर ने भारतीय साहित्य के साथ ही विश्व साहित्य का भी गहन अध्ययन किया था। 'मेरी काव्ययात्रा' में उन्होंने लिखा है: "विभिन्न भाषाओं की कविताएँ (अंग्रेजी के माध्यम से ही) पढ़ते-पढ़ते पता मुझे यह चला कि कविता में वास्तविक क्रांति सन् 1870 ई. के आसपास फ्रांस में हुई थी और उस क्रांति के तीन पुरोधा-कवि बादलेयर, रेम्बू और मेलार्मे थे। किंतु अंग्रेजों को इस क्रांति से प्रभावित होने में लगभग आधी शताब्दी का विलंब हो गया। अतएव यह स्वाभाविक था कि भारत

को नई कविता तक पहुँचने में दस-बीस साल और लग जाएँ। नई कविता क्या होती है, इसका ज्ञान भारतीयों को इलियट की कविताएँ देखकर हुआ और वह भी सन् 1922 ई. में नहीं, बल्कि 1940 के आसपास आकर, जब इलियट के अनुयायी प्रत्येक देश में उत्पन्न हो चुके थे।" उनकी बहुज्ञता के संदर्भ में श्रीनारायण चतुर्वेदी ने लिखा है—"वे मूलतः कवि थे, किन्तु वे उच्च श्रेणी के चिन्तक और मननशील तथा अध्ययनशील भी थे। हिन्दी में इतने अध्ययनशील लोग कम ही मिलते हैं। (पावन स्मरण, पृ. 63)

उन्होंने लगभग आधी सदी (1928-1974 ई.) तक हिंदी की अनन्य सेवा की। हिंदी काव्यधाराओं के लिहाज से उनका रचनाकाल 'छायावाद', 'प्रगतिवाद', 'प्रयोगवाद', 'नई कविता', 'अकविता' और 'समकालीन कविता' आंदोलनों तक फैला हुआ है। 'नई कविता' के भविष्य को लेकर वे शंकालु थे। 'चक्रवाल' की भूमिका में उन्होंने लिखा है—"छन्दों का त्याग नई कविता का उतना बड़ा दोष नहीं है जितना कि नए कवियों का यह आग्रह कि छंद छोड़ने पर चाहे जो भी लिखो, वह काव्य हो जाता है। परंपरा से किंचित् भिन्न चलने की स्वतंत्रता और प्रचलित शैली में परिवर्तन करने का अधिकार, ये दावे तो, प्रायः, प्रत्येक युग के कवि किया करते हैं। किंतु, प्रयोगवाद के नाम पर असंख्य कवियों ने इस स्वतंत्रता का दुरुपयोग किया है। परिणाम यह है कि उनकी जो कविताएँ छपती है वे कविताएँ नहीं, असमर्थ गद्य हैं, जिन्हें कविताओं की तरह सजा दिया जाता है। किन्तु, इससे केवल आँखें ही धोखा खा सकती हैं, मन नहीं, क्योंकि वह कविता को पहचानता है।"

उन्होंने कहा था कि "शायद नई कविताओं को लोकप्रियता कभी नहीं मिलेगी। शंका यह भी हो सकती है कि कविता केवल थोड़े-से लोगों की चीज रह जाएगी।" उनका मानना था कि "जब से संसार में टेक्नोलॉजी का प्रचार बढ़ा, धर्म और कविता—दोनों के लिए कठिनाई उत्पन्न हो गई, क्योंकि दोनों के उत्स पर से मनुष्य की आँख हट गई है।"

आज हम देख रहे हैं कि हिंदी-भाषी समाज कविताओं से लगातार दूर होता चला जा रहा है। संभवतः यह आधुनिक जीवन-शैली का परिणाम है। दिनकर कहते थे कि "ज्यों-ज्यों उद्योगीकरण का प्रसार होता जाता है, जीवन में कृत्रिमता बढ़ती चली जाती है और मानव जाति के भीतर प्रच्छन्न कविता का स्रोत सूखता जाता है। बात सुनने में बुरी लगेगी, मगर मुझे दिखाई यह पड़ता है कि विज्ञान ताप है और कविता जल है। ताप जितना बढ़ेगा, जल उतना ही घटता जाएगा।" निश्चित रूप से कविता को लेकर जो उत्साह, लगाव और प्रेम पहले हुआ करता था, उसमें काफी कमी आई है; लेकिन फिर भी, अच्छी रचनाएँ, चाहे गद्य की हों या पद्य की, उनकी उपादेयता कम नहीं हुई है।

उनके व्यक्तित्व और कृतित्व पर अब तक शताधिक स्वतंत्र पुस्तकें लिखी जा चुकी हैं। उनकी कई कृतियाँ और कविताएँ विभिन्न स्तरों पर हिंदी पाठ्यक्रमों में रहीं, इसलिए व्याख्याएँ और टीकाएँ तो उन पर बहुत लिखी गईं, लेकिन हिंदी-कविता में दिनकर की भूमिका या उनके योगदान का सम्यक् विश्लेषण करने का सुचिंतित प्रयास बहुत कम ही देखने को मिलता है। दरअसल, वे हिंदी आलोचना की एकांगी दृष्टि के शिकार हुए हैं। बहरहाल, शताधिक पुस्तकों के लिखे जाने के बावजूद उनके बहुकोणीय व्यक्तित्व एवं कृतित्व के कई पहलू अनछुए रह गए हैं। उनको लेकर अतिवाद भी कम नहीं रहा है। यदि एक ओर एक धारा-विशेष के प्रति आग्रही आलोचकों ने दिनकर के काव्यालोचन को लेकर उपेक्षा-भाव दर्शाया है, तो दूसरी ओर कई आलोचकों ने उनको वीर-पूजा के भाव से देखा-परखा है।

मेरी यह पुस्तक दिनकर जी पर एक और पुस्तक लिखने भर के लिए नहीं लिखी गई है। मेरा उद्देश्य उनके साहित्यिक एवं सांस्कृतिक प्रदेय और उनके महत्त्व को नए सिरे से विश्लेषित करना है। चूँकि वे अपने युग के प्रतिनिधि कवि हैं, इसलिए यह जरूरी है कि उनकी कृतियों को उनके युग की पृष्ठभूमि में समझने की कोशिश की जाए। राष्ट्रीयता उनकी रचनाओं की एक प्रमुख प्रवृत्ति है, इसलिए भारतीय स्वतंत्रता आंदोलन और स्वाधीनता के बाद के सत्ता-प्रतिष्ठान विरोधी आंदोलनों की पृष्ठभूमि में भी उनका विश्लेषण अपेक्षित है। यह पुस्तक दरअसल, दिनकर जी के व्यक्तित्व और उनके संपूर्ण कृतित्व का एक पुनर्मूल्यांकन है। इसमें उनके रचनाकर्म का एक संतुलित आलोचनात्मक अध्ययन प्रस्तुत करने का प्रयास किया गया है। यह उनकी साहित्य-साधना और काव्यात्मक-चेतना के विविध पक्षों को उद्‌घाटित करने की एक छोटी, किंतु ईमानदार कोशिश है।

इस पुस्तक के प्रकाशन में रुचि लेकर इसको शीघ्र और सुरुचिपूर्ण ढंग से प्रकाशित करने के लिए 'राजकमल प्रकाशन समूह' के लोकभारती प्रकाशन के श्री रमेश ग्रोवर और श्री आमोद महेश्वरी का भी मैं बहुत आभारी हूँ।

जनवरी, 2021 ई. **—कुमार निर्मलेन्दु**

द्वितीय संस्करण की भूमिका

'दिनकर : एक पुनर्विचार' पुस्तक का संशोधित एवं परिवर्धित दूसरा संस्करण आपके हाथों में है। इस पुस्तक के पहले संस्करण का साहित्यानुरागी पाठकों ने जिस रूप में स्वागत किया है, उससे मैं बहुत उत्साहित हूँ।

परिधि में रहकर रचना करना दिनकर को कभी काम्य नहीं रहा। वे कभी किसी साहित्यिक शिविर के अपने रचनाकार स्वीकार नहीं किए गए। प्रसंगवश उल्लेखनीय है कि हिन्दी आलोचना लम्बे समय तक शीतयुद्ध का शिकार रही है। इन सब के कारण हिन्दी के कई साहित्यकारों के मूल्यांकन को लेकर ऊहापोह और उपेक्षा-भाव देखने को मिलता है। वैसे, अब साहित्य-जगत् में भी शीतयुद्ध समाप्तप्राय दिखाई दे रहा है। ऐसे वातावरण में दिनकर का नए सिरे से मूल्यांकन अपेक्षित भी है और आवश्यक भी।

मैं अपनी किशोरावस्था से ही दिनकरजी की रचनाओं को पढ़ता आया हूँ। स्वाभाविक रूप से उनके साहित्य का सम्मोहन मेरे चेतन-अवचेतन पर छाया रहा है। लेकिन इस पुस्तक को लिखने के क्रम में मैंने स्वयं को प्राय: संतुलित रखने का प्रयास किया है। फिर भी, विषय के प्रतिपादन के क्रम में जिस प्रकार का विवेक, संतुलन और जैसी निष्पक्षता अपेक्षित है, उसका निर्वाह इस पुस्तक में कहाँ तक सम्भव हो पाया है, इसका निर्णय तो सुधी पाठकों को ही करना है, मैं स्वयं क्या कहूँ!

पहले संस्करण के प्रकाशन के तत्काल बाद से ही मेरी इच्छा थी कि मैं इसके कुछ अध्यायों में कुछ नई सामग्रियों का समावेश करूँ। इसी क्रम में दिनकर की काव्यभाषा, युगचेतना, सौन्दर्य-चेतना, नारी सम्बन्धी भावना तथा जीवन-दृष्टि और संवेदना विषयक अध्यायों को प्राय: नए ढंग से लिख दिया गया है। बहरहाल, इस पुस्तक के विभिन्न अध्यायों में जहाँ नई सामग्री जोड़ी गई है, वहीं अनावश्यक विस्तार से बचने के दृष्टिगत कुछ पुराने अंश हटा भी दिए गए हैं। कुल मिलाकर, इस पुस्तक के कई अध्यायों को काट-तराशकर उसे पहले से अधिक उपयोगी और पूर्ण बनाने का प्रयास किया गया है।

रामनवमी, 2023 ई.

—**कुमार निर्मलेन्दु**

अध्याय 1

रामधारी सिंह दिनकर : एक परिचय

दिनकर की जीवन-यात्रा

रामधारी सिंह दिनकर (1908-1974 ई.) 'अपने समय के सूर्य' थे। हिंदी साहित्य के आकाश में उगे हुए एक देदीप्यमान सूर्य! एक आकर्षक व्यक्तित्व! लंबा कद, गोरा रंग, चमकता ललाट, आजानुबाहु! तुंग नासिका और प्रियदर्शी मुखमंडल पर जड़ी सीपियों-सी आँखें! वाणी में ओज! और सबके मन-मस्तिष्क पर जादू की तरह छा जानेवाला स्वर! कुल मिलाकर, आर्य-पुरुष की परिकल्पना को साकार करनेवाली देह-रचना और भूचाल पैदा कर देनेवाली ओजमयी वाणी!

"दिनकर के व्यक्तित्व में धरतीपुत्र का आत्मविश्वास और दृढ़ता, साहित्यकार की अनुभूति-प्रवणता, दार्शनिक का तत्त्वचिंतन तथा राजपुरुष का ओज और तेज है।"[1] उनके हृदय में अतीत का प्रबल आग्रह था। उनको भारत के 'अतीत का गौरव-गायक' और 'राष्ट्र की वीर आत्मा का उद्घोषक' कहा गया है। परन्तु स्वयं कवि का कहना है कि वह भारत के अतीत और भविष्य में चल रहे द्वंद्व का द्रष्टा है—

न तो भूत का मित्र, न भावी का ही मैं स्रष्टा हूँ।
दोनों में चल रहा द्वंद्व जो, मैं उसका द्रष्टा हूँ।

(दिनचर्या; संसद में; कोयला और कवित्व)

हिंदी के छायावादोत्तर युगीन कवियों में वे अग्रपांक्तेय हैं। उनका जन्म 23 सितम्बर, 1908 ई. को बिहार के बेगूसराय[2] जिले के सिमरिया नामक गाँव के एक 'भूमिहार ब्राह्मण' कुल में हुआ था। उनका परिवार वस्तुतः एक निम्न-मध्यवर्गीय किसान परिवार था। उनकी जन्मभूमि सिमरिया गंगा नदी के उत्तरी तट पर स्थित है। यह गाँव दो नदियों से घिरा हुआ है। गाँव के दक्षिण में गंगा नदी मंथर गति से बहती है; जबकि पश्चिम की ओर से बाया नामक एक छोटी नदी सिमरिया के पास ही गंगा नदी में आ मिलती है। एक कविता में दिनकर ने अपनी जन्मभूमि को सश्रद्धा याद किया है—

हे जन्मभूमि! शत बार धन्य!
तुझ-सा न 'सिमरियाघाट' अन्य।

तेरे खेतों की छवि महान,
अनिमंत्रित आ उर में अजान।

(मिथिला में शरत्; 'रेणुका', 1934 ई.)

सिमरियाघाट मिथिलांचल के दक्षिणी सीमांत पर स्थित एक प्रसिद्ध तीर्थ है। यहाँ प्रतिवर्ष कल्पवास और गंगास्नान के लिए उत्तरी बिहार और नेपाल से बड़ी संख्या में तीर्थयात्री आते हैं। भारतीय परंपरा में सामान्यत: कुम्भ स्नान-पर्व से जुड़े चार स्थलों की चर्चा की जाती है। लेकिन प्राचीनकाल में 12 स्थानों पर कुंभ पर्व का आयोजन किया जाता था। पुरातन परंपरा के अनुसार हरिद्वार एवं उज्जैन में वैशाख में, बद्रीनाथ में ज्येष्ठ में, जगन्नाथपुरी में आषाढ़ में, द्वारका में सावन में, नासिक में भाद्रपद में, रामेश्वरम में आश्विन में, सिमरियाधाम में कार्तिक में, कुरुक्षेत्र में अग्रहायण में, गंगासागर में पौष में, प्रयागराज में माघ में, कुंभकोणम में फाल्गुन में और ब्रह्मपुत्र में चैत्र मास में कुंभ पर्व का आयोजन होता था। परंतु बहुत पहले ही कुंभ पर्व की कड़ियाँ टूट गई थीं। उत्तरी भारत में हरिद्वार, प्रयागराज, नासिक और उज्जैन के अतिरिक्त दक्षिणी भारत में कुंभकोणम यानी कुल पाँच तीर्थस्थानों में ही कुंभ पर्व के आयोजन की परंपरा वर्तमान में प्रचलित है। अन्य सात स्थल कुंभ पर्व के आयोजन से वंचित हो गए। सिमरिया भी उन्हीं सात वंचित तीर्थस्थलों में से एक था; लेकिन कुंभ स्नान-पर्व के अवशेष के रूप में कल्पवास की परंपरा वहाँ जीवित थी। उस लुप्त कड़ी को जोड़ते हुए सिमरिया में 2011 ई. में अर्धकुंभ का और 2017 ई. में कुंभ स्नानपर्व का आयोजन किया गया था।

रामधारी सिंह दिनकर एक सामान्य खेतिहर परिवार में पैदा हुए थे। उनके पिता का नाम रवि सिंह और उनके पितामह का नाम शंकर राय था। उनके वंश में भैरव राय नामक एक कवि भी हुए थे, जिन्होंने ब्रजभाषा में कुछ कबित्त लिखे थे और 'नगर विलाप' शीर्षक से उसका संकलन किया था। 'नगर विलाप' की वह हस्तलिखित पोथी बाबू रवि सिंह के समय तक सुरक्षित थी, लेकिन एक बार घर में आग लगने के कारण वह पोथी जल कर नष्ट हो गई।

रामधारी अपने तीन भाइयों में से मँझले थे। जब वे दो-ढाई वर्ष के थे, तभी उनके पिता का देहांत हो गया। अत: स्वाभाविक रूप से उनका बचपन अभावों में गुजरा। परिवार में कुल बीस एकड़ ज़मीन थी, लेकिन दियारे में स्थित होने के कारण बाढ़ और गंगा के कटान की समस्या परेशान करती रहती थी। चूँकि बच्चे छोटे थे, इसलिए उनकी विधवा माता मनरूप देवी ने खेतों को बटाई पर लगा दिया था। बटाई से होनेवाली आमदनी सीमित थी। धनाभाव के बीच मनरूप देवी ने अपनी एक पुत्री और तीन पुत्रों का लालन-पालन किया। जैसे-तैसे बालक रामधारी की शिक्षा-दीक्षा का प्रबंध भी किया गया।

उस समय पूरे वातावरण में गहरा अंधकार छाया हुआ था। लेकिन बालक रामधारी उस अभेद्य अंधकार को भेदने में जुट गया। 'कविता की पुकार' शीर्षक अपनी एक कविता में कवि दिनकर ने संभवत: अपनी शैशवावस्था के संदर्भ में ही लिखा है—'टिमटिम दीपक के प्रकाश में पढ़ते निज पोथी शिशुगण।' जो भी हो, वाग्देवी की कृपा हुई; और ढिबरी की रोशनी में पोथी पढ़नेवाला यह नन्हा 'रामधारी' आगे चलकर हिंदी साहित्याकाश का सूर्य बनकर चमक उठा।

'चक्रवाल' की भूमिका में दिनकर ने लिखा है—"जहाँ तक कविता का सम्बन्ध है, मैंने प्रेमपूर्वक पहले-पहल तुलसीकृत रामायण ही पढ़ी थी। मेरे बचपन में रामायण का हमारे गाँव में अच्छा प्रचार था। शाम होते ही मेरे दरवाजे पर श्रोता आ जुटते, मैं लालटेन या दीये के पास बैठकर रामायण का सस्वर पाठ करता और भाई साहब (वसंत सिंह) उसका अर्थ कहते जाते। यह सिलसिला कई साल तक चला और इस कार्य को मैंने कभी बोझ नहीं समझा। रामायण का गान करने में मुझे आनंद आता था और चूँकि मेरे गान को गाँव के लोग प्रसन्न होकर सुनते थे, इसलिए रामायण का पाठ मुझे और भी आनंददायी लगता था। किंतु, रामायण पढ़ते समय कभी भी मुझे तुलसीदास बनने की इच्छा हुई हो, ऐसा याद नहीं आता है। उस समय दिलचस्पी बहुत कुछ वैसी ही रही होगी जैसी कि गाँववालों की होती है। तुलसीदास पूज्य थे, मनुष्यों के बीच देवता के समान थे, वे कवि नहीं, संत थे; फिर मैं उनका अनुकरण करने का साहस कैसे करता?"[3] बहरहाल, करीब दस वर्ष की छोटी-सी अवस्था से 'रामचरितमानस' का नियमित पाठ करने के प्रभाववश ही उनके हृदय से कविता की कोमल धारा बह निकली।

उनका बचपन बहुत अनुशासित रहा। वे बचपन से ही नियमित रूप से दंड-बैठक करते थे; और कुश्ती भी लड़ते थे। उनकी प्रारंभिक शिक्षा सिमरिया के अपर-प्राइमरी स्कूल से हुई; और फिर निकटवर्ती गाँव बारो से उन्होंने मिडिल तक की पढ़ाई की। रामधारी की निर्विघ्न पढ़ाई के लिए उनके बड़े और छोटे—दोनों भाइयों ने अपनी पढ़ाई छोड़ दी थी। उनका परिवार साधनहीन था; और तीनों भाई यदि पढ़ते ही, तो परिवार के पोषण के लिए आखिर कमाता कौन?

दिनकर जब पाँच-छह साल के थे, तब उनके गाँव में तीन साल तक लगातार बाढ़ आई थी। फसलें नष्ट हो गई थीं और भीषण अकाल पड़ा था। चारों ओर दु:ख और दरिद्रता का साम्राज्य था। "जिस समाज में उन्होंने होश सँभाला वह साधारण किसानों और मजदूरों का था। तब का वह समाज घोर अशिक्षा तथा अंधविश्वास के दौर से गुजर रहा था, जहाँ एकाध कायस्थ परिवार और दो-चार पुरोहित परिवारों को छोड़कर इक्के-दुक्के लोग ही साक्षर थे। ....इसी परिवेश में दिनकर ने जीवन के मूल्य स्थिर किए थे। इसी वातावरण में उन्होंने अपने साहित्य की दिशा निर्धारित की थी।"[4]

वे पराधीन देश की वेदना से बचपन में ही परिचित हो गए थे। उनका पूरा बचपन राष्ट्रीय आंदोलन के वातावरण में ही व्यतीत हुआ। 1920 ई. में मात्र 12 वर्ष की अवस्था में वे महात्मा गाँधी के विचारों से परिचित और प्रभावित हुए। असहयोग आंदोलन के शुरू होने के बाद उन्होंने सरकारी विद्यालय में दाखिला लेना उचित नहीं समझा; और 1921 ई. में सिमरिया से तीन मील दूर बारो नामक गाँव में स्थित राष्ट्रीय विद्यालय में अपना नामांकन कराया। राष्ट्रीय विद्यालय उन दिनों 'असहयोग आंदोलन' का प्रतीक और राष्ट्रीयता के प्रचार-प्रसार का एक महत्त्वपूर्ण केंद्र था। राष्ट्रीय विद्यालयों के लिए साहित्य की पुस्तकें विशेष रूप से तैयार कराई गई थीं। ऐसी पुस्तकों में से रामवल्लभ सिंह द्वारा तैयार किए गए सभी साहित्य-संग्रहों को बालक रामधारी ने कई बार पढ़ा। राष्ट्रीय विद्यालय का विद्यार्थी होने और ओजस्वी स्वर के धनी होने के कारण बालक रामधारी को सार्वजनिक सभाओं में वंदेमातरम् गाने के लिए अक्सर बुलाया जाता था।

असहयोग आंदोलन के समाप्त होते ही 1922 ई. में बारो का राष्ट्रीय विद्यालय बंद हो गया। तब उन्होंने राजकीय मिडिल स्कूल में अपना नामांकन कराया। बाद में गंगा के उस पार स्थित मोकामाघाट के एच. ई. स्कूल से उन्होंने मैट्रिक पास किया। वे अपने गाँव से पैदल गंगा-तट तक और फिर सवारी या मालवाहक छोटे जहाज से नदी पार करके स्कूल जाते थे। उनके गाँव से गंगा का जहाज-घाट बरसात में तीन किलोमीटर की दूरी पर रहता था, लेकिन बाकी मौसम में वह पाँच किलोमीटर दूर हो जाता था। गर्मी के महीने में गंगा की तपती रेत पर उन्हें नंगे पाँव ही जाना पड़ता था। जिस जहाज से उन्हें गाँव लौटना होता था वह दोपहर ढाई बजे मोकामा घाट से चल देता था। इसलिए मध्यावकाश के बाद वे स्कूल में रुक नहीं पाते थे। इस प्रकार, कक्षा आठ से दस तक वे स्कूल में आधे दिन ही पढ़ सके। लेकिन गर्मी के दिनों में जब प्रातःकालीन स्कूल होता था या खासकर जब परीक्षाएँ होती थीं, तब अपने गाँव से समय पर स्कूल पहुँच पाना संभव नहीं था। इसलिए उन दिनों अपने कुछ सहपाठियों के साथ वे मोकामा के निकट औंटा नामक गाँव में अपना डेरा डाल लेते थे। उनके मन में पढ़ने और सदा आगे बढ़ने की एक धुन-सी सवार थी।

'असहयोग आन्दोलन' (1920-1922 ई.) के दौर में 'वंदे मातरम्' शीर्षक से रचे गए गीतों को पढ़ते, गाते और दुहराते हुए; और क्रांतिकारी विचारों को सुनते हुए उनका बचपन बीता। अपनी लोकचेतना का परिचय देते हुए 1925-26 ई. के आसपास उन्होंने पटना से प्रकाशित होनेवाली एक साप्ताहिक पत्रिका में जमींदारों के अत्याचारों के विरोध में एक पत्र भी छपवाया था।

छात्र-जीवन से ही वे बहुत अध्ययनशील थे। बाद में उनका रुझान हिंदी साहित्य की ओर बढ़ गया। कई बार वे स्कूल जाने के बजाय गंगातट पर बैठकर कविताएँ लिखा करते थे। फिर भी जिस साल उन्होंने मैट्रिक किया, उस साल अपने

विद्यालय से केवल वे ही पास हुए; उनके सारे साथी फेल हो गए। उनके स्कूल में ढिलाई और बदइंतजामी चाहे जितनी भी रही हो, लेकिन हर विषय की पढ़ाई अंग्रेजी में की जाती थी। स्वयं दिनकर जी के शब्दों में—"भारतीय इतिहास के लिए विन्सेंट स्मिथ की किताब हमारे पाठ्यक्रम में थी, जिसकी भाषा समझने में ही मेरा कचूमर निकल जाता था। यदि यह किताब हिंदी में रही होती, तो मैं उसे दो महीनों में समाप्त कर दिया होता और सारे तथ्य मेरी जिह्वा पर होते। लेकिन अंग्रेजी में होने के कारण मैं उस पुस्तक पर प्रभुत्व नहीं पा सका।"[5]

1920 ई. में माखनलाल चतुर्वेदी द्वारा लोकमान्य बालगंगाधर तिलक की मृत्यु पर लिखी गई एक कविता कानपुर से प्रकाशित होनवाले पत्र 'प्रताप' में छपी। इस कविता का बालक दिनकर के जीवन पर गहरा असर पड़ा। वह कविता उन्होंने दूसरे ही दिन कंठस्थ कर ली। अब वे पत्र-पत्रिकाओं में ढूँढ-ढूँढ़ कर देशभक्तिपूर्ण कविताएँ पढ़ने लगे। वह देश में असहयोग आंदोलन का दौर था और उस दौर में जो भी पत्र-पत्रिका उनके हाथ लगतीं, उसमें पढ़ने को कोई-न-कोई राष्ट्रीय कविता मिल ही जाती थी। उन दिनों जबलपुर से 'छात्र-सहोदर' नामक एक मासिक पत्र निकलता था, कविवर रामेश्वर शुक्ल अचंल के पिता पं. मातादीन शुक्ल उसके संपादक थे। इस पत्र की अधिकांश कविताएँ राष्ट्रीयता से ओत-प्रोत होती थीं। दिनकर जी के बड़े भाई वसंत सिंह इस पत्र के ग्राहक थे, इसलिए वह नियमित रूप से उनके यहाँ आता था। दिनकर बहुत आतुर होकर हर महीने इस पत्र की राह देखते और अंक मिलते ही उसमें प्रकाशित कविताओं को मनोयोग के साथ पढ़ जाते थे।

पत्र-पत्रिकाओं से काव्य-रस पाकर वे समकालीन काव्य-पुस्तकों की ओर उन्मुख हुए। इस क्रम में उन्हें मैथिलीशरण गुप्त कृत 'भारत-भारती', 'जयद्रथ-वध', 'शकुंतला' तथा 'किसान'-जैसी काव्यकृतियों को पढ़ने का अवसर मिला; लेकिन रामनरेश त्रिपाठी कृत 'पथिक' शीर्षक काव्यग्रंथ को पढ़कर वे अभिभूत हो गए।

हिंदी में छायावाद नाम से जो काव्य आन्दोलन चल रहा था, उसका शुरुआती परिचय उन्हें 1925-26 ई. में मिला, जब वे आठवीं-नवीं कक्षा के विद्यार्थी थे। उनके स्कूल में, कभी-कभी, 'सरस्वती', 'सुधा' और 'माधुरी'-जैसी साहित्यिक पत्रिकाओं के अंक मिल जाते थे, किंतु 'मतवाला' पत्रिका के वे नियमित पाठक थे। उन्होंने लिखा है कि "छायावाद की कविताएँ मेरी समझ में कम आती थीं और, अक्सर, काव्य-प्रेमी मित्रों से बात करते समय मैं इन कविताओं का विरोध भी करता था। तब सन् 1928 ई. में मुजफ्फरपुर में अखिल भारतीय हिंदी साहित्य सम्मेलन का अधिवेशन पं. पद्मसिंह शर्मा के सभापतित्व में हुआ। शर्माजी ने अपने अध्यक्षीय भाषण में छायावाद की काफी निंदा की थी; जिसके विरोध में

वहाँ साहित्य-संघ के अधिवेशन में श्री रामनाथ लाल सुमन ने निबंध पढ़ा तथा पं. बालकृष्ण शर्मा नवीन ने नए कवियों का पक्ष लेते हुए बड़ा ओजस्वी भाषण दिया। इसी सभा का सभापतित्व करते हुए हरिऔध जी ने कहा था कि मुझे तो मैथिलीशरण की अपेक्षा सियारामशरण की कविताएँ ही अधिक पसंद हैं। छायावाद को अधिक समीप से समझने की प्रेरणा मुझे इसी सम्मेलन में प्राप्त हुई।"[6]

1928 ई. में मैट्रिक करने के बाद वे पटना आ गए। इंटरमीडिएट में उन्होंने पटना कॉलेज, पटना में अपना नामांकन कराया। वे ऐच्छिक विषय के रूप में हिंदी लेना चाहते थे, लेकिन पटना कॉलेज के तत्कालीन अंग्रेज प्राचार्य हार्न ने उसकी अनुमति नहीं दी। आइ. ए. करने के बाद जब वे बी. ए. में पहुँचे तब उन्होंने पुन: यह प्रयास किया कि वे हिंदी का एक पेपर भी ले लें। उस समय मिस्टर लैंबर्ट पटना कॉलेज के प्रिंसिपल हुआ करते थे। लैंबर्ट ने बहुत ही तल्ख लहज़े में कहा कि—"भले ही तुम हिंदी में सर्वप्रथम हुए हो, मगर अंग्रेजी में तो नहीं। हिंदी भाषा का साहित्य दरिद्र है। मैं इस भाषा को प्रोत्साहन नहीं दे सकता।"[7] दिनकर क्या करते; वे मन मसोसकर रह गए। अंततोगत्वा 1932 ई. में इतिहास विषय से उन्होंने बी.ए. (प्रतिष्ठा) की परीक्षा उत्तीर्ण की।

मैट्रिक की परीक्षा में पूरे बिहार प्रदेश में हिंदी विषय में सर्वाधिक अंक प्राप्त करने के कारण उनको 'भूदेव हिंदी पदक' प्रदान किया गया था। पुरस्कृत होने के बाद समाचारपत्रों में उनका नाम छपा, जिससे पटना स्थित 'युवक संघ' के मुख्य कार्यकर्ता रामवृक्ष बेनीपुरी, गंगाशरण सिंह, जनार्दन मिश्र और विश्वमोहन सिंह उनकी ओर आकर्षित हुए। जयप्रकाश नारायण और राहुल सांकृत्यायन के साथ उनका संपर्क भी पटना आने के बाद ही हुआ।

1930 ई. के 'नमक सत्याग्रह' में दिनकर ने भी तीन-चार महीने काम किया था; और 1934 ई. में बिहार में आए विनाशकारी भूकंप के समय उन्होंने भूकंप-पीड़ितों की समुचित सेवा भी की थी। तत्कालीन घटनाक्रम ने दिनकर को कविता की राष्ट्रीय धारा की ओर उन्मुख कर दिया। वैसे भी छायावाद की कविताएँ उन्हें विशेष पसंद नहीं थीं। छायावादी युग में भी उन्हें प्राय: वे ही कवि विशेष रूप से प्रिय थे, जो राष्ट्रीय भावबोधवाली कविताएँ लिखते थे, जैसे—सुभद्राकुमारी चौहान, बालकृष्ण शर्मा 'नवीन', माखनलाल चतुर्वेदी, रामनरेश त्रिपाठी और गयाप्रसाद शुक्ल 'सनेही'।

मैट्रिक के बाद उच्चतर शिक्षा के लिए जब वे पटना आए, तब पत्र-पत्रिकाओं और काव्य-संग्रहों को देखने का उन्हें अधिक अवसर मिला। उन दिनों, हिंदी साहित्य का नेतृत्व 'सुधा' और 'माधुरी' नामक दो पत्रिकाओं के हाथ में था और सारे साहित्यिक विवाद, मुख्यत: इन्हीं पत्रिकाओं में छपते थे। दिनकर ने लिखा है कि "पटना आने पर छायावादी कविताओं से मेरा परिचय तो अवश्य बढ़ा, किंतु,

इन कविताओं पर मुझे कभी भी निश्छल श्रद्धा न हो सकी। ऐसा लगता है कि इन कविताओं की प्रसादहीनता मेरे लिए सबसे बड़ी बाधा थी। मेरे भीतर बचपन का अर्जित तुलसी का संस्कार था और, पीछे, जब मैं कबीर का अध्ययन करने लगा, तब कबीर से भी यही प्रेरणा मिली कि कविता समझ में आने योग्य होनी चाहिए जिससे पाठक उसका अधिक-से-अधिक आनंद ले सकें। आज ऐसी बहुत-सी छायावादी कविताएँ मेरी समझ में भी आने लगी हैं, जो उन दिनों दुरूह लगती थीं। किंतु, इस दुरूहता के भय ने उस समय मुझे छायावादी आंदोलन के साथ एकात्म होने नहीं दिया।"[8]

निर्धन परिवार ने अपना पेट काटकर उनको पढ़ाया था; और यह आवश्यक था कि वे कुछ रुपये कमाकर अपने परिवार की दैनिक आवश्यकताओं की पूर्ति करें। अपने संयुक्त और बड़े परिवार में सर्वाधिक पढ़े-लिखे होने के कारण सबके जीविकोपार्जन की जिम्मेदारी उन्हीं पर थी। अत: ग्रेजुएशन करने के बाद परिवार के पोषण के लिए उन्होंने कई छोटी-बड़ी नौकरियाँ की; और उस दौरान अपनी रचनात्मकता को नए आयाम भी दिए।

उन दिनों प्रतियोगी परीक्षाएँ तो होती नहीं थीं; इसलिए डिप्टीगिरी-जैसी नौकरियाँ मुख्यत: उन लोगों को मिलती थी, जिनकी मदद प्रभावशाली लोग करते थे। लेकिन जीवन-संघर्ष के इस विषम दौर में किसी ने भी उनकी कोई सहायता नहीं की। फलत: 1933 ई. में सबसे पहले उन्होंने तत्समय मुंगेर जिलांतर्गत बरबीघा के एक नवस्थापित हाई स्कूल में प्रधानाध्यापक की नौकरी की। फिर 1934 ई. में वे बिहार सरकार के राजस्व विभाग में अवर-निबंधक (सब-रजिस्ट्रार) के पद पर नियुक्त हुए। ज़मीन-जायदाद की रजिस्ट्री से जुड़े इस महकमें में 1942 ई. तक उन्होंने काम किया। बतौर अवर-निबंधक उनका करीब नौ साल का समूचा कार्यकाल बिहार के मधुबनी, सीतामढ़ी, बेतिया, मुंगेर आदि स्थानों पर बीता। 1943 ई. से 1946 ई. तक वे युद्ध-प्रचार विभाग में कार्यरत रहे। 1946-1947 ई. में करीब डेढ़ साल उन्होंने अवकाश में बिताया। फिर 1947 ई. में जैसे ही सरकार बदली, उनको प्रचार विभाग में पुनर्नियुक्ति मिली; और वे जनसंपर्क विभाग में उप-निदेशक के पद पर नियुक्त किए गए।

वर्ष 1933 उनके रचनात्मक जीवन का वास्तविक प्रस्थान बिंदु है। 1933 ई. के अक्टूबर माह में बिहार हिंदी साहित्य सम्मेलन का प्रांतीय अधिवेशन डॉ. काशीप्रसाद जायसवाल की अध्यक्षता में भागलपुर में आयोजित हुआ। इस अवसर पर शिवप्रसाद पांडेय सुमति की अध्यक्षता में एक कवि-सम्मेलन का आयोजन किया गया। इस कवि-सम्मेलन में जब दिनकर ने अपनी 'हिमालय के प्रति' शीर्षक कविता का पाठ करते हुए सिंह-गर्जन किया तब पूरा पांडाल करतल-ध्वनि से गूँज उठा। आगे जैसे ही उन्होंने कहा-'पददलित इसे करना पीछे, पहले ले मेरा सिर

उतार', वैसे ही पूरे सम्मेलन में एक लहर-सी दौड़ गई; और ज्यों ही अंतिम छंद का पाठ करते हुए दिनकर ने कहा—'तू मौन त्याग, कर सिंहनाद', त्यों ही डॉ. काशीप्रसाद जायसवाल ने भाव-विह्वल होकर उन्हें अपने सीने से लगा लिया। श्रोताओं की दीवानगी का आलम यह था कि उनके अनुरोध पर उस कवि-सम्मेलन में वह कविता सात बार दुहराई गई।

वे डॉ. काशीप्रसाद जायसवाल (1881-1937 ई.) जैसे गुणग्राही के संपर्क में आए और आजीवन उनके स्नेहभाजन बने रहे। काशीप्रसाद जायसवाल इतिहास और पुरातत्त्व के अंतरराष्ट्रीय ख्याति के विद्वान थे; और उनका साहित्य-बोध भी बहुत समृद्ध था। उस समय उनका 'हिंदू पॉलिटी' (1924 ई.) नामक इतिहास-ग्रंथ बहुचर्चित था। वह स्वाधीनता संग्राम का दौर था; और उस दौर का प्राय: प्रत्येक प्रबुद्ध व्यक्ति डॉ. जायसवाल की 'हिंदू पॉलिटी' के बारे में थोड़ा-बहुत जानता था। खास बात यह है कि डॉ. काशीप्रसाद जायसवाल के नेतृत्व में राष्ट्रवादी इतिहास-लेखन की प्रवृत्ति विकसित हो रही थी। अत: स्वाभाविक रूप से उनके सानिध्य के फलस्वरूप दिनकर की साहित्यिक चेतना पर चढ़ा हुआ राष्ट्रवादी विचारधारा का रंग और भी गाढ़ा हो गया।

संस्कृत काव्यशास्त्र के प्रसिद्ध आचार्य मम्मट (11वीं शताब्दी ई.) के अनुसार कविता यश के लिए लिखी जाती है—'काव्यं यशसे'। यह कहकर काव्य की प्रेरणाओं में सुयश को उन्होंने पहला स्थान दिया है। प्रत्येक कवि प्रसिद्धि और प्रशंसा चाहता है; और वह भी समाज के सुसंस्कृत जनों के श्रीमुख से—

सरस कबिनन चित्त को बेधत द्वै वे कौन?
असमझवार सराहिबो समझवार को मौन।

लेकिन युवाकवि दिनकर को उस समय काशीप्रसाद जायसवाल-जैसे विश्वविख्यात विद्वान की प्रशंसा मिली और प्रोत्साहन भी।

दिनकर के काव्य के उतार-चढ़ाव के प्रत्येक चरण को उनके जीवन के विकास-क्रम के साथ जोड़कर देखा जा सकता है। एक ओर गंगा के कछार में बसी उनकी जन्मभूमि सिमरिया के खेत-खलिहान और वहाँ की प्राकृतिक सुषमा; दूसरी ओर ग्रामीणों की गरीबी और अशिक्षा—इन सबका एक मिला-जुला असर कवि के जीवन और उनकी रचनाओं में लक्षित किया जा सकता है। उनके जीवन-क्रम पर यदि गौर करें तो हम पाएँगे—ग्रेजुएशन करने के बाद का एक अकिंचन अध्यापक, फिर एक स्वाभिमानी अवर-निबंधक, जिसकी सेवा के शुरुआती चार वर्षों में ही तत्कालीन ब्रिटिश शासन ने उसका 22 बार स्थानांतरण किया ताकि 'हिमालय' और 'हुंकार' का यह कवि या तो नौकरी छोड़ दे या फिर ओजपूर्ण कविताएँ लिखना बंद करे। परंतु वह कोई जुगनू नहीं था कि अँधेरे में कुछ देर टिमटिमाकर बुझ जाए, वह तो अपने समय का सूर्य था—हिंदी साहित्याकाश का

देदीप्यमान 'दिनकर'। वह इतिहास में अपनी रचनात्मक भूमिका का निर्वहन करने के लिए पैदा हुआ था। डॉ. नामवर सिंह के शब्दों में—"विद्यापति के बाद छह सौ वर्षों तक (मिथिला की) यह भूमि किसी महाकवि की प्रतीक्षा करती रही और वह दूसरा महाकवि दिनकर के रूप में उसे मिला।"

पराधीनता के दौर में ब्रिटिश शासन की वक्र-दृष्टि के नीचे रहकर ही उन्होंने राष्ट्रीय कविताएँ लिखी थी। अंकुश की यह पीड़ा उनकी कविता में दो-एक जगह व्यक्त भी हुई है।

बँधा तूफान हूँ, चलना मना है;
बँधी उद्दाम निर्झर-धार हूँ मैं;
कहूँ क्या, कौन हूँ? क्या आग मेरी?
बँधी है लेखनी, लाचार हूँ मैं।

(परिचय; 'हुंकार', 1935 ई.)

जहाँ बोलना पाप, वहाँ क्या गीतों से समझाऊँ मैं?

(हुंकार)

सरकारी नौकरी उन्हें कतई पसंद नहीं थी। 1935 में बनारसीदास चतुर्वेदी को लिखे एक पत्र में उन्होंने इस बात की चर्चा भी की थी। सरकारी नौकरी से अनुभूत वेदना उनके हृदय में शूल की तरह चुभ रही थी। लेकिन, गरीब परिवार का ध्यान करके वे मजबूरी में उसे ढो रहे थे। कविता में उन्होंने अपना गुरुतर कार्य-भार तय किया था, लेकिन वे अपनी सीमाओं से भी परिचित थे। अपनी 'परिचय' शीर्षक कविता में वे कहते हैं कि—

"मुझे क्या गर्व हो अपनी विभा का?
चिता का धूलि-कण हूँ, क्षार हूँ मैं।"

अथ 'दिनकर' उपनाम कथा

बेगूसराय जिले का बीहट नामक गाँव दरअसल, रामलीला की भूमि है; और दिनकर की जन्मभूमि सिमरिया उसका एक प्रतिवेशी गाँव है, ठीक पड़ोस का गाँव। उस इलाके में नाटक और रामलीलाएँ अक्सर आयोजित हुआ करती थीं। उन्हें देखकर ही आठ-दस साल के बालक दिनकर के मन में कविता लिखने की प्रेरणा जाग्रत हुई। बचपन में वे जब कभी किसी नाटक या रामलीला में कोई नया गीत सुनते, तो अगले दिन अक्सर उसी की तर्ज पर गाते-गुनगुनाते हुए कोई नया गीत लिखने की कोशिश करते थे।

1924 ई. के आसपास साहित्य के क्षेत्र में उनका पदार्पण हुआ। इसी साल उन्होंने अपनी पहली कविता लिखी थी, जो जबलपुर से प्रकाशित होनेवाले 'छात्र सहोदर' नामक पाक्षिक पत्र में 1924 ई. में छपी थी, जिसके संपादक श्री नरसिंह

दास थे। 'छात्र सहोदर' के बाद उनकी कविताएँ कलकत्ता से निकलनेवाले साप्ताहिक पत्र 'सेनापति' और 'विश्वामित्र' में तथा मासिक पत्र 'नारायण' और 'सरोज' में छपीं। पटना से निकलनेवाले 'देश' और 'महावीर' तथा कन्नौज से प्रकाशित होनेवाली 'प्रतिभा' नामक पत्रिका में भी उनकी आरंभिक कविताएँ छपी थीं। मैट्रिक पास करने के पहले ही उन्होंने 'वीरबाला' और 'मेघनाद-वध' नामक दो खंड-काव्यों को लिखना शुरू किया था, लेकिन ये पूरे नहीं हुए।

1929-30 ई. में गयाप्रसाद शुक्ल सनेही द्वारा संपादित 'सुकवि' नामक मासिक पत्र में दिनकर की एक समस्यापूर्ति छपी थी। उन्हीं दिनों उनके गृह-नगर बेगूसराय से 'प्रकाश' नामक एक मासिक पत्रिका निकलती थी। किशोर-कवि रामधारी सिंह की कविताएँ इसमें प्रकाशित हुआ करती थीं। एक दिन उनके मन में यह विचार आया कि प्राय: सभी कवियों के उपनाम प्रचलित हैं, तो उनका भी एक उपनाम होना चाहिए। अब सवाल यह था कि क्या उपनाम रखा जाए। अचानक यह विचार उनके मन में कौंधा कि धरती पर प्रकाश के स्रोत दिनकर (सूर्य) हैं; और बेगूसराय से छपनेवाली 'प्रकाश' पत्रिका में प्रकाशित होनेवाली कविताओं के स्रोत वे स्वयं हैं, तो क्यों न अपना उपनाम 'दिनकर' रख लिया जाए। फिर क्या था, उन्होंने अपना उपनाम 'दिनकर' रख लिया। दिनकर का शाब्दिक अर्थ है—सूर्य। युवाकवि रामधारीसिंह द्वारा अपना उपनाम 'दिनकर' रखे जाने के संदर्भ में कुछ अद्‌भुत संयोग भी द्रष्टव्य है—

1. सूर्य के पुत्र (उनके पिता का नाम रवि सिंह था।)
2. सूर्य के अनुगत (वे रवींद्रनाथ ठाकुर के कविकर्म से प्रभावित थे।)
3. सूर्य के स्नेहभाजन (डॉ. काशीप्रसाद जायसवाल उनके अभिभावक थे, जिनका उपनाम था—अगिनगिरि।)
4. सूर्य के सहगामी (वे सूर्यकांत त्रिपाठी निराला के रचनात्मक सहयात्री थे।) डॉ. नामवर सिंह ने स्वीकार किया है कि "दिनकर, निराला के समान ओज और ऊर्जा के शायद भारतवर्ष में सबसे बड़े कवि थे।"

1928 ई. में दिनकर पटना आए। उन दिनों गंगाशरण सिंह और रामवृक्ष बेनीपुरी 'युवक' नामक एक पत्र निकाल रहे थे, जिसके करीब 3000 ग्राहक थे। दिनकर शुरू से ही उग्र राष्ट्रीयता से युक्त कविताएँ लिखते थे। उनकी कविताएँ 'युवक' में छपती रहती थीं। लेकिन 'युवक' के व्यवस्थापक-गण दिनकर नाम से भेजी गई कविताओं को 'अमिताभ' के नाम से छापते थे, ताकि उस प्रतिभाशाली विद्यार्थी का कोई अहित न हो। काव्य-जीवन के इस शुरुआती दौर में ब्रिटिश सरकार के आतंककारी प्रभाव से बचने के लिए दिनकर ने 'आफताब' के छद्‌मनाम से भी कुछ कविताएँ लिखी थीं। उन्होंने अपनी कविताओं में कई स्थान पर अपने लिए 'विभापुत्र' और 'आलोकधन्वा'-जैसे उपनामों का भी प्रयोग किया है।

हूँ जगा रहा आलोक अरुण बाणों से,
मरघट में जीवन फूँक रहा गानों से।
मैं विभा-पुत्र जागरण-गान है मेरा
जग को अक्षय आलोक-दान है मेरा।

(आलोकधन्वा, हुंकार, 1940 ई.)

वामन से विराट् तक की यात्रा

1950 ई. में जब बिहार प्रांत के एक प्रतिष्ठित महाविद्यालय—लंगट सिंह कॉलेज, मुजफ्फरपुर—में हिंदी के स्नातकोत्तर अध्ययन की शुरुआत हुई, तब बिहार सरकार ने उन्हें वहाँ हिंदी का प्रोफेसर और विभागाध्यक्ष नियुक्त किया। यद्यपि उनके पास महज बी.ए. (ऑनर्स) की डिग्री थी; और उस समय भी किसी कॉलेज में प्रोफेसर के पद पर नियुक्ति के लिए संबंधित विषय में एम.ए. होना आवश्यक था, तथापि तत्कालीन बिहार सरकार ने शिवपूजन सहाय, रामधारी सिंह दिनकर, आरसी प्रसाद सिंह और जानकीवल्लभ शास्त्री-जैसे प्रतिष्ठित साहित्यिकारों की सारस्वत सेवाओं और उपलब्धियों के दृष्टिगत एक विशेष प्रावधान के तहत उन्हें प्रोफेसर नियुक्त किया था। लेकिन दिनकर के पैरों में मानो चकरघिन्नी लगी हुई थी। करीब दो साल बाद ही उन्होंने प्रोफेसर के पद से त्यागपत्र दे दिया; और अप्रैल 1952 ई. में राज्यसभा में सांसद मनोनीत होकर दिल्ली चले गए। 1952 से 1964 ई. तक वे राज्यसभा के सदस्य रहे। इस दौरान अपने प्रभविष्णु व्यक्तित्व और अपनी नैसर्गिक प्रतिभा के कारण वे तत्कालीन प्रधानमंत्री जवाहरलाल नेहरू के प्रिय-पात्र और घनिष्ट मित्र बन गए।

वे अनेक साहित्यिक और सांस्कृतिक संस्थाओं से सम्बद्ध रहे। वे साहित्य अकादेमी (नई दिल्ली), संगीत नाटक अकादेमी (नई दिल्ली), 'आकाशवाणी' की राष्ट्रीय सलाहकार समिति, 'फिल्म सेंसर बोर्ड', हिंदुस्तानी अकादेमी (इलाहाबाद; अब प्रयागराज), काशी नागरी प्रचारिणी सभा और बिहार राष्ट्रभाषा परिषद्, पटना के संचालक-मंडल के सदस्य रहे। प्रायः प्रतिवर्ष वे राष्ट्रीय फिल्म पुरस्कार समिति के सदस्य भी होते थे।

दिनकरजी ने राज्यसभा के अपने बारह वर्षीय कार्यकाल (1952-1964 ई.) के दौरान, वहाँ पंद्रह भाषण दिए थे। ये भाषण उनकी वाग्विदग्धता का उत्कृष्ट उदाहरण और हिंदी-विरोधियों द्वारा किए गए प्रहारों का मुँहतोड़ जवाब तो हैं ही, राष्ट्रभाषा हिंदी के लिए उनके जद्दोज़हद का अपूर्व उदाहरण भी हैं।

बारह वर्षों तक बतौर सांसद दिल्ली में रहने के बाद 1964 ई. में भागलपुर विश्वविद्यालय के कुलपति नियुक्त किए जाने के बाद वे बिहार लौट आए। कुलपति बनाने के ठीक पहले बिहार के तत्कालीन मुख्यमंत्री कृष्णवल्लभ सहाय

ने उन्हें 'बिहार लोक सेवा आयोग' का सदस्य बनने का प्रस्ताव दिया था, परंतु दिनकरजी ने इसे स्वीकार नहीं किया। खैर, 1964 से 1965 ई. तक वे कुलपति के पद पर कार्यरत रहे। कुलपति के दायित्व का निर्वहन करने के दौरान उन्होंने महसूस किया कि शिक्षा का स्तर तेजी से गिर रहा है; और उसका एक महत्त्वपूर्ण कारण यह है कि विश्वविद्यालय बिना किसी तैयारी के स्थापित किए जा रहे हैं। 1947 ई. में पूरे देश में कुल 18 विश्वविद्यालय थे; और 1964 ई. तब आते-आते उनकी संख्या करीब 55 हो गई। दिनकर का मानना था कि विद्या साधना की वस्तु है। इसलिए वह केवल साधक को ही सुलभ हो पाती है।

संसद की सदस्यता छोड़कर उन्होंने बड़े उत्साह के साथ कुलपति का पदभार ग्रहण किया था। भागलपुर विश्वविद्यालय से उन्हें लगाव भी था। 1962 ई. में यहीं से उन्हें 'डॉक्टर ऑफ लिटरेचर' (डी.लिट्.) की मानद उपाधि मिली थी। वे छह साल वहाँ रहकर विश्वविद्यालय को एक अच्छा रूप देना चाहते थे। अपनी योजना को कार्यरूप देने के लिए वे मनोयोग के साथ जुटे भी। परिणाम यह हुआ कि उनका अध्ययन, चिंतन-मनन छूट गया, कुछ समय के लिए कविता भी छूट गई। प्रशासनिक तनाव के कारण ब्लड-प्रेशर की बीमारी ने भी उन्हें घेर लिया। झुँझलाकर उन्होंने कुलपति के पद से त्यागपत्र दे दिया।

कुलपति के पद से त्यागपत्र देने के बाद 1965 ई. में ही भारत सरकार ने उन्हें अपना हिंदी सलाहकार नियुक्त कर लिया। वे पुनः दिल्ली चले गए। मई 1965 से 1971 ई. तक वे भारत सरकार के गृह मंत्रालय में हिंदी सलाहकार रहे। इस दौरान हिंदी भाषा-साहित्य के संवर्द्धन एवं प्रचार-प्रसार के लिए उन्होंने उल्लेखनीय कार्य किए।

उनका अपना एक विशिष्ट आभामंडल था। वे 'संघ लोक सेवा आयोग' में भाषा सलाहकार भी रहे। अपने समय में साहित्य-संस्कृति सम्बन्धी भारत सरकार के नीतिगत निर्णयों में उनकी सक्रिय भागीदारी रही। सरकारी-गैरसरकारी दर्जनों संस्थाओं के अध्यक्ष या विशिष्ट सदस्य के रूप में वे आजीवन उनसे जुड़े रहे। वे उस कालखंड में विदेशों में भेजे जानेवाले भारतीय सांस्कृतिक दल के नेता या एक महत्त्वपूर्ण सदस्य हुआ करते थे। नवंबर, 1955 ई. में पोलैंड के राष्ट्रीय कवि अदम मित्सकेविच (1798-1855 ई.) के स्वर्गारोहण की शताब्दी के अवसर पर राजधानी वारसा में एक अंतरराष्ट्रीय साहित्य समारोह आयोजित हुआ था। उस समारोह में उन्होंने समस्त भारतीय भाषाओं का प्रतिनिधित्व किया था। पोलैंड की उस यात्रा के क्रम में उन्होंने इंग्लैंड, स्विट्जरलैंड और मिस्र की यात्रा भी की थी। 1957 ई. में चीनी लेखक संघ के आमंत्रण पर वे चीन गए थे। 1961 ई. में भारत के एक सांस्कृतिक शिष्टमंडल के साथ उन्होंने सोवियत रूस की यात्रा की थी। फिर 1967 ई. में मॉरीशस, 1968 ई. में पश्चिम जर्मनी और 1971 ई. में वे दुबारा

इंग्लैंड की यात्रा पर गए थे। इन यात्राओं के दौरान विदेशी विद्वत्-समाज में उन्होंने हिंदी का गौरव बढ़ाया। उनके आकर्षक व्यक्तित्व और उनकी ओजस्विनी वाणी ने सर्वत्र विदेशी साहित्यकारों को हिंदी की प्रभविष्णुता तथा शक्तिमत्ता की ओर आकृष्ट किया।

1956 ई. में उनके प्रसिद्ध ग्रंथ 'संस्कृति के चार अध्याय' पर साहित्य अकादेमी पुरस्कार दिया गया; और 1959 ई. में भारत-सरकार द्वारा उन्हें 'पद्मभूषण' की उपाधि से सम्मानित किया गया। ये दोनों सम्मान प्राप्त करने वाले बिहार के पहले साहित्यकार दिनकरजी ही थे। डॉ. गोपेश्वर सिंह ने ठीक ही लिखा है कि—"सांसारिक उपलब्धि के हिसाब से, हिंदी का एक कवि जो उपलब्ध कर सकता है, दिनकर उस उपलब्धि के शिखर पर थे।"[7] संस्कृति के क्षेत्र में उनके सुसंस्कृत विचारों और उनकी परिष्कृत रुचि का यथेष्ट सम्मान किया जाता था।

22 मई, 1961 ई. को भारतीय ज्ञानपीठ के संस्थापक साहू शांति प्रसाद जैन का इक्यावनवाँ जन्मदिन था। इस दिन को यादगार बनाने के लिए उनकी पत्नी श्रीमती रमा जैन ने जब अपने मन में एक राष्ट्रीय साहित्यिक पुरस्कार घोषित करने का सारस्वत संकल्प लिया, तब उन्होंने काका कालेलकर, हरिवंशराय बच्चन और रामधारी सिंह दिनकर को आमंत्रित करके 'ज्ञानपीठ पुरस्कार' की योजना के संदर्भ में विचार-विमर्श किया था।

उपलब्धियों के शिखर पर आसीन होने के बावजूद दिनकरजी विनयशील भी कम नहीं थे। आचार्य हजारीप्रसाद द्विवेदी ने उनके संदर्भ में लिखा है—

"अवस्था में वे मुझसे थोड़े ही छोटे थे, पर आदर सदा बड़े भाई का देते थे। उनका हृदय बहुत शिष्ट और उदार था। कर्तव्यवश बड़ी बात कह जाते थे, पर सदा कटुता धो देने को तत्पर रहते थे। भाषा आयोग में एक बार मुझे लगा कि वे सीमा का अतिक्रम कर गए हैं। यद्यपि मुझे वे सम्मान देते थे और हमारे सम्बन्ध इतने मीठे थे कि किसी बात पर उन्हें कुछ कह सकने की मुझे पूरी स्वतंत्रता थी। पर मेरे मन में उनके प्रति बहुत सम्मान का भाव था, इसलिए कुछ कहने के पूर्व मैं कई प्रकार से बात को हल्की बना देने की तैयारी कर लेता था। इंगित अवश्य समझ लेते हैं, ऐसा मेरा विश्वास था। उस दिन शाम को मैं उनसे कहना चाहता था कि वे कुछ अनुचित कह गए हैं। कैसे कहूँ, यही सोच रहा था। वे जब मिले तो बहुत प्रसन्न थे। मुझसे आते ही पूछा, "क्या सोच रहे हैं?" मैंने कहा, "हिसाब लगा रहा हूँ।" प्रसन्न भाव से उन्होंने पूछा, "काहे का हिसाब?" मैंने कहा, "भर्तृहरिजी ने कहा है कि जब आदमी विवेक से भ्रष्ट हो जाता है तो उसका शतमुख विनिपात होता है। मैंने हिसाब लगाकर देखा है कि मेरा अड़तीस मुख विनिपात हो चुका है, आपका कितना मुख हुआ है? मेरा अनुमान है कि अभी एकमुख ही हुआ है। या शायद उतना भी न हुआ हो।" दिनकरजी ठठाकर हँसे। बोले, "दूसरी ही बात ठीक

है। मेरे हिस्से विधाता ने विवेक दिया ही नहीं। इसलिए हिसाब लगाने की जरूरत ही नहीं। हो, तब न भ्रष्ट होने का प्रश्न उठेगा !" मगर वे इशारा समझ गए। उनका चेहरा वैसा ही सहज-प्रसन्न बना रहा। उन्होंने सहज भाव से स्वीकार किया कि उनसे सचमुच गलती हो गई थी!"[10]

'दु:ख सबको माँजता है'

उपलब्धियों के शिखर पर आरूढ़ होना और सुखी होना, दरअसल, एक बात नहीं है। संघर्ष उनकी नियति रही। जीवन के हर मोड़ पर ईश्वर ने उनकी कड़ी-से-कड़ी परीक्षा ली। उनका साहित्यिक, सामाजिक और राजनीतिक जीवन चाहे जितना उपलब्धिपूर्ण रहा हो, उनका पारिवारिक जीवन अंतर्कलह से उतना ही भरा रहा। सच पूछा जाए तो उनका जीवन अंतर्कलह, अंतर्वेदना, संघर्ष और उपलब्धियों के मेल से बनी एक अजीब दास्तां है। गीतकार गोपालदास नीरज ने अपने एक गीत में लिखा है—

मैं न जनम लेता तो शायद
विपदाएँ रह जातीं क्वारीं।

उनकी नियति और उनकी कभी न समाप्त होनेवाली अंतर्वेदना को इन पंक्तियों के माध्यम से बखूबी व्याख्यायित किया जा सकता है। खास बात यह है कि जीवन में आए तमाम दु:खों को उन्होंने अपनी रचनात्मकता का उपकरण बना लिया। उन्होंने अपनी 'गृह-कलह' शीर्षक कविता में लिखा है—

जो बीमार नहीं पड़ा है,
वह स्वास्थ्य की महिमा क्या जानेगा?
जिसने गृह-कलह नहीं देखा है,
वह उसकी दाहकता क्या पहचानेगा?

(प्रणभंग और अन्य कविताएँ, 1969 ई.)

कवि अज्ञेय के शब्दों में कहें तो—'दु:ख सबको माँजता है।' दिनकर के संघर्षमय जीवन को देखने से ऐसा लगता है कि दु:ख-दर्द के अंतहीन क्रम ने उनके मनोबल को तोड़ने की बजाय उनके व्यक्तित्व को माँज-तराशकर निखार दिया था।

1920 ई. में महज 13 साल की उम्र में उनका विवाह श्यामावती नामक कन्या से हो गया था। उनके व्यक्तित्व के विकास में उनकी पत्नी के त्याग की भी महत्त्वपूर्ण भूमिका रही। चूँकि परिवार का सर्वाधिक व्यय दिनकर की शिक्षा पर ही होता था, इसलिए घरेलू कामकाज की अधिकांश जिम्मेदारियाँ श्यामा जी ने स्वयं उठा ली थीं ताकि संयुक्त परिवार की अन्य महिलाओं को उनके पति पर होनेवाले अतिरिक्त खर्च का भार न अखरे। पति की पढ़ाई के लिए उन्होंने अपने जेवर-गहने भी त्याग दिए थे। 'मानवती' शीर्षक कविता में दिनकर कदाचित् अपनी पत्नी के

अव्यक्त स्वर को ही वाणी देते हैं। इस कविता में, ऐसा लगता है, मानो श्यामावती अपने पति से पूछ रही हों—

तुम्हें न जाने क्या मिलता लिपटे रहने में पन्नों से?

× × ×

सुस्थिर हो, दो बात करें, यह भी बाकी अरमान मुझे
ऐसी क्या कुछ दे रक्खी चाँदी-सोने की खान मुझे?

स्वाभाविक रूप से कवि के पास इस सवाल का कोई जवाब नहीं है। फिर भी वह यह कहते हैं कि—

कविजाया ने स्वर्ग न देखा, बसता जो प्रियतम के उर में,
अंतर्दीप्त रूप निज प्रिय का, ग्राम वधू कैसे पहचाने!

× × ×

जीवन की रसवृष्टि (पंक्ति कविवर की) क्यों चाँदी न हुई?
कविजाया कहती, लक्ष्मी क्यों कविता की बांदी न हुई?
खोज रही आनंद कल्पना, दूब, लता, गिरिमाला में,
इधर कल्पना के शिशु झुलस रहे हैं पेट की ज्वाला में।

× × ×

जिसके मूर्त स्वप्न भूखे हों, वह गायक कैसे गाए?
मानवती चुप रही, दृगों में करुणा के बादल छाए।

('मानवती', रसवंती)

अपने बेटों-भतीजों को पढ़ा-लिखाकर दिनकर ने उनको समाज में प्रतिष्ठित कराया; और एक दहेज-लोलुप जाति में पैदा होने के बावजूद दस कन्याओं (दो पुत्रियों, छह भतीजियों और दो पौत्रियों) का विधिविधानपूर्वक विवाह संपन्न कराया। इस कार्य को वे अपने जीवन की एक उपलब्धि मानते थे।

लेकिन उनका दाम्पत्य-जीवन असफल रहा। एक पति और एक पिता दोनों ही भूमिकाओं में वे विफल रहे। उनके ज्येष्ठ पुत्र रामसेवक अंततः विद्रोही हो गए और आजीवन अपने पिता का विरोध करते रहे। विडंबना यह है कि जब पिता-पुत्र के सम्बन्धों में समरसता आ रही थी, तभी 12 अप्रैल, 1967 ई. को रामसेवक सिंह का दुखद परिस्थितियों में आकस्मिक निधन हो गया। अब विधवा पुत्रवधू और उसके पाँच बच्चों का भार उनकी दुर्बल पीठ पर आ गया।

1971 ई. में एक बार पटना के वैद्यनाथ आयुर्वेद भवन में भदंत आनंद कौशल्यायन और दिनकरजी को भोजन के लिए आमंत्रित किया गया। वहाँ भेंट होने पर भदंत आनंद ने उनसे पूछा, "पटना में जीवन कैसा चल रहा है?" दिनकरजी ने कहा, "वैसे तो अच्छा ही चल रहा है, लेकिन स्वर्गीय बेटे

रामसेवक की तीन बेटियाँ अभी क्वाँरी हैं। नौ लड़कियों का ब्याह कर चुका हूँ। तीन के और करने हैं, अगर काफी दिन बचा रहा।" थोड़ा रुककर उन्होंने आगे कहा—"एक आदमी के सिर पर बारह लड़कियाँ। न जाने, भगवान ने मुझ पर इतना बोझ क्यों डाला?' यह सुनकर भदंत आनंद ने मजाकिया लहज़े में कहा—'भगवान ने देखा, यह कवि उड़ता बहुत है। दो-चार पेपर-वेट डाल दो।' तब दिनकर जी बोले—'दो-चार तो ठीक था। मगर बारह पेपर-वेट डालने की क्या जरूरत थी?'[11]

जीवन के विराट् लक्ष्यों को पाने की धुन में वे इतने तल्लीन रहे कि उनका पारिवारिक जीवन विशृंखलित हो गया। इस विशृंखलता ने उनकी रचनात्मकता की राह में रोड़े भी कम नहीं अटकाए। 1963 से 1967 ई. तक का काल-खंड दिनकर के लिए पारिवारिक कलह, वेदना, कष्ट, दु:ख, अपमान, उपेक्षा और निराशा का समय था। इन चार वर्षों में उन्होंने कोई कविता नहीं लिखी। छिटपुट गद्य अवश्य लिखा। दिनकर ने लिखा है—"किस्मत ने मेरे सिर पर इतनी ठोकरें मारीं, भगवान ने दर्द के हथौड़े से मुझे इस कदर पीटा कि मैंने जीवन के सामने, जगदीश के सामने, अपने भाग्य के सामने हार मान ली। लॉजिक और पुरुषार्थ का मैं बड़ा भारी समर्थक रहा था, किंतु इस चौथेपन में आकर दोनों के प्रति मेरा विश्वास उठ गया।"[12] उनकी उस मनोदशा का पर्यवसान अंततः हरि-चरण की शरणागति में हुआ। इस दौर में उनके चिंतन से निकला नवनीत 'हारे को हरिनाम' के रूप में साहित्य-संसार को सुलभ हुआ।

सतत संघर्ष के बीच से रचनात्मकता की राह

अपने बचपन से ही जीवन का जो दारुण रूप उन्होंने देखा था, वह उनके संवेदनशील मन को मथ रहा था। इस मानसिक-द्वंद्व को रचनात्मकता के साँचे में ढालते हुए उन्होंने 'रेणुका', 'हुंकार', 'रसवंती' और 'द्वंद्वगीत-जैसे काव्य-ग्रंथों की रचना की। 'रेणुका' और 'हुंकार' की कुछ कविताओं के प्रकाशित होने के साथ ही अंग्रेज प्रशासकों ने यह समझ लिया कि उन्होंने एक 'गलत आदमी' को अपने तंत्र का हिस्सा बना लिया है; और फिर बात-बात में उन्हें चेतावनी मिलने लगी। कवि के प्रति सरकार की नाराज़गी का आलम यह था कि महज़ चार साल में बाईस बार उनका तबादला किया गया।

साधनाभाव और संघर्ष के बीच साहित्य-साधना करते हुए अपने परिवार की गाड़ी के जुए को अपने कंधे पर उठाए हुए वे बिना थके आगे बढ़ते रहे। पूरी जीवन-यात्रा में न तो संघर्षों ने उनका साथ छोड़ा और न ही दिनकर ने कभी हौसला छोड़ा। धनाभाव की पीड़ा, दफ्तरों में मिलनेवाला प्रच्छन्न अपमान, बेटियों-भतीजियों के विवाह की चिंताएँ और पारिवारिक कलह उन्होंने बहुत सहे

थे। ग़ालिब का एक शेर दिनकर पर बहुत फिट बैठता है—"मुश्किलें इतनी पड़ीं मुझ पर कि आसां हो गई।"

गोपालकृष्ण कौल को दिए एक साक्षात्कार में दिनकरजी ने कहा था कि—"प्रत्येक व्यक्ति के निर्माण में परिस्थितियों का हाथ रहता है। मेरे व्यक्तित्व की रचना भी परिस्थितियों के कारण हुई होगी। किंतु, यह कहानी बहुत लंबी है। मैं न तो सुख में जन्मा था, न सुख में पलकर बढ़ा हूँ। किंतु मुझे साहित्य में काम करना है, यह विश्वास मेरे भीतर छुटपन में ही पैदा हो गया था। इसलिए ग्रेजुएट होकर जब मैं परिवार के लिए रोटी अर्जित करने में लग गया, तब भी साहित्य की साधना मेरी चलती रही। आरंभ में बहुत दिनों तक मैं दाहिने हाथ से दफ्तर की फाइल और बाएँ हाथ से कविता लिखता था, अर्थात दिन की ताज़ी घडियाँ दफ्तर के कामों में जाती थीं, केवल श्रांत-क्लांत क्षणों में ही साहित्य लिखता और पढ़ता था।"[13] बहुत श्रम, संघर्ष और धीरज के बाद ही वे परिस्थितियों को थोड़ा-बहुत अपने अनुकूल बनाने में सफल हुए। लेकिन पारिस्थितियाँ जब कुछ अनुकूल हुई तब तक उनका शरीर शिथिल हो चुका था।

1961 ई. में उनकी सर्वोत्तम काव्य-कृति 'उर्वशी' का प्रकाशन हुआ। यह उनकी कीर्ति का एक प्रबल आधार बनी। 1973 ई. में इसी काव्यकृति पर भारत के सर्वोच्च साहित्यिक पुरस्कार—'ज्ञानपीठ पुरस्कार' से उन्हें सम्मानित किया गया। 1 दिसंबर, 1973 ई. को ज्ञानपीठ पुरस्कार-ग्रहण समारोह में बोलते हुए दिनकरजी ने पूरी ईमानदारी के साथ कहा था कि "देश की रक्षा के लिए किया जाने वाला संघर्ष बड़ा, परिवार की रक्षा के लिए किया जानेवाला संघर्ष छोटा होता है। फिर भी मैंने सारी आयु इसी छोटे संघर्ष में बिताई है। दिन का जो ताजा हिस्सा था, वह परिवार के लिए रोटी कमाने में गया। उसके बाद जो अवसाद की घड़ियाँ हैं, उन्हीं में मैंने साहित्य की साधना की है। फिर भी साहित्य-संसार ने मेरी ओर आँख उठाकर देखने की कृपा की, इसे मैं अपना सौभाग्य और उस प्रभु का वरदान समझता हूँ जिसकी कृपा से मूक बोलते और पंगु पर्वतारोहण करते हैं।"[14]

पौरुष के पूंजीभूत ज्वाल

डॉ. मैनेजर पांडेय ने लिखा है—प्रत्येक बड़े कवि की कविता बहुत दूर तक उसके व्यक्तित्व की ही अभिव्यक्ति होती है। व्यक्तित्व में बहुत सारी चीजें शामिल होती हैं। कवि का परिवेश, उसकी मनोभूमि, उसका स्वभाव, उसके भाव, उसके विचार, उसकी संवेदनशीलता और उसकी समाज में कर्मशीलता—ये सब व्यक्तित्व के बनने-बनाने के हिस्से हैं। हरेक कवि की रचना में व्यक्तित्व के हिस्से होते हैं। मैं दिनकर के व्यक्तित्व की बुनियादी विशेषता की खोज करते हुए उन्हीं की एक पंक्ति से मदद लेते हुए कहना चाहूँगा कि दिनकरजी 'पौरुष के पूंजीभूत

ज्वाल' थे। यह 'हिमालय' नाम की उनकी कविता की एक पंक्ति है। इसमें दो बातें महत्त्वपूर्ण हैं—एक तो 'पौरुष' और दूसरी 'ज्वाला'। उनके काव्य और व्यक्तित्व को मिलाकर देखिए तो वे शक्ति और ऊर्जा के कवि के रूप में हमारे सामने आते हैं और साथ ही उनकी कविता में यहाँ से वहाँ तक आग दिखाई देती है।[15]

दिनकर : अपनी रचनाओं के दर्पण में

नामवर सिंह के अनुसार, स्वयं अपने बारे में हर महाकवि लिखता है, जैसे निराला का संपूर्ण काव्य उनकी आत्मकथा है। ठीक उसी प्रकार अपने अनेक गीतों में दिनकर स्वयं उपस्थित हैं। उनका जो आत्मस्वरूप था, उनका जो अपना व्यक्तित्व था, वह उनके काव्य में मौजूद है। उसमें वे उतनी ही गहराई और निर्ममता से आत्मविश्लेषण भी करते हैं।

अमरीकी कवि और आलोचक एजरा पाउंड (1885-1972 ई.) का कहना था कि चालीस भूमिकाओं की अपेक्षा एक कविता लिखना कहीं अधिक श्रेयस्कर है। लेकिन दिनकर ने 1956 ई. में प्रकाशित अपने काव्य-संग्रह 'चक्रवाल' की 75 पृष्ठ लंबी भूमिका लिखी थी। इसमें 'रेणुका' से लेकर 'नील कुसुम' तक की चुनी हुई कविताओं का संकलन था। फिर 1974 ई. में 'रश्मिलोक' का प्रकाशन हुआ जिसमें 'रेणुका' से लेकर 'हारे को हरिनाम' तक की चुनी हुई कविताएँ संकलित थीं। उन्होंने 'मेरी काव्य-यात्रा' नाम से 'रश्मिलोक' की एक लंबी भूमिका लिखी थी। इन दोनों काव्य-संकलनों की भूमिका से उनकी जीवन-यात्रा और काव्य-यात्रा, दोनों का प्रामाणिक परिचय प्राप्त होता है।

'हारे को हरिनाम' में संकलित 'कला' शीर्षक कविता में दिनकर ने कहा है कि—

कविता में कवि कहाँ छिपा है,
इसका सुराग नहीं मिले।
यह कलाकार की सच्ची स्थिति है।

('कला', हारे को हरिनाम)

लेकिन, रचनाकार का स्वयं का जीवन अक्सर उसकी रचनाओं के भीतर से झाँकता प्रतीत होता है। स्वभावतः दिनकर की कुछ कविताएँ उनके व्यक्तिगत जीवन से प्रत्यक्ष रूप से जुड़ी हुई हैं, जैसे—'इस्तीफा', 'संस्कार', 'सेतु-रचना', 'आपद्धर्म', 'पुरानी और नई कविताएँ', 'समाधान', 'भग्न वीणा', 'कला' तथा 'हारे को हरिनाम'। 'संस्कार' शीर्षक कविता में उन्होंने लिखा है—

कल कहा एक साथी ने, तुम बर्बाद हुए;
ऐसे भी अपना भरम गँवाया जाता है?
जिस दर्पण में गोपन मन की छाया पड़ती,

वह भी सबके सामने दिखाया जाता है?
क्यों दुनिया तुमको पढ़े फक़त उस शीशे में
जिसका परदा सबके सम्मुख तुम खोल रहे?
इसके पीछे भी एक और दर्पण होगा;
कानाफूसी यह सुनो, लोग क्या बोल रहे?
तुम नहीं जानते बंधु! चाहते हैं ये क्या;
इनके अपने विश्वास युगों से आते हैं;
है पास कसौटी, एक सड़ी सदियोंवाली,
क्या करें? उसी के ऊपर हमें चढ़ाते हैं!

(धूप और धुआँ, 1950 ई.)

ब्रिटिश शासन ने उन्हें परेशान करने के उद्‌देश्य से कई बार उनका तबादला किया। इस बात से क्षुब्ध होकर, द्वितीय विश्वयुद्ध की समाप्ति के बाद, उन्होंने छुट्टियों के बहाने दो-दो बार इस्तीफा दिया, लेकिन शासन ने उसे मंजूर नहीं किया। 'इस्तीफा' शीर्षक कविता इसी मनोभूमि की रचना है।

रजत-शंख का दान मिला था,
मुझे वह्नि का गान मिला था,
गिरि-श्रृंगों पर अभय आज भी शंख फूँकता चलता हूँ,
बुझा कहाँ? मैं मध्य सूर्य के आलिंगन में जलता हूँ।

('इस्तीफा', मृत्ति-तिलक; 1946 ई.)

'संस्कार' और 'सेतु-रचना' में उन्होंने अपने निंदकों को बड़ी शालीनता के साथ समुचित उत्तर दिया है। 'हुंकार' की 'परिचय' शीर्षक कविता में कवि ने अपना परिचय समग्रता में दिया है। एक तरफ वह कहता है कि 'मधुर जीवन हुआ कुछ प्राण! जब से/लगा ढोने व्यथा का भार हूँ मैं' और दूसरी तरफ यह कि 'सुनूँ क्या सिंधु! मैं गर्जन तुम्हारा?/स्वयं युग-धर्म का हुंकार हूँ मैं।

दिनकर को प्राय: ओज और ऊर्जा का अग्निसंभव कवि माना जाता है। उनके द्वारा 'उर्वशी'-जैसी श्रृंगारिक रचना का प्रणयन बहुत-सारे लोगों के लिए अनपेक्षित था। इसका संकेत देते हुए 'आपद्धर्म' शीर्षक कविता में उन्होंने लिखा है—

रोज़ पत्र आते हैं, जलते गान लिखूँ मैं,
जितना हूँ, उससे कुछ अधिक जवान दिखूँ मैं।

(परशुराम की प्रतीक्षा, 1962 ई.)

'नीलकुसुम' में संकलित 'कवि की मृत्यु' शीर्षक कविता को पढ़कर ऐसा लगता है मानो यह कवि दिनकर द्वारा स्वयं की मृत्यु पर लिखा गया शोकगीत है—

जब गीतकार मर गया, चाँद रोने आया
सूरज बोला, यह बड़ी रोशनीवाला था।

बोला बूढ़ा आकाश, ध्यान जब यह धरता,
मुझमें यौवन का नया वेग जग जाता था।
देवों ने कहा, बड़ा सुख था इसके मन की
गहराई में डूबने और उतराने में।
योगी था, बोला सत्य, भागता मैं फिरता,
यह जाल बढ़ाए हुए दौड़ता चलता था।
मर्दों को आई याद बाँकपन की बातें
बोले, जो हो, आदमी बड़ा अलबेला था।
नारियाँ बिलखने लगीं, बाँसुरी के भीतर
जादू था, कोई अदा बड़ी मतवाली थी।
आखिर, वह भी सो गया जिन्दगी ने जिसको
था लगा रखा सोतों को छेड़ जगाने में।

महात्मा गाँधी का प्रभाव

दिनकर ने 1920 ई. में जब महात्मा गाँधी को पहली बार देखा, तब उनकी उम्र महज बारह साल थी। 1920 के असहयोग आंदोलन के समय पत्र-पत्रिकाओं में 'वंदेमातरम्' शीर्षक गीत छपते रहते थे। बालक दिनकर को 'वंदेमातरम्' शृंखला के गीत इतने अच्छे लगते थे कि उनमें से कई गीत उन्होंने याद कर लिए थे और उन्हें सभाओं में अक्सर गाया करते थे। इस प्रकार, साहित्य के क्षेत्र में आने के पहले ही वे महात्मा गाँधी के प्रभाव में आ चुके थे।

16 अगस्त, 1932 ई. को तत्कालीन ब्रिटिश प्रधानमंत्री रैम्जे मैक्डोनाल्ड ने जब यह घोषणा की कि भारत में चुनाव के परिप्रेक्ष्य में हरिजनों को हिंदुओं से अलग समझा जाएगा, तब इसके विरोध में महात्मा गाँधी ने अनशन शुरू कर दिया। हरिजनों को हिंदू समाज का अभिन्न अंग बनाए रखने के लिए गाँधीजी ने अपने जान की बाजी लगा दी। उसी समय दिनकर ने 'तपस्या' शीर्षक कविता लिखी थी।

बीस कोटि के संचित अघ को/एक वीर ने ललकारा;
ओ प्रणपाली भीष्म! चकित है/तुझ पर भूमंडल सारा।

(तपस्या; 'प्रणभंग तथा अन्य कविताएँ'; 1933 ई.)

गाँधीजी के अछूतोद्धार आंदोलन का दिनकर पर गहरा प्रभाव पड़ा। ऐसा हुआ कि हरिजनों को मंदिर-प्रवेश का अधिकार दिलाने के लिए गाँधीजी जब देवघर (वैद्यनाथधाम) पहुँचे, तब कुछ उपद्रवियों ने उनकी मोटर-कार पर लाठियों से प्रहार किया। इस घटना से दिनकर बहुत व्यथित हुए। 'बोधिसत्व' नामक कविता उसी समय लिखी गई।

जागो, गाँधी पर किए गए नरपशु-पतितों के वारों से,
जागो मैत्री-निर्घोष! आज व्यापक युगधर्म-पुकारों से।

(बोधिसत्व, 'रेणुका', 1934 ई.)

गाँधीजी के स्वदेशी-आंदोलन पर भी दिनकर को बड़ी आस्था थी। महात्मा गाँधी चरखे की महिमा को जिस प्रकार बताते थे, उसका उन पर व्यापक प्रभाव पड़ा था। 'रसवन्ती' में संकलित 'कत्तिन का गीत' (1940 ई.) शीर्षक कविता में उन्होंने चरखे का गुणगान किया है। गाँधीवाद से प्रभावित होकर दिनकर ने लिखा है कि "आँखें मूँद कर यह मान बैठना भी हिंसा ही है कि सत्य केवल वह है जो मुझे दिखाई पड़ता है। बौद्धिक अहिंसा मन की उदारता को कहते हैं। बौद्धिक अहिंसा समझौते और सामंजस्य की वृत्ति का नाम है। सत्य के मार्ग पर आए हुए व्यक्ति की सबसे बड़ी पहचान यह है कि वह दुराग्रही नहीं होता, वह इस हठ को नहीं मानता कि मेरा मार्ग सही तथा और सबके मार्ग गलत हैं। भारत ने अहिंसा की साधना करते-करते जिस सर्वश्रेष्ठ सिद्धांत का पता लगाया वह अनेकांतवाद या स्याद्वाद है और भारत के सबसे बड़े अनेकांतवादी संत महात्मा गाँधी हुए हैं, जो समझौते के सबसे बड़े प्रेमी थे।"[16]

महात्मा गाँधी द्वारा लिखी या कही गई बातें उनको शुरू से प्रिय थी। वे पहले 'यंग इंडिया' के और बाद में 'हरिजन' नामक पत्र के नियमित पाठक थे। उन्होंने स्वीकार किया है कि महात्मा गाँधी द्वारा संपादित इन दो साप्ताहिकों का उनकी चिंतनधारा पर सर्वाधिक प्रभाव पड़ा। उन्होंने लिखा है कि "अतीत के प्रति गाँधीजी को जो प्रेम था, वह मुझे बड़ा ही अच्छा लगता था। वैज्ञानिक सभ्यता की वे जो आलोचना करते थे, उसे मैं सही समझता था। और राजनीति में रहते हुए भी वे धर्म पर जो ज़ोर देते थे, उससे मैं फूला नहीं समाता था। एक समय उनकी पुस्तक 'सेल्फ कंट्रोल वर्सेस सेल्फ इंडल्जेंस' का मुझ पर भारी प्रभाव पड़ा था। गाँधीजी के उपदेशों को अपने जीवन में उतारने में मैं कितना सफल और कितना असफल रहा हूँ, इसका तखमीना मुझे मालूम है, किंतु सिद्धांत के धरातल पर गाँधीजी से असहमत होने की बात कभी मुझे सूझी ही नहीं। हाँ, हिंसा और अहिंसा का प्रसंग ऐसा जरूर है जहाँ मैंने अपने मन के भीतर किसी चोर को बराबर विद्यमान पाया है।"[17]

जब 1963 ई. की जनवरी में 'परशुराम की प्रतीक्षा' नामक कविता-संकलन का प्रकाशन हुआ, हिंदी के प्राय: सभी साहित्यिक केंद्रों में उसकी चर्चा हुई; और प्राय: सर्वत्र यह मत व्यक्त किया गया कि भारत पर चीन के आक्रमण ने दिनकर को गाँधीवाद से दूर कर दिया है।

गाँधीजी पर उनकी गहरी श्रद्धा थी, किंतु गाँधी-युग में जो हिंसात्मक आंदोलन चल रहे थे, वे उन्हें भी आशा भरी नज़रों से देख रहे थे। हिंसात्मक क्रांति को

आगे बढ़ाते हुए जब भी कोई वीर शहीद हो जाता था, वे उस वीर के नाम पर कोई ज्वलंत कविता लिखकर उसे श्रद्धांजलि अर्पित करते थे। इस क्रम में उन्होंने भगतसिंह, अशफाक और यतीन्द्र दास पर कविता लिखी थी, जो बहुत लोकप्रिय हुईं। 'परशुराम की प्रतीक्षा' तो चीनी आक्रमण (1962 ई.) के बाद की रचना है; किंतु 'हिमालय' शीर्षक कविता की रचना 1933 ई. में हुई थी। 'हिमालय' में वे युधिष्ठिर के साथ नहीं, भीम और अर्जुन के साथ खड़े दिखते हैं—

रे, रोक युधिष्ठिर को न यहाँ,/जाने दे उनको स्वर्ग धीर।
पर फिरा हमें गांडीव, गदा,/लौटा दे अर्जुन-भीम वीर।

उनके अनुसार, अहिंसा को सिद्धांत के रूप में अटल मानकर उस पर कठोरता से आचरण करनेवाले व्यक्ति एकमात्र गाँधीजी थे। अथवा, कट्टर गाँधीवादी लोग अहिंसा की जैसी व्याख्या करते हैं, यदि वही व्याख्या ठीक है तो कहना यही पड़ेगा कि उस कट्टर गाँधीवाद की कसौटी पर खुद गाँधीजी भी खरे नहीं उतर सके। जब कश्मीर पर आक्रमण हुआ, जवाहरलालजी ने गाँधीजी से राय लेकर वहाँ फौज भेजी थी।

दिनकर लिखते हैं—"देश के क्रांतिकारी युवक गाँधीजी के मार्ग पर भी चलते थे और उस मार्ग से उतरकर वे नया रास्ता भी खोजते थे। इसी प्रकार गाँधीजी क्रांतिकारियों की नीति का तो विरोध करते थे, किंतु उनकी देशभक्ति की सराहना करते थे। मैं न तो क्रांतिकारी था, न बाजाप्ता गाँधीजी की फौज में शामिल था। फिर भी विचार के धरातल पर हिंसा और अहिंसा का द्वंद्व मुझे काफी परेशान करता था और बार-बार मुझे यही दिखाई देता था कि आत्मबल यथेष्ट नहीं है। स्वतंत्रता की प्राप्ति के लिए शारीरिक शक्ति की शायद अधिक आवश्यकता है।"[18]

जब उन्होंने 'कुरुक्षेत्र' की रचना शुरू की, तब हिंसा-अहिंसा विषयक उनके मनोद्वंद्व ने विस्फोटक रूप धारण कर लिया। 'कुरुक्षेत्र' शीर्षक काव्य भारत के उस मन का दर्पण है, जो हिंसा-अहिंसा के द्वंद्व से ग्रस्त था। 'कुरुक्षेत्र' के युधिष्ठिर उस निवृत्तिवादी परंपरा के प्रतीक हैं, जो वैदिक धर्म के बाद उत्पन्न हुई या जो पहले से ही एक अलग रूप में चली आ रही थी। लेकिन 'कुरुक्षेत्र' के भीष्म प्रवृत्तिमार्गी धारा का प्रतिनिधित्व करते हैं। समकालीन दृष्टि से युधिष्ठिर महात्मा गाँधी का प्रतिनिधित्व करते हैं और भीष्म उन युवकों की भावना का, जो गाँधी-युग में भी हिंसा से काम ले रहे थे या जो यह सोचकर व्याकुल थे कि हमारा देश हिंसक उपायों से स्वतंत्रता की खोज क्यों नहीं कर पा रहा है? दिनकर का मानना था कि युधिष्ठिर के कथन से परम धर्म की परिभाषा तैयार होती है, किंतु आपद्धर्म को शरण भीष्म के यहाँ मिलती है।

दिनकर ने लिखा है—"कलि-प्रवेश के समय धर्म की केवल एक टाँग रह गई थी यानी सत्य। तपस्या, शौच और दया-ये तीन पैर टूट गए थे। गाँधीजी उसी

एक टाँग यानी सत्य को पकड़े रहे, लेकिन बाकी तीन टाँगें भी उन्होंने जोड़ दीं।"[19] महात्मा गाँधी के प्रति उनके मन में श्रद्धा थी। दो-एक कविताओं के माध्यम से उन्होंने बापू को अपना अभिनंदन अर्पित किया था।

बापू के नोआखाली (पूर्वी बंगाल) जाने के पहले ही 'कुरुक्षेत्र' का प्रकाशन हो चुका था। नवंबर 1946 ई. में बापू जब दंगाग्रस्त नोआखाली पहुँचे और उस दंगाग्रस्त क्षेत्र में अकेले घूमने लगे, तब दिनकर का हृदय काँप उठा था। उस समय उन्होंने स्पष्ट देखा था कि परम-धर्म आपद्धर्म से श्रेष्ठ होता है। उसी प्रेरणा से उन्होंने 'बापू' शीर्षक लंबी कविता लिखी। 'बापू' की रचना के समय सारे साहित्य-क्षेत्र में 'कुरुक्षेत्र' की चर्चा चल रही थी और तमाम लोग यह कह रह थे कि वह काव्य अहिंसा के विरोध में लिखा गया है। इस स्थिति में दिनकर ने यह कल्पना की कि गाँधीजी के सामने जाने में उन्हें संकोच करना चाहिए। दिनकर अपने आराध्यों की पूजा अंगारों से करते आए थे। लेकिन अब वे एक ऐसे लोकदेवता के समक्ष थे, जिसकी अर्चना फूल से ही की जा सकती थी—

संसार पूजता जिन्हें तिलक,/रोली, फूलों के हारों से;
मैं उन्हें पूजता आया हूँ,/बापू, अब तक, अंगारों से।
पर तू इन सबसे परे, देख,/तुझको अंगार लजाते हैं;
मेरे उद्वेलित ज्वलित गीत/सामने नहीं हो पाते हैं।

'बापू' कविता में उन्होंने गाँधीजी की तुलना इतिहास के अन्य शूरमाओं से की है; और कहा है कि गाँधीजी की वीरता अन्य वीरों की वीरता से भिन्न है—

पर, तू इन सबसे भिन्न ज्योति,/जेता-जेता से महीयान,
कूटस्थ पुरुष! तेरा आसन/सबसे ऊँचा, सबसे महान।

साधारण युद्ध में एक पक्ष जीतता और दूसरा हारता है, लेकिन गाँधी का युद्ध जय-पराजय के परे था-

क्या हार-जीत खोजे कोई/उस अद्‌भुत पुरुष अहंता की;
हो जिसकी संगरभूमि बिछी/गोदी में जगन्नियंता की?
संगर की अद्‌भुत भूमि, नहीं/कुछ दाह, न कोई कोलाहल;
चल रहा समर सबसे महान/पर कहीं नहीं कुछ भी हलचल।

महात्मा गाँधी यद्यपि विज्ञान और प्रौद्योगिकी पर आधारित सभ्यता के आलोचक थे, तथापि वे विज्ञान के विरोधी नहीं थे। उनका मानना था कि यदि आदमी विज्ञान को अपनाने के बावजूद नैतिक और धार्मिक बना रहे तो वह मनुष्य जाति के लिए अधिक कल्याणकारी होगा। दिनकर ने लिखा है—

कौन कहता है कि बापू शत्रु थे/विज्ञान के?
वे मनुज से मात्र इतनी/बात कहते थे-

रेल, मोटर या कि/पुष्पक यान चाहे जो रचो, पर,
सोच लो, आखिर तुन्हें/जाना कहाँ है!

वे महात्मा गाँधी को कर्मठता का अवतार मानते थे। उन्हीं के शब्दों में—"कोरे तर्क-वितर्क को वे व्यर्थ समझते थे। उनका विश्वास था कि एक छटाँक कर्म सौ मन ज्ञान की अपेक्षा अधिक उपयोगी है—

ज्ञान की आराधना दिन का शयन है,
क्लेश से निस्तार केवल कर्म से है।
दर्शनों से सिद्धियाँ किसको मिली हैं,
जीव का उद्धार केवल धर्म से है।"[20]

गाँधीजी का विश्वास था कि सत्य वहीं तक नहीं है जहाँ तक विज्ञान की पहुँच है। यह विज्ञान की सीमा के पार भी है! अर्थात, सारी वास्तविकताएँ दृश्य नहीं है, उसके कुछ भाग अदृश्य भी हैं। दिनकर कहते हैं—

निरी बुद्धि के लिए भावना का/मत दलन करो रे!
जो अदृश्य प्रहरी है उससे/भी तो कभी डरो रे!

यहाँ दिनकर की एक कविता 'ओ द्विधाग्रस्त शार्दूल बोल' का उल्लेख भी आवश्यक है। इस कविता का संदर्भ समकालीन है; और यह कविता महात्मा गाँधी को संबोधित है। द्वितीय विश्वयुद्ध छिड़ चुका था। ब्रिटिश साम्राज्य के ऊपर संकट के बादल मँडरा रहे थे। भारत में क्रांतिकारी विचारधारा से जुड़े लोग इस अवसर का लाभ उठाते हुए अंग्रेजों के विरुद्ध प्रबल संघर्ष छेड़ने की बात सोच रहे थे। लेकिन गाँधी ऐसा करने के पक्षधर नहीं थे। उनकी यह चुप्पी कवि दिनकर को खटक रही थी। इसलिए उन्होंने यह लिखा—

हिल रहा धरा का शीर्ण मूल/जल रहा दीप्त सारा खगोल
तू सोच रहा क्या अचल मौन?/ओ द्विधाग्रस्त शार्दूल! बोल।

चूँकि दिनकर के मन में महात्मा गाँधी के प्रति आदर का भाव विद्यमान है, इसलिए वे उनके लिए 'शार्दूल' विशेषण का प्रयोग करते हैं। लेकिन गाँधी की यह द्विधा तत्कालीन परिस्थितियों में राष्ट्रहित की दृष्टि से स्पृहणीय नहीं है, इसलिए दिनकर इस बात को लेकर गाँधी से खासे क्षुब्ध भी हैं।

बुझ गया ज्वलित पौरुष-प्रदीप/या टूट गए नख-रद कराल?
या तू लख कर भयभीत हुआ/लपटें चारों दिश लाल-लाल।

कवि महात्मा गाँधी से मानो पूछ रहा है कि 'क्या तुम्हारे पौरुष का प्रदीप बुझ गया है? या दुनिया में साम्यवाद की लाल-लाल लहरों को देखकर तुम डर गए हो?' अपने उस क्षोभ को कवि ने आगे कटुतम शब्दों में व्यक्त किया है—

तब तू भीतर क्या सोच रहा
है, क्लीव धर्म का पृष्ठ खोल?

दिनकर के अनुसार गाँधी की यह द्विधा दरअसल 'क्लीव धर्म' (नपुंसक धर्म) है। महात्मा गाँधी की नीतियों पर कवि दिनकर का यह सबसे करारा प्रहार है। दरअसल, महात्मा गाँधी की विचारधारा को लेकर दिनकर के मन में भी कम द्वंद्व और द्विधा नहीं है। संदर्भित कविता में एक ओर वे गाँधी को 'शार्दूल' (यानी सिंह) कह रहे हैं, वहीं आगे उनकी तत्कालीन नीति को 'क्लीव धर्म' (यानी नपुंसकों का धर्म) भी कह रहे हैं।

दिनकर ने लिखा है—"विदेशी आक्रमणों का प्रतिरोध करने के लिए सेना की आवश्यकता गाँधीजी भी महसूस करते थे। किंतु जिस भारत की उन्होंने कल्पना की थी, वह सैन्यबल नहीं, पुण्यबल को लेकर बढ़नेवाला देश है। प्रत्येक बड़ी जाति की कोई-न-कोई अपनी विशेषता होती है। भारत की अपनी विशेषता अध्यात्म है। गाँधीजी समाज का संगठन इस प्रकार से करना चाहते थे, जिससे धार्मिक द्वेष का उन्मूलन हो जाए और आदमी आध्यात्मिक एकता प्राप्त कर सके।"[21] कवि दिनकर की 'हिमालय का संदेश' नामक कविता में जिस भारत की कल्पना की गई है, वह गाँधीजी की ही कल्पना का देश है—

भारत एक भाव, जिसको पाकर मनुष्य जगता है,
भारत एक जलज, जिस पर जल का न दाग लगता है।
भारत है संज्ञा विराग की, उज्ज्वल आत्म-उदय की,
भारत है आभा मनुष्य की सबसे बड़ी विजय की।
जहाँ त्याग माधुर्यपूर्ण हो, जहाँ भोग निष्काम;
समरस हो कामना, वहीं भारत को करो प्रणाम!

छायावादोत्तर काल के प्रतिनिधि कवि

दिनकर के ही शब्दों में कहा जाए तो वे 'छायावाद की पीठ पर आए' कवियों में से एक हैं। छायावादी कवियों की ठीक पीठ पर आनेवाले कवियों में दिनकर, हरिवंशराय बच्चन, नरेंद्र शर्मा, गोपाल सिंह नेपाली, आरसी प्रसाद सिंह, कलक्टर सिंह केसरी, रामेश्वर शुक्ल अंचल, केदारनाथ मिश्र प्रभात, सोहनलाल द्विवेदी, हरिकृष्ण प्रेमी, जगन्नाथ प्रसाद मिलिंद, हंसकुमार तिवारी, जानकीवल्लभ शास्त्री, श्यामनारायण पांडेय, रामदयाल पांडेय और रामगोपाल शर्मा रुद्र के नाम प्रमुख हैं। ये सभी छायावादोत्तर काल के प्रतिनिधि कवि हैं।

दिनकर ने अपनी पुस्तक 'काव्य की भूमिका' के 'छायावादोत्तर काल' शीर्षक निबंध में लिखा है कि—इन कवियों की विशिष्टताओं पर विचार किया जाए तो छायावाद की धूमिल रंगीनी और रोमांटिक हिलोर केवल अंचल और प्रभात की कविताओं में मिलेगी और इन दो कवियों में भी भाषा की छायावादी परंपरा केवल प्रभातजी में शेष है। बाकी सभी कवियों में कई ऐसे लक्षण समान रूप से मिलते

हैं, जिन्हें देखते हुए इन कवियों का युग न तो छायावादी युग कहा जा सकता है, न उसे हम प्रगतिवाद शीर्षक के अंदर लपेट सकते हैं। असल में, इनका काल छायावादोत्तर काल है, जिसकी विशेषताएँ हैं—

1. काव्य की भाषा को बोलचाल की भाषा के निकट लाने का प्रयास। यह प्रयास नेपाली और बच्चन में अत्यंत प्रखर है, किंतु, अन्य कवियों में भी 'पल्लव' और 'परिमल' की भाषा से दूर हटने की चेष्टा स्पष्ट है।

2. ऐसी अनुभूतियों पर सबसे अधिक ज़ोर, जो सच्ची हैं, जो केवल कवि तक ही सीमित न रहकर पाठकों के मन को भी आंदोलित कर सकती हैं। इसीलिए, छायावादोत्तर काल के कवियों में रहस्यवादी बनकर बोलने की प्रवृत्ति बहुत कम है तथा कविता के मुख्य विषय प्रेम, विरह, प्रकृति, समाज और राष्ट्र हैं।

3. इस युग की तीसरी विशेषता काव्य में प्रसाद गुण की वृद्धि है जिसे बोलचाल की भाषा में सीधी-सच्ची अनुभूतियाँ चित्रित करने के प्रयास का ही परिणाम कहना चाहिए।

दिनकर का मानना है कि भाषा की सजीवता, अनुभूति की सचाई और अभिव्यक्ति की प्रसन्नता, ये ऐसे गुण हैं जिनके समन्वय से कोई भी कविता सप्राण हो सकती है। किंतु, हिंदी में आधुनिक काव्य की जो चर्चाएँ हुई हैं उनमें छायावादोत्तर काल की रचनाएँ छायावादी युग की कृतियों के समक्ष अपेक्षाकृत निम्न स्थान पर रखी गई हैं। फिर भी, दिनकर का अनुमान है कि काव्यरसिकों में छायावादोत्तर युग की रचनाएँ जिस रोचकता से पढ़ी गईं उस रोचकता से छायावाद-युग की रचनाएँ नहीं पढ़ी गई थीं। द्विवेदी-युग का भी कुछ-कुछ यही हाल था। उस युग की कविता कही तो इतिवृत्तात्मक जाती है, किंतु, मैथिलीशरण गुप्त, रामनरेश त्रिपाठी, रामचरित उपाध्याय और नाथूराम शंकर को जितने पाठक मिले, उतने पाठक छायावादी काव्य को न मिल सके।[22] दिनकर ने लिखा है—"बच्चनजी ने एक दिन बातों-बातों में एक सूक्त कही। 'जो कविता आनंद के लिए पढ़ी जाती है, उसकी आलोचनाएँ कम लिखी जाती हैं।' .....छायावादोत्तर काल के कवि अपेक्षाकृत सरल, रोचक और आनंददायी निकले। इसीलिए, आलोचकों ने उन पर श्रम नहीं किया। श्रम छायावाद पर किया गया और प्रगतिवाद पर भी। और सबसे अधिक श्रम प्रयोगवाद पर किया जा रहा है, क्योंकि इस कविता में आनंद की मात्रा अत्यंत न्यून है।"[23]

'हिंदी साहित्य का इतिहास' में आचार्य रामचन्द्र शुक्ल (1884-1941 ई.) ने दिनकर को 'स्वच्छंद धारा' के प्रवाह का रचनाकार कहा था। आचार्य शुक्ल के जीवनकाल में दिनकर की बहुत कम रचनाएँ प्रकाशित हुई थीं। फिर भी 'प्रणभंग', 'रेणुका' और 'हुंकार' नामक काव्य-संग्रहों की कविताओं को परखते हुए वे इस निष्कर्ष पर पहुँचे थे कि दिनकर की रचनाएँ हरिवंशराय बच्चन, माखनलाल

चतुर्वेदी, बालकृष्ण शर्मा नवीन, सुभद्राकुमारी चौहान आदि कवियों-कवयित्रियों की भाँति छायावाद के अंतर्गत नहीं आती हैं। यद्यपि युग की मनोभूमि एक-जैसी थी, तथापि इन सबकी प्रवृत्तिगत विशेषताएँ अलग ढंग की थीं इसलिए इन कवियों को आलोचकों ने 'उत्तर छायावाद', 'समानांतर छायावाद' या 'छायावाद का शेषांश' का कवि घोषित किया। यह नामकरण निरर्थक था; और इस तरह के नामों से इस भ्रम के फैलने की गुंजाइश बनी रही कि इन सभी का रचना-कर्म और चिंतन छायावाद के रचनाकारों की अपेक्षा हल्का है।

स्वच्छंद-काव्य-धारा[24] के शिखर-कवि

चूँकि कवि दिनकर 'छायावाद की ठीक पीठ पर आए' थे इसलिए छायावाद की उपलब्धियाँ स्वाभाविक रूप से उन्हें विरासत में मिलीं। छायावाद की चेतना मूलतः सौंदर्य-प्रधान थी। लेकिन विडंबना यह है कि छायावाद-युग में सौंदर्य को न केवल कवि की कल्पना का आधार, बल्कि जीवन की समस्याओं का समाधान भी मान लिया गया था। स्वभावतः शुरू-शुरू में 'सुंदरता और कोमलता के प्रति आग्रह' कवि दिनकर की मूल प्रवृत्ति बन गई। परंतु दिनकर जब पैदा हुए थे, वह भारत की गुलामी का दौर था। पूरे देश का युवावर्ग स्वाधीनता आंदोलन के संघर्षमय वातावरण में क्रांति के पथ का अनुगामी बना हुआ था। यदि हम शुरुआती दौर की बात करें तो अपने युग-सत्य को अस्वीकार करके सौंदर्य और कल्पना के कानन में अपनी कविता को विहार करने की अनुमति देना युवाकवि दिनकर को प्रीतिकर प्रतीत नहीं हुआ।

साहित्य के क्षेत्र में दिनकर पाँच दशकों (1924-1974 ई.) तक सर्जनात्मक रूप से सक्रिय रहे। द्वंद्व और द्विधा ने कवि के व्यक्तित्व और उनकी कविताओं को हमेशा अपने पाश में जकड़े रखा। उनके द्वंद्वात्मक कवि-व्यक्तित्व को 'अंगारे पर खेलते हुए इंद्रधनुष' के रूपक द्वारा बखूबी समझा जा सकता है। उनके भीतर 'व्यक्ति-तत्त्व' और 'समाज-तत्त्व' का अविराम संघर्ष चलता रहा, जिसमें परिस्थिति या मनःस्थिति के कारण कभी पहले को, तो कभी दूसरे को प्रमुखता मिलती दिखाई देती है।

रंगों की दुनिया जो एक मिली थी,
मिट्टी को दी चढ़ा भेंट वह मैंने।
यज्ञारणि की कलम आज है कर में
सुप्रणीत सिद्धाग्नि जलानेवाली।

(कल्पना की दिशा; हुंकार)

वे अपने समय के 'मन्यु' (आक्रोश) के मानो पर्याय थे। उनका नाम कभी 'प्रगतिवादी' कवियों में लिया गया; और कभी उनको केवल 'राष्ट्रीय धारा' का

कवि बताकर उनके काव्य-विस्तार को सीमित करने का प्रयास किया गया। लेकिन सच्चाई यह है कि दिनकर सामाजिक चेतना के चारण भी हैं, राष्ट्रीय जागरण तथा सांस्कृतिक विकास के ओजस्वी कवि भी; और कभी इन दोनों से सर्वथा भिन्न भी। जहाँ तक राष्ट्रीय-सांस्कृतिक काव्यधारा का प्रश्न है, यह भारतेंदु-काल में शुरू हुई और द्विवेदी-काल एवं छायावाद-काल से होकर दिनकर के युग तक प्रवाहित होती चली आई। छायावादोत्तर काल में आकर यह राष्ट्रीय-सांस्कृतिक काव्यधारा, समकालीन सवालों से जुड़कर, पहले से अधिक उदार और विविधतापूर्ण हो गई। छायावादोत्तरकालीन राष्ट्रीय-सांस्कृतिक कविता विचार एवं संवेदना के साथ ही काव्यभाषा की दृष्टि से भी अपने पूर्ववर्ती दौर की कविताओं की तुलना में विकसित, समृद्ध और जनोन्मुख प्रतीत होती है।

डॉ. लक्ष्मीनारायण सुधांशु ने लिखा है—"दिनकरजी जब काव्य के क्षेत्र में आए, उस समय हिंदी में कविता की दो धाराएँ बहुत ही स्पष्ट थीं। एक धारा छायावादी काव्य की थी जिस पर आक्षेप यह था कि वास्तविकता से ईषत् दूर है। दूसरी धारा राष्ट्रीय कविताओं की थी, जो वास्तविकता की अत्यधिक आराधना करने के कारण कला की सूक्ष्म भंगिमाओं को अपनाने में असमर्थ थी। दिनकरजी ने काव्य-पाठकों का ध्यान विशेष रूप से इसलिए आकृष्ट किया कि उन्होंने कला को वास्तविकता के समीप ला दिया, अथवा यों कहें कि राष्ट्रीय धारा की कविताओं में उन्होंने कला की सूक्ष्मातिसूक्ष्म भंगिमाएँ उत्पन्न कर दीं। दिनकरजी में शक्ति और सौंदर्य का जो मणिकांचन-संयोग दिखाई पड़ा, वही उनकी कीर्ति का आधार बना।"[25]

दिनकर हिंदी की राष्ट्रीय-सांस्कृतिक काव्यधारा के सबसे सशक्त कवि हैं। बहुत-से विद्वानों को ऐसा लगता है कि दिनकर की कविताओं का मुख्य स्वर था—(1) क्रांति और (2) स्वतंत्रता-संघर्ष के लिए अपने देशवासियों, विशेषकर युवाओं को ललकारनेवाला ओजपूर्ण निनाद। इसी भावबोध के उद्बोधन और आह्वान ने दिनकर को लोकप्रियता के शिखर पर पहुँचाया था; और मैथिलीशरण गुप्त, माखनलाल चतुर्वेदी, बालकृष्ण शर्मा 'नवीन', कुमारन आशान, सुब्रह्मण्य भारती, भास्कर रामचंद्र तांबे, कुवेंपु (पुटप्पा), गोपबंधु, लक्ष्मीकांत महापात्र, वल्लतोल, अंबिकागिरि रायचौधुरी, कुसुमाग्रज और काज़ी नज़रुल इस्लाम-जैसे राष्ट्रीय काव्य-धारा के कवियों के बीच अग्रगण्य बना दिया था।

दिनकर के साहित्यिक जीवन के शुरुआती दौर में 'हिमालय' पर लिखी गई उनकी कविता बहुत प्रसिद्ध हुई। इस कविता में 'हिमालय' को भारत में राष्ट्रीयता के सर्वोत्तम प्रतीक के रूप में प्रस्तुत किया गया था। "जिस दिन उनके हृदय में हिमालय फूटा, उसी दिन से उनकी प्रतिभा ने एक नई दिशा की ओर गति की। अतीत-गौरव की स्मृति तथा खंडहरों के प्रति दिनकर ने जिस भावुकता का परिचय दिया, वह अप्रतिम है।"[26]

हिंदी कविता में राष्ट्रीयता की धारा भारतेंदु हरिश्चंद्र, मैथिलीशरण गुप्त, माखनलाल चतुर्वेदी, सुभद्राकुमारी चौहान की रचनाओं में मुखरित होती आ रही थी। दिनकर ने उसे भावुकता की तरलता और कल्पना की प्रोज्ज्वलता दी। यदि उन्हें आधुनिक काल में भारतीय भाषाओं का सबसे ओजस्वी कवि कहा जाए तो इसमें कोई अत्युक्ति नहीं होगी। लेकिन महत्त्वपूर्ण बात यह है कि राष्ट्रीयता और ओजस्विता उनकी कविता की एक प्रवृत्ति-मात्र है।

वे 'रोमांटिसिज़्म' को कविता का सर्वाधिक काव्यात्मक तत्त्व मानते थे। चक्रवाल की भूमिका में उन्होंने लिखा है कि जो व्यक्ति बुद्धि से अधिक भावना के अधीन होता है उसके लिए 'रोमांटिक' विशेषण का प्रयोग किया जाता है। वे लिखते हैं—"जीवन का रोमांटिक दृष्टिकोण यह है कि मनुष्य अनिवार्य रूप से उन शक्तियों का आगार है जिनसे नूतन सृष्टियाँ रची जाती हैं, अतएव, उसकी प्रत्येक इच्छा को अभिव्यक्ति की स्वतंत्रता मिलनी ही चाहिए। क्रान्तियों का जन्म मनुष्य के इसी आत्मविश्वास से होता है, अतएव, सभी क्रान्तियाँ स्वभाव से रोमांटिक होती हैं। और इसीलिए, साहित्य का प्रत्येक रोमांटिक आन्दोलन, स्वयं वायवीयता में मग्न रहने पर भी, क्रान्तिकारी आन्दोलनों के प्रति सहानुभूतिशील रहता आया है। अंगरेजी के रोमांटिक कवि फ्रांसीसी राज्यक्रान्ति के प्रति सहानुभूतिशील थे एवं हिन्दी के छायावादी कवि भी भारतवर्ष में क्रान्ति की तैयारी को बड़े ही उत्साह से देखते थे। बुद्धिवाद और रोमांटिसिज्म में भेद यह है कि बुद्धिवादी व्यक्ति की दृष्टि में वे बातें आती हैं जो आवश्यक हैं और संभव भी, किन्तु, रोमांटिक व्यक्ति आदर्शवादी होता है। वह संभावनाओं को देख कर नहीं चलता। जो बातें उसे अच्छी लगती हैं अथवा जिन्हें वह वांछनीय समझता है उनकी सम्भावना-असम्भावना पर विचार किए बिना ही वह उनका प्रचार करने लगता है।"[27] उनका मानना था कि रोमांटिक भावना विद्रोहिणी होती है और वह स्थापित समाज की आत्मरक्षा-परक दकियानूस प्रवृत्तियों को तोड़कर नया समाज लाना चाहती है। समाज का क्लासिक-पक्ष यथास्थितिवादी होता है, जबकि रोमांटिक प्रवृत्ति के रचनाकार समाज को खींचकर आगे ले जाते हैं। इन दोनों पक्षों के पारस्परिक संघर्ष से एक तो, क्लासिक-पक्ष की जकड़बंदी दूर होती है; दूसरे, भाववादियों पर बुद्धिवाद का प्रभाव भी दूर होता है। इसके फलस्वरूप समाज और साहित्य का समुचित विकास होता है।

कुछ आलोचकों ने दिनकर के काव्योपकरणों का विश्लेषण करके यह सिद्ध करने का प्रयास किया है कि उनकी मूल चेतना एक रोमांटिक कवि की थी। आधुनिक कवियों में दिनकर ने ही सर्प-बिंबों का सर्वाधिक प्रयोग किया हैं। सर्प-बिंब, मनोवैज्ञानिक दृष्टि से, उनके रोमांटिक रुझान का परिचायक है।

उनको महज राष्ट्रीय-धारा का कवि मानने सम्बन्धी प्रवृत्ति का खंडन करते हुए डॉ. नंदकिशोर नवल ने लिखा है कि, "कुछ विद्वानों ने आधुनिक हिंदी कविता में

एक राष्ट्रीय धारा की कल्पना की है और उसमें मैथिलीशरण के बाद माखनलाल चतुर्वेदी, बालकृष्ण शर्मा नवीन, सुभद्रा कुमारी चौहान तथा दिनकर-जैसे कवियों को रखा है। यह कल्पना काफी कुछ असंगत है, क्योंकि गुप्तजी को छोड़ भी दें, तो शेष कवि ऐसे नहीं हैं, जिन्होंने सिर्फ राष्ट्रीय कविताएँ ही लिखीं हों। ...जहाँ तक दिनकरजी की बात है, उनका काव्य-संसार इतना विस्तृत है कि उसे कभी भी केवल राष्ट्रीयता में निःशेष नहीं किया जा सकता। ये सारे कवि, एक हद तक मैथिलीशरण सहित, वस्तुतः उस स्वच्छंद-धारा के कवि हैं, जिसका प्रवर्तन पं. श्रीधर पाठक ने किया था। राष्ट्रीयता इस कविता की सिर्फ एक प्रवृत्ति है, जिसके साथ उसमें रहस्य, प्रकृति, प्रेम आदि तमाम चीजें हैं। इस कविता की शैली मूलतः व्यावहारिक भाषा की शैली है, जो छायावादी लाक्षणिकता से मुक्त है। इसकी रहस्य-भावना स्वाभाविक है, प्रकृति-चित्रण में प्रचुर ऐंद्रियता है और इसका प्रेम भी देहातीत नहीं। इस स्वच्छंद-काव्य-धारा ने जो सबसे बड़ा कवि पैदा किया, वे दिनकर हैं।"[28]

4 अगस्त, 1971 ई. को दुष्यंत कुमार द्वारा लिए गए एक इंटरव्यू में दिनकर ने कहा था—"साहित्य में रोमांटिसिज़्म की गुंजाइश बराबर है। जब साहित्य रोमांटिक होगा तो उसमें अपील ज्यादा होगी। हालाँकि मैं यह भी जानता हूँ कि रोमांटिसिज़्म की यह भावना तुम्हारे आधुनिकता के मूल्य से मेल नहीं खाती।"[29]

दिनकर द्वंद्व के कवि हैं लेकिन यूरोपीय स्वच्छंदतावाद के अनुकर्ता तो कतई नहीं हैं। उनमें तो कालिदास, भवभूति की स्वच्छंद धारा का सहज वेग है। आप चाहें तो इस वेग को भारतीय जीवन की कालिदासीय लय का नाम भी दे सकते हैं। यही लय देशभक्ति की रंगत लेकर भारतीय मुक्ति संग्राम के दिनों में कवि-अरमान बनी है।[30]

कवि के रूप में दिनकर का आविर्भाव हमारे राष्ट्रीय जीवन के एक संकटापन्न समय में हुआ था। भारतवर्ष पराधीनता के दुष्चक्र में फँसा था; और स्वाधीनता के लिए ब्रिटिश साम्राज्यवाद से संघर्ष का क्रम जारी था। ऐसे समय में 'हिमालय' की दृढ़ता के साथ, हिंदी साहित्याकाश में दिनकर का उदय हुआ। दिनकर विरचित 'हिमालय' कविता के जन्म के लगभग 50 साल पहले भारतेंदु हरिश्चंद्र ने 'भारत दुर्दशा' लिखकर भारत को नींद से जगाने का प्रयास किया था। लेकिन इस संदर्भ में दिनकर का भावबोध और उनकी काव्यात्मक संवेदना अपेक्षाकृत अधिक विकसित थी। इसीलिए अपनी 'हिमालय' शीर्षक कविता के माध्यम से राष्ट्रीय गौरव के बोध को जन-जन तक फैलाने में वे पूर्णतः सफल हुए। बहुत ही कम समय में जनसामान्य ने उनकी कविताओं को अपना कंठहार बना लिया।

युग-युग अजेय, निर्बंध, मुक्त,
युग-युग गर्वोन्नत, नित महान;

निस्सीम व्योम में तान रहे,
युग से किस महिमा का वितान।
कैसी अखंड यह चिर-समाधि?
यतिवर ! कैसा यह अमर ध्यान?
तू महाशून्य में खोज रहा
किस जटिल समस्या का निदान?
उलझन का कैसा विषम जाल?
मेरे नगपति ! मेरे विशाल !

(हिमालय के प्रति; 'रेणुका', 1933 ई.)

यह सच है कि दिनकर ने अपनी काव्य-यात्रा एक राष्ट्रवादी कवि के रूप में शुरू की थी, लेकिन जैसे-जैसे उनका काव्यबोध समृद्ध होता गया और उनकी काव्य-संवेदना विकसित होती गई, उन्होंने अपनी रचनात्मकता में विविधता का समावेश करते हुए उसको नए आयाम दिए।

दिनकर चूँकि स्वच्छंदतावादी कवि थे इसलिए स्वाभाविक रूप से उनकी कविता में आत्माभिव्यक्ति दिखाई देती है। उनकी राष्ट्रीय, सामाजिक और अन्य प्रकार की कविताओं में भी उनके व्यक्तित्व की झलक मिलती है। इसके कारण उनकी कविता प्रभावोत्पादक बनी।

वैयक्तिक संस्कारों और सामाजिक-सांस्कृतिक परिस्थितियों के परस्पर प्रभाव से ही किसी व्यक्ति का जीवन-दर्शन आकार लेता है। सांप्रदायिक दंगे की विभीषिका से देश को बचाने की बेचैनी वैयक्तिक अनुभूति के साथ उनकी 'हे मेरे स्वदेश' कविता की इन पंक्तियों में देखने को मिलती है :

छिप जाऊँ तुम्हें कहाँ लेकर?
इस विष का क्या उपचार करूँ?
प्यारे स्वदेश! खाली आऊँ?
या हाथों में तलवार धरूँ?

(हे मेरे स्वदेश; 'सामधेनी', 1946 ई.)

यह कविता 1946 ई. के नोआखाली और बिहार के दंगों से मर्माहत होकर लिखी गई थी। इस कविता में कवि का राष्ट्रीय-सामाजिक स्वर मुखर है। नन्दकिशोर नवल के शब्दों में "दिनकरजी साधारण जनता को दिलोजान से प्यार करते थे और उसकी शक्ति में भी उनका विश्वास था, जो 'जनता' और 'जनता जगी हुई है' जैसी उनकी कविताओं में दिखलाई पड़ता है। .....आज मुझे यह कहने में कोई दुविधा नहीं है कि जनता को इस कदर प्यार करनेवाला कवि उनके बाद नागार्जुन और मुक्तिबोध के अलावा कोई और नहीं हुआ।"[31]

मूलतः मुक्तककाव्य के कवि

अपने आप में पूर्ण और प्रायः एक छंदवाली, पूर्वापर-निरपेक्ष, रचना को काव्यशास्त्रीय शब्दावली में 'मुक्तक' कहा जाता है।[32] 'ये स्फुट पद्यबद्ध रचनाएँ 'प्रबंध रचना' से एकदम भिन्न होती हैं। मुक्तक में कवि की दृष्टि अलंकरण और चमत्कार की ओर रहती है; इसलिए अभिव्यक्ति सांकेतिक और गूढ़ हो जाती है।

दिनकर मूलतः मुक्तककाव्य और गीतिकाव्य के कवि थे। जनता ने उनकी कई कविताओं को भी गीत बना दिया। उनकी एक कविता 'माया के मोहक वन की क्या कहूँ कहानी परदेशी' को मिथिला के नटुए भी नाच-नाच कर गाते रहे हैं। उनकी अधिकांश प्रसिद्ध कविताएँ मुक्तकों के रूप में ही रची गई हैं। उन्होंने चार प्रबंधकाव्यों—'प्रणभंग', 'कुरुक्षेत्र', 'रश्मिरथी और 'उर्वशी' की रचना की है, लेकिन उनमें आवेगतत्त्व की मात्रा इतनी अधिक थी कि वे प्रबंध के अनुशासन में बँधकर बहुत दूर तक नहीं चल सकते थे। डॉ. आनंद नारायण शर्मा के अनुसार "इसका कारण कवि की महत्त्वाकांक्षा भी संभव है और जीवन के अपेक्षाकृत गंभीर और जटिल प्रश्नों को पूरे संदर्भ-सौन्दर्य के साथ देखने-दिखाने की स्पृहा भी। लेकिन इन तीनें में से 'कुरुक्षेत्र' और 'उर्वशी' का प्रबंधशिल्प अत्यंत शिथिल है। 'कुरुक्षेत्र' तो एक प्रकार से प्रबंधकाव्य है ही नहीं, क्योंकि उसमें प्रबंध के लिए आवश्यक पात्रों और घटनाओं का नितांत अभाव है।"[33] दिनकर ने 'कुरुक्षेत्र' के 'निवेदन' में स्वयं स्वीकार किया है कि कुरुक्षेत्र के प्रबंध की एकता उसमें वर्णित विचारों को लेकर है। 'कुरुक्षेत्र' के प्रबंध की दुर्बलता का एक पक्ष यह है कि उसका पूरा षष्ठ सर्ग जिसे हम उसकी आत्मा भी कह सकते हैं, प्रबंध से अलग एक क्षेपक बनकर रह गया है। प्रो. कामेश्वर शर्मा का मानना है कि 'कुरुक्षेत्र' का छठा सर्ग इतना शक्तिशाली और जीवंत है कि वह, न केवल हिंदी के, बल्कि किसी भी भाषा के साहित्य के किसी भी विचार-मुक्तक से होड़ ले सकता है।[34]

'उर्वशी' का प्रबंधशिल्प 'कुरुक्षेत्र' की अपेक्षा पुष्ट है, पर उसकी भी परिणति कुछ दुर्बल है। 'उर्वशी' में दिनकर ने काम और अध्यात्म में संतुलन स्थापित करने की चेष्टा की है। 'रश्मिरथी' इन दोनों प्रबंधकाव्यों के बीच की रचना है। उसमें दिनकर ने महाभारत के एक उपेक्षित पात्र कर्ण को सहानुभूति देकर कुलीनता-गर्व का खंडन करने और व्यक्तिगत वीरता, दानशीलता, सत्यप्रियता आदि गुणों को समाज में प्रतिष्ठित करने का प्रयास किया है। 'रश्मिरथी' का प्रबंधत्व अपेक्षाकृत अधिक सुगठित है, परंतु इसका कवित्व उन दोनों की तुलना में कमज़ोर है।

विदेशी भाषाओं की कविताओं का अनुवाद

उन्होंने विदेशी भाषाओं की कविताओं के हिंदी भावानुवाद भी किए थे। 'सीपी और शंख' तथा 'आत्मा की आँखें' उनके द्वारा अनूदित कविताओं के संग्रह हैं।

किंतु इन दो पुस्तकों की कुछ चुनी हुई कविताएँ 'रश्मि-लोक' नामक उनके काव्य-संकलन में भी संकलित हैं। कवि के अनुसार इसके दो कारण हैं। पहला यह कि उनकी काव्य-यात्रा में 'सीपी और शंख' तथा 'आत्मा की आँखें' का बहुत महत्त्व है। उनके अनुसार 'हारे को हरिनाम' में उन्होंने जिस शैली का प्रयोग किया है, उसको इन्हीं दो पुस्तकों में माँजा गया था। नई कविताओं के अध्ययन से उनकी जो मनोदशा बनी, उसका काव्यगत रूप सर्वप्रथम इन्हीं दो पुस्तकों में प्रकट हुआ था। दूसरा कारण यह है कि इन कविताओं को वे चिरागों के स्पर्श से जले हुए नए चिराग मानते थे। उनके अनुसार, "अनुवाद की पद्धतियाँ दो हैं। एक पद्धति का अनुसरण रवि बाबू ने अपनी गीतांजलि के अनुवाद में और निकोलसन ने इकबाल की कविताओं के अनुवाद में किया है। यह पद्धति अनुवाद को मूल के अधिक-से-अधिक निकट रखने का आग्रह करती है और सच पूछिए तो अनुवाद की सही प्रणाली यही मानी जानी चाहिए। इससे भिन्न पद्धति वह है, जिसका अनुसरण करके फिटजेराल्ड ने उमर खैयाम का तथा एजरा पौंड ने चीनी कविताओं का अनुवाद अंग्रेजी में किया। यह पद्धति मूल के प्रति कठोर सच्चाई को अनुवाद का कोई बड़ा गुण नहीं मानती। इस पद्धति के अनुवादक मूल के भाव अथवा भावों से प्रेरणा तो लेते हैं, किन्तु रचना के समय वे स्वयं मौलिक हो उठते हैं और मूल के भाव को चमकाने के लिए अनुवाद में ऐसे-ऐसे नए चित्रों की सृष्टि कर डालते हैं, जो मूल में नहीं थे, किंतु जिन्हें लाए बिना अनुवाद में मौलिकता का पूरा आनंद नहीं लाया जा सकता था।"[35] यह पिछली पद्धति ही उन्हें पसंद थी और वे अनुवाद को मौलिक कविता के समान आनंददायी बनाने में संतोष मानते थे।

उन्होंने लिखा है कि "अपने जानते मैं लारेंस का अनुवाद करने को बैठता हूँ, लेकिन लारेंस का बहाना पाकर नई कविताएँ फूट निकलती हैं। लारेंस को छूकर जो नई कविताएँ मुझे सूझ रही हैं, वे लारेंस को क्यों नहीं सूझी थीं?

ऐसी कविता शायद ही कभी लिखी गई है, जो आखिरी हो, जिसमें वे सभी बातें आ गई हों, जो लाई जा सकती थीं। ऊँची कविता का लक्षण है कि वह प्रतिध्वनि उत्पन्न करती है, दूसरों के भीतर प्रेरणा जगाती है और अन्य कवि से लगभग वैसी ही कविता लिखवाती है जैसी वह स्वयं है। इसलिए मूल के कवि से यह शिकायत जायज मालूम होती है कि उसने वे सभी कविताएँ खुद क्यों नहीं लिखीं, जिन्हें दूसरे कवियों ने उसी की प्रेरणा से लिखा है।"[36]

भावानुवाद के संदर्भ में दिनकर यह मानते थे कि मूल के प्रति वफादार न रहना वस्तुतः अवगुण है, किंतु एक स्थान पर वह उनका गुण मान लिया गया। रूसी भाषा में उनकी कविताओं का जो अनुवाद-ग्रंथ छपा है, उसका नाम 'सिनिज लोटोस' यानी नीलकमल है। 'सीपी और शंख' को वे स्वयं अनूदित कविताओं का संग्रह मानते हैं, किंतु 'सिनिज लोटोस' में चार-पाँच कविताएँ सीपी और शंख

से भी ली गई हैं। इस बात को लेकर जब दिनकर ने रूसी शोध-छात्रा स्वेतलाना से चर्चा की, तब उन्होंने कहा कि "हमारे देश के कवियों ने 'सीपी और शंख' से ली गई कविताओं को मूल अंग्रेजी, फ्रेंच, जर्मन, स्पैनिश तथा चीनी कविताओं से मिलाकर देखा था, मगर उनकी राय यह हुई कि 'सीपी ओर शंख' की कविताएँ मूल से केवल प्रेरणा लेकर चली हैं। बाकी वे सब-की—सब दिनकरजी की अपनी कल्पना से तैयार हुई हैं। इसलिए हम अगर उन्हें मौलिक रचनाएँ मानकर चलें, तो इसमें कोई दोष नहीं है।"

बहुज्ञ और 'गंगा-जमुनी तहज़ीब के पोषक'

दिनकर बड़े ही अध्ययनशील थे। अध्ययन के क्रम में वे विवेकानन्द, महात्मा गाँधी, बालगंगाधर तिलक, फ्रेडरिक नीत्से (1844-1900 ई.), लेव टॉल्स्टॉय (1828-1910 ई.) और बर्ट्रेण्ड रसेल (1872-1970 ई.) जैसे विचारकों से प्रभावित हुए थे। जहाँ तक कवियों की बात है, कालिदास, कबीरदास, तुलसीदास, इकबाल और रवीन्द्रनाथ ठाकुर उनके प्रिय कवि थे। वैसे बाद में, वे ब्रिटिश साहित्यकार टी. एस. इलियट (1888-1965 ई.) और रूसी साहित्यकार बोरिस पास्तरनेक (1890-1960 ई.) के विचारों से भी प्रभावित हुए।

कॉलेज में पढ़ते समय उनमें शेली और वर्डस्वर्थ, दोनों के लिए उत्साह था; और उसी समय बँगला सीख कर उन्होंने रवीन्द्रनाथ ठाकुर और काज़ी नज़रुल इस्लाम से भी परिचय बढ़ा लिया था। बाद में जब वे नौकरी करने लगे, तब उन्होंने उर्दू सीखी और इक़बाल तथा जोश से प्रभावित हुए। वे 'कविता-कौमुदी' के उर्दू-भाग की प्रति, अकसर, अपने साथ रखते थे, क्योंकि उर्दू कविता में अभिव्यक्ति की जो स्वच्छता रहती है वे उसके कायल थे।

मैट्रिक पास करने तक वे गाँव में रहे। लेकिन कॉलेज की शिक्षा के सिलसिले में चार वर्ष उन्हें पटना में रहने का अवसर मिला। उसके बाद 1933 ई. से लेकर 1943 ई. तक नौकरी के सिलसिले में उन्हें बिहार के ग्रामीण क्षेत्रों में रहना पड़ा। इन दस वर्षों में अंग्रेजी की अच्छी किताबें उनके हाथ में कम ही आईं। सब-रजिस्ट्रारी में उन्हें फुर्सत तो बहुत रहती थी, मगर किताबें उनके पास कम थीं। कालिदास और भवभूति की रचनाओं को उन्होंने कई बार पढ़ा। इन दिनों बँगला में रवीन्द्रनाथ की चयनिका और संचयिता, काजी नजरुल इस्लाम की संचिता और सत्येन्द्रनाथ दत्त का काव्य-संचयन-जैसी पुस्तकें बराबर उनके साथ रहती थीं। सब-रजिस्ट्रारी के दिनों में उन्होंने एक मौलवी रखकर सर इकबाल की 'बाँगेदरा', 'बाले-जिबरईल', और 'जरबे कलीम' नामक पुस्तकें मनोयोग से पढ़ डालीं। लेकिन 1943 ई. में जब उनका स्थानान्तरण पुनः पटना हो गया, तब वे विश्व-साहित्य की धारा से परिचित होने लगे।

पटना आने पर यूरोपीय भाषाओं के उपन्यासों, कहानियों, कविताओं और दर्शन को उन्होंने उत्साह से पढ़ा। परम्परा और धर्म से प्राप्त जिन अनेक आस्थाओं को वे अपने हृदय से लगाए हुए थे, नीत्से ओर रसल ने उनके बारे में उन्हें शंकालु बना दिया। लगभग ऐसा ही प्रभाव उन पर इलियट का भी पड़ा। कविता किसे कहते हैं, यह बात उन्होंने रवीन्द्रनाथ ठाकुर और इकबाल से सीखी। किन्तु इलियट की कविताएँ देखकर उन्हें ऐसा लगा कि वे जहाँ खड़े हैं, कविता उससे बहुत आगे निकल गई है। यद्यपि रवीन्द्र और इकबाल पर उनकी श्रद्धा अविचलित रही, तथापि नवीनता का रस लेने के लिए उन्होंने इलियट-जैसे नए कवियों की कविताएँ खोज-खोज कर पढ़ना शुरू किया।

जैसे-जैसे वे पश्चिम की नई कविताओं से परिचित होते गए, उनकी अपनी कविताओं की अदाएँ बदलने लगीं। इन परिवर्तित भंगिमावाली कविताओं में से कुछ तो 'नील कुसुम' में संगृहीत हैं और अधिकांश का संकलन 'कोयला और कवित्व' में हुआ है।

ग़ालिब और इकबाल-जैसे उर्दू शायरों के कलाम उन्हें कंठस्थ थे। वे ब्रजनारायण चकबस्त, जोश मलीहाबादी, जिगर मुरादाबादी और ज़मील-जैसे उर्दू शायरों के भी प्रशंसक थे। नागरी लिपि में छपे चकबस्त के 'सुबहे-वतन' नामक संग्रह को उन्होंने अपनी किशोरावस्था में ही पढ़ा था। वे इकबाल को बड़ा कवि मानते थे, उनके प्रशंसक थे; और उनसे प्रभावित भी थे। डॉ. नन्दकिशोर नवल ने लिखा है कि—"इकबाल से उन्होंने किसी हद तक ओजस्विता और वैचारिकता तो ली ही है, कहने-सुनने का एक खास ढंग भी लिया है। इकबाल अनेक बार अपनी कविताओं में कथोपकथन का सहारा लेते हैं और उसी के माध्यम से अपनी बात कहते हैं, उदाहरणार्थ इकबाल की 'अक्ल-ओ-दिल' शीर्षक नज्म में : 'अक्ल ने एक दिन यह दिल से कहा'। ...एक ...कविता 'जा रही देवता से मिलने?' में हम देखते हैं कि दिनकरजी भी देश और दुनिया के बारे में अपनी बात एक संवाद के माध्यम से कहते हैं। अपनी आत्मपरक कविताओं में भी कभी-कभी उन्होंने यह पद्धति अपनायी है, यथा 'रात यों कहने लगा मुझसे गगन का चाँद' में। इस कविता में जो कुछ कहा गया है, वह उन्हीं की कविता के बारे में सही है, उनकी पीढ़ी के किसी भी दूसरे कवि की कविता के बारे में नहीं। इसी तरह 'कवि की मृत्यु' में भी मुख्यत: संवाद ही हैं। यह कविता कवि ने अपनी ही मृत्यु की कल्पना करके लिखी है, जो इस बात को झुठलाती है कि महान कविता आत्मपरकता से मुक्त होकर ही लिखी जा सकती है। 'लोहे के पेड़ हरे होंगे' कविता में कोई संवाद नहीं है, लेकिन इसमें कवि वस्तुत: अपने को ही सम्बोधित करता है।[37]

दिनकर ने स्वयं स्वीकार किया हैं कि वे हमेशा रवीन्द्रनाथ और इकबाल के बीच झटके खाते रहे हैं। उनकी अन्तरात्मा तो हमेशा यही कहती रही कि वे

रवीन्द्रनाथ की संगति में रहें और उन्हीं के समान निरुद्देश्य आनन्द के क्षेत्र में विहार करें लेकिन नियति ने उन्हें इक़बाल का शागिर्द बना दिया। यह और बात है कि इकबाल देश को तोड़ने के लिए लड़ रहे थे और दिनकर उसे बद्धमूल रखने के लिए। विडम्बना यह है कि इक़बाल जीत गए। इसके बावजूद इक़बाल के प्रति दिनकर का मोह कम नहीं हुआ।

इकबाल राष्ट्र और संस्कृति की बुनियाद धर्म पर रखते हैं, जबकि दिनकर राष्ट्र को सर्वोपरि मानते हैं। राष्ट्रीयता के संदर्भ में दिनकर का दृष्टिकोण उदार और अनुकरणीय है। वे भारत की गंगा-जमुनी तहज़ीब के पोषक और प्रशंसक रहे हैं।

दिनकर का प्रभविष्णु व्यक्तित्व

आचार्य शिवपूजन सहाय ने लिखा था—वह पौरुष के कवि हैं। उनकी वाणी राष्ट्रीय चेतना को उद्बुद्ध करती है। उसमें कहीं युद्ध की ललकार है, कहीं बलिदान की प्रेरणा। देश के उमंगी युवकों का वह प्रतिनिधित्व करते हैं। सांस्कृतिक भावनाओं को उनसे उत्तेजना मिलती है। पद-दलितों और शोषितों तथा किसानों और मजदूरों की करुण-पुकार उनकी कविता के माध्यम से देशभर में व्याप्त हुई है।[38]

अपने प्रभविष्णु व्यक्तित्व के कारण उनको अपने जीवन में अपार यश मिला। बनारसीदास चतुर्वेदी ने लिखा है कि "पहले मैं अपने नगर के ही निवासी कविवर पं. श्रीधर पाठक का भक्त था, उसके बाद राष्ट्रकवि मैथिलीशरणजी गुप्त ने मुझे प्रभावित किया। तत्पश्चात् मैं कविरत्न पं. सत्यनारायणजी के व्यक्तित्व से और उनकी मनोहर कविताओं से आकर्षित हो गया था। इसके बाद हिन्दी में जिन कवियों का भक्त मैं बनता गया, उसकी सूची काफी विस्तृत है। ... कविवर दिनकरजी इस लम्बी सूची में काफी देर से आए, पर आते ही उन्होंने मेरे समस्त हृदय को ग्रहण कर लिया।"[39] उन्होंने आगे लिखा है कि "लगभग 18-19 वर्ष तक मेरे हृदय पर उनका एकाधिपत्य रहा। मैं उन्हें साहित्य-जगत् का एक करिश्मा समझता रहा और अब भी यह मानता हूँ कि अपनी सुन्दर कविताओं को स्मरण-शक्ति के भरोसे इतने ओजस्वितापूर्ण ढंग पर पढ़ना केवल उन्हीं के हिस्से में आया है।"[40] दिनकरजी के मुख से निकलकर कविता साकार रूप धारण कर लेती थी। उनकी कविताओं में जितनी ऊर्जा थी, उनके स्वर में वैसा ही प्रखर आवेग था, जो अपने विचार-प्रवाह में श्रोता-समुदाय को निमज्जित किए बिना नहीं रहता था।

चाहे जो भी फसल उगा ले, तू जलधार बहाता चल,
जिसका भी घर चमक उठे, तू मुक्त प्रकाश लुटाता चल।
रोक नहीं अपने भीतर का स्रोत किसी के भी भय से,
मन में उठे भाव जो उनको गीत बनाकर गाता चल॥
तुझे फिक्र क्या, खेती को प्रस्तुत है कौन किसान नहीं?

जोत चुका है कौन खेत? किसको मौसम का ध्यान नहीं?
कौन समेटेगा किसके खेतों से जल बह जाएगा?
इस दुविधा में पड़ा अगर तो बाकी फिर ईमान नहीं॥
तू जीवन का कंठ, दमित इसका कोई उत्साह न कर।
रोक नहीं आवेग प्राण के, सँभल-सँभल कर आह न कर,
उठने दे हुंकार हृदय से, जैसे वह उठना चाहे,
किसका वहाँ वक्ष फटता है, तू इसकी परवाह न कर॥
हम पर्वत पर की पुकार हैं, वे घाटी के वासी हैं,
वन में से वे गृही और हम गृह में भी संन्यासी हैं।
वे लेते कर बन्द खिड़कियाँ, डरकर तेज हवाओं से,
झंझाओं में खोल पंख, उड़ने के हम अभ्यासी हैं।

दिनकर ने 'मुक्त दानी' शीर्षक यह कविता पं. बनारसीदास चतुर्वेदी को उनके जन्मदिन के अवसर पर 24 दिसम्बर, 1953 ई. को भेंट की थी। बनारसीदास चतुर्वेदी का मानना है कि दिनकरजी की आकांक्षाएँ निस्सन्देह अपने सर्वोत्तम रूप में इस कविता में प्रकट हुई हैं।

'मरण नहीं सारा सर्वस्व हरेगा'

सांसारिक जीवन में हर प्रसिद्ध व्यक्ति का अपना एक दौर होता है। 1971 ई. के आसपास दिनकर का वह दौर खत्म हुआ। फिर तमाम पदभारों से मुक्त होकर 14 जुलाई, 1971 ई. को वे दिल्ली से पटना लौट आए। उन्हीं के शब्दों में—"सुख और दुःख भोगता हुआ मनुष्य किस रूप में जीता है, इसकी एक कल्पना भारत में इस प्रकार की गई थी। एक विकराल कुआँ है, जिसकी पेंदी में साँप बैठा हुआ है और जगत पर बाघ। कुएँ की दीवार से एक पेड़ निकल आया है। उसकी डाल पकड़कर एक आदमी लटका हुआ है। वह साँप के भय से नीचे नहीं उतर सकता, न बाघ के भय से कुएँ से बाहर निकल सकता है। पास की ही डाल में एक मधु का छत्ता लटक रहा है। दो संगीन खतरों के बीच झूलता हुआ आदमी कभी-कभी इस छत्ते से मधु चाट लेता है। उसी मधु के सहारे वह जीता है।

जब से दिल्ली से आया हूँ, मैं इसी प्रकार जी रहा हूँ।"[41]

उनका जीवन दायित्वों, उपलब्धियों एवं संघर्षों का मणिकांचन संयोग था। पारिवारिक झमेलों के कारण उनके जीवन में चुनौतियों का एक अन्तहीन क्रम बना रहा। इसलिए उनकी कविताओं में विद्यमान वेदना की प्रखरता और आक्रोश की तीव्रता को उनके जीवन-संघर्ष से जोड़कर देखा जाना चाहिए।

जीवन सम्बन्धी उनका दृष्टिकोण स्पृहणीय था। उन्होंने लिखा है—"मृत्यु को मैं अजेय मानता हूँ। मनुष्य दीर्घायु हो सकता है, अमर नहीं। और आयु-दैर्घ्य

भी वही काम्य है, जो कीर्ति से आता है—सन्तति, परम्परा और विचार-प्रवाह से उत्पन्न होता है। यह ठीक नहीं कि हर खिलनेवाला फूल सदा को खिला रह जाए। और चार दिनों की जिन्दगी के लिए जब इतनी हाय-हाय होती है, तब कभी न खत्म होनेवाली जिन्दगी के लिए कितनी हाय-हाय होगी?"[42]

अपनी मृत्यु के पन्द्रह-बीस साल पहले से ही दिनकर को मधुमेह और उच्च रक्तचाप-जैसे रोगों ने बुरी तरह जकड़ लिया था। प्रतिदिन वे स्वयं इनसुलिन की सुई लगाते थे। डॉक्टर की सलाह के अनुसार खानपान में भी परहेज करते थे। पहले वे पान, सिगरेट और खैनी—तीनों का अत्यधिक सेवन करते थे, लेकिन धीरे-धीरे उन्होंने इन तीनों व्यसनों को छोड़ दिया था।

बहरहाल, 19 अप्रैल, 1974 ई. को उनके काव्य-जीवन के 50 वर्ष पूरे हुए। इस अवसर पर नई दिल्ली में एक भव्य समारोह का आयोजन करके उनका सारस्वत अभिनन्दन किया गया था।

21 अप्रैल, 1974 ई. को वे दिल्ली से तिरुपति के लिए रवाना हुए। वहाँ पहुँचकर उन्होंने भगवान वेंकटेश्वर के मन्दिर में बालाजी के पवित्र दर्शन किए। वहाँ से वे मद्रास (चेन्नई) पहुँचे, जहाँ 24 अप्रैल, 1974 ई. की शाम को 8 बजे तक वे समुद्र तट पर अपने मित्रों को कविताएँ सुना रहे थे। 'सुनूँ क्या सिन्धु क्या गर्जन तुम्हारा' का उद्घोषक कवि सिन्धु की लहरों के बीच अपने मित्रों को बहुत देर तक अपनी कविताएँ सुनाता रहा। करीब साढ़े तीन घंटे बाद 24 अप्रैल की मध्यरात्रि के 11.30 बजे उनको दिल का दौरा पड़ा। आनन-फानन में उनको एक स्थानीय नर्सिंग होम में भर्ती कराया गया। लेकिन उनका समय शायद पूरा हो चुका था। बुधवार 24 अप्रैल, 1974 ई. को 12.30 बजे मध्यरात्रि में उनके प्राणों की ज्योति महाज्योति में विलीन हो गई। यह अलग बात है कि उनकी आग्नेय रचनाओं ने जो ताप पैदा किया; और उनकी विविध रचनाओं से जो ऊर्जा निःसृत हुई, उनकी आँच और शक्ति कभी खत्म नहीं होगी।

'नीलकुसुम' में संकलित एक कविता में उन्होंने लिखा था—"बड़ा वह आदमी, जो जिन्दगी भर काम करता है/बड़ी वह रूह जो रोए बिना तन से निकलती है।" दिनकर जिन्दगी भर संघर्षरत रहे; और अन्ततोगत्वा शान्त मन से इस धराधाम से विदा हो गए।

25 अप्रैल, 1974 ई. को अपराह्न 01 बजे उनके पार्थिव शरीर को विमान से दिल्ली होते हुए पटना लाया गया। पटना हवाई अड्डे पर उनके प्रशंसकों की अपार भीड़ थी। शव को वहाँ से राजेन्द्र नगर, पटना स्थित उनके घर लाया गया। वहाँ जब ताबूत में बन्द शव को बाहर निकाला गया, तब उनकी 95 वर्षीया माँ अपने 'नूनू' के शव को देखकर मानो पत्थर हो गईं। शाम 5.45 बजे शवयात्रा शुरू हुई और अन्ततः बाँसघाट पहुँची। रास्ते भर पटना के लोग अपने घरों की छतों से राष्ट्रकवि

के पार्थिव शरीर पर पुष्प-वर्षा करते रहे। बाँसघाट में गंगा के किनारे उनके कनिष्ठ पुत्र केदार ने चिता पर लेटे अपने मृत पिता को मुखाग्नि दी। रात्रि के 11 बजे तक दिनकरजी का पार्थिव शरीर पंचतत्त्व में लीन हो गया।

एक अद्‌भुत् संयोग यह रहा कि उनका जन्म भी बुधवार की रात्रि में हुआ था और उनका निधन भी बुधवार की रात्रि में ही हुआ। विधाता ने उनको कुल 65 वर्ष सात माह का जीवन दिया था। स्मृतिशेष रामधारी सिंह दिनकर के संदर्भ में हम उन्हीं के शब्दों में कह सकते हैं—

मरण नहीं सारा सर्वस्व हरेगा,
चिता नहीं सब कुछ समेट पाएगी,
जो कुछ भी जल जाए, अन्त में सबके,
एक ज्योति जीवित ही रह जाएगी।

(सेतु रचना; 'नील कुसुम', 1953 ई.)

उनके निधन के बाद आचार्य हजारीप्रसाद द्विवेदी ने उनका सप्रेम स्मरण करते हुए लिखा था—दिनकरजी के समान वाग्मी भी कम ही होते हैं। साधारण तथ्यों से भी वे बड़ा सन्देश प्रेषण कर देते थे। उनकी तेजस्विता सदा विद्यमान रहती थी। उनके अभाव की पूर्ति करनेवाला कोई नहीं दिखाई देता। हिन्दी भाषा उन्हें पाकर धन्य हुई थी, खोकर शोचनीय हो गई है।[43]

संदर्भ

1. युगचारण दिनकर, सावित्री सिन्हा; पृ. 30; सेतु प्रकाशन, दिल्ली; 2019 ई.।
2. सिमरिया तत्समय मुंगेर जिले के अन्तर्गत था। 02 अक्टूबर, 1972 ई. को मुंगेर से पृथक् होकर बेगूसराय जिले के गठन के बाद यह गाँव नवसृजित बेगूसराय जिले का भाग बन गया।
3. रामधारी सिंह दिनकर, 'चक्रवाल', भूमिका, पृ. 24-25; उदयाचल, पटना; 1956 ई.।
4. डॉ. गोपाल राय एवं सकलदेव शर्मा द्वारा सम्पादित 'राष्ट्रकवि दिनकर' में राजेश्वर प्रसाद सिंह का लेख 'रामधारी सिंह दिनकर : पालने से चिता तक' पृ. 3
5. दिनकर रचनावली, खंड 8, सं. डॉ. नन्दकिशोर नवल एवं तरुण कुमार, पृ. 31
6. दिनकर रचनावली, खंड 4, सं. डॉ. नन्दकिशोर नवल एवं तरुण कुमार, पृ. 300-301
7. दिनकर रचनावली, खंड 8, सं. डॉ. नन्दकिशोर नवल एवं तरुण कुमार, पृ. 31
8. दिनकर रचनावली, खंड 4, सं. डॉ. नन्दकिशोर नवल एवं तरुण कुमार, पृ. 301
9. गोपेश्वर सिंह, कल्पना का उर्वशी विवाद, भूमिका, पृ. 13-14
10. हजारीप्रसाद द्विवेदी रचनावली, खंड 10, सं. मुकुन्द द्विवेदी, पृ. 343
11. दिनकर की डायरी; 30 अक्तूबर, 1971, पटना
12. दिनकर रचनावली, खंड 4, सं. डॉ. नन्दकिशोर नवल एवं तरुण कुमार, पृ. 397-398
13. दिनकर, संपादक : सावित्री सिन्हा, पृ. 24; राधाकृष्ण प्रकाशन, नई दिल्ली; तृ. संस्करण, 1990 ई.।

14. संचयिता, रामधारी सिंह दिनकर, आत्मकथन, पृ. 12-13; भारतीय ज्ञानपीठ, नई दिल्ली
15. समय का सूर्य : रामधारी सिंह दिनकर', संपादक : दीपक प्रकाश त्यागी एवं राजेंद्र प्रसाद चतुर्वेदी; पृ. 8; सृजन प्रकाशन, लखनऊ; 2009 ई. ।
16. 'शांतिलोक', संपादक : गोपालकृष्ण कौल; (प्राक्कथन लेखक : रामधारी सिंह दिनकर) प्राक्कथन, पृ. छह; साहित्य प्रकाशन, दिल्ली; 1955 ई. ।
17. दिनकर रचनावली, खंड 12, सं. डॉ. नन्दकिशोर नवल एवं तरुण कुमार, पृ. 14
18. वही, पृ. 15
19. दिनकर की डायरी; 5 दिसम्बर, 1970
20. दिनकर रचनावली, खंड 12, सं. डॉ. नन्दकिशोर नवल एवं तरुण कुमार, पृ. 18
21. वही, पृ. 18
22. दिनकर रचनावली, खंड 7, सं. डॉ. नन्दकिशोर नवल एवं तरुण कुमार; पृ. 116-117
23. वही, पृ. 117
24. 'स्वच्छन्द-काव्य-धारा' या 'स्वच्छन्दतावादी काव्यधारा' को अंग्रेजी में 'रोमांटिक कविता' (Romantic Poetry) कहा जा सकता है। अंग्रेजी साहित्य में विलियम ब्लेक, विलियम वर्ड्सवर्थ, जॉन कीट्स, पी. बी. शेली और बायरन-जैसे प्रसिद्ध रोमांटिक कवि हुए हैं। हिन्दी की साहित्यिक परम्परा में प्रयोगकालीन कविता के दो महत्त्वपूर्ण भेद हैं—मुक्त काव्य और स्वच्छन्द काव्य। इस सम्बन्ध में फ्रेंच में Vers Libre और Vers Livere नामक समानप्राय ध्वनिवाले दो पदों का प्रयोग किया जाता है। Vers Libre को ही अंग्रेजी में Free Verse और हिन्दी में मुक्त काव्य या मुक्त छन्द कहते हैं। जबकि Vers Livere को हम 'स्वच्छन्द काव्य' कह सकते हैं।

    साहित्य में विषयगत रूढ़ियों से मुक्ति को ही 'स्वच्छन्दता' कहा गया है। आचार्य नलिन विलोचन शर्मा के अनुसार, "काव्य मुक्त होने पर भी स्वच्छन्द नहीं हो सकता। इसी तरह स्वच्छन्द होने पर भी वह मुक्त न हो तो कोई आश्चर्य नहीं। मुक्त काव्य का अर्थ पद्य-यंत्र (Verse Mechanism) से मुक्ति मात्र है। यदि कविता का रूप-विन्यास नियमानुमोदित नहीं है, तो वह मुक्त मानी जाएगी। लेकिन हम अक्सर देखते हैं कि पद्यकौशल-सम्बन्धी मुक्ति के बावजूद कविता में विषयगत स्वच्छन्दता नहीं आने पाती, कविता की आकृति तो बदल जाती है किन्तु उसकी प्रकृति में कोई परिवर्तन नहीं हो पाता।" (गोपेश्वर सिंह द्वारा सम्पादित 'नलिन विलोचन शर्मा : संकलित निबन्ध', पृ. 33)
25. दिनकर; संपादक : सावित्री सिन्हा, पृ. 89; राधाकृष्ण प्रकाशन, नई दिल्ली; तृतीय संस्करण, 1990 ई.।
26. डॉ. लक्ष्मीनारायण सुधांशु, 'जीवन के तत्त्व और काव्य के सिद्धान्त', पृ. 241
27. रामधारी सिंह दिनकर, 'चक्रवाल', भूमिका, पृ. 11; उदयाचल, पटना; 1956 ई.।
28. दिनकर रचनावली, खंड 2, सं. डॉ. नन्दकिशोर नवल एवं तरुण कुमार; भूमिका, पृ. 5
29. आजकल, अक्टूबर 2008 अंक, पृ. 70
30. कृष्णदत्त पालीवाल का लेख 'औपनिवेशिक दासता से मुक्ति की ध्वनि', आजकल, अक्टूबर 2008 अंक, पृ. 15

31. दिनकर रचनावली, खंड 1; सं. डॉ. नन्दकिशोर नवल एवं तरुण कुमार, भूमिका, पृ. 19
32. 'छन्दोबद्धपदं पद्यं तेन मुक्तेन मुक्तकम्'। (आचार्य विश्वनाथ, 'साहित्यदर्पण')
33. डॉ. आनन्द नारायण शर्मा, सुकवि समीक्षा, पृ. 223-224; भारती भवन, पटना, 1989 ई.।
34. कामेश्वर शर्मा; 'बोध और व्याख्या', पृ. 353; नोवेल्टी एंड कंपनी, पटना; 1991 ई.।
35. दिनकर रचनावली, खंड 4, सं. डॉ. नन्दकिशोर नवल एवं तरुण कुमार, पृ. 391-392
36. दिनकर की डायरी; 30 अगस्त, 1963, दिल्ली
37. दिनकर रचनावली, खंड 3; सं. डॉ. नन्दकिशोर नवल एवं तरुण कुमार, भूमिका, पृ. 7
38. डॉ. सतीश कुमार राय द्वारा सम्पादित 'दिनकर की साहित्य-साधना' में आचार्य शिवपूजन सहाय का लेख 'दिनकर : एक परिचय', पृ. 17; किताब पब्लिकेशन, मुजफ्फरपुर; 2008 ई.।
39. डॉ. सतीश कुमार राय द्वारा सम्पादित 'दिनकर : चिन्तन-अनुचिन्तन' में बनारसीदास चतुर्वेदी का लेख—'कविवर दिनकर', पृ. 17; विद्यावती प्रकाशन, दिल्ली; 2009 ई. ।
40. वही, पृ. 18
41. दिनकर की डायरी; 5 जून, 1972 पटना
42. दिनकर रचनावली, खंड 11; सं. डॉ. नन्दकिशोर नवल एवं तरुण कुमार, पृ. 438
43. हजारीप्रसाद द्विवेदी रचनावली, खंड 10, सं. मुकुन्द द्विवेदी, पृ. 344

अध्याय 2

हिन्दी के हितों के प्रबल प्रहरी

रामधारी सिंह दिनकर के अनुसार साहित्य दो प्रकार का होता है—रस का साहित्य और ज्ञान का साहित्य। उनका कहना था कि "यदि हमने कोई विदेशी भाषा ठीक से सीख ली है, तो ज्ञान का साहित्य हम उस भाषा में तैयार कर सकते हैं, किन्तु रस के साहित्य की भाषा हमेशा अपनी मातृभाषा होती है और मेरा जो मत रस के साहित्य की भाषा के विषय में है, वही मत शिक्षा और शासन के माध्यम की भाषा के बारे में भी है।"[1]

भारत के उत्तर में बद्रीनाथ से लेकर दक्षिण में नागपुर तक और पूर्व में पूर्णिया से लेकर पश्चिम में जैसलमेर तक हिन्दी का इलाका है। इस पूरे भूभाग में बोली जानेवाली कुल 18 बोलियों-उपभाषाओं को ही सामूहिक रूप से 'हिन्दी' कहा जाता है। इस वर्गीकरण के अनुसार दिनकर की मातृभाषा मैथिली थी। एक बार राज्यसभा में अपना वक्तव्य देते हुए उन्होंने कहा था कि "मेरी मातृभाषा हिन्दी नहीं है। मेरी माँ हिन्दी नहीं बोलती हैं, मैथिली बोलती हैं। (पुरुषोत्तमदास) टंडनजी की माँ भी हिन्दी नहीं अवधी बोलती थीं। हिन्दी का एक लक्षण यह है कि मातृभाषावाला लगाव हिन्दी के साथ बहुत कम लोगों का है और जिन्होंने हिन्दी को मातृभाषा के ही समान अपना लिया है, उनकी संख्या ज्यादा है।"[2] कहना न होगा कि दिनकर ने हिन्दी को मातृभाषा के समान अपना लिया था। हिन्दी उनकी सारस्वत साधना की भाषा थी। स्वभावत: वे हिन्दी भाषा के प्रबल पक्षधर थे।

श्रीनारायण चतुर्वेदी ने लिखा है—"अधिकांश हिन्दी साहित्यकार और विशेषकर हिन्दी कवि साहित्य की सेवा तो करते आए हैं, किन्तु वे हिन्दी के प्रचार, प्रसार और उसका जन्मसिद्ध स्थान और अधिकार दिलाने के आन्दोलन में बहुत कम रुचि लेते हैं। दिनकरजी उन थोड़े-से अपवादों में थे जो उच्च श्रेणी के कवि और लेखक होते हुए भी हिन्दी के आन्दोलन में खुलकर भाग लेते थे। उन्हें राजर्षि की तरह ही हिन्दी का दर्द था।"[3] वे हिन्दी का अपार विस्तार चाहते थे। उनका कहना था कि "हिन्दी को वहीं तक जाकर नहीं रुकना है, जहाँ तक गाय की पूजा है। हिन्दी को उन घरों में भी पहुँचना है जहाँ गाय की पूजा नहीं होती है।" हिन्दी

को देश की राष्ट्रभाषा, राजभाषा और संयोजक भाषा (लिंक भाषा) के रूप में संवैधानिक मान्यता दिलाने के लिए वे आजीवन प्रयत्नशील रहे। उनका मानना था कि "भारत में सार्वदेशिक कीर्ति की नाव हिन्दी है।"[4]

भाषा-सम्बन्धी चेतना से राष्ट्र की अवधारणा का और राष्ट्र से राष्ट्रीयता की अवधारणा का गहरा सम्बन्ध है। इसलिए भाषा का सवाल भी इस विवाद का हिस्सा रहा है। यह सच है कि राष्ट्र की अवधारणा को साकार करने के लिए एक सम्पर्क-भाषा या राष्ट्रभाषा की आवश्यकता महसूस की जा रही थी। लेकिन उस दौर में भाषा का सवाल एक संवेदनशील मुद्दा बन चुका था। भाषा, राष्ट्र और राष्ट्रीयता तब सर्वाधिक विचलित करनेवाले प्रश्न थे। स्वभावत: हिन्दी को लेकर एक उत्तेजनापूर्ण वातावरण बन गया था।

दिनकर ने अपनी डायरी (20 जून, 1962, दिल्ली) में लिखा है—"जब से गोपाल रेड्डी सूचनामंत्री हुए हैं, उन्होंने हिन्दी के सरलीकरण की चर्चा है। नतीजा यह हुआ है कि संस्कृत के जो शब्द सर्वत्र प्रचलित हैं, उनका भी बहिष्कार किया जा रहा है और जो भाषा गढ़ी जा रही है, वह नकली है। आज सूचनामंत्री की भाषा-नीति पर राज्यसभा में मेरा भाषण हुआ। मेरी दलील यह थी कि रेडियो में हिन्दी सही दिशा में विकसित हो रही है। आप ऐसी योजना अवश्य बनाइए, जिससे उर्दू का विकास हो, वह इस देश में कायम रहे और फूले-फले। लेकिन हिन्दी को उर्दू बनाने की कोशिश मत कीजिए। हिन्दी संस्कृतनिष्ठ नहीं हुई, तो वह सारे देश में फैल नहीं सकेगी।

लगे हाथों मैंने उन लोगों की आलोचना की, जो दिन-रात कहते रहते हैं कि हिन्दी अविकसित भाषा है, उसका साहित्य श्रेष्ठ नहीं है, उसकी तुलना में देश की अनेक भाषाएँ बहुत अच्छी हैं। इस प्रसंग में मेरे मुँह से यह बात भी निकल गई कि हिन्दी की निन्दा करने की यह प्रवृत्ति प्रधानमंत्री की देखा-देखी बढ़ी है, क्योंकि अन्य भाषा-भाषियों को खुश करने के लिए वे बराबर हिन्दी का मजाक उड़ाते रहते हैं।

मोरारजी (देसाई) भाषण ध्यान से सुन रहे थे, मगर मुस्लिम सदस्य उदास थे। डॉ. नीहार रंजन रे प्रसन्न थे और दक्षिण के सदस्य भी खुश थे कि मैंने संस्कृतनिष्ठ हिन्दी का समर्थन किया है। ...लगता है, आज मैंने प्रधानमंत्री को अप्रसन्न कर दिया। लेकिन आग जिस रूप में सुलगाई गई है, उसे हम बर्दाश्त भी कैसे करें?"[5] इससे स्पष्ट है कि दिनकर हिन्दी के लिए कितने समर्पित थे।

दिनकरजी के संदर्भ में आचार्य हजारीप्रसाद द्विवेदी का कहना है—"मैंने स्वयं देखा है कि एक शक्तिशाली की हिन्दी-विरोधी नीति का कड़ा विरोध उन्होंने किया था, जिसकी शिकायत पंडितजी तक पहुँचाई गई थी। हिन्दी के प्रश्न पर वे सदा दृढ़ रहे, पर उनके तर्क सदा कटुता से दूर और यथार्थवादी होते थे। वे

अहिन्दीभाषी जनता में भी बहुत लोकप्रिय थे, क्योंकि उनका हिन्दी-प्रेम दूसरों की अपनी मातृभाषा के प्रति श्रद्धा और प्रेम का विरोधी नहीं था, बल्कि प्रेरक था।

यहाँ हिन्दी के बारे में जो कहा गया, उससे यह नहीं समझना चाहिए कि वे केवल हिन्दी के प्रति किए गए अन्यायों के विरोध में ही अपनी शक्ति लगा देते थे। उनका विरोध उन सब नीतियों से था जो उन्हें अनुचित लगती थीं। .....उनका मत तर्कपूर्ण सुचिन्तित होता था। उनके मत से सहमत न होनेवाला भी उनके विचारों की सच्चाई से प्रभावित होता था।"[6]

21 फरवरी, 1963 ई. को राज्यसभा में बोलते हुए दिनकर ने कहा था—"पटना या लखनऊ में हिन्दी के लिए अगर मैं ज़ोर से बोलूँ तो उसमें कोई शर्म की बात नहीं है, लेकिन संसद में चौदह भाषाएँ हैं। यहाँ हिन्दी का पक्ष-समर्थन करने के लिए जब हिन्दीवाला खड़ा होता है, तब उसकी आत्मा में एक संकोच पैदा होता है। मगर, जो वस्तुस्थिति है, वह यह है कि देश में जब-जब भाषा का विवाद छिड़ता है, हम इस निष्कर्ष पर पहुँचे बिना नहीं रह सकते कि हिन्दी इस देश के लिए अनिवार्य है। ऐसे लोग देश में हैं, जो देश की एकता तो चाहते हैं, लेकिन हिन्दी के लिए जिनके भीतर कोई खास उत्साह नहीं है। ऐसे लोग भी जब भाषा के सवाल पर विचार करने लगते हैं तब उनका यही मत बनता है कि अन्ततोगत्वा, देर या अबेर हिन्दी को जोड़नेवाली भाषा के रूप में स्वीकार करना ही पड़ेगा।"[7]

आगे उन्होंने यह भी कहा कि—"राममोहन राय से लेकर गाँधीजी तक, पीढ़ी-दर-पीढ़ी देश के प्रत्येक भाग के नेता यह प्रस्ताव करते आए हैं कि हिन्दी का विकास अन्तर्प्रान्तीय प्रयोग के लिए किया जाए, लेकिन यह प्रस्ताव सूझा कैसे? इसलिए कि संस्कृत में एक विचित्र शक्ति है। मैं आपको डॉ. सुनीतिकुमार चटर्जी का मत बतला रहा हूँ। संस्कृत ने उत्तर में कई भाषाएँ पैदा कर दी, लेकिन एक भाषा उसने ऐसी भी उत्पन्न की, जो गुजरात से असम तक बिना सीखे भी टूटी-फूटी थोड़ी-बहुत समझ ली जाती है। हिन्दी सीखे बिना भी उत्तर में हिन्दी से काम चल जाता है। भारत के अन्य किसी भाग में ऐसी भाषा नहीं पैदा हुई, जो आस-पास के सभी क्षेत्रों में समझी जा सके। इसीलिए नेताओं का ध्यान हिन्दी पर गया और पीढ़ी-दर-पीढ़ी सारे देश ने उस प्रस्ताव का समर्थन किया है।

भाषा के मामले में अब वह अवस्था है कि हम उस पर हिन्दी की तरफ से या अंग्रेजी की तरफ से विचार करें। पन्द्रह वर्ष में सूखे में तैरने का अभ्यास हम लोगों ने बहुत किया। किन्तु हिन्दी की प्रगति केन्द्रीय शासन में कहीं नहीं हुई। हाँ, हिन्दी के विकास के लिए कुछ थोड़ा काम हुआ है। मगर एक बड़ी बात पन्द्रह वर्षों में घटित हो गई। वह यह कि प्रादेशिक भाषाओं का जागरण हुआ है।"[8]

दिनकर प्रादेशिक भाषाओं के जागरण को स्वराज्य के बाद भारत में सबसे बड़ी घटना मानते थे। राज्यसभा में उन्होंने आगे कहा कि—"भाषाओं का जागरण

क्रान्तिकारी घटना है और जब कोई क्रान्तिकारी घटना घटित होती है, तब उसका मुकाबिला भी क्रान्तिकारी ढंग से किया जाना चाहिए। जिस दिन सरकार ने भारतीय भाषाओं के लिए दरवाजा खोला, उसी दिन सरकार को इस बात के लिए तैयार होना था कि जितने दिनों में प्रादेशिक भाषाएँ फैलती हैं, उतने ही दिनों के भीतर कड़ी-भाषा के रूप में हिन्दी का भी प्रचार कर दिया जाएगा। लेकिन भारत सरकार का हाल कुमारी कुन्ती का हाल हो गया है। कुन्ती को एक ऋषि ने एक मंत्र सिखाया था कि इस मंत्र से जिस देवता को बुलाओगी वह चले आएँगे। कुन्ती ने एक दिन सूरज का आह्वान किया और सूरज उसके कमरे में पहुँच गए, अब लगी कुन्ती घबराने। सरकार ने भी क्रान्ति का आह्वान तो कर दिया, क्रान्ति को न्योता तो दे दिया, लेकिन क्रान्ति आकर जब दरवाजे पर खड़ी हुई, तब सरकार घबरा रही ... है। ...सच्चाई यह है कि देश का भविष्य फ्रैंक एन्थोनी के साथ नहीं है, वह सेठ गोविन्ददास के साथ है।"[7] दिनकर मानते थे कि देश में संयोजक भाषा अन्ततः हिन्दी ही बनेगी, अंग्रेजी बिलकुल नहीं।

परन्तु उस समय देश के मन में एक दुविधा चल रही थी। वह दुविधा यह थी कि अगर प्रदेशों में बतौर राजभाषा प्रादेशिक भाषाओं ने अपनी जड़ें जमा लीं तब भी संयोजक भाषा के रूप में अंग्रेजी का प्रयोग होता रहेगा। स्वयं के लिए अपनी भाषा, सबके लिए अंग्रेजी। यह सुझाव चक्रवर्ती राजगोपालाचारी ने दिया था। उस विचार के प्रति अपना क्षोभ व्यक्त करते हुए दिनकर ने आगे कहा था कि देश में "द्विभाषा-प्रणाली अब शुरू हो रही है और जो भी चाहे वह अंग्रेजी में अपना काम कर सकता है। लेकिन यह समस्या का समाधान नहीं है। लेकिन, मुश्किल यह है कि लिंक भाषा के रूप में अंग्रेजी को अगर हम कायम रखेंगे तो वह सिर्फ दफ्तरी एकता की भाषा होगी, शासकों और शासितों के बीच वह एकता पैदा नहीं कर सकेगी। .....स्वराज्य के बाद भी, यह एकता हमने पैदा नहीं की। एक उभार था राष्ट्रीयता का, जिसके कारण नेता अगर अंग्रेजी में बोले तब भी जनता उसे ऊपर उठा देती थी। अब वह बात नहीं चलती है। अगर चलती है तो जिस भाषा में नेता नोट लिखते हैं, उसी में वे वोट माँगकर देख लें कि नतीजा क्या होता है। इसलिए दफ्तरी एकता की जो भाषा है, वह भाषा राष्ट्रीय एकता की नहीं हो सकती। इसके विपरीत हिन्दी अगर टूटी-फूटी भी चलेगी तो यह सम्भव है कि दक्षिण के लोग उत्तर में आकर लोगों के बीच अपनी बात समझा सकेंगे। अगर उत्तर के लोग भी चाहेंगे तो दक्षिण को अपनी बात समझा सकेंगे। इस प्रकार अखिल भारतीय नेतृत्व बना रहेगा, तब देश एक रहेगा।

हम लोग इस आशा में थे कि जैसा संविधान में आदेश है, अंग्रेजी के प्रयोग पर छोटा-मोटा प्रतिबन्ध भी लगता चलेगा और 1965 में आकर अगर सर्वत्र नहीं तो बहुत-सी जगहों पर सिर्फ हिन्दी में काम चलने लगेगा। लेकिन वह स्थिति नहीं

पहुँच सकी। इसकी सारी जवाबदेही हम अगर सरकार पर नहीं डालें तब भी बहुत अधिक जवाबदेही सरकार पर डालनी ही होगी।"[10] दिनकर जिस राजनैतिक दल के सांसद थे, देश में तत्समय उसी दल की सरकार थी; लेकिन भाषा के सवाल पर, हिन्दी के हित-संरक्षण के लिए, उन्होंने सरकार को भी कटघरे में खड़ा करने में कोई संकोच नहीं किया।

हिन्दी के हितों की रक्षा के लिए एक समय वे देश के तत्कालीन शिक्षा-मंत्री मौलाना अबुल कलाम आज़ाद से भी भिड़ गए थे। दिनकर ने लिखा है—

"संसद में जाने के थोड़े ही दिनों बाद हिन्दी के प्रश्न पर मौलाना साहब के साथ मेरी थोड़ी खटपट हो गई। संसद में या संसद के बाहर मैंने कभी भी कोई ऐसी बात नहीं कही थी, जो मौलाना साहब की शान के खिलाफ हो, मगर मुझे जिन थोड़ी-सी बातों का पता चला था, उन्हें जनता में प्रकट कर देने के कारण मौलाना के पास मेरी शिकायतें पहुँचने लगी। बिहार प्रादेशिक हिन्दी साहित्य सम्मेलन के रजत जयन्ती समारोह के अध्यक्ष पद से मैंने जो भाषण दिया, उसमें शिक्षा मंत्रालय पर मैंने दो-एक आरोप लगाए थे। इसके लिए मौलाना ने मुझे अपने घर पर बुलाकर कहा कि "आप हमारी नीयत पर शुब्हा करते हैं।" पीछे इस बात को लेकर हम दोनों के बीच कुछ लिखा-पढ़ी भी हुई। इस क्रम में एक दौर यह भी आया कि पत्रों की कॉपियाँ प्रधानमंत्री के पास भेजनी पड़ीं। पंडितजी ने इस पर मुझे कोई भी जवाब नहीं दिया किन्तु जब भेंट हुई, तब बोले, "मैं मौलाना साहब से बातें करूँगा।"

मैंने निवेदन किया, "पत्रों की कॉपियाँ मैंने आपको इसलिए नहीं भेजी हैं कि आप मेरी ओर से हस्तक्षेप करें। मेरा उद्देश्य आपको केवल यह बताना है कि शिक्षा मंत्रालय में धाँधली चल रही है। सारा देश हिन्दी चाह रहा है; शिक्षा मंत्रालय चुन-चुनकर उन लोगों को बढ़ावा देता है, जो हिन्दुस्तानी के बहाने हिन्दी को बर्बाद करना चाहते हैं। मैं मौलाना साहब से सिर्फ यह चाहता हूँ कि वे हिन्दुस्तानी लादने की कोशिश न करें। यदि हिन्दी थोपी नहीं जा सकती, तो हिन्दुस्तानी थोपना तो और भी मुश्किल काम है।"

पता नहीं, पंडितजी ने मौलाना साहब से क्या बात की, मगर हुआ यह कि मौलाना साहब ने मुझे दुबारा याद किया और कहा कि "अपनी बातें ठीक से समझा दीजिए।"[11]

आचार्य हजारीप्रसाद द्विवेदी ने लिखा है—"इतना सहज प्रेममय उनका हृदय था कि कभी-कभी उनकी सरलता पर आश्चर्य होता था। पर अन्याय देखकर वे दीपशिखा के समान जल उठते थे। हिन्दी के विरुद्ध षड्यंत्रों से वे सचमुच जल उठते थे। मुझे याद है कि एक बार भाषा आयोग में एक श्रद्धेय विद्वान की अनुचित बातों का विरोध करने के लिए वे कितने प्रदीप्त हो उठे थे। विरोध मैंने भी किया

था, पर दिनकरजी तो एकदम अग्निशिखा हो उठे थे। लेकिन उसके पहले भी और बाद में भी वे श्रद्धेय को श्रद्धा देने में रंचमात्र नहीं झिझकते थे।"[12]

दिनकर हिन्दी भाषा को पुल मानते थे, दीवार नहीं। वे जीवनपर्यन्त राष्ट्रभाषा हिन्दी के हित-संरक्षण के लिए प्रतिबद्ध रहे। 1964 ई. में 'दक्षिण भारत हिन्दी प्रचार सभा', मद्रास के 29वें दीक्षान्त-भाषण में हिन्दी-विरोधियों की भ्रान्त धारणाओं का खंडन करते हुए उन्होंने कहा था कि—"हिन्दी तोड़नेवाली भाषा नहीं, जोड़नेवाली भाषा है। आज वह अग्नि-परीक्षा के भीतर से गुजर रही है, किन्तु मेरा विश्वास है कि इस अग्नि-परीक्षा से वह सही सलामत बाहर आएगी और देश ने जिस आशा से उसे अपनी राष्ट्रभाषा का पद दिया है, उस आशा को वह पूर्ण करेगी।"[13]

संदर्भ

1. दिनकर रचनावली, खंड 8; सं. डॉ. नन्दकिशोर नवल एवं तरुण कुमार, भूमिका, पृ. 23
2. वही, पृ. 246
3. श्रीनारायण चतुर्वेदी; पावन स्मरण; पृ. 63; नेशनल पब्लिशिंग हाउस, नई दिल्ली; 1977 ई.।
4. 'तमिल साहित्य', आमुख लेखक: रामधारीसिंह दिनकर; आमुख पृ. 7; दक्षिण भारत हिंदी प्रचार सभा प्रकाशन, नई दिल्ली; 1963 ई.।
5. दिनकर रचनावली, खंड 13, सं. डॉ. नन्दकिशोर नवल एवं तरुण कुमार, पृ. 201-202
6. हजारीप्रसाद द्विवेदी रचनावली, खंड 10, सं. मुकुन्द द्विवेदी, पृ. 342-343
7. दिनकर रचनावली, खंड 8; सं. डॉ. नन्दकिशोर नवल एवं तरुण कुमार, पृ. 245
   {उस समय 1963 ई. में संविधान की आठवीं अनुसूची में मात्र 14 भाषाएँ ही सम्मिलित थीं। 1967 ई. में सिन्धी भाषा को इसमें जोड़ा गया। फिर 1992 ई. में कोंकणी, मणिपुरी और नेपाली भाषाओं को जोड़ा गया। पुनः 2003 ई. में बोडो, डोगरी, मैथिली और संथाली भाषाओं को भी इसमें जोड़ दिया गया। इस प्रकार, अब उसमें सम्मिलित भाषाओं की संख्या बढ़कर 22 हो गई हैं।}
8. वही, पृ. 246
9. वही, पृ. 247
10. वही, पृ. 248
11. दिनकर रचनावली, खंड 13, सं. डॉ. नन्दकिशोर नवल एवं तरुण कुमार, पृ. 16-17
12. हजारीप्रसाद द्विवेदी रचनावली, खंड 10, सं. मुकुन्द द्विवेदी, पृ. 342
13. दिनकर रचनावली, खंड 7, सं. डॉ. नन्दकिशोर नवल एवं तरुण कुमार, पृ. 34

अध्याय 3

दिनकर की काव्य-यात्रा

'विजय सन्देश' (1928 ई.) रामधारी सिंह दिनकर की प्रथम और 'हारे को हरिनाम' (1970 ई.) अन्तिम काव्यकृति है। इनके बीच के दौर में उन्होंने करीब ढाई दर्जन अन्य काव्यकृतियों की रचना की। उनकी कविता का पाट बहुत चौड़ा है। वे अपनी काव्य-यात्रा में ओज एवं ऊर्जा, सौन्दर्य एवं प्रेम, काम एवं अध्यात्म और भक्ति एवं प्रपत्ति को एकसाथ साधते हुए चलते हैं। 'विजय सन्देश' से लेकर 'हारे को हरिनाम' और उसके बाद तक की दिनकर की काव्ययात्रा उनकी विशद लोक-चेतना और गहन संवेदनशीलता का प्रमाण है। सबसे महत्त्वपूर्ण बात यह है कि उनके व्यापक रचना-संसार के माध्यम से भारत के लगभग आधी सदी (1928-1973 ई.) के सामाजिक, सांस्कृतिक और राजनीतिक इतिहास को भी बखूबी जाना और समझा जा सकता है।

एक साहित्यकार के रूप में जब दिनकर ने अपनी आँखें खोलीं; या कहें कि साहित्याकाश को नापने के लिए अपनी पाँखें खोलीं, तब, काव्यान्दोलन की दृष्टि से वह छायावाद का समय था। स्वाभाविक रूप से शुरू में दिनकर ने छायावादी ढंग की कुछ कविताएँ लिखीं। लेकिन जैसे-जैसे उनकी काव्य-चेतना विकसित होती गई और अपनी काव्यानुभूति पर ही अपनी कविता को आधारित करने का आत्म-विश्वास उनमें बढ़ता गया, वैसे-वैसे उनकी कविता छायावाद के प्रभाव से मुक्त होती गई। बावजूद इसके छायावाद से उन्हें जो कुछ उत्तराधिकार में मिला था उनमें से कुछ को अपने मनोनुकूल पाकर उन्होंने अपना लिया था।

जिस दौर में हिन्दी कविता में छायावादी काव्यान्दोलन चल रहा था, उसी दौर में भारतीय जनसमुदाय गुलामी की बेड़ियों को काटने के लिए ब्रिटिश साम्राज्यवाद से अविराम संघर्ष कर रहा था। विडम्बना यह है कि छायावादी कविता आन्दोलन का भारत के स्वाधीनता संग्राम से या जनसामान्य के जीवन-संग्राम से कोई विशेष सम्बन्ध नहीं था। इस परिस्थिति में, "कविता के भावक छायावाद के उत्तरकाल के निष्प्रभ शोभादीपों से सजे-सजाए कक्ष से ऊब चुके थे, वे बाहर की मुक्त वायु और प्राकृतिक प्रकाश और ताप का संस्पर्श चाहते थे। वे छायावाद के कल्पनाजन्य निर्विकार मानव के खोखलेपन से परिचित हो चुके थे, ... उस लाक्षणिक और

अस्वाभाविक भाषा-शैली से उनका जी भर चुका था, जो उन्हें बार-बार अर्थ की गहराइयों की झलक-सी दिखाकर छल चुकी थी। उन्हें अपेक्षा थी भाषा में द्विवेदी-युगीन स्पष्टता की (पर उसकी शुष्कता की नहीं), व्यक्ति और परिवेश के वास्तविक संस्पर्श की, सहजता की और शक्ति की। दिनकर के काव्य में उन्हें जीवन, समाज और परिचित परिवेश का संस्पर्श मिला।"[1] उनकी कविताओं में शुरू से ही अतीत के प्रति मोह, विषमता के प्रति आक्रोश, क्रान्ति की ऊष्मा, स्वतंत्रता की सहज भावना, सामाजिक चेतना और नवजागरण की प्रतिध्वनि देखने-सुनने को मिलती है।

दिनकर के काव्योत्कर्ष की किरणें छायावाद की सन्ध्या-बेला में फूटी थी, लेकिन कविता के क्षेत्र में उनका प्रवेश छायावाद के मध्याह्न-काल में ही हो गया था। इसलिए वे स्वयं को द्विवेदी-युग और छायावाद—दोनों ही काव्य-पद्धतियों का वारिस मानते थे। यद्यपि वे छायावाद युग से रचना-कर्म में प्रवृत्त हुए, तथापि उनकी कविता का सौन्दर्य-बोध छायावादी नहीं था।

उनकी कविता छायावाद की अपेक्षा द्विवेदीयुगीन कविता के निकटतर थी। उनकी शैली में द्विवेदीयुगीन स्पष्टता, प्रसादगुण के प्रति लगाव और अतीत के प्रति मोह की प्रवृत्तियाँ विद्यमान हैं। इस दृष्टिकोण से दिनकर की कविता द्विवेदी-युगीन काव्यधारा का आधुनिक, ओजस्वी और प्रगतिशील संस्करण प्रतीत होती है।

मन्मथनाथ गुप्त ने दिनकर और बच्चन के आविर्भाव को हिन्दी-कविता के छायावादोत्तर युग की सबसे बड़ी घटना कहा है। उनके अनुसार "जब खड़ीबोली अन्ततोगत्वा कविता की भाषा बन गई, हिन्दी-कविता से वह कोमलता कहीं पीछे छूट गई जो करीब तीन सौ वर्षों की साधना से उसे सुलभ हुई थी। यह सहज और स्वाभाविक था, इसलिए इस पर आँसू बहाने की कोई आवश्यकता ही नहीं प्रतीत हुई। खड़ीबोली को पूर्ववर्ती युग की हिन्दी-कविता (तब गद्य-साहित्य था ही नहीं) के मुकाबले में बिलकुल दूसरा ही रोल अदा करना था। परन्तु हिन्दी के कवि नए युग की इस माँग के लिए कहाँ तक तैयार थे, यह सन्दिग्ध है। छायावाद-युग के कवि प्राचीन हिन्दी-कविता के उस खोए हुए गुण को फिर से प्राप्त करने में समर्थ हुए। पर किन मूल्यों पर? कहते हैं कि छायावाद बहुत बारीक कातने में अन्तत: भटक गया; और काव्यरसिक जनता उससे निराश होने लगी। इस निराशा के कई कारण थे—एक तो जनता स्वाधीनता-संग्राम में जूझ रही थी, जबकि छायावादी कवि कल्पना में किलोलें कर रहे थे; दूसरे यह कि जनता पूँजीवाद और ब्रिटिश साम्राज्यवाद के विरुद्ध आशा, उत्साह और कर्मठता के लिए प्रेरणा खोज रही थी और छायावादी कवि आँसू ढार-ढारकर रहस्यवाद, विषाद, रोगग्रस्त प्रेम, विरह और निराशा के गीत गा रहे थे। आलोचक छायावादी काव्य से उतने निराश नहीं थे, किन्तु जनता और काव्य के बीच जो सम्बन्ध होना चाहिए, उसका निर्वाह सिर्फ

उन कवियों की कविताएँ कर रही थीं जिनका प्रधान स्वर राष्ट्रीय था।"[2] दिनकर ने ठीक ही कहा है कि छायावादी युग में पाठकों के बीच हिन्दी-कविता की बहुत-कुछ प्रतिष्ठा राष्ट्रीय कविताओं ने रखी।

दिनकर और बच्चन के आविर्भाव के साथ ही काव्यरसिक जनता के मन में कविता के लिए जैसा अनुराग और उत्साह उमड़ा, वैसा पहले कभी नहीं उमड़ा था। इनके बाद हिन्दी कविता चन्द काव्यरसिकों की सम्पत्ति-मात्र न रहकर जन-सामान्य के सुख-दुख की चिरसंगिनी बन गई।

विचारणीय बात यह है कि जब किसी जनसमूह के सम्मुख जीवन-मरण का प्रश्न उपस्थित हो तब वह ऐसे काव्य को पसंद करता है जो उसकी आकांक्षा को अधिक आवेग के साथ अभिव्यक्ति दे। इसीलिए "छायावाद, कला की दृष्टि से अधिक सफल होने पर भी और अधिक सूक्ष्म और स्थायी प्रश्नों के समाधान में लवलीन होने पर भी, उपेक्षित होता गया और रामधारी सिंह दिनकर, रामेश्वर शुक्ल अंचल, शिवमंगल सिंह सुमन आदि की वाणी का प्रभाव नवयुवकों पर अधिक पड़ा।"[3]

आज़ादी की लड़ाई में लगे हुए बलिदानी भारत की जो वीरता, जो स्वाभिमान, जो अधीरता और आक्रोश दिनकर में आकर प्रकट हुआ, कला के रूप में उसका विस्फोट पहले उतने ज़ोर से नहीं हुआ था। उदय के साथ ही दिनकर का स्थान हिन्दी के क्रान्तिकारी कवियों में बन गया और काव्यानुरागी जनता उनके प्रत्येक स्वर को अपने कंठ में बसाने लगी।[4]

दिनकर हिन्दी की स्वच्छन्द-काव्य-धारा के शिखर कवि हैं। उनकी कविता-यात्रा राष्ट्रवाद से शुरू होकर समकालीन विविध काव्य-प्रवृत्तियों को अपने में समेटती हुई आगे बढ़ी है। हिन्दी कविता में उनका प्रवेश गर्जन, आक्रोश और मन्यु के कवि के रूप में हुआ। लेकिन अपने उदयकाल में जनगण को 'विजय-सन्देश' देनेवाला कवि, अपनी 'हुंकार' से सत्ता-प्रतिष्ठान को प्रबल चुनौती देनेवाला कवि अपने जीवन के मध्याह्न में 'उर्वशी' के बहाने 'काम और अध्यात्म' पर काव्योचित शैली में विचार करने लगा; और फिर जीवन की गोधूलि-बेला में थक-हारकर 'हरिनाम' का जाप करने लगा। जिस प्रकार उनका वैयक्तिक जीवन अकिंचन से विराट् बनने की एक अद्‌भुत गाथा है, ठीक वैसे ही उनकी काव्य-यात्रा भी रचनात्मकता के विविध आयामों का संस्पर्श करती हुई निष्पत्ति तक पहुँची है।

जन-चेतना का अंकुरण और विकास

प्रो. कामेश्वर शर्मा ने उनके अभावग्रस्त बचपन का यथार्थपरक शब्दचित्र खींचते हुए लिखा है—"दिनकर का बाल्यकाल घोर देहात में बीता है। जिसकी

भूमि को न जाने कब से गंगा अपने पावन जल से सींचती आ रही है। हरी-भरी भूमि, धान और गेहूँ के लहलहाते पौधे, सरसों के फूल, उन्मुक्त पवन और मौजों में लहराती हुई गंगा—दिनकर के बाल नयनों ने इन्हें हर्ष और उल्लास के साथ देखा था। उजड़ते खलिहान, क्षीणकाय किसान, ज़मींदारों के शोषण, भूख से तड़पते बच्चे, रोदन और उत्पीड़न का साम्राज्य—दिनकर के किशोर नयनों ने इन्हें विस्मय और प्रश्न की नज़रों से देखा था। मनों गल्ला पैदा करनेवाले किसानों को इसने भूख से तड़पते देखा था, घड़ों पसीना बहाते देखा था और फिर उदासी भरी सन्ध्या के बाद उन्हें भर लोटा पानी पीकर सन्तोष करते देखा था। मुट्ठी-भर शोषक किस प्रकार अगणित शोषितों को भेड़ की तरह बेगार में हाँककर ले जाता है, पीटता है, जबरदस्ती भूखे काम करवाकर छूछे हाथ घर भेज देता है—दिनकर के अर्द्धचेतन नयनों ने इन्हें भौंहों पर चढ़कर देखा था।"

दिनकर की कविताओं में पाई जानेवाली स्वतन्त्रता की दीपशिखा और जन-संघर्ष की आग्नेय चेतना की निर्मात्री उनकी जन्मभूमि सिमरिया ही है। शिवसागर मिश्र ने लिखा है—सिमरिया गाँव से लगभग तीन-साढ़े तीन किलोमीटर दूर गंगा जी हैं और उसके उस पार मोकामा। दिनकरजी रोज ही रेत पर पैदल चलकर गंगा किनारे पहुँचते थे और वहाँ से नाव के जरिए पार उतरकर स्कूल जाते थे। शाम को लौटने पर थककर चूर हो जाते थे। गर्मी के मौसम में रेत दहकती चिनगारियाँ बन जाती थी। बरसात में गंगा की लहरें ऊँचे-ऊँचे कगारों को काटकर आत्मसात् कर लेतीं तो भयंकर आवाज से आसपास के इलाके काँप उठते थे। फिर भी, दिनकरजी की विद्या-यात्रा में विराम नहीं आया। कदाचित् वही दहकती रेत और टूट-टूटकर गिरते कगारों का घोष बाद में चलकर दिनकरजी की कविताओं में ओज बनकर प्रकट हो उठा।[5]

1919 ई. में सिमरिया में अकाल और महामारी का कहर बरपा, और करीब डेढ़ सौ लोग उनकी भेंट चढ़ गए। कोढ़ में खाज यह हुआ कि उस गाँव में कुछ बाहरी लोगों की जमींदारी थी, जिनके कारिन्दों का शोषण-चक्र भी सिमरिया के किसानों को लगातार रौंद रहा था।

सिमरिया और उसका पड़ोसी गाँव बीहट किसानों के सतत संघर्ष की भूमि रहे हैं। ब्रिटिश सरकार ने रेलवे के विस्तार के नाम पर वहाँ के किसानों की सैंकड़ों एकड़ भूमि को बलपूर्वक अधिगृहीत कर लिया था। इसके विरोध-स्वरूप स्थानीय किसानों ने 1942 ई. के आन्दोलन के दौरान अवध-तिरहुत रेल-पुल को ध्वस्त करने के साथ ही एक मिलिट्री-कैम्प में आग लगा दी थी। दिनकर स्थानीय किसानों की अन्तहीन व्यथा और उनके सतत संघर्ष के प्रत्यक्षदर्शी रहे थे। उन्होंने किसानों की वेदना को बहुत ही सहानुभूतिशील होकर देखा-समझा था। उपन्यास के क्षेत्र में प्रेमचंद और कविता के क्षेत्र में दिनकर ने जिस सहृदयता से कृषक-जीवन के दैन्य

का अंकन किया है, वह अद्वितीय है। अपने समय के किसानों की दीन-हीन दशा का मार्मिक चित्रण करते हुए उन्होंने लिखा है—

जेठ हो कि हो पूस, हमारे कृषकों को आराम नहीं है,
छुटे बैल से संग, कभी जीवन में ऐसा याम नहीं है।
मुख में जीभ, शक्ति भुज में, जीवन में सुख का नाम नहीं है,
वसन कहाँ ! सूखी रोटी भी मिलती दोनों शाम नहीं है।

(हाहाकार; 'हुंकार', 1937 ई.)

मुँह में जुबान रहते भी ये बोल नहीं सकते, विद्रोह नहीं कर सकते; और भुजाओं में शक्ति रहते भी ये तलवार नहीं उठा सकते, लड़ नहीं सकते। जहाँ सूखी रोटी भी मयस्सर न हो, वहाँ उनके कपड़ों के लिए सोचना ही व्यर्थ है। किसानों (बैलों के बंधुओं) की दशा बैलों से भी बदतर थी। दिनकर लिखते हैं-

बैलों के ये बंधु वर्ष भर क्या जाने कैसे जीते हैं?
ज़बां बंद, बहती न आँख, ग़म खा शायद आँसू पीते हैं।

ये फटेहाल किसान अपना गुजारा कैसे करते हैं? कवि के पास इस प्रश्न का कोई उत्तर नहीं है।

बहरहाल, यही वह सामाजिकार्थिक परिवेश है जिसमें पल-बढ़कर दिनकर 'अन्ध तम के भाल पर पावक जलानेवाली' आग्नेय चेतना के अप्रतिम कवि बने। जीवन के शुरुआती दौर में ही वे ज़मींदारी-प्रथा और धनतंत्र के विरुद्ध हो गए थे। ज़मींदारी प्रथा और धनतंत्र के विरुद्ध उनकी कविताओं में जो कटुता व्यक्त हुई, उसके मूल में बहुत-कुछ उनका वैयक्तिक अनुभव ही है।

बारदोली की विजय और 'विजय संदेश'

भारतीय स्वाधीनता संग्राम के दौरान 1928 ई. में गुजरात के बारदोली नामक स्थान में एक महत्त्वपूर्ण घटना घटी। बंबई के तत्कालीन गवर्नर विल्सन ने किसानों के लगान में अचानक तीस प्रतिशत तक की वृद्धि कर दी। इस बात से क्षुब्ध होकर स्थानीय किसानों ने वल्लभभाई पटेल के नेतृत्व में, सत्याग्रह आन्दोलन के माध्यम से, लगान-वृद्धि का विरोध किया। एकजुटता और संघर्ष के बल पर किसानों की जीत हुई, लगान की बढ़ी हुई दरें वापस ले ली गईं; और लगान की दर को पुनर्निर्धारित करके उसे 6.03 प्रतिशत कर दिया गया। बारदोली किसान आन्दोलन की सफलता के बाद स्थानीय महिलाओं ने वल्लभभाई पटेल को 'सरदार' की उपाधि दी थी। इस आन्दोलन के महत्त्व को रेखांकित करते हुए महात्मा गाँधी ने कहा था कि इस प्रकार का प्रत्येक संघर्ष हमें स्वराज के नजदीक ले जा रहा है।

बारदोली के किसानों की सफलता से प्रभावित होकर युवाकवि दिनकर ने दस-बारह गीत लिखे थे, जो 1928 ई. में 'विजय संदेश' नामक काव्य-पुस्तिका

के रूप में छपी थी। दिनकर की प्रथम कृति के रूप में इसका उल्लेख त्रुटिवश 'बारदोली विजय' नाम से होता रहा है। 'प्रणभंग और अन्य कविताएँ' (1974 ई.) की कवि द्वारा लिखी गई भूमिका से स्पष्ट है कि स्वयं दिनकरजी के पास अपनी इस आरम्भिक कृति की कोई प्रति सुरक्षित नहीं थी; यहाँ तक कि उनको अपनी प्रथम कृति का सही शीर्षक भी याद नहीं था। 'प्रणभंग और अन्य कविताएँ' की भूमिका में उन्होंने अपनी प्रथम कृति का उल्लेख 'बारदोली विजय' नाम से किया है।[6]

दिनकर बहुत ही संवेदनशील और क्रान्तद्रष्टा कवि थे। गुजरात का बारदोली भारत के पश्चिमी छोर पर है और दिनकर का गाँव सिमरियाघाट भारत के पूर्वी छोर पर! इन दोनों के बीच एक लम्बी दूरी है। उन दिनों संचार के समुचित साधन भी नहीं थे। बावजूद इसके जब सरदार पटेल ने बारदोली सत्याग्रह में जीत हासिल की, तब उसके स्पन्दन को सिमरिया के ग्रामीण परिवेश से जुड़े बीस वर्षीय युवाकवि दिनकर ने पूरी शिद्दत के साथ महसूस किया और 'विजय-सन्देश' की कविताएँ रचीं।

लोक लालिनी,
कृषक पालिनी,
विश्व-विदित-यश-विभव शालिनी।
भव्य-भाव भरणी, भूतल की भूरि-भ्रान्ति-वारिणि वन्दे।
वीर बारदोली वन्दे।

(बारदोली-वन्दना, विजय-सन्देश)

'विजय-संदेश' की कविताओं से स्पष्ट है कि दिनकर की काव्यात्मक प्रतिभा एक राष्ट्रवादी कवि के रूप में ही प्रस्फुटित हुई। जब उन्होंने अपनी काव्ययात्रा शुरू की, उस समय भारत में स्वाधीनता के लिए संघर्ष का दौर चल रहा था। प्रत्येक सजग भारतीय के लिए उसमें, चाहे जैसे बन पड़े, सहयोग देना अपेक्षित था। क्रोध, क्षोभ, बेचैनी और आशा की एक समवेत लहर समूचे वातावरण में व्याप्त थी। इस परिस्थिति में दिनकर अपनी कविताओं में राष्ट्रीयता का राग और आग भरकर आगे बढ़े। वे बालगंगाधर तिलक-जैसे प्रखर राष्ट्रवादी नेताओं और भगत सिंह, चन्द्रशेखर आज़ाद-जैसे अमर बलिदानियों से प्रेरित और प्रभावित थे। इसीलिए उनकी कविताओं में 'उग्र राष्ट्रीयता' का प्रचंड उद्घोष सुनाई पड़ता है।

19 दिसम्बर, 1927 ई. को अशफाक उल्ला खाँ को फैजाबाद जेल में फाँसी दे दी गई। उनकी शहादत से दिनकर महीनों ग़मगीन रहे। फिर उन्होंने 'शहीद अशफाक के प्रति' शीर्षक कविता लिखी, जो पटना से प्रकाशित होनेवाले मासिक पत्र 'युवक' में छपी थी।

1929 ई. में दिनकर ने महाभारत की कथा पर आधारित 'प्रणभंग' नामक एक लघु खंडकाव्य की रचना की। सिमरिया उस समय उलाव स्टेट के तत्कालीन जमींदार राजा चन्द्रचूड़ देव की रियासत के अधीन था। 21 वर्षीय कवि दिनकर ने 48 पृष्ठों का यह छोटा-सा 'पद्य-पुष्प' राजा चन्द्रचूड़ को समर्पित किया था। यह खंडकाव्य मैथिलीशरण गुप्त कृत 'जयद्रथ वध' के अनुकरण पर लिखा गया था। इसमें श्रीकृष्ण के शस्त्र न ग्रहण करने के प्रण के भंग होने का वृत्तान्त है। यद्यपि प्रकट रूप में इस काव्य का उद्देश्य श्रीकृष्ण की भक्तवत्सलता का चित्रण प्रतीत होता है, तथापि यदि ध्यान से देखें तो इसके माध्यम से कवि ने हिंसा के औचित्य का निरूपण भी करना चाहा है। स्वतंत्रता आन्दोलन के उस दौर में दिनकर 'शूर धर्म' के पक्षधर थे। इस सर्गबद्ध खंडकाव्य ने आचार्य रामचन्द्र शुक्ल का ध्यान भी आकृष्ट किया; और उन्होंने अपने इतिहास ग्रंथ—'हिन्दी साहित्य का इतिहास' में इसका उल्लेख किया था।

दिनकर के आरम्भिक काव्यबोध को जानने-समझने की दृष्टि से 'विजय सन्देश' या 'प्रणभंग' जैसी शुरुआती रचनाओं का अपना महत्त्व है। स्वयं उन्हीं के शब्दों में, "कवि अक्सर रेंगता-रेंगता अपनी सही शैली पर पहुँचता है। प्रारम्भिक रचनाओं का ऐतिहासिक महत्त्व भी यही है कि उनमें कवि के रेंगने की रेखाएँ दिखाई देती हैं।"[7]

1930 ई. तक दिनकर कविता के क्षेत्र में अपनी दिशा तलाश रहे थे। अब तक 'छायावाद की बृहत्त्रयी'[8] प्रतिष्ठित हो चुकी थी। सुमित्रानन्दन पन्त का 'पल्लव' और फिर 'वीणा' प्रकाशित हो चुकी थी। जयशंकर प्रसाद का 'प्रेम-पथिक' और 'आँसू' तथा सूर्यकान्त त्रिपाठी निराला की 'अनामिका' भी छप चुकी थी। युवा दिनकर के मन को कहीं-न-कहीं छायावाद मोहित कर रहा था; और राहों के अन्वेषण के क्रम में उन्होंने कुछ छायावादी ढंग की कविताएँ भी लिखीं। 'रेणुका' में संकलित 'निर्झरिणी', 'फूल', 'कोयल', 'परदेशी' आदि कविताएँ स्पष्ट रूप से छायावाद के प्रभाव में लिखी गईं। इसी समय उन्होंने 'मिथिला में शरत्' शीर्षक से अपनी जन्मभूमि 'सिमरियाघाट' पर भी एक कविता लिखी।

हे जन्मभूमि! शत बार धन्य!
तुझ-सा न 'सिमरियाघाट' अन्य।
तेरे खेतों की छवि महान,
अनिमन्त्रित आ उर में अजान,
भावुकता बन लहराती है,
फिर उमड़ गीत बन जाती है।
'बाया' की यह कृश, विमल धार,
गंगा का यह दुर्गम कछार,

कूलों पर कास-परी फूली,
दो-दो नदियाँ तुझ पर झूलीं।
कल-कल कर प्यार जताती हैं,
छू पार्श्व सरकती जाती हैं।

('मिथिला में शरत्'; रेणुका, 1934 ई.)

1930 ई. दिनकर की काव्य-चेतना के स्वत्वबोध का वर्ष है। इस समय उपनिवेशवाद के खिलाफ संघर्ष तीव्रतर होता जा रहा था। इस समय के युवाकवि दिनकर की मनोदशा का एक मार्मिक विवरण कामेश्वर शर्मा ने प्रस्तुत किया है— "उसने पढ़ा, देश-विदेश के इतिहास का अध्ययन किया। फ्रांस की राज्यक्रान्ति, अमेरिका की स्वतंत्रता, जार के अत्याचार, मार्क्स के विचार, लेनिन के अनोखे कार्य और सनयात सेन की युक्तियाँ—सबका अवलोकन किया और फिर देखा अपने गाँवों की ओर। सूचीभेद्य अन्धकार। मिट्टी के उन सपूतों को मिट्टी का एक बूँद तेल भी नहीं मिलता। और फिर देखा—जगमग करती बिजलियाँ, अपने साथ ही पढ़ते हुए जमींदारों के बेटों के गुलछर्रे, किसानों का खून, जो इन अत्याचारियों के चेहरे पर फैल कर प्रतिरोध माँग रहा था। और अन्त में देखा—लोहे के नाल जड़े चर्र-मर्र करते हुए अंग्रेजों के जूते, जो बोलनेवालों के मुख पर कसकर रख दिए जाते थे, जो आह तक भी करने वालों पर तड़तड़ बरसने लगते थे।" यह उस युवा कवि के मानस का सही विश्लेषण है जो उपनिवेशवाद और सामन्तवाद के गँठजोड़ के खिलाफ बहुत ही उग्र विचारवाले राष्ट्रीय कवि के रूप में उभरने वाला था।

दिनकर की काव्य-प्रतिभा 1930 ई. के सत्याग्रह आन्दोलन के दौरान प्रस्फुटित हुई और उस आन्दोलन से उन्होंने यथेष्ट रस भी ग्रहण किया था। 1955 ई. में हरिवंशराय बच्चन ने यह स्वीकार किया था कि 1935 ई. से लेकर 1955 ई. तक 'युग की कसक' जितनी तीव्रता और व्यापकता से दिनकर की वाणी में अभिव्यक्त हुई है, उतनी किसी अन्य की वाणी में नहीं।[9]

सन् 1933 दिनकर की काव्य-संवेदना के स्थिर होने का वर्ष है। इस साल उन्होंने दो उल्लेखनीय कविताएँ लिखीं—'नई दिल्ली' और 'हिमालय'। डॉ. लक्ष्मीनारायण सुधांशु के अनुसार, "हिमालय दिनकर की काव्य-रचना का मेरुदंड है। उनके चित्त पर हिमालय ने जिस संस्कार को विकसित किया, वह उनकी नस-नस में फैल कर ही रहा। उनकी अधिकांश रचनाओं में हिमालय, गंगा, गंडकी, सतलज, नालन्दा, वैशाली, कपिलवस्तु, दिल्ली आदि की स्मृति न भूली जा सकी। भारत के इन मार्मिक स्वरूपों की ओर इस प्रकार दृष्टि ले जाने का काम पहले-पहले दिनकर ने ही नहीं किया, ...(उनके) पहले भारतेन्दु हरिश्चन्द्र ने भी राष्ट्रीय नवजागरण-काल में अपनी रचनाओं में काशी, प्रयाग, अयोध्या, पंचनद, चित्तौड़

आदि का मार्मिक सम्बोधन किया था। (लेकिन) दिनकर के हृदय में जो उमंग और उत्साह है, वह भारतेन्दु की रचना में उद्‌भासित नहीं होता। .....भारतेन्दु-काल से चलती हुई हिन्दी-कविता की इस परम्परा को दिनकर ने नया जीवन दिया। अपनी भावना और कल्पना का आश्रय देकर भारतीय अतीत को कवि ने सजीव कर दिया।"[10]

उल्लेखनीय है कि मनुष्य को अपने प्रदीप्त अतीत का जितना ही स्पष्ट ज्ञान होगा, अपने अंधकारमय वर्तमान में उसे उतना ही प्रकाश प्राप्त होगा। बहरहाल, अतीत-गरिमा और वर्तमान वेदना को चित्रित करने में कवि दिनकर को अभूतपूर्व सफलता मिली। 'हिमालय' शीर्षक कविता में उन्होंने अतीत के आलोक में ही वर्तमान भारत का सिंहावलोकन किया है। उनकी दृष्टि में हिमालय भारत के सांस्कृतिक गौरव का एक विराट् एवं पवित्र प्रतीक है।

साकार दिव्य गौरव विराट्,
पौरुष के पूंजीभूत ज्वाल
मेरी जननी के हिम-किरीट
मेरे भारत के दिव्य भाल
मेरे नगपति, मेरे विशाल।
ले अँगड़ाई उठ, हिले धरा,
कर निज विराट् स्वर में निनाद
तू शैलराट्, हुंकार भरे
फट जाए कुहा, भागे प्रमाद।
तू मौन त्याग, कर सिंहनाद
रे तपी आज तप का न काल
नवयुग शंख-ध्वनि जगा रही,
तू जाग, जाग मेरे विशाल।

(हिमालय के प्रति, 'रेणुका', 1933 ई.)

'हिमालय' शीर्षक इस कविता से दिनकर को सार्वदेशिक प्रसिद्धि मिली। इस कविता का प्रचार जिस त्वरित वेग से हुआ, वह आधुनिक भारतीय साहित्य की एक उल्लेखनीय घटना है। ऐसा लगा मानो जनता इस प्रकार की कविता की प्रतीक्षा में थी। उस दौर में उनकी कविताएँ युवाओं का कंठहार बन गईं। उस समय नवयुवकों के हृदय में आक्रोश की जो दावाग्नि भड़क रही थी, उसको स्वर देते हुए उन्होंने गाँधीवाद के स्थान पर उग्र क्रान्तिवाद की वकालत की—

रे, रोक युधिष्ठिर को न यहाँ
जाने दे उनको स्वर्ग धीर।

पर फिरा हमें गांडीव-गदा
लौटा दे अर्जुन-भीम वीर।

(हिमालय के प्रति, 'रेणुका', 1933 ई.)

सच पूछा जाए तो यहीं से उपनिवेशवाद-विरोधी उग्र राष्ट्रवादी काव्य की धारा फूटती है, जिसकी परिणति 'हुंकार' (1940 ई.), 'कुरुक्षेत्र' (1946 ई.) और अन्ततः 'परशुराम की प्रतीक्षा' (1963 ई.) में होती है।

'रेणुका'

दिनकर ने आरम्भ में छायावादी ढंग की जो कविताएँ लिखी थीं, जिनमें से अधिकांश तो नष्ट हो गईं, लेकिन कुछेक कविताएँ 'रेणुका' से लेकर 'रसवन्ती' तक में मौजूद हैं। उनके कवि-जीवन की वास्तविक शुरुआत 1935 ई. में हुई, जब छायावाद के कुहासे को चीरती हुई 'रेणुका' प्रकाशित हुई। 'रेणुका' से उनके कवि-हृदय का द्वार खुलता है। 'रेणुका' में राष्ट्रीय भावधारा को व्यक्त करनेवाली दो-तीन ही कविताएँ हैं। बाकी उस संग्रह में ऐसी कविताएँ हैं जिनमें या तो भारत के अतीत का रोना है या जीवन की नश्वरता पर विलाप। युवाकवि दिनकर में ये दोनों गुण छायावादी संस्कार से आए थे। 'रेणुका' में एक तीसरे प्रकार की भी रचनाएँ हैं जिनमें प्रकृति का भावुकतापूर्ण आख्यान है और यह गुण भी छायावादियों के प्रकृति-प्रेम से ही मिला था। प्रकृति प्रेम, जीवन की नश्वरता, अतीत की स्मृति, कविता देवी का आह्वान आदि विषयों की रचना करते हुए भी, कुल मिलाकर, कवि की वाणी का सर्वोपरि स्वर राष्ट्रीयता का ही था। हिन्दी-कविता एक नई शैली, नई शक्ति और नई भाषा की गूँज से भर उठी।

तब छायावाद का प्रभाव पूरे साहित्य-जगत् में व्याप्त था इसलिए 'रेणुका' की 'फूल', 'कोयल' और निर्झरिणी'-जैसी कविताओं में छायावाद का प्रभाव परिलक्षित होता है।

रच-से रहे स्वर्ग भूतल पर लुटा मुक्त आनंद,
कवि को स्वप्न, अनिल को सौरभ, अलि को दे मकरंद।
नभ के तारे दूर, अलभ इस अतल जलधि के सीप,
देव नहीं, हम मनुज, इसी से, प्रिय तुम भूमि-प्रदीप।
गत जीवन की व्यथा न भावी का हो चिन्तन क्लेश,
घाटी में रच दिया तुम्हीं से प्रभु ने मोहक देश।

(फूल; 'रेणुका', 1933 ई.)

लेकिन बहुत जल्द ही दिनकर ने छायावादी काव्य के उपकरणों से अपने को अलग कर लिया; और अपने देश के इतिहास और उसकी सांस्कृतिक परम्परा को जानने-समझने में जुट गए। 'रेणुका' के प्रथम संस्करण की भूमिका में माखनलाल

चतुर्वेदी ने लिखा था—' 'दिनकर से इतिहास अपनी संपूर्ण वेदनाओं को लेकर बोलता है।" उस समय बनारसीदास चतुर्वेदी दिनकर की कविताओं को पढ़कर मुग्ध हो गए और अपने पत्र 'विशाल भारत' में उन्होंने लिखा कि 'रेणुका' के प्रकाशन पर हिन्दीवालों को उत्सव मनाना चाहिए।

'रेणुका' के पहले संस्करण (1935 ई.) में 31 कविताएँ संकलित थीं। 1954 ई. में इसका नया संस्करण निकला, जिसमें पुरानी तीन कविताओं को हटाकर 11 नई कविताओं का समावेश कर लिया गया। बाद में जोड़ी गई कविताओं में से एक है—'ओ द्विधाग्रस्त शार्दूल बोल'। 1940 ई. की इस रचना में हिंसा-अहिंसा और शान्ति-विद्रोह की द्विधा-भरी मानसिकता में फँसे हुए भारतीय नवयुवकों को सम्बोधित करते हुए कवि उन्हें संघर्ष का मार्ग चुनने की प्रेरणा देता है। कवि नवयुवकों को ललकारते हुए कहता है—

हिल रहा धरा का शीर्ण मूल
जल रहा दीप्त सारा खगोल,
तू सोच रहा क्या अचल, मौन?
ओ द्विधाग्रस्त शार्दूल बोल!
यह पवन परम अनुकूल देख,
रे, देख भुजा का बल अथाह,
तू चले बेड़ियाँ तोड़ कहीं;
रोकेगा आकर कौन राह?
डगमग धरती पर दमित तेज
सागर पारे-सा उठे डोल;
उठ, जाग समय अब शेष नहीं,
भारत माँ के शार्दूल बोल!

('आज के लोकप्रिय हिन्दी कवि : रामधारीसिंह दिनकर', 1940 ई.)

इस कविता में नवयुवकों को 'अजा-धर्म' त्यागकर 'सिंह-धर्म' अपनाने की सलाह दी गई है। 'तांडव' शीर्षक कविता में भी कवि का तेवर प्रायः ऐसे ही आक्रोश से भरा हुआ था—

नाचो, अग्निखंड भर स्वर में,
फूँक-फूँक ज्वाला अम्बर में,
अनिल-कोष, द्रुम-दल, जल-थल में,
अभय विश्व के उर-अन्तर में,

('रेणुका', दिसंबर, 1933 ई.)

विचारों और भावों को उद्‌बुद्ध करने के लिए सफल कवि परंपरागत भाव-प्रतीकों का उपयोग करते हैं। पुरानी, जर्जर सृष्टि के संहार के लिए 'तांडव' की

कल्पना अत्यंत समीचीन है। दिनकर ने देश का कायाकल्प करने के लिए नटराज शंकर का आवाहन किया है। 'तांडव' शीर्षक इस कविता में दरअसल, पूँजीवादी विलासी सभ्यता के विनाश की कामना की गई है। कवि चाहता है कि विश्व के अहंकार, आडंबर, पाप—ये सभी एक साथ ही क्रांति की अग्नि में जल कर भस्म हो जाएँ—

गिरे विभव का दर्प चूर्ण हो,
लगे आग इस आडंबर में,
वैभव के उच्चाभिमान में,
अहंकार के उच्च शिखर में,
स्वामिन्, अन्धड़-आग बुला दो,
जले पाप जग का क्षण-भर में।
डिम-डिम डमरु बजा निज कर में,
नाचो, नयन तृतीय तरेरे!
ओर-छोर तक सृष्टि भस्म हो,
अर्चि-पुंज अम्बर को घेरे!
रच दो फिर से इसे विधाता, तुम शिव, सत्य और सुंदर!
नाचो, हे नाचो, नटवर!

(तांडव, 'रेणुका', दिसम्बर, 1933 ई.)

कुल मिला कर, कवि दिनकर पुरातन के भस्म पर नूतन निकेतन का निर्माण करना चाहते हैं।

'संजीवन घन दो' शीर्षक कविता एक प्रार्थना-गीत के रूप में रची गई है। इसमें कवि अपने इष्ट देवता से विश्व-प्रेम के आदर्श को जन-मन में प्रतिष्ठित करने का निवेदन करता है। कवि को लग रहा है कि कर्म-संकुल जीवन के ताप से झुलसे जन के मन को अब शीतलता की दरकार है। इसलिए यहाँ आकर कवि की विद्रोह-चेतना बोधिसत्व के दयाभाव और अहिंसा-नीति की शीतल छाया की अभिलाषिणी बन गई है। वह अपनी मानवतावादी आकांक्षा व्यक्त करते हुए कहता है—

माँग रहा जन-मन कुम्हलाया,
बोधिसत्त्व की शीतल छाया।
सिरजो सुधा, तृषित वसुधा को संजीवन-घन दो।
मन-मन मिलते जहाँ देवता! वह विशाल मन दो।
तप कर शील मनुज का साधें,
सबके प्राण कुसुम से बाँधें,
सत्य-हेतु निष्ठा अशोक की, गौतम का प्रण दो।
मन-मन मिलते जहाँ देवता! वह विशाल मन दो।

देख सकें सबमें अपने को,
महामनुजता के सपने को,
हे प्राचीन! नवीन मनुज को वह सुविलोचन दो।

'रेणुका' में संकलित 'याचना' शीर्षक कविता में "जितनी आध्यात्मिकता है, उससे ज्यादा आत्मनिवेदन है। यह एक महान कविता है, जो आखिरी हद तक निश्छल और समर्पण भरे चित्त से ही फूट सकती थी। ऐसी कविता भक्त कवियों के बाद निराला और फिर दिनकर में ही संभव हुई।"[11]

शतदल, मृदुल जीवन-कुसुम में प्रिय! सुरभि बनकर बसो।
घन-तुल्य हृदयाकाश पर मृदु मन्द गति विचरो सदा।
प्रियतम! कहूँ मैं और क्या?
उडु-खचित नीलाकाश में ज्यों हँस रहा राकेश है,
दुखपूर्ण जीवन-बीच त्यों जाग्रत करो अव्यय विभा।
प्रियतम! कहूँ मैं और क्या?

(याचना; 'रेणुका'; परवर्ती संस्करण, 1934)

'रेणुका' में कहीं उजड़ते खलिहानों के करुण-चित्र हैं, कृशकाय कृषकों की दीन-दशा का वर्णन हैं, जमींदारों-पूँजीपतियों द्वारा किसान-मजदूरों के शोषण का मार्मिक अंकन है, भूखे बच्चों की आकुलता है और इन सब की प्रतिक्रिया में उपजनेवाला कवि का प्रबल आक्रोश है; वहीं दूसरी ओर छायावादी मनोभूमिवाली वैयक्तिक अनुभूतियों के लाक्षणिक चित्र भी हैं। कवि के इस आरम्भिक संग्रह में परस्पर विरोधी विचारधाराएँ देखने को मिलती हैं। 'हिमालय', 'तांडव' और 'ओ द्विधाग्रस्त शार्दूल बोल' में कवि विद्रोह और हिंसा का पक्षधर है, जबकि 'बोधिसत्त्व' कविता में वह अहिंसा और प्रेम का पक्ष लेता है। इसी संग्रह में 'गीतवासिनी' जैसी श्रृंगारिक कविता भी संकलित है। यद्यपि कवि की सौन्दर्य-भावना मुखर है, तथापि उसमें जनपक्षधरता भी है—

विद्युत छोड़ दीप साजूँगी, महल छोड़ तृण कुटी प्रवेश,
तुम गाँवों के बनो भिखारी, मैं भिखारिणी का लूँ वेश।
पनघट से जा रही पीतवसना युवती सुकुमार,
किसी भाँति ढोती गागर यौवन का दुर्वह भार।
बनूँगी मैं कवि! इसकी माँग कलश, काजल, सिन्दूर सुहाग।

(कविता की पुकार, 'रेणुका', 1933 ई.)

'रेणुका' में कवि के मनोद्वन्द्व और उसकी द्विधा की एक बानगी यहीं से देखने को मिलती है। कवि के भीतर यदि एक ओर पौरुष का उद्दाम आवेग है, तो दूसरी ओर सुकोमल अनुभूतियों का क्षीण-मंद राग भी है।

माया के मोहक वन की क्या कहूँ कहानी परदेसी?
भय है, सुनकर हँस दोगे मेरी नादानी परदेसी!
सृजन-बीच संहार छिपा, कैसे बतलाऊँ परदेसी?
सरल कंठ से विषम-राग कैसे मैं गाऊँ परदेसी?

(परदेसी; 'रेणुका', 1932 ई.)

यह कविता छायावादी पलायन-वृत्ति का एक स्पष्ट उदाहरण है। कवि फिर से अहिंसा, क्षमा, ममता, विश्व-बन्धुत्व और सत्य की बातें करने लगता है। उस काल में जहाँ एक ओर क्रान्तिवादी गरमदल के नवयुवक महात्मा गाँधी की अहिंसावादी नीति से असन्तुष्ट होकर अपने दुस्साहसिक कार्यों द्वारा विध्वंसात्मक मार्ग का अवलम्बन कर रहे थे, वहीं आगे चलकर उन्हें गाँधीवादी विचारधारा को अपनाने के लिए विवश होना पड़ा। इस राजनीतिक अनिश्चितता की छाया दिनकर के काव्य पर पड़ी है।

'रेणुका' युगीन परिस्थितियों का यथार्थपरक चित्र अंकित करनेवाला काव्य-संग्रह है। कवि की प्रारम्भिक रचना होने के कारण यद्यपि इसमें वैचारिक स्थिरता और चिन्तन की सुसंगति का अभाव है, तथापि इसका महत्त्व इस रूप में है कि यह दिनकर के ओजस्वी कवि-व्यक्तित्व की पहली चिनगारी है। कवि द्वन्द्व एवं द्विधा से ग्रस्त है। लगता है कि यह मनोद्वन्द्व तत्कालीन भारत के राजनीतिक वातावरण में व्याप्त अस्थिरता के कारण उत्पन्न हुआ है।

'हुंकार'

'हुंकार' तक पहुँचते-पहुँचते कवि छायावाद की कुहेलिका को चीरते हुए सामाजिक यथार्थ की वास्तविक भूमि पर उतर आया है।

किया किसने यह मधुर स्पर्श?
विश्व के बदल गए व्यापार
करेगी उतर व्योम से आज
कल्पना क्या भू पर अभिसार?

(असमय आह्वान; 'हुंकार')

1940 ई. में प्रकाशित 'हुंकार' नामक कविता-संकलन की पहली कविता का शीर्षक है—'असमय आह्वान'। यह कविता मानो हमें प्रवेशद्वार पर ही रोककर कवि की आगामी मन:स्थितियों की विविधता के क्रम-निरूपण के लिए एक आधारभूत संकेत देती है। इस कविता का शीर्षक बहुत ही अर्थव्यंजक है। कवि स्वभावत: प्रेम और सौन्दर्य के कोमल राग गाना चाहता है,

न लूँगा आज रजत का शंख,
न गाऊँगा पौरुष का राग;

स्वामिनी! जलने दो उर-बीच
एक पल तो यह मीठी आग।

(असमय आह्वान; 'हुंकार')

लेकिन युगीन परिस्थितियाँ उसको विपरीत दिशा में ले जाकर क्रान्तिधोष करने को बाध्य करती है। कवि गहरी द्विधा में है। लेकिन चूँकि वह विश्व-पटल पर अपनी मातृभूमि के मस्तक को झुका हुआ देख नहीं सकता, इसलिए अन्ततः 'भैरव-हुंकार' कर उठता है।

फेंकता हूँ, लो तोड़-मरोड़
अरी निष्ठुरे! बीन के तार;
उठा चाँदी का उज्ज्वल शंख
फूँकता हूँ भैरव हुंकार।
नहीं जीते-जी सकता देख
विश्व में झुका तुम्हारा भाल,
वेदना-मधु का भी कर पान
आज उगलूँगा गरल कराल।

(असमय आह्वान; 'हुंकार')

दिनकर का मानना था कि साहित्य राजनीति का अनुचर नहीं बल्कि, उससे भिन्न एक स्वतंत्र देवता है; और उसको यह अधिकार है कि वह अपने लिए उपयोगी वे समस्त वस्तुएँ उठा ले जिनका प्रयोग राजनीति अपने काम में करती रहती है।

न देखे विश्व पर मुझको घृणा से,
मनुज हूँ सृष्टि का श्रृंगार हूँ मैं।
पुजारिन! धूल से मुझको उठा लो
तुम्हारे देवता का हार हूँ मैं।

('परिचय', हुंकार', 1935 ई.)

'हुंकार' के प्रकाशित होते ही देश के युवा वर्ग ने कवि और उसकी ओजमयी कविताओं को अपना कंठहार बना लिया। अब वे राष्ट्रीयता, विद्रोह और क्रान्ति के कवि के रूप में स्थापित हो गए। 'हुंकार' की भूमिका में रामवृक्ष बेनीपुरी ने लिखा था कि "हमारे क्रान्ति-युग का संपूर्ण प्रतिनिधित्व कविता में, इस समय 'दिनकर' कर रहा है। क्रान्तिवादी को जिन-जिन हृदय-मंथनों से गुजरना होता है, 'दिनकर' की कविता उनकी सच्ची तस्वीर रखती है।"

दिनकर के पहले भारतेन्दु-युगीन कवियों ने भी अपनी कविताओं में देश की दीन-हीन दशा का वर्णन किया था। प्रताप नारायण मिश्र ने पराधीन भारत की दशा का चित्रण करते हुए लिखा था कि जिस देश में कभी कंचन की वर्षा होती थी, उस देश की एक चौथाई जनता को रूखी रोटी भी मयस्सर नहीं है—

तबहिं लख्यो जहँ रह्यो एक दिन कंचन बरसत।
तहँ चौथाई जन रूखी रोटी को तरसत॥

(प्रताप नारायण मिश्र)

या फिर उर्दू के मशहूर शायर ब्रजनारायण 'चकबस्त', जिनसे दिनकरजी भी खासे प्रभावित थे, ने तत्कालीन जीवन-स्थितियों का वर्णन करते हुए लिखा था—

यतीम बच्चों के खाने का इन्तजाम नहीं,
जो सुबह खैर से गुजरी, उमीदे शाम नहीं।
अगर जिए भी तो कपड़ा नहीं बदन के लिए,
मरे तो लाश पड़ी रह गई कफन के लिए।
नसीब चैन नहीं भूख-प्यास के मारे,
हैं किस अजाब में हिन्दोस्तान के प्यारे।
तुम्हें तो ऐश के सामान जमा हैं सारे,
वहाँ बदन से रवाँ हैं लहू के फौवारे।
जो चुप रहें तो हवा कौम की बिगड़ती है,
जो सर उठाएँ तो कोड़ों की मार पड़ती है।

(ब्रजनारायण 'चकबस्त')

लेकिन इन सब की अपेक्षा दिनकर की संवेदना कहीं अधिक गहरी और मर्मस्पर्शी है। भारत में व्याप्त आर्थिक विषमता से क्षुब्ध कवि का आक्रोश अंगारे-सा दहक उठता है—

श्वानों को मिलता दूध-वस्त्र, भूखे बालक अकुलाते हैं,
माँ की हड्डी से चिपक-ठिठुर, जाड़े की रात बिताते हैं,
युवती की लज्जा-वसन बेच जब ब्याज चुकाए जाते हैं,
मलिक तब तेल-फुलेलों पर पानी-सा द्रव्य बहाते हैं,
पापी महलों का अहंकार देता मुझको तब आमंत्रण,
झन-झन-झन-झन-झन-झनन-झनन।

(रामधारी सिंह दिनकर, 'विपथगा', 'हुंकार', 1938 ई.)

विडंबना यह है कि क्षीर-सागर-शायी भगवान के भक्तों के बालक दूध के लिए हाहाकार कर रहे हैं। कवि दिनकर ने 'दूध-दूध' की रट लगाते हुए बच्चों को बिलखते देखा; उनकी दशा धनवानों के कुत्तों से भी गई-गुजरी थी। कवि ने निर्बलों को लांछित, अपमानित एवं पददलित होकर जीवन जीने के लिए विवश देखा; सूद के रुपये चुकाने के लिए नारी की लाज तक को लुटते देखा। शोषण के चक्र में फँसे गरीबों को शोषकों के सामने लाचार देखा। यह सब देखकर न केवल कवि का संवेदनशील मन पिघल गया, बल्कि 'हुंकार' में उसका आक्रोश प्रबल रूप में व्यक्त हुआ। वह ब्रिटिश साम्राज्यवाद के साथ ही स्वदेशी सामंतों-महाजनों के

दमन-चक्र को भी नष्ट करने के लिए आतुर है। कुल मिलाकर, 'हुंकार' में सच्चे अर्थों में आज़ादी पाने और सबके लिए सुख-भाग तलाशने की एक उमंग दिखाई देती है—

हटो व्योम के मेघ पंथ से, स्वर्ग लूटने हम आते हैं,
दूध! दूध! ओ वत्स! तुम्हारा दूध खोजने हम आते हैं।

(हाहाकार; 'हुंकार', 1937 ई.)

कवि को इस बात का बोध है कि सामाजिक विषमता की जड़ें सामन्तवाद और पूँजीवाद में हैं। कवि का स्पष्ट मत है कि राजनीतिक दासता के साथ ही आर्थिक विषमता का अन्त भी आवश्यक है। इन सब कारणों से वह क्रान्ति का शंखनाद करने को विवश होता है।

दबी-सी आग हूँ भीषण क्षुधा की,
दलित का मौन हाहाकार हूँ मैं;
सजग संसार, तू निज को सँभाले,
प्रलय का क्षुब्ध पारावार हूँ मैं।

(परिचय, हुंकार', 1935 ई.)

दिनकर ने क्रान्ति के लिए 'विपथगा' शब्द का प्रयोग किया है, जो तलवारों की झनकारों की संगति में पायल की झनकार लिए प्रकट होती है। कवि का मानना है कि परिस्थितिवश क्रान्ति का विस्फोट अवश्यंभावी है, लेकिन वह कब होगा और उसका प्रभाव कैसा होगा, यह अनिश्चित है—

मुझ विपथगामिनी को न ज्ञात, किस रोज किधर से आऊँगी,
मिट्टी से किस दिन जाग क्रुद्ध अम्बर में आग लगाऊँगी।
आँखें अपनी कर बन्द देश में जब भूकम्प मचाऊँगी,
किसका टूटेगा शृंग, न जाने किसका महल गिराऊँगी।
निर्बन्ध, क्रूर, निर्मोह सदा मेरा कराल नर्तन-गर्जन।
झन-झन-झन-झन-झन-झनन-झनन।

(विपथगा, हुंकार, 1938 ई.)

ध्यान देने की बात यह है कि ओज और तेज के साथ ही दिनकर में कोमलता और स्निग्धता भी कम नहीं है। इसलिए क्रान्तिघोष एवं गर्जन-तर्जन के बीच जब कभी 'बन-तुलसी की गन्ध लिये शीतल पुरवइया आती है', कवि का ग्रामांचल उसे पुकारने लगता है—

कवि! असाढ़ की इस रिमझिम में धनखेतों में जाने दो,
कृषक-सुन्दरी के स्वर में अटपटे गीत कुछ गाने दो।
दुखियों के केवल उत्सव में इस दम पर्व मनाने दो,
रोऊँगी खलिहानों में, खेतों में तो हर्षाने दो।

मैं बच्चों के संग जरा खेलूँगी दूब-बिछौने पर,
मचलूँगी मैं ज़रा इन्द्रधनु के रंगीन खिलौने पर।
तितली के पीछे दौड़ूँगी, नाचूँगी दे-दे ताली,
मैं मकई की सुरभि बनूँगी, पके आम-फल की लाली।
वेणु-कुंज में जुगुनू बन मैं इधर-उधर मुसकाऊँगी,
हरसिंगार की कलियाँ बनकर वधुओं पर झड़ जाऊँगी।

(कविता की पुकार; रेणुका, 1933 ई.)

यहाँ अपने लोकानुराग के अनन्तर अपनी प्रबल जनपक्षधरता को स्पष्ट करते हुए कवि आगे लिखता है—

सूखी रोटी खाएगा जब कृषक खेत में धरकर हल,
तब दूँगी मैं तृप्ति उसे बनकर लोटे का गंगाजल।
उसके तन का दिव्य स्वेदकण बनकर गिरती जाऊँगी।
और खेत में उन्हीं कणों से मैं मोती उपजाऊँगी।
शस्य-श्यामता निरख करेगा कृषक अधिक जब अभिलाषा,
तब मैं उसके हृदय-स्रोत में उमड़ूँगी बनकर आशा।
अर्द्धनग्न दम्पति के गृह में मैं झोंका बन आऊँगी,
लज्जित हों न अतिथि-सम्मुख वे, दीपक तुरत बुझाऊँगी।
ऋण-शोधन के लिए दूध-घी बेच-बेच धन जोड़ेंगे,
बूँद-बूँद बेचेंगे, अपने लिए नहीं कुछ छोड़ेंगे।
शिशु मचलेंगे दूध देख, जननी उनको बहलाएगी,
मैं फाड़ूँगा हृदय, लाज से आँख नहीं रो पाएगी।
इतने पर भी धन-पतियों की उन पर होगी मार,
तब मैं बरसूँगी बन बेबस के आँसू सुकुमार।
फटेगा भू का हृदय कठोर, चलो कवि! वनफूलों की ओर।

(कविता की पुकार; रेणुका, 1933 ई.)

'हुंकार' में वीर, श्रृंगार और करुण रस के बहुत ही मार्मिक चित्र देखने को मिलते हैं। दिनकर की कविताओं में इन तीनों रसों का समावेश बहुधा एकसाथ हुआ है। उनके व्यक्तित्व का विश्लेषण करने पर उसमें भी परस्पर विरोधी भाव-धाराएँ स्पष्ट रूप से दिखाई पड़ती हैं।

उनके प्रथम तीन काव्य-संग्रह-'रेणुका' (1935 ई.), 'हुंकार' (1940 ई.) और 'रसवन्ती' (1940 ई.)—उनके आरम्भिक आत्ममन्थन के दौर की रचनाएँ हैं। "इनमें दिनकर का कवि अपने व्यक्तिपरक, सौन्दर्यान्वेषी मन और सामाजिक चेतना से उत्तम बुद्धि के परस्पर संघर्ष का तटस्थ द्रष्टा नहीं, दोनों के बीच से कोई राह निकालने की चेष्टा में संलग्न साधक के रूप में मिलता है। 'रेणुका' में

अतीत के गौरव के प्रति कवि का सहज आदर और आकर्षण परिलक्षित होता है, पर साथ ही वर्तमान परिवेश की नीरसता से त्रस्त मन की वेदना का परिचय भी मिलता है। 'हुंकार' में कवि अतीत के गौरव-गान की अपेक्षा वर्तमान दैन्य के प्रति आक्रोश प्रदर्शन की ओर अधिक उन्मुख जान पड़ता है। 'रसवन्ती' में कवि की सौन्दर्यान्वेषी वृत्ति काव्यमयी हो जाती है पर यह अँधेरे में ध्येय सौन्दर्य का अन्वेषण नहीं, उजाले में ज्ञेय सौन्दर्य का आराधन है। 'सामधेनी' में दिनकर की सामाजिक चेतना स्वदेश और परिचित परिवेश की परिधि से बढ़कर विश्व-वेदना का अनुभव करती-कराती जान पड़ती है। कवि के स्वर का ओज नए वेग से, नए शिखर तक पहुँच जाता है।"[12]

रसवन्ती

दिनकर के जीवन और उनकी कविता दोनों में द्वन्द्व और द्विधा का समावेश है। जहाँ एक ओर वे दहकते अंगारों से जूझते हैं, वहीं दूसरी ओर नयनाभिराम इन्द्रधनुष को देखकर ललचाते भी हैं। 'रसवन्ती' की भूमिका में उन्होंने लिखा है—"दिन-भर सूर्य के ताप में जलनेवाले पहाड़ के हृदय में भी, चाँदनी की शीतलता को पाकर, कभी-कभी बाँसुरी का-सा कोई अस्पष्ट स्वर गूँजने लगता है, जो पत्थर की छाती को फोड़कर किसी जल-धारा के बह जाने की आकुलता का नाद है।"[13] 'रसवन्ती' उनके शृंगारिक गीतों का प्रतिनिधि संकलन है।

विरुद्धों के बीच सामंजस्य बिठाने का यह क्रम कई बार असहजता उत्पन्न करता है। राष्ट्रवादी और क्रान्तिकारी कवि के रूप में प्रतिष्ठित हो जाने के बाद हृदय की रसमयी कोमल भावनाओं के प्रकटीकरण के समय किसी भी कवि के मन में संकोच उत्पन्न होना स्वाभाविक ही है। ऐसा करनेवाले कवि पर पलायनवादी और पथभ्रष्ट होने का आक्षेप भी लग सकता है। इसलिए 'रेणुका' और 'हुंकार' के बाद 'रसवन्ती' के प्रकाशन के समय दिनकर का मन भी आशंका से भरा हुआ था। 1940 ई. में 'रसवन्ती' के प्रकाशन के बाद कुछ आलोचकों ने दिनकर पर यथार्थ और संघर्ष से मुँह मोड़ लेने का दोषारोपण भी किया। परन्तु उन्होंने इस द्वन्द्व और द्विधा को अपनी कमज़ोरी नहीं बनने दिया। उन्होंने ओज और प्रेम का संतुलन बिठाकर अपनी रचनात्मकता को नई ऊँचाई दी।

वे कविता को राजनीति का रणवाद्य बना देने के प्रबल विरोधी हैं। 'रसवन्ती' की भूमिका में उन्होंने लिखा है—"मनुष्य के नाते कवि का भी यह धर्म है कि वह मिट्टी के प्रति अपना दायित्व निभाए, युद्ध के वातावरण में अपना सीना खोले और प्रहारों के आदान-प्रदान में भाग ले; लेकिन, कवि के नाते उसका यह भी कर्त्तव्य है कि वह भावनाओं की, कैद में, हत्या नहीं करे—वे भावनाएँ जो युद्ध के वायुमंडल

में, गोलियों की वर्षा के बीच सिपाही के दिल में माता की सुधि, प्रिया और बच्चों की स्मृति तथा धुएँ से दूर दूब और फूलों की याद बनकर खिलती हैं। हाँ, हम अधिक-से-अधिक इतना कह सकते हैं कि वह उस प्रकार लिखे जिससे यह मालूम हो जाए कि जब वह कविता कर रहा था तब उसके कक्ष के बाहर बम गरज रहे थे, बड़े-बड़े युग-प्रवर्तक आन्दोलन चल रहे थे तथा वह जिनके लिए लिख रहा था वे समर के पथ पर आरूढ़ थे।"[14]

'रसवन्ती' में व्यक्ति-विशेष के प्रति राग की अभिव्यक्ति बहुत कम है। इसकी रचना समष्टि चेतना के विद्रोहजन्य तनावों को दूर करने के उद्देश्य से की गई है। लेकिन कवि दिनकर ने, आगे चलकर, सनातन पुरुष और सनातन नारी का जो रूपक 'उर्वशी' के प्रतिपाद्य के रूप में ग्रहण किया उसका आरम्भिक रूप 'रसवन्ती' में संकलित 'रास की मुरली' शीर्षक कविता में देखा जा सकता है—

सनातन महानन्द में आज/बाँसुरी-कंकन एकाकार,
बहा जा रहा अचेतन विश्व/रास की मुरली रही पुकार।

(रास की मुरली; 'रसवन्ती', 1937 ई.)

द्वन्द्वगीत

दिनकर कृत 'द्वन्द्वगीत' का प्रकाशन भी 1940 ई. में ही हुआ। इसमें यौवन के रूप-आकर्षण के साथ ही उसकी अन्तिम परिणति का भी चित्रण किया गया है। कवि अपनी प्रेयसी के अधर-रस का पान करने का अभिलाषी भी है, लेकिन जीवन की निस्सारता का बोध उसको दुःखाभिभूत करके सोचने पर विवश कर देता है। जीवन की मुस्कान दूसरे ही पल उदासी में बदल जाती है। यौवन का सौन्दर्य बुढ़ापे की झुर्रियों में बदल जाएगा, यह सोचकर कवि विरक्त-सा हो जाता है।

मैं रोता था हाय, विश्व हिमकण की एक कहानी है।
सुन्दरता जलती मरघट में मिटती यहाँ जवानी है।

× × ×

सो देखा चाँदनी एक दिन राज अमां पर छोड़ गई
खिजां रोकता रहा लाख कोयल वन से मुख मोड़ गई।
और आज क्यारी क्यों सूनी अरे बता, किसने देखा
गलबाँही डाले सुन्दरता काल-संग किस ओर गई।

कोई प्रेमी जब अपनी प्रेयसी को विशुद्ध प्रेमभाव से देखता है तब उसको रमणी के प्रत्येक अंग और प्रत्येक प्रसाधन में अपूर्व सौन्दर्य का अनुभव होता है—

ये नवनीत कपोल, गुलाबों की जिनमें लाली खोई,
यह नलिनी-से नयन, जहाँ काजल बन लघु अलिनी सोई।

कोंपल से अधरों को रँगकर कब बसन्त-कर धन्य हुआ?
किस बिरही ने तनु की यह धवलिमा आँसुओं में धोई?

(द्वन्द्वगीत)

लेकिन विडम्बना यह है कि किसी व्यक्ति को जो युवती अनुरक्ति की मन:स्थिति में सौन्दर्य का ज्योतिपुंज प्रतीत होती है, वही युवती विरक्ति की मन:स्थिति में अस्थि-कंकाल लगने लगती है। मनुष्य विभिन्न वस्तुओं में अपनी ही भावनाओं के रंग देखता है। इसीलिए विरक्ति की मन:स्थिति में पड़ा हुआ व्यक्ति कामिनी में रूप-सौन्दर्य की आभा के बदले उसमें अन्तर्निहित विद्रूपता को देखने लगता है—

दो कोटर को छिपा रही मदमाती आँखें लाल सखी!
अस्थि-तन्तु पर ही तो हैं ये खिले कुसुम-से गाल सखी!
और कुचों के कमल? झड़ेंगे ये तो जीवन से पहले
कुछ थोड़ा-सा मांस प्राण का छिपा रहा कंकाल सखी।

(द्वन्द्वगीत)

मोहक रूप के भीतर भयानक कंकाल छिपा हुआ है। नारी के रूपाकर्षण के तीनों अवयव—नयन, कपोल और उरोज अन्ततोगत्वा विकृत होकर वीभत्स दिखने लगेंगे। ऐसे में अपने सौन्दर्य पर अभिमान करने का क्या अर्थ है? कवि कहता है—

सुन्दरता पर गर्व न करना ओ स्वरूप की रानी!
समय रेत पर उतर गया कितने मोती का पानी।

(जीवन संगीत, रेणुका, 1933 ई.)

नारी का यह निर्वेदमूलक रूप वस्तुत: वैराग्य की भावना को दृढ़ करता है।

'द्वन्द्वगीत' के बाद लगभग छह वर्षों तक दिनकर की कोई भी काव्यकृति प्रकाशित नहीं हुई। करीब छह साल बाद 1946 ई. में 'कुरुक्षेत्र' का प्रकाशन हुआ।

'कुरुक्षेत्र'

दिनकर ने तीन प्रबन्ध-काव्यों की रचना की है—'कुरुक्षेत्र' (1946 ई.), 'रश्मिरथी' (1952 ई.) और 'उर्वशी' (1961 ई.)। 'कुरुक्षेत्र' की रचना की शुरुआत के समय तक आते-आते हिंसा-अहिंसा विषयक उनके द्वन्द्व ने विस्फोटक रूप ले लिया था। इस काव्यकृति में दिनकर पहली बार विचारक और द्रष्टा के रूप में सामने आते हैं। 'कुरुक्षेत्र' के भीष्म में दिनकर का अपना चिन्तन और दर्शन, शूर-धर्म के सौन्दर्य के साथ, समाया हुआ है। उन्होंने लिखा है—"मेरा 'कुरुक्षेत्र' काव्य भारत के उस मन का दर्पण है, जो हिंसा और अहिंसा के द्वन्द्व से ग्रस्त था। 'कुरुक्षेत्र' के युधिष्ठिर निवृत्तिवादी परम्परा के प्रतीक हैं, जो परम्परा वैदिक धर्म के बाद उत्पन्न हुई अथवा जो पहले से ही एक अलग प्रवाह रूप में चली आ रही थी।

किन्तु 'कुरुक्षेत्र' के भीष्म प्रवृत्तिमार्गी धारा का प्रतिनिधित्व करते हैं। समकालीन प्रसंग को दृष्टिगत रखते हुए यह भी कहा जा सकता है कि युधिष्ठिर के भीतर से गाँधीजी बोलते हैं और भीष्म उन युवकों की भावना का प्रतिनिधित्व करते हैं, जो गाँधी-युग में भी हिंसा से काम ले रहे थे अथवा जो यह सोचकर अकुला रहे थे कि हमारा देश हिंसक उपायों से स्वतंत्रता की खोज क्यों नहीं कर पाता है? और यह भी सत्य है कि युधिष्ठिर जो कुछ बोलते हैं, उससे परम धर्म की परिभाषा तैयार होती है, किन्तु आपद्धर्म को शरण भीष्म के यहाँ मिलती है।"[15] भीष्म युधिष्ठिर से कहते हैं—

चुराता न्याय जो रण को बुलाता भी वही है
युधिष्ठिर स्वत्व की आराधना पातक नहीं है।

'कुरुक्षेत्र' की रचना महाभारत के शान्ति पर्व के मूल कथानक का ढाँचा लेकर की गई है। "महाभारत को भारतीय ज्ञानकोष भी कहा गया है और उसमें ऐसे अनेक भावमय स्थल हैं, जिनका आश्रय लेकर अद्यतन विचारों को रसमय काव्य का रूप भी दिया जा सकता है। कुरुक्षेत्र में भाग्यवाद, राजतंत्र और सामन्ती समाज-व्यवस्था पर कठोर व्यंग्य के साथ ही उन विचारों का रूपायन है जिनका आविष्कार वैज्ञानिक युग में समाजशास्त्रीय अध्ययन के बाद हुआ है। इसे ही पारिभाषिक शब्दों में समाजवादी विचारधारा भी कहा जा सकता है। द्वितीय विश्वयुद्ध के बाद शान्ति और युद्ध के कारणों पर संसार-व्यापी मनोभावों को सफलता के साथ कुरुक्षेत्र में व्यक्त किया गया है।"[16] इस काव्यकृति में युधिष्ठिर शान्तिवादियों के स्वर में बोलते हैं, किन्तु भीष्म निर्लिप्त मन से तत्त्व की बात कहते हैं :

मगर यह शान्तिप्रियता रोकती केवल मनुज को,
नहीं वह रोक पाती है दुराचारी दनुज को।
दनुज क्या शिष्ट मानव को कभी पहचानता है?
विनय को नीति कायर की सदा वह मानता है।
समय ज्यों बीतता त्यों-त्यों अवस्था घोर होती,
अनय की शृंखला बढ़कर कराल कठोर होती।
किसी दिन तब महाविस्फोट कोई फूटता है,
मनुज ले जान हाथों में दनुज पर टूटता है।

कुरुक्षेत्र में युद्ध की समस्या पर तत्कालीन वैश्विक परिस्थितियों के परिप्रेक्ष्य में व्यापक दृष्टिकोण के साथ विचार किया गया है। हम कह सकते हैं कि इसमें युद्ध और शान्ति की समस्या पर महाकाव्योचित विस्तार के साथ विचार किया गया है; और ऐसा करनेवाले हिन्दी के पहले कवि दिनकर ही हैं। दरअसल कवि ने युद्ध की समस्या पर इतिहास की रोशनी में विचार किया है। स्पष्टत: यह रचना द्वितीय विश्वयुद्ध की विभीषिका से प्रेरित है। दरअसल, उनका सारा ज़ोर युद्ध के

कारणों के विश्लेषण पर है, वे 'युद्ध की ज्वरभीति' से संसार को मुक्त करने का कोई विश्वसनीय निदान नहीं ढूँढ पाए हैं। लेकिन दिनकर के मतानुसार समाधान प्रस्तुत करना काव्य का उद्देश्य है ही नहीं। वे सुलगते सवालों को ज्वलन्त रूप में सजाकर प्रस्तुत कर देने भर को ही कवि का कर्तव्य मानते थे। अपनी एक कविता में अपने आलोचकों को उत्तर देते हुए दिनकर कहते हैं—

समाधान की बात न कोई पास,
मूढ़ समस्याओं का केवल दास।
न तो समझता शास्त्र, न तो कानून;
वृथा चौंकते हो,
इसको क्या आता-जाता है?
दिनकर केवल प्रश्न उठाता है।

(समाधान; कोयला और कवित्व)

'उर्वशी' की भूमिका में भी उन्होंने स्पष्ट लिखा है कि—"प्रश्नों के उत्तर, रोगों के समाधान मनुष्यों के नेता दिया करते हैं। कविता की भूमि केवल दर्द को जानती है, केवल बेचैनी को जानती है, केवल वासना की लहर और रुधिर के उत्ताप को पहचानती है।"

डॉ. नगेन्द्र के मतानुसार दिनकर समाहिति के नहीं, बल्कि द्वन्द्व के कवि हैं। ऐसा इसलिए क्योंकि द्वन्द्व उनको अनुभूत है, समाधान की अनुभूति उनको नहीं है।

किन्तु यदि कोई समाधान ही खोजना चाहे तो 'कुरुक्षेत्र' में वह भी मौजूद है—

न्यायोचित सुख सुलभ नहीं।
जब तक मानव-मानव को।
चैन कहाँ धरती पर, तब तक
शान्ति कहाँ इस भव को?
जब तक मनुज-मनुज का यह
सुखभाग नहीं सम होगा।
शमित न होगा कोलाहल,
संघर्ष नहीं कम होगा।

इस प्रकार, यदि 'कुरुक्षेत्र' को निर्भ्रान्त दृष्टि के साथ पढ़ा जाए तो समाधान भी अलभ्य नहीं है।

कुरुक्षेत्र में युग के संघर्षों को विचार के धरातल पर काव्यरूप के माध्यम से व्यक्त किया गया है। इसीलिए उसमें गीता की भाँति युद्ध की अनिवार्यता का समर्थन किया गया है। डॉ. देवराज के अनुसार, "कुरुक्षेत्र का निष्कर्ष भगवद्गीता के इस निष्कर्ष से भिन्न नहीं है कि कर्म—जिसमें युद्ध और संघर्ष सम्मिलित हैं—त्याज्य नहीं है, किन्तु इसके पीछे लोकसंग्रह अर्थात मानवता की निष्काम सेवा की भावना

होनी चाहिए।" दिनकर ने इसमें लिखा भी है—'बुला रहा निष्काम कर्म वह बुला रही है गीता'।'कुरुक्षेत्र' का कथा-प्रसंग भले ही महाभारतकालीन है, लेकिन संकेत उसमें वर्तमानकालीन संघर्षों के समन्वय का है।

श्रेय उसका चैतन्य उर की जीत;
श्रेय मानव की असीमित मानवों से प्रीत।

(कुरुक्षेत्र, छठा सर्ग)

'कुरुक्षेत्र' का मूल कथ्य वस्तुतः यही है। इस प्रबन्धकाव्य में कवि ने कंचन को, भौतिक सम्पदा को, साध्य नहीं, साधन माना है।

कंचन को नर साध्य नहीं,
साधन जिस दिन जानेगा,
उस दिन सम्यक रूप मनुज का,
मानव पहचानेगा।

कामेश्वर शर्मा का मानना है कि छठा सर्ग 'कुरुक्षेत्र' का प्राण सर्ग है—और उस प्राण का सम्बन्ध न तो युधिष्ठिर की देह से है और न भीष्म की प्रतिज्ञा से। यह मुक्तक है—एकदम स्वतंत्र। पूर्वापर निरपेक्ष। सच्ची बात तो यह है कि 'कुरुक्षेत्र' का प्रत्येक सर्ग अपने-आप में स्वतंत्र है, मुक्तक है। जिस तरह किसी वाद-विवाद प्रतियोगिता में भाग लेनेवाले सभी वक्ता अपने आप में अलग सत्ता और भिन्न विचार रखते हुए भी मात्र विवाद-विषय के एक सूत्र से बँधे रहते हैं, उसी तरह 'कुरुक्षेत्र' के सभी सर्ग अलग सत्ता और अलग तर्क प्रस्तुत करते हुए 'युद्ध और शान्ति' नामक विषय के सूत्र में बँधे हुए हैं।[17]

दिनकर एक समर्थ कवि हैं, और समर्थ कवि की तरह उन्होंने अपनी प्रवृत्तियों तथा उनसे उद्भूत मान्यताओं को दृढ़तापूर्वक अपने पात्रों में प्रतिष्ठित किया है। 'कुरुक्षेत्र' में मात्र दो पात्र हैं—भीष्म और युधिष्ठिर। इसमें कवि ने अपने विचार भीष्म और युधिष्ठिर के वार्तालाप के रूप में प्रस्तुत किए हैं। 'कुरुक्षेत्र' का नायक वही युधिष्ठिर है, जिसके प्रति अपने काव्य-जीवन के आरम्भिक दौर में कवि के मन में एक प्रकार का उपेक्षा-भाव विद्यमान था। 'हिमालय' कविता में कवि ने स्पष्ट रूप से कह दिया था—"रे, रोक युधिष्ठिर को न यहाँ, जाने दे उनको स्वर्ग धीर।" परन्तु द्वितीय विश्वयुद्ध की विभीषिका को देखते हुए कवि अब धर्मराज युधिष्ठिर की शान्तिकामी नीतियों पर विचार करने को बाध्य हुआ है। वह युधिष्ठिर और भीष्म को प्रतीक बनाकर अपने मन में उमड़ते वैचारिक द्वन्द्व को स्वर देना चाहता है। युद्ध अच्छा है या बुरा, 'कुरुक्षेत्र' में इस विषय पर भी विचार किया गया है। विचार करते हुए कवि उस स्वर्णिम युग का स्वप्न भी देखता है, जब मानवता के आकाश में उमड़ते युद्ध के बादल छँट जाएँगे; और फिर शान्ति की स्निग्ध ज्योत्सना चारों ओर फैल जाएगी।

'कुरुक्षेत्र' के पहले दिनकर के काव्य में विचार-तत्त्व इस तरह उभरकर सामने नहीं आया था। यद्यपि यह द्वितीय विश्वयुद्ध के समय की रचना है, तथापि इसकी मूल प्रेरणा युद्ध से नहीं, बल्कि देशभक्त नवयुवकों के मन में व्याप्त हिंसा-अहिंसा के द्वन्द्व से उत्पन्न हुई थी। साहसपूर्वक गाँधीवादी अहिंसा की आलोचना करनेवाले 'कुरुक्षेत्र' का हिन्दी-जगत् में यथेष्ट आदर हुआ था। इसमें युवा पीढ़ी को प्रेरणा प्रदान करते हुए प्रश्नाकुल स्वर में यह कहा गया कि—

कहो, कौन दायी होगा उस दारुण जगद्दहन का
अहंकार या घृणा? कौन दोषी होगा उस रण का?
सत्त्व माँगने से न मिले, संघात पाप हो जाएँ,
बोलो धर्मराज, शोषित वे जियें या कि मिट जाएँ?
किसने कहा, पाप है समुचित सत्त्व-प्राप्ति-हित लड़ना?
उठा न्याय का खड्ग समर में अभय मारना-मरना?
पापी कौन? मनुज से उसका न्याय चुरानेवाला?
या कि न्याय खोजते विघ्न का सीस उड़ानेवाला?

इन पंक्तियों में जो सवाल उठाए गए हैं उनको हम 'कुरुक्षेत्र' का मूल प्रश्न कह सकते हैं।

'कुरुक्षेत्र' की प्रत्येक पंक्ति पर कवि के व्यक्तित्व की छाप है। उनकी शैली में प्रसादगुण तो है ही, उसमें अनुभूति की तीव्रता, सच्ची संवेदना, ओज और प्रवाह भी समुचित रूप से विद्यमान है। उनकी कविता में जहाँ अभिव्यक्ति की तीव्रता है, वहीं चिन्तन-मनन की प्रवृत्ति भी है। उनका जीवन-दर्शन उनकी स्वानुभूति से अनुप्राणित है। अपने विवेक से अनुमोदित होने के कारण उनका जीवन-दर्शन गतिशील और परिवर्तनशील रहा है। गाँधीवाद और अहिंसा के पक्षधर होने के बावजूद 'कुरुक्षेत्र' में उन्होंने लिखा है—

कौन केवल आत्मबल से जूझकर,
जीत सकता देह का संग्राम है,
पाशविकता खड्ग जो लेती उठा,
आत्मबल का एक वश चलता नहीं।
योगियों की शक्ति से संसार में,
हारता लेकिन नहीं समुदाय है।

उन्होंने लिखा है—"युद्ध की असली कविता सिपाही बन्दूक से लिखता है और कवि आँसू से।"[18] उनका मानना था कि "युद्ध की कविता डरे हुए आदमी का हाहाकार है। अँधेरे में मुसाफिर को जब भय लगता है, तब वह ज़ोर से गाने लगता है। यही हाल युद्ध से डरे हुए कवि का भी है।[19]

'कुरुक्षेत्र' काव्य का आरम्भ 1941 ई. में सीतामढ़ी में हुआ था, जहाँ दिनकर सब-रजिस्ट्रार के पद पर तैनात थे; और पूर्ण वह 1946 ई. में पटना में हुआ, जहाँ वे युद्ध-प्रचार-विभाग में कार्यरत थे। कई लोगों को यह भ्रम है कि कुरूक्षेत्र की रचना उन्होंने इसलिए की क्योंकि संसार में द्वितीय महायुद्ध चल रहा था और सरकार ने उनका स्थानान्तरण युद्ध-प्रचार-विभाग में कर दिया था। ये दोनों बातें सच हैं, किन्तु ये 'कुरुक्षेत्र' काव्य की प्रेरणा नहीं थीं। दिनकर ने लिखा है—"अहिंसा को विफल होते मैंने 1921 में भी देखा था और सन् 1931 ई. में भी। फिर भी अहिंसा पर मेरी थोड़ी-सी श्रद्धा बनी हुई थी। सन् 1941 ई. में स्थिति यह थी कि गाँधीजी आन्दोलन छेड़ने में हिचकिचा रहे थे और युवक समझते थे कि आन्दोलन छेड़ा भी गया, तो वह कुचल दिया जाएगा। इस स्थिति में मुझे वही चिन्तन शुद्ध दिखाई दिया, जो कुरुक्षेत्र में है। अहिंसा अगर परम धर्म है, तो हिंसा को आपद्धर्म मानना ही पड़ेगा। और इस मान्यता से भी निस्तार नहीं है कि जिसका आपद्धर्म नष्ट हो गया, उसका परम धर्म भी नहीं बचेगा। जिन दिनों कुरुक्षेत्र की रचना हुई, उन दिनों मेरे नजदीकी दोस्त वे नौजवान थे, जो बाद को चल कर साम्यवादी अथवा समाजवादी बन गए। ये सभी लोग गाँधीजी की अहिंसा को धर्म नहीं, नीति मानते थे।"[20]

'सामधेनी' में संकलित 'कलिंग-विजय' नामक कविता 'कुरुक्षेत्र' की पूर्व-पीठिका है। इसमें विजयी अशोक के पश्चाताप का चित्रण हुआ है। कहते हैं, उन्हीं दिनों उनका सम्पर्क रोजा लक्जमबर्ग नामक एक जर्मन महिला से हुआ। अहिंसा की यह कविता सुनकर उसने दिनकर की जमकर खिंचाई की। रोज़ा की बातों के प्रभाववश अहिंसा को लेकर उनका सन्देह गहरा गया। जब वे सीतामढ़ी लौटे, तब उन्होंने पाँच कबित्त लिखे, जिनके इर्द-गिर्द ही कुरुक्षेत्र काव्य का ताना-बाना बुना गया है। इन पाँच कबित्तों में से चार 'कुरुक्षेत्र' काव्य के तीसरे सर्ग में मौजूद हैं।

'कुरुक्षेत्र' उन सभी भावनाओं का परिपाक है, जो कवि दिनकर को शुरू से ही आन्दोलित करती आ रही थीं। जो विचार उन्होंने अपनी स्फुट कविताओं में बिखेरे थे, कुरुक्षेत्र में उनका समन्वित दार्शनिक रूप प्रकट हुआ है। उन्हें विश्व-शान्ति की स्थापना की चिन्ता 'कुरुक्षेत्र' में कम थी। अपने देशवासियों की विचार-दिशा बदलने की भावना से आन्दोलित होकर ही उन्होंने इस काव्य की रचना की थी।

कुरुक्षेत्र का वास्तविक महत्त्व इस बात में निहित है कि अपने कथानक में देश-काल से सीमित होने पर भी वह अपने विस्तार में देशकालातीत है। उसमें सभी देशों की, सभी कालों की एक बहुत बड़ी समस्या को उठाया गया है; युद्ध की समस्या मानव-जाति के मस्तिष्क को निरन्तर क्षुब्ध करनेवाली सचमुच बहुत बड़ी समस्या है। महाभारत के संदर्भ में इस समस्या का समाधान इसलिए और भी महत्त्वपूर्ण लगता है कि वहाँ प्रश्न करनेवाले और उत्तर देनेवाले दोनों ही अप्रतिम

हैं—युधिष्ठिर जैसे शान्तिकामी जिज्ञासु और भीष्म पितामह जैसे वीर तत्त्ववेत्ता खोजने पर भी और कहाँ मिलेंगे?[21]

'सामधेनी'

1947 ई. में प्रकाशित इस काव्य-संग्रह में 1941 से 1946 ई. के बीच में दिनकर द्वारा रची गई कविताएँ संकलित हैं। यह कालावधि केवल भारत के लिए ही नहीं, पूरी दुनिया के लिए दु:ख से भरी हुई थी। 1 सितम्बर, 1939 ई. को अडोल्फ हिटलर ने पोलैंड पर हमला करके द्वितीय विश्वयुद्ध की शुरुआत की थी। हिटलर की सेना फ्रांस, बेल्जियम, चेकोस्लोवाकिया, यूगोस्लाविया, रूमानिया आदि यूरोपीय देशों को पराजित करती हुई सोवियत संघ में प्रवेश कर चुकी थी। दुनिया के पूर्वी छोर पर जापान उसी वेग से विभिन्न देशों पर अधिकार करता जा रहा था। विश्व-परिदृश्य के साथ ही भारत का राजनीतिक परिदृश्य भी लगातार बदल रहा था। देश में एक व्यापक जनान्दोलन की तैयारी चल रही थी। मगर इसी बीच 8 अगस्त, 1942 ई. की रात को भारत के तमाम बड़े राष्ट्रीय नेताओं को गिरफ्तार कर लिया गया। उधर सुभाषचन्द्र बोस की 'आजाद हिन्द फौज' देश के पूर्वी सीमान्त पर बर्मा (वर्तमान म्यानमार) की ओर से भारतीय सीमा पर संघर्ष का बिगुल फूँक रही थी। इसी बीच 7 मई, 1945 ई. को हिटलर का पतन हो गया। पूरी दुनिया में यह कटु-मधु स्मृतियों का एक अभूतपूर्व समय था। यूरोप में युद्ध-विराम हो गया, जापान के हिरोशिमा एवं नागासाकी नगरों पर परमाणु बम का लोमहर्षक विस्फोट हुआ; जापान की पराजय हुई और दुनिया के कई देशों में स्वाधीनता का संग्राम तीव्र हो गया। भारत में नौसेना का विद्रोह भी इसी दौर में हुआ। देश-दुनिया में घटित होनेवाली इन घटनाओं ने कवि दिनकर के संवेदनशील कवि-हृदय को आलोड़ित कर दिया। इन घटनाओं के परिणामस्वरूप ही उनकी युगचेतना 'सामधेनी' में मुखर होकर व्यक्त हुई है। इस काव्य-संग्रह के माध्यम से दिनकर वैश्विक चेतना सम्पन्न कवि के रूप में प्रकट हुए।

1942 ई. में 'भारत छोड़ो' आन्दोलन का प्रस्ताव पारित करनेवाले तमाम बड़े राष्ट्रीय नेताओं को बन्दी बना लिया गया। नेतृत्व-संकट के उस दौर में राष्ट्रीय क्षितिज पर अनिश्चितता के बादल छाये हुए थे। यदि आलंकारिक शब्दावली में कहें तो 'समिधा' के अभाव में राष्ट्र-यज्ञ की अग्नि शान्त पड़ने लगी थी। उस कठिन समय में, तत्कालीन राष्ट्रीय परिस्थितियों के प्रति सजग होकर, कवि दिनकर किसी पुरोधा कवि का आह्वान करते हैं, जो स्वाधीनता-संग्राम के यज्ञकुण्ड की बुझती लपटों को पुनर्जाग्रत कर सकें।

सुलगती नहीं यज्ञ की आग
दिशा धूमिल, यजमान अधीर;

पुरोधा-कवि कोई है यहाँ?
देश को दे ज्वाला के तीर।
धुओं में किसी वह्नि का आज
निमंत्रण लाता है कोई।

जो भी हो, आगे चलकर पुरोधा कवि की भूमिका का निर्वाह स्वयं दिनकर ने ही किया था।

वैदिक साहित्य में यज्ञाग्नि प्रज्ज्वलित करते समय पढ़ी जानेवाली ऋचाओं को 'सामिधेनी' कहा गया है। दिनकर ने राष्ट्र-यज्ञ में सम्मिलित होने के लिए नवयुवकों का आह्वान करते हुए, जिन प्रबोधन गीतों की रचना की, उसको उन्होंने 'सामधेनी'[22] नाम दिया है।

दहक रही मिट्टी स्वदेश की/खौल रहा गंगा का पानी
प्राचीरों में गरज रही है/जंजीरों में कसी जवानी।

1942 ई. के 'भारत छोड़ो आन्दोलन' को ब्रिटिश सरकार ने अपनी दमनकारी नीतियों के माध्यम से दबा दिया था। संपूर्ण भारतवर्ष में निराशा के बादल छाये हुए थे। हताशा के उस वातावरण में नवयुवकों को ललकारते हुए दिनकर ने लिखा था—

वह प्रदीप जो दीख रहा है झिलमिल दूर नहीं है,
थककर बैठ गए क्या भाई! मंज़िल दूर नहीं है।
अपनी हड्डी की मशाल से हृदय चीरते तम का,
सारी रात चले तुम दुख झेलते कुलिश निर्मम का,
वह देखो उस पार चमकता है मन्दिर प्रियतम का।
एक खेप है शेष किसी विधि पार उसे कर जाओ,
आकर इतने पास फिरे वह सच्चा शूर नहीं है,
थककर बैठ गए क्या भाई! मंज़िल दूर नहीं है।

(सामधेनी)

भारत की सीमा के पार से, पश्चिमी जगत् से आते आश्वस्तिपरक स्वरों की ओर देश के नौजवानों का ध्यान आकृष्ट करते हुए दिनकर उन्हें उद्‌बुद्ध करने का प्रयास करते हैं—

खड़ा हो, कि पश्चिम के कुचले हुए लोग
उठने लगे ले मशाल।
खड़ा हो, कि पूरब की छाती से भी
फूटने को है ज्वाला कराल!
खड़ा हो, कि फिर फूँक विष की लगा
धूर्जटी ने बजाया विषान।

खड़ा हो, जवानी का झंडा उड़ा
ओ मेरे देश के नौजवान!

नवयौवन की विद्रोही चेतना और उसकी अपरिमित शक्ति एवं सम्भावना दिनकर को बहुत आकर्षित करती रही है। वे युवाशक्ति का क्रान्तिकारी अभिनन्दन करते हुए कहते हैं—

समस्त सूर्यलोक एक हाथ में लिये हुए,
दबा के एक पाँव चन्द्र-भाल पर दिए हुए,
खगोल में धुआँ बिखेरती प्रतप्त श्वास से,
भविष्य को पुकारती हुई प्रचंड हास से,
उछाल देवलोक को मही से तोलती हुई,
मनुष्य के प्रताप का रहस्य खोलती हुई,
विराट् रूप विश्व को दिखा रही जवानियाँ।

(जवानियाँ; 'सामधेनी', 1944 ई.)

ओज से दीप्त यौवन के अभिनन्दन की राष्ट्रकवि दिनकर की यह शैली अतुलनीय है। हिन्दी ही नहीं, बल्कि भारतीय भाषाओं के साहित्य में इस प्रकार का स्वर दुर्लभ है।

दिनकर समावेशी और सर्वधर्म-समभाव की चेतना से समन्वित समाज के पक्षधर हैं। वे साम्प्रदायिक सद्भाव को राष्ट्र के जीवन का एक आवश्यक पहलू मानते हैं। भारत की गंगा-जमुनी तहजीब उनको बहुत प्रिय है। उनकी दृष्टि में हिन्दू और मुसलमान एक-दूसरे के पूरक है; कवि के शब्दों में कहा जाए तो वे दोनों 'देश की दो आँखें' हैं। दुर्भाग्यवश 1946 ई. में पूर्वी बंगाल (अब बांग्लादेश) के नोआखाली में भयंकर सांप्रदायिक दंगा भड़का था। उस दंगे में देश की हिन्दू-मुस्लिम एकता की बुनियाद हिल गई थी। उस दुर्भाग्यपूर्ण घटना से व्यथित होकर दिनकर ने 'हे मेरे स्वदेश' शीर्षक कविता लिखी थी।

नर-नारी जलते साथ हाय/जलते हैं मांस-रुधिर अपने
जलती है वर्षों की उमंग/जलते हैं सदियों के सपने
ओ बदनसीब, इस ज्वाला में/आदर्श तुम्हारा जलता है
समझाएँ कैसे तुम्हें कि/भारतवर्ष तुम्हारा जलता है
जलते हैं हिन्दू-मुसलमान/भारत की आँखें जलती हैं
आने वाली आज़ादी की/लो दोनों पाँखें जलती हैं।

('हे मेरे स्वदेश'; सामधेनी, 1946 ई.)

भारत में व्याप्त इस विषम परिस्थिति में महात्मा गाँधी शान्ति के अग्रदूत बनकर हिंसाग्रस्त नोआखाली पहुँचे थे। गाँधीजी की नोआखाली-यात्रा से कवि के आशावाद को बल मिला था; और इसीलिए उन्होंने लिखा था—

दुनिया भी देखे अन्धकार की/कैसे फौज उमड़ती है!
'औ' एक अकेली किरण/व्यूह में जाकर कैसे लड़ती है।

('हे मेरे स्वदेश'; सामधेनी, 1946 ई.)

भारतीय स्वाधीनता-संग्राम की उस निर्णायक घड़ी में, साम्प्रदायिकता के घटाटोप के बीच, महात्मा गाँधी आशा की एक सुनहरी किरण बनकर प्रकट हुए थे।

'सामधेनी' में यौवन के उद्दाम वेग की वाणी ही नहीं, युग की वाणी भी है। इसमें काव्य-प्रतिभा का वैभव होते हुए भी समय का स्वर ही प्रबल है। दिनकर की इस प्रकार की कई कविताएँ भारतीय स्वाधीनता संग्राम के उस दौर का एक लालित्यपूर्ण, काव्यात्मक और प्रामाणिक दस्तावेज़ बनकर प्रकट होती हैं।

'बापू'

दिनकर की आरम्भिक रचनाओं में मनुष्य के दैहिक बल की विरुदावली गायी गई है। 'हिमालय' (1933 ई.) शीर्षक कविता के अनुसार, उस 'नगपति' में कवि को एक 'मौन तपस्या-लीन यती' का स्वरूप तो दिखता है, लेकिन यह रूप उसको कुछ विशेष आकृष्ट नहीं कर पाता। यहाँ तक कि वह शान्त-मौन रहने के कारण हिमालय की भर्त्सना भी करता है। बात यह है कि वह देश के पददलित होने का एक बड़ा कारण हिमालय की उस चुप्पी को ही मानता है। वह स्पष्ट शब्दों में कहता है कि यह तप का काल नहीं है; अब देश को संकट से उबारने के लिए अर्जुन और भीम-जैसे वीरों की आवश्यकता है; युधिष्ठिर-जैसे शान्तिवादियों की अब यहाँ कोई आवश्यकता नहीं है।

रे, रोक युधिष्ठिर को न यहाँ,
जाने दे उनको स्वर्ग धीर,
पर फिरा हमें गांडीव-गदा,
लौटा दे अर्जुन-भीम वीर।

× × ×

तू मौन त्याग, कर सिंहनाद,
रे तपी! आज तप का न काल।
नवयुग शंखध्वनि बजा रही,
तू जाग, जाग, मेरे विशाल!

(हिमालय के प्रति, 'रेणुका', 1933 ई.)

'हुंकार' में संघर्ष की यह भावना अपेक्षाकृत अधिक उग्र रूप ले लेती है। लेकिन समय के साथ ही कवि के विचार और बोध में परिपक्वता आती जाती है। 'कुरुक्षेत्र' के रचनाकाल तक आते-आते कवि दिनकर को ऐसा लगने लगता है कि

युद्ध ही मनुष्य की सारी समस्याओं की जड़ है। इस बोध के बाद वह दैहिक-बल की निस्सारता का अनुभव करने लगता है।

1946 ई. में पूर्वी बंगाल में साम्प्रदायिक दंगे भड़कने के कारण बिगड़े हालात को सामान्य बनाने के क्रम में महात्मा गाँधी ने नोआखाली की यात्रा की थी। इस यात्रा के बाद गाँधीजी के देदीप्यमान व्यक्तित्व से प्रभावित होकर दिनकर ने 'बापू' (1947 ई.) नामक एक कविता-संकलन की रचना की थी। इस काव्य-संग्रह में कुल चार कविताएँ संकलित हैं। 'बापू' शीर्षक अपनी छोटी-सी काव्य-पुस्तिका को दिनकर ने 'विराट् के चरणों में वामन का दिया हुआ क्षुद्र उपहार' कहा है।

चूँकि यह 'कुरुक्षेत्र' के बाद की रचना है, इसलिए स्वाभाविक रूप से इसमें कवि की युद्ध एवं शान्ति विषयक वैचारिक प्रौढ़ता परिलक्षित होती है। मनुष्य के दैहिक-बल के स्थान पर उसकी आत्मा की उन्नतावस्था और उसकी भावात्मक श्रेष्ठता के मूल्यांकन की जो प्रवृत्ति दिनकर की 'कलिंग विजय' शीर्षक कविता और 'कुरुक्षेत्र' में परिलक्षित हुई थी, 'बापू' शीर्षक प्रबन्ध कविता में उसका समुचित विकास हुआ है।

दिनकर की कविताओं में हृदय-तत्त्व की प्रमुखता रहती है, लेकिन यहाँ भी कवि उनमें ओज का समावेश करना नहीं भूलता है—

पाताल, तलातल, अतल, वितल/को फोड़ महीतल पर सरसो,
अयि सुधे! गगन से धार बाँध,/धरती पर द्रुत बरसो, बरसो।

× × ×

लपटों से लज्जा ढँको, कहाँ हो?/धधको, धधको घोर अनल!
कब तक ढँक पाएँगे इसको/रमणी के दो छोटे करतल?

(बापू, 1947 ई.)

भारत की स्वतन्त्रता जिस रास्ते से होकर आई, वह कवि दिनकर द्वारा कल्पित राह नहीं थी। वह एक नई राह थी, जिसके अन्वेषण का श्रेय बापू को ही जाता है।

पकड़ो वे दोनों चरण, दासता/जिनके सेवन से छूटी,
पकड़ो वे दोनों पद, जिनसे/आज़ादी की गंगा फूटी।

(वज्रपात, बापू, 1948 ई.)

बापू ने अपनी अहिंसावादी अभूतपूर्व नीतियों के बल पर भारतीय इतिहास की धारा बदल दी। 'बापू' काव्य-संग्रह को देखने से ऐसा प्रतीत होता है कि देश की आज़ादी के पहले ही दिनकर ने यह समझ लिया था कि मानवता के सर्वतोमुखी विकास के लिए युद्ध की अपेक्षा शान्ति की आवश्यकता अधिक है। कवि को यह पूर्वाभास हो गया था कि बापू के शान्तिपूर्ण पथ का अनुगमन करते हुए हमारा देश स्वाधीनता के विराट् लक्ष्य को यथाशीघ्र प्राप्त करने वाला है।

दिनकर के काव्य पर यदि आप ध्यान दें तो उनका शुरू का काव्य, खासतौर से 1930 से 1947 तक का काव्य स्वाधीनता आंदोलन का काव्य है। स्वाधीनता आंदोलन के उतार-चढ़ाव, द्वंद्वों-दुविधाओं, जय-पराजय का इतिहास यदि किसी एक कवि की कविता में खोजना हो तो यह इतिहास केवल दिनकर की कविता में मिलेगा। दिनकर स्वाधीनता आंदोलन के कवि हैं। दिनकर कानाफूसी की भाषा में क्रांति करनी नहीं जानते थे। बहुत सारे कवि ऐसे हैं जो ऐसी भाषा और ऐसे अंदाज में क्रांति की कविता लिखते हैं कि जैसे दूसरे के कान में धीरे-धीरे बतिया रहे हों। इसके ठीक विपरीत उनकी स्वाधीनता से जुड़ी कविताओं में शक्ति है, आग भी है।[23]

'रश्मिरथी': दलित-चेतना का काव्य

'रश्मिरथी' सात सर्गों में निबद्ध एक खंडकाव्य है। इसकी रचना 'महाभारत' का आधार लेकर की गई है। सप्तम सर्ग में रश्मिरथ पर चढ़कर कर्ण के परलोकगमन का वर्णन किया गया है। इससे स्पष्ट है कि इस खंडकाव्य में 'रश्मिरथी' विशेषण का प्रयोग अंगराज कर्ण के लिए किया गया है। 'महाभारत' में महापराक्रमी और महादानी के रूप में चित्रित किए जाने के बावजूद कर्ण को अर्जुन से कमतर दर्शाया गया है। लेकिन कर्ण के हीन-मूल के बावजूद दिनकर ने अत्यन्त ओजस्वी शैली में उसका चरित्रांकन करके उसके देदीप्यमान व्यक्तित्व को पाठकों के समक्ष प्रस्तुत किया है। इसमें तीन प्रमुख पात्र हैं—कर्ण, कुन्ती और इन्द्र। इसमें प्रभावशाली ढंग से वर्णित अंश भी प्रमुखतः तीन ही हैं—इन्द्र की कवच-कुंडल याचना, कुन्ती का पश्चाताप और कर्ण का युद्ध।

दिनकर को प्रायः 'मन्यु' (सात्त्विक क्रोध) का कवि कहने के साथ ही जीवन में 'अनल तत्त्व' का उपासक कहा गया है। 'रश्मिरथी' (1952 ई.) के आरम्भ में ही कवि यह कहता है कि दुनिया में जहाँ कहीं भी 'पवित्र अग्नि' प्रज्ज्वलित हो, उसकी वन्दना की जानी चाहिए। अपनी बात को और स्पष्ट करते हुए वे यह कहते हैं कि जाति-गोत्र निरपेक्ष होकर, जिस किसी व्यक्ति में शक्ति और तेज विद्यमान हो, उसका समुचित सम्मान किया जाना चाहिए।

'जय हो' जग में जले जहाँ भी, नमन पुनीत अनल को,
जिस नर में भी बसे, हमारा नमन तेज को, बल को।

'रश्मिरथी' महाभारत के एक पात्र कर्ण के चरित्र को लेकर रचा गया दलित-चेतना विषयक प्रबन्ध-काव्य है।

तेजस्वी सम्मान खोजते नहीं गोत्र बतला के,
पाते हैं जग से प्रशस्ति अपना करतब दिखला के।

हीन मूल की ओर देख जग गलत कहे या ठीक
वीर खींचकर ही रहते हैं इतिहासों में लीक।

(रश्मिरथी)

'रश्मिरथी' में कर्ण के महाभारतकालीन आख्यान को आधार बनाकर उन्होंने प्रवंचित और उपेक्षित जनों की अदम्य जिजीविषा और उनकी जययात्रा का मंगलगान किया है। कुल-गोत्र-हीन कर्ण का पुरुषार्थ और पराक्रम वैसे लोगों के लिए प्रेरणा का स्रोत बन जाता है, जो लांछन, उपेक्षा और दुख झेलकर अपने लिए मुकाम हासिल करने का हौसला रखते हैं।

स्वयं दिनकर का कहना है कि—"कोई कविता लिख लेने के बाद यह बताने की कोशिश करना कि यह कविता मैंने क्यों लिखी, बड़ा ही मुश्किल काम है। कुरुक्षेत्र मे बाद मैंने जो दूसरा खंडकाव्य (रश्मिरथी) लिखा, उसका नायक कर्ण है। युधिष्ठिर और भीष्म के बाद कर्ण पर मेरी दृष्टि क्यों गई, इसके कुछ-न-कुछ मनोवैज्ञानिक कारण रहे होंगे। जब यह काव्य प्रकाशित हुआ, डॉ. धर्मवीर भारती ने किसी लेख में संकेत किया था कि कदाचित दिनकरजी ने अपने जीवन में उपेक्षा के दंश का अनुभव किया है। उसी का प्रतिबिम्ब हम कर्ण के चरित्र में देखते हैं। सम्भव है कि यह अनुमान सत्य हो। किन्तु अधिक सत्य प्रेरणा इस जिज्ञासा से आई थी कि कुमारी माता के गर्भ से उत्पन्न सन्तान को समाज में गुणोपयुक्त स्थान मिलना चाहिए या नहीं। 'रश्मिरथी' का कवि बिहार प्रान्त का निवासी है, जहाँ सबसे बड़ा प्रश्न यह नहीं है कि तुम विद्वान हो या मूर्ख, ईमानदार हो या बेईमान, बल्कि यह कि तुम्हारी जात कौन-सी है। रश्मिरथी काव्य इन्हीं दो प्रश्नों को लेकर समाप्त नहीं होता। उसमें और भी बातें हैं, जिन्हें लोगों ने बहुत पसन्द किया है। ऐसे पाठक भी हैं, जो रश्मिरथी को ही मेरी सर्वोत्कृष्ट रचना मानते हैं।"[24]

कवि ने 'रश्मिरथी' की भूमिका में उसके वर्ण्य-विषय के बारे में लिखा है—"यह युग दलितों और उपेक्षितों के उद्धार का युग है। कर्ण-चरित के उद्धार की चिन्ता इस बात का प्रमाण है कि हमारे समाज में मानवीय गुणों की पहचान बढ़ने वाली है। कुल और जाति का अहंकार विदा हो चुका है। आगे मनुष्य केवल उसी पद का अधिकारी होगा जो उसके सामर्थ्य से सूचित होता है, उस पद का नहीं जो उसके माता-पिता या वंश की देन है। इसी प्रकार व्यक्ति अपने निजी गुणों के कारण जिस पद का अधिकारी है वह भी इसमें कोई बाधा नहीं डाल सकेंगे। कर्ण-चरित का उद्धार एक तरह से नई भावना की स्थापना का ही प्रयास है।"

हीन-कुलोद्भव कर्ण के पुरुषार्थ का ओजस्वी वर्णन करके वे असंख्य शोषित, पीड़ित, उपेक्षित और लांछित लोगों को नाना प्रकार की चुनौतियों और मुसीबतों को झेलकर भी नए विश्व का निर्माण करने की प्रेरणा देते हैं। जनजातीय भाषा-साहित्य

के विद्वान डॉ. रामदयाल मुंडा ने पॉल स्तानेस्लां और डेविड नेलसन के साथ मिलकर 'द सन चैरिऽटियर' (The Sun Charioteer) नाम से 'रश्मिरथी' का अंग्रेजी काव्यानुवाद किया था। कर्ण के जीवन का आदिवासियों के जीवन से बहुत अधिक साम्य है। इसलिए पूर्वोत्तर भारत के राज्यों में, जहाँ अंग्रेजी भाषा बोली, समझी और पढ़ी जाती है, वहाँ के आदिवासियों के मध्य 'रश्मिरथी' का यह काव्यानुवाद अत्यन्त लोकप्रिय रहा है। वहाँ के आदिवासी-जन कर्ण के व्यक्तित्व और उसके आत्मसंघर्ष में अपनी आकांक्षा और जिजीविषा का प्रतिबिम्ब देखते हैं। डॉ. रामदयाल मुंडा के उक्त काव्यानुवाद के माध्यम से आदिवासियों के सांस्कृतिक जीवन में राष्ट्रकवि दिनकर की 'रश्मिरथी' का प्रवेश हो चुका है। इसके अलावा सदानन्द महापात्र द्वारा किया गया 'रश्मिरथी' का ओडिया अनुवाद ओडिसा के सामान्य पाठकों और जनजातीय लोगों के बीच खासा लोकप्रिय है।

'दिल्ली'

दिनकर आंचलिक यथार्थबोध के साथ ही शहरी मध्यवर्ग की जीवन-स्थितियों पर भी दृष्टिपात करते हैं। 'दिल्ली' 1954 ई. में प्रकाशित एक छोटी-सी कविता-पुस्तिका है, जिसमें दिनकरजी की दिल्ली पर लिखी हुई चार कविताएँ संग्रहीत हैं—'नई दिल्ली के प्रति' (1933), 'दिल्ली और मास्को (1945), 'हक की पुकार' (1952) और 'भारत का यह रेशमी नगर' (1954)। पहली कविता यद्यपि सन् 1933 में रची गई थी, तथापि उसकी पृष्ठभूमि 1929 ई. की है। 1929 ई. में नई दिल्ली का प्रवेशोत्सव मनाया गया था। उसी वर्ष भगतसिंह गिरफ्तार हुए और लाहौर-कांग्रेस में पूर्ण स्वराज का प्रस्ताव पास हुआ। सन् 1930 में सत्याग्रह-आन्दोलन शुरू हुआ और देश में दमन-चक्र ज़ोर से चलने लगा। इस संकलन की पहली कविता 'नई दिल्ली के प्रति' 1935 ई. में प्रकाशित 'हुंकार' में छप चुकी थी; जबकि दूसरी कविता 'दिल्ली और मास्को' 1945 ई. में प्रकाशित 'सामधेनी' में छप चुकी थी। 'नई दिल्ली के प्रति' शीर्षक कविता उत्सव और दमन के विरोधों पर आधारित है।

यह कैसी चाँदनी अमा के मलिन तमिस्र गगन में !
कूक रही क्यों नियति व्यंग्य से इस गोधूलि-लगन में?
मरघट में तू साज रही दिल्ली कैसे शृंगार?
यह बहार का स्वांग अरी, इस उजड़े हुए चमन में!

डाल-डाल पर छेड़ रही कोयल मर्सिया तराना
और तुझे सूझा, इस दम ही उत्सव हाय मनाना।

हम धोते हैं घाव इधर सतलज के शीतल जल से
उधर तुझे आता है इन पर नमक हाय! छिड़काना।

गुलचीं निष्ठुर फेंक रहा कलियों को तोड़ अनल में,
कुछ सागर के पार और कुछ रावी-सतलज-जल में;
हम मिटते जा रहे, न ज्यों अपना कोई भगवान।
यह अलका छवि कौन भला देखेगा इस हलचल में?

(दिल्ली, 'हुंकार', 1933 ई.)

अन्तिम चार पंक्तियों में अंग्रेजों द्वारा किए गए भारतीयों के नृशंस-दमन का संकेत है। यहाँ अंग्रेजों को 'गुलचीं' अर्थात माली कहा गया है। यहाँ कवि ने यह कहना चाहा है कि जो लोग इस देश रूपी बगिया के माली हैं, वे निर्दय होकर बाग की कलियों को तोड़कर पानी और आग में झोंक रहे हैं।

हरिवंशराय बच्चन के अनुसार, इन "रचनाओं की तिथियाँ महत्त्वपूर्ण हैं। 1933 में एक ओर तो 'ब्रिटेन की दासी' दिल्ली अपना नया रूप-रंग सँवार कर बैठी थी, किन्तु दूसरी ओर देश के दीवाने स्वतन्त्रता देवी को प्राप्त करने के लिए जीवन-मरण के संघर्ष में जुटे हुए थे। यही विरोध इस कविता की प्रेरणा थी।[25]

कविता के अन्त में कवि कहता है कि—

दिल्ली तेरे रूप-रंग पर कैसे हृदय फँसेगा?
बाट जोहती खंडहर में हम कंगालों की रानी।

(दिल्ली, 'हुंकार', 1933 ई.)

तीसरी और चौथी कविताएँ स्वराज्य के बाद की हैं। कवि के अनुसार दिल्ली का तत्कालीन रूप विलासिनी का है, जिससे कर्मठता की प्रेरणा कतई नहीं मिलती। उस समय देश के नवनिर्माण का कार्य बहुत धीमी गति से चल रहा था, जिसका मुख्य कारण यह था कि देश की सत्ता के नियामक देश की आकुलता से अपरिचित थे। कवि ने व्यथित होकर कहा था—

भारत धूलों से भरा, आँसुओं से गीला
भारत है अब तक भी विपत्ति के घेरे में।
दिल्ली में तो खूब ज्योति की चहल-पहल
पर भटक रहा है सारा देश अँधेरे में।
चल रहे ग्राम कुंजों में पछिया के झकोर
दिल्ली, लेकिन ले रही लहर पुरवाई में।
है विकल देश सारा अभाव के तापों से
दिल्ली सुख से सोयी है नरम रजाई में।

(भारत का यह रेशमी नगर; 'दिल्ली', 1954 ई.)

दिनकर को आशा थी कि स्वतंत्रता-प्राप्ति के बाद दिल्ली अपने शोषण आधारित वैभव-विलास को त्यागकर दीन-हीन देश की प्रतिनिधि बनेगी। लेकिन वह आशा गाँधीजी के साथ ही खत्म हो गई। जो भी हो, अन्तिम दो कविताओं में दिनकर ने दिल्ली को न केवल देश के गरीबों की याद दिलाई है, बल्कि आगे आनेवाली क्रान्ति की ओर भी संकेत किया है। प्रभुत्वशाली वर्ग को चेतावनी के स्वर में कवि कहता है—

तो होश करो, दिल्ली के देवो, होश करो,
सब दिन तो यह मोहिनी न चलने वाली है,
होती जाती हैं गर्म दिशाओं की साँसें,
मिट्टी फिर कोई आग उगलने वाली है।

'दिल्ली' को दिनकर ने एक प्रतीक माना है और उसके द्वारा पहली दो कविताओं में स्वतन्त्रता और गुलामी को तथा बाद की दो कविताओं में अमीरी और गरीबी के संघर्ष को व्यक्त किया है। डॉ. मैनेजर पांडेय ने लिखा है—दिल्ली में बहुत कवि रहते हैं, लेकिन दिल्ली क्या है, इस पर ध्यान देने वाले कवि बहुत कम हैं। हिन्दी में अकेले दिनकर ने दिल्ली पर तीन-चार कविताएँ लिखी हैं। उन कविताओं को अलग-अलग पढ़िए तो उनमें दिनकर की चेतना की चार अवस्थाएँ दिखाई देंगी—अंग्रेजी सत्ता का केन्द्र दिल्ली, स्वाधीनता आंदोलन के दौर की दिल्ली, आजादी के बाद की दिल्ली और बाद में और भी पतनशील दिल्ली। उन्होंने दिल्ली के विभिन्न रूपों पर कविताएँ लिखी हैं। 'समर शेष है' बहुत प्रसिद्ध कविता है। यह भी दिल्ली पर है। दिनकर ने दिल्ली की सत्ता की जैसी व्यापक आलोचना की है, वैसी हिन्दी की बहुत कम कविता में है[26]—

फूलों की रंगीन लहर पर ओ उतराने वाले
ओ रेशमी नगर के वासी ! ओ छवि के मतवाले !
सकल देश में हालाहल है, दिल्ली में हाला है
दिल्ली में रोशनी, शेष भारत में अँधियाला है।
अटका कहाँ स्वराज? बोल दिल्ली, तू क्या कहती है?
तू रानी बन गई, वेदना जनता क्यों सहती है?
सबके भाग दबा रक्खे हैं, किसने अपने कर में?
उतरी थी जो विभा, हुई बंदिनी बता किस घर में?

काव्यान्दोलन के लिहाज से यह 'नई कविता' का दौर था; जबकि राजनीतिक दृष्टि से यह वह समय था, जिसमें नेहरू-युग से मोहभंग का वातावरण बन रहा था। 'भारत का यह रेशमी नगर' (1954 ई.) में वस्तुत: मोहभंग से उपजी उस पीड़ा को ही काव्योचित रीति से व्यक्त किया गया है। प्रसंगवश उल्लेखनीय है कि धर्मवीर भारती के गीति-नाटक 'अन्धायुग' (प्रकाशन वर्ष 1955 ई.) और मुक्तिबोध की

प्रबन्ध-कविता 'अँधेरे में' (रचनावर्ष 1962-1963 ई.) में भी प्रायः इसी मोहभंग को अभिव्यक्त किया गया है।

'दिल्ली' की इन कविताओं में दिल्ली प्रभुत्वशाली वर्ग के प्रतीक के रूप में चित्रित है। दिनकर ने महसूस किया कि दिल्ली हमारा केन्द्रस्थल है; लेकिन विडम्बना यह है कि देश की बेचैनी केन्द्रीय सत्ता को बेचैन नहीं कर पा रही है। यदि दिल्ली में उपलब्ध सुख-सुविधाओं की मात्रा समस्त देश की सुख-सुविधाओं की मात्रा के अनुपात से घटती-बढ़ती रहती, तो निर्माण के कार्य उतनी मंथर गति से नहीं चलते। किन्तु, स्थिति विषम है। गाँवों में वज्र गिरे या बाढ़ आए, मगर दिल्ली के आराम का पारा स्थिर है। इस स्थिति से उठनेवाला स्वाभाविक क्षोभ ही इन कविताओं का मूल स्वर है।

'नीम के पत्ते'

इसमें 1945 से 1953 ई. के मध्य लिखी गई 15 कविताएँ संग्रहीत हैं। भारत में नीम अपनी कटुता और रक्तशोधक गुणों के लिए प्रसिद्ध है। इस पुस्तक की अधिकांश कविताओं में ऐसी तीखी आलोचनाएँ हैं, जिनके द्वारा देश और समाज में फैले हुए रोगों का कुछ उपचार हो सकता है। संग्रह का यह नाम सम्भवतः इसी ध्येय से दिया गया है। हरिवंशराय बच्चन के अनुसार, "मेरी समझ से पुस्तक का नाम 'नीम की पत्तियाँ' होना चाहिए था, न कि 'नीम के पत्ते। पत्ते तो पीपल के होते हैं, केले के होते हैं। नीम की पत्तियाँ इतनी छोटी और पतली होती है कि उन्हें पत्ता कहना असंगत मालूम होता है।"[27]

1945 में उत्तरी बिहार में बाढ़, विशूचिका (हैजा) और मलेरिया से लोग मर रहे थे। पत्रों को देखने से लगता था कि सरकार और नेता बहुत कुछ कर रहे हैं, पर जनता के लिए होता बहुत कम था। दिनकर कटु व्यंग्य करते हैं—

नेता परीशान, परीशान सरकार है,
बोल मरने का तुझे कौन अधिकार है!

1947 को देश आजाद तो हुआ, लेकिन उसके दो टुकड़े हो गए। इससे व्यथित कवि दिनकर कहते हैं-

माँ का अंचल है फटा हुआ, इन दो टुकड़ों को सीना है,
देखें देता है कौन लहू, दे सकता कौन पसीना है?

1948 की आजादी की वर्षगाँठ पर कवि का मन ग्लानि और क्षोभ से भरा था। हमने आजादी के प्रथम वर्ष में ही राष्ट्रपिता की हत्या कर दी थी ! कवि दिनकर लिखते हैं—

हाँ खूब मनाओ आजादी की वर्षगाँठ,
पर, नहीं इस खुशी में कि साल भर हुआ उसे!
इसलिए कि वह अब तक भी तुमसे छिनी नहीं।

आजादी के बाद जो पद-लोलुपता, अधिकार-प्रियता और चारित्रिक पतन की बाढ़ आई थी, उसके प्रति भी दिनकर ने अपना असन्तोष व्यक्त किया—

आज़ादी आई नहीं विकट कुहराम मचा,
है मची हुई अच्छे-अच्छों में मारपीट।
कहते हैं जो थे साधु सरीखे पाक-साफ़,
डुब्कियाँ लगा वे भी अब पानी पीते हैं।
बिक रही आग के मोल आज हर जिन्स, मगर,
अफ़सोस आदमीयत की ही कीमत न रही।

1949 की कविताओं पर अवसाद की छाया है। कवि के स्वप्न-चन्दन को यथार्थ ने जला कर ताप लिया है। जिनसे उसे आशा थी वे तहखानों में चले गए हैं। जब सूर्य मानव को खिला नहीं सकता, चाँद उसे शीतलता नहीं पहुँचा सकता, तो अच्छा है उन्हें राहु ग्रस ले—

क्या कहा कि मैं घनघोर निराशावादी हूँ,
तब तुम्हीं टटोलो हृदय देश का, और कहो,
लोगों के दिल में अश्रु कहीं क्या बाकी है?

'हे राम' शीर्षक कविता करुण रस में डूबी हुई है। 'गाँधी' शीर्षक रचना में उनका स्वर फिर सबल हुआ है और 'जनता और जवाहर' में आशा पुनः जाग उठी है—

झूलता तुम्हारी आँखों में जो स्वर्ग, हमारी आशा है,
तुम पाल रहे हो जिसे, वही भारत भर की अभिलाषा है।

1950 और 1952 की कविताओं में वही आशा जन-विश्वास और आत्म-विश्वास में परिणत हो जाती है—

जन-समुद्र यह नहीं, सिन्धु है यह अमोघ ज्वाला का,
जिसमें पड़ कर बड़े-बड़े कंगूरे पिघल चुके हैं।
लील चुका है यह समुद्र जाने कितने देशों में
राजाओं के मुकुट और सपने नेताओं के भी। (1950)

और,

उठ मन्दिर के दरवाजे से/ज़ोर लगा खेतों में अपने,
नेता नहीं, भुजा करती है/सत्य सदा जीवन के सपने (1952)

1953 की रचना 'रोटी और स्वाधीनता' में दिनकर का स्वर प्रखरतर होकर घोषित करता है—

आजादी केवल नहीं आप अपनी सरकार बनाना ही,
आजादी है उनके विरुद्ध खुलकर विद्रोह मचाना भी।

1955 ई. हरिवंशराय बच्चन ने अपने एक समीक्षात्मक लेख में लिखा था—"इस प्रकार हम देखते हैं कि इन रचनाओं में दिनकर ने एक दशाब्द की आशा, निराशा और विश्वास को वाणी दी है। ओज दिनकर की कविता का विशेष गुण है और यही उनकी समयबद्ध कविताओं को चिरजीवी बनाएगा।"[28]

'नील कुसुम' : एक नया प्रस्थान-बिन्दु

'नील कुसुम' का प्रकाशन 1954 ई. में हुआ। यह दिनकर की विगत नौ वर्षों की चुनी हुई रचनाओं का संकलन है। इसमें 39 स्फुट कविताएँ और एक गीत-रूपक संग्रहीत है। इस कविता-संग्रह का नामकरण इसमें संकलित पहली कविता के आधार पर किया गया है। दिनकर के अनुसार "ये कविताएँ आशीर्वाद के अक्षत नहीं, बल्कि जवानी की पूजा के फूल हैं।"

'नील कुसुम' को उनकी काव्ययात्रा का एक नया प्रस्थान-बिन्दु माना गया है। यहाँ से उनका ओजदीप्त स्वर कुछ मन्द पड़ने लगता है। ऐसा लगता है कि इस समय तक आते-आते उन्होंने कविता में आ रहे अप्रत्याशित बदलावों को स्वीकार करना शुरू कर दिया था। स्वभावत: यह रचना उनके काव्य में एक नया मोड़ बनकर आई। अभी तक उनका काव्य आवेश का काव्य था; 'नील कुसुम' ने नियंत्रण और गहराइयों में पैठने की प्रवृत्ति की सूचना दी। इसकी भूमिका में उन्होंने नए प्रयोगशील कवियों का मुक्त हृदय से स्वागत करते हुए कहा कि—"हिन्दी कविता का आकाश बदल रहा है। जो नया क्षितिज सामने चमक रहा है, उसी की ओर खड़ा होकर मैं स्वागत में 'नील कुसुम' बिखेरता हूँ।"

'नील कुसुम' की "भूमिका में दिनकर ने इन कविताओं में एक विशेष अन्तर्धारा और एक नई टेकनीक का दावा किया है, जिसके कारण, उनके अनुसार ये कविताएँ उनकी पिछली कविताओं से भिन्न और उन्हीं के शब्दों में 'सर्वथा नवीन' हैं। इस नवीनता के लिए उन्होंने 'तार सप्तक' और प्रयोगवादियों का ऋण स्वीकार किया है और अपने को उनका 'पिछलगुआ कवि' बतलाया है। उनका कहना है कि प्रयोगवादी इस बात का प्रयोग कर रहे हैं कि कितने उपकरण हैं जिन्हें छोड़कर भी कविता कविता रह जाएगी। इस कारण छन्द, कोमलकान्त पदावली और निर्धारित विषयों को छोड़कर कविगण अपरिचत, अप्रत्याशित और अनपेक्षित विषयों पर लिख रहे हैं। आगे चलकर उन्होंने प्रयोगवादियों की रचनाओं को देश-काल के अनुकूल बतलाया है और उन्हीं के हाथों में हिन्दी कविता का भविष्य देखा है। अन्त में उन्होंने सविनय कहा है कि "जहाँ भविष्य के ये पुरोधा बैठेंगे, वहीं किसी कोने में 'नील कुसुम' भी पायंदाज़ का काम देगा।"

लेकिन हरिवंशराय बच्चन ने लिखा है—"नील कुसुम की कविताओं के अन्दर कोई ऐसी 'टेकनीक नहीं है, जिसके कारण इनको दिनकर की पिछली

कविताओं से भिन्न समझा जाए या इन पर प्रयोगवाद का प्रभाव समझा जाए। प्रसंगवश मुझे 'रेणुका' और 'नील कुसुम' को साथ ही पढ़ने का अवसर मिल रहा है तथा मेरी यह धारणा है कि 'नील कुसुम' की टेकनीक और भाव-विचार धारा में कोई ऐसी चीज नहीं है, जिसकी जड़ें 'रेणुका' में मौजूद नहीं है। कविताओं में छन्दों को नहीं छोड़ा गया है। कहीं कहीं तुक अवश्य छोड़ दिए गए हैं, पर लय का कसाव उनके अभाव को खलने नहीं देता। कोमलकान्त पदावली दिनकर की ओजस्विनी कविता के लिए कभी आवश्यक नहीं थी। भाषा की प्रखरता और प्रवाह, जो उनकी कविता में पहले भी था, अब और तेज हो गया है। अपरिचित, अनपेक्षित, अप्रत्याशित विषय भी उनकी कविताओं में कहाँ हैं? कुछ नई उपमाओं का उपयोग अवश्य किया गया है, जैसे वातायन की उपमा सन्धि-पत्र से, अथवा स्वप्नों के तिरोधान होने की समता आँखों पर से हरे चश्मे के गिर जाने से। पर उनके लिए कवि को किसी प्रयोगवादी की शिष्यता करने की आवश्यकता नहीं थी। यदि इन्हीं के कारण दिनकर ने अपने को प्रयोगवादी समझ लिया है तो उनका प्रयोगवादीपन बहुत छिछला है। दिनकर की टेकनीक का मूल है भावों के आवेश और कल्पना की तेजस्विता में। 'नील कुसुम' को उनकी सर्वोत्तम कविताओं से परखें तो कवि की आशंका के विपरीत मैं उनको 'चढ़ाव की कविताएँ' कहूँगा। जहाँ दिनकर ने भावों की आर्द्रता एवं स्थिरता और कल्पना की मनोरंजकता एवं स्वाभाविकता का आश्रय लिया है वहाँ अवश्य उनकी रचनाएँ 'उतार की कविताएँ हो गई हैं। जिस दिन दिनकर प्रयोगवादी मनोस्थिति और टेकनीक को सचमुच स्वीकार कर कविताएँ लिखेंगे मैं उसकी कल्पना से भी भयभीत हो उठता हूँ। मेरी निश्चित सम्मति है कि 'नील कुसुम' की सर्वोत्तम कविताओं की विशेषता उनके 'सर्वथा नवीन' होने में नहीं, अपितु उनकी अपनी पूर्ववर्ती रचनाओं के स्वस्थ, सम्बद्ध और क्रमागत विकास में है।[29]

यद्यपि कवि की आवाज़ सच्ची थी, लेकिन कुछ लोग कवि की इस साफगोई को भी सन्देह की नज़र से देखते रहे। वैसे लोग यह मानते रहे कि 'नील कुसुम' में हमें कवि के एक नए रूप के दर्शन होते हैं-यद्यपि इतने नए नहीं, जितने नएपन का बोध स्वयं कवि को था। यहाँ वह काव्यात्मक प्रयोगशीलता के प्रति आस्थावान है, स्वयं प्रयोगशील कवियों को जयमाल पहनाने और उनकी राह पर फूल बिछाने की आकांक्षा उसे विह्वल कर देती है। नवीनतम काव्यधारा से सम्बन्ध स्थापित करने की कवि की इच्छा तो स्पष्ट हो जाती है पर उसका कृतित्व साथ देता नहीं जान पड़ता।[30]

दिनकर उन पुरोधा कवियों में हैं, जिनकी लेखनी की नोक पर अनल की लपटों से घिरे हुए शब्द विद्यमान रहते हैं। अपनी आग्नेय चेतना की ओर स्पष्ट संकेत करते हुए उन्होंने लिखा है—

जो आग खेत की पगडंडी पर दौड़ रही,
सुरपुर में उसकी लपट छोड़ने आया हूँ।

(कवि और समाज; 'नील कुसुम')

परन्तु राष्ट्रीय भावना और राष्ट्रीय काव्य-धारा के इस समर्थ कवि के चिन्तन में 1953 ई. से ही बहुत बदलाव नज़र आने लगा। राष्ट्रीय भावना के कवि के रूप में प्रसिद्ध दिनकर के भाषणों और लेखों से यह ध्वनित होने लगा कि अब उनकी दृष्टि में राष्ट्रीयता उस हद तक ही ग्राह्य हो सकती है, जिस हद तक वह अन्तर्राष्ट्रीय भावनाओं और हितों के विकास में बाधक नहीं बने। शायद, उनकी यह धारणा बन गई कि विश्व राजनीति के बदले हुए वातावरण में अब राष्ट्रीयता प्रतिक्रियावादियों के इस्तेमाल का औजार बन सकती है। उनकी यह परिवर्तित धारणा 'नील कुसुम' में संकलित 'राष्ट्र-देवता का विसर्जन' शीर्षक कविता में व्यक्त हुई है, जिसकी रचना उन्होंने 26 जनवरी, 1953 ई. को की थी।

इसमें संकलित 'किसको नमन करूँ मैं?' शीर्षक कविता में भावी भारत का जो स्वरूप प्रतिबिम्बित है वह युद्धकामी चन्द्रगुप्त का नहीं, बल्कि शान्तिकामी अशोक का भारत है। युद्धघोष को त्यागकर धम्मघोष को अपनानेवाले प्रियदर्शी अशोक का भारत। महात्मा गाँधी और रवीन्द्रनाथ ठाकुर ने अपने चिन्तन के माध्यम से जिस सर्वतोभद्र भारत का स्वप्न देखा था, उसका समग्र स्वरूप 'किसको नमन करूँ मैं?' शीर्षक कविता में मुखर रूप में व्यंजित हुआ है।

भारत नहीं स्थान का वाचक, गुण विशेष नर का है,
एक देश का नहीं, शील यह भूमंडल-भर का है।
जहाँ कहीं एकता अखंडित, जहाँ प्रेम का स्वर है,
देश-देश में वहाँ खड़ा भारत जीवित, भास्वर है।

(किसको नमन करूँ मैं?)

'रेणुका' (1935 ई.) से 'कुरुक्षेत्र' (1946 ई.) तक की अपनी रौद्र-मुद्रा को त्यागकर 'नील कुसुम' (1954 ई.) में दिनकर एक प्रशान्त-मुद्रा अपना लेते हैं। इसके बाद की कविताओं में भावनाओं के उद्वेलन की जगह गद्य-संवलित बौद्धिकता उनको आकर्षित करने लगती है।

'नील कुसुम' की करीब आधी कविताएँ ऐसी हैं जिनसे दिनकर की कवि अथवा कलाकार विषयक कल्पना का परिचय प्राप्त होता है। जैसे—'चाँद और कवि', 'व्याल विजय', 'स्वप्न और सत्य', 'भावी पीढ़ी से', 'गायक', 'नर्तकी', 'कवि की मृत्यु', 'नई आवाज', 'तुम क्यों लिखते हो', 'सेतु रचना', 'संस्कार', 'शबनम की जंजीर', 'आशा की वंशी' तथा 'कवि और समाज'।

हरिवंशराय बच्चन के अनुसार, "इनमें हमें कवि के दो रूप मिलते हैं—कोमल और क्रान्तिकारी। अपने कोमल रूप में वह नारी का हृदय रखता है। संसार का विष

पीकर मधुर प्रीति का दान करता है। उसके गानों में कोई रुलानेवाली चीज छिपी रहती है। वह सुन्दरता की छाया के पीछे दौड़ता है। हवा के खेत में स्वप्न बोता है और आसमान की डालों से तारे तोड़ता है। और अपने गीतों की लाली से आदमी के भीतर की दुनिया को रँग देता है। यह रोमांटिक कल्पना का परम्परागत कवि है। अपने क्रान्तिकारी रूप में वह अपनी कल्पना पर धार रखता है, अपने स्वप्न के हाथों में तलवार देता है। अपनी शबनम की जंजीरों से उन्हें बाँध सकता है, जिन्हें लोहे की जंजीरें भी नहीं बाँध सकी थीं। उसके गीतों में हथौड़े की ताकत होती है, जिससे वह जनता के मार्ग में खड़ी चट्टानों को तोड़ देता है। अपनी बाँसुरी में जागरण का उद्धार लेकर चलता है। मूकों को वाणी देता है, दूसरों की पीड़ा को मुखरित करता है, क्रान्ति का आह्वान करता है और शोषितों की ओर से शोषकों को चेतावनी देता है। दिनकर का यही सहज स्वरूप है। उसे हम प्रगतिवादी धारणा का कवि कह सकते हैं। परन्तु अपने पहले रूप में दिनकर का कवि केवल दूसरों के लिए ही हँसता, बोलता, गाता या रोता है। दिनकर दूसरों के कवि हैं, अपने नहीं; जन-समुदाय के कवि हैं, अकेलेपन के नहीं। वे अकेले नहीं खड़े रह सकते। वे भीड़ के साथ चलते हैं, तूफान में अपने पर खोलते हैं। क्रान्ति हो तो वे उसे अपनी संवेदना देते हैं, स्वर देते हैं; शान्ति हो तो क्रान्ति का स्वप्न देखते हैं, उसकी भविष्यवाणी करते हैं।"[31]

हरिवंशराय बच्चन को 'नील कुसुम' में एक भी 'अन्तर्धारा' नहीं दिखाई दी। इसमें शोषक और शोषित, विज्ञान और कला, युद्ध और शान्ति, आनेवाली क्रान्ति एवं अन्य राष्ट्रीय विषयों को लेकर लिखी गई कविताओं को उन्होंने इस संकलन की सर्वोत्तम कविताएँ माना है। बच्चनजी के अनुसार, दिनकर इनमें अपनी ज़मीन पर हैं, अपने पूरे ओज के साथ।

'अमरता', 'अशब्द' और 'नासदीय' शीर्षक कविताओं में सनातन दार्शनिक प्रश्न उठाए गए हैं—इस सृष्टि का आरम्भ कैसे हुआ, अमरता के अर्थ क्या हैं और इन्द्रियों के परे जो सत्य हैं क्या उन्हें जाना जा सकता है? जबकि 'संकेत' और 'ये गान बहुत रोये' शीर्षक दो कविताओं में कवि की रहस्यवादी आस्तिकता व्यक्त हुई है। तीन गीत विशुद्ध सौन्दर्योपासना के हैं, जिनमें पलायनवादी स्वर भी सुनाई पड़ता है—

विधु-मंडल में आज डूब जाने का मैं अभिलाषी। ('चन्द्राह्वान')
अब इस महा मधु-पूर्ण निद्रा से न जागूँगा। ('आनन्दातिरेक')

कुछ स्फुट कविताएँ हैं जैसे—'जीवन', 'सबसे बड़ी आवाज', 'नीरव प्रकाश' और 'गृह-रचना'। पहली तीन में बहुत पुराने विरोधाभासी सत्यों को दोहराया गया है—मौत में जिन्दगी छिपी है, मौत में संगीत छिपा है। चौथी की सूझ में मौलिकता है।

खोज लेती है सुधा पाषाण में,
जिन्दगी रुकती नहीं चट्टान में।
बाल भर अवकाश होना चाहिए,
कुछ खुला आकाश होना चाहिए,
बीज की फिर शक्ति रुकती है कहाँ?
भाव की अभिव्यक्ति रुकती है कहाँ?

(जीवन, नील कुसुम, 1954 ई.)

'हिमालय का सन्देश' एक गीत-रूपक है। यद्यपि इसका विषय युद्ध और शान्ति है, तथापि इसके भीतर व्यक्ति और समष्टि, शोषक और शोषित, तन के आहार और मन के चिन्तन तथा बुद्धि और भावना की समस्याएँ भी उठाई गई हैं, और शाश्वत भारतीय मूल्यों के आलोक में उनका समाधान प्रस्तुत किया गया है। निस्सन्देह, यह 'नील कुसुम' की सर्वश्रेष्ठ रचना है।

'उर्वशी': प्रणय-काव्य की मुकुट-मणि

'उर्वशी' नर-नारी के सनातन यौन सम्बन्धों को मनोविज्ञान की दृष्टि से देखने वाला एक शृंगारी काव्य है। इसमें ऐतिहासिक दृष्टिकोण भी अपनाया गया है। हिमालय, तांडव, नई दिल्ली, विपथगा, दिगम्बरी आदि कविताओं को पढ़कर लोगों ने दिनकर को क्रान्तिकारी कवि मान लिया था। 1961 ई. में 'उर्वशी' के प्रकाशन के बाद उन्हें लगा कि दिनकर ने अपनी मूल प्रवृत्ति के इतर जाकर शृंगारिक काव्य रच दिया है। इस नए काव्य-नाटक की विशिष्टताओं ने उन्हें चमत्कृत भी किया, लेकिन फिर भी उन्हें लगा कि दिनकर ने अपने मिजाज़ से भिन्न विषय चुन लिया है। मन्मथनाथ गुप्त ने लिखा कि-' ' 'हुंकार', 'कुरुक्षेत्र' और 'रश्मिरथी' के कवि ने विषय तो अपने स्वभाव से बहुत भिन्न चुना, किन्तु शृंगार के बहाने उसने कविता ऐसा रच डाली, जिसकी तुलना किसी और काव्य से नहीं की जा सकती।"[32]

'रश्मिलोक' की भूमिका में दिनकर ने लिखा है—"जनता का प्रेम मुझे इस कारण कुछ और अधिक प्राप्त हुआ कि मैं अंग्रेजों की नौकरी में रहकर भी देश-भक्ति और क्रान्ति की कविताएँ लिख रहा था। किन्तु क्रान्ति की कविताएँ लिखकर मुझे पूरा सन्तोष नहीं था। शेली, कीट्स और रवीन्द्रनाथ का प्रभाव जैसे पन्तजी और निरालाजी पर पड़ा था, वैसे ही वह मुझ पर भी था और मैं भी चाहता था कि गर्जन-तर्जन छोड़कर मैं भी कोमल कविताओं की रचना करूँ, जिनमें फूल हों, सौरभ हो, रमणी का सुन्दर मुख और प्रेमी पुरुष के हृदय का उद्वेग हो और ऐसी अनेक कविताएँ मैंने उस समय लिखी भी थीं, जो रेणुका, रसवन्ती और द्वन्द्वगीत में प्रकाशित हुईं। वही धारा उर्वशी में आकर बड़े ज़ोर से फूटी। अतएव उर्वशी को

देखकर चकित होना व्यर्थ है। सारी-की—सारी उर्वशी रेणुका के कवि के रक्त में प्रच्छन्न थी।"[33]

'उर्वशी' नामक इस काव्य-नाटक के दो प्रमुख पात्र हैं—स्वर्गलोक की अप्सरा उर्वशी और प्रतिष्ठान देश के चन्द्रवंशी राजा पुरूरवा। दिनकर के अनुसार 'उर्वशी' शब्द का कोशगत अर्थ है—उत्कट अभिलाषा, अपरिमित वासना या कामना; और 'पुरूरवा' शब्द का अर्थ है—वह व्यक्ति, जो विविध प्रकार का रव (गुंजार, शोर) करे अथवा जो विभिन्न ध्वनियों से आक्रान्त हो। दिनकर ने उर्वशी और पुरूरवा की प्राचीन कथा को अपनी भावनाओं के तार से गूँथकर हिन्दी कविता के एक नए शिखर की रचना की। यह रचना उनकी काव्यात्मक प्रतिभा का सुमेरु शिखर है।

दिनकर का जन्म गंगा के कछार में बसे एक गाँव में हुआ था। अपने बचपन में उन्होंने गाँव की हरियाली, फसलों से लहलहाते हुए खेत, गंगा का अविरल प्रवाह, मिथिलांचल के सरल-सहज लोगों और अल्हड़ किशोरियों को देखा होगा। इन सब का प्रभाव कवि के अचेतन मस्तिष्क पर चिरकाल तक बना रहा। उन्होंने अपनी कविताओं में इन सब को बड़ी सहृदयता से समाविष्ट भी किया है। 'बालिका से वधू' शीर्षक कविता की ये पंक्तियाँ देखिए—

माथे में सेंदूर पर छोटी दो बिन्दी चमचम-सी,
पपनी पर आँसू की बूँदें मोती-सी, शबनम-सी।
लदी हुई कलियों से मादक टहनी एक नरम-सी,
यौवन की विनती-सी भोली, गुमसुम खड़ी शरम-सी।
पीला चीर कोर में जिसकी चकमक गोटाजाली,
चली पिया के गाँव उमर के सोलह फूलोंवाली।

यही वह बिन्दु है, जिसने आगे चलकर 'उर्वशी' के अप्रतिम सौन्दर्य चित्रों, अरूप संवेदनों और सुकुमार कल्पना में चरम निखार पाया है।

उनके कवि-व्यक्तित्व का विकास उस दौर में हुआ जब जवानी गुलामी की बेड़ियाँ तोड़ फेंकने के लिए कसमसा रही थी। उस परिस्थिति में कवि ने अपने सुकुमार सपनों की छाँह छोड़कर स्वयं को दाहक लपटों के हवाले कर दिया था। यानी परिस्थितिवश उन्होंने बाँसुरी को कहीं एक किनारे रखकर पाँचजन्य उठा लिया था, परन्तु बाँसुरी के प्रति उनका आकर्षण उनके अवचेतन में विद्यमान था। क्रान्तिघोष के कठिन कोलाहल के बावजूद उनकी कोमल भावनाएँ उनके हृदय में सुरक्षित थीं।

1973 ई. में ज्ञानपीठ पुरस्कार-ग्रहण समारोह में बोलते हुए दिनकर ने कहा था—"लगता है, पृथ्वी पर आने के पूर्व जब भगवान को प्रणाम करने गया, वे कलाकारों के बीच छेनी, टाँकी, हथौड़ी, कूँची और रंग बाँट रहे थे। लेकिन भगवान

ने मुझे छेनी, टाँकी और हथौड़ी नहीं दी, जो पच्चीकारी के औजार हैं। उनके भंडार में एक हथौड़ा पड़ा हुआ था। भगवान ने वही हथौड़ा उठाकर मुझे दे दिया और (ज़रा-सी आत्मश्लाघा के लिए क्षमा कीजिएगा) कहा कि जा, तू इस हथौड़े से चट्टान का पत्थर तोड़ेगा और तेरे तोड़े हुए अनगढ़ पत्थर भी काल के समुद्र में फूल के समान तैरेंगे।

लगता है, जब मैं हथौड़ा लेकर चला, मैं छेनी और टाँकी की ओर मुड़-मुड़कर लोभ से देख रहा था। वह लोभ मुझे जीवन-भर सताता रहा है ...।"

दिनकर के कवि-व्यक्तित्व में सात्त्विक क्रोध, कोमल करुणा और सौन्दर्य की त्रिकूट-धारा प्रवहमान थी। ओज और मन्यु के अनन्तर उनके हृदय में सौन्दर्य और प्रेम की भावधारा सतत बहती रही। 'उर्वशी' को हम 'रेणुका' (1935 ई.), 'रसवन्ती' (1940 ई.) और 'नीलकुसुम' (1954 ई.) के सौन्दर्य-प्रेमवाली भावधारा का चरम विकास मान सकते हैं। 1 जनवरी, 1961 ई. की रात्रि को इस काव्य-नाटक के पूरा होने के बाद उन्होंने कविवर सुमित्रानंदन पंत को एक पद्यात्मक पत्र लिखा था। 'उर्वशी काव्य की समाप्ति' शीर्षक यह कविता (पद्यात्मक पत्र) उनके काव्य-संग्रह 'मृत्ति-तिलक' (1961 ई.) में संकलित है। इस कविता में दिनकर ने यह बताने का प्रयास किया है कि यद्यपि उन्होंने अतीत को अपने काव्य का विषय बनाया है, तथापि वे कोरे अतीतजीवी कवि नहीं हैं। 'उर्वशी' में प्राचीन कथा-प्रसंग को ग्रहण करने का कारण स्पष्ट करते हुए उन्होंने लिखा है—

मैं महा दर्शनाचार्य नहीं,/कविता का भी आचार्य नहीं।
केवल जो समझा, सीखा है,/जो कुछ नयनों को दीखा है,
लिख दिया उसे निश्छल हो कर,/सच है, कुछ लाज-शरम खोकर।
कहने भर को प्राचीन कथा,/पर इस कविता की मर्म-व्यथा
आज के विलोल हृदय की है,/सबकी सब इसी समय की है।
जब भी अतीत में जाता हूँ,/मुर्दों को नहीं जिलाता हूँ।
पीछे हटकर फेंकता बाण,/जिससे कम्पित हो वर्तमान।
खंडहर हो, हो भग्नावशेष,/पर, कहीं बचा हो स्नेह शेष,
तो जा उसको ले आता हूँ,/निज युग का दिया जलाता हूँ।

('उर्वशी काव्य की समाप्ति' मृत्ति-तिलक, 1961 ई.)

डॉ. मैनेजर पांडेय ने ठीक ही लिखा है—दिनकर की उर्वशी ...आसमान से उतरी हुई कविता नहीं है। उर्वशी को ठीक से पढ़िए तो उसमें चार-पाँच परम्पराएँ एक साथ दिखाई देंगी। इसकी जाँच-परख की जरूरत है। उसको पढ़िए तो रवींद्रनाथ ठाकुर की उर्वशी की याद आएगी, अरविन्द की उर्वशी की याद आएगी, विक्रमोर्वशीयम् याद आएगा। उनकी संरचना देखिए तो विक्रमोर्वशीयम् में संयोग का उद्दाम वर्णन नहीं है। दिनकर ने असल में कथा ली है विक्रमोर्वशीयम् से और

उद्दाम शृंगार का चित्रण लिया है कुमारसम्भव से। इसलिए वे सीधे कालिदास से जुड़ते हैं। इतनी व्यापक चेतना का कवि निराला को छोड़कर दूसरा कोई नहीं है।[34]

'कुरुक्षेत्र' के बाद 'उर्वशी' में आकर फिर हमें विचार-तत्त्व की प्रधानता मिलती है। परन्तु मुक्तिबोध का मानना है कि, "उर्वशी की रचना इतिहास-शास्त्रीय दृष्टिकोण से नहीं की गई है। उसका उद्देश्य प्राचीन आनन्द-जीवन के वस्तुतथ्यों के भूगोल-इतिहास को, दिक्काल को उपस्थित करना नहीं है। वह एक ऐसा काव्य है, जिसमें प्राचीन जीवन के मनोहर वातावरण की कवि-प्रणीत कल्पना को बृहद् रूप देने का प्रयत्न किया गया है।"[35]

'उर्वशी' के प्रकाशन के समय दिनकर सांसारिक उपलब्धियों के शिखर पर थे। यह उनकी रचनात्मक उपलब्धि का भी शिखर थी; और उनकी काव्य-महत्त्वाकांक्षा का भी। इसके साथ ही यह साहित्य-जगत् में उनकी प्रतिष्ठा और विरोध का भी शिखर थी। 'उर्वशी' को पाठकों का जैसा प्यार मिला और आलोचकों की जितनी तीखी मार मिली, वह आधुनिक हिन्दी कविता के इतिहास में अनुपम है। समर्थन और विरोध का इतना तूफानी इतिहास आधुनिक युग में किसी अन्य काव्य-कृति का नहीं है।[36]

हिन्दी साहित्य-संसार में यदि एक ओर 'उर्वशी' की कटु आलोचना हुई और दूसरी ओर मुक्तकंठ से उसकी प्रशंसा भी हुई। 1960 के दशक में इस काव्य-कृति को लेकर जितनी चर्चा हुई और जितने विवाद हुए, वह हिन्दी साहित्य के इतिहास की एक अभूतपूर्व घटना है। धीरे-धीरे स्थिति सामान्य हुई और इस काव्य-नाटक को दिनकर की 'कवि-प्रतिभा का एक चमत्कार' माना गया। कवि ने उर्वशी और पुरूरवा के वैदिक मिथक के माध्यम से देवता एवं मनुष्य, स्वर्ग एवं पृथ्वी, अप्सरा एवं लक्ष्मी और काम एवं अध्यात्म के सम्बन्धों का अद्भुत विश्लेषण किया है।

'उर्वशी' को 'कामाध्यात्म की कविता' कहा गया है। आचार्य हजारीप्रसाद द्विवेदी, डॉ. रामविलास शर्मा और डॉ. नगेन्द्र-जैसे आलोचकों ने इसकी प्रशंसा मुक्तकंठ से की है। डॉ. लक्ष्मीनारायण सुधांशु ने 'उर्वशी' की रचना को हिन्दी काव्य-जगत् में एक उल्लेखनीय घटना कहा है। डॉ. कृष्णदत्त पालीवाल ने 'उर्वशी' को 'प्रणय-काव्य की मुकुट-मणि' कहा है। डॉ. गोपेश्वर सिंह ने इसको दिनकर की काव्य-उपलब्धि का शिखर कहा है। यह प्रबन्धकाव्य दिनकर की कविता को एक नए शिखर पर पहुँचा देता है। 'उर्वशी काव्य की समाप्ति' शीर्षक कविता में दिनकर ने इसको अपनी सर्वोत्तम कृति कहा है।

फिर क्या था? सब खुल गए भेद,
हो उठा विभासित कामवेद।
मैं घोर चिन्तना में धँस कर
पहुँचा भाषा के उस तट पर

था जहाँ काव्य यह धरा हुआ,
सब लिखा-लिखाया पड़ा हुआ।
बस, झेल गहन गोते का सुख
ले आया इसे जगत्-सम्मुख।
तब भी, मेरा है एक श्रेय,
यह कथा न थी मुझ को सुगेय।
फिर भी जितना सह सकती थी,
भाषा जितना कह सकती थी,
या जितना मेरे बस में है,
वह सब इस काव्य सरस में है।

('उर्वशी काव्य की समाप्ति', मृत्ति-तिलक, 1961 ई.)

'उर्वशी' की रचना करके दिनकर को बहुत सन्तुष्टि मिली थी। उन्हें लगता था कि यह उनके अवेतन में कहीं लिखा-लिखाया पड़ा हुआ था, जिसका उन्होंने अनुसन्धान कर लिया था। हजारीप्रसाद द्विवेदी ने लिखा है—"उर्वशी, मेरी दृष्टि में, उनकी सर्वश्रेष्ठ देन है। स्वयं दिनकरजी ने कहीं कहा है कि उन्हें ऐसा लगता है कि काव्य पहले से लिखा पड़ा था, उन्हें मिल गया था। इसका अर्थ यह हुआ कि स्वयं कवि इसे दैवी प्रेरणा का ग्रंथ मानता है। दिनकरजी का तत्त्व-चिन्तन इस काव्य में सशक्त भाषा में सहज प्रवाह के रूप में अभिव्यक्त हुआ है।"[37]

दिनकर के अनुसार उनकी 'उर्वशी' में पुरूरवा के भीतर दोनों प्रवृत्तियाँ हैं। वह ऊँची चीजों के लिए बेचैन है, वह निम्न सुखों के लिए भी बेकरार है। और उर्वशी जानती है कि पुरूरवा का उच्च रूप ही विजयी होगा। पुरूरवा में जो जीवधारी है, उस पर उर्वशी न्योछावर होती है। उसके भीतर जो रहस्य-चिन्तक है, उससे उर्वशी घबराती है। उर्वशी स्वर्ग नहीं चाहती, मिट्टी के सुखों का आलोड़न चाहती है। कवि दिनकर को यह अनुभूति जीवन से ही प्राप्त हुई है। पुरूरवा के भीतर वे अपना प्रतिबिम्ब प्रत्यक्ष देखते हैं। किन्तु उनके अनुसार, उर्वशी आधी सत्य, आधी कल्पना है या हो सकता है कि सत्य की मात्रा तीन-चौथाई हो।[38]

गोपेश्वर सिंह का मानना है कि दिनकर उभरते भारतीय मध्यवर्ग की भाषा-शैली में उसके यथार्थ और स्वप्न को कविता में ढालनेवाले कवि हैं। 'उर्वशी' आजादी के गर्भ से निकले भारतीय मध्यवर्ग के यथार्थ और स्वप्न में चलते द्वन्द्व और घमासान की कविता है। पति-पत्नी और प्रेमिका उभरते भारतीय मध्यवर्ग की समस्या थी। साठ के दशक के मध्यवर्गीय युवा को प्रेमिका का उर्वशी-रूप आकर्षित तो करता था, लेकिन वह अपने गार्हस्थ को भी नहीं भूलता था। अपने पौराणिक वितान में उर्वशी' भारतीय मध्यवर्गीय युवा मन का ही आन्तरिक संगीत है। इसमें दिनकर की शक्तिशाली काव्यभाषा, ओज आदि का योगदान तो है ही।[39]

'उर्वशी' हिंदी के आधुनिक महाकाव्यों की परंपरा में एक अभूतपूर्व काव्यग्रंथ है, जिसमें कल्पना के उत्तुंग शिखर से वर्णन-सौन्दर्य, भाव-माधुर्य और भाषा-सौष्ठव की त्रिवेणी प्रवाहित होती हुई दृष्टिगोचर होती है। श्रृंगार रस की ऐसी चरम परिणति सहसा कहीं दृष्टिगत नहीं होती। यह रमणीय काव्य अपने पाठक को ऐसा रसानुभूति-निमग्न कर देता है कि वह अपनी मनोभावना और मनोदशा व्यक्त करने योग्य नहीं रह पाता। इसके द्वारा 'दिनकर' जी ने साहित्य-क्षेत्र में एक ऐसा रस का सोता बहाया है जिसके तटवर्ती प्रेमतीर्थ में रस-पिपासुओं का मेला हमेशा लगा रहेगा। वास्तव में यह महाकाव्य राष्ट्रभाषा हिंदी का 'अभिज्ञान-शाकुंतल' है।[40]

'परशुराम की प्रतीक्षा'

दिनकर ने अपनी कविताओं में राजनीतिक स्वाधीनता के साथ ही आर्थिक समानता और भ्रष्टाचार के उन्मूलन के लिए भी अपनी आवाज़ बुलन्द की। अपने कवि-जीवन के मध्यवर्ती दौर में एक सच्चे स्वच्छन्दतावादी कवि के रूप में उन्होंने प्रेम और सौन्दर्य का अद्भुत निरूपण भी किया था। लेकिन 1962 ई. में जब चीन ने भारत की सीमाओं पर सैन्य-आक्रमण किया, तब राष्ट्रकवि दिनकर का पौरुष पुनः गरज उठा। 'परशुराम की प्रतीक्षा' (1963 ई.) इसी सात्त्विक आक्रोश (मन्यु) का प्रतिफल है। कवि ने इस अनपेक्षित युद्ध में भारत के दुखद पराजय के बाहरी और भीतरी, दोनों कारणों की पड़ताल की। राजधर्म के पालन के लिए यह जरूरी है कि शासक-वर्ग निजी स्वार्थों से ऊपर तो उठे ही, चारणों-भाटों से भी मुक्त रहे। कवि का मानना था कि सत्ता के शीर्ष पर बैठा व्यक्ति यदि चापलूसों से घिरा रहे, तो वह वैसा कार्य नहीं कर पाता है, जैसा अपेक्षित है।

चोरों के हैं जो हितू, ठगों के बल हैं,
जिनके प्रताप से पलते पाप सकल हैं;
जो छल-प्रपंच, सबको प्रश्रय देते हैं,
या चाटुकार जन से सेवा लेते हैं;
यह पाप उन्हीं का हमको मार गया है;
भारत अपने घर में ही हार गया है।

उर्वशी की रचना करने के बाद 'परशुराम की प्रतीक्षा' भी लिखनी पड़ेगी, इस बात का ज़रा भी अन्देशा दिनकर को नहीं था। गर्जन-तर्जन, हाहाकार और हुंकार को छोड़कर वे शान्त मनोदशा में आ गए थे। किन्तु शान्ति और सुकुमारता की जो वाटिका उन्होंने लगाई थी, उसमें अचानक ही हुंकार और कुरुक्षेत्र का कठोर कवि कूद पड़ा। दिनकर के अनुसार, जैसे कुरुक्षेत्र-काव्य अंग्रेजों को डराने के लिए नहीं, बल्कि भारतवासियों के ही चिन्तन को स्वच्छ और उत्तप्त बनाने के लिए

लिखा गया था, उसी प्रकार 'परशुराम की प्रतीक्षा' भी चीन की निन्दा करने के लिए नहीं, भारतवासियों को यह सिखाने के लिए लिखी गई थी कि हिंसा के सभी रूप निन्दनीय नहीं हैं। विशेषतः आत्मरक्षा में उठाया गया शस्त्र कभी भी पाप नहीं होता। भारत ने सन्त अधिक, वीर कम उत्पन्न किए हैं। भारत की दृष्टि शस्त्रों पर कम, शास्त्रों पर अधिक रही है। और इसमें कोई सन्देह नहीं कि संसार भारत के इसी स्वभाव के लिए उसकी प्रशंसा करता रहा है। किन्तु यह भी सच है कि शस्त्रों की उपेक्षा करने के कारण ही भारत को बार-बार पराधीन बनना पड़ा है। महात्मा गाँधी अहिंसा की विरासत को ताजा करके गए थे। किन्तु, जब चीन ने हमें पराजित कर दिया, तब सब की आँखों के साथ कवि दिनकर की आँखें भी खुल गईं और वे भारत के अहिंसा-दर्शन के प्रबल विरोधी बनकर प्रकट हुए। इस कविता में कई स्थानों पर हिंसा का अन्ध-समर्थन किया गया है। चीनी आक्रमण के समय समग्र भारत पर जो प्रचंड कोप बढ़ा, वह अभूतपूर्व था। पूरा देश क्रोध से जल रहा था। ऐसे में कवि दिनकर पर इस राष्ट्रव्यापी मन्यु को निर्भीक स्वर देने की धुन सवार हो गई, ताकि भावी पीढ़ियाँ यह समझ सकें कि कभी पूरे देश में क्रोध की अग्नि भड़क उठी थी।

कवि ने जीवन की समसामयिक एवं यथार्थपरक समस्याओं से विमुख होकर कल्पना का कोरस गानेवालों को आड़े हाथों लिया; और 'अहिंसा की माला जपनेवाले' नकली गाँधीवादियों की कलई खोलते हुए स्पष्ट शब्दों में कहा था—

नेता निमग्न दिन-रात शान्ति-चिन्तन में,
कवि-कलाकार ऊपर उड़ रहे गगन में।
यज्ञाग्नि हिन्द में समिध नहीं पाती है,
पौरुष की ज्वाला रोज बुझी जाती है।

× × ×

ओ बदनसीब अन्धों! कमज़ोर अभागो!
अब भी तो खोलो नयन, नींद से जागो!
वह अघी बाहुबल का जो अपलापी है,
जिसकी ज्वाला बुझ गई, वही पापी है।

चीन के अनपेक्षित आक्रमण से पूरा देश सन्न रह गया था। उस अभूतपूर्व संकटकाल में देशवासियों की चेतना को झकझोरते हुए कवि कहता है—

जातीय गर्व पर क्रूर प्रहार हुआ है,
माँ के किरीट पर ही यह वार हुआ है।
अब जो सिर पर आ पड़े, नहीं डरना है,
जनमे हैं तो दो बार नहीं मरना है।

'परशुराम की प्रतीक्षा' में देश की रक्षा और सुरक्षा के दृष्टिगत युद्ध और शौर्य को परम आवश्यक माना गया है। कवि बिना किसी लाग-लपेट के कहता है कि—

कुत्सित कलंक का बोध नहीं छोड़ेंगे,
हम बिना लिये प्रतिशोध नहीं छोड़ेंगे,
अरि का विरोध-अवरोध नहीं छोड़ेंगे,
जब तक जीवित हैं क्रोध नहीं छोड़ेंगे।

1962 ई. के आक्रमण के प्रभाव-विस्तार की व्याख्या करते हुए दिनकर ने कहा था कि यह आक्रमण केवल सीमावर्ती क्षेत्र पर ही प्रहार नहीं है, यह हमारी स्वतन्त्रता पर कुठाराघात भी है—

गरजो, अम्बर को भरो रणोच्चारों से,
क्रोधान्ध रोर, हाँकों से, हुंकारों से।
यह आग मात्र सीमा की नहीं, लपट है,
मूढ़ों! स्वतंत्रता पर ही यह संकट है!

चूँकि कवि ने अहिंसा और विनय की महिमा के साथ ही बम के बल को भी समझ लिया था, इसलिए अब वह एकमात्र युवाओं की क्रान्तिकारी चेतना के प्रति ही आशान्वित था।

हम समझ गए हैं खूब धर्म के छल को,
बम की महिमा को और विनय के बल को।

कवि दिनकर ने सोई हुई युवाशक्ति को जगाने की भरपूर कोशिश की। 1931 ई. में भगतसिंह और उनके साथियों को फाँसी के फंदे पर झूलने के लिए अकेला छोड़कर महात्मा गाँधी ब्रिटिश सरकार द्वारा आहूत द्वितीय गोलमेज सम्मेलन में प्रतिभाग करने लंदन चले गए थे। यदि उस समय हमारे वीर क्रान्तिकारियों की फाँसी की सज़ा के विरोध में महात्मा गाँधी ने गोलमेज सम्मेलन का बहिष्कार किया होता, तो संभवत: देश की दशा-दिशा कुछ भिन्न होती। दिनकर अपनी कविता में भगतसिंह-जैसे हुतात्माओं का भी आह्वान करते हैं। खास बात यह है कि राष्ट्र की बलिवेदी पर अपने प्राण निछावर करनेवाले युवाओं के आह्वान के क्रम में वे हिन्दू युवाओं के साथ ही मुस्लिम-सिक्ख सभी समुदायों के युवाओं को आवाज़ देते हैं।

खोजो टीपू सुल्तान कहाँ सोए हैं?
अशफ़ाक और उसमान कहाँ सोए हैं?
बमवाले वीर जवान कहाँ सोए हैं?
वे भगतसिंह बलवान कहाँ सोए हैं?

उन्होंने कई स्थानों पर उन लोगों को कड़ी फटकार लगाई है, जो तलवार गलाकर तकली गढ़ने का उपदेश दिया करते हैं। अहिंसा और शान्ति की रक्षा के

लिए भी शक्ति अनिवार्य है। कवि 'कुरुक्षेत्र' में ही यह कह चुका था कि क्षमा उसी भुजंग को शोभा देती है, जिसके दाँतों में गरल का कोश हो—

क्षमा शोभती उस भुजंग को जिसके पास गरल हो,
उसको क्या जो दंतहीन, विषरहित, विनीत, सरल हो।

निर्बल राष्ट्र अपनी निर्बलता से सबल शत्रु को आक्रमण की प्रेरणा देते हैं। कवि ने चीन के साथ 1962 ई. में हुए युद्ध में भारत की पराजय के लिए देश के अहिंसावादियों को ही दोषी ठहराया है। दिनकर के अनुसार 'परशुराम की प्रतीक्षा' उसी वृक्ष का फल है, जिसका बीज 'रेणुका' और 'हुंकार' में था। अहिंसा परम धर्म है और हिंसा आपद्धर्म, यह अनुभूति उनमें बराबर मौजूद रही। 'परशुराम की प्रतीक्षा' लिखते समय केवल यह ज्ञान और बढ़ गया था कि जिसका आपद्धर्म नष्ट हो गया, उसका परम धर्म भी नहीं बचेगा।[41]

भारतीय इतिहास में आए अपूर्व संकटकाल में परशुराम का आह्वान करते हुए उन्होंने लिखा था—

गाओ कवियों! जयगान, कल्पना तानो,
आ रहा देवता जो, उसको पहचानो!
है एक हाथ में परशु, एक में कुश है,
आ रहा नए भारत का भाग्य-पुरुष है!

× × ×

अंगार-हार अरपो अर्चना करो रे!
आँखों की ज्वालाएँ मत देख डरो रे!
यह असुर-भाव का शत्रु, पुण्य-त्राता है,
भयभीत मनुज के लिए अभय-दाता है।

'परशुराम के मिथकीय चरित्र के आह्वान' सम्बन्धी भ्रम और शंका का निवारण करते हुए दिनकर बताते हैं कि उन्होंने परशुराम के बहाने किसी तानाशाह (डिक्टेटर) का आह्वान नहीं किया है—

यह वज्र वज्र के लिए सुमो का सुम है;
यह और नहीं कोई, केवल हम-तुम हैं।
यह नहीं जाति का, न तो गोत्र-बन्धन का;
आ रहा मित्र भारत भर के जन-जन का।

× × ×

मत डरो, सन्त यह मुकुट नहीं माँगेगा,
धन के निमित्त यह धर्म नहीं त्यागेगा।
तुम सोओगे, तब भी यह ऋषि जागेगा,
ठन गया युद्ध तो बम-गोले दागेगा।

परशुराम के रूप में कवि ने देश की युवाशक्ति को जाग्रत करने का प्रयास किया है। उन्होंने देश के पुराने और बूढ़े नेतृत्व को भी बता दिया है कि जो नया नेता देश का नेतृत्व करने के लिए आनेवाला है, वह अपने भाषणों के माध्यम से केवल ज्ञान नहीं देगा, योजनाओं की इंद्रधनुषी मरीचिका में लोगों को भटकाएगा नहीं, बल्कि वह देशवासियों की उँगलियाँ थामकर उनको अपने लक्ष्य तक ले जाएगा—

रह जाएगा वह नहीं ज्ञान सिखलाकर,
दूरस्थ गगन में इन्द्रधनुष दिखलाकर!
वह लक्ष्यबिन्दु तक तुमको ले जाएगा,
उँगलियाँ थाम मंज़िल तक पहुँचाएगा।

बाह्याक्रमण के संकट के साथ ही कवि ने देश के आन्तरिक संकट की ओर भी संकेत किया। उन्होंने सावधान किया कि लोकतंत्र यदि प्रतिभा-तंत्र नहीं बना तो इस देश का अस्तित्व संकट में पड़ जाएगा-

जा कहो, पुण्य यदि बढ़ा नहीं शासन में,
या आग सुलगती रही प्रजा के मन में,
तामस बढ़ता यदि गया ढकेल प्रभा को,
निर्बन्ध-पन्थ यदि मिला नहीं प्रतिभा को,
रिपु नहीं, यही अन्याय हमें मारेगा,
अपने घर में ही फिर स्वदेश हारेगा।

(परशुराम की प्रतीक्षा)

'हारे को हरि नाम'

मानव जीवन में अवस्था का प्रभाव प्रबल होता है। दिनकर ने लिखा है—

ओ अशेष! निर्बन्ध! कल्पना मेरी भी ऐसे ही
कभी गर्जनामयी समुद्वेलित, असीम, उच्छल थी।
लेकिन, अब मन के उबाल में तुम-सा ताव नहीं है।
तरुण बना रहता है बड़वानल सदैव सागर का,
पर, मनुष्य की आग, काल पाकर, कुछ बुझ जाती है।

('समुद्र', 'कोयला और कवित्व')

दिनकर ने अपने जीवन की सन्ध्या वेला में 'हारे को हरिनाम' (1970 ई.) की रचना की। सवाल यह है कि "क्या आन्तरिक संघर्ष ने दिनकर को तोड़ दिया? डॉ. नन्दकिशोर नवल ने लिखा है कि दिनकर "भौतिकता के प्रबल आग्रही थे। जीवन, समाज, पराधीनता, स्वाधीनता और इस विश्व को सत्य मानते थे, लेकिन उस भौतिकता के विरोधी थे, जिसका मतलब भोग और शोषण से प्राप्त किया गया

सुख होता है। स्वभावतः वे शुरू से धार्मिक थे। 1933 में अपनी 'तांडव' शीर्षक कविता उन्होंने देवघर के प्रसिद्ध मन्दिर में जाकर महादेव को सुनाई थी। तभी से उनमें धार्मिकता या आस्तिकता का एक दबा हुआ स्वर था, जो उम्र बढ़ने के साथ उभरता गया। 'रश्मिलोक' की भूमिका में उन्होंने लिखा है—"लाजिक और पुरुषार्थ का मैं बड़ा भारी समर्थक रहा था, किन्तु इस चौथेपन में आकर दोनों के प्रति मेरा विश्वास उठ गया", जिसके फलस्वरूप उन्होंने अपने जीवन, जगदीश और भाग्य के सामने हार मान ली।

लेकिन उनकी कविताएँ हारे हुए कवि की कविताएँ नहीं हैं, क्योंकि वे हमें जीवन-जगत् से विमुख न कर हमारी चेतना को सिर्फ एक आध्यात्मिक आयाम प्रदान करती हैं। .....खास बात यह कि ....आखिरी दौर की उनकी कविताओं में आध्यात्मिकता को एक मूल्य के रूप में स्थापित करने पर बल है।"[42]

दिनकर अपने जीवन की सन्ध्या वेला में धीरे-धीरे प्रशान्ति और प्रपत्ति की ओर अग्रसर होते चले गए। ऐसी 'प्रपत्ति' कि अपने को 'युगधर्म का हुंकार' कहनेवाला ओजस्वी कवि भक्ति-द्रवित हृदय की गहराइयों से 'हरिनाम' का गान करने लगा।

डॉ. कैलाश वाजपेयी के अनुसार दिनकर के मन में कशमकश है, इसीलिए विनय की वह स्थिति इनमें नहीं आ सकी जिसे पाकर तुलसी मुक्त हो गए थे। तुलसी हरि के नाम को तो अनिवार्य मानते ही हैं, हार को भी स्वीकार नहीं करते। दिनकर हरिनाम के पहले ही शर्त लगाए बैठे हैं जिससे ध्वनित यह होता है कि अगर वे हारते नहीं तो कभी हरिनाम न लेते।[43]

एक बार भवानी प्रसाद मिश्र ने दिनकरजी से पूछा था कि "आदमी के जीवन में अनेक भय घेरते हैं। अकेले पड़ जाने का भय उनमें खासा बड़ा है; मगर मैं यह जानना चाहता हूँ कि दिनकर, जो पुरुषार्थ के कवि हैं, जो अभय की मशाल जगाकर चले हैं, इस भय से हार गए या उन्होंने किसी दूसरे ढंग से इसका अतिक्रमण किया? यह प्रश्न करते हुए मेरे मन में आपका काव्य-संग्रह 'हारे को हरिनाम' भी रहा है। मैं मानता हूँ कि उसमें इस निःसंगता से उत्पन्न आपकी शक्ति प्रकट हुई है, आपकी उदासी नहीं। आपका क्या खयाल है? इसका उत्तर देते हुए दिनकरजी ने कहा था-' ' 'हारे को हरिनाम' प्रहार और प्रतिशोध की कविता नहीं है, यह क्षमा, सहिष्णुता और शरणागति का काव्य है।"

कविता के प्रयोजन को लेकर विद्वानों में मतैक्य का अभाव रहा है। हमारी भारतीय परम्परा के शीर्षस्थ कवि तुलसीदास कविता को आत्मसुख का साधन मानते थे। जबकि आधुनिक काल के एक मनीषि श्री अरविन्द का मानना था कि "कविता न कीर्ति के लिए लिखी जानी चाहिए, न स्वान्तः सुख के लिए। वह केवल भागवत सत्ता के साथ सम्पर्क बढ़ाने के लिए लिखी जानी चाहिए।" कहने का अभिप्राय यह है कि श्री अरविन्द कविता को साध्य की बजाय

साधन मानते थे। उल्लेखनीय है कि दिनकर श्री अरविन्द के विचारों से बहुत प्रभावित थे। दिनकर के अनुसार, "जो भी कभी साधना के मार्ग पर जाएगा, वह कविता को साधन के सिवाय और कुछ नहीं समझ सकता-और जवानी में हम लोगों ने जो कविताएँ लिखीं, वे भी तो साधन ही थीं-असन्तोष फैलाने का साधन, उत्साह जगाने का साधन, स्वतंत्रता के युद्ध को तीव्र बनाने का साधन, युवकों में बलिदान की भावना जगाने का साधन। तो मेरे लिए बिल्कुल स्पष्ट है कि मैं लोक के मार्ग पर रहूँ, चाहे साधना के पथ पर जाऊँ, कविता साधन है, साध्य कुछ और है।"[44]

कि हे प्रभो,
कठिन घड़ी में काम आओ।
लोग मुझे जैसा समझते हैं,
तुम मुझे वैसा ही बनाओ।
साफ-सुथरा, पारदर्शी और ईमानदार,
ईश्वर से डरनेवाला,
परम्परा का आदर करनेवाला।
अभागों के लिए रोने की बान छूटे नहीं।
मटमैली धरती से सरोकार टूटे नहीं।
बुढ़ापे की शिराओं में
जवानी का रस मौजूद रहे।
अन्याय के विरोध का साहस मौजूद रहे।

('मशाल', 'हारे को हरिनाम')

इस काव्य-संग्रह में भक्तिपूर्ण आस्था का उद्रेक भर नहीं है। इस संग्रह की कविताओं में पर्याप्त विविधता है। इसमें विज्ञान की शक्ति के साथ ही उसकी सीमा का निरूपण भी है। इसमें भक्ति की तन्मयता भी है और सामयिक सवालों से संघर्ष की मद्धिम आँच भी। लेकिन ओज और ऊर्जा के, विद्रोह और आवेग के और कुल मिलाकर मन्यु के कवि दिनकर की भक्ति भावना इनमें विशेष रूप से लक्ष्य की जा सकती है। इस संग्रह की एक कविता 'हारे को हरिनाम' में कवि यह कहता है कि—

राम, तुम्हारा नाम कंठ में रहे,
हृदय, जो कुछ भेजो, वह सहे,
दुःख से त्राण नहीं माँगूँ।
माँगूँ केवल शक्ति दुःख सहने की
दुर्दिन को भी मान तुम्हारी दया
अकातर ध्यानमग्न रहने की।

इस कविता में कवि अपने स्वप्नभंग का उल्लेख करते हुए स्वजनों के सौजन्य से मिली वेदना को तो व्यक्त करता ही है, सभी को मानव जीवन की अन्तिम वास्तविकता से परिचित कराते हुए उन्हें आश्वस्त भी करता चलता है—

दहक उठे जो अंगारे बन, नए
कुसुम-कोमल सपने थे।
अन्तर में जो गाँस मारकर गए
अधिक सबसे अपने थे।
अब चल उसके द्वार सहज जिसकी करुणा है।
और कहाँ, किसका आँसू कब थमा?
हृदय आकुल मत होना।

यद्यपि 'हारे को हरिनाम' की भाव-दशा दिनकर की रचनाधर्मिता की मुख्य भाव-भूमि नहीं है, तथापि इसको कवि की काव्यचेतना का सहज विकास मानने में कोई दिक्कत भी नहीं है।

डॉ. नगेन्द्र के अनुसार दिनकर स्पष्टत: ही काव्य को जीवन की व्याख्या मानकर चलते हैं परन्तु यह भी निश्चित रूप से स्वीकार करते हैं कि यह व्याख्या कवि के वैयक्तिक दृष्टिकोण पर आश्रित रहती है। उनकी यह मान्यता काव्य में व्यक्ति-तत्त्व और समाज-तत्त्व दोनों की स्वीकृति है। इन दोनों के संयोग से ही दिनकर की जीवन-दृष्टि तथा कवि-दृष्टि का निर्माण हुआ है। राजनीति और समाज-नीति को वे काव्य की भूमि में स्थान देने को तैयार हैं बशर्ते कि उनसे सौन्दर्य की उद्‌बुद्धि हो। दिनकर के ये सिद्धान्त पुस्तकों अथवा घोषणा-पत्रों से ग्रहण किए हुए नहीं हैं, वे केवल विचारित ही नहीं, वरन् अनुभूत भी हैं। पीछे एक प्राणवान व्यक्तित्व का बल होने के कारण उनके सिद्धान्तों में बौद्धिक रूढ़ता न होकर भावों की उदग्र प्रेरणा सर्वत्र मिलती है। यह उनके व्यक्तित्व की सजीवता का प्रमाण है कि उन्होंने किसी एक विचार पद्धति को नतशिर होकर स्वीकार नहीं कर लिया।

दिनकर का मानना है कि "कविता ने संसार की बड़ी सेवा की है। यह दु:ख में आँसू, सुख में हँसी और समर में तलवार बनकर मनुष्यों के साथ रही है। मनुष्य की चेतना को ऊर्ध्वमुखी रखने में कविता का बहुत प्रबल हाथ रहा है। स्वयं कवि ही पारिजात का वह पुष्प है जो स्वर्ग का संदेश लेकर पृथ्वी पर उतरा है। कवि जड़ विश्व को अपने स्वप्न के रंग से रँगनेवाला चित्रकार है, संसार उसकी कल्पना में अलौकिकता प्राप्त करता है। सफल कवि दृश्य और अदृश्य के बीच का वह सेतु है जो मानवता को देवत्व की ओर ले जाता है। कवि ! तुम अतीत की स्मृति, भविष्य की आशा और युग-धर्म की पुकार हो।"[45]

डॉ. नामवर सिंह का कहना है कि "दिनकर का मैं बड़े कवियों में नाम लेता हूँ। मैंने विद्यापति के बाद यों ही उनका नाम नहीं लिया। विद्यापति से 'हारे को

हरिनाम' वाला जो स्रोत चलता है, उनकी भक्ति की जो भूमि है, उस पर पहुँचे हैं कवि दिनकर।"

कभी सुकरात ने कहा था कि ईश्वर को जब धरती के मनुष्यों से बात करनी होती है या कोई सन्देश देना होता है तब वह कवियों के मुख से बोलता है। 'हारे को हरिनाम' में संकलित 'नेमत' शीर्षक कविता में कवि दिनकर अपने कवि-कर्म की सफलता का पूरा श्रेय ईश्वर को देते हुए, प्रकारान्तर से, सुकरात के कथन को ही दुहराते हैं—

कविता भक्ति की लिखूँ
या शृंगार की,
सविता एक ही है,
जो शब्दों में जलता है।
अक्षर चाहे जो भी उगें,
कलम के भीतर
भगवान मौजूद रहते हैं।
दूसरों से मुझे जो कुछ कहना है,
वह बात प्रभु पहले
मुझसे कहते हैं।

संदर्भ

1. हिन्दी साहित्य कोश, भाग 2; प्र. संपादक : डॉ. धीरेन्द्र वर्मा, पृ. 515
2. आज के लोकप्रिय हिन्दी कवि रामधारी सिंह दिनकर : मन्मथनाथ गुप्त, पृ. 8-9
3. डॉ. सतीश कुमार राय द्वारा संपादित 'दिनकर : चिन्तन-अनुचिन्तन' में डॉ. विश्वंभरनाथ उपाध्याय का लेख—'ओजस्वी कवि दिनकर' पृ. 26
4. आज के लोकप्रिय हिन्दी कवि रामधारी सिंह दिनकर : मन्मथनाथ गुप्त, पृ. 11
5. डॉ. सतीश कुमार राय द्वारा संपादित 'दिनकर की साहित्य-साधना' में शिवसागर मिश्र का लेख 'दिनकर : एक सहज पुरुष', पृ. 19; किताब पब्लिकेशन, मुजफ्फरपुर; 2008 ई.।
6. 'दिनकरनामा' नामक पुस्तक के लेखक डॉ. दिवाकर के शोधपूर्ण प्रयास से 2004 ई. में बिहार के शेखपुरा जिले के मेहुँस नामक गाँव के पुस्तकालय से 'विजय संदेश' नामक काव्य-पुस्तिका की प्रति उपलब्ध हुई। इस पुस्तक का विवरण निम्नवत् है—{'विजय संदेश', दिनकर; प्रकाशक : रामचरित्र शर्मा, बीहट (चकवल), नूरपुर, मुंगेर, प्रकाशन वर्ष : सन् 1928 ई., कुल पृष्ठ संख्या 17, मूल्य : दो आना}
7. 'प्रणभंग तथा अन्य रचनाएँ' (1974 ई.) की कवि दिनकर द्वारा लिखी गई भूमिका; दिनकर रचनावली, खंड 4; संपादक डॉ. नंदकिशोर नवल, पृ. 224
8. यद्यपि जयशंकर प्रसाद, सुमित्रानंदन पंत और सूर्यकांत त्रिपाठी निराला को 'छायावाद की बृहत्त्रयी' में परिगणित किया गया है, तथापि इनमें महादेवी वर्मा को भी मिलाकर इन्हें 'छायावाद के चार स्तंभ' कहा गया है। कहते हैं कि छायावाद को जयशंकर प्रसाद ने प्रकृति

तत्त्व दिया, निराला ने मुक्त-छंद दिया, सुमित्रानंदन पंत ने सरसता-मसृणता दी और महादेवी ने उसको भावात्मकता से सम्पन्न किया।

9. हरिवंशराय बच्चन, 'आजकल': स्वर्ण-जयंती अंक, 1994, पृ. 128
10. डॉ. लक्ष्मीनारायण सुधांशु, 'जीवन के तत्त्व और काव्य के सिद्धांत', पृ. 242
11. दिनकर रचनावली, खंड 3; सं. डॉ. नंदकिशोर नवल एवं तरुण कुमार, भूमिका, पृ. 7-8
12. हिन्दी साहित्य कोश भाग 2; प्र. संपादक : डॉ. धीरेन्द्र वर्मा, पृ. 515
13. दिनकर रचनावली, खंड 4, सं. डॉ. नंदकिशोर नवल एवं तरुण कुमार, पृ. 245
14. वही, पृ. 248
15. दिनकर रचनावली, खंड 12, सं. डॉ. नंदकिशोर नवल एवं तरुण कुमार, पृ. 16
16. डॉ. लक्ष्मीनारायण सुधांशु, 'जीवन के तत्त्व और काव्य के सिद्धांत', पृ. 246
17. कामेश्वर शर्मा; 'बोध ओर व्याख्या', पृ. 352
18. दिनकर की डायरी, पृ. 261
19. वही, पृ. 261
20. दिनकर रचनावली, खंड 4, सं. डॉ. नन्दकिशोर नवल एवं तरुण कुमार, पृ. 387
21. विश्वम्भर मानव, 'खड़ी बोली के गौरवग्रंथ', पृ. 107; किताबमहल, इलाहाबाद; 1961 ई.।
22. 'सामधेनी' अशुद्ध शब्द है; इसका शुद्ध संस्कृत रूप है—सामिधेनी।
23. 'समय का सूर्य : रामधारी सिंह दिनकर' (संपादक : दीपक प्रकाश त्यागी एवं राजेंद्र प्रसाद चतुर्वेदी) में डॉ. मैनेजर पांडेय का लेख 'दिनकर : व्यापक सामाजिक चेतना के कवि'; पृ. 10; सृजन प्रकाशन, लखनऊ; 2009 ई.।
24. दिनकर रचनावली, खंड 4, सं. डॉ. नंदकिशोर नवल एवं तरुण कुमार, पृ. 388
25. हरिवंशराय बच्चन, 'आजकल' : स्वर्ण-जयंती अंक, मई-जून, 1994, पृ. 127
26. 'समय का सूर्य : रामधारी सिंह दिनकर' (संपादक : दीपक प्रकाश त्यागी एवं राजेंद्र प्रसाद चतुर्वेदी) में डॉ. मैनेजर पांडेय का लेख 'दिनकर : व्यापक सामाजिक चेतना के कवि'; पृ. 13; सृजन प्रकाशन, लखनऊ; 2009 ई.।
27. हरिवंशराय बच्चन, 'आजकल': स्वर्ण-जयंती अंक, मई-जून, 1994, पृ. 128
28. वही, पृ. 129
29. वही, पृ. 130
30. हिन्दी साहित्य कोश भाग 2; प्र. संपादक : डॉ. धीरेन्द्र वर्मा, पृ. 515
31. हरिवंशराय बच्चन, 'आजकल': स्वर्ण-जयंती अंक, 1994, पृ. 129-130
32. मन्मथनाथ गुप्त; 'नवनीत' का सितंबर, 1961 अंक
33. दिनकर रचनावली, खंड 4, सं. डॉ. नंदकिशोर नवल एवं तरुण कुमार, पृ. 383
34. 'समय का सूर्य : रामधारी सिंह दिनकर' (संपादक : दीपक प्रकाश त्यागी एवं राजेंद्र प्रसाद चतुर्वेदी) में डॉ. मैनेजर पांडेय का लेख 'दिनकर : व्यापक सामाजिक चेतना के कवि'; पृ. 11; सृजन प्रकाशन, लखनऊ; 2009 ई.।
35. गजानन माधव मुक्तिबोध, समीक्षा की समस्याएँ, पृ. 161
36. दिनकर रचनावली, खंड 4, सं. डॉ. नंदकिशोर नवल एवं तरुण कुमार, पृ. 395-396

37. हजारीप्रसाद द्विवेदी रचनावली, खंड 10, सं. मुकुंद द्विवेदी, पृ. 343
38. दिनकर की डायरी; 24 मार्च, 1971, दिल्ली
39. गोपेश्वर सिंह, कल्पना का उर्वशी विवाद, भूमिका, पृ. 19
40. डॉ. सतीश कुमार राय द्वारा संपादित 'दिनकर की साहित्य-साधना' में आचार्य शिवपूजन सहाय का लेख 'दिनकर : एक परिचय', पृ. 16-17; किताब पब्लिकेशन, मुजफ्फरपुर; 2008 ई.।
41. दिनकर रचनावली, खंड 12, सं. डॉ. नंदकिशोर नवल एवं तरुण कुमार, पृ. 14
42. दिनकर रचनावली, खंड 3, सं. डॉ. नंदकिशोर नवल एवं तरुण कुमार, भूमिका, पृ. 8
43. आजकल, अक्टूबर 2008 अंक, पृ. 68
44. दिनकर रचनावली, खंड 11, सं. डॉ. नंदकिशोर नवल एवं तरुण कुमार; पृ. 488
45. रामधारी सिंह दिनकर, 'मिट्टी की ओर', पृ. 54; उदयाचल, पटना; 1946 ई.

अध्याय 4

दिनकर के पूनर्मूल्यांकन का औचित्य

रामधारी सिंह दिनकर को बहुधा द्वन्द्व और द्विधा का कवि कहा गया है। परन्तु विडम्बना यह है कि उनके व्यक्तित्व और कृतित्व को लेकर खुद आलोचकों में एक विचित्र द्वन्द्व और द्विधा देखने को मिलती है। यही कारण है कि जहाँ एक ओर छायावादोत्तर कवियों में दिनकर को सर्वाधिक ख्याति मिली, वहीं दूसरी ओर उनका बहुत ही गलत मूल्यांकन किया गया। 'संस्कृति के चार अध्याय' सहित करीब दो दर्जन गद्य-ग्रंथों के रचनाकार होने के बावजूद गद्यकार के रूप में दिनकर के अवदान का सम्यक आकलन करने की कोशिश तक नहीं की गई। हिन्दी आलोचकों द्वारा दिनकर का मूल्यांकन प्रायः सपाट ढंग से किया गया है।

निदा फाज़ली का एक शेर है—

हर आदमी में होते हैं दस-बीस आदमी
जिसको भी देखना हो कई बार देखिए।

दिनकर आलोचकों की खंड-दृष्टि के शिकार हुए है। कवि 'दिनकर' के भीतर कई 'दिनकर' मौजूद हैं। लेकिन विडम्बना यह है कि आलोचकगण उनमें से किसी एक को ग्रहण कर उसे ही 'असली दिनकर' सिद्ध करने का प्रयास करते रहे; और दिनकर काव्य की दूसरी भावधाराओं को उपेक्षा की दृष्टि से देखते हुए, उसको कवि का पथ से भटकाव मान लिया। 'रश्मिलोक' की भूमिका में दिनकर ने लिखा है—"प्रत्येक कवि जीवन भर में एक ही कविता लिखता है। उसकी भिन्न-भिन्न कविताएँ उसी एक कविता की विभिन्न कड़ियाँ होती हैं।"[1] यानी प्रत्येक कवि अपने पूरे जीवन में एक आधारभूत काव्य लिखता है और उसकी अन्य कृतियाँ उसी के अंग-उपांग के रूप से सृजित होती हैं। इस दृष्टि से दिनकर की सभी गद्य-पद्य रचनाएँ परस्पर जुड़कर एक महाकाव्यात्मक फलक का निर्माण करती हैं, जो अपनी समग्रता में तमाम आंगिक विविधताओं के साथ कवि और चिन्तक दिनकर का प्रतिनिधित्व करती हैं।

'रेणुका' के प्रकाशन के साथ ही दिनकर राष्ट्रीयता और क्रान्तिघोष के कवि के रूप में प्रसिद्ध हो गए; और 'हुंकार' ने इस धारणा को सुदृढ़ भी किया। इसलिए

1939 ई. में जब 'द्वंद्व-गीत' और 'रसवंती' शीर्षक उनकी काव्य-कृतियाँ प्रकाशित हुईं, तब, बकौल दिनकर, "प्रगतिवादियों ने उन दोनों पुस्तकों पर अपनी गहरी निराशा अभिव्यक्त की, मानो, कोई वैष्णव धर्मभ्रष्ट हो गया हो, मानो, कोई योद्धा तलवार फेंककर केलि-कुंज में जा बैठा हो।"[2] कुछ आलोचकों ने यह कहना शुरू किया कि दिनकर 'दिग्भ्रमित' हो कर अपने रास्ते से भटक गए हैं; जबकि खुद कवि का कहना था कि उनकी आत्मा 'रसवन्ती' में बसती है। गौरतलब है कि उनके व्यक्तित्व और कृतित्व में शुरू से ही 'इन्द्रधनुष और अंगारे का सह-अस्तित्व रहा है। यदि 'रेणुका' पर ही गौर करें तो उसमें संकलित कविताओं में गर्जना के साथ ही सुकोमल स्वर भी विद्यमान हैं।

'रश्मिरथी' दलित-चेतना का एक महत्त्वपूर्ण प्रबन्धकाव्य है। लेकिन कुछ आलोचकों ने इसे 'द्विवेदी युग' की ओर प्रत्यावर्तन मान लिया। फिर 'नीलकुसुम' एवं 'कोयला और कवित्व' में कवि के 'प्रयोगवादी' प्रयासों को भी सन्देह की नज़र से देखा गया। और 'उर्वशी' के प्रकाशन के बाद तो मानो आसमान ही फट पड़ा। आलोचकों के एक गुट ने यह प्रचारित किया कि उर्वशीकार के रूप में 'हुंकार' एवं 'कुरुक्षेत्र' के सामाजिक चेतनावाले कवि का अध:पतन हो गया है।

उर्वशी-विवाद की शुरुआत डॉ. भगवतशरण उपाध्याय ने एक ध्वंसकारी समीक्षा-निबन्ध लिख कर की। अज्ञेय ने माना था कि यह लेख 'कल्पना'-जैसी प्रतिष्ठित साहित्यिक पत्रिका में छपने के लायक ही नहीं था। पर, पता नहीं क्यों मुक्तिबोध इस लेख पर रीझ गए! और उन्होंने भगवतशरण उपाध्याय के उस लेख को 'अत्यन्त उपयोगी' बताया। फिर होना क्या था! 'उर्वशी' को लेकर साहित्य-जगत् दो खेमों में बँट गया; एक ओर अज्ञेयवादी आलोचक और दूसरी ओर मुक्तिबोध-समर्थक आलोचक। कुँवरनारायण तो अज्ञेय के खेमे में रहे; जबकि डॉ. रामस्वरूप चतुर्वेदी और डॉ. लक्ष्मीकान्त वर्मा-जैसे आलोचक मुक्तिबोध के खेमे में। कुल मिलाकर, उस समय का साहित्यिक वातावरण बहुत खराब हो गया और वैचारिक प्रतिबद्धता के परखचे उड़ गए। बहरहाल, 'परशुराम की प्रतीक्षा' के प्रकाशन को 'अनलधर्मा' कवि का पुनर्जन्म मान लिया गया। किन्तु, इसके बाद यह कहा गया कि 'हारे को हरिनाम' लिखकर दिनकर पलायनवाद की ओर उन्मुख हो गए हैं।

यानी, कई आलोचकों ने दिनकर के साहित्य को स्वनिर्धारित सीमाओं में बाँधकर उनका मूल्यांकन करने का प्रयास किया। जबकि दिनकर का मानना है कि—"साहित्य का विराट आकार किसी भी सीमा के अन्दर बँध नहीं सकता। काव्य क्या है और क्या नहीं है, इस पर अपनी मति स्थिर करके समालोचना करने से हम किसी भी कवि के साथ न्याय नहीं कर सकते। काव्य क्या है, इस प्रश्न पर अगर आप नपा-तुला सिद्धांत बनाने चलेंगे, तो आपके सामने इससे भी विशाल

प्रश्न उठेगा कि प्रकृति के अंदर क्या है जो काव्य नहीं है। अगर आप इस दूसरे प्रश्न को पहले उठाएँगे तो आपके सामने यह समस्या खड़ी होगी कि प्रकृति के अंदर ऐसा क्या है जो स्वयं काव्य है। कवि-प्रतिभा साहित्य के अंदर सबसे विलक्षण शक्ति है। वह किसे काव्य बना देगी, इसका अनुमान करना कठिन है। कवि आनंद का सर्जन करता है और जहाँ उसे इसका अवसर मिलेगा, वहीं वह कविता का रूप खड़ा कर लेगा। विश्व में ऐसा कोई भी तृण नहीं जो कवि के लिए नगण्य हो।"[3]

दिनकर की काव्यचेतना इतनी प्रखर है और उसका रचनात्मक प्रभाव इतना प्रबल है कि उनका काव्य सामान्य पाठकों से लेकर आलोचकों तक को रीझने पर विवश कर देता है। लेकिन विडंबना यह है कि गद्यकार, चिन्तक और विचारक दिनकर पर या तो आलोचकों का ध्यान नहीं गया है या उन्होंने इसमें विशेष रुचि नहीं ली। दिनकर के गद्य-साहित्य के प्रति यह घोर उपेक्षा-भाव अत्यंत चिन्तनीय है।

शिवसागर मिश्र ने लिखा है—"साहित्य के क्षेत्र में दिनकरजी को काफी विरोध झेलना पड़ा। उनकी आलोचना की गई क्योंकि विदेशी हुकूमत के दिनों में वे सरकार के प्रचार विभाग में नियुक्त थे। स्वाधीनता के बाद उनके विरुद्ध इसलिए आवाज उठाई गई क्योंकि वह संसद सदस्य बनकर 'राजाश्रय' पाने के लिए दोषी सिद्ध किए गए। आश्चर्य की बात तो यह है कि सेठाश्रय या विदेशों से सुविधाएँ पाने वाले साहित्यकार दिनकरजी के प्रमुख विरोधी थे। ऐसे साहित्यकार जनता में लोकप्रियता प्राप्त न कर सके तो स्वभावतः उन्हें दिनकरजी की लोकप्रियता बर्दाश्त नहीं हुई। इस (बीसवीं) सदी की पाँचवीं दशाब्दी के आसपास साहित्यकार भी विभिन्न राजनीतिक खेमों में बँटने शुरू हो गए थे। दिनकरजी किसी खेमे से सम्बद्ध नहीं हो सके। इन्होंने अपना कोई गुट भी नहीं बनाया। इधर बिहार के कुछ साहित्यकार जातिगत खेमों में बँटे रहने और राष्ट्रधर्म से कटे रहने के कारण दिनकरजी की साहित्यिक उपलब्धियों को राजनीतिक उपलब्धि बताने लगे।"[4]

अपने जीवनकाल में दिनकर की अपने आलोचकों से हमेशा यह शिकायत रही कि उन्होंने उनका सही मूल्यांकन नहीं किया। 'चक्रवाल' की भूमिका में, 'शेष-निःशेष' में संकलित निबंधों में, कविताओं में और कभी अपने भाषणों और साक्षात्कारों में इस शिकायत को उन्होंने कभी दुःख, कभी आक्रोश और कभी व्यंग्य के लहजे में व्यक्त किया है। अपनी डायरी में उन्होंने लिखा था—"दुकान में दर्जी काम कर रहा हो और सड़क पर से लोग चिल्ला रहे हों कि छेद बड़ा रह गया या रुई बाहर झाँक रही है, यही हाल लेखक और आलोचक का है।"[5] इतना ही नहीं, अपनी 'आलोचक' शीर्षक कविता में दिनकर कहते हैं—

रचना में क्या-क्या गुण होने चाहिए,
कूद-फाँदकर भी तुम नहीं बताते हो।
पर रचना के दुर्गुण अपनी ही कृति में

कदम-कदम पर खूब दिखाए जाते हो।
मैं अगर कुछ बोलता हूँ,
तुम उसे अपराध क्यों कहते?
मक्खियाँ जब बैठती हैं,
सिंह भी रोयें हिलाते हैं।

(आलोचक, नए सुभाषित)

दिनकर के 'कोयला और कवित्व' नामक काव्य-संकलन में 'कवि' शीर्षक दो कविताएँ संकलित हैं। इसमें से पहली कविता बहुत महत्त्वपूर्ण है। यद्यपि इसमें थोड़ी आत्मश्लाघा है, तथापि अपने समकालीन समालोचकों पर एक तीखा व्यंग्य भी है—

चमत्कार!
आचार्य समालोचक कृतज्ञ हैं।
करना पड़ा न काम,
तुम्हारा लेना पड़ा न नाम,
उठाना पड़ा नहीं, तुम स्वयं
काल के मस्तक पर छा गए।
सूर्य के निकट, चाँद के पास
आप अपने बल से आ गए।
सीढ़ियाँ उनके लिए अमोघ
छतों तक जिनको जाना है।
बादलों पर ही जिनकी दृष्टि,
उन्हें पथ आप बनाना है।

(कवि-1, कोयला और कवित्व)

अपने सांसारिक और साहित्यिक जीवन में दिनकर अपना पथ स्वयं प्रशस्त करते हुए निरन्तर आगे बढ़ते रहे हैं।

इसी क्रम में एक प्रसंग का उल्लेख भी समीचीन होगा। साहित्य अकादेमी, नई दिल्ली द्वारा रूसी विद्वान और तत्समय रूस में इंडोलॉजी (भारतविद्या) के डायरेक्टर श्री चेलीशेव के सम्मान में एक स्वागत-समारोह का आयोजन किया गया था। आयोजन के दौरान चेलीशेव ने दिनकरजी से कहा था कि चीनी हमले से सम्बन्धित एकमात्र रचना 'परशुराम की प्रतीक्षा' ही रूस पहुँच पाई और वहाँ उसकी भरपूर सराहना हुई। उन्होंने यह भी बताया कि रूसी भाषा में उसका अनुवाद और प्रकाशन भी हो चुका है। संयोगवश उस समय प्रख्यात प्रगतिशील आलोचक शिवदान सिंह चौहान भी वहाँ मौजूद थे, जिनकी ओर उन्मुख होकर दिनकरजी ने कहा-"सुनो, तुम्हारे अंकल क्या कहते हैं, शिवदान।"

'नील कुसुम' की भूमिका में दिनकर ने लिखा है कि—"कविताएँ रचता तो कवि अपने आनन्द के लिए है, किन्तु संग्रह प्रकाशित करने में उसका उद्देश्य पाठकों को आनन्द देना होता है। लेकिन, सभी पाठक सभी प्रकार का आनन्द नहीं ले सकते। इसलिए, आलोचना अनिवार्य हो जाती है। आलोचना काव्य में प्रयुक्त कौशल का रहस्य उद्घाटित करती है; उस मार्ग का भेद खोलती है, जिस पर चलकर कवि ने अपने भावों को अभिव्यक्त किया है, अपनी कविता में आनन्द, प्रभाव या चमत्कार उत्पन्न किया है। इसीलिए रचनात्मक आलोचना के पढ़ने से पाठक की आनन्दग्राहिणी योग्यता का प्रसार होता है। प्रत्येक नया कवि आलोचक से आलोचना की नई कसौटी की माँग करता है, क्योंकि आलोचक नए कवि को पुरानी कसौटी पर कसके उसके साथ न्याय नहीं कर सकता। इसलिए, जब भी कविता में नवीनता आती है, तब आलोचना भी ईषत् नवीन हो जाती है।"[6]

दिनकर जीवन की गहराइयों में उतरनेवाले कवि हैं। यद्यपि वे प्रगतिवादी, जनवादी और मानववादी रहे हैं तथापि 'रसवन्ती' की भूमिका में उन्होंने निःसंकोच लिखा है कि—"प्रगति शब्द में जो नया अर्थ ठूँसा गया है उसके फलस्वरूप हल और फावड़े कविता का सर्वोच्च विषय सिद्ध किए जा रहे हैं और वातावरण ऐसा बनता जा रहा है कि जीवन की गहराइयों में उतरनेवाले कवि सिर उठाकर नहीं चल सकें।"

प्रगतिवादी आलोचकों की दिनकर-सम्बन्धी उदासीनता निश्चित रूप से खटकनेवाली बात है। उनके संदर्भ में प्रगतिवादी आलोचना किसी रूढ़ि से प्रेरित प्रतीत होती है। वैसे डॉ. खगेन्द्र ठाकुर ने अपनी पुस्तक 'रामधारीसिंह दिनकर : व्यक्तित्व और कृतित्व' में यह दिखाने का प्रयास किया है कि प्रगतिवादी आलोचकों ने दिनकर के प्रति कभी नकारात्मक रुख नहीं अपनाया। उन्हीं के शब्दों में, "हकीकत यह है कि प्रगतिवादी आलोचकों और प्रगतिशील लेखक संघ से जुड़े लेखकों ने उनकी सकारात्मक चर्चा की है। बिहार प्रगतिशील लेखक संघ का पहला सम्मेलन 1944 में पटना में हुआ था, तो उसका स्वागताध्यक्ष दिनकरजी को बनाया गया था। उस सम्मेलन में दिया गया उनका व्याख्यान उनकी पुस्तक 'मिट्टी की ओर' में संकलित है।"[7]

लेकिन सच तो यह है कि मार्क्सवादी आलोचकों ने राष्ट्रीय या राष्ट्रवादी कवियों के उस वर्ग को प्रतिक्रियागामी माना, जिनका झुकाव गाँधीवाद, प्रजातन्त्र आदि की ओर था। बकौल दिनकर, "दासता, साम्राज्यवाद, शोषण और विषमता के खिलाफ वे भी लिख रहे थे जो राजनीति में कम्युनिस्ट नहीं थे और वे भी जो कम्युनिस्ट थे। वैसे, प्रगतिवाद मुख्यतः विचारों पर आधारित वाद है, फिर भी, यदि प्रगतिवाद के अभिभावक दोनों ही प्रकार के कवियों और लेखकों को प्रगतिशील मानते तो प्रगतिवाद, मत-प्रधान होने पर भी, साहित्यिक आन्दोलन रह सकता था।

किन्तु, कम्युनिस्ट आलोचकों ने इतनी उदारता नहीं दिखाई। उन्होंने प्रगतिवादी होने का सुयश केवल उनके लिए सुरक्षित रखा जो प्रत्यक्ष नहीं तो छिपे-छिपे कम्युनिस्ट आन्दोलन के साथ थे।"[8] वे आगे कहते हैं—"यही नहीं, बल्कि जो आलोचक कम्युनिस्ट नहीं हैं, वे तो साम्यवादी सुलेखकों के नाम आदर के साथ लेते हैं, किंतु, साम्यवादी आलोचक गैर-साम्यवादी लेखकों और कवियों के नाम आदर से नहीं लेते। जैसे सेठ-साहूकार लेखकों और कवियों से दोस्ती केवल इस भाव से करते हैं कि ऐसी दोस्ती से सेठों का सुयश बढ़ेगा, वैसे ही कम्युनिस्ट बंधु केवल उन्हीं लेखकों और कवियों को अपनाते हैं जो उनके राजनीतिक हथियार हो सकते हों।"[9]

दिसम्बर, 1954 ई. में 'नील कुसुम' का प्रकाशन हुआ। उसकी भूमिका में दिनकर ने लिखा है कि—"जिस कसौटी पर 'रेणुका', 'रसवन्ती', 'हुंकार' और 'सामधेनी' की कविताएँ कसी गई हैं, उस पर 'नील कुसुम' की कविताओं को कसना ठीक नहीं होगा। ये 'उतार की कविताएँ' हो सकती हैं, किन्तु ये सर्वथा नवीन हैं और इनकी तकनीक काफी लम्बे अनुभव से ही निकली है।" दिनकर-साहित्य का मूल्यांकन बहुधा पौराणिक और परम्परागत प्रतिमानों के आधार पर किया गया है, जबकि उसे लोकवादी और समाजशास्त्रीय नए प्रतिमानों के आधार पर परखा जाना चाहिए।

1954 ई. में समकालीन आलोचकों का पथ प्रशस्त करते हुए दिनकर ने एक महत्त्वपूर्ण बात की ओर संकेत भी किया था। उन्होंने लिखा था कि, "हिन्दी में जो कुछ हो रहा है, उसे इलियट आदि अंग्रेजी कवियों का अन्धानुकरण नहीं कहना चाहिए। अनुकरण का काम दो-चार या दस आदमी कर सकते हैं। पूरी-की—पूरी पीढ़ी अनुकरण के रोग से ग्रस्त हो, ऐसा मानने का कोई ठोस आधार नहीं है। मेरा अनुमान है कि जिन अवस्थाओं ने इंग्लैंड में नए कवियों को उत्पन्न किया, उनसे मिलती-जुलती अवस्थाएँ अपने यहाँ के बुद्धिजीवियों को भी अनुभूत होने लगी हैं। इसलिए उनमें और यूरोपीय कवियों में थोड़ा-बहुत साम्य दिखलाई दे रहा है। कोलाहल तो बड़े ज़ोर का है और लगता भी ऐसा ही है कि लड़के अपने पुरखों के कलात्मक असबाबों को तोड़-फोड़ कर ही दम लेंगे। किन्तु यह नवागम का भी रोर हो सकता है। सम्भव है, बाढ़ में बहकर बहुत-से ऐसे लोग भी आ गए हों, जो कवि नहीं हैं। किन्तु भविष्य पर जिनके पंजों की छाप पड़नेवाली है, वे कवि-पुंगव भी इसी झुंड में छिपे हुए हैं। नई आलोचना का धर्म है कि वह उन्हें भीड़ से ऊपर लाए, उनके योग्य आसन और पीढ़े की व्यवस्था करे।"[10]

उपर्युक्त कथन में एक संकेत तो था ही, एक चुनौती भी थी। लेकिन आलोचकगण दिनकर की इस चुनौती को स्वीकार नहीं कर सके। तो क्या यह समझा जाए कि उन्होंने दिनकर को कोई अबूझ पहेली मानकर उनका समग्र मूल्यांकन करने से किनारा कर लिया? डॉ. लक्ष्मीनारायण सुधांशु के मतानुसार

"दिनकरजी के भाव और कल्पना गिनती की दो-चार दिशाओं में सीमित नहीं हैं। उनका परिचय अनेक दिशाओं से है, उनकी सहानुभूति भी अनेक दिशाओं में दौड़ती है। यही कारण है कि दिनकरजी आलोचकों के आगे समस्यापुंज के रूप में विद्यमान हैं। जितनी पुस्तकें दिनकरजी पर लिखी गई हैं, जीवन-काल में उतनी पुस्तकें कम ही कवियों पर लिखी जाती हैं। किन्तु दिनकरजी आज भी संपूर्ण रूप से विश्लिष्ट नहीं हैं। उनके कई पहलू ऐसे हैं जिन पर अभी लेखनी उठाई ही नहीं गई।"[11]

उनके कवि-व्यक्तित्व के संपूर्ण रूपाकार को ध्यान में रखकर समग्रता में उनका मूल्यांकन अब तक नहीं किया गया है। उनके व्यक्तित्व एवं कृतित्व के संदर्भ में जो कुछ लिखा गया है, वह या तो प्रायः स्तुतिपरक है या फिर आश्चर्यजनक रूप में एकांगी और पूर्वाग्रहयुक्त। लेकिन दिनकर हिन्दी के उन गिने-चुने कवियों में से एक हैं, जिनकी ख्याति और लोकप्रियता का आधार स्वनामधन्य आलोचकों की अनुशंसा कभी नहीं रही है। उनके साहित्यिक अवदान के संदर्भ में की गई प्रतिकूल टिप्पणियों और दुराग्रहपूर्ण मन्तव्यों का हिन्दी कविता के सामान्य पाठकों पर कदाचित् ही कोई प्रतिकूल प्रभाव पड़ा है।

दिनकर जनता के कवि थे। उनका स्पष्ट मानना था कि—"कवि के असली सम्मान के कारण, पंडित और प्रोफेसर न कभी पहले हुए थे, न आज हैं। वे तो बड़े-से-बड़े कवियों की भी उपेक्षा करते हैं और 'जीनियस' की भी पुस्तक वे तब तक नहीं पढ़ते, जब तक कारखाने का बाबू उसे न पढ़ चुका हो; कला और सौन्दर्य का भी महत्त्वपूर्ण निर्णय पहले जनता ही करती है।"[12]

तमाम आलोचकों ने प्रायः उनकी एकपक्षीय आलोचना की। सबसे पहले कामेश्वर शर्मा ने दिनकर की एक ध्वंसात्मक आलोचना लिखी। इस पुस्तक का शीर्षक था—'दिग्भ्रमित राष्ट्रकवि'। यह पुस्तक आवेश में लिखी गई थी और इसका कोई आलोचनात्मक मूल्य या महत्त्व भी नहीं था। कामेश्वर शर्मा ने इसमें 'रेणुका' से लेकर 'रश्मिरथी' तक की दिनकर की कविताओं को अपनी आलोचना का आधार बनाया है। विडम्बना यह है कि इस पुस्तक में 'कवि दिनकर' की बजाय 'व्यक्ति दिनकर' को आलोचना का विषय बनाया गया है। कामेश्वर शर्मा ने दिनकर के शुरुआती व्यक्तित्व को अपना निशाना तो बनाया ही, उनके स्वातंत्र्योत्तर व्यक्तित्व की यथाशक्ति अवमानना भी की। उन्होंने दिनकर को "भारतीय राजनीति की आतंकवादी धारा का सबसे बड़ा साहित्यिक प्रतिनिधि" कह कर सम्बोधित किया है। उन्होंने दिनकर को हिंसावादी और विध्वंसवादी' कहा हैं। जहाँ एक ओर उन्होंने दिनकर की राष्ट्रीयता और क्रान्ति-चेतना का एकांगी मूल्यांकन किया है, वहीं दूसरी ओर 'रसवन्ती' की श्रृंगारिक कविताओं को क्रान्ति से पलायन मान लिया है। 'रसवन्ती', 'द्वन्द्व-गीत' आदि में संकलित रूमानी या भावात्मक

कविताओं को देखकर उन्होंने यह समझ लिया था कि क्रान्तिकारी दिनकर ने अपनी रचनात्मक दिशा बदल ली है।

दिनकर केवल क्रान्ति के कवि कभी नहीं रहे। 'चक्रवाल' और 'रश्मिलोक' की भूमिकाओं में उन्होंने स्वयं स्वीकार किया है कि राष्ट्रीयता या क्रान्तिकारिता उनकी स्वाभाविक प्रवृत्ति नहीं है। उन्हीं के शब्दों में—"सुयश तो मुझे 'हुंकार' से मिला, लेकिन मेरी आत्मा 'रसवन्ती' में बसती है।" इसलिए राष्ट्रकवि दिनकर के दिग्भ्रमित होने का कोई प्रश्न ही नहीं है। 'दिग्भ्रमित राष्ट्रकवि' नामक आलोचना पुस्तक को देखने से ऐसा लगता है कि कामेश्वर शर्मा ने बड़े ही पूर्वाग्रहपूर्ण दृष्टि के साथ; और दिनकर की रचनाधर्मिता को समग्रता में देखे-समझे बिना, उनका सतही और एकांगी मूल्यांकन करने का प्रयास किया है।

डॉ. गोपेश्वर सिंह ने भी यह माना है कि "बच्चन-दिनकर को सार्वजनिक कविता के हवाले करके तथा नेहरू से उनके सम्बन्धों को लेकर उन्हें इतना लांछित-तिरस्कृत किया गया कि उसके गहरे प्रभाव से हिन्दी-आलोचना आज भी मुक्त नहीं है। नन्दकिशोर नवल, मैनेजर पांडेय आदि के अपवादस्वरूप एक-दो लेखों को छोड़कर मुझे हिन्दी आलोचना में इन कवियों की और उनकी लोकप्रियता को नए सिरे से समझने की कोई नई पहल शताब्दी वर्षों में नहीं दिखाई पड़ी। नामवर सिंह, केदारनाथ सिंह और अशोक वाजपेयी के वक्तव्यों को सुन-पढ़कर तो यही लगा कि हिन्दी आलोचना की पुरानी पीढ़ी 1960 के दशक के आलोचनात्मक सोच से अभी मुक्त नहीं है। इन्हें 'निशा निमन्त्रण' और 'हारे को हरिनाम' में उनका श्रेष्ठ दिखता है।"[13]

संयोगवश द्वितीय विश्वयुद्ध की समाप्ति के तत्काल बाद ही 'द्वन्द्वगीत' (1940 ई.) का प्रकाशन हुआ था। अतः कुछ आलोचकों को ऐसा लगा कि दिनकर अब फासिस्ट होने की राह पर हैं। 'चरण-चरण में एक राग, बजता केवल नूपुर तेरा'-इस पंक्ति को पढ़कर कुछ आलोचकों को ऐसा लगा कि, हो-न-हो, यह नूपुर हिटलर या मुसोलिनी के पैर का ही होगा। लेकिन दुर्भाग्यवश या कहें कि पूर्वाग्रहवश आगे किसी आलोचक ने इस कृति का कोई विशेष संज्ञान ही नहीं लिया।

यदि हम 'कुरुक्षेत्र' की बात करें तो यह केवल समस्यामूलक-काव्य न होकर एक विचारमूलक-काव्य भी है। दिनकर ने इसमें अपने युद्ध-दर्शन का निरूपण किया है। उन्होंने लिखा है कि—"कुरुक्षेत्र के प्रबन्ध की एकता उसमें वर्णित विचारों की एकता को लेकर है। दरअसल इस पुस्तक में मैं प्रायः सोचता रहा हूँ। ...फिर भी 'कुरुक्षेत्र' न तो दर्शन है और न किसी ज्ञानी के प्रौढ़ मस्तिष्क का चमत्कार। यह तो अन्ततः एक साधारण मनुष्य का शंकाकुल हृदय ही है, जो मस्तिष्क के स्तर पर चढ़कर बोल रहा है।" युद्ध में विजय चाहे जिस किसी पक्ष

को मिले, पराजित अन्ततः मनुष्यता ही होती है। दिनकर अपनी कृतियों में इसी बोध की व्याख्या करते चलते हैं।

विडम्बना यह है कि दिनकर साहित्य के मूल्यांकन में किसी-न-किसी प्रकार का पूर्वाग्रह शुरू से बना रहा। आचार्य नलिन विलोचन शर्मा ने लिखा है कि "जब प्रगतिवादी रामविलास शर्मा दिनकर की आलोचना करते हैं, तो इसका उन्हें पूरा अधिकार है, किन्तु इस सिलसिले में यह कहना बिलकुल बेमानी है कि 'कुरुक्षेत्र' निम्नकोटि का काव्य है; क्योंकि उसमें फासिस्ट मनोवृत्ति दिखाई पड़ती है। किसी की पुस्तक की कुछ पंक्तियों को तोड़-मरोड़कर, उनसे कुछ-का-कुछ अर्थ निकालकर, उनके लेखक को फासिस्ट या साम्यवादी कह देना साहित्यालोचन अवश्य ही नहीं है।"[14]

प्रयागराज से छपनेवाली पत्रिका 'नई कविता' के संयुक्तांक 5-6 में विजयदेव नारायण साही (1924-1982 ई.) का एक लम्बा निबन्ध प्रकाशित हुआ—'लघु मानव के बहाने हिन्दी कविता पर एक बहस (छायावाद से अज्ञेय तक)'। साही के निधन के बाद 1987 ई. में इस निबन्ध के अलावा कुछ अन्य निबन्धों को मिलाकर 'छठवाँ दशक' नामक आलोचना पुस्तक का प्रकाशन हुआ था। बहरहाल, 'लघु मानव' वाले अपने बहुचर्चित आलोचनात्मक निबन्ध में छायावादी और उत्तर-छायावादी कवियों की रचना-दृष्टि पर विचार करते हुए साही ने दिनकर पर भी अपना निशाना साधा था। उन्होंने लिखा है कि छायावादी कवियों के अन्तर्जगत में आध्यात्मिकता की गहन व्याप्ति है, जबकि दिनकर और हरिवंशराय बच्चन के सृजन-चिन्तन में आध्यात्मिकता का पूरी तरह निषेध है। उन्हीं के शब्दों में—"छायावाद के बाद का न सिर्फ बहिर्जगत अध्यात्मविहीन है, बल्कि अन्तर्जगत भी आध्यात्मिक नहीं है। नए कवियों में से बहुतों ने काफी दूर तक अन्तर्मन के महाद्वीप या महासागर में कोलम्बस-जैसी अन्वेषण यात्राएँ की हैं, कभी-कभी छायावादियों से ज्यादा भी; लेकिन हिन्दुस्तान के इतिहास में पहली बार यह घटित हुआ कि भीतर बैठने पर आत्मा के दर्शन नहीं हुए। मिला कुछ और ही। इस आध्यात्मिक मुद्रा का विनाश किसने किया? पहले पापियों में आज के नए कवि या नए कहानीकार या नए उपन्यासकार नहीं आएँगे। जड़ खोदने का काम तो दिनकर, बच्चन, भगवतीचरण वर्मा आदि ने ही शुरू किया था। अज्ञेय और उनके साथ या बाद वालों ने तो सिर्फ मट्ठा डाला है।"

जो भी हो, 1961 ई. में दिनकर की सर्वोत्कृष्ट काव्यकृति 'उर्वशी' का प्रकाशन हुआ। इसके कुछ समय बाद ही डॉ. भगवतशरण उपाध्याय द्वारा खड़ा किए गए वितंडावाद को किसी भी दृष्टि से उचित नहीं कहा जा सकता है। हैदराबाद से प्रकाशित होनेवाली 'कल्पना' नामक साहित्यिक पत्रिका के अप्रैल, 1963 अंक में डॉ. भगवतशरण उपाध्याय ने 'उर्वशी' की ऐतिहासिकता को चुनौती

दी; और एक प्रकार से काव्येतर निकष पर कसते हुए 'उर्वशी' की एक ध्वंसात्मक आलोचना लिखी। इस समीक्षा-निबन्ध की हिन्दी-जगत् में व्यापक प्रतिक्रिया हुई।

शुरू में ही डॉ. गोपाल राय ने 'कल्पना' के संपादक को पत्र लिखकर अपना विरोध दर्ज कराया। यह पत्र 'कल्पना' के जून, 1963 अंक में प्रकाशित हुआ था। गोपाल राय ने लिखा—"डॉ. भगवतशरण उपाध्याय सहृदय, भावुक या काव्य मर्मज्ञ हैं, इसकी पुष्टि, कम-से-कम, उनके इस निबन्ध से नहीं होती है। 'उर्वशी' की आलोचना में उन्होंने, ऐसा प्रतीत होता है, सहृदयता, शिष्टता, उदारता और सामान्य बुद्धि को ताक पर रख दिया है। यदि तटस्थ विश्लेषण, भावुकता और संयत भाषा आलोचना के अनिवार्य अंग हैं, तो इस निबन्ध को, पता नहीं, 'कल्पना' के संपादक किस कोटि में रखते हैं!"[15] फिर उन्होंने आगे लिखा कि—"... यह निबन्ध असंगतियों तथा छिछले विवेचन का ऐसा अम्बार है, जिसकी आलोचना करना समय और श्रम का अनावश्यक अपव्यय है। मुझे इस लेख के लेखक पर उतना आश्चर्य नहीं होता—क्योंकि साहित्य में उनकी गति एक सामान्य पाठक की भी नहीं है—जितना 'कल्पना' के संपादकों की बुद्धि पर, जो साहित्य के मर्मज्ञ और आलोचक कहे जाते हैं।"[16]

'कल्पना' के अक्टूबर, 1963 अंक में प्रकाशित अपने पत्र में दुष्यन्त कुमार ने डॉ. भगवतशरण उपाध्याय के साथ ही 'कल्पना' के संपादक की भी जमकर खिंचाई की थी। उन्होंने लिखा था—"दरअसल, गलती तब होती है जब हम किसी लेखक या संपादक से एक स्तर-विशेष की आशा करने लगते हैं। उदाहरण के लिए 'कल्पना' के विषय में, मैं सोचता था कि वह एक स्तर का निर्वाह करती है और उसके संपादक लिहाज या मुरव्वत नहीं बरतते। परन्तु इस अंक में श्री भगवतशरण उपाध्याय का वह समीक्षावाला लेख इसका दु:खद अपवाद लगा। और अगर कल्पना-संपादक, जिनसे मेरे 10 वर्षों के घनिष्ट सम्बन्ध हैं, मेरे कथन को अत्युक्तिपूर्ण न मानें तो मैं कहूँगा कि इस लेख के प्रकाशन से उनकी साहित्य-सम्बन्धी रुचिहीनता और अल्पज्ञता प्रकट हुई है।

मैं जानता हूँ कि मेरे उपर्युक्त वक्तव्य पर, 'कल्पना' के प्रेमी पाठक कहेंगे कि मुझे यह बात उपाध्यायजी के सम्बन्ध में कहनी चाहिए। पर मैं पहले ही कह चुका हूँ कि मैं 'कल्पना' से एक विशिष्ट साहित्यिक स्तर की अपेक्षा रखता आया हूँ, न कि श्री भगवतशरण उपाध्याय से। अत: मेरी धारणा 'कल्पना' से टूटी है, उपाध्यायजी ने नहीं। उपाध्यायजी का क्या, वे तो कल को कपड़े झाड़ कर अलग हो जाएँगे कि सा'ब मुझे तो कविता समझ आती नहीं, पर कल्पना-संपादक तो सम्पादन के दायित्व से मुक्त नहीं हो सकते।

वैसे किसी भी कवि के कृतित्व पर, चाहे वे दिनकर हों या बच्चन—किसी भी पाठक या लेखक को अच्छी या बुरी राय बनाने और प्रकट करने का अधिकार है।

पर उसे यह अधिकार हरगिज नहीं है कि वह समीक्षा के माध्यम से अपने व्यक्तिगत राग-द्वेष निकाले। यही रीति साहित्यिक बेईमानी कहाती है। और मैं गहरी पीड़ा के साथ यह कहने को विवश हूँ कि दिनकर की आलोचना में उपाध्यायजी इस दोष से बच नहीं सके हैं। दिनकर की भौतिक उपलब्धियों से न केवल उपाध्यायजी, बल्कि उनका लेखन भी पीड़ित हो चला है, यह देखकर दुःख होता है। बेचारे उपाध्यायजी! मुझे उनके साथ सहानुभूति है।"[17]

'कल्पना' में प्रकाशित रचनाओं के चयन में संपादक-मंडल की सामूहिक भूमिका होती थी। इसलिए डॉ. भगवतशरण उपाध्याय के समीक्षा-निबन्ध पर हुई प्रतिक्रियाओं से 'कल्पना' के संपादक-मंडल की निष्पक्षता का प्रश्नचिह्न लग गया। समीक्षा-निबन्ध पर जब प्रतिकूल प्रतिक्रियाओं के आने का क्रम शुरू हुआ तब संपादक-मंडल को ऐसा लगा कि वह समीक्षा न तो दिनकर-जैसे बड़े कवि की प्रतिष्ठा के अनुरूप है और न 'उर्वशी' के प्रति उसमें सन्तुलित दृष्टिकोण ही है। हिन्दी साहित्य जगत् में 'कल्पना' की जैसी प्रतिष्ठा थी और पाठकों की उससे जो अपेक्षाएँ थीं, उन सबका तकाजा था कि संपादक-मंडल उस समीक्षा के प्रकाशन से हुई क्षति की भरपाई का कोई रास्ता निकाले। स्वभावतः संपादक-मंडल ने 'उर्वशी' और उसकी समीक्षा पर व्यापक चर्चा कराने का निर्णय लिया। इस सम्बन्ध में नए-पुराने सभी लेखकों को एक परिपत्र भेजा गया और उनसे उनकी प्रतिक्रियाएँ आमंत्रित की गईं।

'कल्पना' के संपादक-मंडल के ज्यादातर सदस्य समाजवादी थे। उसके संस्थापक-संपादक बदरी विशाल पित्ती स्वयं सोशलिस्ट पार्टी के नेता और डॉ. राममनोहर लोहिया के मित्र थे। दिनकर राज्यसभा के सदस्य थे और पं. जवाहरलाल नेहरू के मित्र थे। परन्तु 'कल्पना' विचारों के लोकतन्त्र का सम्मान करनेवाली पत्रिका थी, इसलिए कांग्रेस और पं नेहरू से जुड़ाव के बावजूद दिनकर की 'उर्वशी' पर व्यापक चर्चा आयोजित करने में उसे कोई हिचक नहीं हुई। 'कल्पना'-147 (जनवरी 1964) में मुक्तिबोध, नेमिचन्द्र जैन और भारत भूषण अग्रवाल सहित कुल बाइस लेखकों की समीक्षाएँ या प्रतिक्रियाएँ प्रकाशित हुईं। 'उर्वशी'-विवाद में कई पीढियों के और कई विचारधाराओं के लेखकों ने एक साथ भाग लिया।

आचार्य हजारीप्रसाद द्विवेदी, डॉ. रामविलास शर्मा और डॉ. नगेन्द्र-जैसे आलोचकों ने 'उर्वशी' की प्रशंसा मुक्तकंठ से की। परन्तु गजानन माधव मुक्तिबोध ने आक्रामक शैली में लिखा कि—"उर्वशी अपने सामाजिक अर्थ में एक पश्चगामी काव्य है।" यद्यपि उन्होंने 'उर्वशी' के विरुद्ध लिखा, तथापि उन्होंने भी यह स्वीकार किया कि भगवतशरण उपाध्याय की आलोचना में कमज़ोरियाँ हैं।

मुक्तिबोध का मानना है कि 'उर्वशी' का कवि 'संस्कृति के चार अध्याय' नामक पुस्तक का लेखक होने के कारण, अपने को इतिहास-शास्त्री बनाने का

आडम्बर रच रहा है। उन्हीं के शब्दों में—"उर्वशी में स्वाभाविकता के स्थान पर, शब्द-जाल और आडम्बर होने के कारण, दिनकर के प्रति इस प्रकार के सन्देह की पुष्टि होती है। सामाजिक प्रतिष्ठा और प्रभाव के परिचालन द्वारा साहित्यिक प्रतिष्ठा और प्रभाव के विकास और प्रसार के दृश्य हिन्दी में खूब ही हैं, रहे हैं। ऐसी स्थिति में, दम्भ और आडम्बर का उद्घाटन और निराकरण करना भी एक कार्य हो जाता है। मैंने सुना है, 'उर्वशी' किसी विश्वविद्यालय के पाठ्यक्रम में भी गौरवपूर्ण स्थान प्राप्त करने जा रही है। अगर यह सच है तो उसे ऐतिहासिकता की दृष्टि से सुसंगत काव्य माननेवाले भी कम नहीं रहेंगे। इस सम्भावना को ध्यान में रखकर हम इसी नतीजे पर पहुँचते हैं कि 'उर्वशी' के तथाकथित ऐतिहासिक पक्ष की, भगवतशरणजी ने जो आलोचना की है वह महत्त्वपूर्ण और अत्यन्त उपयोगी है।"[18] यहाँ मुक्तिबोध भी दिनकर के प्रति अपना पूर्वाग्रह छिपा नहीं पाए हैं। शत्रु का शत्रु मित्र होता है। इस आधार पर मुक्तिबोध को भगवतशरण उपाध्याय द्वारा की गई दिनकर कृत 'उर्वशी' की ध्वंसात्मक और अनर्गल आलोचना उपयोगी और प्रीतिकर प्रतीत हो रही है।

मुक्तिबोध के अनुसार "उर्वशी का मूल दोष यह है कि वह एक कृत्रिम मनोविज्ञान पर आधारित काव्य है। कामात्मक इन्द्रिय-संवेदनाओं के जाल में खो जाने के क्षणों में, उनका आध्यात्मिकीकरण नहीं किया जा सकता। न किसी दार्शनिक भावना का, न ही धर्म-भावना का बोध हमें उस समय होता है। हमारा समाज इस समय न मोहनजोदड़ो के युग में है, न वज्रयानियों के युग में, जहाँ यौन-अनुभव के क्षणों को धार्मिक-मनोवैज्ञानिक रूप दिया जा सके।"[19]

वैसे रघुवीर सहाय ने यह माना कि एक काव्य-ग्रंथ के स्थान पर इतिहास-ग्रंथ मानकर 'उर्वशी' का मूल्यांकन करना नितान्त अनर्गल है। दिनकर से अपने वैचारिक मतभेदों के बावजूद सच्चिदानन्द हीरानन्द वात्स्यायन अज्ञेय ने तो यहाँ तक कहा कि भगवतशरण उपाध्याय का यह लेख 'कल्पना' पत्रिका में छपने लायक ही नहीं था। मार्क्सवादी आलोचकों में केवल डॉ. रामविलास शर्मा ही थे, जो 'उर्वशी' पर मुग्ध हो गए और यह लिखा कि "दिनकरजी उदात्त भावनाओं के कवि हैं। उनके स्वरों में ढलकर उर्वशी की प्राचीन कथा सहज ही रीतिकालीन शृंगार-परम्परा से ऊपर उठ गई है। निरालाजी के बाद मुझे किसी वर्तमान कवि की रचना में ऐसा मेघमन्द्र स्वर सुनने को नहीं मिला, जैसा दिनकर की 'उर्वशी' में।"

डॉ. विजेन्द्र नारायण सिंह ने ठीक ही लिखा है कि—"जो बात सर्वथा महत्त्वपूर्ण थी, उसकी चर्चा कदाचित् स्पष्ट रूप से किसी भी लेखक ने नहीं की। उस समीक्षा में कही गई बातें सही हैं या गलत, विचारणीय यह नहीं है। विचारणीय तो यह है कि डॉ. भगवतशरण उपाध्याय ने जो कुछ भी कहा है, क्या वह काव्यालोचन का विषय हो सकता है? यदि वे तथ्य काव्यालोचन की परिधि में आते हैं, तो वे ठीक

हैं, भले ही हम उनसे सहमत नहीं हों, किन्तु यदि वे काव्यालोचन की परिधि में नहीं आते हैं, तो डॉ. भगवतशरण उपाध्याय ने एक साहित्यिक अपराध किया है।"[20]

डॉ. विजेन्द्र नारायण सिंह के अनुसार, "उस आलोचना के अध्ययन से जो बात स्पष्ट रूप से उभरती हैं, वह यह कि उपाध्यायजी ने काव्येतर मूल्यों को ही अपना निकष बना लिया। काव्येतर मूल्यों को ही महत्त्व देने के कारण वे पुस्तक के मूल्य की कटु भर्त्सना करते हैं। लेखक और प्रकाशक एक होने के कारण नए 'अद्वैतवाद' की उपहासास्पद अभिधा का निर्माण करते हैं और दिनकर के रेखा-चित्र की आलोचना करते हुए कृति के प्रतिपाद्य के साथ उसका सम्बन्ध स्थापित करने का प्रयास करते हैं। यह इसी काव्येतर मूल्य का परिणाम है कि वे व्यक्तित्व और कृतित्व को एक ही पार्श्वभूमि में देखने का प्रयास करते हैं।"[21]

दिनकरजी ने 'उर्वशी' की रचना के बहुत पहले 1956 ई. में ही यह बात कही थी—"आश्चर्य की बात है कि, प्रायः, सभी आलोचक कविता को कला का पर्याय मानते है, किन्तु, आलोचना के समय वे काव्य की शैली को छोड़कर उसमें वर्णित भावों से उलझकर अपना कर्तव्य समाप्त कर देते हैं।"[22]

बहरहाल, दिनकर के काव्य की एकपक्षीय आलोचना का एक कारण यह भी था कि छायावाद और 'नई कविता' के बीच की अवधि में समाजशास्त्रीय आलोचना रचना से अधिक रचयिता के व्यक्तिगत जीवन की खोज में अधिक प्रवृत्त रही। इस प्रवृत्ति के कारण ही भगवतशरण उपाध्याय और उस खेमे के कुछ अन्य हिन्दी लेखकों ने पूर्वाग्रही होकर दिनकर और उनकी काव्यात्मक रचनाधर्मिता पर प्रबल प्रहार किए थे।

आचार्य शिवबालक राय ने उनके संदर्भ में दो महत्त्वपूर्ण पुस्तकें लिखीं—(1) 'दिनकर' तथा (2) 'साहित्य के सिद्धान्त और कुरुक्षेत्र'। 'दिनकर' (1952 ई.) शीर्षक पुस्तक के महत्त्व को इस दृष्टि से भी समझा जा सकता है कि यह दिनकर की तब तक प्रकाशित समस्त कृतियों पर पहली समालोचनात्मक पुस्तक थी। इस पुस्तक के दो भाग थे—पहले भाग में सामान्य आलोचना के साथ ही राष्ट्रीय भावना के विकासक्रम के इतिहास का निरूपण किया गया था; जबकि दूसरे भाग में दिनकर की तब तक प्रकाशित सभी कृतियों का वस्तुपरक मूल्यांकन किया गया था।

दिनकर के संदर्भ में कई प्रशंसामूलक पुस्तकें भी लिखी गईं। डॉ. सावित्री सिन्हा की पुस्तक 'युगचारण दिनकर' को इसी कोटि में रखा जा सकता है। बहरहाल, इसमें उस समय तक प्रकाशित दिनकर की सभी काव्य-कृतियों को अपने अध्ययन का आधार बनाया गया है। पूर्ववर्ती आलोचकों ने प्रायः दिनकर के कथ्य पर ही अपना ध्यान केन्द्रित रखा था, जबकि 'युगचारण दिनकर' में उनके काव्य के शिल्प-पक्ष का विस्तृत विवेचन किया गया है। इसमें दिनकर के काव्य की पृष्ठभूमि एवं सौन्दर्य-चेतना का सम्यक निरूपण किया गया है।

डॉ. सत्यकाम वर्मा ने अपनी पुस्तक 'जनकवि दिनकर' में दिनकर को अपने युग के प्रतिनिधि के साथ-साथ राष्ट्र का प्रतिनिधि भी बताया है। इस पुस्तक की मुख्य विशेषता दिनकर की विविध कविताओं को एकसूत्र में बाँधनेवाले तत्त्व की खोज है। डॉ. सत्यकाम वर्मा का मानना है कि वह तत्त्व 'अनल' है; जो दिनकर की क्रान्तिकारी कविताओं से लेकर 'उर्वशी' जैसे शृंगारिक काव्य-ग्रंथ तक में विद्यमान है। उनके मतानुसार अनलोपासना के रूप में दिनकर की मूल प्रेरणा अन्याय पर प्रहार करने की है। 'रामधारी सिंह दिनकर रचना-संचयन' के संपादक डॉ. कुमार विमल ने भी अपनी पुस्तक की भूमिका में यह माना है कि दिनकर के काव्य की मुख्य भाव-भूमि सामाजिक असन्तोष के प्रतिरोध में 'अनल-धर्मिता' से जुड़ी हुई है।

दिनकर के व्यक्तित्व और कृतित्व का विश्लेषण करनेवाली शताधिक पुस्तकें लिखी जा चुकी हैं। उनमें से कुछ महत्त्वपूर्ण पुस्तकें निम्नवत् हैं—

1. 'दिनकर'—आचार्य शिवबालक राय (युनिवर्सल प्रेस, इलाहाबाद) 1952 ई.।
2. 'दिग्भ्रमित राष्ट्रकवि'—कामेश्वर शर्मा (राष्ट्रीय प्रकाशन मंडल, पटना) 1952 ई.।
3. 'युगचारण दिनकर'—डॉ. सावित्री सिन्हा (नेशनल पब्लिशिंग हाउस, दिल्ली) 1963 ई.।
4. 'दिनकर : एक पुनर्मूल्यांकन'—विजेन्द्र नारायण सिंह (परिमल प्रकाशन, इलाहाबाद) 1965 ई.।
5. 'उर्वशी : उपलब्धि और सीमा'—विजेन्द्र नारायण सिंह (परिमल प्रकाशन, इलाहाबाद) 1965 ई.।
6. 'दिनकर'—संपादक : डॉ. सावित्री सिन्हा (राधाकृष्ण प्रकाशन, नई दिल्ली) 1967 ई.।
7. 'आज के लोकप्रिय हिन्दी कवि : रामधारी सिंह दिनकर'—मन्मथनाथ गुप्त (राजपाल एंड संस, दिल्ली)
8. 'राष्ट्रकवि दिनकर'—सं. डॉ. गोपाल राय एवं सकलदेव शर्मा (ग्रंथ निकेतन, पटना) 1975 ई.।
9. 'रामधारी सिंह दिनकर'—डॉ. विजेन्द्र नारायण सिंह (साहित्य अकादेमी, नई दिल्ली) 2006 ई.।
10. 'रामधारी सिंह दिनकर : व्यक्तित्व और कृतित्व'—डॉ. खगेन्द्र ठाकुर (प्रकाशन विभाग, सूचना और प्रसारण विभाग, भारत सरकार, नई दिल्ली) 2008 ई.
11. 'दिनकर : अर्धनारीश्वर कवि'—नन्दकिशोर नवल (राजकमल प्रकाशन, नई दिल्ली) 2013 ई.।

12. 'कल्पना का उर्वशी विवाद'—सं. डॉ. गोपेश्वर सिंह (वाणी प्रकाशन, नई दिल्ली) 2010 ई.।
13. 'दिनकर और उनकी उर्वशी'—प्रो. देशराज सिंह भाटी (अशोक प्रकाशन, दिल्ली) 1963 ई.।
14. 'धूप-छाँही दिनकर'—डॉ. शंभुनाथ
15. 'दिनकर : एक पुनर्विचार'—डॉ. शंभुनाथ
16. 'दिनकर : सृष्टि और दृष्टि'—गोपालकृष्ण कौल एवं हरिप्रसाद शास्त्री (वातायन प्रकाशन, गाजियाबाद)
17. 'जनकवि दिनकर'—डॉ. सत्यकाम वर्मा (भारतीय प्रकाशन, दिल्ली)
18. 'दिनकर और उनकी काव्य-कृतियाँ'—संपादक : आचार्य कपिल (ईभा प्रकाशन, मुंगेर)
19. 'कुरुक्षेत्र-मीमांसा'—कान्तिमोहन शर्मा (साहित्य प्रकाशन मंडल, नई दिल्ली)
20. 'दिनकर : वैचारिक क्रान्ति के परिवेश में'—डॉ. पी आदेश्वर राव
21. 'उर्वशी : विचार और विश्लेषण'—संपादक : डॉ. वचनदेव कुमार (बिहार ग्रंथ कुटीर, पटना)
22. 'दिनकर की उर्वशी'—रमाशंकर तिवारी (चौखंबा विद्याा भवन, वाराणसी)
23. 'दिनकर की काव्य-साधना'—प्रो. मुरलीधर श्रीवास्तव (श्री अजन्ता प्रेस, पटना)
24. 'दिनकर और उनकी काव्यकृतियाँ'—शिवचन्द्र शर्मा (जनवाणी प्रेस, कलकत्ता)
25. 'दिनकर की काव्य-साधना'—नेमिचन्द्र जैन 'भावुक' (अन्त:प्रान्तीय कुमार परिषद्, जोधपुर)
26. 'युगकवि दिनकर'—मुरलीधर श्रीवास्तव (बिहार ग्रंथ कुटीर, पटना)
27. 'दिनकर के काव्य'—लालधर त्रिपाठी 'प्रवासी' (आनंद पुस्तक भवन, वाराणसी) 1957 ई.।
28. 'राष्ट्रीय कवि दिनकर और उनकी काव्यकला'—डॉ. शेखरचन्द्र जैन (जयपुर पुस्तक सदन, जयपुर) 1973 ई.।
29. 'दिनकर काव्य में युगचेतना'—डॉ. पुष्पा ठक्कर (अरविन्द प्रकाशन, बम्बई) 1986 ई.।
30. 'दिनकर : चिन्तन-अनुचिन्तन'—संपादक : डॉ. सतीश कुमार राय (विद्यावती प्रकाशन, दिल्ली) 2009 ई.।
31. 'दिनकर की साहित्य-साधना' संपादक : डॉ. सतीश कुमार राय; किताब पब्लिकेशन, मुजफ्फरपुर; 2008 ई.।

32. 'दिनकर का गद्य साहित्य'—डॉ. प्रेमनाथ उपाध्याय (जिज्ञासा प्रकाशन, पटना) 2006 ई.।
33. समय का सूर्य : रामधारी सिंह दिनकर', संपादक : दीपक प्रकाश त्यागी एवं राजेंद्र प्रसाद चतुर्वेदी; सृजन प्रकाशन, लखनऊ; 2009 ई.।
34. 'अर्धनारीश्वर दिनकर'—डॉ. कुमार विमल (सद्विचार प्रकाशन, पटना) 2010 ई.।
35. 'दिनकरनामा'—डॉ. दिवाकर (चैतन्यम प्रकाशन, नवादा, बिहार)
36. 'समय का सूर्य : दिनकर'—सं. डॉ. कुमार वरुण (बिहार हिन्दी ग्रंथ अकादमी, पटना) 2015 ई.।
37. 'दिनकर की काव्यभाषा: शैलीवैज्ञानिक अध्ययन'—डॉ. सरला परमार
38. 'दिनकर के काव्य में परम्परा और आधुनिकता'—डॉ. जयसिंह 'नीरद'
39. दिनकर : सृजन और चिन्तन—डॉ. रेणु व्यास (सिग्नेचर बुक्स इंटरनेशनल प्रकाशन, दिल्ली)

'दिनकर : एक सहज पुरुष', शिवसागर मिश्र द्वारा लिखी गई उनकी एक संस्मरणात्मक जीवनी है। 'कवि' की पृष्ठभूमि में स्थित 'व्यक्ति' दिनकर को जानने-समझने की दृष्टि से यह पुस्तक उपयोगी है। डॉ. दिवाकर ने 'दिनकरनामा' नाम से आत्मकथात्मक शैली में दिनकर की बृहदाकार जीवनी लिखी है। छह खंडों में प्रकाशित इस पुस्तक में दिनकर-साहित्य के अतिरिक्त उनसे सम्बन्धित व्यक्तियों से भेंट और उनसे जुड़े स्थानों का भ्रमण करके लेखक ने अपने गहन अध्यवसाय का परिचय दिया है। लेकिन रचनाओं के समुचित विश्लेषण की इसमें भारी कमी है। खास बात यह है कि अपने शोध प्रयास के क्रम में इन्होंने दिनकर की अब तक अनुपलब्ध कृति 'विजय-सन्देश' को खोज निकाला है।

'दिनकर : एक पुनर्मूल्यांकन' की भूमिका में डॉ. विजेन्द्र नारायण सिंह ने ठीक ही लिखा है—"काव्यालोचन का क्षेत्र वीर-पूजा का क्षेत्र नहीं होता है। कोई व्यक्ति यदि निराला के प्रति असीम श्रद्धा रखता है और उनके चित्र की रोज आरती उतारता है तो यह एक श्रद्धास्पद बात है, किन्तु यदि कोई आलोचक निराला पर लिखी गई अपनी आलोचना-पुस्तक का नाम 'काव्य का देवता : निराला' रखता है तो यह एक गलत बात है। उसी प्रकार 'युगचारण दिनकर', 'जनकवि दिनकर', 'युगकवि दिनकर' आदि नामकरण भ्रामक और भ्रष्ट हैं। पुस्तक के ये सभी नामकरण उतने ही गलत हैं जितना कि 'दिग्भ्रमित राष्ट्रकवि'।" समीक्षा-सम्बन्धी सन्तुलित दृष्टिकोण के लिहाज से विजेन्द्र बाबू की यह उक्ति विचारणीय है।

लेकिन दिनकर-विषयक शतादिक पुस्तकों के प्रकाशन के बावजूद विडम्बना यह है कि डॉ. खगेन्द्र ठाकुर-जैसे कुछ-एक अपवादों को छोड़कर हिन्दी-आलोचना की परम्परा में महत्त्वपूर्ण स्थान रखनेवाले किसी प्रगतिवादी आलोचक ने उन पर

यथेष्ट रूप से नहीं लिखा। साम्राज्यवाद की जैसी आलोचना दिनकर ने की, वैसी बहुत कम कवियों ने की है। इसके बावजूद प्रगतिवादी आलोचकों ने या तो दिनकर की रचनाओं की बहुत कम नोटिस ली; या उनके काव्यात्मक मूल्यांकन में अतिशय कृपणता का परिचय दिया; या फिर डॉ. भगवतशरण उपाध्याय-जैसे विद्वानों ने अपनी समीक्षा को व्यक्तिगत द्वेष निकालने का एक साधन बनाया। स्वाभाविक रूप से इसके प्रत्युत्तर में कतिपय दिनकर-भक्तों ने अपने 'राष्ट्रकवि' का यथासामर्थ्य स्तुतिगान किया। पूर्वाग्रह और रूढ़िबद्धता के कारण दिनकर के समुचित मूल्यांकन का पथ प्रशस्त नहीं हो सका।

"कहने की जरूरत नहीं कि आलोचना की यह दृष्टि 1960 के दशक वाली प्रगतिशील और आधुनिक शिविरबद्ध परियोजना की उपज थी और जो मूल रूप से शीतयुद्ध की देन थी। हिन्दी आलोचना के रवैये को देखते हुए यहाँ यह कहना पड़ रहा है कि लोकप्रियता ही बच्चन-दिनकर जैसे कवियों की जान की दुश्मन हो गई। ऐसे काव्य-निकष विकसित हुए, जिनके लिए लोकप्रियता घटिया तत्त्व थी। लोकप्रियता को घटिया बताकर हिन्दी कविता विश्व-विजय पर निकली और कविता को कठिन तथा विश्वस्तरीय बनाने का अभियान शुरू हुआ। इस विश्व-विजय अभियान में निकले प्रगतिशील शिविर को प्रगतिशीलता के जो तत्त्व हाथ लगे वे 'प्रगतिशील लेखक संघ' के घोषणा-पत्रों के जरिये बाहर से आयात किए गए थे। इसी तरह हिन्दी कविता को आधुनिक बनाने की जो शुरुआत अज्ञेय के पौरोहित्य में हुई, वह एजरा पाउंड, इलियट आदि से अधिक प्रभावित थी। इन दोनों शिविरों ने एक-दूसरे को विदेश का नकलची कहा और अपने को हिन्दी-जन और ज़मीन का सच्चा वारिस बताया। हिन्दी-आलोचना प्रगतिशीलता बनाम आधुनिकता के विवाद में और अपने मूल्यों की स्थापना के नशे में इतनी गर्क थी कि अपने सिवा उसे कुछ भी सार्थक नहीं दिख रहा था। रामविलास शर्मा ने बच्चन-दिनकर पर कभी लिखा जरूर, लेकिन यथार्थवाद सम्बन्धी उनका जो निकष था, उसमें वे देर तक और दूर तक नहीं चल सके, वहाँ सुरक्षित जगह नागार्जुन-केदार के लिए ही थी। साही ने जिस 'लघुमानाव' की प्रतिष्ठा 'नई कविता' में की, उसके अनुसार तो उनके पहले की सारी हिन्दी कविता ही महामानव की थी। नामवरजी प्रगतिशीलता और नई समीक्षा के मेल से कविता का जो नया प्रतिमान गढ़ रहे थे, उसमें ये कवि पुराने मूल्यों के लग रहे थे। अज्ञेय तो खैर दिनकर को आधुनिक कवि ही मानने को तैयार नहीं थे।"[23] सबके अपने-अपने पूर्वाग्रह थे। सबकी अपनी-अपनी डफली थी और अपना-अपना राग था।

'काव्य की भूमिका' में संकलित अपने निबन्ध 'सत्यं, शिवं, सुन्दरम्' में दिनकर ने लिखा है—जार्ज रसल कोई शृंगारी कवि नहीं थे, न उनकी रसिकता ही ज़ोरदार थी। किन्तु उन्होंने भी लिखा है कि बाइबिल में यह कहा गया है कि

"मैदानों में खिलते हुए फूलों को देखो। ये फूल न तो मेहनत करते हैं, न चरखे पर सूत कातते हैं, फिर भी, उनमें से एक-एक की ऐसी शोभा है कि अपने समस्त आभूषणों से भूषित सम्राट सोलमन की सुन्दरता भी उसके सामने हेय है। किन्तु टाल्स्टाय, शायद, इन्हें सुन्दर नहीं समझते, क्योंकि ये फूल न तो परिश्रम करते हैं, न सूत कातते हैं और न अपना अस्तित्व सिद्ध करने को कोई प्रचार ही करते हैं।"[24] जार्ज रसल की इस टिप्पणी में निहित व्यंग्य को बखूबी समझा जा सकता है। प्रगतिवादी आलोचकों की नज़रों में दिनकर की कविता कदाचित् मैदान में खिले उन फूलों की मानिन्द है। यही कारण है कि दिनकर के मूल्यांकन को लेकर वे सब प्राय: उदासीन बने रहे।

वैसे दिनकर ने साम्राज्यवाद-विरोधी और युद्ध-विरोधी श्रेष्ठ कविताओं की रचना करने के अलावा मानवता के भविष्य को लेकर गहन चिन्तन भी किया है। हिन्दी कविता में ये तीनों प्रवृत्तियाँ प्रगतिवादी साहित्य के आधारभूत तत्त्व हैं। एक प्रकार से ये तीनों प्रवृत्तियाँ दिनकर की काव्य-चेतना के प्रबल आधार हैं। परन्तु राजनैतिक प्रतिबद्धता की दृष्टि से दिनकर प्रगतिवादी खेमे के न होकर 'सोशलिस्ट बिरादरी' के माने गए हैं। यही कारण है कि हिन्दी के प्रगतिवादी आलोचकों में दिनकर के साहित्यिक अवदान और उनके वस्तुनिष्ठ मूल्यांकन को लेकर एक विशेष प्रकार की उदासीनता देखी जाती है। हिन्दी के प्रगतिवादी आलोचकों में डॉ. रामविलास शर्मा को हम अपवाद के तौर पर ले सकते हैं, जिन्होंने दिनकर कृत 'उर्वशी' की भूरि-भूरि प्रशंसा की है; और हिन्दी कविता में निराला के बाद उन्हें पहली बार 'उर्वशी' में 'मेघमन्द्र स्वर' सुनाई पड़ा है।

'चक्रवाल' की भूमिका में दिनकर ने ठीक ही लिखा है कि "समीक्षा, शोरगुल और पक्षपातपूर्ण आंदोलनों से साहित्य में खोटे सिक्के नहीं चलाए जा सकते, न खरे सिक्कों के प्रचलन को ईर्ष्या, द्वेष और निंदा रोक ही सकती है।"[25] विजेन्द्र नारायण सिंह ने लिखा है कि "उर्वशी मेरी ममता का मुख्य केन्द्र रही है। उसे कितनी बार पढ़ गया हूँ, याद नहीं है। किन्तु आलोचक को तो ममता से मुक्त होना ही पड़ता है। तुलना और विश्लेषण, ये ही दो औज़ार मेरे सहायक रहे हैं। कोई भी साहित्यिक कृति नि:संग चीज नहीं होती है। देखना यह होता है कि अपने इतिहास की परम्परा में उसका क्या स्थान हो सकता है? यहीं पर तुलना की आवश्यकता पड़ती है। पुनः विश्लेषण तो आलोचक की प्रतिभा का ही पर्याय है। कृति के सामर्थ्य का उद्घाटन भी इसी से सम्भव हो पाता है।"[26] लेकिन विडम्बना यह है कि हिन्दी आलोचना के कर्णधारों ने दिनकर के रचनात्मक अवदान के वस्तुपरक मूल्यांकन की दिशा में समुचित प्रयास नहीं किया।

डॉ. कृष्णदत्त पालीवाल ने रामधारी सिंह दिनकर के संपूर्ण सृजन और चिन्तन की उपेक्षा को हिन्दी आलोचना के कोढ़ में सबसे बड़ा दाग कहा है। उन्होंने लिखा

है—"यह दाग तभी ठीक हो सकता है जबकि उनके रचनाकर्म का सद्भाव से पुनः पाठ हो। उनके संपूर्ण पाठ या टेक्स्ट को समाज, राजनीति, इतिहास और स्मृति के संदर्भों में भाषित करने की जरूरत है। इस भाष्य या व्याख्या-पुनर्व्याख्या में इस संकल्प के साथ पहल करनी होगी कि उनके पाठ पर किसी वाद या विचारधारा का धूल-धुआँ हावी न हो सके। यह इसलिए जरूरी है कि दिनकर 'वादों' का अतिक्रमण करनेवाले कवि हैं और विचारधाराओं की अन्धी प्रतिबद्धता में उनका भरोसा कभी नहीं रहा।"[27]

अधिकांश आलोचकों ने दिनकर की काव्यचेतना को राष्ट्रीयता के खाँचे में ही फिट करने की कोशिश की; और सुकोमल भावनाओं वाली उनकी काव्यकृतियों को 'असली' दिनकर का 'दिग्भ्रम' मान लिया। रामवृक्ष बेनीपुरी ने दिनकर की काव्यचेतना को व्यक्त करने के लिए एक नया रूपक गढ़ा था—'अंगारे जिस पर इन्द्रधनुष खेल रहे हैं।' इस रूपक में दिनकर के गर्जन-तर्जन और प्रेम-शृंगार वाली द्वन्द्वात्मक काव्यचेतना का समावेश हो गया था। इस रूपक से प्रभावित होकर तमाम आलोचकों ने दिनकर को 'ओज-ऊर्जा और प्रेम-शृंगार का कवि' तो मान लिया, किन्तु इन दोनों परस्पर विरोधी रूपों (और प्रवृत्तियों) में संगति ढूँढने के प्रयास बहुत कम देखने को मिले।

दिनकर कहते थे कि "किसी ने कविता को जीवन की व्याख्या कहकर शेली का तिरस्कार किया, किसी ने उत्तेजक कल्पना को काव्य की आत्मा मानकर वर्डस्वर्थ का अनादर किया, किसी ने राग और कल्पना की भाषा को काव्य समझा, किसी ने संगीतमय चिन्तन को, किसी ने 'वर्तमान और हस्तगत के प्रति असन्तोष' को इसका प्रधान लक्षण माना, किसी ने इसे उमड़ती हुई भावनाओं की अभिव्यक्ति कहा; और प्रत्येक ने उन कवियों को अपूर्ण अथवा अकवि समझा जो उसकी बुद्धि के वृत्त में, उसकी परिभाषा के दायरे में, अपने पंख समेटने पर भी नहीं समा सकते थे। जिसे एक ने कवि कहा, दूसरे ने उसी को अकवि समझा। यह गलती हुई और तब तक होती जाएगी जब तक हम अपनी बुद्धि और रुचि के मापदंड से साहित्य की मर्यादा मापते चलेंगे। साहित्य का विराट आकार किसी भी सीमा के अन्दर बँध नहीं सकता। काव्य क्या है और क्या नहीं है, इस पर अपनी मति स्थिर करके समालोचना करने से हम किसी भी कवि के साथ न्याय नहीं कर सकते।"[28]

बहरहाल, हिन्दी आलोचना की शक्ति के संवर्द्धन के मद्देनज़र कवि दिनकर के साहित्यिक योगदान के मूल्यांकन का कार्य अभी बाकी है। दिनकर विरचित विशद गद्य-साहित्य का साहित्यिक और सांस्कृतिक दृष्टि से मूल्यांकन भी शेष है; और उनके काव्य और गद्य-साहित्य के अन्वयात्मक अन्तःसूत्र की खोज का काम भी अभी बाकी है।

संदर्भ

1. दिनकर रचनावली, खंड 4, सं. डॉ. नन्दकिशोर नवल एवं तरुण कुमार, पृ. 383
2. रामधारी सिंह दिनकर, चक्रवाल, भूमिका, पृ. 32; उदयाचल, पटना, 1956 ई.।
3. दिनकर रचनावली, खंड-6, सं. डॉ. नन्दकिशोर नवल एवं तरुण कुमार, पृ. 235
4. डॉ. सतीश कुमार राय द्वारा संपादित 'दिनकर की साहित्य-साधना' में शिवसागर मिश्र का लेख 'दिनकर : एक सहज पुरुष', पृ. 21; किताब पब्लिकेशन, मुजफ्फरपुर; 2008 ई.।
5. दिनकर की डायरी, 10 फरवरी, 1972, पटना
6. दिनकर रचनावली, खंड 4, सं. डॉ. नन्दकिशोर नवल एवं तरुण कुमार, पृ. 270
7. डॉ. खगेन्द्र ठाकुर; 'रामधारीसिंह दिनकर : व्यक्तित्व और कृतित्व', प्रस्तावना
8. 'दिनकर', संपादक : सावित्री सिन्हा, पृ. 28
9. गोपेश्वर सिंह, 'कल्पना का उर्वशी विवाद', भूमिका, पृ. 9-10
10. दिनकर रचनावली, खंड 4, सं. डॉ. नन्दकिशोर नवल एवं तरुण कुमार, पृ. 272
11. 'दिनकर', सं. सावित्री सिन्हा (लक्ष्मीनारायण सुधांशु का लेख 'स्वराजोत्तर हिन्दी साहित्य'), पृ. 92
12. 'दिनकर', संपादक : सावित्री सिन्हा, पृ. 26
13. गोपेश्वर सिंह, (सं.) 'कल्पना का उर्वशी विवाद', भूमिका, पृ. 11
14. नलिन विलोचन शर्मा: संकलित निबन्ध, संपादक : गोपेश्वर सिंह, पृ. 46-47
15. 'कल्पना का उर्वशी विवाद', संपादक : गोपेश्वर सिंह; पृ. 46
16. वही, पृ. 48
17. वही, पृ. 53
18. गजानन माधव मुक्तिबोध, 'समीक्षा की समस्याएँ', पृ. 162
19. वही, पृ. 162
20. डॉ. विजेन्द्र नारायण सिंह; उर्वशी: उपलब्धि और सीमा, पृ. 107
21. वही, पृ. 107-108
22. रामधारी सिंह दिनकर, 'चक्रवाल', भूमिका, पृ. 24; उदयाचल, पटना; 1956 ई.।
23. सावित्री सिन्हा द्वारा सम्पादित 'दिनकर', पृ. 27-28
24. दिनकर रचनावली, खंड 6; सं. डॉ. नन्दकिशोर नवल एवं तरुण कुमार, पृ. 28-29
25. रामधारी सिंह दिनकर, 'चक्रवाल', भूमिका, पृ. 45; उदयाचल, पटना; 1956 ई.।
26. डॉ. विजेन्द्र नारायण सिंह; उर्वशी: उपलब्धि और सीमा; भूमिका, पृ. 5
27. डॉ. कृष्णदत्त पालीवाल का लेख 'औपनिवेशिक दासता से मुक्ति की ध्वनि', आजकल, अक्टूबर 2008 अंक, पृ. 14
28. रामधारी सिंह दिनकर, 'मिट्टी की ओर', पृ. 143; उदयाचल, पटना; 1946 ई.।

अध्याय 5

अपने समय का सूर्य : दिनकर

दिनकर के जीवन की कहानी हल, हँसिया, लेखनी और पार्लियामेंट की बैठकों की कहानी है। उनके बाह्य व्यक्तित्व में भी परशुराम का गर्जन और कालिदास की कलात्मकता है।[1] नामवर सिंह ने कहा था कि "दिनकर की वाणी में ही दिनकर के बारे में कहा जा सकता है।" तत्क्रम में उनको 'अपने समय का सूर्य' कहा जा सकता है। अपनी रचनाओं में वे भारत की सभ्यता और संस्कृति के प्रखर प्रवक्ता प्रतीत होते हैं। यहाँ तक कि अपनी प्रेम कविताओं में भी वे पूरी मनुष्यता की ओर से बोलते दिखाई देते हैं। अपने काव्य-नाटक 'उर्वशी' में पुरूरवा के कंठ से मानो कवि स्वयं ही कह उठता है—

मर्त्य मानव की विजय का तूर्य हूँ मैं,
उर्वशी! अपने समय का सूर्य हूँ मैं।

(उर्वशी, तृतीय अंक)

वे अपने शब्दों द्वारा भारतीय तेजस्विता को मूर्तिमान करनेवाले ओजदीप्त कवि हैं। 'आलोकधन्वा' शीर्षक अपनी प्रसिद्ध कविता में अपना परिचय देते हुए उन्होंने लिखा है—

ज्योतिर्धर कवि मैं ज्वलित सौरमंडल का
मेरा शिखंड अरुणाभ, किरीट अनल का !
रथ में प्रकाश के अश्व जुते हैं मेरे
किरणों में उज्ज्वल गीत गुँथे हैं मेरे।

('आलोकधन्वा', हुंकार, 1940 ई.)

दिनकर भारतीय स्वतन्त्रता आन्दोलन की कोख से जन्मे कालजयी कवि हैं। भारत के राष्ट्रीय स्वतंत्रता आन्दोलन के दौरान और स्वाधीनता-प्राप्ति के बाद भी उन्होंने राष्ट्रीय भावनाओं को प्रखरता से अभिव्यक्त किया। आजादी मिलने के बाद भी आजादी को जुगाए रखने के लिए शक्ति, शौर्य और उत्साह अपेक्षित है।

आँधियाँ नहीं जिसमें उमंग भरती हैं,
छातियाँ जहाँ संगीनों से डरती हैं,

शोणित के बदले जहाँ अश्रु बहता है,
वह देश कभी स्वाधीन नहीं रहता है।

(परशुराम की प्रतीक्षा, खंड 5)

जब समयुगीन कवि-गण 'निर्वीय कल्पनाओं में झूल रहे' थे, दिनकर रजत-शंख लेकर भैरव-हुंकार कर रहे थे। 'मिट्टी की ओर' शीर्षक अपनी आलोचना-पुस्तक में दिनकर ने अपने को 'काल का चारण' कहा है। 'चक्रवाल' की भूमिका में उन्होंने लिखा है—"मैं समय का पुत्र हूँ और मेरा सबसे बड़ा कार्य यह है कि मैं अपने युग के क्रोध और आक्रोश को, अधीरता और बेचैनियों को सबलता के साथ छन्दों में बाँधकर सबके सामने उपस्थित कर दूँ।" ऐसा नहीं है कि उम्र के प्रभाव के कारण उनका युवा मन शृंगार और सौन्दर्य को देखकर ललचाया नहीं था। लेकिन राष्ट्र की पुकार पर उन्होंने मन-वीणा के तारों को तोड़-मरोड कर फेंक दिया; और भैरव-हुंकार के निमित्त युद्ध-घोष करनेवाला शंख अपने हाथ में उठा लिया।

फेंकता हूँ, लो तोड़-मरोड़
अरी निष्ठुरे! बीन के तार;
उठा चाँदी का उज्ज्वल शंख
फूँकता हूँ भैरव हुंकार।
नहीं जीते-जी सकता देख
विश्व में झुका तुम्हारा भाल,
वेदना-मधु का भी कर पान
आज उगलूँगा गरल कराल।

(असमय आह्वान, हुंकार)

वे चाहते तो जयशंकर प्रसाद के 'आँसू', सुमित्रानन्दन पन्त के 'ग्रंथि', हरिवंशराय बच्चन के 'निशा-निमंत्रण' या महादेवी वर्मा के 'नीहार'-जैसी कोई काव्य-धारा अपने लिए चुन सकते थे, परन्तु उन्होंने इकबाल के 'बांगे दरा' और काज़ी नज़रुल इस्लाम की 'अग्निवीणा' का हमसफर होना स्वीकार किया। जिस दौर में महादेवी वर्मा 'मैं नीर भरी दुख की बदली' कहकर अपना परिचय दे रही थीं, दिनकर ने अपना परिचय इस प्रकार दिया—

सलिल-कण हूँ कि पारावार हूँ मैं
स्वयं छाया, स्वयं आधार हूँ मैं
बँधा हूँ, स्वप्न है, लघु-वृत्त में हूँ
नहीं तो व्योम का विस्तार हूँ मैं।

सुनूँ क्या सिन्धु मैं गर्जन तुम्हारा
स्वयं युगधर्म का हुंकार हूँ मैं।

कठिन निर्घोष हूँ भीषण अशनि का,
प्रलय-गांडीव की टंकार हूँ मैं।

(परिचय, हुंकार, 1935 ई.)

दिनकर ने अपने बचपन और जवानी में गरीबी और उपेक्षा का अपार दंश झेला था। उनकी विधवा माँ ने बहुत संघर्ष करके उनको पाला-पोसा था।

महल कहाँ? बस हमें सहारा
केवल फूल-बाँस, तृणदल का
अन्न नहीं अवलम्ब प्राण को
ग़म, आँसू या गंगाजल का।

(दिल्ली, हुंकार, 1933 ई.)

जैसे-तैसे पढ़-लिखकर जब उन्होंने ग्रेजुएशन किया, तब उनके सिर पर गरीब परिवार का बोझ था। इसलिए उनको ब्रिटिश शासन के दौर में सरकार की चाकरी करनी पड़ी, लेकिन प्रतिकूल परिस्थितियों में भी उन्होंने अपने व्यक्तित्व की आन्तरिक शुचिता को अक्षुण्ण बनाए रखा। कन्हैयालाल नन्दन द्वारा ली गई एक भेंटवार्ता में दिनकर ने कहा था—"हाँ, मैं अंग्रेज सरकार की नौकरी में था। 'रेणुका' और 'हुंकार' तभी निकले थे। लेकिन अंग्रेजों ने मुझे कम तंग नहीं किया। बार-बार मुझे चेतावनियाँ दी गई थीं। कई बार मुझसे कैफियत भी पूछी गई थी। वे खुद मुझे डिसमिस करना नहीं चाहते थे, क्योंकि तब मैं नेता बन जाता। वे चाहते थे कि आजिज आकर मैं ही नौकरी छोड़ दूँ। मगर मैं नौकरी छोड़कर सिर पर लदे हुए बड़े परिवार का पालन कैसे करता? अंग्रेजों की नौकरी में रहकर अंग्रेजों के खिलाफ लिखने में मुझे एक प्रकार के शौर्य का रस मिलता था। यही रस मुझे तब मिला, जब कांग्रेस पार्टी का संसद-सदस्य रहकर मैंने 'परशुराम की प्रतीक्षा' लिखी। कवि नौकरी करे ही नहीं, यह नियम सब पर लागू नहीं हो सकता। यह कवि के कौशल पर निर्भर है कि वह नौकरी में रहकर भी सत्य बोल सकता है या नहीं, और सरकार या सेठों की नौकरियों में जो नहीं हैं, वे क्या सबके-सब सत्य ही बोल रहे हैं?"[2]

इस विषय में बहुत ही सार्थक टिप्पणी करते हुए मन्मथनाथ गुप्त ने लिखा है कि "हिन्दी का वही कवि अंग्रेजी सरकार की मातहती में फँस गया, जिसके भीतर से भारत की राष्ट्रीयता अपनी सबसे निर्भीक आवाज़ उठानेवाली थी। (लेकिन) अंग्रेजों के अधीन रहने पर भी दिनकरजी ने अपनी आवाज़ को नहीं रोका, यह उनके आन्तरिक व्यक्तित्व की विशेषता थी और जनता जो उन्हें अपना प्यार देती रही, उसका कारण भी यही था कि हमारा एक कवि पेट और परिवार-पालन की विवशता में नौकरी में फँस गया है, फिर भी वह हमारा काम काफी निर्भीकता से कर रहा है।"[3]

कुहेलिका को चीरकर निकली रोशनी

कठिन परिस्थितियों से ऊपर उठकर दिनकर उन्नति के शिखर पर पहुँचे थे। बनारसीदास चतुर्वेदी के अनुसार, उनके संघर्षमय जीवन की कहानी किसी उपन्यास से कम हृदयद्रावक और स्फूर्तिप्रद नहीं। जो लोग कविवर दिनकरजी से ईर्ष्या रखते हैं, उन्हें यदि दिनकरजी से संघर्षों का पता लग जाए तो उनकी ईर्ष्या करुणा में परिवर्तित हो सकती है। यद्यपि पारिवारिक परिस्थितियों और शारीरिक अस्वस्थता ने उनको झकझोर डाला है, तथापि उनके कवि को दबोचने में वे बिल्कुल असफल रही हैं।[4]

दिनकर जब हिन्दी काव्य-गगन में उदित हुए तब काव्यान्दोलन की दृष्टि से वह छायावाद का समय था। स्वाधीनता आन्दोलन के उस दौर में छायावादी कविता जीवन की वास्तविकताओं से दूर कल्पना की एक आभासी दुनिया में विचर रही थी। जनता संघर्षरत थी और उस समय उसे वैसा साहित्य काम्य था, जिसमें उसकी आकांक्षा और उसके संघर्ष का स्वर सुनाई दे। वैसे समय में दिनकर ने हिन्दी कविता के रूप, उसकी अन्तर्वस्तु और जनता से उसके सम्बन्ध को पुनर्परिभाषित कर उसको सर्वथा बदल दिया। उन्होंने हिन्दी कविता को सामयिक प्रश्नों से जूझना सिखाया। ब्रिटिश दमन-चक्र का प्रतिकार करते हुए उन्होंने चुनौतीपूर्ण स्वर में लिखा—

वर्तमान की जय, अभीत हो खुलकर मन की पीर बजे,
एक राग मेरा भी रण में, बन्दी की जंजीर बजे।
नई किरण की सखी, बाँसुरी के छिद्रों से लूक उठे,
साँस-साँस पर, खड्ग-धार पर, नाच हृदय की हूक उठे।

(वर्तमान का निमंत्रण, हुंकार, 1938 ई.)

उनका ध्यान चारों ओर फैले शोषण, अन्याय, अत्याचार और उत्पीड़न पर भी गया। पराजित और शोषित की अनपेक्षित सहिष्णुता और शान्ति पर व्यंग्य करते हुए उन्होंने लिखा था—

टाँक रही हो सुई, चर्म पर, शान्त रहें हम, तनिक न डोलें,
यही शान्ति, गरदन कटती हो, पर हम अपनी जीभ न खोलें!
शोणित से रँग रही शुभ्र पट, संस्कृति निठुर लिये करवालें,
जला रही निज सिंहपौर पर, दलित-दीन की अस्थि-मशालें।

(हाहाकार, हुंकार, 1937 ई.)

हिंदी कविता की परंपरा और दिनकर

डॉ. मैनेजर पांडेय के शब्दों में—"भारतीय कविता की दो परम्पराएँ हैं। एक रामायण से जुड़ी हुई कविता की परम्परा, जो वाल्मीकि रामायण से शुरू होकर

बहुत बाद तक चली आती है। दूसरी महाभारत से जुड़ी हुई भारतीय कविता की परम्परा। कविता की इन दोनों परम्पराओं में बुनियादी फर्क है। विद्रोह, नैतिक द्वंद्व, बौद्धिक जटिलता आदि की कविताएँ खोजनी हों तो वे महाभारत में मिलती हैं। राम या रामायण की जो काव्य-परम्परा है उसमें पूजा-पाठ की गुंजाइश ज्यादा है। वह गुंजाइश महाभारत में दिखाई नहीं देती। कर्ण या द्रौपदी, यहाँ तक कि भीष्म पितामह के चरित्र में जो नैतिक द्वंद्व है, वैसा नैतिक द्वंद्व भारतीय साहित्य में कहीं दिखाई नहीं देता। दिनकर महाभारत से जुड़ी काव्य-परम्परा के कवि हैं।"[5] यही कारण है कि 'महाभारत' की प्राचीन कथा को उपजीव्य बनाकर उन्होंने 'प्रणभंग', 'कुरुक्षेत्र', 'रश्मिरथी' जैसे प्रबंध-काव्यों की रचना की।

हिंदी कविता में रामायण, महाभारत की परम्परा की तरह एक अन्य परम्परा है—बौद्ध दर्शन जन्य विवेकवादी परम्परा। उस परंपरा में विवेकवाद तो है ही, वर्ण-व्यवस्था का खंडन भी है। विवकेशील कवि बौद्ध-दर्शन को बहुत महत्त्व देते हैं। दिनकर इस परंपरा से भी जुड़ते हैं। उन्होंने 1934 ई. में एक कविता लिखी थी—'बोधिसत्व'। इस कविता से पता चलता कि कवि दिनकर प्रयोगवादी तो थे ही, वर्ण-व्यवस्था के शोषण-दमन और अन्याय के प्रबल विरोधी भी थे।

आज दीनता को प्रभु की पूजा का भी अधिकार नहीं,
देव! बना था क्या दुखियों के लिए निठुर संसार नहीं
धन-पिशाच की विजय, धर्म की पावन ज्योति अदृश्य हुई
दौड़ो बोधिसत्व, भारत में मानवता अस्पृश्य हुई।

(बोधिसत्व, रेणुका, 1934 ई.)

जवानी का कवि

'हुँकार' में यौवन का तीव्र ताप है, जबकि 'सामधेनी' में वह प्रज्वलित हो उठा है।[6] कवि दिनकर अंगुलि-निर्देश द्वारा जवानी की अद्‌भुत शक्ति को दिखाते हुए कहते हैं—

व' देख लो खड़ी है कौन तोप के निशान पर,
व' देख लो, अड़ी है कौन जिंदगी की आन पर,
व' कौन थी, जो कूद के अभी गिरी है आग में?
लहू बहा कि तेल आ गिरा नया चिराग में?

(जवानियाँ, सामधेनी, 1944 ई.)

स्वतंत्रता संग्राम के दौरान भारतीय युवकों का रक्त क्रांति-दीपक में नया तेल बनकर उसकी लौ को तेज कर देता है। जवानी के प्रचंड रूप का वर्णन करते हुए कवि दिनकर कहते हैं—

''घटा को फाड़ व्योम बीच गूँजती दहाड़ है,
ज़मीन डोलती है और डोलता पहाड़ है;
भुजंग दिग्गजों से, कूर्मराज त्रस्त कोल से,
धरा उछल-उछल के बात पूछती खगोल से-
कि क्या हुआ है सृष्टि को! न एक अंग शांत है;
प्रकोप रुद्र का! कि कल्प-नाश है, युगांत है?
जवानियों की धूम-सी मचा रहीं जवानियाँ।

(जवानियाँ, सामधेनी, 1944 ई.)

जवानी की ऐसी विराट कल्पना, ऐसा सशक्त चित्रण, ऐसी प्राणवंत तस्वीर अन्यत्र दुर्लभ है। दिनकर की क्रांति-भावना को निरूपित करने के लिए 'हिमालय', 'जयप्रकाश, 'दिल्ली', 'दिगम्बरि', और 'भविष्य की आहट' शीर्षक कविताएँ द्रष्टव्य हैं।

अपने युग का सर्वाधिक प्रतिनिधि कवि

दिनकर और उनके समकालीन सहधर्मियों—हरिवंशराय बच्चन, भगवतीचरण वर्मा आदि के प्रयास से काव्यभाषा और बोलचाल की भाषा में निकटता बढ़ी, भाषा-शैली में सहजता और बोधगम्यता आई और हिन्दी कविता में जीवन की सच्ची अनुभूतियों को अभिव्यक्ति मिली। यही कारण है कि भगवतीचरण वर्मा ने दिनकर को 'अपने युग का सर्वाधिक प्रतिनिधि कवि' माना है।

दिनकर का उदय हिन्दी साहित्य की उस धारा से हुआ जो भारतेन्दु हरिश्चन्द, मैथिलीशरण गुप्त, रामनरेश त्रिपाठी, सुभद्राकुमारी चौहान, माखनलाल चतुर्वेदी और बालकृष्ण शर्मा नवीन से होकर बहती चली आ रही थी। हाली, चकबस्त और इकबाल की तेजस्विता; कालिदास और रवीन्द्रनाथ ठाकुर का लालित्य और काज़ी नज़रुल इस्लाम की 'अग्निवीणा' की झंकार दिनकर के स्वर में आकर मिल गए थे। कुल मिलाकर, राष्ट्रीय भावनाओं को व्यक्त करनेवाले भारतीय भाषाओं के कवियों में दिनकर अग्रपांक्तेय हैं।

डॉ. विजेन्द्र नारायण सिंह के अनुसार, 'कुरुक्षेत्र' उपनिवेशवाद के तहत कवि के आत्मसंघर्ष की काव्यात्मक परिणति है। सरकार ने उन्हें युद्ध-प्रचार विभाग में पदस्थापित कर दिया था और उन्हें उस सरकार के युद्ध-उपक्रम का समर्थन करना पड़ रहा था, जिस सरकार के विरोध में उन्होंने देशभक्तिपूर्ण कविताएँ लिखी थीं। उनके भीतर 1945 ई. तक पर्याप्त मनस्ताप भर गया था और आत्मग्लानि की बूँद-बूँद कविता के द्रव्य के रूप में बरसने लगी। उनका रचनात्मक मन अभिव्यक्ति के लिए कसमसा रहा था। उनका सर्जनात्मक मन धीरे-धीरे अपने व्यक्तित्व का, अपनी विवशता का प्रतिरूप 'महाभारत' के भीष्म में देखने लगता है और कुरुक्षेत्र

का मिथक उनकी उपनिवेशवाद विरोधी चेतना में उभरने लगता है। महाभारत के भीष्म दुर्योधन की सेवा में थे, पर उनका हृदय पांडवों के साथ था।[7]

1946 ई. में 'कुरुक्षेत्र' के प्रकाशन के साथ ही दिनकर छायवादोत्तर काल के सबसे बड़े कवि के रूप में प्रतिष्ठित हो गए।

छीनता हो स्वत्व कोई और तू
त्याग-तप से काम ले यह पाप है,
पुण्य है विच्छिन्न कर देना उसे
उठ रहा तेरी तरफ जो हाथ है।

(कुरुक्षेत्र)

उनकी कविता में जीवन की सच्ची अनुभूतियों की अनुगूँज सुनाई पड़ती है, जिसका समाज और राष्ट्र के साथ गहरा रिश्ता था। उनकी कविता में समकालीन यथार्थ का बहुत ही साफगोई के साथ अंकन किया गया है। डॉ. नगेन्द्र के अनुसार, "दिनकरजी के संस्कारों पर भारतीय आदर्शवाद का गहरा प्रभाव पड़ा है, इसलिए उनका दृष्टिकोण सर्वथा भौतिक कहीं नहीं हो पाया—एक सूक्ष्म आदर्शोन्मुखी चेतना उनमें परिव्याप्त है, जो उन्हें स्थूल ऐहिकता के ऊपर उठाए रखती है।"

भोगो तुम इस भाँति मृत्ति को दाग नहीं लग पाए
मिट्टी में तुम नहीं, वही तुम में विलीन हो जाए।
मन का होगा आधिपत्य जिस दिन मनुष्य के तन पर
होगा त्याग प्रतिष्ठित जिस दिन भोग लिप्त जीवन पर
उस दिन होगा सुप्रभात नर के सौभाग्य उदय का
उस दिन होगा शंख ध्वनित मानव के महाविजय का। (कुरुक्षेत्र)

1930 से 1947 ई. तक का दिनकर का काव्य स्वाधीनता आन्दोलन का एक दहकता हुआ दस्तावेज है। डॉ. मैनेजर पांडेय के अनुसार, "स्वाधीनता आन्दोलन के उतार-चढ़ाव, द्वन्द्व-दुविधाओं, जय-पराजय का इतिहास यदि किसी एक कवि की कविता में खोजना हो तो वह इतिहास केवल दिनकर की कविता में मिलेगा।"

जनकवि

डॉ. मैनेजर पांडेय का मानना है कि दिनकर का काव्य हमारे सामने कुछ सवाल रखता है। एक सवाल तो यही है कि हमें कैसी कविता चाहिए। ऐसी जो सोए हुए को जगा दे या ऐसी जो जगे हुए को सुला दे। दूसरा सवाल यह है कि कविता व्यापक जनसमाज के लिए है या मुट्ठी-भर विशिष्ट जनों के लिए। कवि और आलोचक एक-दू रे की कविताएँ पढ़ते रहेंगे या कविता व्यापक जनसमुदाय में भी जाएगी।

महान कवि वे होते हैं जो कुछ नया रचने की प्रेरणा देते हैं। नया समाज रचने और नया साहित्य रचने की प्रेरणा। दिनकर की दो पंक्तियों ने समाज रचने की भी प्रेरणा दी है और साहित्य रचने की भी—

सेनानी करो प्रयाण अभय, भावी इतिहास तुम्हारा है
ये नखत अमा के बुझते हैं, सारा आकाश तुम्हारा है।

इसने संपूर्ण क्रांति को प्रेरित किया और इसी की आखिरी पंक्ति ने राजेंद्र यादव को सारा आकाश उपन्यास लिखने की प्रेरणा दी।[8]

26 जनवरी, 1950 ई. को भारत में गणतन्त्र की स्थापना हुई। उस समय दिनकर ने गर्व और उत्साह के साथ लिखा—

फावड़े और हल राजदंड बनने को हैं,
धूसरता सोने से श्रृंगार सजाती है
दो राह समय के रथ का घर्घर नाद सुनो
सिंहासन खाली करो कि जनता आती है।

(जनतंत्र का जन्म, धूप और धुआँ, 1950 ई.)

दिनकर मूलतः जनकवि हैं। जनपक्षधरता उनके साहित्य का एक स्वाभाविक गुण है। अपनी रचनाओं के माध्यम से वे वंचितों के अन्धकारमय जीवन में आशा की ज्योति जगाने के लिए प्रतिबद्ध दिखाई देते हैं। उन्होंने स्वयं को 'ज्वलित सौरमंडल का ज्योतिर्धर कवि' कहा है। उनकी आग्नेय चेतना, हिन्दी काव्य-संसार में उनको विशिष्ट बनाती है। गुलामी के दौर में उनकी कविताएँ जन-जन का कंठहार थीं। डॉ. विश्वम्भरनाथ उपाध्याय के अनुसार उन दिनों 'बिस्मिल' की राष्ट्रीय कविताओं की तुलना में दिनकर की रचनाएँ अधिक सफल होती थीं।[9]

लेना अनल-किरीट भाल पर ओ आशिक होनेवाले!
कालकूट पहले पी लेना, सुधा बीज बोनेवाले!

जागरूक की जय निश्चित है, हार चुके सोनेवाले।
लेना अनल-किरीट भाल पर ओ आशिक होनेवाले!

(अनल-किरीट, हुंकार, 1938 ई.)

हिन्दी काव्य-साहित्य में दिनकर-जैसा ओजस्वी कवि कोई दूसरा नहीं है। उनमें जो प्रखरता है, भर्त्सना की शक्ति है, वह किसी अन्य कवि में नहीं मिलती। उनकी 'विपथगा' शीर्षक कविता में क्रान्ति कहती है—

असि की नोकों से मुकुट जीत अपने सिर उसे सजाती हूँ;
ईश्वर का आसन छीन, कूद मैं आप खड़ी हो जाती हूँ।
थर-थर करते कानून न्याय, इंगित पर जिन्हें नचाती हूँ।
भयभीत पातकी धर्मों से अपना पद मैं धुलवाती हूँ,

सिर झुका घमंडी सरकारें करतीं मेरा अर्चन-पूजन।
झन-झन-झन-झन-झन-झनन-झनन।

(विपथगा, हुंकार, 1938 ई.)

अपने इतिहास-बोध, जनपक्षधरता और परिष्कृत काव्य-चेतना के कारण हिन्दी साहित्य में उन्होंने अपनी एक अलग पहचान बनाई है। उन्होंने हिन्दी-साहित्य की कई विधाओं को नई रचनाधर्मिता और अर्थवत्ता प्रदान की। उनकी सोच और समझ का पाट चौड़ा भी है और गहरा भी। वे विभिन्न ज्ञानानुशासनों से सुपरिचित एक समर्थ साहित्यकार हैं।

दिनकर की जनप्रियता और उनकी कालातीत प्रासंगिकता का रहस्य यह है कि उनकी रचनाएँ प्रतिकूल परिस्थितियों से जूझने की, जीवन-मूल्यों के लिए सतत संघर्ष करने की और सत्य एवं न्याय के पक्ष में डटकर खड़े होने की प्रेरणा देती हैं। वे अपनी रचनाओं में इन जीवन-मूल्यों की अनुशंसा करते हैं।

उन्होंने अपने समय-संदर्भों से सीधा संवाद किया है। उनका साहित्य अपने समय की ज्वलन्त चुनौतियों से निरन्तर मुठभेड़ का साहित्य है। वे कल्पना और भावुकता के प्रवाह में बह जानेवाले साहित्य-सर्जक नहीं हैं। जीवन-संघर्षों ने उनको कठोर बना दिया था। मन्मथनाथ गुप्त ने लिखा है कि "जैसे सुमित्रानन्दन पन्त को देखते ही कोमलता और संयम का प्रभाव उत्पन्न होता है, वैसे ही निराला और दिनकर के दर्शन-मात्र से पौरुष और प्रभुत्व की याद आती है।"[10]

दिनकर की रचनाओं में विपत्ति के क्षणों में उत्साह पैदा करने की एक अद्भुत क्षमता है। उन्होंने पराधीन राष्ट्र की स्वतंत्रता के लिए और हतदर्प जाति में नई जान फूँकने के लिए युवकों को जाग्रत, प्रेरित और उद्बुद्ध करने का प्रयास किया। नवयुवकों को ललकारते हुए उन्होंने लिखा—

पड़ी समय से होड़, खींच मत तलवों से काँटे रुककर,
फूँक-फूँक चलती न जवानी चोटों से बचकर झुककर।

(अनल किरीट, हुंकार; 1938 ई.)

युवा-चेतना और यौवन को लेकर दिनकर के पास एक मौलिक दृष्टि है। जयशंकर प्रसाद की 'कामायनी' में यौवन की मधुरता की व्याख्या है, जबकि दिनकर की कविताओं में यौवन की प्रखरता का अंकन है। उन्होंने कुछ गर्वोक्तियों की रचना भी की; और हिन्दी जगत् ने उनको बहुत पसन्द किया—

पाया निसर्ग ने मुझे पुण्य के फल-सा
तम के सिर पर निकला मैं कनक कमल-सा।
हो उठा दीप्त धरती का कोना-कोना
जिसको मैंने छू दिया, हुआ वह सोना।

(आलोकधन्वा, हुंकार, 1940 ई.)

कथा-प्रधान काव्यों 'रश्मिरथी' और 'कुरुक्षेत्र' में तथा अपनी दीर्घ मुक्तक रचनाओं में दिनकर का एक अन्य रूप है, वह है व्याख्याता का। हिन्दी काव्य में दिनकर से बड़ा कोई व्याख्याता नहीं हैं। व्याख्याता जिस प्रकार अतीत की स्मृतियों की बीच-बीच में झलक देते हुए, वर्तमान की चीड़फाड़ करते हुए, श्रोता में आत्मविश्वास जगाते हुए और उनके आवेश-आक्रोश को अपेक्षित दिशा देते हुए चलता है, उसी प्रकार दिनकरजी सर्वत्र व्याख्यात हैं। उनके काव्य में एक अन्य गुण यह है कि जहाँ संवाद का प्रसंग नहीं आता, वहाँ भी वे ऐसे प्रसंगों की उद्भावना कर लेते हैं। उनके कथा-प्रधान काव्यों में संवाद-प्रसंग अधिक हैं, जबकि प्रयत्न-विस्तार बहुत कम है। इसीलिए दिनकर के काव्य के श्रेष्ठ अंश 'रश्मिरथी' और उससे भी अधिक 'कुरुक्षेत्र' के संवाद-प्रसंग में हैं; और यहाँ अपनी प्रिय भर्त्सनावादी शैली के प्रयोग से वादी-प्रतिवादी दोनों के कथन अत्यधिक आकर्षक बन पड़े हैं। हिन्दी में केशवदास के बाद मैथिलीशरण गुप्त और रामधारी सिंह दिनकर ही संवाद-प्रसंगों के श्रेष्ठ कवि हैं। बल्कि दिनकर को उत्तेजनात्मक प्रसंगों में गुप्तजी से अधिक सफलता मिली है।[11]

दिनकर ने उत्तेजनात्मक, आवाहनात्मक और भर्त्सनात्मक शैली का प्रयोग अधिक किया है। भारत की स्वाधीनता के पहले के दौर में, साहित्य के क्षेत्र में, दिनकर का वही महत्त्व था, जो राजनीति में बालगंगाधर तिलक का था। हमारे स्वतंत्रता-आन्दोलन की गरम-दलीय राष्ट्र-चेतना अपनी संपूर्ण उग्रता, ऊष्मा, सात्त्विक क्रोध और कल्याणकारी ध्वंसात्मकता के साथ, दिनकर के काव्य में सुरक्षित है। उनकी कविताओं को पढ़कर लगता है, जैसे युग की बेचैनी और अन्याय के प्रतिकार में उबलनेवाला आक्रोश उथल-पुथल मचाने को तैयार हो।

हो रहीं खड़ी सेनाएँ फिर काली-काली
मेघों से उभरे हुए नए गजराजों की।
फिर नए गरुड़ उड़ने को पाँखें तोल रहे,
फिर झपट झेलनी होगी नूतन बाजों की।
वृद्धता भले बँध रहे रेशमी धागों से
साबुत इनको, पर, नहीं जवानी छोड़ेगी;
जिसके आगे झुक गए सिद्धियों के स्वामी
उस जादू को कुछ नई आँधियाँ तोड़ेंगी।

(भारत का यह रेशमी नगर, दिल्ली; 1954 ई.)

भाषागत एवं विषयगत प्रयोगों की दृष्टि से या गुणगत और प्रकृतिगत विविधता की दृष्टि से ही नहीं साहित्यिक प्रभाव की दृष्टि से भी उनका काव्य अद्वितीय है। 1 दिसम्बर, 1973 ई. को ज्ञानपीठ-पुरस्कार समारोह में समर्पित प्रशस्ति में कहा गया था कि—

"श्री दिनकर ने छायावाद की अस्पष्ट और वायवीय विषय-वस्तु तथा रूप-विधानोंवाली काव्य-परम्परा से अलग होकर आधुनिक हिन्दी कविता को एक ऐसी ओजमयी ऋजु भाषा-शैली दी, जो पुनरुत्थानशील राष्ट्रीयता की अदम्य प्रेरणाओं को अभिव्यक्त करने में समर्थ हुई। वे हिन्दी साहित्य में एक अपूर्व घटना-तथ्य जैसे बनकर आए, क्योंकि जिस सशक्तता से उनकी लेखनी ललकार और विद्रोह का झंडा ऊँचा कर सकी, उसी से सुशान्त चिन्तन और गीतात्मक भाषा-शैली में मानव-मन के कोमल भावों को प्रकट करती आई।

उनके काव्य में इन दोनों प्रवृत्तियों का बार-बार बड़ा मुग्धकर पुनरावर्तन होता है। कोई आश्चर्य नहीं कि अचूक आह्वान-शक्ति और भावात्मक प्रकृति दोनों के स्वभाव के कारण उनके काव्य को 'दहकते अंगारों पर इन्द्रधनुषों की क्रीड़ा' से उपमित किया गया है।"

नामवर सिंह ने कहा था कि दिनकरजी को सूर्य कहते समय हम भूल जाते हैं कि सूर्य का एक ही रंग नहीं होता है और सूर्य में ताप ही नहीं होता है, रोशनी भी होती है। उस प्रकाश के, उस आलोक के अनेक रंग होते हैं, बल्कि धरती पर जितने रंग दिखाई पड़ते हैं, वे सारे के सारे रंग और रंग-बिरंगे पुष्प सूरज की रोशनी से ही हैं। सूरज न हो तो उतने रंग धरती पर नहीं होंगे। इसलिए दिनकर में केवल एक रंग है, एक रस है, एक स्वर है, यह कहना अच्छा तो लगता है, शायद नौजवान लोगों के, उत्साही लोगों के यह बहुत काम आता है, जनता को भड़काने के लिए। लेकिन दिनकर की कविता का एक नहीं, उसके कई सत्य हैं।

दिनकर प्राय: राष्ट्रीय चेतना के वैतालिक के रूप में प्रसिद्ध हैं। लेकिन द्वितीय विश्व-युद्ध की समाप्ति के बाद उनको राष्ट्रवाद की सीमाओं का बोध होने लगा। अत: 1950 ई. के बाद वे राष्ट्रवाद की संकीर्णताओं से ऊँचे उठकर अन्तर्राष्ट्रीयता के पक्षधर बनते चले गए। रवीन्द्रनाथ ठाकुर वैश्विक मानवतावाद के हिमायती थे; और दिनकर उनके विचारों से बहुत प्रभावित थे। दिनकर विधाता से पूछते हैं कि—

धर्म का दीपक, दया का दीप,
कब जलेगा, कब जलेगा, विश्व में भगवान?
कब सुकोमल ज्योति से अभिसिक्त
हो, सरस होंगे जली-सूखी रसा के प्राण?

(कुरुक्षेत्र, षष्ठ सर्ग)

डॉ. कुमार विमल ने लिखा है—"जब कभी हिन्दी कविता में पारदर्श गद्य की साफगोई और आईनादारी की तलाश की जाएगी, गरज-तरज के साथ गरीबों के प्रति बावस्तगी की सुगबुगाहट पैदा होगी या कि इतिहास-विभावन से युक्त द्वन्द्ध, द्वाभा, आवेश और मन्यु से उपजी हुई तथा तनाव-भरी भाषा में रचित कविता में श्रेष्ठता की खोज की जाएगी, तब-तब 'पौरुष के साक्षात विग्रह' दिनकर का

कद्दावर कवि हमें बरबस याद आता रहेगा। जीवन-संघर्ष और पारिवारिक संघर्ष को झेलते हुए दिनकरजी ने जितना लिखा, वह उनकी प्रातिभ सृजन-शक्ति और संकल्प की दृढ़ता का द्योतक है।[12]

दिनकरजी की शवयात्रा से लौटने के बाद प्रसिद्ध कथाकार फणीश्वरनाथ रेणु ने राष्ट्रकवि को काव्यात्मक श्रद्धांजलि अर्पित करते हुए लिखा था—

अच्छा ही किया, चले गए
उत्तर की दिव्य, कंचन काया को
दक्षिण की माटी माता की गोद में छोड़
बाहर-ही-बाहर/भले गए !

हमें क्षमा करना, कविवर विराट !
हम तुम्हारी आत्मा की शान्ति के बदले
उसको अपनी काया के एकान्त और पवित्र
कोने में/प्रतिष्ठित करने की कामना करते हैं
ताकि, जहाँ कहीं भी अनय हो,/उसे रोक सकें
जो करें पाप शशि-सूर्य भी,/उन्हें टोक सकें
हमा` भीतर जो एक नया अंगार भर रहा है
बस, वही एक आधार है हमारा !

कपट शोकातुर मुखौटा लगा
रुआँसी आवाज में, गले को कँपा-कँपा
तुमको श्रद्धांजलि देने का नाटक/हम नहीं करेंगे !
तुम तो जीवित हो,/जीवित रहोगे हमारे बीच/तेजोदीप्त !
मरने को हमेशा दोपहरी के तिमिर
तुम्हारे दुश्मन ही मरेंगे !

इस बार जब गाँव जाकर/उत्तर की ओर निहारूँगा
हिमालय के स्वर्ण-किरणों में देखूँगा
एक और नया शिखर
निश्चय ही-दिनकर

इसे क्या संयोग कहेंगे?
तुम्हारी शवयात्रा से लौटकर बैठा ही था
कि पड़ोस में कहीं रेडियोग्राम पर

साधक गायक हरीन्द्रनाथ का भावाकुल कंठस्वर-
'सूर्य अस्त हो गया
गगन मस्त हो गया, सूर्य अस्त हो गया !'[13]

संदर्भ

1. युगचारण दिनकर, सावित्री सिन्हा; पृ. 30; सेतु प्रकाशन, दिल्ली; 2019 ई.।
2. दिनकर रचनावली, खंड 11, संपादक : डॉ. नन्दकिशोर नवल एवं तरुण कुमार, पृ. 485
3. 'दिनकर'; संपादक : सावित्री सिन्हा, पृ. 16; राधाकृष्ण प्रकाशन, नई दिल्ली; तृतीय संस्करण, 1990 ई.।
4. डॉ. सतीश कुमार राय द्वारा संपादित 'दिनकर : चिन्तन-अनुचिन्तन' में पं. बनारसीदास चतुर्वेदी का लेख 'कविवर दिनकर', पृ. 20
5. समय का सूर्य : रामधारी सिंह दिनकर', संपादक : दीपक प्रकाश त्यागी एवं राजेंद्र प्रसाद चतुर्वेदी; पृ. 14; सृजन प्रकाशन, लखनऊ; 2009 ई.।
6. शिवबालक राय, 'दिनकर', पृ. 83; यूनिवर्सल प्रेस, इलाहाबाद; 1952 ई.।
7. डॉ. विजेन्द्र नारायण सिंह, 'रामधारी सिंह दिनकर', पृ. 19
8. समय का सूर्य : रामधारी सिंह दिनकर', संपादक : दीपक प्रकाश त्यागी एवं राजेंद्र प्रसाद चतुर्वेदी; पृ. 14-15; सृजन प्रकाशन, लखनऊ; 2009 ई.।
9. डॉ. सतीश कुमार राय द्वारा सम्पादित 'दिनकर : चिन्तन-अनुचिन्तन' में डॉ. विश्वम्भरनाथ उपाध्याय का लेख 'ओजस्वी कवि दिनकर', पृ. 22
10. आज के लोकप्रिय हिन्दी कवि रामधारी सिंह दिनकर : मन्मथनाथ गुप्त, पृ. 8
11. डॉ. सतीश कुमार राय द्वारा सम्पादित 'दिनकर : चिन्तन-अनुचिन्तन' में डॉ. विश्वम्भरनाथ उपाध्याय का लेख 'ओजस्वी कवि दिनकर', पृ. 29
12. रामधारी सिंह दिनकर रचना संचयन, सं. डॉ. कुमार विमल, भूमिका, पृ. 29-30; साहित्य अकादेमी, नई दिल्ली; 2010 ई.।
13. 'अपनी ज्वाला से ज्वलित आप जो जीवन' शीर्षक यह कविता दिनमान (5 मई, 1974 अंक) में प्रकाशित हुई थी।

अध्याय 6
दिनकर के सपनों का भारत

कहते हैं, सत्साहित्यकार अतीत का गौरव-गायक, वर्तमान का सूक्ष्म-द्रष्टा और भविष्य का कुशल सारथी होता है। ऐसा लगता है मानो यह उक्ति रामधारी सिंह दिनकर को ध्यान में रखकर ही गढ़ी गई है। दिनकर भारत के गौरवशाली अतीत के सबसे मुखर उद्‌गाता होने के साथ ही वर्तमान की चुनौतियों के प्रति सजग भी रहे और राष्ट्र के भविष्य को लेकर चिन्ताकुल भी। रवीन्द्रनाथ ठाकुर ने भारतवर्ष को 'भुवन-मन-मोहिनी' कहा है—

अयि! भुवन मन मोहिनी
निर्मल सूर्य करोज्ज्वल धरणी
जनक जननी जननी॥
अयि! नील सिन्धु जल धौत चरण तल
अनिल विकम्पित श्यामल अंचल
अम्बर चुम्बित भाल हिमाचल
अयि! शुभ्र तुषार किरीटिनी॥

(अयि! भुवन मन मोहिनी; 1930 ई.)

जबकि दिनकर भारतवर्ष को 'मोहिनी' कहते हैं-

'समय-असमय का तनिक न ध्यान,
मोहिनी यह कैसा आह्वान?'

(असमय आह्वान, 'हुंकार')

रवीन्द्रनाथ ठाकुर विश्वकवि हैं; और उनके द्वारा प्रयुक्त पदबन्ध में विश्व में भारत के महत्त्व को बताने का प्रयास किया गया है, जबकि रामधारी सिंह दिनकर राष्ट्रकवि हैं; और वे 'मोहिनी' संज्ञा के माध्यम से स्वदेश के प्रति अपने अनन्य अनुराग का परिचय दे रहे हैं।

देश से प्रेम करने के लिए उससे सुपरिचित होना आवश्यक है। "यदि किसी को अपने देश से प्रेम है तो अपने देश के मनुष्य, पशु-पक्षी, लता-गुल्म, पेड़, पत्ते, कण, पर्वत, नदी, निर्झर सबसे प्रेम होगा; सबको वह चाह-भरी दृष्टि से देखेगा

...। बिना परिचय का यह प्रेम कैसा?" आचार्य रामचन्द्र शुक्ल के इस कथन के आलोक में यदि हम कवि एवं गद्यकार दिनकर की रचनात्मकता का मूल्यांकन करें तो पाएँगे कि दिनकर का पूरा सृजन-चिन्तन भारतवर्ष के किसान, गाँव, नदी, पर्वत, वृक्ष आदि के प्रति समर्पित है।

'हुंकार' की भूमिका में दिनकर ने अपने को 'युग-चारण' कहा है। वे भारत के गौरवशाली अतीत और उसके समावेशी स्वरूप का सश्रद्धा स्मरण करते हैं।

दो हृदयों के तार जहाँ भी जो जन जोड़ रहे हैं,
मित्र-भाव की ओर विश्व की गति को मोड़ रहे हैं।
घोल रहे हैं जो जीवन-सरिता में प्रेम-रसायन,
खोल रहे हैं देश-देश के बीच मुँदे वातायन।
आत्मबन्धु कह कर ऐसे जन-जन को नमन करूँ मैं।
किसको नमन करूँ मैं भारत! किसको नमन करूँ मैं?

('किसको नमन करूँ मैं', नीलकुसुम)

दिनकर की दृष्टि में भारत कोई भूमि का टुकड़ा-भर नहीं है, वह एक सचेतन और द्रवीभूत भाव भी है।

भू के मानचित्र पर अंकित त्रिभुज, यही क्या तू है?
नर के नभश्चरण की दृढ़ कल्पना नहीं क्या तू है?
भेदों का ज्ञाता, निगूढ़ताओं का चिर ज्ञानी है;
मेरे प्यारे देश! नहीं तू पत्थर है, पानी है।
जड़ताओं में छिपे किसी चेतन को नमन करूँ मैं?
किसको नमन करूँ मैं भारत! किसको नमन करूँ मैं?

1930 ई. के आसपास, जब दिनकर ने विधिवत अपनी कविता-यात्रा शुरू की, वह पराधीनता का दौर था। वैसे समय में भारतवर्ष के गौरवशाली अतीत के स्मरण द्वारा देशवासियों के भीतर की सुप्त चेतना को जगाने की; और तत्कालीन परिस्थितियों में सकारात्मक बिन्दुओं की तलाश करके राष्ट्रीयता की भावना के प्रसार की आवश्यकता थी। लेकिन आज़ादी हासिल कर लेने के बाद हमारी जरूरतें बदल गईं। स्वाभाविक रूप से तब चिन्तन की दिशा को भविष्य की ओर मोड़ना अपेक्षित था; और भावी विकास की एक रूपरेखा खींचने की आवश्यकता थी। ऐसे समय में दिनकर अपने पद्य एवं गद्य लेखन द्वारा इन अपेक्षाओं को यथासम्भव पूरा करने का प्रयास करते हैं।

'कोयला और कवित्व' में संकलित एक कविता में उन्होंने न केवल भारत की समावेशी सांस्कृतिक परम्परा और उसके मूल राष्ट्रीय चरित्र का विश्लेषण किया है, बल्कि देश की दुर्बलताओं को यथासम्भव दूर करने की अपनी प्रतिबद्धता का प्रदर्शन भी किया है—

मँगनी के तूफान और अन्धड़ में जितना बल है,
उससे कहीं अधिक भारत का अपना भाव प्रबल है।
जो भी आवें वाद, प्रथम तो उन्हें अंक भर लेंगे,
पर सबको हम कभी खरल में घोंट एक कर देंगे।
इसी देश में कभी जगत् का द्वन्द्व शमन पाएगा,
नया रूप धर कर समक्ष फिर वही धर्म आएगा-
भूल चुके पंडित, पर, भूली जिसे नहीं जनता है,
ध्येय विपुल धन नहीं, ध्येय तो समुचित निर्धनता है।
अभी विषम है देश पीट कर समतल इसे करेंगे,
जहाँ-जहाँ हैं खड्ड, तोड़ शिखरों को उन्हें भरेंगे।
भोगेंगे सुख, पर, भोगासुर के न ग्रास हम होंगे,
यंत्र चलाएँगे, पर यन्त्रों के न दास हम होंगे।
अति-लोभी जो भृत्य, वही होता गुलाम स्वामी का,
यही हाल है लोभ-ग्रस्त मानव विलास-कामी का।
जब तक नित्य नवीन सुखों की प्यासी बनी रहेगी,
मानवता तब तक मशीन की दासी बनी रहेगी।

(दिनचर्या; संसद में; कोयला और कवित्व, प्र. सं.)

लोग चुस्त और दृढ़ हों

'वट-पीपल' में संकलित एक लेख 'नया भारत कैसा हो?' में दिनकर ने लिखा है—"स्कूलों में हम जो भारतीय तैयार करें वे मन से भारतीय और तन से यूरोपीय हों (यानी उनमें चुस्ती हो, दृढ़ता हो, स्वास्थ्य की उद्दामता हो, सफाई हो, तत्परता हो, अन्धविश्वास नहीं हो, पोशाक लद्धड़ नहीं हो आदि) यह कल्पना मुझे अच्छी लगती है।"[1] उन्होंने 'रश्मिरथी' में परशुराम द्वारा अपने शिष्य कर्ण को समझाते हुए यह कहलवाया है—

पत्थर-सी हों मांसपेशियाँ, लोहे-से भुजदण्ड अभय,
नस-नस में हो लहर आग की, तभी जवानी पाती जय।

समाज में श्रम की प्रतिष्ठा

दिनकर कहते थे कि हमारी शिक्षा-पद्धति का सबसे बड़ा दोष यह है कि हमारे शिक्षित नौजवान शारीरिक श्रमवाले कामों से भागते हैं। उनका विचार था कि जिस शिक्षा-दर्शन से प्रेरित होकर हम चल रहे हैं, वह गलत है। इसने कलम और कुदाल की दूरी को बहुत बढ़ा दिया है। समाज में श्रम की प्रतिष्ठा कायम किए बिना हमारे भीतर यह साहस नहीं आएगा कि हम ग्रेजुएट को भी ऐसा काम दे सकें, जिसमें

कुदाल, हथौड़ा या बन्दूक चलाना अनिवार्य हो। वे कहते थे कि माध्यमिक स्कूलों को वृत्ति-उन्मुख (जॉब ओरिएंटेड) बना दिया जाए ताकि लड़के मैट्रिक पास करते ही अपना धन्धा आरम्भ कर सकें। इससे कॉलेजों और विश्वविद्यालयों में होनेवाली भीड़ भी घटेगी और उच्चतर शिक्षा का धरातल भी ऊँचा उठेगा।[2]

प्राच्य और पाश्चात्य का समन्वय

ऋग्वेद में कहा गया है—आ नो भद्रा कृतवो यन्तु विश्वतः। अर्थात्—श्रेष्ठ विचारों को हरेक दिशा से अपनी ओर आने दो। दिनकर इसी विचार-परम्परा के पोषक और पक्षधर थे। भवानी प्रसाद मिश्र द्वारा पूछे गए एक प्रश्न के उत्तर में उन्होंने कहा था कि, "नए भारत का जन्म राजा राममोहन राय के स्वप्नों से हुआ था। तब से भारतीय पुनर्जागरण के सभी नेता और कवि यही कहते आए हैं कि पश्चिमी जगत् में जो कुछ सर्वश्रेष्ठ है, भारत को उसे ग्रहण करना चाहिए और भारत को अपनी परम्परा में जो कुछ सर्वश्रेष्ठ है, उसकी भी रक्षा करनी चाहिए। मेरा खयाल है कि पूर्व और पश्चिम के बीच समन्वय की यह प्रक्रिया भारत में चल रही है।"[3] उन्होंने अपनी एक कविता में लिखा है—

परम्परा जब लुप्त होती है,
सभ्यता अकेलेपन के/दर्द से मरती है।
कलमें लगाना जानते हो
तो जरूर लगाओ,
मगर ऐसे कि फलों में
अपनी मिट्टी का स्वाद रहे।

(परंपरा, हारे को हरिनाम)

शान्ति, सत्य और अहिंसा

'कुरुक्षेत्र' के छठे सर्ग में दिनकर ने स्पष्ट कर दिया है कि 'युद्ध की समस्या मनुष्य की सारी समस्याओं की जड़ है।'

युद्ध की ज्वर-भीति से हो मुक्त,
जबकि होगी सत्य ही वसुधा सुधा से युक्त।

उनका मानना था कि भारत विश्वशान्ति का पक्षधर और सत्य-अहिंसा का प्रबल आग्रही है। और इसीलिए वे भारत को मानवता के ललाट का चन्दन मानते हैं। वे भारत में राष्ट्रीय व्यक्तित्व में तमाम गुणों को आगे भी बनाए और बचाए रखने के आग्रही हैं।

उठे जहाँ भी घोष शान्ति का, भारत, स्वर तेरा है,
धर्म-दीप हो जिसके भी कर में वह नर तेरा है।
तेरा है वह वीर, सत्य पर जो अड़ने जाता है,

किसी न्याय के लिए प्राण अर्पित करने जाता है।
मानवता के इस ललाट-चन्दन को नमन करूँ मैं।
किसको नमन करूँ मैं भारत! किसको नमन करूँ मैं?

भारत की स्वाधीनता के बाद प्रकाशित 'इतिहास के आँसू' शीर्षक काव्य-संकलन की पहली कविता 'मगध-महिमा' दिनकरजी की भारत-विषयक भावना को समझने में यथेष्ट सहायक है। उनकी दृष्टि में 'भारत स्वयं मनुष्य-जाति की बहुत बड़ी कविता है।'

उनके मन में भारत की एक उन्नत परिकल्पना थी। "स्वाधीनता के आगमन के उपरान्त दिनकरजी ने भारत की कल्पना जिस रूप में की है वह ऐसा देश नहीं है जो सामरिक शक्ति बढ़ा कर संसार में अपना आतंक जमाने की चेष्टा करे। वह भारत त्यागी है, तपस्वी है, शान्ति का प्रेमी और निष्कलंक है।"[4]

निज से विरत, सकल मानवता के हित में अनुरत-से,
भारत! राजभवन में आओ सचमुच आज भरत-से।
हवन-पूत कर में सुदंड नव जटाजूट पर ताज,
जगत् देखने को आएगा संन्यासी का राज।

(भारत का आगमन, मृत्ति-तिलक)

जनता का राज

दिनकर भारत की समकालीन समस्याओं के समाधान की खोज करने के क्रम में भारत के गौरवशाली अतीत तक जा पहुँचते हैं। वे हमें उस समय की याद दिलाते हैं जब समाज में छल-छद्म का लेश मात्र भी नहीं था और पूरी व्यवस्था धर्म-नीति द्वारा अनुशासित थी। उन्होंने लिखा है—

कौन यहाँ राजा किसका है?
किसकी कौन प्रजा है?
नर ने होकर भ्रमित स्वयं ही
यह बंधन सिरजा है।

(कुरुक्षेत्र, सप्तम सर्ग)

कवि सबको यह भी याद दिलाता है कि—

बिना विघ्न जल, अनिल/सुलभ है आज सभी को जैसे
कहते हैं, थी सुलभ भूमि भी/कभी सभी को वैसे।
नर नर का प्रेमी था मानव/मानव का विश्वासी
अपरिग्रह था नियम, लोग थे/कर्म-लीन संन्यासी।
बँधे धर्म के बंधन में/सब लोग जिया करते थे
एक दूसरे का दुख हँसकर/बाँट लिया करते थे।

उच्च-नीच का भेद नहीं था,/जन-जन में समता थी,
था कुटुम्ब-सा जन-समाज,/सब पर सबकी ममता थी।
जी भर करते काम, जरूरत भर/सब जन थे खाते,
नहीं कभी निज को औरों से/थे विशिष्ट बतलाते।
सब थे बद्ध समष्टि सूत्र में,/कोई छिन्न नहीं था,
किसी मनुज का सुख समाज के/सुख से भिन्न नहीं था।
चिंता न थी किसी को कुछ/निज-हित संचय करने की,
चुरा ग्रास मानव-समाज का/अपना घर भरने की।
राजा-प्रजा नहीं था कोई/और नहीं शासन था;
धर्म नीति का जन-जन के/मन-मन पर अनुशासन था।

(कुरुक्षेत्र, सप्तम सर्ग)

स्वतंत्रता के बाद उन्होंने ऐसे जनतंत्र का सपना देखा जिसमें आम आदमी सहज और अच्छा महसूस करे; और उसको यह भी लगे कि देश की सत्ता का नियामक वही है।

सबसे विराट जनतंत्र जगत् का आ पहुँचा,
तैंतीस कोटि हित सिंहासन तैयार करो;
अभिषेक आज राजा का नहीं, प्रजा का है,
तैंतीस कोटि जनता के सिर पर मुकुट धरो।
फावड़े और हल राजदंड बनने को हैं,
धूसरता सोने से श्रृंगार सजाती है;
दो राह, समय के रथ का घर्घर नाद सुनो,
सिंहासन खाली करो कि जनता आती है।

ऐतिहासिक भौतिकवाद के संस्थापकों के अनुसार जब से सभ्यता का विकास हुआ, व्यक्तिगत सम्पत्ति और वर्गों का अभ्युदय हुआ, तब से सारी संस्कृति, समस्त साहित्य का विकास ऐसी समाज-व्यवस्था में हुआ है, जिसमें सम्पत्ति अधिकांश जनता के शोषण का साधन रही है। सामन्ती व्यवस्था में सामन्ती सम्पत्ति और पूँजीवादी व्यवस्था में पूँजीवादी सम्पत्ति अपने साथ के तमाम आर्थिक सम्बन्धों सहित शोषण-व्यवस्था कायम किए रही है।[5] अतः स्वाभाविक रूप से दिनकर का यह मानना था कि आर्थिक गैर-बराबरी को दूर किए बिना; और सुख-साधनों के सम-विभाजन के बिना इस धरती पर मानव-संघर्ष को रोक पाना सम्भव नहीं है।

जब तक मनुज-मनुज का यह
सुख-भाग नहीं सम होगा;
शमित न होगा कोलाहल
संघर्ष नहीं कम होगा।

किसान-मजदूरों को भू-स्वामित्व

दिनकर बचपन से ही अपने गाँव में यह देखते आए थे कि जहाँ एक ओर कृषि-योग्य तमाम भूमि पर जमींदार-वर्ग कुंडली मारकर बैठा है; वहीं दूसरी ओर अपने श्रम-सीकरों से सींचकर उस धरती को अन्नपूर्णा बनानेवाले किसान-मजदूर शोषित और वंचित है। कवि यही चाहता था कि बेगार खटनेवाले भूमिहीन किसानों और कृषि-श्रमिकों को भूमि पर अधिकार मिले ताकि वे अपने हाथों में हल और फावड़े लेकर अपने घर-परिवार के भाग्य के साथ ही देश का मुस्तकबिल भी सँवार सकें। उन्होंने लिखा कि—

सुरम्य शान्ति के लिए, ज़मीन दो, ज़मीन दो,
महान् क्रान्ति के लिए, ज़मीन दो, ज़मीन दो।
ज़मीन दो कि देश का अभाव दूर हो सके,
ज़मीन दो कि द्वेष का प्रभाव दूर हो सके,
ज़मीन दो कि भूमिहीन लोग काम पा सकें,
उठा कुदाल बाजुओं का ज़ोर आजमा सकें।
महा विकास के लिए, ज़मीन दो, ज़मीन दो,
नए प्रकाश के लिए, ज़मीन दो, ज़मीन दो।
ज़मीन चाहिए समाज के समत्व के लिए,
स्वराज्य के लिए, स्वदेश के महत्त्व के लिए।
मनुष्यता के मान के लिए ज़मीन चाहिए,
बहुत दुखी किसान के लिए ज़मीन चाहिए।
विपन्न, निःस्व के लिए ज़मीन दो, ज़मीन दो,
क्षुधार्त्त विश्व के लिए ज़मीन दो, ज़मीन दो।
ज़मीन दो कि शान्ति से नया समाज ला सकें,
ज़मीन दो कि राह विश्व को नई दिखा सकें,

(मृत्ति-तिलक, 1953)

भोगवादी संस्कृति का तिरस्कार

वे एक वैसे भारत का सपना देख रहे थे जिसमें गरीबी के साथ ही अमीरी भी घटती जाए। आज की विज्ञापन संस्कृति हमारी तृषा को भड़काकर भोगवादी संस्कृति का विस्तार कर रही है। आश्चर्यजनक रूप से विज्ञापन संस्कृति के दुष्प्रभ को उन्होंने बहुत पहले ही ताड़ लिया था। वे वैसा भारत चाहते हैं जिसमें भौतिक ्रगति तो हो, किन्तु भौतिकता के उपादानों के भोग में भी संयम बरता जाए।

जो सुख हैं अनिवार्य, प्राप्त हम रातों-रात करेंगे,
जहाँ-जहाँ अवरोध, वहाँ खुलकर आघात करेंगे।

निर्धन का धन बढ़े, घटें धनवान, बात समुचित है
पर, भोगों की तृषा जगाना बहुत-बहुत अनुचित है।
बेलगाम यदि रहा भोग, निश्चय संहार मचेगा
मात्र गरीबी-छाप सभ्यता से संसार बचेगा।

(दिनचर्या; कोयला और कवित्व)

भाई-भतीजावाद और भ्रष्टाचार से मुक्त

'परशुराम की प्रतीक्षा' में उन्होंने देश में व्याप्त भाई-भतीजावाद और भ्रष्टाचार पर प्रहार करते हुए कहा कि जब गुण से अधिक गोत्र को महत्त्व दिया जाएगा, तब निश्चय ही हमारी पराजय होगी। उन्होंने चेतावनी के लहजे में कहा था कि—

"जा कहो, पुण्य यदि बढ़ा नहीं शासन में,
या आग सुलगती रही प्रजा के मन में;
तामस बढ़ता यदि गया ढकेल प्रभा को,
निर्बन्ध पंथ यदि मिला नहीं प्रतिभा को,
रिपु नहीं, यही अन्याय हमें मारेगा,
अपने घर में ही फिर स्वदेश हारेगा।"

(परशुराम की प्रतीक्षा, खंड 2)

धर्म के ठेकेदारों और राजनीति के बाजीगरों के आगे-पीछे मँडराने वाले दिग्भ्रमित युवाओं को दिनकर ने उन सब का मोह त्यागकर अपनी भुजाओं की ताकत पर भरोसा करने की सीख दी। वे ऐसा भारत चाहते हैं जिसमें आम आदमी धर्म और राजनीति के हाथों ठगा न जाए।

उठ मन्दिर के दरवाजों से,/ज़ोर लगा खेतों में अपने;
नेता नहीं भुजा करती है,/सत्य सदा जीवन के सपने।
पूजे अगर खेत के ढेले,/तो सचमुच कुछ पा जाएगा;
भीख या कि वरदान माँगता,/पड़ा रहा तो पछताएगा।

(नेता, नीम के पत्ते, 1950 ई.)

मातृभाषा ही हो शिक्षा का माध्यम

'शिक्षा तब और अब' शीर्षक निबन्ध में दिनकर ने अपने स्कूली दिनों की चर्चा करते हुए लिखा है कि—"शिक्षा का माध्यम अंग्रेजी होने के कारण हम किसी भी विषय पर आत्मविश्वास के साथ नहीं बोल सकते थे और मन में बराबर यही हीन भावना बनी रही कि हमारी अंग्रेजी कमज़ोर है। आर्यसमाज और सनातन धर्म के आन्दोलनों की सभाओं में जाते रहने के कारण कुछ छात्रों में भारतीयता की चमक दिखाई पड़ती थी, मगर बाकी सारे छात्र भारतीयता की आभा से हीन थे

और यही हाल शिक्षकों का भी था।"[6] वे छात्रों की मातृभाषा को उनकी शिक्षा का माध्यम बनाने के प्रबल पक्षधर थे।

उनका मानना था कि "संसार के प्रत्येक स्वतंत्र देश में शिक्षित व्यक्ति की पहली पहचान यही होती है कि वह अपनी भाषा को ठीक से जानता है। अन्य भाषाएँ वह जरूरत के कारण सीखता है, उसके हृदय और प्राण की भाषा उसकी मातृभाषा ही होती है। इस समस्त भूमंडल पर केवल भारत ही वह अभागा देश है, जहाँ शिक्षित हम उस व्यक्ति को समझते हैं, जो अपनी भाषा भले ही न जानता हो, मगर अंग्रेजी में वह खूब तेज-तर्रार होता है। स्पष्ट ही यह अस्वाभाविक स्थिति है।"[7] हमारी इस मानसिक दासता के कारण ही भारत में हिन्दी के अलावा यहाँ की क्षेत्रीय भाषाओं की उपेक्षा हुई और अंग्रेजी को शिक्षा का माध्यम बनने का अवसर मिला।

उन्होंने ठीक ही लिखा है—"जब शिक्षा का माध्यम अंग्रेजी हो गया, उसका सबसे बुरा परिणाम यह हुआ कि आकर्षण का मूल केन्द्र भारत से बाहर चला गया। शिक्षा का माध्यम बदलकर अब हम उसे देश में वापस लाने की कोशिश कर रहे हैं। किन्तु वह केन्द्र अभी भी भारत में वापस नहीं हुआ है। अंग्रेजी तो हमने सीख ली, लेकिन हमारी आत्मा का दलन हो गया। उस समय की शिक्षा-पद्धति में भारतीयता का बहिष्कार किया जाता था। भारतीयता दुर्गुण समझी जाती थी। उसी शिक्षा-पद्धति के पापों का परिणाम हम आज भी भुगत रहे हैं। उस शिक्षा-पद्धति के कारण जिनकी भारतीयता कमज़ोर हो गई, ठीक वे ही लोग आज भी भारतीय भाषाओं का विरोध कर रहे हैं।"[8]

सर्वसमावेशी और पंथनिरपेक्ष भारत

1955 ई. में दिनकरजी ने लिखा था कि "हम स्वाधीन केवल अपना पेट पालने को नहीं हुए हैं, हमें विशाल विश्व की भी सेवा करनी है और संभव हुआ तो संसार की अशान्ति का भी कोई टिकाऊ समाधान निकालना है। विचित्र बात है कि आज जो देश जितना ही सबल और समृद्ध है वह होश की बात भी उतना ही कम करता है, मानो, सत्य बोलना और अक्ल की सलाह देना केवल निर्बल राष्ट्रों का कार्य रह गया हो। भारत निर्बल और एक प्रकार से नवजात राष्ट्र है, किन्तु शान्ति और न्याय के पक्ष में वह जो निर्भीकता दिखला रहा है वह आकस्मिक बात नहीं है। सच तो यह है कि हमारी वैदेशिक नीति और कुछ हो ही नहीं सकती थी। ..... आने वाला विश्व सिकन्दर और हिटलर का विश्व नहीं, बुद्ध, ईसा, गाँधी का संसार होगा। तलवार की दुनियाँ खत्म हो रही है। अगले संसार के नेता वे होंगे जो धीर और सहनशील हैं, जो समझौते और सह-अस्तित्व को कायरता नहीं, धर्म मान कर वरण करेंगे।"[9]

उनके अनुसार "भारत की विशेषता है कि वह जितना ही बदलता है, उतना ही अपने मूल रूप के समीप पहुँच जाता है।[10] उन्होंने लिखा है—"हम गरीब और अशिक्षित हैं, केवल इतने से भारत की सारी महिमा विनष्ट नहीं मानी जा सकती। सारे संसार में भारत का ही प्रयोग मौलिक है। हम साम्यवाद का सार प्रजातंत्र के मार्ग से लाना चाहते हैं और मेरा ख्याल है, एक दिन हमारी यही ढीली-ढाली प्रजासत्ता चुस्त और मजबूत हो जाएगी और हम साम्यवाद का नया रूप विकसित करेंगे, जिस पर साम्यवादी देशों को भी ईर्ष्या होगी। रूढ़ियाँ टूटेंगी, मगर साम्यवाद का सार हासिल कर लेने पर भी भारत आध्यात्मिक देश होगा।"[11]

'संस्कृति के चार अध्याय' नामक अपने ग्रंथ में उन्होंने भारतीय संस्कृति के चार सोपान गिनाए हैं। पहला सोपान वह है जब आर्य संस्कृति द्रविड़ संस्कृति के सम्पर्क में आई; दूसरे सोपान में वैदिक आर्य (हिन्दू) संस्कृति बौद्ध-जैन संस्कृतियों के सम्पर्क में आई; तीसरे सोपान में हिन्दू संस्कृति का इस्लामी संस्कृति से सम्पर्क हुआ; और चौथे सोपान में हिन्दू संस्कृति का सम्पर्क यूरोपीय (ईसाई) संस्कृति से हुआ। दिनकर मानते हैं कि इन सोपानों से गुजरते हुए (मुसलमानों और ईसाइयों के अलावा) ग्यारह जातियों और उनकी विभिन्न संस्कृतियों के परस्पर सम्पर्क से जो संश्लिष्ट संस्कृति बनती है, वही भारतीय संस्कृति है। आर्य संस्कृति के याज्ञिक-विधान, द्रविड़ों का भक्ति-तत्त्व, बौद्धों-जैनों का अहिंसावाद और वर्ण-व्यवस्था-विरोध, इस्लाम का सामाजिक समानता का भाव; और यूरोपीय सम्पर्क-जन्य बुद्धिवाद एवं विज्ञानवाद—इन समस्त तत्त्वों को खरल में घोंटकर हमने भारतीय संस्कृति का रसायन तैयार किया है। बाहरी तत्त्वों को हमने अंगीकार ही नहीं किया, बहुधा उसको आत्मसात भी कर लिया। बावजूद इसके इस्लाम या ईसाईयत का स्वतंत्र अस्तित्व यदि बरकरार है, तो इसलिए क्योंकि ये दोनों संस्कृतियाँ अपने आप में इतनी सक्षम और स्वतंत्रचेता हैं कि उनको आत्मस्थ कर पाना सम्भव नहीं हुआ। लेकिन हमने उनके साथ भी शान्तिपूर्ण सह-अस्तित्व बना रखा है। दिनकर हिन्दू और मुसलमान को भारत माता की दो आँखें मानते थे। 'संस्कृति के चार अध्याय' में उन्होंने मध्यकालीन कवि दादू दयाल का एक दोहा उद्धृत किया है—

"दोनों भाई हाथ-पग, दोनों भाई कान,
दोनों भाई नैन हैं, हिन्दू मुसलमान।"

कांग्रेस और मुस्लिम लीग के बीच समझौता-वार्ता विफल होने के बाद देश में साम्प्रदायिक दंगे भड़क उठे थे। हिन्दू और मुसलमान एक-दूसरे के खून के प्यासे हो गए थे। 'तकदीर का बँटवारा' शीर्षक कविता में उन्होंने इस दुरवस्था के प्रति गहरी पीड़ा व्यक्त की है।

उन्होंने लिखा है—"चूँकि हमने अपने आपको सेक्युलर स्टेट कहा है, इसलिए

धर्म का नाम सुनते ही हम सिकुड़ने लगते हैं। सेक्युलर का कोषगत अर्थ लगभग अध्यात्म-विरोधी माना जाता है। किन्तु यह देश अध्यात्म-विरोधी नहीं, अध्यात्म-प्रेमी है। और यह उक्ति केवल हिन्दुओं पर ही नहीं, मुसलमानों और क्रिस्तानों पर भी लागू होती है। भूतपूर्व राष्ट्रपति डॉ. राधाकृष्णन 'सेक्युलर' शब्द का प्रयोग 'असाम्प्रदायिक' के अर्थ में करते हैं। हमें चाहिए कि हम भी 'सेक्युलर' शब्द को असाम्प्रदायिक अर्थ में ही ग्रहण करें।"[12]

उनकी राष्ट्रीयता पंथनिरपेक्ष और असाम्प्रदायिक है। अपनी 'दिल्ली' शीर्षक कविता में उन्होंने बाबर, शेरशाह और अकबर से लेकर शाहजहाँ-औरंगजेब तक के शासन को अपना शासन कहा है।

हमने देखा यहीं पांडु-वीरों का कीर्ति-प्रसार,
वैभव का सुख-स्वप्न, कला का महास्वप्न-अभिसार।
यहाँ कभी अपनी रानी थी, तू ऐसे मत भूल,
अकबर, शाहजहाँ ने जिसका किया स्वयं शृंगार।

(दिल्ली, हुंकार, 1933 ई.)

दिनकर मुगलों के शासन को विदेशी-शासन नहीं मानते क्योंकि मुगल इस देश की परम्परा में रच-बस गए थे; और भारतीयों के साथ मिलकर शासन-सत्ता सँभाल रहे थे। वे यह नहीं मानते कि मुगल-काल में भारत पराधीन था। उनका राष्ट्रवाद संकीर्ण न होकर सर्वसमावेशी और उदार है।

हिन्दी के पहले राष्ट्रकवि मैथिलीशरण गुप्त के राम के भीतर स्वामी दयानन्द सरस्वती का प्रभाव हैं।

उच्चारित होती चले वेद की वाणी,
गूँजे गिरि-कानन-सिन्धु-पार कल्याणी।

(मैथिलीशरण गुप्त; साकेत)

सच पूछा जाए तो यह दयानन्द सरस्वती के नारे 'कृण्वन्तो विश्वमार्यम्' (अर्थात—विश्व को आर्य बनाते चलो) का काव्यानुवाद है। इस प्रकार, मैथिलीशरण गुप्त के सपनों में वैसा भारत बसता है, जिसके 'मानस-भवन में आर्य-जन आरती उतार' रहे हैं। निश्चित रूप से यह केवल आर्य-देश है या यह कहें कि केवल 'हिन्दू भारत' है। परन्तु दिनकर के सपनों का भारत इससे कहीं अधिक विराट, व्यापक और समावेशी है; उसमें आर्य-द्रविड़, जैन-बौद्ध, हिन्दू-मुसलमान, सिक्ख-ईसाई सब शामिल हैं। 01 दिसम्बर, 1973 ई. को नई दिल्ली के विज्ञान भवन में ज्ञानपीठ पुरस्कार-ग्रहण समारोह में बोलते हुए दिनकर ने कहा था कि—"जिस तरह मैं जवानी भर इक़बाल और रवीन्द्र के बीच झटके खाता रहा, उसी प्रकार मैं जीवन-भर गाँधी और मार्क्स के बीच झटके खाता रहा हूँ। इसलिए उजले को लाल से गुणा करने पर जो रंग बनता है, वही रंग मेरी कविता का रंग है। मेरा विश्वास है

कि अन्ततोगत्वा यही रंग भारतवर्ष के व्यक्तित्व का भी होगा।"[13]

भवानी प्रसाद मिश्र द्वारा ली गई एक विशेष भेंटवार्ता में दिनकर ने कहा था कि—"नए भारत का जन्म लोकमान्य तिलक, श्री अरविन्द, महात्मा गाँधी ...के गर्भ से हुआ है। इन महान पुरुषों के उदारवादी तथा स्वतंत्रतावादी प्रभावों को मिटाकर भारत को कठोर साँचे में ढालना किसी भी शक्ति के लिए सम्भव नहीं है।"[14] भारत के प्रति उनकी स्वच्छ कल्पना इस प्रकार है :

एक हाथ में कमल, एक में धर्म-दीप्त विज्ञान;
लेकर उठनेवाला है धरती पर हिन्दुस्तान!

'शेष-नि:शेष' में संकलित एक निबन्ध में दिनकर ने लिखा है कि—"विदेशी आक्रमणों का प्रतिरोध करने के लिए सेना की आवश्यकता गाँधीजी भी महसूस करते थे। किन्तु जिस भारत की उन्होंने कल्पना की थी, वह सैन्यबल नहीं, पुण्यबल को लेकर बढ़नेवाला देश है। प्रत्येक बड़ी जाति की कोई-न-कोई अपनी विशेषता होती है। भारत की अपनी खास विशेषता अध्यात्म है। गाँधीजी समाज का संगठन इस प्रकार से करना चाहते थे, जिससे धार्मिक द्वेष का उन्मूलन हो जाए और आदमी आध्यात्मिक एकता प्राप्त कर सके। मेरी 'हिमालय का सन्देश' नामक कविता में जिस भारत की कल्पना की गई है, वह गाँधीजी की ही कल्पना का देश है—

भारत एक भाव, जिसको पाकर मनुष्य जगता है,
भारत एक जलज, जिस पर जल का न दाग लगता है।
भारत है संज्ञा विराग की, उज्ज्वल आत्म-उदय की,
भारत है आभा मनुष्य की सबसे बड़ी विजय की।
जहाँ त्याग माधुर्यपूर्ण हो, जहाँ भोग निष्काम;
समरस हो कामना, वहीं भारत को करो प्रणाम!"[15]

महत्त्वपूर्ण बात यह है कि दिनकर देश-प्रेम से आगे बढ़कर विश्व-प्रेम की ओर जाना चाहते हैं। 'वेणुवन' में संकलित एक लेख 'जननी जन्मभूमिश्च स्वर्गादपि गरीयसी' में उन्होंने लिखा है—"भारत से प्रेम करो और खूब करो, लेकिन यह मत भूलो कि भारत संसार का अंश मात्र है।" उन्होंने आगे यह भी लिखा है कि "प्रत्येक देश में मेरा देश है, मैं उसी देश को प्राप्त करने के लिए संघर्ष कर रहा हूँ।"[16]

कुल मिलाकर, दिनकर के सपनों का भारत उदारता, सहिष्णुता, समन्वय और सहजीवन की बुनियाद पर खड़ा है। उनको एक ऐसा भारत काम्य है, जहाँ प्रत्येक प्राणी का 'सुखभाग' सम हो और यह धरती 'युद्ध की ज्वरभीति' से मुक्त हो।

संदर्भ

1. दिनकर रचनावली, खंड 9, सं. डॉ. नन्दकिशोर नवल एवं तरुण कुमार, पृ. 293
2. दिनकर रचनावली, खंड 8, सं. डॉ. नन्दकिशोर नवल एवं तरुण कुमार, पृ. 63
3. दिनकर रचनावली, खंड 11; संपादक : डॉ. नन्दकिशोर नवल एवं तरुण कुमार; पृ. 495
4. सावित्री सिन्हा द्वारा सम्पादित 'दिनकर' में लक्ष्मीनारायण सुधांशु का लेख 'स्वराज्योत्तर दिनकर साहित्य', पृ. 93
5. रामविलास शर्मा, परम्परा का मूल्यांकन, पृ. 9
6. दिनकर रचनावली, खंड 8, सं. डॉ. नन्दकिशोर नवल एवं तरुण कुमार, पृ. 31
7. वही, पृ. 23
8. वही, पृ. 31
9. 'शांतिलोक', संपादक : गोपालकृष्ण कौल; (प्राक्कथन लेखक : रामधारी सिंह दिनकर) प्राक्कथन, पृ. नौ; साहित्य प्रकाशन, दिल्ली; 1955 ई.।
10. दिनकर रचनावली, खंड 8, सं. डॉ. नन्दकिशोर नवल एवं तरुण कुमार, पृ. 51
11. दिनकर रचनावली, खंड 13, सं. डॉ. नन्दकिशोर नवल एवं तरुण कुमार, पृ. 191
12. दिनकर रचनावली, खंड 8, सं. डॉ. नन्दकिशोर नवल एवं तरुण कुमार, पृ. 61
13. रामधारीसिंह दिनकर; शेष-निःशेष, पृ. 376
14. दिनकर रचनावली, खंड 11; संपादक : डॉ. नन्दकिशोर नवल एवं तरुण कुमार; पृ. 496
15. दिनकर रचनावली, खंड 12, सं. डॉ. नन्दकिशोर नवल एवं तरुण कुमार, पृ. 18
16. दिनकर रचनावली, खंड 9, सं. डॉ. नन्दकिशोर नवल एवं तरुण कुमार, पृ. 257

अध्याय 7

दिनकर का संस्कृति-चिन्तन

संस्कृति : एक परिचय

संस्कृति का शाब्दिक अर्थ है—सुधारना, सुन्दर बनाना या पूर्ण बनाना। मनुष्य स्वभाव से गतिशील है। वह अपनी या प्रकृति की किसी भी रचना को पूर्ण मानकर सन्तुष्ट नहीं होता, बल्कि उसको अधिक पूर्ण या सुन्दर बनाने के प्रयास करता है। सुन्दर बनाने, परिष्कार करने और पूर्ण बनाने का यह प्रयास मनुष्य की बुद्धि और सौन्दर्य-चेतना के सतत विकास का परिचायक हैं। मानव-जीवन की इसी विचार और विकास यात्रा को 'संस्कृति' कहा गया है। संस्कृति की इस विचार-यात्रा को पूर्णता की ओर ले जाने में साहित्य उसका एक विशिष्ट सहयोगी है।

आचार्य हजारीप्रसाद द्विवेदी के अनुसार किसी देश या काल के सर्वोत्तम चिन्तन-मनन को ही उस देश या काल की संस्कृति कहा जा सकता है। ऐसा नहीं है कि किसी देश के इतिहास में अब तक जो कुछ भी हुआ है, वह सब उसकी संस्कृति है। वस्तुतः, सर्वोच्च चिन्तन-मनन के मूर्त रूप को ही संस्कृति कहा जाता है। यहाँ 'मूर्त' में मूर्तिकला, चित्रकला आदि के साथ ही कविता, नाटक, संगीत, धर्म, शिष्टाचार आदि भी समावेश है। जहाँ कहीं रूप हैं, वह मूर्त हैं। परन्तु सभी मूर्त रूप संस्कृति नहीं हैं। यदि हम भारत का उदाहरण लें तो इसने अपने सुदीर्घ इतिहास के दौरान बहुत कुछ सोचा है—अच्छा भी, कम अच्छा भी और कभी-कभी गलत भी। 'संस्कृति' में उन सब मूर्त रूपों की गणना नहीं की जा सकती है। संस्कृति में केवल उन्हीं को गिना जा सकता है जो सर्वोत्तम हैं; या यह कहें कि मनुष्य को पाशविकता के धरातल से उत्तरोत्तर ऊपर उठाने में और मानवता के सिंहासन पर दृढ़तापूर्वक बैठाने में समर्थ हैं। जो बातें मनुष्य को जड़ता, स्वार्थ और लोभ-मोह की ओर ले जानेवाली हैं, वे सब संस्कृति का प्रतिलोम हैं।[1]

संस्कृति को मनुष्य के अतीत, वर्तमान और भावी जीवन का सर्वांगपूर्ण प्रकार भी कहा जा सकता है। यानी जीवन के विविध रूपों का समुदाय ही संस्कृति है। डॉ. वासुदेवशरण अग्रवाल के अनुसार, जब विधाता ने सृष्टि की रचना की तो पृथ्वी और आकाश के बीच का विशाल अन्तराल नाना रूपों से भरने लगा। सूर्य, चन्द्र,

तारे, मेघ, षड्ऋतु, उषा, सन्ध्या आदि अनेक प्रकार के रूप हमारे आकाश में भर गए। ये सब देवशिल्प थे। देवशिल्पों से प्रकृति की संस्कृति विश्व में व्याप्त हुई। इसी प्रकार मानव-जीवन के उष:काल में उसका आकाश मानवीय शिल्प के रूपों से भरता गया। इस प्रयत्न में हजारों साल लगे। यही संस्कृति का विकास है। जीवन में वैभव के जितने भी उपादान हैं उनकी रचना मनुष्य के मन, प्राण और शरीर के दीर्घकालीन प्रयत्नों के फलस्वरूप हुई है। मानव-जीवन पीढ़ी-दर-पीढ़ी आगे बढ़ता रहा है। इस यात्रा में संस्कृति के रूपों का उत्तराधिकार भी हमारे साथ चलता रहा है। धर्म, दर्शन, साहित्य, कला आदि उस संस्कृति के ही अंग हैं।[2]

भगवतशरण उपाध्याय के मतानुसार संस्कृति समान प्रयत्नों से उत्पन्न समान विरासत है। उन्होंने इसको संयुक्त और समन्वित प्रयासों का प्रतिफल भी कहा है।[3]

संसार में देशभेद से कई प्रकार के मनुष्य हैं। उनकी संस्कृतियाँ भी अनेक हैं। यहाँ अनेकता और विविधता मानवीय जीवन की समस्या नहीं, उसका शृंगार है। देश और काल की सीमा से बँधे होने के कारण हमारा घनिष्ठ सम्बन्ध किसी एक संस्कृति से ही सम्भव है। वही हमारी आत्मा और मन में रमकर उनका संस्कार भी करती है। जैसे हमारे माता-पिता के गुण हममें अन्तरित होते हैं और उन्हें ही हम अपनाते हैं; वैसे ही संस्कृति का सम्बन्ध है, वह सच्चे अर्थों में हमारी धात्री होती है। इसी दृष्टि से वासुदेवशरण अग्रवाल ने संस्कृति को हमारे मन का मन, प्राणों का प्राण और शरीर का शरीर कहा है।

वासुदेवशरण अग्रवाल के अनुसार "संस्कृति जीवन के वृक्ष का संवर्धन करनेवाला रस है।"[4] वे लिखते हैं कि, "संस्कृति की प्रवृत्ति और इसके कार्य कल्पवृक्ष की तरह फलदायी होते है। सांस्कृतिक कार्य के छोटे से बीज से बहुत फल देनेवाला बड़ा वृक्ष बन जाता है। अपने जीवन की उन्नति, विकास और आनन्द के लिए हमें अपनी संस्कृति की सुधि लेनी चाहिए। संस्कृति सम्बन्धी कार्यों का महत्त्व आर्थिक कार्यक्रमों से कम नहीं है। दोनों एक ही रथ के दो पहिये हैं; और एक-दूसरे के पूरक भी।"[5]

दिनकर का संस्कृति सम्बन्धी चिन्तन

डॉ. मैनेजर पांडेय ने लिखा है—दिनकर संस्कृति के बारे में बहुत पहले से चिंतित रहे हैं। उनकी दो किताबें 'संस्कृति के चार अध्याय' से पहले आ चुकी थीं जिनका सम्बन्ध संस्कृति-चिंतन से ही है। एक तो 'राष्ट्रभाषा और राष्ट्रीय एकता' और दूसरी किताब है 'हमारी सांस्कृतिक एकता'। ...... 'संस्कृति के चार अध्याय' ....पुस्तक की लोकप्रियता हमें आकर्षित करती है। एक तरह से यह भारतीय संस्कृति का विश्वकोष है। संस्कृति के बनने, बदलने, बिगड़ने और फिर बनने की जटिल, समग्र और द्वंद्वात्मक प्रक्रिया की पहचान है 'संस्कृति के चार अध्याय' में।[6]

संस्कृति के संदर्भ में दिनकर का चिन्तन महत्त्वपूर्ण है। 'रेती के फूल' में संकलित एक निबन्ध 'संस्कृति क्या है?' में उन्होंने लिखा है—"संस्कृति ऐसी चीज नहीं कि जिसकी रचना दस-बीस या सौ-पचास वर्षों में की जा सकती हो। अनेक शताब्दियों तक एक समाज के लोग जिस तरह खाते-पीते, रहते-सहते, पढ़ते-लिखते, सोचते-समझते और राज-काज चलाते अथवा धर्म-कर्म करते हैं, उन सभी कार्यों से उनकी संस्कृति उत्पन्न होती है। हम जो कुछ भी करते हैं, उसमें हमारी संस्कृति की झलक होती है; यहाँ तक कि हमारे उठने-बैठने, पहनने-ओढ़ने, घूमने-फिरने और रोने-हँसने में भी हमारी संस्कृति की पहचान होती है, यद्यपि हमारा कोई भी एक काम हमारी संस्कृति का पर्याय नहीं बन सकता।"[7]

उनके अनुसार, "असल में संस्कृति जिन्दगी का एक तरीका है और यह तरीका सदियों से जमा होकर समाज में छाया रहता है जिसमें हम जन्म लेते हैं। इसलिए जिस समाज में हम पैदा हुए हैं अथवा जिस समाज से मिलकर हम जी रहे हैं उसकी संस्कृति हमारी संस्कृति हैं। यद्यपि अपने जीवन में हम जो संस्कार जमा करते हैं, वह भी हमारी संस्कृति का अंग बन जाता है और मरने के बाद हम अन्य वस्तुओं के साथ अपनी संस्कृति की विरासत भी अपनी सन्तानों के लिए छोड़ जाते हैं। इसलिए संस्कृति वह चीज मानी जाती है, जो हमारे सारे जीवन को व्यापे हुए है तथा जिसकी रचना और विकास में अनेक सदियों के अनुभवों का हाथ है। यही नहीं, बल्कि संस्कृति हमारा पीछा जन्म-जन्मान्तर तक करती है। अपने यहाँ एक साधारण कहावत है कि जिसका जैसा संस्कार है, उसका वैसा ही पुनर्जन्म भी होता है। जब हम किसी बालक या बालिका को बहुत तेज पाते हैं तब हम अचानक कह उठते हैं कि यह पूर्वजन्म का संस्कार है। संस्कार या संस्कृति असल में शरीर का नहीं, आत्मा का गुण है और सभ्यता की सामग्रियों से हमारा सम्बन्ध शरीर के साथ ही छूट जाता है, तब भी हमारी संस्कृति का प्रभाव हमारी आत्मा के साथ जन्म-जन्मान्तर तक चलता रहता है।"[8]

दिनकर के अनुसार, "आदिकाल से हमारे लिए जो लोग काव्य और दर्शन रचते आए हैं, चित्र और मूर्ति बनाते आए हैं, वे हमारी संस्कृति के रचयिता हैं। आदिकाल से हम जिस-जिस रूप में शासन चलाते आए हैं, पूजा करते आए हैं, मन्दिर और मकान बनाते आए हैं, नाटक और अभिनय करते आए हैं, बरतन और घर के दूसरे सामान बनाते आए हैं, कपड़े और जेवर पहनते आए हैं, शादी और श्राद्ध करते आए हैं, पर्व और त्योहार मनाते आए हैं अथवा परिवार, पड़ोसी और संसार से दोस्ती या दुश्मनी का जो भी सलूक करते आए हैं, वह सबका सब हमारी संस्कृति का ही अंश है। संस्कृति के उपकरण हमारे पुस्तकालय और संग्रहालय, नाटकशाला और सिनेमागृह ही नहीं, बल्कि हमारे राजनीतिक और आर्थिक संगठन भी होते हैं, क्योंकि उन पर भी हमारी रुचि और चरित्र की छाप लगी होती है।"[9]

संस्कृति का अपना एक विशिष्ट स्वभाव है; वह आदान-प्रदान से बढ़ती है। जब भी दो देश वाणिज्य-व्यापार अथवा शत्रुता या मित्रता के कारण आपस में मिलते हैं, तब उनकी संस्कृतियाँ एक-दूसरे को प्रभावित करने लगती हैं, ठीक उसी प्रकार जैसे दो व्यक्तियों की संगति का प्रभाव दोनों पर पड़ता है। संसार में शायद ही ऐसा कोई देश हो जो यह दावा करे कि उस पर किसी अन्य देश की संस्कृति का प्रभाव नहीं पड़ा है। कोई भी जाति यह नहीं कह सकती कि उस पर किसी अन्य जाति का प्रभाव नहीं है।

सभ्यता और संस्कृति में अंतर

दिनकर का मानना है कि "जब से भारत स्वाधीन हुआ, हमारे देश में दो प्रवत्तियाँ बड़े ज़ोर से बढ़ने लगी हैं। एक प्रवृत्ति तो है कल-कारखानों के विकास की और दूसरी वह, जिससे प्रेरित होकर हम नृत्य, संगीत, नाटक और खेल-कूद में ज्यादा दिलचस्पी लेने लगे हैं। और दोनों प्रवृत्तियाँ एक-दूसरे से सम्बद्ध हैं। दिन भर डटकर काम करनेवाला आदमी शाम को मनोरंजन खोजता है। दिन भर धूप में जलनेवाला प्राणी, शाम होते ही, चाँदनी में घूमना चाहता है, फूलों की गन्ध से मत्त होना चाहता है अथवा नदी के किनारे बैठकर सब कुछ भूल जाना चाहता है। मन-बहलाव का यह कार्यक्रम संस्कृति के नाम से पुकारा जाता है और भारत के नगरों में संस्कृति का अर्थ नाच, गान और नाटक माना जा रहा है। अगर यह बात ठीक है तो कहना पड़ेगा कि भारत का मन अपनी ऊँचाई से नीचे आ रहा है।

नाच, गान, नाटक और खेल-कूद—संस्कृति के भीतर इन सब का स्थान है, किन्तु, संस्कृति केवल नाच, गान, नाटक और खेल-कूद तक ही सीमित नहीं है। वह इन सबसे आगे बहुत दूर तक जाती है।"[10] उनका यह भी मानना था कि बहुत बार सभ्यता और संस्कृति लगभग एक-सी दिखाई देती हैं, किन्तु, वे एक नहीं हैं। सभ्यता वह वस्तु है जो हमारे पास है। संस्कृति वह चीज है जो हम स्वयं हैं।

दिनकर के अनुसार, संस्कृति ऐसी चीज है जिसे हम लक्षणों से जान सकते हैं। वह सभ्यता से भिन्न गुण है। सभ्यता वह चीज है जो हमारे पास है, संस्कृति वह गुण है जो हममें व्याप्त है। भवन, वस्त्राभूषण, सड़क, मोटर, विमान, जलपोत, सुस्वादु भोजन आदि तमाम स्थूल वस्तुएँ सभ्यता के उपकरण हैं। मगर वस्त्र पहनने और भोजन पकाने या उसे ग्रहण करने में जो कला है वह संस्कृति की श्रेणी में गिनी जाती है। इसी प्रकार भवनों के निर्माण में रुचि का परिचय देने और सड़क, पुल, वाहन, विमान आदि की रचना करने में जो ज्ञान लगता है, उसे अर्जित करने में संस्कृति अपने को व्यक्त करती है। हर सुसभ्य आदमी सुसंस्कृत ही होता है, ऐसा नहीं कहा जा सकता। क्योंकि अच्छी पोशाक पहननेवाला आदमी भी वैचारिक दृष्टि से नग्न हो सकता है; और वैचारिक दृष्टि से नग्न होना संस्कृति के विरुद्ध है।

यह भी नहीं कहा जा सकता कि हर सुसंस्कृत आदमी सभ्य भी होता है, क्योंकि सभ्यता की पहचान सुख-सुविधापूर्ण जीवन है। मगर बहुत से ऐसे लोग हैं जिनके पास सुख के साधन तो नहीं होते, लेकिन उनमें विनय और सदाचार होता है, वे दूसरों के दुख से दुखी होते हैं तथा दूसरों का दुख दूर करने के लिए वे स्वयं कष्ट उठाने को भी तैयार रहते हैं।

सभ्यता और संस्कृति के मूलभूत अन्तर को स्पष्ट करते हुए दिनकर ने लिखा है—"प्राचीन भारत में ऋषिगण जंगलों में रहते थे। फूस की झोपड़ियों में वास करना, जंगल के जीवों से प्रेम करना, किसी भी मोटे काम को अपने हाथ से करने में संकोच नहीं दिखाना, मिट्टी के बर्तनों में रसोई पकाना और पत्तों में खाना—यही उनका जिन्दगी थी। और ये लक्षण आज की यूरोपीय परिभाषा के अनुसार सभ्यता के लक्षण नहीं माने जाते हैं। फिर भी वे ऋषिगण सुसंस्कृत ही नहीं थे, बल्कि वे हमारी जातीय संस्कृति के निर्माता भी थे।"[11]

उनका मानना है कि संस्कृति और सभ्यता की प्रगति अधिकतर एक साथ होती है और दोनों का एक-दूसरे पर प्रभाव भी पड़ता रहता है। उदाहरण के लिए, हम जब कोई घर बनाने लगते हैं, तब स्थूल रूप से यह सभ्यता का कार्य होता है। मगर हम घर का कौन-सा नक्शा पसन्द करते हैं, इसका निर्णय हमारी सांस्कृतिक रुचि करती है और संस्कृति की प्रेरणा से हम जैसा घर बनाते हैं, वह फिर हमारी सभ्यता का अंग बन जाता है। इस प्रकार सभ्यता का संस्कृति पर और संस्कृति का सभ्यता पर पड़नेवाले प्रभाव का क्रम निरन्तर चलता ही रहता है।

दिनकर के शब्दों में—"संस्कृति सभ्यता की अपेक्षा महीन चीज होती है। यह सभ्यता के भीतर उसी तरह व्याप्त रहती है जैसे दूध में मक्खन या फूलों में सुगन्ध। और सभ्यता की अपेक्षा यह टिकाऊ भी अधिक है, क्योंकि सभ्यता की सामग्रियाँ टूट-फूटकर विनष्ट हो सकती हैं, लेकिन संस्कृति का विनाश उतनी आसानी से नहीं किया जा सकता।"[12]

दिनकर का मानना है कि सभ्यता के उपकरण जल्दी से बटोरे जा सकते हैं, मगर उनके उपयोग के लिए जो उपयुक्त संस्कृति चाहिए वह तुरन्त नहीं आ सकती। जो आदमी अचानक धनी हो जाता है या अचानक किसी ऊँचे पद पर पहुँच जाता है, उसे चिढ़ाने के लिए अंग्रेजी में एक शब्द 'अपस्टार्ट' है। 'अपस्टार्ट' को लोग बुरा समझते हैं और इसलिए बुरा नहीं समझते हैं कि अचानक धनी हो जाना या अचानक ऊँचे पद पर पहुँच जाना कोई बुरी बात है, मगर इसलिए कि धनियों तथा ऊँचे ओहदेवालों की जो संस्कृति है, वह तुरन्त सीखी नहीं जा सकती। इसलिए ऊँचे ओहदे पर पहुँचा हुआ व्यक्ति यदि पहले से अधिक विनयशील नहीं हो जाए तो वह उपहास का पात्र बन जाता है।

संस्कृति और प्रकृति

दिनकर ने संस्कृति और प्रकृति के भेद को भी स्पष्ट किया है। उनके अनुसार, "गुस्सा करना मनुष्य की प्रकृति है, लोभ में पड़ना उसका स्वभाव है, ईर्ष्या, मोह, राग, द्वेष और कामवासना—ये सबके सब प्रकृतिदत्त गुण हैं। मगर प्रकृति के ये गुण अगर बेरोक छोड़ दिए जाएँ तो आदमी और जानवर में कोई भेद नहीं रह जाए। इसलिए मनुष्य प्रकृति के इन आवेगों पर रोक लगाता है और कोशिश करता है कि वह गुस्से के बस में नहीं, बल्कि गुस्सा ही उसके बस में रहे, वह लोभ, मोह, ईर्ष्या, द्वेष और कामवासना का गुलाम नहीं, बल्कि ये दुर्गुण ही उसके गुलाम रहें और इन दुर्गुणों पर आदमी जितना विजयी होता है, उसकी संस्कृति भी उतनी ही ऊँची समझी जाती है।"[13] हमारे वैदिक एवं पौराणिक साहित्य, बौद्ध-जैन साहित्य, रामायण एवं महाभारत-जैसे अमर महाकाव्यों, नाथपंथियों और सिद्धों का साहित्य और मध्यकालीन सन्तों की बानी से इस बात की पुष्टि होती है।

संस्कृति के विकास का आधार: आदान-प्रदान

संस्कृति के मर्म को हम जितना अधिक अपनाते हैं उतने ही ऊँचे उठकर हमारा व्यक्तित्व संसार के दूसरे मनुष्यों, धर्मों, विचारधाराओं और संस्कृतियों को जानने का इच्छुक बनाता है; और उनसे मिलने में समर्थ भी होता है।

दिनकर का मानना है कि जो जाति केवल देना ही जानती है, लेना कुछ नहीं, उसकी संस्कृति का एक-न-एक दिन दिवाला निकल जाता है। इसके विपरीत जिस जलाशय के पानी लानेवाले दरवाजे बराबर खुले रहते हैं, उसकी संस्कृति कभी नहीं सूखती। उसमें सदा ही स्वच्छ जल लहराता रहता है और कमल के फूल खिलते रहते हैं। कूपमंडूकता और दुनिया से रूठकर अलग बैठने का भाव संस्कृति को ले डूबता है।

दिनकर के अनुसार, "अक्सर देखा जाता है कि जब हम एक भाषा में किसी अद्भुत कला को विकसित होते देखते हैं, तब तुरन्त पास-पड़ोस या सम्पर्कवाली दूसरी भाषा में हम उसके उत्स की खोज करने लगते हैं। पहले एक भाषा में 'शेली' और 'कीट्स' पैदा होते हैं, तब दूसरी भाषा में 'रवीन्द्र' उत्पन्न होते हैं। पहले एक देश में बुद्ध पैदा होते हैं, तब दूसरे देश में ईसा मसीह का जन्म होता है। अगर मुसलमान इस देश में नहीं आए होते तो उर्दू भाषा का जन्म नहीं होता और न मुगल-कलम की चित्रकारी ही यहाँ पैदा हुई होती। अगर यूरोप से भारत का सम्पर्क नहीं हुआ होता तो भारत की विचारधारा पर विज्ञान का प्रभाव देर से पड़ता और राममोहन राय, दयानन्द, रामकृष्ण परमहंस, विवेकानन्द और गाँधी में से कोई भी सुधारक उस समय जन्म नहीं लेते जिस समय उनका जन्म हआ। जब भी दो जातियाँ मिलती हैं, उनके सम्पर्क या संघर्ष से जिन्दगी की एक नई धारा फूट

निकलती है जिसका प्रभाव दोनों पर पड़ता है। आदान-प्रदान की प्रक्रिया संस्कृति की जान है और इसी के सहारे वह अपने को जिन्दा रखती है।"[14]

उनका मानना है कि केवल चित्र, कविता, मूर्ति, मकान और पोशाक पर ही नहीं, संस्कृति-सम्पर्क का प्रभाव दर्शन और विचार पर भी पड़ता है। एक देश में जो दार्शनिक और महात्मा उत्पन्न होते हैं, उनकी आवाज दूसरे देशों में भी मिलते-जुलते दार्शनिकों और महात्माओं को जन्म देती है। एक देश में जो धर्म खड़ा होता है, वह दूसरे देशों के धर्मों को भी बहुत कुछ बदल देता है। यही नहीं, बल्कि प्राचीन जगत् में तो बहुत से ऐसे देवी-देवता भी मिलते हैं जो कई जातियों के संस्कारों से निकलकर एक जगह जमा हुए हैं। एक जाति का धार्मिक रिवाज दूसरी जाति का रिवाज बन जाता है और एक देश की आदत दूसरे देश के लोगों की आदत में समा जाती है। अतएव सांस्कृतिक दृष्टि से वह देश और वह जाति अधिक शक्तिशालिनी और महान समझी जानी चाहिए जिसने विश्व के अधिक-से-अधिक देशों, अधिक-से-अधिक जातियों की संस्कृतियों को अपने भीतर जज्ब करके, उन्हें पचा करके, बड़े-से-बड़े समन्वय को उत्पन्न किया है। भारत देश और भारतीय जाति इस दृष्टि से संसार में सबसे महान है क्योंकि यहाँ की सामासिक संस्कृति में अधिक-से-अधिक जातियों की संस्कृतियाँ पची हुई हैं।[15]

प्राचीन और नवीन का समन्वय

अतीत का मोह ही सांस्कृतिक चेतना का वाहक नहीं है। प्राचीन और नवीन जहाँ मिलते हैं वह श्रेष्ठ संस्कृति की भूमि है। कालिदास ने लिखा है कि जो पुराना है उसको केवल पुरातनता के कारण अच्छा नहीं माना जा सकता है; और जो नया है उसका भी केवल उसके नएपन के कारण तिरस्कृत करना उचित नहीं है। बुद्धिमान जन दोनों को उपयोगिता की कसौटी पर कसकर उनमें जो वरेण्य हैं, उसको अपनाते हैं। नए और पुराने के संघर्ष के दौरान इसी प्रकार का सुलझा हुआ दृष्टिकोण अपेक्षित है। भारतवर्ष-जैसे सांस्कृतिक बहुलतावाले देश के लिए यह और भी आवश्यक है कि वह अतीत की जड़ पूजा में फँसकर उसी को संस्कृति का अंग न मानने लगे। अतीत की रूढ़ियों से ऊपर उठकर उसके अर्थ एवं सार को ग्रहण करना चाहिए।

वासुदेवशरण अग्रवाल के अनुसार "जब कर्म से भयभीत व्यक्ति केवल विचारों की उलझन में फँस जाता है तब वह जीवन की किसी नई संस्कृति को जन्म नहीं दे पाता। अतएव आवश्यक है कि पूर्वकालीन संस्कृति के जो निर्माणकारी तत्त्व हैं उन्हें लेकर हम कर्म में लगें और नई वस्तु का निर्माण करें। इसी प्रकार भूतकाल वर्तमान का खाद बनकर भविष्य के लिए विशेष उपयोगी बनता है। भविष्य का विरोध करके पग-पग पर उससे जूझने में और उसकी गति कुंठित करने में जब

अतीत का उपयोग किया जाता है, तब नए और पुराने के बीच एक खाई बन जाती है और समाज में दो प्रकार की विचारधाराएँ फैलकर संघर्ष को जन्म देती हैं। हमें अपने भूतकालीन साहित्य से आत्मत्याग और मानव-सेवा का आदर्श ग्रहण करना होगा। अपनी कला में से अध्यात्मपरक भावों की प्रतिष्ठा और सौन्दर्य-विधान के अनेक रूपों और अभिप्रायों को पुनः स्वीकार करना होगा। अपने दार्शनिक विचारों में से उस दृष्टिकोण को अपनाना होगा जो समन्वय और मेल-जोल के जीवन-मंत्र की शिक्षा देता है, जो विश्व के भावी सम्बन्धों का एकमात्र नियामक दृष्टिकोण कहा सकता है। अपने उच्चाशयवाले धार्मिक सिद्धान्तों को मथकर उनका सार ग्रहण करना होगा। धर्म का अर्थ सम्प्रदाय या मतविशेष का आग्रह नहीं है। रूढ़ियाँ रुचि-भेद से भिन्न होती रही हैं और होती रहेंगी। धर्म का सार है प्रयत्नपूर्वक अपने-आपको ऊँचा उठाना। जीवन को उठानेवाले जो नियम हैं वे जब आत्मा में बसने लगते हैं तभी धर्म की सच्ची शुरुआत होती है। साहित्य, कला, दर्शन और धर्म से जो मूल्यवान सामग्री हमें मिल सकती है उसे नए जीवन के लिए ग्रहण करना यही सांस्कृतिक कार्य की उचित दिशा और सच्ची उपयोगिता है।[16]

भारत का इतिहास बहुत पुराना है। पुरातन काल से नाना जातियाँ इस देश में आकर बसती रही हैं; और इसकी साधना को नया रूप देकर उसे समृद्ध करती रही हैं। इस देश का सबसे पुराना उपलब्ध साहित्य आर्यों का है। आर्यों के धर्म और विश्वास अनुकूल-प्रतिकूल परिस्थितियों में बनते-बदलते हुए अब तक इस देश की अधिकांश जनता के धर्म और विश्वास बने हुए हैं। परन्तु आर्यों का साहित्य कितना भी पुराना और विशाल क्यों न हो, भारत के समूचे जन-समूह के विकास के अध्ययन के लिए वह पर्याप्त नहीं है। इस देश में बहुत-सी आर्येत्तर जातियाँ सभ्य और सुसंस्कृत जीवन व्यतीत करती थीं; कुछ इसका अपवाद भी थीं। दोनों में संघर्ष हुआ और दोनों ने एक-दूसरे को प्रभावित किया। वैदिक आर्यों के साहित्य, शिल्प और आचार-विचार में ये प्रभाव बहुत स्पष्ट हैं। यहाँ बाहर से कई जातियाँ आईं। कुछ ने आर्यों के धर्म-विश्वास को कुछ अंशों में स्वीकार किया है, कुछ ने उसे प्रभावित किया और कुछ ऐसी भी थीं, जो आर्यों के साथ मिल न सकी। फिर भी एक जगह रहने के कारण परस्पर प्रभावित हुई हैं। भारत विभिन्न जातियों का मिलन क्षेत्र है।

आर्यों और द्रविड़ों की सांस्कृतिक उलझनें, उनकी सभ्यताओं का संघर्ष और बाद में समन्वय एक ऐतिहासिक सत्य है। महाभारत और पुराणों के अध्ययन से आर्यो और नागों के संघर्ष का पता चलता है; परन्तु समय ने इस संघर्ष को स्मृतिपटल से हटा दिया। आगे चलकर इन नागों के कई रीति-रिवाज आर्य-परम्परा के अंग बन गए। सिन्दूर नाग-चूर्ण है। आर्य स्त्रियों ने नागजाति की इस आचार-पद्धति को अपना लिया था; और आज वह हिन्दू-विवाह का एक अभिन्न अंग बन

गया है। मनुष्य युक्ति-तर्क मानकर चलने वाला प्राणी है। छोटी-छोटी बातों को लेकर वह दीर्घकाल तक लड़ता नहीं रह सकता।

भारतीय संस्कृति निरन्तर विकासशील रही है। आर्य, द्रविड़, किरात, हूण, शक आदि जातियों के विश्वास और रीति-नीति इसमें मिलते रहे हैं। कुछ पुरानी मान्यताएँ कमज़ोर होती रही हैं और भुला दी गई हैं। बहुत-सी नई कल्पनाएँ जुड़ती रही हैं। इस प्रकार जिस संस्कृति में कभी इन्द्र, वरुण आदि देवताओं का प्राधान्य था, यज्ञ-याग का बाहुल्य था, बाद में उसमें शिव, विष्णु आदि देवताओं का प्राधान्य हो गया और पूजा-पाठ, तीर्थ-व्रत आदि की प्रधानता हो गई। परन्तु बहुत से प्राचीन विश्वास जीवित रहे हैं और नई मान्यताओं के साथ उनकी संगति बैठा ली गई। भारतीय संस्कृति ने अनेक नई मान्यताओं को इस प्रकार आत्मसात कर लिया मानो वे अनादिकाल से चले आ रहे हों।

इस भारतीय संस्कृति के दीर्घकालीन इतिहास ने कुछ आधारभूत मान्यताओं का अनुसन्धान किया है। यहाँ के स्थानीय लोगों के साथ बाहर से आनेवाली जातियों का कई बार संघर्ष हुआ पर अन्ततोगत्वा मूल सामान्य मान्यताएँ सबने मान ली और भारतीय संस्कृति की धारा का प्रवाह कभी अवरुद्ध नहीं हुआ। रवीन्द्रनाथ ठाकुर कहते हैं कि बीच-बीच में वीणा के तार टूट अवश्य गए थे, थोड़ी देर के लिए संगीत में बाधा भी पड़ी थी, परन्तु समग्रतः यह सांस्कृतिक धारा सतत प्रवहमान रही है।

हिन्दू और मुसलमान

मुसलमानों के भारत आने के पहले इस देश में विश्वासों और आचार-विचारों के भेद से कई प्रकार के धर्म और मत प्रचलित थे। परन्तु जीवन के प्रति उनकी दृष्टि में एक विशेष प्रकार की एकरूपता थी—सांस्कृतिक एकरूपता। इस सांस्कृतिक एकरूपता के कारण ही विभिन्न मतों के मानने वाले और विभिन्न प्रकार की मर्यादाओं में बँधे हुए अनेक जनवर्ग एक सामान्य नाम से पुकारे जाने लगे। यह नाम था 'हिन्दू'। हिन्दू अर्थात भारतीय।

मनुष्य का सामूहिक कल्याण ही हमारा सांस्कृतिक लक्ष्य हो सकता है। वही मनुष्य का सर्वोत्तम प्राप्य है। आर्य, द्रविड़, शक, नाग, आभीर आदि जातियों के सैकड़ों वर्ष के संघर्ष के बाद हिन्दू दृष्टिकोण बना है। मध्ययुग में भारतीय जनसमूह दो मोटे विभागों में बँट गया-हिन्दू और मुसलमान। इस विभाग का कारण जीवन के प्रति दृष्टिकोण की विभिन्नता थी। यद्यपि हिन्दू कहे जाने वाले जनसमूह में कई भेद थे, तथापि इस समूचे जनसमूह की सांस्कृतिक चेतना एक समान थी।

इस्लाम के आने पर भारतीय संस्कृति को एक नई चुनौती का सामना करना पड़ा। यह धर्म अलग ढंग का था। लेकिन इस चुनौती का स्वरूप धार्मिक और दार्शनिक की अपेक्षा सामाजिक अधिक था।

मध्यकाल में भारत में कई कारणों से गिरावट शुरू हुई। उस दौर में भारतीय संस्कृति की पाचन-शक्ति शिथिल हो गई थी। लेकिन शीघ्र ही हमारी संस्कृति प्राणों का अपार वेग लेकर चल पड़ी। इस आकस्मिक धक्के से सँभलने के बाद एक नई जीवनी शक्ति का उन्मेष हुआ। भारतवर्ष ने इस चुनौती का सामना भक्ति आन्दोलन के द्वारा किया। कबीर, नानक आदि के प्रयत्न बहुत प्रबल थे। लेकिन इसी बीच इतिहास की धारा दूसरी ओर मुड़ गई। आधुनिक काल में अंग्रेजों के भारत आने के बाद एक नया गतिरोध उत्पन्न हुआ। उनकी कूटनीतियों के कारण समन्वय की धारा तो रुक ही गई, उसमें नई दरारें भी पड़ गईं। हजारीप्रसाद द्विवेदी का विचार है कि यदि अंग्रेजों के आगमन के साथ उनकी नई संस्कृति इस देश में नहीं आई होती तो सम्भवतः इस्लाम का भी कुछ न कुछ समन्वय सम्भवतः हो गया होता।[17]

सामासिक संस्कृति

दिनकर का मानना था कि भारत की संस्कृति किसी एक जाति या धर्म की संस्कृति नहीं है। वह मिली-जुली संस्कृति है और हिन्दुस्तान में हम उसे सामासिक संस्कृति (कम्पोजिट कल्चर) कहते हैं। उन्होंने इसके सांस्कृतिक समन्वय की प्रक्रिया को चींटियों की बजाय मधुमक्खियों की समन्वय प्रक्रिया बताया था। चीटियाँ अन्न के कण को एकत्र तो कर लेती हैं, लेकिन उन कणों का संविलयन नहीं कर पातीं; जबकि मधुमक्खियाँ अनेक फूलों से रस ग्रहण करने के बाद उसका संविलय करके उसको मधु का रूप दे देती है। भारतीय संस्कृति की सामासिकता की दिनकर द्वारा की गई यह व्याख्या अद्भुत है।

आचार्य हजारीप्रसाद द्विवेदी के अनुसार भारतीय संस्कृति एक हुक्के की तरह है। हुक्के की विशेषता यह है कि हुक्का 10-20 साल पुराना हो गया, उसका नरचा खराब हो गया तो नरचा बदल दिया जाएगा; और हुक्का वही रहेगा। 20-30 साल बाद चिलम खराब हो गई तो चिलम बदल दी जाएगी। फिर भी हुक्का वही रहेगा। 50-60 साल बाद उसके नीचे का हिस्सा बदल दिया जाएगा; और फिर भी हुक्का वही रहेगा। जैसे हुक्का होता है कि चीजें बदलती रहती हैं, फिर भी हुक्का वही रहता है, ठीक वैसे ही भारतीय संस्कृति में बहुत सारी चीजें जुड़ती हैं, आगे बढ़ती हैं, फिर भी वह भारतीय संस्कृति ही है।

दिनकर ने लिखा है—"भारतीय संस्कृति लगभग गंगा की तरह है। गंगा जहाँ से निकलती है उसको आप ध्यान में रखिए। समुद्र तक जाते-जाते, उसमें पच्चीसों नदियाँ मिलती हैं। जब कोई नदी मिल जाती है तो मिलने के बाद वह स्वयं गंगा का हिस्सा हो जाती है और वह नदी गंगा ही कहलाती है। इसलिए मैं तो कई बार भारतीय संस्कृति को संगम संस्कृति कहा करता हूँ। संगम संस्कृति

है भारतीय संस्कृति।" इसी 'संगम संस्कृति' को दिनकर ने 'सामासिक संस्कृति' भी कहा है।

धर्म और संस्कृति

धर्म संस्कृति का एक अभिन्न अंग है। भारत भौगोलिक दृष्टि से अत्यंत विस्तृत है, लेकिन धर्म और संस्कृति ने इसे बद्धमूल रखा है। मध्यकाल में भक्ति ने एक आन्दोलन का रूप धारण कर लिया था। इस आन्दोलन ने उत्तर और दक्षिण भारत की भौगोलिक दूरियों को पाट दिया। अतः यह देश अधिक दृढ़ता से सांस्कृतिक सूत्र में बँध गया। दिनकर ने लिखा है—परम्परा से यह देश मानता आया है कि भक्ति का जन्म दक्षिण में हुआ। भारत में भक्ति के बीज उपनिषदों और गीता में मिलते हैं तथा इसका भावात्मक विस्तार तमिल भाषा के अलवार और नायनार सन्तों की भावविह्वल कविताओं में प्राप्त होता है, जिनमें से कुछ संत छठी सदी ई. में जनमे थे। पद्मपुराण और श्रीमद्भागवत, दोनों में, एक श्लोक समान रूप से मिलता है जिसमें देवर्षि नारद के समक्ष 'भक्ति' स्वयं अपने मुख से स्वीकार करती है—

उत्पन्ना द्राविड़े चाहं कर्णाटे वृद्धिमागता,
स्थिता किंचिन्महाराष्ट्रे गुर्जरे जीर्णतां गता।

अर्थात : "मेरा जन्म द्रविड़ देश में हुआ था, कर्णाटक में मैं फूली-फली, महाराष्ट्र में मैंने विहार किया और गुर्जर प्रदेश (गुजरात) में पहुँचकर मैं बूढ़ी हो गई।" हिन्दी में भी परम्परा से प्राप्त एक दोहा है जिसमें भक्ति को दक्षिण में उत्पन्न बताया गया है—

भक्ति द्राविड़ ऊपजी, लाए रामानन्द,
परगट किया कबीर ने, सात द्वीप, नौ खंड।

मुसलमानों के भारत आगमन के बाद हिन्दुओं के साथ उनका धार्मिक टकराव भी हुआ। लेकिन उस दौर में कबीर-जैसे महान सन्त उत्पन्न हुए जिन्होंने बल देकर कहा कि समस्त धर्म मूलतः एक हैं। डालों पर जाकर वे अलग-अलग हो जाते हैं। इसलिए दोनों धर्मों के अनुयायियों को चाहिए कि वे डालों से उतरकर मूल पा आ जाएँ—"डार तजौ, सब मूल गहौ।" यह समावेशी दृष्टिकोण ही हमारी भारतीय संस्कृति का सर्वोत्तम सन्देश है।

साहित्य और संस्कृति

भाषा और संस्कृति मानव-जीवन के अटूट अंग हैं और इनकी भावाभिव्यक्ति के मुख्य स्रोत भी हैं। अज्ञेय ने लिखा है—"संस्कृति का मूल आधार भाषा है; और भाषा का चरम उत्कर्ष साहित्य में प्रकट होता है। अतः साहित्य का पतन संस्कृति

का और अंततः जीवन का पतन है—मशीन-युग हमारे जीवन को सस्ता, घटिया और अर्थहीन बना रहा है।"[18]

व्यक्ति और समाज को साहित्य और संस्कृति ही आपस में जोड़ती है और मानव की पहचान और अस्मिता भी साहित्य और संस्कृति से ही बनती है। साहित्य और संस्कृति के माध्यम से ही हम अपने अतीत को संरक्षित रखते हैं, वर्तमान में जीते हैं और अपने भविष्य की रूपरेखा बनाते हैं।

भारतीय समाज का इतिहास भारतीय संस्कृति के नवोन्मेष की एक अद्भुत गाथा है। यह गाथा है परिवर्तनशीलता की; यह गाथा है उत्तरजीविता की। भारत के लोगों में बहुत अधिक जातीय विषमता है, किन्तु, भिन्न-भिन्न भाषाएँ बोलने, विभिन्न जीवन-स्तर जीने और विभिन्न व्यवसायों में लगे होने के बावजूद विभिन्न वर्गों के भारतीय यह महसूस करते हैं कि वे सब भारतीय संस्कृति की विरासत के एक ही बन्धन में बँधे हैं और यह बन्धन ऐसा है, जो उनमें यह भावना जाग्रत करता है कि उन सबकी पहचान, उन सबकी अस्मिता एक है।

'चक्रवाल' की भूमिका में दिनकर ने लिखा है—"जब सांस्कृतिक नवोत्थान का समय आता है, जातियों के कुछ पुराने सत्य दुबारे जन्म लेते हैं। उन्नसवीं सदी के हिन्दू-नवोत्थान के क्रम में भी वेदों और उपनिषदों के सत्यों ने दुबारा जन्म ग्रहण किया और नवोत्थान के नेताओं ने यह घोषणा की कि हम इन प्राचीन सत्यों को साथ रखते हुए यूरोप के उपयोगी ज्ञान का सत्कार करेंगे। हिन्दू-नवोत्थान का ध्येय प्राचीन भारत से नवीन यूरोप की एकता को साधना था और यह ध्येय छायावादी काव्य पर भी पूर्ण रूप से चरितार्थ होता है। प्रसाद, निराला, पंत और महादेवी की कविताओं की रीढ़ भारत के प्राचीन सत्यों की अनुभूति है। केवल अभिव्यक्ति की शैली उन्होंने यूरोप की अपनायी है। और यूरोपीय शैली को अपनाने में भी वे इतने भारतीय रहे हैं कि हम आसानी से उनकी शैली को भारतीय शैली का विकास कह सकते हैं।"[19]

दिनकर के अनुसार भारत का आग्रह यह दीखता है कि सभ्यता के उपकरण वह पश्चिम से लेगा, लेकिन संस्कृति वह अपनी ही रखेगा। मैकाले ने सोचा था कि भारतवासी तन से भारतीय और मन से अंग्रेज हो जाएँगे। (लेकिन) भारत चाहता है कि तन से वह यूरोपीय हो जाए और मन से भारतीय बना रहे।

संस्कृति मनुष्य की विविध साधनाओं की सर्वोत्तम परिणति है। 'धर्म' के समान वह भी अविरोधी वस्तु है। वह समस्त दृश्यमान विरोधों में सामंजस्य स्थापित करती है। कुल मिलाकर, भारतीय जनता की विविध साधनाओं की सबसे सुन्दर परिणति को ही भारतीय संस्कृति कहा जा सकता है।

दुष्यन्त कुमार द्वारा लिये गए एक इंटरव्यू में रामधारी सिंह दिनकर ने कहा था कि—"गरीब के कान में पड़े हुए सोने को भी लोग पीतल समझ लेते हैं। यही हाल

भारतीय संस्कृति का हुआ है। किन्तु पिछले सौ वर्षों से जो सांस्कृतिक जागरण भारत में चला, उसमें सबसे अधिक ज़ोर इस बात पर दिया गया है कि भारत को पाश्चात्य संस्कृति के सर्वोत्तम गुणों को स्वीकार करना है और अपनी संस्कृति के सर्वोत्तम को भी छोड़ना नहीं है।"[20]

अन्यत्र उन्होंने यह भी कहा है कि—"नया हिन्दुस्तान केवल धर्म ही नहीं, विज्ञान का भी प्रेमी है। हमें केवल परलोक ही नहीं, यह लोक भी चाहिए। हम आत्मा और शरीर, दोनों के लिए पूरा आहार चाहते हैं। धर्म की साधना बहुत अच्छी चीज है, लेकिन साधुओं के भीतर भी यह शक्ति होनी चाहिए कि वे सरहद के भीतर घुसनेवाले शत्रु की गरदन काट सकें। दुनिया में गड़बड़ी केवल इसलिए नहीं है कि उसके राक्षस बलवान हैं। गड़बड़ी का एक बड़ा कारण यह भी है कि साधुओं का दल कमज़ोर है, वह लड़ने से अलग रहना चाहता है। इसीलिए भारत ने नई राह पकड़ी है। वह अपनी आध्यात्मिक संस्कृति का मेल यूरोप के विज्ञान के साथ बिठाना चाहता है। जो काम किसी अन्य देश में नहीं हुआ, उसे भारत पूरा करके दिखाना चाहता है।"[21] हमारे सांस्कृतिक आन्दोलन का उद्‌देश्य, दिनकर की एक कविता में प्रकट हुआ है—

एक हाथ में कमल, एक में धर्म-दीप्त विज्ञान
लेकर उठने वाला है, धरती पर हिन्दुस्तान।

संदर्भ

1. हजारीप्रसाद द्विवेदी, 'भाषा, साहित्य और देश', पृ. 188-189; भारतीय ज्ञानपीठ, नई दिल्ली; 2001 ई.।
2. वासुदेवशरण अग्रवाल रचना संचयन, सं. कपिला वात्स्यायन; पृ. 373; साहित्य अकादेमी, नई दिल्ली; 2012 ई.।
3. भारतीय संस्कृति के स्रोत, पृ. 1
4. वासुदेवशरण अग्रवाल रचना-संचयन; सं. कपिला वात्स्यायन, पृ. 374
5. वही, पृ. 373
6. 'समय का सूर्य : रामधारी सिंह दिनकर' (संपादक : दीपक प्रकाश त्यागी एवं राजेंद्र प्रसाद चतुर्वेदी) में डॉ. मैनेजर पांडेय का लेख 'दिनकर : व्यापक सामाजिक चेतना के कवि'; पृ. 17-18; सृजन प्रकाशन, लखनऊ; 2009 ई.।
7. दिनकर रचनावली, खंड 8, सं. डॉ. नन्दकिशोर नवल एवं तरुण कुमार, पृ. 75-76
8. वही, पृ. 76
9. वही, पृ. 76
10. वही, पृ. 78
11. वही, पृ. 76
12. वही, पृ. 75

13. वही, पृ. 75
14. वही, पृ. 77
15. वही, पृ. 77
16. वासुदेवशरण अग्रवाल रचना संचयन, पृ. 376
17. भाषा, संस्कृति और देश, पृ. 189
18. सच्चिदानंद हीरानंद वात्स्यायन अज्ञेय का लेख 'संस्कृति और परिस्थिति'; 'विश्ववाणी' पत्रिका, फरवरी, 1941 अंक; पृ. 182
19. रामधारी सिंह दिनकर, चक्रवाल, भूमिका, पृ. 16-17; उदयाचल, पटना; 1956 ई.।
20. आजकल, अक्टूबर 2008 अंक, पृ. 72
21. दिनकर रचनावली, खंड 8, सं. डॉ. नन्दकिशोर नवल एवं तरुण कुमार, पृ. 107

अध्याय 8

दिनकर की युग-चेतना

साहित्य युग-सापेक्ष होता है। युगीन परिस्थितियाँ रचनाकार के संवेदनशील हृदय को प्रेरित और प्रभावित करती हैं। युगीन संदर्भों से जुड़कर ही कोई साहित्य अपनी स्वतंत्र पहचान बनाता है। भारतीय भाषाओं के साहित्य में रामकथा प्राचीनकाल से रचनाकारों का उपजीव्य बनी हुई है। हरेक युग में रामकथा पर आधारित साहित्य का सृजन किया गया है। अपनी युग-चेतना के बल पर हरेक दौर में मनीषी साहित्यकारों ने अपनी मौलिक प्रतिभा का परिचय दिया है। कथानक के पुराना होने के बावजूद युग-चेतना[1] के संस्पर्श से विभिन्न युगों के रामकथात्मक साहित्य नए रूप में वर्णित हो सके हैं। प्राचीनकाल में वाल्मीकीय रामायण, मध्यकाल में तुलसीदास कृत 'रामचरितमानस' और आधुनिककाल में निराला कृत 'राम की शक्तिपूजा' अपनी युग-चेतना के कारण ही सार्वजनीन बन सकी हैं। उक्त तीनों साहित्यकारों ने अपनी काव्यात्मक प्रतिभा और युग-चेतना के संयोग से रामकथा विषयक अपनी रचना को एक नया रूप प्रदान किया है। रचनाकार जब वर्ण्य विषय की ऐतिहासिकता की रक्षा करते हुए, उसे समयुगीन संदर्भों से जोड़कर नया रूप देता है, तब उसकी रचना की पृष्ठभूमि में युग-चेतना की महत्त्वपूर्ण भूमिका रहती है।

मनुष्य अपने जीवन, अपने रहन-सहन, अपनी निजी शक्तियों एवं सम्भावनाओं के सम्बन्ध में तथा कुछ अन्य विषयों के संदर्भ में चिन्तन-मनन कर समय-समय पर उसे व्यक्त करता और ठोस रूप देता आया है। किसी भी युग के समाज की समाजोपयोगी प्रमुख प्रवृत्तियों को हम 'युग-चेतना' कहकर सम्बोधित करते हैं।

यह एक गतिशील प्रक्रिया है। इससे मानव-जीवन प्रभावित होता रहता है। कहते हैं, साहित्य और युग-चेतना का अन्योन्याश्रित सम्बन्ध है; क्योंकि मानव-मन की रागात्मक अभिव्यक्ति को प्रश्रय देनेवाला शाश्वत साहित्य युगचेतना का प्रतिफल होता है। युग की हरेक धड़कन साहित्य के हृदय से सुनी जा सकती है।[2] यदि हम हिन्दी साहित्य की विकास-यात्रा पर दृष्टि डालें तो यह स्पष्ट हो जाएगा कि वीरगाथात्मक युगचेतना ने आदिकालीन साहित्य को ओजस्विता प्रदान की थी। भक्त और सन्त कवियों की वाणी में मुखरित होनेवाला आस्था और विश्वास

का स्वर तत्कालीन युगचेतना के अनुरूप ही निःसृत हुआ था। उत्तर-मध्यकालीन रीतिकाव्य की शृंगारिकता तत्कालीन सामन्ती प्रवृत्तियों से उद्भूत हुई थी। ठीक इसी प्रकार गुलामी की बेड़ियों में जकड़े देश की आत्मा को ध्वनित करनेवाली युग-चेतना के प्रभावस्वरूप ही आधुनिक हिन्दी काव्य में राष्ट्रीय भावनाओं से ओतप्रोत साहित्य की रचना हुई। इस दौर में त्याग, बलिदान और शौर्य-जैसे जीवन-मूल्यों को प्रमुखता दी गई, क्योंकि पराधीनता से मुक्ति दिलाने के लिए प्रेरक साहित्य का सृजन युग-चेतना की माँग थी।

गौरवशाली अतीत के चित्रण के माध्यम से खोये हुए आत्मविश्वास को पुनः पाना और सोये हुए स्वाभिमान को दुबारा जगाना उस युग के राष्ट्रवादी कवियों का प्रमुख उद्देश्य था। अपनी भूमि, भाषा, सभ्यता और संस्कृति के प्रति आकर्षण पैदा करना आधुनिक युग की माँग थी। भारतेन्दु हरिश्चन्द्र, मैथिलीशरण गुप्त, जयशंकर प्रसाद, सुमित्रानन्दन पन्त, सूर्यकान्त त्रिपाठी निराला, माखनलाल चतुर्वेदी आदि कवियों ने युग की उस आवश्यकता की पूर्ति की। मैथिलीशरण ने देशवासियों का आह्वान करते हुए कहा-

हम कौन थे, क्या हो गए हैं, और क्या होंगे अभी
आओ, विचारें साथ मिलकर ये समस्याएँ सभी।

(भारत-भारती, मुखपृष्ठ)

युग की पुकार सुनकर देश की समसामयिक चेतना को कविता के माध्यम से व्यक्त करने की जिम्मेदारी रामधारीसिंह दिनकर ने भी बखूबी निभायी है। अपनी अग्निगर्भा कविताओं के माध्यम से जनमानस में जागरण का मंत्र फूँकने में उनकी अग्रणी भूमिका रही है।

मानवों में देवता जो सो रहे, उनको जगाते हैं।
रात्रि के ये क्रोध हैं,
हुंकार भरते हैं तिमिर में
और हाहाकार करके भोर करते हैं।

(दिनकर, सीपी और शंख)

उनकी कविताओं ने युगधर्म की हुंकार बनकर भारतवर्ष के घर-घर तक जन-जागरण का सन्देश पहुँचाया। उन्होंने अपनी कविताओं के माध्यम से जहाँ एक ओर पराधीन भारतीयों को पौरुष का ओजस्वी पाठ पढ़ाया, वहीं दूसरी ओर स्वतंत्र भारत में राजनीतिक मूल्यहीनता, भाई-भतीजावाद, रिश्वतखोरी और भ्रष्टाचार के कारण पैदा होनेवाली अराजकता की भयावह स्थितियों का यथार्थपरक चित्रण भी किया।

उनकी कविताओं में युग-चेतना पूर्णरूप से व्यक्त हुई है; और इस अर्थ में वे अपने युग के प्रतिनिधि कवि हैं। भगवतीचरण वर्मा ने अपने एक लेख में

स्वीकार किया था कि "दिनकर हमारे युग के यदि एकमात्र नहीं तो सबसे अधिक प्रतिनिधि कवि हैं।"[3] उन्होंने अपने युग की हरेक धड़कन साहित्य के हृदय से सुनी है। चूँकि वे भारतीय संस्कृति के गायक हैं, इसलिए उन्होंने अपनी चेतना की आग में वास्तविकता को तपाकर उसे युगानुकूल रूप दिया है। उनकी कविताओं में जिस ओज और तेज की प्रमुखता है वह उनके व्यक्तित्व की विद्रोही चेतना का ही प्रतिफल है। एक बार दिनकर-व्याख्यानमाला में भाषण देते हुए महादेवी वर्मा ने यह स्वीकार किया था कि दिनकर के काव्य-व्यक्तित्व ने छायावाद को एक ऐसा ओजस्वी स्वर प्रदान किया है जिसकी उसमें एक सीमा तक कमी थी। कवि दिनकर का आविर्भाव सच्चे अर्थों में अपने युग की आवश्यकता की पूर्ति के लिए ही हुआ है। उनका काव्य तत्कालीन समाज की दशा और दिशा का दर्पण है।

साहित्यकार के व्यक्तित्व की महत्ता तभी स्थापित होती है, जब सामाजिक चेतना के साथ उसका अन्तर्विरोध समाप्त हो जाए। जैसे-जैसे व्यक्ति की निजी समस्याएँ सामाजिक समस्याओं के साथ एकाकार होती जाती हैं; अर्थात जैसे-जैसे उसकी निजी चेतना सामाजिक चेतना का एक केन्द्रीकृत रूप धारण करती जाती है, वैसे-वैसे उसका व्यक्तित्व रचनात्मक ऊँचाई पर पहुँचता जाता है। प्रत्येक युग में महान व्यक्तित्व की महत्ता का मूल स्रोत व्यक्तिगत अहं के समाजीकरण में ही दिखाई देता है।

दिनकर एक महान कवि होने के साथ ही एक श्रेष्ठ विचारक भी रहे हैं। आधुनिक हिन्दी साहित्य में वे एक ऐसे कवि हैं जिन्होंने अपने युग और मानव जीवन की चिरन्तन समस्याओं पर मौलिक रूप से विचार किया है। उनके अनुसार समय का वातावरण काव्य के पौधे की खाद है और सत्कवि उससे भागने की कोशिश नहीं करता। कवि के हृदय में आलोड़न समकालीन परिस्थितियों के कारण होता है और कवि-कर्म में प्रवृत्त भी उसे अपना समय ही करता है; क्योंकि वह जो कुछ भी कहनेवाला है, असल में, वह काल की शंकाएँ या उसका समाधान हैं; और काल के हृदय में जिस शोक या उल्लास की लहर चल रही हो उसी को अभिव्यक्त करने के लिए वह अपने कवि की प्रतीक्षा करता है। युगबोध से कटा हुआ साहित्य कभी मौलिक हो ही नहीं सकता। इसलिए जीवन के शाश्वत मूल्यों के साथ ही समयुगीन संवेदनाओं की अभिव्यक्ति भी कवि का दायित्व है।

दिनकर ने युगीन परिस्थितियों के आगे कभी नतशिर हुए बिना, हमेशा सीना तान कर उसका सामना किया है। इसलिए यदि उन्हें हम 'युग की पुकार का कवि' कहें, तो अत्युक्ति नहीं होगी।

अपने लोकानुराग और अपनी जनपक्षधरता के कारण दिनकर सच्चे अर्थों में युगकवि हैं। उन्होंने लिखा है कि "परम्परा और परिवर्तन, व्यवस्था और विद्रोह

तथा सातत्य और नव्यता का संघर्ष प्रत्येक युग में, प्रत्येक समाज में चलता है।"[4] उन्होंने गुलामी का कलंक धोने के लिए ही देश-प्रेम से ओतप्रोत कविताओं के माध्यम से भारतवासियों को नवजागरण का सन्देश दिया। युगीन परिस्थितियों की आँच में तपकर ढला उनका काव्य परतंत्रता से मुक्ति के लिए किए गए अनथक संघर्ष का एक ज्वलन्त उदाहरण है। इसीलिए उनकी कविता युगवाणी के रूप में स्वीकृत हुई और वे युगकवि के रूप नें मान्य हुए।

दिनकर की सांस्कृतिक चेतना

दिनकर का देश के प्रति लगाव उनके इतिहास-प्रेम में व्यंजित है। यदि हम उनके समग्र साहित्य पर विचार करें तो पाएँगे कि राम, कृष्ण, शिव, भीष्म, धर्मराज, अर्जुन, हिमालय, गंगा, मगध, पाटलिपुत्र, चित्तौड़ आदि भारत के गौरवशाली अतीत के पवित्र प्रतीक हैं। इससे स्पष्ट है कि उनका देश-प्रेम भारतीय संस्कृति को उसकी समग्रता में धारण करते हुए चलता है।

छायावादी कवियों में जयशंकर प्रसाद अतीत के गौरव-गायक रहे हैं। उनके बाद भारत का गौरवशाली अतीत और उसका अनुकरणीय राष्ट्रीय चरित्र दिनकर की कविताओं में मुखर हो उठा।

खंडित है यह मही शैल से, सरिता से, सागर से;
पर, जब भी दो हाथ निकल मिलते आ द्वीपान्तर से;
तब खाई को पाट शून्य में महा मोद मचता है;
दो द्वीपों के बीच सेतु यह भारत ही रचता है।
मंगलमय इस महासेतु-बन्धन को नमन करूँ मैं।
किसको नमन करूँ मैं भारत! किसको नमन करूँ मैं?

(किसको नमन करूँ मैं; नील कुसुम)

साहित्य का सृजन युगधर्म के अनुसार होना चाहिए। उसमें समकालीन समस्याओं की मुक्तभाव से चर्चा होनी चाहिए। साहित्यकार का दायित्व है कि युगद्रष्टा बनकर वह प्रकट एवं प्रच्छन्न समस्याओं को देखे-समझे और फिर उसको जनाकांक्षा के अनुरूप व्यक्त भी करे।

लोक-चेतना

मध्यकाल में तुलसीदास ने अपनी रचना का उद्देश्य बताते हुए उसको 'स्वान्तः सुखाय' कहा था। परन्तु यदि वर्तमान दौर का कोई रचनाकार ऐसा कहे तो उसको हास्यास्पद कहा जाएगा। वर्तमान दौर की साहित्यिक कृतियों का 'स्वान्तः सुखाय' होने के बदले उनका 'बहुजन हिताय' होना जरूरी है। दरअसल, हम उनके लिए लिखते हैं, जो हमारी रचनाओं को पढ़ने के इच्छुक हैं। इसलिए

वर्तमान दौर का तकाजा है कि आधुनिक कविता की हरेक पंक्ति समकालीन जीवन-स्थितियों से सम्बद्ध हो।

वर्तमान साहित्यकार युगीन यथार्थ की चेतना को व्यक्तिनिष्ठ चेतना के द्वारा प्रस्तुत करता है। व्यक्तिनिष्ठ चेतना का दर्शन 'अस्तित्ववाद' से प्रभावित है। "साहित्य में अस्तित्ववाद को एक दार्शनिक मतवाद से अधिक जीवन की संपूर्ण व्याख्या के रूप में निरूपित किया गया है। इसका मूल आधार जीवन-यथार्थ से संघर्षरत व्यक्ति है। इसे आधुनिक मानवीय संकट की व्याख्या के रूप में भी स्वीकारा गया है। वास्तव में सिग्मण्ड फ्रायड के मनोविश्लेषण एवं कार्ल मार्क्स की वर्ग-चेतना के प्रति अपनी पूर्ण सहमति प्रकट करते हुए भी सात्र ने इस बात पर विशेष बल दिया है कि मनुष्य की मूल समस्या न तो दमित कामवासना है और न आर्थिक विषमता। उसकी समस्या इससे भिन्न है। वह व्यक्ति के होने की समस्या है; मृत्यु, सन्त्रास, अजनबीपन, कुंठा, हताशा के बीच अपने स्वत्व को प्रमाणित करने की समस्या है तथा अस्तित्व-रक्षा के लिए स्थापित मान्यताओं से निरन्तर संघर्ष करते रहने की समस्या है।"[5] अतः इसी संघर्ष में जीनेवाला कवि अपनी प्रतिक्रियाओं का सार, अपने व्यक्तित्व के बाहर से प्राप्त करता है; फिर भी वह पूर्णतः स्वकेन्द्रित नहीं हो पाता।

प्रकृति नहीं डरकर झुकती है कभी भाग्य के बल से,
सदा हारती वह मनुष्य के उद्यम से, श्रमजल से।
ब्रह्मा का अभिलेख पढ़ा करते निरुद्यमी प्राणी,
धोते वीर कु-अंक भाल का, बहा भ्रुवों से पानी।

(कुरुक्षेत्र)

दिनकर की कविताओं में छायावाद का स्वकेन्द्रित एकान्त व्यक्तिवाद कतई नहीं है। वे जन-मन की व्यथा को वहन करते हुए, जन-सरोकारों के प्रति सहानुभूतिशील होकर आगे बढ़ने का प्रयास करते हैं। कवि को इस बात का दुःख है कि स्वार्थ के चक्रव्यूह में फँसा समाज का प्रभुत्वशाली वर्ग स्वतंत्रता-प्राप्ति के बाद स्वच्छन्द हो गया है। देश की राजनीति चन्द लोगों के इशारों पर नाचने लगी है। हमारा जनतंत्र केवल 'तंत्र' बनकर रह गया है, जिसमें 'जन' सर्वथा महत्त्वहीन बना दिया गया है।

जो कुछ है पैशाचिकता है, पशुता-बर्बरता है,
भारत का जनतंत्र तंत्र है, जहाँ न कुछ जनता है।

(पावक सँवर रहा है)

स्वार्थी प्रभुवर्ग ने जनसामान्य की हँसी-खुशी को अपने अन्तःपुर में सजाकर उनके जीवन को श्मसान बनाकर रख दिया। इस व्यक्तिवादिता के कारण अवसरवादी प्रवृत्तियों का नग्न-नर्तन आरम्भ हो गया।

1969 ई. में दिनकर ने 'पावक सँवर रहा है' शीर्षक एक लम्बी कविता लिखी थी। 158 पंक्तियोंवाली यह क्रान्तिकारी कविता वर्तमान लोकतंत्र का खुला भाष्य बन मई है। इस विस्फोटक कविता में लोकतंत्र का नग्न चित्र है—

सर्व-समादृत संविधान से पोंछ स्वार्थ के जूते
लदे आ रहे तुम सत्ता पर छल-प्रपंच के बूते।
भेद भंग से, पद प्रलोभ से, कपट-कूट पशु-बल से
लोक-शीश पर चढ़े दहकते निघृण नरकानल से।
लाठी-लंठ-लुटेरों-लुच्चों के पैशाचिक बल-तल
दम तोड़ता अनाथ लोकमत लुंठित-कुंठित हतबल।

(पावक सँवर रहा है)

दिनकर का स्वयं का जीवन भी उतार-चढ़ाव से भरा रहा। अपने भौतिक जीवन में उन्हें अपार ख्याति मिली। तमाम पद-पुरस्कार मिले। उन्हें वह सब कुछ मिला जो किसी सद्गृहस्थ के लिए काम्य है। परन्तु विधाता ने दिनकर की कठिनतम अग्निपरीक्षा भी ली—युवा पुत्र की असमय-मृत्यु, तनावपूर्ण दाम्पत्य-जीवन, गृह-कलह, धनाभाव के बीच दर्जन-भर बेटियों-भतीजियों-पौत्रियों के विवाह की चिन्ता; यानी पारिवारिक समस्याओं का एक अन्तहीन क्रम ! लेकिन दिनकर अपने शोक को ही श्लोक बनाकर हिन्दी की झोली भरते रहे। उन्होंने अपने आँसुओं को ही रोशनाई बनाकर अपनी कविता को सामर्थ्यशालिनी बनाया।

हृदय छोटा हो,
तो शोक वहाँ नहीं समाएगा।
और दर्द दस्तक दिए बिना लौट जाएगा।
टीस उसे उठती है
जिसका भाग्य खुलता है।
वेदना गोद में उठाकर
सबको निहाल नहीं करती,
जिसका पुण्य प्रबल होता है
वही अपने आँसुओं से धुलता है।

(शोक की संतान, हारे को हरि नाम)

दिनकर की दार्शनिक चेतना

दर्शन अपने आप में बहुत जटिल और दुर्बोध विषय है। लेकिन जीवन-सत्य में रचे-बसे दार्शनिक-विचार साहित्य के माध्यम से बहुत आसानी से जनमानस तक पहुँच जाते हैं। दार्शनिक विचारों को जनसामान्य तक पहुँचाने में चिन्तनशील दार्शनिकों की अपेक्षा भावुक साहित्यकारों को अपेक्षाकृत अधिक सफलता मिली

है। दर्शन व्यक्तिनिष्ठ चिन्तन का परिणाम है, जबकि साहित्य अभिव्यक्ति के धरातल पर समष्टिगत होता है। दर्शन हमें चिन्तनशील बनाता है; और साहित्य हमें क्रियाशील। चिन्तन और क्रिया के संश्लेष से ही जीवन का पूर्ण परिपाक होता है।

दिनकर की दार्शनिक-चेतना में विराग के बदले राग को, अकर्मण्यता के बदले कर्मण्यता को, भोग के बदले त्याग को और निवृत्ति के बदले प्रवृत्ति को प्रमुखता दी गई है। स्वयं आस्तिक और धर्मप्राण होने के बावजूद वे लोगों को रूढ़ियों और कर्मकांडों के दुष्चक्र से निकालकर मानववादी बनाए जाने के पक्षधर हैं।

दिनकर कर्मवादी होने के साथ ही स्वप्नवादी भी हैं। स्वप्नवादी मनोवृत्ति ने उन्हें कर्मठता प्रदान करने के साथ-साथ दार्शनिक भी बना दिया है। जीवन के सत्य के व्यवस्थित कथन को ही दर्शन कहते हैं। दिनकर ने अपनी रचनाओं में अनेकत्र मानव-जीवन के बाह्य यथार्थ एवं आन्तरिक सत्य का उद्घाटन किया हैं। ऐसे स्थलों पर उनका प्रखर दार्शनिक रूप प्रकट हुआ है। मनुष्य अपने हृदय की उपेक्षा करने के कारण अराजक बौद्धिक हो गया है। इसीलिए आज मनुष्य के बाह्य जीवन में अव्यवस्था एवं अन्तर्मन में क्षोभ हैं। उसने अपने चारों ओर सभ्यता की चमक-दमक तो बहुत खड़ी कर ली, किन्तु उसके हृदय का सरोवर सूखा है। मार्क्स ने एक बार कहा था कि दार्शनिकों ने अब तक जीवन की वास्तविकता का दिग्दर्शन मात्र कराया है, किन्तु अब समस्या उस वास्तविकता को परिवर्तित करने की है। दिनकर का दार्शनिक इस नए दायित्व के प्रति भी सजग है। इस जागरूकता को लेकर उनका कहना है कि-

दावानल-सा जला रहा
नर को अपना ही बुद्धि-अनल;
भरो हृदय का शून्य सरोवर
दो शीतल करुणा का जल।

(अतीत के द्वार पर, सामधेनी, 1941 ई.)

उनका कवि इस नई भूमिका का समुचित निर्वाह कर रहा है—

थकी बुद्धि को पीछे तजकर
मैं श्रद्धा का दीप जलाता,
बहुत दूर चलकर धरती के
हित पीयूष-कलश ले आता
चलता मैं फेंकते मलीमस पापों पर चिनगारी।
सुन उद्बोधन-नाद नींद से जग उठते नर-नारी।

(सामधेनी, 1941 ई.)

दिनकर में सामान्य दार्शनिकों-जैसी जीवन के प्रति तटस्थता नहीं, बल्कि कर्मयोगी की कर्मठता है। .

दिनकर की वैज्ञानिक चेतना

दिनकर वैज्ञानिक दृष्टि-सम्पन्न थे। उन्होंने भौतिक प्रगति के कारण मदान्ध हुए लोगों को सचेत करते हुए मानवतावादी मूल्यों का सन्देश दिया। साथ ही, शाश्वत जीवन-मूल्यों में आए उस विघटन को भी वाणी दी, जिसके कारण जीवन एक विडम्बना बनकर रह गया है। भौतिक सुखों के दीवाने लोगों को कर्तव्य-बोध करानेवाली दिनकर की कविताओं में वैयक्तिक भोगवाद को खारिज किया गया है। भौतिक समृद्धि की सार्थकता व्यष्टि-हित में न होकर, समष्टि-हित में है। इसीलिए वे सांसारिक भोग-विलास को आध्यात्मिक स्तर पर लोकहित की भावना से जोड़कर समत्ववादी दर्शन की पुष्टि करते हैं। उन्होंने 'कुरुक्षेत्र', 'उर्वशी' आदि अपनी दार्शनिक रचनाओं में ईश्वर के अतिरिक्त तीन अन्य शक्तियों की चर्चा की है—नियति, प्रकृति और कार्य। उनकी कविताओं में जीवन-मृत्यु, स्वर्ग-नरक, पाप-पुण्य, जीव-ब्रह्म, प्रकृति और माया को भी दार्शनिक चेतना से जोड़कर अभिव्यक्त किया गया है।

आधुनिक युग में विज्ञान ने जितना अधिक सृजन किया है, उसी अनुपात में संहार की आशंकाएँ भी बढ़ी हैं। भौतिकता ने एक ऐसी अन्धी दौड़ को जन्म दिया है, जिसके कारण हमारी सभ्यता, संस्कृति और जीवन-मूल्यों पर संकट आ गया है। इसके कारण लोग आत्मकेन्द्रित होते चले गए हैं और चारों ओर मूल्यहीनता का प्रसार हो गया है।

दिनकर की राजनीतिक चेतना

स्वतंत्रता-प्राप्ति के बाद, राष्ट्रीय संदर्भों में घटित होनेवाली घटनाओं के कारण देश में एक नए युग और नई चेतना का आविर्भाव हुआ। गुलामी की जंजीरें टूटीं। आजादी केवल राजनीतिक मूल्य के रूप में स्वीकृत नहीं हुई थी, बल्कि विचारों की एक नवक्रान्ति भी उससे जुड़ी हुई थी। अतः देश का वैचारिक पुनर्जन्म हुआ। भारतीय जन-मानस में महत्त्वाकांक्षाओं के नए-नए क्षितिज उभरे। परन्तु आम लोगों को क्या पता था कि उनकी इच्छाएँ धूल में मिल जाएँगी; और हमारा लोकतंत्र स्वार्थी एवं भ्रष्टाचारी लोगों का चरागाह बनकर रह जाएगा। 1962 ई. में जब चीन ने हमारे देश पर आक्रमण कर दिया, तब भारतीय जनमानस चौंककर जाग उठा। इस घटना के बाद देश में एक तीव्र राजनीतिक चेतना का जन्म और प्रसार हुआ। 1966 ई. के भयंकर अकाल के बाद देश में जीवन-स्थितियाँ दुरूह होती चली गईं। लोकतंत्र भीड़तंत्र में बदलने लगा। भाई-भतीजावाद, जातिवाद, क्षेत्रवाद आदि तमाम तरह के दुर्गुण राष्ट्र-जीवन को नारकीय बनाते चले गए। संगठित राजीनीति से जो अपेक्षाएँ की गई थीं, वह उन्हें पूरा करने में विफल रही। इसी समय आणविक निःशस्त्रीकरण आन्दोलन, जाति-

भेद विरोधी आन्दोलन, नर-नारी-समता आन्दोलन जैसे कई आन्दोलन चले; और मानव-जीवन में हलचल मच गई।

1974-75 ई. में राजनीतिक अव्यवस्था अपने चरम पर पहुँच चुकी थी। हड़ताल, जुलूस, घेराव, बन्द, तोड़-फोड़, हिंसा दैनन्दिन जीवन के अंग बन गए। प्रत्येक समस्या का निदान दफ्तर की मेज, विधानसभा एवं संसद में न होकर गलियों में खोजा जाने लगा। देश में आपातकाल घोषित कर दिया गया। आपातकाल के फलस्वरूप लोकतान्त्रिक संस्थाएँ एवं मूल अधिकार नष्टप्राय हो गए; और अभिव्यक्ति की आज़ादी खतरे में पड़ गई। इसके कारण पूरे देश में जनाक्रोश का एक प्रबल ज्वार उठ खड़ा हुआ। समकालीन साहित्य पर इन परिस्थितियों का व्यापक प्रभाव पड़ा।

वास्तव में जीवन-मूल्यों को ऊपर से ओढ़ा नहीं जा सकता। उसके होने से जीवन जीने-योग्य बनता है। मूल्यविहीन जीवन की कल्पना भी नहीं की जा सकती है। क्योंकि "जब समाज में मूल्य का बोलबाला था, आदमी नि:संग नहीं था, निर्णय लेते समय वह मन-ही-मन मूल्यों से राय-मशविरा कर लेता था। किन्तु अब ज्ञान इतना बढ़ गया है कि आदमी हर चीज को शंका से देखने लगा है। यहाँ तक कि वह अब इस सवाल पर भी गम्भीरता से विचार करने लगा है कि जीवन जीने के योग्य है या नहीं। असली बात यह है कि आदमी ने मूल्यों को विघटित मान लिया, मगर दायित्व उस पर अब भी सवार है, निर्णय उसे अब भी लेने पड़ते हैं। किन्तु निर्णय लेते समय मूल्य और मान्यताओं से मार्ग-दर्शन पाना उसके लिए असम्भव हो गया है।"[6] दरअसल अब उसकी बौद्धिक चेतना उभर आई है जो कि हृदय से सदा संघर्षरत रहती है।

डॉ. मैनेजर पांडेय के अनुसार, "दिनकर अकेले ऐसे कवि हैं जिन्होंने हिन्दी में गौरव की राजनीति की कविता भी लिखी है और पतन की राजनीति की भी। गौरव की राजनीति की कविता देखनी हो तो गाँधी पर लिखी कविता देखिए।"[7] पतन की राजनीति की कविता देखनी हो तो 'पहली वर्षगाँठ' शीर्षक कविता देखिए। "दिनकर के जमाने का राजनीतिक पतन नाली की तरह था तो आज वह हमारे चारों ओर समुद्र की तरह बह रहा है। दिनकर सत्ता से मजबूरी में जुड़े हुए थे। व्यक्ति के रूप में सत्ता से जुड़ाव के बावजूद कवि के रूप में सत्ता के कटुतम आलोचक थे। यह उन्होंने ब्रिटिश राज में भी किया और यही उन्होंने कांग्रेसी राज में भी किया। ऐसे लोग बहुत कम मिलते हैं। आज साहित्यकारों से लेकर सारे बुद्धिजीवियों का हाल यह है कि गंगा गए गंगादास, जमुना गए जमुनादास। कांग्रेसी सत्ता कायम हुई। उस पूत के पाँव पालने में ही दिखाई पड़ने लगे। ..... देश में जगह-जगह, प्रांतों में कांग्रेस की सरकारें थीं और लूट तथा झूठ का राज शुरू हुआ। उसको लेकर दिनकर ने साल भर बाद ही 1948 में एक कविता लिखी। यह कविता है—'पहली वर्षगांठ'।"[8]

टोपी कहती है, मैं थैली वन सकती हूँ।
कुर्ता कहता है, मुझे बोरिया ही कर लो।
ईमान बचाकर कहती हैं, आँखें सबकी
बिकने को हूँ तैयार, खुशी हो जो दे दो।

('पहली वर्षगांठ', नीम के पत्ते; 1948 ई.)

"कुछ आत्ममुग्ध आलोचक, कलावादी भी और गैर-कलावादी भी यह कहते हैं कि कविता को ज्यादा समकालीनता से नहीं जोड़ना चाहिए, नहीं तो जल्दी ही मर जाती है। समाज मरे तो मरे, पर कविता को जीने की चिंता होनी चाहिए। ..... यह कविता 1948 की है। आज क्या स्थिति है? यह कविता झूठी हो गई है या ज्यादा सच्ची हो गई है? इस तरह से देखें तो रामधारी सिंह दिनकर भविष्यवक्ता कवि के रूप में हमारे सामने आते हैं। पचासों अंशों के उदाहरण दिनकर से दिए जा सकते हैं कि उन्होंने कविता को इस तरह से साधा कि कविता समकालीन होते हुए सार्वकालिक हो सके। यही बड़े कलाकार की क्षमता होती है।"[9]

साहित्य युग-सापेक्ष होता है। समकालीन परिस्थिति और परिवेश को रेखांकित करते जाना ही साहित्य की नियति है; और यही उसकी सार्थकता भी है। युगबोध से कटा हुआ साहित्य शव के समान है। उसको शिव के समान कल्याणकारी बनाने के लिए यह आवश्यक है कि उसमें युगबोध और युगसत्य का समावेश किया जाए।

संदर्भ

1. किसी भी युग के संपूर्ण समाज की समाजोपयोगी प्रमुख प्रवृत्तियों को हम 'युग-चेतना' कह सकते हैं।

2. डॉ. पुष्पा ठक्कर, 'दिनकर काव्य में युगचेतना', पृ. 7; अरविन्द प्रकाशन, बंबई; 1986 ई.।
3. आज के लोकप्रिय हिन्दी कवि रामधारी सिंह दिनकर : मन्मथनाथ गुप्त; पृ. 13 पर उद्धृत
4. दिनकर की डायरी, प्र. संस्करण, 1971, पृ. 260
5. डॉ. शिवशंकर पांडेय; 'स्वातंत्र्योत्तर हिन्दी कहानी: कथ्य और शिल्प'; प्र. संस्करण, 1978, पृ. 96
6. रामधारीसिंह दिनकर; साहित्य-मुखी, पृ. 61; नेशनल पब्लिशिंग हाउस, नई दिल्ली; 1987 ई.।
7. समय का सूर्य : रामधारी सिंह दिनकर', संपादक : दीपक प्रकाश त्यागी एवं राजेंद्र प्रसाद चतुर्वेदी; पृ. 8; सृजन प्रकाशन, लखनऊ; 2009 ई.।
8. वही, पृ.
9. वही, पृ.

अध्याय 9

दिनकर की इतिहास-दृष्टि

'इतिहास' का शाब्दिक अर्थ है—'यह निश्चय था'। यूनानी लोग 'इतिहास' के लिए 'हिस्तरी' (History) शब्द का प्रयोग किया करते थे। यूनानी भाषा में 'हिस्तरी' का शाब्दिक अर्थ है—बुनना। इससे स्पष्ट है कि अतीत की ज्ञात घटनाओं को सुव्यवस्थित ढंग से बुनने की कला का ही दूसरा नाम इतिहास है। इसका प्रयोग दो अर्थों में किया जाता है—(1) अतीत की घटनाएँ; और (2) उन घटनाओं के बारे में धारणा। कहने का आशय यह है कि इतिहास केवल तथ्यों का संकलन नहीं है। इतिहास-लेखन की एक वैचारिक आधारभूमि होती है और उसका एक सुचिन्तित परिप्रेक्ष्य भी होता है।

रामधारी सिंह दिनकर के विषय में आचार्य शिवपूजन सहाय ने लिखा है—वह इतिहास के बड़े मेधावी अध्येता रहे हैं, अतः इतिहास के मार्मिक प्रसंगों की काव्यात्मक अभिव्यंजना में उनका कौशल वस्तुतः दर्शनीय है।[1]

दिनकर एक श्रेष्ठ कवि होने के साथ ही, एक चिन्तनशील सांस्कृतिक इतिहासकार भी थे। उनकी इतिहास-चेतना मूलतः राष्ट्रवादी थी। इस राष्ट्रवादी चेतना ने उन्हें प्रेरित किया कि वे भारतवर्ष की अखंडता की खोज करके उसको सिद्ध करें। राष्ट्रीय अखंडता की जड़ों की तलाश में उनको भारत के गौरवशाली अतीत की वैचारिक यात्रा करनी पड़ी। उस मानस-मन्थन से जो नवनीत निकला वह 'संस्कृति के चार अध्याय' शीर्षक गद्य-ग्रंथ के रूप में हमें सुलभ हुआ। इस ग्रंथ के माध्यम से उन्होंने भारत के सांस्कृतिक इतिहास की बहुत ही जीवन्त रूपरेखा प्रस्तुत की। उन्होंने सामासिकता, उदारता और सहिष्णुता को भारतीय संस्कृति की आन्तरिक संरचना का मूल अवयव सिद्ध किया।

'संस्कृति के चार अध्याय' की रचना स्वाधीनता आन्दोलन के दौरान उभरनेवाले मूल्यों के संदर्भ में की गई थी। डॉ. विजेन्द्र नारायण सिंह ने ठीक ही लिखा है कि "जिस राष्ट्रवादी इतिहास-दर्शन का प्रवर्तन रमेशचन्द्र दत्त, आर. सी. मजूमदार तथा यदुनाथ सरकार जैसे इतिहासकारों ने इतिहास के क्षेत्र में किया है, उसी इतिहास-दर्शन का विनियोग दिनकर ने संस्कृति के क्षेत्र में किया है। स्वाधीनता

आन्दोलन के प्रसंग में विकसित होनेवाले मूल्य ही इस ग्रंथ के परिप्रेक्ष्य निर्धारित करते हैं। वे मूल्य हैं—उपनिवेशवाद विरोधी दृष्टि, धर्म-निरपेक्षता और सामासिक संस्कृति की अवधारणा। इन मूल्यों के इर्द-गिर्द ही यह ग्रंथ लिखा गया है। दिनकर भारतीय संस्कृति के राष्ट्रवादी इतिहासकार हैं।"[2]

कहते हैं कि स्वाधीनता आन्दोलन के उतार-चढ़ाव, द्वन्द्व-द्विधा और जय-पराजय का इतिहास यदि किसी एक कवि की कविता में खोजना हो, तो यह इतिहास केवल दिनकर की कविता में मिलेगा।[3] दिनकर ने अपनी कविता में भारतीय इतिहास और परम्परा का आधार लेकर विकसित होनेवाले समाज का चित्रण किया है। 'कुरुक्षेत्र' में उन्होंने कहा था कि—

सन्तप्त विश्व के लिए खोजने छाया
आशा में था इतिहास-लोक तक आया।

साहित्य-साधना के दौरान सांस्कृतिक इतिहास-लेखन की ओर उन्मुख होने का यह एक स्पष्ट संकेत है।

दिनकर का सृजन एक ऐसा अनोखा दस्तावेज है कि उसमें स्मृतियों, संस्कारों, जीवन-लयों, अन्तर्ध्वनियों का वृन्दवादन निरन्तर बहुवचनात्मक अनुगूँजों के साथ मौजूद है। नर्मदा की शत-शत धाराओं की भाँति उसमें जीवन के अनेक प्रवाह एक साथ प्रवाहित हैं। इन प्रवाहों में भारतीय इतिहास के प्रतीकों-मिथकों से न जाने कितने गहन विचार संवाद हैं, वाद-विवाद हैं, संशय हैं, द्वन्द्व हैं, तनाव हैं। काव्यात्मकता में उजली वक्तृत्व कला और बेहद संवेदनशीलता साहित्य के पाठक के मर्म को छू लेती है।[4]

साहित्य इतिहास का सेवक नहीं, सहायक

वे साहित्य को मात्र युग का प्रतिबिम्ब नहीं मानते हैं। उनके अनुसार, "अगर साहित्य युग का प्रतिबिम्ब मात्र होता, तो वह युग को ठीक उसी प्रकार चित्रित करता जैसा कि सचमुच वह है। लेकिन सो बात है नहीं। युग को चित्रित करते समय कवि तटस्थ नहीं रह पाता तथा वर्ण्य वस्तु के साथ उसके सम्बन्ध की प्रतिक्रियाओं को भी लिख जाता है। इससे सिद्ध होता है कि साहित्य युग का बिम्बमात्र नहीं, बल्कि उसकी व्याख्या और निर्माण का प्रयास है। हमलोग फोटोग्राफर नहीं होकर उस दल के छोटे-बड़े सदस्य हैं, जो युग की भाव-दशा की रचना करता और उसे सही रास्ते पर सही कदम रखने में मदद देता है। साहित्य इतिहास की बाँदी नहीं, बल्कि उसका सहायक है।[5]

अपनी राष्ट्रीय कविताओं में उन्होंने इतिहास के तमाम संदर्भ दिए हैं। उन्होंने प्राचीन भारत के साथ ही मध्यकालीन भारत के इतिहास को भी महिमामंडित करके प्रस्तुत किया है। यदि उनकी कविताओं को देखें तो 'रेणुका' के राष्ट्रीय गीत भी

इतिहास और संस्कृति की आधारभूमि पर ही रचे गए थे। अपने पूर्ववर्ती राष्ट्रीय कवियों की परम्परा का अनुगमन करते हुए दिनकर ने भारतीय इतिहास को काव्य में चित्रित करने की कोशिश की; और वर्तमान के चित्रपट पर अतीत को सम्भाव्य बनाना चाहा—

प्रियदर्शन इतिहास कंठ में
आज ध्वनित हो मान्य बने,
वर्तमान की चित्रपटी पर
भूतकाल सम्भाव्य बने।

(मंगल आह्वान; 'रेणुका')

लेकिन अपने अतीत-मोह के संदर्भ में दिनकर का यह कहना और मानना है कि—

केवल अतीत के तिरस्कार से वर्तमान
की चेतना उत्पन्न नहीं होती।
आगे की ओर छलाँग भरने के लिए
थोड़ा पीछे जाना ही पड़ता है।
ऐसा मत कहो कि हम इतिहास की पूर्णता हैं,
हम अनन्त शताब्दियों की आशा की पूर्ति हैं।
वास्तव में हम रिक्तता की प्रतिमाएँ हैं, हममें
आकर मानवता की आशाएँ झूठी हो गई हैं।
हम इतिहास की पराजय के लेख हैं।

(दिनकर की डायरी, 21 जून, 1963, पटना)

दिनकर की राष्ट्रीय कविताओं के समान ही उनकी ऐतिहासिक कविताएँ भी बहुत प्रसिद्ध हुईं। वे इतिहास के विद्यार्थी रहे थे, इसलिए इतिहास से उन्हें विशेष प्रेम था। उनके एक काव्य-संकलन का शीर्षक ही है—'इतिहास के आँसू'। उन्होंने कुल चार प्रबन्ध-काव्यों की रचना की; और उन चारों की विषयवस्तु का आधार इतिहास-पुराण ही हैं। उनकी राष्ट्रीय कविताओं में इतिहास विविध रूपों में विद्यमान है।

चल अतीत की रंगभूमि में/स्मृति-पंखों पर चढ़ अनजान,
विकल-चित्त सुनती तू अपने/चन्द्रगुप्त का क्या जय-गान?
घूम रहा पलकों के भीतर/स्वप्नों-सा गत विभव विराट?
आता है क्या याद मगध का/सुरसरि! वह अशोक सम्राट?

संन्यासिनी-समान विजन में/कर-कर गत विभूति का ध्यान,
व्यथित कंठ से गाती है क्या/गुप्त-वंश का गरिमा-गान?
गूँज रहे तेरे इस तट पर/गंगे! गौतम के उपदेश,
ध्वनित हो रहे इन लहरों में/देवि! अहिंसा के सन्देश।
तुझे याद है चढ़े पदों पर/कितने जय-सुमनों के हार?
कितनी बार समुद्रगुप्त ने/धोई है तुझमें तलवार?
तेरे तीरों पर दिग्विजयी/नृप के कितने उड़े निशान?
कितने चक्रवर्तियों ने हैं/किए कूल पर अवभृथ-स्नान?
विजयी चन्द्रगुप्त के पद पर/सैल्यूकस की वह मनुहार,
तुझे याद है देवि! मगध का/वह विराट उज्ज्वल शृंगार?
जगती पर छाया करती थी/कभी हमारी भुजा विशाल,
बार-बार झुकते थे पद पर/ग्रीक-यवन के उन्नत भाल।
उस अतीत गौरव की गाथा/छिपी इन्हीं उपकूलों में,
कीर्ति-सुरभि वह गमक रही/अब भी तेरे वनफूलों में।

('पाटलिपुत्र की गंगा से', रेणुका, 1931 ई.)

उनकी ऐतिहासिक चेतना अत्यन्त प्रखर थी। यों तो इतिहास का उपयोग साहित्य में अनेक बार हुआ है, लेकिन दिनकर ने इतिहास से जैसी जीवन्त प्रेरणा प्राप्त की है और इतिहास जिस प्रकार उनके काव्य में अपनी व्यथा की गाँठ को खोलता हुआ ज्ञात होता है, वैसा उनके समसामयिक किसी भी दूसरे कवि के काव्य में नहीं। और, बदले में कवि ने भी इतिहास को बड़ी आत्मीय दृष्टि से देखा है।[6] 'पाटलिपुत्र की गंगा से' शीर्षक कविता में गंगा को कितना मार्मिक उपालम्भ दिया गया है—

धधक उठा तेरे मरघट में जिस दिन सोने का संसार,
एक-एक कर लगा दहकने मगध-सुन्दरी का शृंगार;
जिस दिन जली चिता गौरव की, जयभेरी जब मूक हुई,
जमकर पत्थर हुई न क्यों, यदि टूट नहीं दो टूक हुई?

'चक्रवाल' की भूमिका में दिनकर ने लिखा है—"इतिहास सर्वथा ध्वस्त युगों की गाथा नहीं प्रत्युत्, ऐसा मानचित्र है, जिसमें भूत, भविष्यत और वर्तमान तीनों एक साथ जी रहे हैं, जैसे भूगोल के मानचित्र में हमें विश्व के विभिन्न देश एकसाथ जीवित दिखाई देते हैं।"[7]

दिनकर की कल्पना इतिहास के भग्न खंडहरों में भटकती फिरी है; लेकिन वह अतीत की ओर जब भी जाती है, अपने कन्धे पर वर्तमान को बैठाए लिए जाती

है। इस तरह कवि ने अतीत से वर्तमान का वैषम्य दिखाकर वर्तमान की पीड़ा को और तीव्र बना दिया है और उसके प्रतिकार की उत्तेजना भरने का प्रयास किया है।[8] दिनकर ने अपने अतीत-प्रेम का रहस्य बताते हुए एक बार कहा भी था, "पुरातन के प्रति मोह का यह अर्थ नहीं लगाना चाहिए कि मैं सदेह नालन्दा को ही वापस बुलाना चाहता हूँ, बल्कि यह कि जिस जिज्ञासा की बलवत्ता ने नालन्दा को सम्भव किया था, मैं उस जिज्ञासा का जागरण चाहता हूँ।"

जिए देश का वह अतीत, जो आगे जी सकता है,
पिए हिन्द नूतन प्रकाश, जितना भर पी सकता है।
गत के साथ अनागत का संघर्ष मुक्त चलने दो,
सूख चुकी जो स्वयं, शीर्ण उस शाखा को जलने दो।
पर, तुम रहो तटस्थ, शस्त्र मत दो भविष्य या गत को,
भारत स्वयं बचा लेगा अपने स्वरूप शाश्वत को।
जितना ही यह देश अन्धड़ों के झोंके खाता है,
पुनः आप अपने समान उतना ही हो जाता है।
हम उधार के आदर्शों पर बहुत फूल जाते हैं,
कभी-कभी अपना सारा इतिहास भूल जाते हैं।

(संसद में; कोयला और कवित्व)

दिनकर ने अपनी कविताओं में भारत के सांस्कृतिक व्यक्तित्व को उभारने का प्रयास किया है। अपनी कविताओं में उन्होंने इतिहास का इस्तेमाल तथ्य-रूप में न करके प्रायः मिथक के रूप में किया है। यह कविता द्वारा इतिहास का मिथकीकरण है, जो इतिहास की तुलना में अधिक प्रभावशाली होता है। यह जनता के चित्त को आन्दोलित करने में सक्षम होता है।

हिमालय के प्रति कवि के हृदय में जिन-जिन भावनाओं का उदय हुआ है, वे बहुत स्पष्ट हैं :

तू पूछ अवध से राम कहाँ?
वृन्दा ! बोलो घनश्याम कहाँ?
ओ मगध ! कहाँ मेरे अशोक?
वह चन्द्रगुप्त बलधाम कहाँ?
पैरों पर ही है पड़ी हुई
मिथिला भिखारिणी सुकुमारी,
तू पूछ, कहाँ इसने खोई

अपनी अनन्त निधियाँ सारी?
री कपिलवस्तु ! कह बुद्धदेव
के वे मंगल-उपदेश कहाँ?
तिब्बत, इरान, जापान, चीन
तक गए हुए सन्देश कहाँ?
वैशाली के भग्नावशेष से
पूछ लिच्छवी-शान कहाँ?
ओ री उदास गंडकी ! बता
विद्यापति कवि के गान कहाँ?

इतिहास सम्बन्धी उनकी स्थापनाएँ कितनी तर्कपूर्ण हैं, उसे दो उदाहरणों से समझा जा सकता है—

(1) भारतीय संस्कृति में नारियों के लिए सतीत्व और पुरुषों के लिए वीरता सबसे बड़े गुण माने गए हैं। इसी मूल धारणा का परिणाम हुआ कि विधवा-विवाह विवर्जित कर दिया गया।[9]

(2) संस्कृत साहित्य में वीरता ही वीरता का आख्यान है। अहिंसा भिक्षुओं और साधुओं का धर्म समझी जाती थी। इसीलिए संस्कृत काव्य और नाटक के नायक राजा चुने जाते थे।

बुद्ध, अशोक और महात्मा गाँधी

भारतीय इतिहास में गौतम बुद्ध, अशोक और महात्मा गाँधी के प्रसंग राष्ट्रकवि दिनकर को अधिक प्रिय हैं। उन्होंने लिखा है—

"बुद्धदेव प्रचलित धर्म के भंजक नहीं, सुधारक मात्र थे और जो सुधार उन्होंने करना चाहा, उसे अन्ततः हिन्दुओं ने स्वीकार भी कर लिया। यही नहीं, हिन्दू-धर्म के आचार्य उनकी महिमा से इतने अभिभूत हुए कि कालक्रम में उन्होंने बुद्धदेव को अपना नेता और धर्मगुरु भी मान लिया। ...

बुद्धदेव हिन्दू-धर्म के चौबीस नहीं, दस अवतारों में से एक हैं और इस प्रकार उस धर्म और संस्कृति की रचना में उनका अपरिमित योगदान है, जो हम सबको अतीत के उज्ज्वल उत्तराधिकार के रूप में प्राप्त हुई है।

बुद्धदेव का ऋण समस्त संसार पर है, सारी मनुष्य जाति पर है। एच. जी. वेल्स तथा और भी कई पाश्चात्य विद्वान खुलकर यह स्वीकार करते हैं कि विश्व की सभ्यता एवं संस्कृति की प्रगति और उत्थान में जितनी सहायता बौद्ध धर्म ने की, उतनी किसी और धर्म से नहीं बन सकी। संसार में शायद ही कोई धर्म हो, जो बौद्ध धर्म के प्रभाव से अछूता कहा जा सके। इस धर्म का उदय अत्यन्त प्राचीन

काल में हुआ था और इसके बाद उठनेवाले सभी धर्मों ने इससे कोई-न-कोई तत्त्व अवश्य ग्रहण किया। भारत का कोमल-से-कोमल सन्देश बौद्ध धर्म की बाँहों पर चढ़कर विश्व भर में प्रसारित हुआ और सारे एशिया के भीतर एकता का जो तार आज भी अनुस्यूत मिलता है, वह इसी धर्म की रचना और प्रभाव है। किन्तु इससे भी बढ़कर हम भारतवासी बुद्धदेव के आगे एक विशेष कारण से ऋणी हैं। और वह कारण यह है कि जाति-प्रथा और अस्पृश्यता की विषमता को दूर करके सभी मनुष्यों को एक करने का आन्दोलन इस देश में सबसे पहले बुद्धदेव ने ही आरम्भ किया था।

हिन्दू धर्म के जिस कलंक के खिलाफ कबीर और नानक जूझे, दादू और नामदेव ने लोहा लिया, आलवार सन्तों और वीर-शैवों ने लड़ाई लड़ी एवं दयानन्द और गाँधी ने संघर्ष किया, उस कलंक के विरुद्ध धर्म-युद्ध ठानने का पहला श्रेय भगवान बुद्ध को है और बुद्धदेव ने बृहत् मानवता के जिस आन्दोलन का आरम्भ किया था, आज भी चल रहा है। यह आश्चर्य की बात है कि जाग्रत ब्राह्मण धर्म के रोब में आकर बौद्ध धर्म ने कितनी ही ऐसी बातों को फिर से स्वीकार कर लिया, जिन्हें वह अपने हीनयान युग में तिरस्करणीय और त्याज्य समझता था, किन्तु अस्पृश्यता और जाति प्रथा के आगे उसने कभी भी अपना मस्तक झुकने नहीं दिया। यह बौद्ध मत की क्रान्तिप्रियता का सबसे बड़ा प्रमाण है और इसी के कारण वह आज भी हमारे प्रेम का अधिकारी बना हुआ है।"[10]

उनका इतिहास-बोध रवीन्द्रनाथ ठाकुर के इतिहास-बोध से मिलता-जुलता-सा है। वे अपने देश के वर्तमान और भविष्य को ध्यान में रखकर बड़ी सजगता से अपने अतीत की संदर्भानुकूल घटनाओं को चुनकर उसका चित्रण करते हैं। वे इतिहास की शक्ति और सीमा दोनों से परिचित हैं। यही कारण है कि अपने लेखन में वे इतिहास का रचनात्मक सहयोग तो लेते हैं, लेकिन उससे आक्रान्त नहीं होते।

दिनकर ने लिखा है—"बौद्ध धर्म का ब्राह्मणों ने जो विरोध किया, वह इस कारण नहीं कि बौद्ध मत कोई नवीन दर्शन लेकर आया था, जो हिन्दुओं के दर्शन के विरुद्ध पड़ता था; बल्कि इस कारण कि वह जाति प्रथा को तोड़कर मनुष्य मात्र को एक करना चाहता था और समाज में इस समानता की प्रतिष्ठा होने से ब्राह्मणों का पद खतरे में पड़ता था। बौद्धों का सबसे बड़ा अपराध यह था कि उन्होंने यज्ञों का विरोध किया, जिनसे ब्राह्मणों की रोज़ी चलती थी, तब उन्होंने बार-बार यह घोषणा की कि जन्म से सभी मनुष्य समान हैं, श्रेष्ठता सबको कर्म से मिलती है। अतएव ब्राह्मण वंश में भी जन्मा हुआ अपकर्मी मनुष्य निन्दा का पात्र है तथा चांडाल वंश में जन्मा हुआ मनुष्य अगर सत्कर्म करता है, तो उसकी भी पूजा होनी चाहिए।"[11]

वे आगे लिखते हैं कि "एक तरह से देखिए तो यह भी कोई नई बात नहीं थी, क्योंकि संकेत-रूप में ये सारे उपदेश उपनिषदों में भी उतर चुके थे और बहुधा, सिद्धान्त रूप में इन बातों को ब्राह्मण भी मानते थे; किन्तु उपनिषत्कारों पर ब्राह्मणों का कोप नहीं हुआ, इसका मूल कारण यह है कि सत्ताएँ बकनेवालों से नहीं, काम करनेवालों से भय खाती हैं। उपनिषदें केवल बोलकर रह गईं, इसलिए उनसे नहीं चिढ़े। बुद्धदेव बोलने को नहीं, काम करने को आए थे, इसलिए ब्राह्मण बौद्धों को अपना कोपभाजन मानने लगे। किन्तु यह कोप ब्राह्मणों को बौद्ध धर्म से प्रभावित होने से नहीं बचा सका और वे बौद्ध मत से लड़ते-लड़ते धीरे-धीरे स्वयं कुछ-कुछ बौद्ध होते चले गए।

बुद्धदेव कोई नया धर्म लेकर नहीं आए थे। उन्होंने हिन्दू धर्म के ही एक प्रकार के बौद्धीकृत रूप को फैलाना चाहा और वे इस कार्य में कृतकार्य भी हुए, क्योंकि आज का प्रत्येक हिन्दू थोड़ा-थोड़ा बौद्ध भी है। बौद्ध धर्म की सबसे बड़ी प्रशंसा यह है कि जिस शंकराचार्य को यह श्रेय दिया जाता है कि उन्होंने भारत से बौद्ध धर्म की जड़ उखाड़ फेंकी, स्वयं उन्हें ही यहाँ के लोग 'प्रच्छन्न बौद्ध' कहते थे अर्थात् बौद्ध मत को पराजित करने के लिए अन्ततोगत्वा ब्राह्मण धर्म ने बौद्ध धर्म को पराजित तो किया; किन्तु उसे पराजित करने के पूर्व एक सीमा तक वह स्वयं बौद्ध हो गया। किसी ने ठीक ही कहा है कि बौद्ध मत भारत में मरा नहीं, वह अपने पिता के आलिंगन में विलीन हो गया।"[12]

'इतिहास का न्याय'

'शहीद-स्तवन' शीर्षक कविता में उन्होंने लिखा है—

अन्धा चकाचौंध का मारा
क्या जाने इतिहास बिचारा?
साखी हैं उनकी महिमा के सूर्य, चन्द्र, भूगोल, खगोल।
कलम, आज उनकी जय बोल।

यह कविता पहले 'प्रणति शीर्षक से प्रकाशित हुई थी। बाद में 'रश्मिलोक' में कवि ने इसका शीर्षक बदलकर 'शहीद-स्तवन' कर दिया। यहाँ दिनकर ने इतिहास को अन्धा और चकाचौंध का मारा क्यों कहा है? कहते हैं कि इतिहास में नाम, तिथिक्रम और घटनाओं के अलावा सब कुछ काल्पनिक होता है। यही कारण है कि एक ही ऐतिहासिक घटना को अलग-अलग इतिहास-लेखक अलग-अलग तरह से प्रस्तुत करते हैं। इतिहासकार की स्वयं की दृष्टि के अनुसार इतिहास का स्वरूप भी बदल जाता है। इतिहास में हम प्रायः वही देखते हैं, जो इतिहासकार हमें दिखाना चाहता है। यही कारण है कि इतिहासकारों के वामपन्थी और दक्षिणपन्थी खेमे के इतिहास-बोध में ज़मीन-आसमान का अन्तर दिखाई देता है।

इतिहासकार की दृष्टि यदि सन्तुलित और वस्तुनिष्ठ नहीं हुई तो उसके भयंकर दुष्परिणाम सामने आ सकते हैं। इसलिए दिनकर पूरी सतर्कता और सजगता के साथ इतिहास की शक्तियों और सीमाओं का विश्लेषण करते हुए हमें सचेत भी करते हैं। 'परशुराम की प्रतीक्षा' में संकलित 'इतिहास का न्याय' शीर्षक कविता में वे कहते हैं—

द्विधा व्यर्थ, आगे का क्या इतिहास कहेगा?
द्विधा व्यर्थ, युग के चिन्तन का ध्यान कहाँ है?
दर्शन करता सदा मूक अनुसरण क्रिया का
और जिसे हम कहते हैं इतिहास, बड़ा ही बुद्धिमान है।
उच्च मनुजता को ठुकराने से तो वह डरता है,
किन्तु उच्च गुण के कारण जो रण में हार गए हैं,
उन पराजितों की किस्मत पर रोता है इतिहास,
पर अपाहिजों का कलंक वह क्षमा नहीं करता है।

दिनकर इतिहास की सत्ता-वन्दना को उपेक्षा की दृष्टि से देखते हैं। वे अपने विचारों के केन्द्र में विजेता और उसके विजयोन्माद को महत्त्व देने के पक्षधर नहीं हैं। वे विजेता की ग्लानि के प्रति आशान्वित दिखते हैं। उन्हें लगता है कि मानवता का भविष्य विजेता की ग्लानि पर निर्भर है।[13] उन्होंने 'कुरुक्षेत्र' में लिखा है—

अंत नहीं नर पंथ का, कुरुक्षेत्र की धूल,
आँसू बरसे तो यहीं खिले शान्ति के फूल।

विजेता की ग्लानि ही इतिहास की आशा है। दिनकरजी को यह सबसे पहले सम्राट अशोक के कलिंग-विजय-अभियान के अन्त में मिली। 'कुरुक्षेत्र' के प्रबन्ध-विस्तार में वे उसी को प्राप्त करने का प्रयास करते हैं। अशोक से चलकर कवि अतीत में युधिष्ठिर तक जा पहुँचता है।

हाय रे, धनलुब्ध-जीव कठोर!
हाय रे दारुण! मुकुटधर भूप लोलुप, चोर!
साज कर इतना बड़ा सामान,
स्वत्व निज सर्वत्र अपना मान
खड्ग-बल का ले मृषा आधार
छीनता फिरता मनुज के प्राकृतिक अधिकार।

(कलिंग-विजय, सामधेनी, 1941 ई.)

यहाँ अशोक विजेता के रूप में ग्लानिग्रस्त प्रतीत होता है। वह युद्ध के दुष्परिणाम को देखकर पछता रहा है। अतः स्वाभाविक रूप से वह इतिहास की आशा और भविष्य की रोशनी बनता है। उसका युद्धघोष अन्ततः धम्मघोष में बदल

जाता है। उसका विजयोल्लास पश्चाताप के आँसुओं से धुलकर सभी प्राणियों के प्रति करुणा में बदल जाता है।

शत्रु हो कोई नहीं, हो आत्मवत् संसार
पुत्र-सा पशु-पक्षियों को कर सकूँ मैं प्यार।

(कलिंग-विजय, सामधेनी, 1941 ई.)

चंडाशोक का धम्माशोक में यह रूपान्तरण निश्चित रूप से विश्व इतिहास की एक असाधारण घटना थी।

प्राण की अन्त:शिला पर आज पहली बार,
जागकर करुणा उठी है कर मृदुल झंकार।

(कलिंग-विजय, सामधेनी, 1941 ई.)

उनकी इतिहास-दृष्टि का एक मनोवैज्ञानिक आधार भी है। बकौल दिनकर— "मनोवैज्ञानिक ग्रंथि का एक स्वरूप यह भी है कि युद्ध के समय हमारे अन्तर्मन में यह ग्लानि समायी रहती है कि हम सुरक्षित इसलिए हैं कि हमारी रक्षा करने को और लोग मोर्चे पर खतरे झेल रहे हैं, अपनी जान और जिस्म की कुर्बानी दे रहे हैं। अपने अन्तर्मन की अपराध-भावना को छिपाने के लिए हम देशभक्ति का बहाना बनाकर युद्ध की ज़ोरदार कविताएँ रचते हैं, मंच पर ज़ोर-ज़ोर से उनका पाठ करते हैं। युवकों को मृत्यु के मुख में झोंककर खुद आराम करने में जो एक मनोवैज्ञानिक दंश है, जो कुत्सा और ग्लानि की भावना है, उसे छिपाने अथवा उससे पलायन करने के काम में देशभक्तिपूर्ण कविताएँ जनता की सहायता करती हैं।"[14]

दिनकर ने अंग्रेजी में युद्ध-काव्य के अग्रणी कवि विलफ्रेंड ओएन की निम्नलिखित पंक्तियाँ उद्धृत की हैं—

मेरा गेय युद्ध है और युद्ध की करुणा।
कवित्व का वास उसकी करुणा में है।

राष्ट्रकवि इतिहास के भीतर करुणा की तलाश में ही गए हैं। उन्हें इस बात का अहसास है कि उनके अध्ययन का विषय भले ही इतिहास हो, मिजाज़ कविता का ही है। उनका इतिहास-बोध वस्तुत: एक कवि का इतिहास-बोध है। कवि के सामने इतिहासवेत्ता नतमस्तक है। फलत: उनका इतिहास भी अन्तत: संस्कृति-विमर्श में बदल गया है। खास बात यह है कि वह रचनात्मक होने के साथ ही, साहित्यिक और ललित भी है।[15]

'संस्कृति के चार अध्याय'

दिनकर शुरू में इतिहास के विद्यार्थी रहे थे, लेकिन जब से वे कविता और निबन्ध लेखन में जुटे, प्राय: तभी से इतिहास के साथ उनका सम्पर्क छूट-सा गया था। लेकिन 1950 ई. में जब उनको हिन्दी का प्रोफेसर नियुक्त किया गया, तब

साहित्य की सांस्कृतिक पृष्ठभूमि को समझने के क्रम में उन्हें इतिहास की पुस्तकें दुबारा उलटनी पड़ीं और धीरे-धीरे वे फिर से इतिहास की गहराई में उतरने लगे। उनकी पहली जिज्ञासा यह थी कि हमारा आधुनिक साहित्य हमारे प्राचीन साहित्य से किन-किन बातों में भिन्न है और इस भिन्नता का कारण क्या है? कारण की खोज के क्रम में उनकी जिज्ञासा उत्तरोत्तर बढ़ती गई और उन्होंने यह जानना चाहा कि भारतीय संस्कृति का संपूर्ण इतिहास कैसा रहा है।

लगभग दो वर्षों के अध्ययन के बाद उनके सामने यह सत्य प्रकट हो गया कि भारत में चार बड़ी क्रान्तियाँ हुई हैं और हमारी संस्कृति का इतिहास उन्हीं चार क्रान्तियों का इतिहास है। पहली क्रान्ति तब हुई, जब आर्य और आर्येतर जातियों का मिलन हुआ। इस मिलन से जिस संश्लिष्ट समाज की रचना हुई, वही हिन्दुओं का बुनियादी समाज बना; और आर्य एवं आर्येतर संस्कृतियों के मिलन से जो संस्कृति उत्पन्न हुई, वही भारत की बुनियादी संस्कृति बनी। इस बुनियादी भारतीय संस्कृति के लगभग आधे उपकरण आर्यों के दिए हुए हैं; और उसका दूसरा आधा भाग आर्येतर जातियों का अंशदान है।

भारत में दूसरी क्रान्ति तब हुई, जब महावीर और गौतम बुद्ध ने इस स्थापित धर्म या संस्कृति के विरुद्ध विद्रोह किया तथा उपनिषदों की चिन्ताधारा को खींच कर वे अपनी मनोवांछित दिशा की ओर ले गए। तीसरी क्रान्ति उस समय हुई, जब इस्लाम, विजेताओं के धर्म के रूप में भारत पहुँचा और इस देश में हिन्दुत्व के साथ उसका सम्पर्क हुआ। और चौथी क्रान्ति तब हुई, जब भारत में यूरोपवासियों का आगमन हुआ तथा उसके सम्पर्क में आकर हिन्दुत्व एवं इस्लाम, दोनों ने नव-जीवन का अनुभव किया। दिनकर की इस पुस्तक में इन्हीं चार क्रान्तियों का संक्षिप्त इतिहास वर्णित है; और इसीलिए इसका शीर्षक 'संस्कृति के चार अध्याय' रखा गया है।

चार अध्यायों में विभक्त इस ग्रंथ में प्राक्-वैदिक से लेकर लगभग बीसवीं सदी के मध्य तक भारत की संस्कृति के स्वरूप और विकास का विवेचन प्रस्तुत किया गया है। दूसरे अध्याय में वैदिक हिन्दू परम्परा से विद्रोह करनेवाले बौद्ध और जैन धर्मों का विश्लेषण किया गया है। तीसरे अध्याय में इस्लाम के आगमन के बाद हिन्दू संस्कृति पर उसका क्या प्रभाव पड़ा, हिन्दू-मुस्लिम सम्बन्ध, साहित्य, भाषा, कला और संस्कृति पर इस्लाम के प्रभाव का अध्ययन किया गया है। इसी अध्याय में भक्ति आन्दोलन और इस्लाम के परस्पर सम्बन्ध की प्रामाणिक मीमांसा करते हुए बताया गया है कि भारत की संस्कृति किस प्रकार सामासिक रूप ग्रहण करती है। चौथे अध्याय में भारत में यूरोपवासियों के आगमन से शिक्षा के उपनिवेशीकरण और हिन्दुत्व से ईसाइयत की टकराहट आदि का सविस्तार वर्णन किया गया है। इसी अध्याय में उन्नीसवीं सदी के नवजागरण की मीमांसा करते संस्कृति के हुए

नवजागरण के प्रमुख नेताओं के योगदान पर विस्तार से विचार किया गया है। खास बात यह है कि यहाँ हिन्दू नवजागरण के साथ मुस्लिम नवजागरण और उसकी सीमाओं पर भी विचार किया गया है।

दिनकर की इतिहास-दृष्टि उपनिवेशवाद-विरोधी रही है। उपनिवेशवादी इतिहास-दृष्टि के अनुसार मध्य एशिया से आनेवाले आर्यों ने भारत के मूल-निवासी द्रविड़ों पर आक्रमण करके उत्तरी भारत पर अपना आधिपत्य स्थापित किया। यह इतिहास-दृष्टि मूलतः तुलनात्मक भाषा-विज्ञान के आधार पर गढ़ी गई थी और बाद में इतिहास-विज्ञान ने इस धारणा को पूर्णतः स्वीकार कर दृढ़ता से स्थापित कर दिया। परन्तु इस इतिहास-दृष्टि को अस्वीकार करते हुए दिनकर ने लिखा है—"आर्य और द्रविड़, दोनों प्रकार के लोग, इस देश में अनन्त काल से रहते आए हैं और हमारे प्राचीनतम साहित्य में इस बात का कोई प्रमाण नहीं मिलता है कि ये दोनों जातियाँ बाहर से आईं अथवा इन दोनों के बीच कभी लड़ाईयाँ भी हुई थीं। आर्यों का संघर्ष दास और असुर जाति के लोगों से हुआ था, इसका थोड़ा बहुत प्रमाण है, किन्तु ये दास और असुर कौन थे, इस विषय में हमारे पास सुनिश्चित प्रमाण नहीं हैं। आर्यों ने अपने शत्रु को अनासः भी कहा है, किन्तु अनासः से कौन जाति संकेतित होती है, इसका निर्धारण सरल नहीं है। प्रजाति या रेस के सिद्धान्त हमारे देश में अंग्रेजों के आगमन के बाद प्रचलित हुए, अन्यथा इस बात का कोई भी प्रमाण नहीं है कि आर्य और द्रविड़ जातियों के लोग एक-दूसरे को विजातीय समझते थे। मैथिल, गौड़ और कान्यकुब्ज की तरह द्रविड़ शब्द भी यहाँ भौगोलिक अर्थ देनेवाला था। अतएव जाति के अर्थ में आर्य और द्रविड़ शब्दों के चलन को बिलकुल अर्वाचीन मानना चाहिए।" इस स्थापना को पुष्ट करते हुए उन्होंने आगे लिखा है—"पीछे की ओर दृष्टि डालकर इतिहास की अतल गहराइयों में जाने पर भी हम यही देखते हैं कि आर्य और द्रविड़ नाम से अभिहित किए जानेवाले भारतवासियों का धर्म एक है, संस्कार एक है, भाव और विचार एक है तथा जीवन के विषय में उनका दृष्टिकोण भी एक ही है। शैव, शाक्त, वैष्णव, जैन और बौद्ध—ये आर्य भी थे और द्रविड़ भी। ... इसके सिवा उत्तर और दक्षिण में प्राचीन विशेषताएँ तो हैं, किन्तु जाति या संस्कारगत भेद बिल्कुल नहीं है। भेद है तो सिर्फ यह कि द्रविड़ों की अपेक्षा आर्यों में गौर-वर्णवाले लोग कुछ अधिक हैं तथा जो लोग द्रविड़ भाषाएँ बोलते हैं, वे दक्षिण में रहते हैं। बिहार में ओराँव जाति की भाषा और बलूचिस्तान में ब्रहुई जाति की बोली, उत्तर भारत में ये दो ही बोलियाँ हैं, जिनका द्रविड़ भाषा-समूह से कुछ साम्य बताया जाता है। यदि इस बात पर विचार करें कि आर्यों के साहित्य में धर्म का जो रूप वर्णित है, संस्कृति की जो व्याख्या विद्यमान है, उसका वास्तविक प्रमाण कहाँ है, तब तो उसके सर्वश्रेष्ठ उदाहरण अब द्रविड़ों में ही मिलेंगे और इस अनुमान के लिए बहुत बड़ा आधार

निकल जाएगा कि यदि द्रविड़ भारत के आर्य पूर्व निवासी हैं, तो हिन्दू संस्कृति भी, अधिकांश में, आर्यों के पूर्व की वस्तु है। आर्य संस्कृति की दीक्षा द्रविड़ों को आर्यों से मिली, किन्तु गुरु तो उसे पूरी पवित्रता से जुगा नहीं सका। हाँ, शिष्य उसे भली-भाँति जुगाए हुए हैं। यह अनुमान उतना प्रबल नहीं होगा, जितना यह अनुमान कि द्रविड़ों के बीच प्रचलित धर्म को आर्यों ने अपने भीतर पचा लिया।"[16]

ब्रिटिश-राज का दुष्प्रभाव

दिनकरजी अंग्रेजी-राज को 'बनियाँ राज' कहते हैं। उन्होंने लिखा है "वे (अंग्रेज) राजा नहीं, व्यापारी थे और समुद्र के किनारे राजधानी रखने से उनके व्यापार को लाभ था, किन्तु धीरे-धीरे जब उनमें राजमद उभरा, उन्होंने मुगलों की नकल करनी चाही। ताजमहल का जवाब लिखने को अंग्रेजों ने कलकत्ते में विक्टोरिया मेमोरियल बनवाया और सन् 1912 ई. में वे राजधानी को कलकत्ते से उठाकर दिल्ली ले गए। उस समय महाकवि अकबर इलाहाबादी ने एक शेर लिखा था जो बड़ा ही अर्थपूर्ण था :

कदम अंग्रेज कलकत्ते से अब दिल्ली में धरते हैं
तिजारत देख ली, देखें हुकूमत कैसे करते हैं।

मगर, हुकूमत अंग्रेजों का उद्देश्य नहीं था, हुकूमत वे इसलिए कर रहे थे कि इससे उनकी तिजारत को फायदा था। तिजारत को फायदा नहीं रहा, वे हुकूमत छोड़कर चले गए।"[17] दिनकर के अनुसार अंग्रेजी राज के भारत में दो ही प्रधान काम थे। "व्यापार की वृद्धि और करों की वसूली, ये दो ही उद्देश्य थे जिनके लिए कम्पनी इस देश पर राज्य कर रही थी। यह कार्य इतना महत्त्वपूर्ण रहा कि अंग्रेजी राज के सबसे क्रियाशील और शक्तिशाली अफसर का नाम ही कलक्टर (तहसीलदार) पड़ गया।"[18] ब्रिटिश संसद में थेरिडॉन के भाषण का उल्लेख करते हुए उन्होंने लिखा है कि हैंडनोट की वसूली के लिए हिन्दुस्तान के नगरों पर घेरा डाला जाता है और बादशाह गद्दी से इसलिए उतार दिए जाते हैं कि उनके पास अंग्रेजों के कुछ पैसे बाकी हैं।

यूरोपीयों के भारत आगमन और अंग्रेजी राज की स्थापना के साथ देश में ईसाइयत का (कु)प्रभाव आया। दिनकर के शब्दों में—"हिन्दू कॉलेज से निकला हुआ युवकों का पूरा-का-पूरा दल एकदम बहक गया और वह बड़ी ही निर्ममता के साथ ठीक उसी प्रकार, हिन्दुत्व की निन्दा करने लगा जिस प्रकार से ईसाई मिशनरी कर रहे थे। ये नौजवान प्रतिमा-भंजक क्रान्तिकारी थे। घर-घर में यह विवाद छिड़ गया कि ईश्वर को मानना ठीक है या नहीं। मन्दिरों में जाना अन्धविश्वास और मूर्ति की पूजा रूढ़ि की आराधना क्यों नहीं है। ...उनका निश्चिति मत हो गया कि पुराण की कथाएँ गप्पों के अम्बार हैं। और यज्ञोपवीत, चन्दन, कंठी, माला और

शिखा ये फालतू चीजें हैं।" ये नौजवान पूरी तरह उच्छृंखल हो उठे। ईसाइयत के दुष्प्रभाववश उन्होंने अपनी मर्यादा का त्याग कर दिया। "इस स्थिति पर विलाप करते हुए स्वामी विवेकानन्द ने कहा था कि बच्चा जब भी पढ़ने को स्कूल भेजा जाता है, पहली बात वह यह सीखता है कि उसका बाप बेवकूफ है। दूसरी बात यह है कि उसका दादा दीवाना है, तीसरी बात यह कि उसके सभी गुरु पाखंडी हैं और चौथी यह कि सारे-के-सारे धर्मग्रंथ झूठे और बेकार हैं।" यह ईसाइयत का भारत पर एक दुष्प्रभाव था; लेकिन उपनिवेशवादी इतिहासकारों ने इसे पूरी तरह ढँकने की कोशिश की है। दिनकर ने अपने विश्लेषण में इन तथ्यों को सामने रखकर भारतीय जीवन-पद्धति को नष्ट करने में ब्रिटिश-राज की भूमिका को उधेड़ कर रख दिया है।

'संस्कृति के चार अध्याय' में उन्होंने भारतीय समाज और सामाजिक-व्यवस्था के विविध रूपों की एक मुकम्मल तस्वीर प्रस्तुत की है। इस ग्रंथ को चार अध्यायों में विभक्त करके भारत की सांस्कृतिक एकता की दिशा में किए गए तमाम रचनात्मक प्रयासों का गहन विश्लेषण किया गया है। भारतीय सभ्यता एवं संस्कृति की बुनावट, पुरातन काल से विकासमान हमारी अविच्छिन्न परम्परा और हमारी संस्कृति के तमाम विधायक तत्त्वों का परिचय प्राप्त करने की दृष्टि से यह एक अनुपम ग्रंथ है। जवाहरलाल नेहरू ने अपनी पुस्तक 'भारत एक खोज' में 'समन्वित संस्कृति' की एक संकल्पना प्रस्तुत की थी, जबकि दिनकर ने भारतीय संस्कृति को 'सामासिक संस्कृति' का नाम दिया है। हमारी सामासिक संस्कृति ही भारतीय एकता का मूल आधार है। यही वह शक्ति है जिसने इस देश को तमाम दबावों और विरोधों के बावजूद अटूट बनाए रखा है।

'संस्कृति के चार अध्याय' में उपसंहार के अलावा कुल सत्रह प्रकरण (अध्याय) हैं। अन्तिम तीन प्रकरण हैं—(15) मुस्लिम नवोत्थान, (16) सर मुहम्मद इकबाल तथा (17) भारतीय राष्ट्रीयता और मुसलमान। इन तीनों प्रकरणों से स्पष्ट है कि दिनकर के इस साहित्यिक उपक्रम का मूल लक्ष्य साम्प्रदायिक विद्वेष का उन्मूलन है। इसके लिए हिन्दुत्व और इस्लाम के अनुयायियों में एक-दूसरे के प्रति गहरी समझ पैदा करने की जरूरत है।

उनकी राष्ट्रीय भावधारा की कविताओं में चूँकि 'सांस्कृतिक राष्ट्रवाद' का जयघोष सुनाई पड़ता है इसलिए हिन्दुत्ववादी प्रवृत्ति के लोग दिनकर की राष्ट्रीयता की भूरिशः प्रशंसा करते हैं; लेकिन 'संस्कृति के चार अध्याय' में दिनकर की वैचारिक स्थापनाओं को पढ़कर वे लोग निराश हो जाते हैं।

'संस्कृति के चार अध्याय' की प्रस्तावना जवाहरलाल नेहरू ने लिखी थी। नेहरू ने लिखा था—"इतना तो हमें समझना ही चाहिए कि भारत क्या है और कैसे इस राष्ट्र ने अपने सामासिक व्यक्तित्व का विकास किया है; उसके व्यक्तित्व के विभिन्न पहलू कौन-से हैं और उसकी सुदृढ़ एकता कहाँ छिपी हुई है। भारत

में बसनेवाली कोई भी जाति यह दावा नहीं कर सकती कि भारत के समस्त मन और विचारों पर उसी का एकाधिकार है। भारत आज जो कुछ है, उसकी रचना में भारतीय जनता के प्रत्येक भाग का योगदान है। यदि हम इस बुनियादी बात को नहीं समझ पाते तो फिर हम भारत को भी समझने में असमर्थ रहेंगे। और यदि भारत को हम नहीं समझ सके तो हमारे भाव, विचार और काम, सब-के-सब अधूरे रह जाएँगे और हम देश की ऐसी कोई सेवा नहीं कर सकेंगे, जो ठोस और प्रभावपूर्ण हो।

मेरा विचार है कि दिनकर की पुस्तक इन बातों के समझने में, एक हद तक, सहायक होगी। इसलिए, मैं इसकी सराहना करता हूँ और आशा करता हूँ कि इसे पढ़कर अनेक लोग लाभान्वित होंगे।"

दिनकर की इतिहास-दृष्टि को समझने के लिए एक अन्य उदाहरण द्रष्टव्य है। बंगलादेश स्वाधीनता पर्व के अवसर पर 24 जनवरी, 1972 ई. को दिल्ली के लाल किले में आयोजित कवि सम्मेलन में उद्घाटन-भाषण देते हुए दिनकर ने कहा था कि यह सम्मेलन भारत की सामरिक विजय का भी कवि-सम्मेलन है। मगर सच पूछिए तो यह कवि-सम्मेलन महात्मा गाँधी की विजय का कवि-सम्मेलन है; क्योंकि असली जीत न तो भारत की हुई है, न बंगलादेश की। असली जीत महात्मा गाँधी की हुई है। और हार भी असल में पाकिस्तान की नहीं हुई है, असल हार जिन्ना साहब की है, जिन्होंने दो राष्ट्रोंवाले सिद्धान्त के आधार पर मुसलमानों के लिए एक अलग देश का, निर्माण किया था।[19]

दिनकर का इतिहासबोध

उनका इतिहासबोध बहुत समृद्ध है। उन्होंने लिखा है—"अतीत का इतिहास पुराण बन जाता है, वर्तमान का इतिहास केवल रिपोर्टिंग रहता है। इतिहास पुराण बनकर स्फटिक हो जाता है, जम जाता है, काव्य बन जाता है। तब उसके भीतर से विश्वात्मा की आवाज, परमेश्वर की ध्वनि सुनाई देती है। वर्तमान के इतिहास का वही मूल्य है, जो मूल्य अखबार में छपनेवाली खबरों का है। इतिहास की लगभग सभी घटनाएँ ऐसी होती हैं, जो लगभग घटी नहीं हैं। सारा इतिहास अनुमान है, अनुमित घटनाओं का अनुमान, अनुमित कारण-कार्य-सम्बन्धों का अनुमान। मनुष्य के पास जिन सत्य घटनाओं की स्मृति जीवित है, वह केवल कविता में है। कविता छोड़कर स्मृति को आदमी और कहीं जीवित नहीं रख सकता। और प्रत्येक कविता से ध्वनियाँ अनेक निकलती हैं। काव्य ही मनुष्य-जाति का वास्तविक इतिहास है। वैज्ञानिक इतिहास रचने की प्रक्रिया इसलिए चली है कि लोगों की कल्पना-शक्ति कमज़ोर हो गई है और उनकी छलाँग लेनेवाली सम्बुद्धि क्षीण है।"[20]

उनके इतिहासबोध को समझने के लिए एक अन्य दृष्टान्त उपयोगी रहेगा।

'शुद्ध कविता की खोज' में संकलित 'मनीषी और समाज' शीर्षक निबन्ध में उन्होंने लिखा है—"ब्राह्मणों के लिए जो भिक्षा की वृत्ति विहित बताई गई थी, उसका भी उद्‌देश्य यही था कि ब्राह्मण किन्हीं दो-एक व्यक्तियों के सामने कृतज्ञता से न दब जाए। वह सारी जनता का प्रवक्ता बनकर रहे और जो भी व्यक्ति धर्म का उल्लंघन करे, उसके खिलाफ निन्दा की बात वह निर्भीक होकर बोल सके। भिक्षा के पेशे की जो प्रतिष्ठा भारतवर्ष में थी, वह किसी और देश में नहीं थी और इस पेशे की थोड़ी-बहुत इज्जत आज भी इसी देश में है। भारतीय संस्कृति के भीतर कहीं एक मान्यता छिपी रही है कि भिक्षा पर जीनेवाले ब्राह्मण की प्रतिष्ठा नहीं घटती, उलटे इससे उसकी नैतिक स्वतंत्रता अक्षुण्ण बनी रहती है। चूँकि ब्राह्मण नैतिकता का प्रहरी है, अतएव, सारे समाज का कर्तव्य है कि वह उसका आदरपूर्वक रक्षण और पालन करे तथा उसे अपने प्रति कृतज्ञ बनाने की आशा नहीं रखे।"[21]

उन्होंने आगे लिखा है—"आरम्भ में ब्राह्मणों ने समाज की आलोचना का कार्य निर्भीकता से अवश्य किया होगा और इसके लिए उन्होंने कष्ट भी सहे होंगे। अन्यथा, शास्त्रों में उतना ऊँचा स्थान उन्हें नहीं दिया गया होता। लेकिन, धीरे-धीरे वे स्थापित धर्म और समाज में प्रहरी नहीं रहे, उसके रक्षक बन गए और जो अधिकार उन्हें समाज की आलोचना करने को दिया गया था, उसका उपयोग वे उन क्रान्तियों को दबाने के लिए करने लगे जो स्थापित धर्म और समाज के खिलाफ पड़ती थीं। अर्थात वे आलोचक न रहकर 'ऑफिसियिल' बन गए और समाज की आलोचना का क्षेत्र उन मनीषियों से भर गया जो महावीर अथवा गौतम बुद्ध के अनुयायी थे।

इस दृष्टि से देखने पर संस्कृत के कवि मन्युहीन दिखाई देते हैं। उनके भीतर समाज की आलोचना करने की प्रवृत्ति नहीं है, वंश और जाति की महिमा का विरोध करने का भाव नहीं है। वे केवल कलाकार हैं वे शब्दों के भक्त और अभिव्यक्ति के आचार्य हैं, किन्तु, समाज की अवस्था पर स्वतंत्र चिन्तन करने का उनमें साहस नहीं है।

बुद्ध के समय से भारत में मनीषियों की दो परम्पराएँ हम देखते हैं। एक परम्परा उनकी है, जो स्थापित धर्म और समाज को पूर्ण और असंशोधनीय समझते हैं। उनके भीतर शान्ति और सन्तोष के भाव प्रधान मिलते हैं। उन्हें दुःख है भी तो केवल इस बात का कि ऐसे अच्छे धर्म और समाज के भी आलोचक उत्पन्न हो रहे हैं। और दूसरी परम्परा उन कवियों और दार्शनिकों की है, जो वर्णाश्रम-धर्म को दूषित समझते हैं, वैदिक और पौराणिक मत को अपूर्ण मानते हैं तथा जाति और वंश की महिमा के विरुद्ध जिनके भीतर विद्रोह के ज्वलन्त भाव है। पहली धारा के शास्त्रकार मनु और पराशर, दार्शनिक शंकराचार्य तथा कवि वाल्मीकि, कालिदास, कम्बन, पोतना, तुलसी और सूर हैं। तथा दूसरी धारा के दार्शनिक बुद्ध, नागार्जुन

और वसुबन्धु तथा कवि तिरुवल्लुवर, सरहपा, नहपा (कण्हपा), कबीर, नानक, दादू दयाल, वेमना और रवीन्द्रनाथ हैं।"

गद्य कृतियों के अलावा दिनकर की कविताओं में भी भारत का इतिहास बिखरा पड़ा है। कवि एक भावुक और कल्पनाशील प्राणी होता है, इसीलिए खंडहर भी उसके सामने अपना इतिहास खोल देते हैं। अपनी कल्पना और अनुभूति के द्वारा कवि ऐतिहासिक पात्रों के साथ बातचीत करता है, उनके निधन पर आँसू बहाता है और विजय पर फूल बरसाता है। 'हिमालय के प्रति' शीर्षक कविता में अतीत, वर्तमान और भविष्य के चित्र द्रुतगति से बदलते हैं। हिमालय की एक आँख में करुणा के आँसू हैं और दूसरे में अग्नि की ज्वाला। एक स्वर में बाँसुरी है और दूसरे में नवयुग की शंखध्वनि। 'पाटलिपुत्र की गंगा से', 'मिथिला', 'वैभव की समाधि पर' आदि कविताओं में कवि ने अतीत के सुख-दुख का वर्णन किया है।

'संस्कृति के चार अध्याय' की रचना के दौरान वे आश्वस्त हो गए थे कि भारत की संस्कृति शुरू से ही सामासिक रही है। फ्रांसीसी लेखक रोम्यां रोलां के इस उद्धरण के साथ उन्होंने इसके प्रथम अध्याय का समापन किया है कि—"अगर इस धरती पर कोई एक जगह ऐसी है, जहाँ सभ्यता के आरम्भिक दिनों से ही मनुष्यों के सारे सपने आश्रय और पनाह पाते रहे हैं, तो वह जगह हिन्दुस्तान है।" कुल मिलाकर, दिनकर अपने लेखन से भारत की सामासिक संस्कृति की एक जीवन्त प्रतिमा गढ़ते दिखाई देते हैं।

संदर्भ

1. डॉ. सतीश कुमार राय द्वारा सम्पादित 'दिनकर की साहित्य-साधना' में आचार्य शिवपूजन सहाय का लेख 'दिनकर : एक परिचय', पृ. 16; किताब पब्लिकेशन, मुजफ्फरपुर; 2008 ई.।
2. डॉ. विजेन्द्र नारायण सिंह, 'रामधारी सिंह दिनकर', पृ. 84
3. 'समय का सूर्य : रामधारी सिंह दिनकर' (संपादक : दीपक प्रकाश त्यागी एवं राजेंद्र प्रसाद चतुर्वेदी) में डॉ. मैनेजर पांडेय का लेख 'दिनकर : व्यापक सामाजिक चेतना के कवि'; पृ. 10; सृजन प्रकाशन, लखनऊ; 2009 ई.।
4. कृष्णदत्त पालीवाल का लेख 'औपनिवेशिक दासता से मुक्ति की ध्वनि', आजकल, अक्टूबर 2008 अंक, पृ. 14
5. रामधारी सिंह दिनकर, 'मिट्टी की ओर', पृ. 74; उदयाचल, पटना; 1946 ई.।
6. डॉ. आनन्द नारायण शर्मा, 'सुकवि समीक्षा', पृ. 221
7. रामधारी सिंह दिनकर, 'चक्रवाल', भूमिका, पृ. 49; उदयाचल, पटना; 1956 ई.।
8. डॉ. आनन्द नारायण शर्मा, सुकवि समीक्षा, पृ. 221
9. दिनकर की डायरी, 5 फरवरी, 1972, पटना

10. दिनकर रचनावली, खंड 8, सं. डॉ. नन्दकिशोर नवल एवं तरुण कुमार, पृ. 261-262
11. दिनकर रचनावली, खंड 8, सं. डॉ. नन्दकिशोर नवल एवं तरुण कुमार, पृ. 262
12. दिनकर रचनावली, खंड 8, सं. डॉ. नन्दकिशोर नवल एवं तरुण कुमार, पृ. 263
13. डॉ. सतीश कुमार राय द्वारा सम्पादित 'दिनकर : चिन्तन-अनुचिन्तन' में डॉ. रेवतीरमण का लेख—'रचना-मनीषा और इतिहास-दृष्टि' पृ. 33
14. दिनकर रचनावली, खंड 1; सं. डॉ. नन्दकिशोर नवल एवं तरुण कुमार, भूमिका, पृ. 18
15. डॉ. सतीश कुमार राय द्वारा सम्पादित 'दिनकर : चिन्तन-अनुचिन्तन' में डॉ. रेवतीरमण का लेख—'रचना-मनीषा और इतिहास-दृष्टि' पृ. 34
16. रामधारी सिंह दिनकर, 'संस्कृति के चार अध्याय', पृ. 35-36
17. वही, पृ. 492-493
18. वही, पृ. 494
19. दिनकर रचनावली, खंड 8, सं. डॉ. नन्दकिशोर नवल एवं तरुण कुमार, पृ. 251
20. दिनकर की डायरी; 22 मार्च, 1971; दिल्ली
21. दिनकर रचनावली, खंड 6; सं. डॉ. नन्दकिशोर नवल एवं तरुण कुमार, पृ. 37

अध्याय 10

दिनकर : जीवन-दृष्टि और संवेदना

रचनाकार जीवन के बड़े सवालों पर विचार किए बिना रह नहीं सकता। ये बड़े सवाल हैं—पाप और पुण्य का सवाल, आशा और निराशा का सवाल या इतिहास एवं मानव-जीवन को दिशा देने का सवाल। दर्शन और गम्भीर साहित्य की दृष्टि से ये सार्वकालिक प्रश्न हैं; और प्रत्येक रचनाकार, अपने-अपने तरीके से, इन सवालों से जूझता है। साहित्यकार मुख्यतः मनुष्य के पारस्परिक सम्बन्ध, प्रेम, कर्तव्य आदि से सम्बन्धित प्रश्नों में दिलचस्पी रखता है। अतः एक श्रेष्ठ रचनाकार अक्सर व्यक्ति और समाज दोनों के जीवन का पथ-प्रदर्शक बन जाता है।

जीवन-दृष्टि से सम्पन्न रचनाकार ही जीवन की समग्रता को अपनी रचना में समेट सकता है। लेकिन ऐसा वह तभी कर सकता है जब उसने उस जीवन-दृष्टि को स्वयं अपनी चिन्तन-साधना से प्राप्त किया हो। रचनाकार जीवन की अनुभूतियों एवं इतिहास के आकलन के साथ ही जीवन-सम्बन्धी चिन्तन करता रहता है। इसलिए जब वह अपने जीवन-दर्शन को व्यक्त करने बैठता है, तब उसे मूर्त करनेवाली अनुभूतियाँ तथा चित्र सहज ही उसके समक्ष उपस्थित हो जाते हैं। इसके विपरीत जो रचनाकार अपना जीवन-दर्शन किसी बाहरी स्रोत से ग्रहण करता है, वह उसे जीवनानुभूति से सम्बद्ध करके व्यक्त नहीं कर पाता।

आज पूरी मानव-जाति या तो अभावग्रस्त है या वह दुःख-सुख की धूप-छाँह के बीच जी रहा है। आज का मनुष्य भले ही भौतिक दृष्टि से आशातीत प्रगति का दावा करे, किन्तु आन्तरिक दृष्टि से वह अशान्त है। उसे स्वयं पता नहीं कि उसके जीवन का चरम लक्ष्य क्या है। भौतिक सम्पन्नता से उपजी समस्याओं के कटु अनुभव उसे अपनी भौतिक उपलब्धियों पर पुनर्विचार करने के लिए बाध्य करते हैं।

दिनकर के व्यक्तित्व में धार्मिक और सांस्कृतिक परम्पराओं के प्रति गहरी आस्था और विद्रोह के प्रति सहज सम्मान, ये दोनों तत्त्व निहित थे। वे आस्तिक तो थे, लेकिन धर्मभीरु नहीं। डॉ. काशीप्रसाद जायसवाल और राहुल सांकृत्यायन की नास्तिकता का भी वे सम्मान करते थे। उनका मानना था कि शंकाओं से भी

सभ्यता को लाभ ही होता है, इसीलिए किसी नास्तिक द्वारा उठाई गई शंका की भी वे कद्र करते थे।

भारतीय धर्म-साधना की परंपरा में वेदों को प्रमाण मानने वाले दर्शनों को आस्तिक-दर्शन और वेदों को प्रमाण नहीं मानने वाले दर्शनों को नास्तिक-दर्शन कहा गया है। इन नास्तिक-दर्शनों में बौद्ध-दर्शन सबसे महत्त्वपूर्ण है। दिनकरजी महात्मा बुद्ध के विचारों से प्रभावित थे। उन्होंने लिखा है—"बुद्धदेव ने जिस धर्म की रचना की थी वह अत्यंत सात्विक था, किंतु, ईश्वर के लिए उसमें स्थान न था। ईश्वर रहे या नहीं रहे, किंतु मनुष्य के जीवन में धर्म का आवास रहना ही चाहिए। धर्म कोमलता है, धर्म दया है, धर्म त्याग है, धर्म विश्वबंधुत्व और शांति है। घंटा, शंख, आरती और अजान, धर्म के ये चिह्न लुप्त होते जा रहे हैं और उनके लुप्त होने से मानवता की तनिक भी क्षति नहीं हुई है। किंतु, कोमलता, दया और त्याग, ये आज भी आवश्यक हैं; और धर्म में जो स्थान पहले वैयक्तिक मुक्ति का था वह अब विश्वबंधुत्व और शांति का माना जाना चाहिए। जो व्यक्ति मनुष्य-मनुष्य के बीच एकता को नहीं मानता वह अधार्मिक है और जो शांति के पक्ष में अपनी जीभ खोलने से डरता है उसे कायर नहीं, पापी कहना चाहिए।"[1]

उन्होंने यह भी लिखा है कि—"हमारा राष्ट्रीय चरित्र योद्धा नहीं, शांति-सेवक का चरित्र रहा है। लगभग पाँच हजार वर्ष के इतिहास में हमने अपने देश के बाहर जाकर किसी देश पर आक्रमण नहीं किया, न हमने दूसरों का धन हरण करने अथवा उन्हें दास बनाने की कोशिश की। यह ठीक है कि देश के भीतर दिग्विजय करने वाले योद्धा इस देश में भी बहुत हुए, किंतु भारत नाम में जो दिव्यता है उसके प्रतीक यहाँ अर्जुन नहीं, युधिष्ठिर रहे हैं; चंद्रगुप्त नहीं, अशोक रहे हैं। और आधुनिक काल में भी भारत की जनता का निश्छल प्रेम लोकमान्य तिलक की अपेक्षा महात्मा गाँधी को अधिक प्राप्त हुआ।"[2]

डॉ. नगेन्द्र का मानना है कि "दिनकरजी के संस्कारों पर भारतीय आदर्शवाद का गहरा प्रभाव पड़ा है, इसलिए उनका दृष्टिकोण सर्वथा भौतिक कहीं नहीं हो पाया—एक सूक्ष्म आदर्शोन्मुखी चेतना उनमें परिव्याप्त है, जो उसे स्थूल ऐहिकता से ऊपर उठाए रखती है।"

'वेणुवन' में संकलित एक निबन्ध 'कलाकार की सफलता' में दिनकर ने लिखा है—"चीन का एक राजा एक दिन अपने राज्य के उस भाग को देखने गया जो समुद्र के तट पर पड़ता था। वहाँ उसने एक पहाड़ी पर स्थित अपने बँगले से देखा कि समुद्र में सैकड़ों जहाज उधर-से-इधर और इधर-से-उधर जा रहे हैं। यह सब देखकर राजा ने अपने मंत्री से पूछा, 'इन सैकड़ों जहाजों में जो लोग हैं, वे क्या कर रहे हैं?' मंत्री ने उत्तर दिया, 'महाराज! मुझे तो केवल दो ही जहाज दिखाई देते हैं जिनमें से एक का नाम रुपया और दूसरे का नाम कीर्ति है।'

मंत्री का कहना बिलकुल ठीक था। संसार में जो भी व्यक्ति सफलता की खोज में है, वस्तुतः वह या तो रुपया खोज रहा है अथवा कीर्ति। और जिसे ये दोनों अथवा उनमें से एक भी वस्तु मिल जाती है, वह सबकी आँखों में सफल समझा जाने लगता है।

फिर भी, रुपया सफलता की पूरी निशानी नहीं है और अगर है भी, तो उसे सफलता का स्थूल, प्रत्युत, कुरूप लक्षण ही मानना चाहिए। सफल व्यक्ति का एक लक्षण यह है कि वह सुखी और सुप्रसन्न होता है। किन्तु समाज के जिस वर्ग में धन का आधिक्य है उसमें सुखी व्यक्तियों की संख्या अत्यन्त थोड़ी मिलेगी। और समाज का जो वर्ग बिलकुल धनहीन है उसमें सुखी व्यक्ति और भी कम मिलते हैं। सुखियों की तादाद उस वर्ग में सबसे अधिक है जो इन दोनों वर्गों के बीच में पड़ता है; अर्थात धनियों और निर्धनों की अपेक्षा उन लोगों के सुखी होने की सम्भावना अधिक है जिनके पास धन की न तो अधिकता है, न उसका आत्यन्तिक अभाव, यानी जिनके पास जरूरत भर है और उससे अधिक नहीं है।"[3]

भवानी प्रसाद मिश्र द्वारा पूछे गए एक प्रश्न के उत्तर में दिनकर ने कहा था—"हमें समाज में इस मान्यता को प्रचलित करना चाहिए कि जिसकी जरूरतें जितनी कम हैं, वह उतना ही श्रेष्ठ मनुष्य है। हमारे समाजवाद का भी एक आध्यात्मिक आधार होना चाहिए। मुझे यह देखकर हैरत होती है कि सुयोग्य समाजवादी नागरिक तैयार करने की कोई शिक्षा पाठशालाओं में नहीं दी जा रही है। पाठशालाओं में हमारे बच्चों को आरम्भ से ही यह सिखलाया जाना चाहिए कि जो सुख तुम्हारे साथियों को उपलब्ध नहीं है, उसे तुम भी भोगने से इनकार कर दो।"[4]

जिन्दगी को देखने का उनका एक स्पष्ट नज़रिया है। उनका मानना था कि जिन्दगी के रास्ते में अन्धकार और काँटे हैं, उनसे डरना या घबराना जवानी का अपमान है। जवानी किसी भी ध्येय को पहुँच के बाहर नहीं समझती। 12 फरवरी, 1974 ई. को आगरा विश्वविद्यालय के दीक्षान्त समारोह में बोलते हुए दिनकर ने कहा था—"जिन्दगी फूलों की सेज नहीं है, मगर जो लोग काँटों से नहीं डरते, वे उसे फूलों की सेज भी बना डालते हैं—

जीवन उनका नहीं युधिष्ठिर, जो उससे डरते हैं!
वह उनका, जो चरण रोप निर्भय होकर लड़ते हैं।"[5]

वहीं उन्होंने यह भी कहा था कि "जिन्दगी का असली मज़ा सफलता नहीं, संघर्ष में है। जो लोग जीत गए, जो लोग कामयाब हो गए, वे स्वयं चाहे जो भी ऐश्वर्य भोग लें, मनुष्यता को वे प्रेरणा और प्रकाश नहीं दे सकते। मनुष्य को रोशनी तो वे ही दे रहे हैं, जिन्होंने महान लक्ष्य को प्राप्त करने के लिए जीवन भर प्रयास

किया, किन्तु जीते-जी वह लक्ष्य उनके हाथों में नहीं आ सका। राम, कृष्ण, ईसा और गाँधी—सफलता ने इनमें से किसी का भी वरण नहीं किया; किन्तु ये असफल महापुरुष ही हमें प्रेरणा और प्रकाश दे रहे हैं।"[6]

लोक-परलोक सम्बन्धी दृष्टि

दिनकर परलोक सुधारने के लिए लोक का तिरस्कार करने के पक्षधर नहीं थे। उनका मानना था कि आध्यात्मिक साधना के लिए जीवन का त्याग, यही गलती भारतीय धर्म से हुई। उपाय है कबीर का उपदेश—जँह-जँह डोलूँ, सो परिचर्या, जो कुछ करूँ सो पूजा।[7]

उन्होंने लिखा है—"युगों के दर्पण में कविता-कामिनी का अपार्थिव रूप देखकर शून्य में पंख खोलकर उड़ने की इच्छा जरूर हुई, परन्तु देश की अपमानित मिट्टी का प्रभाव कहिए या मेरा अपना भाग्यदोष कि कल्पना के नन्दन-कानन में भी मिट्टी की गन्ध मेरा पीछा नहीं छोड़ सकी। जब तक सत्य का आधार नहीं मिला, स्वप्न के पैर डगमगाते रहे। यह कह दूँ तो मन्तव्य अधिक स्पष्ट हो जाए कि देशमाता का शस्यश्यामल अंचल सिर्फ इसीलिए सुन्दर नहीं लगा चूँकि उसमें प्राकृतिक सुषमा निखर रही है, वरन, इसलिए भी कि उसके साथ भारतीय किसानों का श्रम, उनकी आशा और अभिलाषाएँ लिपटी हुई हैं।

हिमालय को देखकर हृदय में गौरव तो जगा, किन्तु, उसके सामने मस्तक तब झुका जब कानों ने अपनी ही भावना की यह गुनगुनाहट सुनी कि नगराज हमारे भाल का रजत-किरीट है, हमारे राज्य का द्वार-प्रहरी है।"[8]

कल्पना और सामाजिक जीवन के बीच सामंजस्य

दिनकर का मानना है कि साहित्य के समग्र इतिहास में वही कवि विजयी हुआ जिसकी कृतियों में मनुष्य की संस्कृति के लिए अधिक से अधिक स्पष्ट सन्देश था। युगों से मनुष्य अपनी चरम उन्नति के लिए चिन्तित रहा है। ज्ञान की प्रत्येक शाखा पर वह इसी उन्नति के फल की खोज करता रहा है। जो वस्तु उसके विकास में सहायक नहीं हुई उसकी सत्ता में स्थायित्व लाने के लिए मानव भी सचेष्ट नहीं हो सका। यही कारण है कि केवल फूलों की हँसी और पक्षियों के कलरव का अनुकरण करनेवाले कलाकारों की अपेक्षा उन कवियों-कलाकारों को ऊँचा स्थान मिला जिनकी कृतियाँ माधुर्य के संचार के साथ-साथ बुद्धि के धरातल को भी ऊपर उठाने में समर्थ थीं।

उन्होंने लिखा है—"कवि-कल्पना और सामाजिक जीवन के बीच सामंजस्य स्थापित किए बिना साहित्य आयुष्मान नहीं हो सकता। छोटी-छोटी, क्षणिक और हल्की भावनाओं का गीत प्रणयन भी अपनी जगह मूल्य रखता है, किन्तु कलाकारों में श्रेष्ठ तो वहीं गिना जाएगा जो जीवन के किसी महान प्रश्न पर महान रूप से

कला का रंग छिड़क सके। सच तो यह है कि ऊँची कला कोशिश करने पर भी अपने को नीति और उद्देश्य के संसर्ग से बचा नहीं सकती, क्योंकि, नीति और लक्ष्य जीवन के प्रहरी हैं और कला जीवन का अनुकरण किए बिना जी नहीं सकती। चूँकि जीवन-मंथन कलाकार का स्वभाव है और उसका जीवन कल्पना से उद्वेलित होकर उसकी ओर उन्मुख रहता है जो सुन्दर और महान है, इसलिए, उच्च कला की सभी कृतियों में प्रवेश पाने के लिए नीति अपना मार्ग आप ढूँढ़ लेती है ....। सच्ची कला में सुन्दरता नीति-प्रचार का शिकार नहीं होती, उद्देश्य के सामने माथा नहीं टेकती। ऊँची कविता का अगर रूप सुन्दर होता है तो उसकी आत्मा तथा उसके अन्तर्गत भाव भी पुण्य को प्रेरित करनेवाले तथा मंगलकारी होते हैं।[9]

उनका मानना है कि "काव्य की सबसे बड़ी मर्यादा इसमें है कि वह राष्ट्र की आधिभौतिक उन्नति और विकास तथा उसके स्थूल इतिहास के ऊपर कोमल और पवित्र आकाश बन कर फैलता रहे—किसी दूरस्थ शंख की भाँति ध्वनित होकर हमारी वृत्तियों को गगनोन्मुख किए रहे, हमारी बौद्धिक आनन्ददायिनी शक्ति को सोने नहीं दे तथा उन भावों को जागरूक तथा चैतन्य रखे जो समकालीन सामाजिक आदर्श के अंग हैं।"[10]

व्यक्तिगत प्रेम-सौन्दर्यमूलक कविताएँ हों या फिर राष्ट्रीय कविताएँ, सभी कवि की संवेदना से स्पन्दित हैं। उनमें आरम्भ से ही स्वयं को अपने परिवेश से जोड़ने की एक तड़प दिखाई पड़ती है। इसलिए उनकी व्यक्तिगत प्रेम-सौन्दर्यमूलक कविताओं में भी एक खुलापन, जनोन्मुखी चेतना और सहजता है। छायावाद या उत्तर-छायावादी वैयक्तिक कविता की कुंठा, अवसाद और निराशा की जगह वे प्रसन्नता के पक्षधर हैं। उनमें सौन्दर्य के प्रति एक स्वस्थ मानवीय प्रतिक्रिया दिखाई पड़ती है।

दिनकर की सबसे बड़ी विशेषता है—अपने देश और युग-सत्य के प्रति जागरूकता। कवि देश और काल के सत्य को अनभूति और चिन्तन दोनों स्तरों पर ग्रहण करने में समर्थ हुआ है। कवि ने राष्ट्र को उसकी तात्कालिक घटनाओं, यातनाओं, विषमताओं, समताओं आदि के ही रूप में नहीं, उसकी संश्लिष्ट सांस्कृतिक परम्परा के रूप में पहचाना है और उसके प्राचीन मूल्यों का नए जीवन-संदर्भों के परिप्रेक्ष्य में आकलन कर एक ओर उन्हें जीवन्तता प्रदान किया है; दूसरी ओर, वर्तमान समस्याओं और आकांक्षाओं को महत्त्व देते हुए उन्हें अपने मूल्यों से जोड़ना चाहा है।

दिनकर 'शब्दों के सुप्रयोग' के साथ ही लोगों की व्यक्तिगत स्वतंत्रता के प्रबल पक्षधर थे। उन्हीं के शब्दों में—शब्द के प्रति तो उत्तरदायी वे भी होते हैं जिनका उद्देश्य प्रहार करना है, रक्षा करना, निर्माण करना है, शान्ति लाना या

भूकम्प मचाना है। किन्तु जो लोग केवल शब्दों को अर्पित हो गए हैं, जॉर्ज आरवेल ने उन्हीं को ललकार कर कहा था कि "डॉक्टर को डॉक्टरी का व्यवसाय कभी भी मिल जाएगा, इंजीनियर, किसान और मजदूर भी डिक्टेटर के अधीन बेकार नहीं रहेंगे; लेकिन अगर (व्यक्तिगत स्वतन्त्रता की) गाड़ी पटरी से उतर गई, तो सबसे बड़ी मुसीबत उन्हीं को झेलनी होगी, जिनका काम शब्दों का सुप्रयोग है।"[11]

उनका मानना था कि "मनुष्य की हैसियत से कवि का भी यह न्याय-सिद्ध अधिकार है कि वह उन सभी मानसिक दशाओं का अनुभव प्राप्त करे जो मनुष्य के लिए स्वाभाविक हैं। मनुष्य जिन-जिन चीजों में दिलचस्पी लेता है, उनमें से कोई भी चीज कवि के लिए विवर्जित नहीं समझी जा सकती। कला के द्रव्य का आविर्भाव तो उन्हीं भावों से होगा जो जीवन के लिए सामान्य और सर्वव्यापी हैं।"[12]

दिनकर में साम्राज्यवाद और सामन्तवाद की अमानवीयता के विरुद्ध घोर असन्तोष और क्षोभ की भावना थी। वे अहिंसा को सर्वत्र उचित नहीं मानते। वे एक प्रकार से अधैर्य के कवि हैं।

उनकी काव्य-दृष्टि लगातार उन बातों की खोज करती रही; और उसको सृजन-चेतना में लाती रही, जिनका दीर्घकालीन महत्त्व है। भारतीय कविता और विदेशी कविता के अध्ययन से दिनकर ने अपने काव्य-विवेक को समृद्ध किया, इसलिए वे ऐसा कुछ लिखने को व्यग्र रहे जो इतिहास की थाती बने। उनके इस व्यग्र प्रयत्न का ही परिणाम है कि वे कवि रूप में आज भी चर्चा में हैं।

देश के आज़ाद होते ही राष्ट्रीय-चेतनावाली कविताओं का विषय खत्म हो गया। राष्ट्रवादी कवियों की क्या बात, महादेवी वर्मा जैसी विशिष्ट कवयित्री ने भी सन् 1945 में प्रकाशित 'दीपशिखा' के बाद कविता रचना प्राय: छोड़ दिया; क्योंकि उन्हें महसूस हुआ कि एक आत्मा-परमात्मा के सम्बन्ध पर कितना लिखा जाए? कहने का अर्थ यह कि सृजनशीलता को जीवित रखने के लिए वस्तुगत अनुभवों की विविधता अनिवार्य है, इससे रचना-संसार समृद्ध होता है। रचना को नई-नई वस्तु मिलती रहती है, इससे कवि-कर्म का भी विस्तार होता है। कविता की विकास-धारा के साथ कवि का सम्बन्ध बना रहता है, जिससे नए रचनाकारों और नए पाठक-समुदाय के बीच भी कवि बना रहता है।[13]

रवीन्द्रनाथ ठाकुर और इकबाल की रचनात्मकता और उनकी विचारधारा से दिनकर बहुत प्रभावित थे। ज्ञानपीठ पुरस्कार-ग्रहण समारोह में दिनकर ने कहा था—"रवीन्द्रनाथ उपयोगिता को कोई महत्त्व नहीं देते थे। जहाँ तक उपयोगिता का सवाल है, आदमी और जानवर में कोई भेद नहीं है। मनुष्य का असली व्यक्तित्व तब बनता है, जब वह उपयोगिता के घेरे को लाँघकर ऐसी भूमि में पहुँच जाता है जो निरुद्देश्य आनन्द की भूमि है, जहाँ मनुष्य आत्मरक्षा की भावना से प्रेरित होकर साहित्य का सृजन नहीं करता, न समाज के स्थूल प्रयोजन की पूर्ति के लिए

कविता या चित्र बनाता है।

रवीन्द्रनाथ की तरह इकबाल भी मानते हैं कि कला व्यक्तित्व की अभिव्यक्ति है। किन्तु, व्यक्तित्व की परिभाषा उनकी कुछ और है। जो अभी आराम में है, जो संघर्ष से दूर है, जो बड़े मकसदों को हासिल करने के लिए जद्दोज़हद नहीं कर रहा है, इकबाल उस मनुष्य को व्यक्तित्वहीन समझते हैं। व्यक्तित्व संघर्ष की स्थिति होती है, तनाव की स्थिति होती है, और जो आदमी जितने ही अधिक तनाव में है, उसका व्यक्तित्व भी उतना ही बड़ा और बलवान है।

शुरू में ही मुझ पर रवीन्द्र और इकबाल का जो विरोधी प्रभाव पड़ गया, उसके कारण मैं काफी वर्षों तक बेचैन रहा। मेरे निर्माण का समय वह था जब गाँधीजी समस्त देश को जीवन, जागरण, प्रेरणा और संघर्ष से आलोड़ित कर रहे थे। ऐसा समय क्या कोमल, वायवीय, निरुद्देश्य गीतों का समय होता है? अथवा सम्भव है कि पराधीनता का विरोध, शोषण और साम्राज्यवाद पर प्रहार तथा समता के समर्थन में गान मैंने भी प्रचार के लिए नहीं, बल्कि इसलिए किया था कि वैसा करना मुझे अच्छा लगता था, आनन्ददायी मालूम होता था।

जवानी भर मुझे इसकी परवाह ही नहीं रही कि देवताओं की पसंन्द क्या है। मुख्य बात यह थी कि गर्म लोहे पर हथौड़े की चोट ज़ोर से पड़ती है या नहीं। मैं रन्दा लेकर काठ को चिकनाने नहीं आया था। मेरे हाथ में तो कुल्हाड़ी थी। मैं जड़ता की लकड़ियों को फाड़ रहा था।"[14]

लेकिन राष्ट्रवादी कविताओं की सीमा को उन्होंने बहुत पहले ही जान लिया था। इसलिए वे अलग भावबोधवाली कविताएँ भी लिखते रहे। 'द्वन्द्वगीत' में जो भावनात्मक गीत उन्होंने लिखे थे, उनकी भी सीमा वे जानते थे। इसलिए राष्ट्रीयता और वैयक्तिक भावुकता से भिन्न सामाजिक और मानवीय चेतना को भी कविता का विषय बनाते रहे। अन्याय-शोषण की मुखालफत करते हुए वे सामाजिक-न्याय की भावना को दृढ़ता के साथ व्यक्त करते रहे। न्याय के लिए संघर्ष का आह्वान उनकी कविताओं का प्रिय स्वर है। मनुष्य के पुरुषार्थ को वे अपनी ओजस्वी भाषा में व्यक्त करते हैं—

धरकर चरण विजित श्रृंगो पर झंडा वही उड़ाते हैं,
अपनी ही उँगली पर जो खंजर की जंग छुड़ाते हैं।

(अनल-किरीट; हुंकार, 1938 ई.)

डॉ. खगेन्द्र ठाकुर के शब्दों में—"दिनकर ने समाज और इतिहास से सम्बन्धित, मनुष्य के भवितव्य से सम्बन्धित बड़े-बड़े सवाल अपनी कविताओं में उठाए हैं। इसीलिए अनुभूतियों और संवेदनशील प्रसंगों के अभाव के बावजूद कहीं ओजपूर्ण और कहीं धीर गति से चलने वाली साफ-सुथरी भाषा में ऊँचे विचारों के कारण दिनकर का काव्य महत्त्वपूर्ण बना हुआ है। छायावादोत्तर काल की काव्य-

धारा की जो मुख्य चेतना है, उससे अलग रहकर भी दिनकर उपर्युक्त कारणों से कविता में अपना विशिष्ट स्थान रखते हैं। बच्चन ने भी इस दौर की कविता से अपना तालमेल बिठाने की कोशिश की, लेकिन वे 'मधुशाला', 'मधुबाला', 'निशा निमंत्रण' आदि की भावाकुलता में इतना डूबे थे कि छायावादोत्तर कविता-धारा के साथ नहीं चल पाए। इससे भी दिनकर के काव्य-सामर्थ्य का पता चलता है। मैं तो कहना चाहता हूँ कि कविता के इतिहास में दिनकर ज्यादा अपनी परवर्ती कविताओं के कारण याद किए जाएँगे या पसन्द किए जाएँगे। 'हिमालय', 'हाहाकार', 'दिगम्बरी' आदि कविताओं ने दिनकर को तत्काल ख्याति दिलाई, लेकिन प्रतिष्ठा मिली उन्हें 'कुरुक्षेत्र' से और वास्तव में कवित्त्व और भाषा की व्यापक क्षमता एवं सामर्थ्य का इज़हार किया 'नील-कुसुम' से लेकर 'मृत्ति-तिलक' तक की कविताओं ने। परवर्ती कविताओं में उनके नए मिजाज़, नए चिन्तन और नई भाषा-शैली से पाठकों का साक्षात्कार होता है। यों इस दौर में भी विचारों और भावनाओं में कई बार असंगति दिखाई पड़ जाती है, लेकिन दिनकर एक नए रचनात्मक दौर में पहुँचे हुए लगते हैं।"[15]

'दिनकर' के भावुक हृदय को क्रान्ति के लिए सबसे अधिक प्रेरित समाज में स्त्रियों की नग्नता और बच्चों की भूख ने किया। 'हाहाकार' शीर्षक कविता में बच्चों की भूख और दूध के लिए उनकी विकलता का बहुत ही मार्मिक वर्णन किया गया है—

कब्र-कब्र में अबुध बालकों की भूखी हड्डी रोती है,
'दूध-दूध' की कदम-कदम पर सारी रात सदा होती है।
'दूध-दूध' ओ वत्स, मन्दिरों में बहरे पाषाण यहाँ हैं;
'दूध-दूध', तारे, बोलो इन बच्चों के भगवान कहाँ हैं?

(हाहाकार; हुंकार, 1937 ई.)

चाहे भगवान बहरें हों, तारे न बोलें, लेकिन, कवि चुप बैठनेवाला नहीं। वह अपने मन्यु को व्यक्त करते हुए कहता है—

हटो व्योम के मेघ! पंथ से स्वर्ग लूटने हम आते हैं,
'दूध-दूध', ओ वत्स, तुम्हारा दूध खोजने हम जाते हैं।

(हाहाकार; हुंकार, 1937 ई.)

कवि 'दिनकर' ने क्रान्ति को एक नया नाम दिया है—विपथगा! विपथगा इसलिए क्योंकि वह कब किधर को निकल पड़ेगी यह उसे खुद भी ज्ञात नहीं है—

मुझ विपथगामिनी को न ज्ञात
किस रोज, किधर से आऊँगी?

जिसके आने-जाने का कोई निश्चित ठौर न हो, उसका विपथगा ही तो कहेंगे!

खास बात यह है कि कवि ने इस विपथगा का भारतीयकरण कर दिया है। यह सिर पर छत्र-मुकुट रखती है; कुमारी है, फिर भी सिन्दूर लगाती है, आँखों में अंजन लगाती है और रंगीन वस्त्र पहनकर नाचती है। लेकिन, इसके मुकुट, सिन्दूर, अंजन और वस्त्र सब असाधारण हैं। कैसे?

मेरे मस्तक का छत्र-मुकुट वसु-काल-सर्पिणी के शत फण,
मुझ चिर-कुमारिका के ललाट पर नित्य नवीन रुधिर-चन्दन,
आँजा करती हूँ चिता-धूम का दृग में अन्ध-तिमिर अंजन,
संहार-लपट का चीर पहन नाचा करती मैं छूम-छनन।
झन-झन-झन-झन-झन-झनन-झनन।

(विपथगा, हुंकार, 1938 ई.)

और जब वह नाचने लगती है तब एक विचित्र दृश्य उपस्थित हो जाता है—

पायल की पहली झनक, सृष्टि में कोलाहल छा जाता है,
पड़ते जिस ओर चरण मेरे, भूगोल उधर दब जाता है।

रामवृक्ष बेनीपुरी का मानना है कि विश्व-साहित्य में क्रान्ति पर जितनी कविताएँ हैं, 'दिनकर' की 'विपथगा' किसी के भी समकक्ष आदर का स्थान पाने की योग्यता रखती है। क्रान्ति-सम्बन्धी उसकी दूसरी कविता 'दिगम्बरि' भी हिन्दी-संसार में बेजोड़ है। मालूम होता है, कवि आँखों देखी, कानों सुनी बात कह रहा है—

दिशा के बन्ध से झंझा विकल है छूटने को;
धरा के वक्ष से आकुल हलाहल फूटने को।
धरातल को हिला गूँजा धरणि में राग कोई,
तलातल से उभरती आ रही है आग कोई।

(दिगम्बरि, हुंकार, 1939 ई.)

चूँकि युवक इस क्रान्ति के वाहक हैं, इसलिए कवि कभी युवकों को उलाहना देते हुए यह कहता है कि-

खेल रहे हिलमिल घाटी में कौन शिखर का ध्यान करे?
ऐसा वीर कहाँ कि शैल-रुह फूलों का मधु-पान करे।

(शब्द-बेध, हुंकार, 1935 ई.)

वहीं, कभी उन्हें चेतावनी भी देता है—

लेना अनल-किरीट भाल पर ओ आशिक होनेवाले,
कालकूट पहले पी लेना, सुधा-बीज बोनेवाले।

(अनल-किरीट, हुंकार, 1938 ई.)

वरेण्य कौन?

दिनकर उन रचनाओं को उचित नहीं मानते थे जो मिट्टी की पुकार को अनसुना कर देती हो। उनका कहना था कि "धरती पर एक नए प्रकार के मनुष्य का जन्म हो रहा है और हम लोग उसी युग के जीव हैं। चाहे हम आकाश में उड़ते हों या धरती पर घूम रहे हों, लेकिन हमारी आँखें उसी मनुष्य पर केन्द्रित रहनी चाहिए।"[16] उन्होंने लिखा है—

पग-पग पर हिंसा की ज्वाला, चारों ओर गरल है;
मन को बाँध शान्ति का पालन करना नहीं सरल है।
तब भी जो नरवीर असिव्रत दारुण पाल सकेंगे,
वसुधा को विष के विवर्त से वही निकाल सकेंगे।

(हिमालय का संदेश, नीलकुसुम, 1954 ई.)

वे कैसे मनुष्य की कामना करते हैं? इस बात को उन्होंने 'राष्ट्रीयता और अन्तर्राष्ट्रीयता' शीर्षक निबन्ध में स्पष्ट किया है। "धरती अपनी धुरी पर भी घूमती है और वह सूर्य के भी चारों ओर घूमती है। उसी प्रकार, प्रत्येक व्यक्ति की भी दो गतियाँ होनी चाहिए। एक तो अपनी निजी वैयक्तिकता की धुरी पर घूमने के लिए और दूसरी उस आदर्श के चारों ओर, जिसमें समस्त मानव-समाज समाहित है।[17]

यदि दिनकर की किसी एक कविता के माध्यम से उनकी समग्र जीवन-दृष्टि और संवेदना को बखूबी समझना हो तो वह कविता 'नींव का हाहाकार' से बेहतर कोई अन्य नहीं होगी।

नींव में से आ रही है क्षीण हाहाकार।
जानते हो, कौन नीचे दब गया है?
दर्द की आवाज पहले भी सुनी थी?
या क़ि यह दुष्कांड बिलकुल ही नया है?
वस्त्र जब नूतन बदलते हो किसी दिन,
खून के छींटे पड़े भी देखते हो?
रात को सूनी, सुनहरी कोठरी में
मौन कुछ मुर्दे खड़े भी देखते हो?
रोटियों पर कौर लेते ही कहीं से
अश्रु की भी बूँद क्या चूती कभी है?
बाग में जब घूमते हो शाम को तब
सनसनाती चीज भी छूती कभी है?

कवि आगे कहता है कि—

नींव की ईंटें हटाओ।
दब गए हैं जो, अभी तक जी रहे हैं।
जीवितों को इस महल के बोझ से आजाद कर दो।

तोड़ना है पुण्य जो तोड़ो खुशी से।
जोड़ने का मोह जी का काल होगा।
अनसुनी करते रहे इस वेदना को,
एक दिन ऐसा अचानक हाल होगा—
वज्र की दीवार यह फट जाएगी।
लपलपाती आग या सात्विक प्रलय का रूप धर कर
नींव की आवाज बाहर आएगी।
वज्र की दीवार जब भी टूटती है,
नींव की यह वेदना विकराल बनकर छूटती है।
दौड़ता है दर्द की तलवार बनकर
पत्थरों के पेट से नरसिंह ले अवतार।
काँपती है वज्र की दीवार।

(नील कुसुम, 1953 ई.)

संदर्भ

1. 'शांतिलोक', संपादक : गोपालकृष्ण कौल; (प्राक्कथन लेखक : रामधारी सिंह दिनकर) प्राक्कथन, पृ. सात-आठ; साहित्य प्रकाशन, दिल्ली; 1955 ई.।
2. वही, प्राक्कथन, पृ. आठ
3. रामधारी सिंह दिनकर; 'वेणुवन', पृ. 11-12
4. दिनकर रचनावली, खंड 11, सं. डॉ. नन्दकिशोर नवल एवं तरुण कुमार; पृ. 493
5. दिनकर रचनावली, खंड 8, सं. डॉ. नन्दकिशोर नवल एवं तरुण कुमार, पृ. 72
6. वही, पृ. 72
7. दिनकर की डायरी; 5 फरवरी, 1971; दिल्ली
8. रामधारी सिंह दिनकर, मिट्टी की ओर, पृ. 56; उदयाचल, पटना; 1946 ई.।
9. रामधारी सिंह दिनकर, मिट्टी की ओर, पृ. 59-60; उदयाचल, पटना; 1946 ई.
10. रामधारी सिंह दिनकर, मिट्टी की ओर, पृ. 62; उदयाचल, पटना; 1946 ई.।
11. दिनकर रचनावली, खंड 11, सं. डॉ. नन्दकिशोर नवल एवं तरुण कुमार, पृ. 491
12. रामधारी सिंह दिनकर, मिट्टी की ओर, पृ. 70; उदयाचल, पटना; 1946 ई.।
13. डॉ. खगेन्द्र ठाकुर; 'रामधारीसिंह दिनकर : व्यक्तित्व और कृतित्व', प्रस्तावना
14. संचयिता; रामधारी सिंह दिनकर, आत्मकथन, पृ. 14-15; भारतीय ज्ञानपीठ, नई दिल्ली; 10वाँ संस्करण, 2005 ई.।
15. डॉ. खगेन्द्र ठाकुर; 'रामधारीसिंह दिनकर : व्यक्तित्व और कृतित्व', प्रस्तावना
16. रामधारी सिंह दिनकर, मिट्टी की ओर, पृ. 73; उदयाचल, पटना; 1946 ई.।
17. रामधारी सिंह दिनकर, 'रेती के फूल', पृ. 53; नेशनल पब्लिशिंग हाउस, नई दिल्ली; 1987 ई.।

अध्याय 11

राष्ट्रकवि दिनकर की राष्ट्रीय-चेतना

आचार्य शिवबालक राय ने रामधारी सिंह दिनकर को 'भारत की राष्ट्रीय साधना का मूर्तिमान विग्रह' कहा है। दिनकर राष्ट्रीय भावधारा के सबसे महत्त्वपूर्ण कवि हैं। उनके पहले काव्य-संकलन 'विजय-सन्देश' (1928 ई.) से ही स्पष्ट है कि राष्ट्रीयता उनकी प्रमुख प्रवृत्ति थी। 1928 ई. में गुजरात के बारदोली में स्थानीय किसानों ने वल्लभभाई पटेल के नेतृत्व में आन्दोलन किया था। इस आन्दोलन की सफलता से आह्लादित होकर ही युवाकवि दिनकर ने 'विजय-सन्देश' की रचना की थी।

निहत्थे जनों का समर देख लेना।
निबल आह का भी असर देख लेना॥
न यों हम रहेंगे निरे भीत होकर।
समय पर कसेंगे कमर देख लेना॥
डटेंगे, कटेंगे-मरेंगे बढ़ेंगे।
हमें आफतों में बहर देख लेना॥
अभी हिन्द सारा बने बारदोली,
तभी बैरियों पर सहर देख लेना॥
न आधीन तेरे रहेंगे कभी अब,
रहेंगे तो पीते ज़हर देख लेना॥
कहें क्या अभी 'हाँ' जमाना तो आए,
चढ़े देश पर ही ये सर देख लेना॥

(ललकार; विजय-सन्देश, 1928 ई.)

'रेणुका' (1935 ई.) और 'हुंकार' (1940 ई.) में उनकी राष्ट्रीय चेतना का एक उन्मेष दिखाई देता है। 'इतिहास के आँसू' (1944 ई.) में संकलित 'वैशाली' शीर्षक कविता में उन्होंने लिखा है—

वैशाली! जन का प्रतिपालक, गण का आदि विधाता,
जिसे ढूँढ़ता देश आज उस प्रजातंत्र की माता।
डूबा है दिनमान, इसी खँडहर में डूबी राका,

छिपी हुई है यहीं कहीं धूलों में राजपताका;
ढूँढ़ो उसे जगाओ उनको जिनकी ध्वजा गिरी है;
जिनके सो जाने से सिर पर काली घटा घिरी है।

हम दिनकर के राष्ट्रीय-काव्य को दो भागों में बाँट सकते हैं—आजादी की लड़ाई के दौरान लिखा गया काव्य और आजादी मिलने के बाद लिखा गया काव्य। स्वतंत्रता आन्दोलन के युग में राष्ट्रभक्ति आवेश का विषय बन गई थी। अत: स्वाभाविक रूप से उस दौर में सरकारी सेवक होने के बावजूद उनकी राष्ट्रवादी कविताओं में आवेग और आवेश है। स्वाधीनता-प्राप्ति के बाद इस आवेग को थम जाना चाहिए था। लेकिन विडम्बना यह है कि स्वाधीनता-प्राप्ति के बावजूद जनसामान्य की आशाएँ पूरी नहीं हुई हैं। इसे उन्होंने भी पूरी संजीदगी से अनुभव किया कि हमारा स्वराज कहीं अटक गया है। और स्वराज यदि मिला भी है, तो 'सुराज' की स्थापना नहीं हो पाई है। स्वभावत: इस मोहभंग को उन्होंने अपनी कविताओं में पूरी जिम्मेदारी के साथ अभिव्यक्त किया है। जिस राजनीतिक दल ने संसद के उच्च सदन में उन्हें सदस्य मनोनीत किया था, तब देश में उसी दल की सरकार थी। बावजूद इसके दिनकर ने राष्ट्रहित को सर्वोपरि मानते हुए तत्कालीन सरकार की जनविरोधी नीतियों की भर्त्सना की। राष्ट्र की अगतिशीलता के विभिन्न कारणों को उन्होंने बड़े ही तीखे स्वर में व्यक्त किया।

न्याय बन चुका आज तुम्हारे कलुष करों का कन्दुक
बिठा रहे निर्णय पीठों पर चुन-चुन कर सत्ता-शुक।
हंस हर्म्य को सजा रहे तुम बक, उलूक, काकों से
मल में परिमल सूँघ रहे तुम लुब्ध नाक फाँको से।
गज मस्तक पर बिठा रहे अपने आँगन के खर को
सिंह शीर्ष उपहार दे रहे कौटुम्बिक वानर को।

(पावक सँवर रहा है)

वे प्रकृति-प्रेम के सहारे देश-प्रेम तक पहुँचे थे। उनको इस देश की सभ्यता, संस्कृति, परम्परा और इतिहास से अनन्य अनुराग था। उनका वही देशानुराग और संस्कृति-प्रेम 'संस्कृति के चार अध्याय' शीर्षक गद्य-ग्रंथ में परिलक्षित हुआ। परन्तु, "ध्यान रखना होगा कि दिनकर का देश-प्रेम न तो पश्चिमी पागलपन का नस्लवाद है, न घृणा पर केन्द्रित राष्ट्रवाद। पराधीन भारत में भारतीय जनता के शोषण और तबाही का यथार्थ है। वह अंग्रेजी उपनिवेशवाद-साम्राज्यवाद के प्रति आक्रोश से उपजा देश-प्रेम है। क्रूर साम्राज्यवादी व्यवस्था में घुटते हुए युवक का विद्रोह है।"[1]

भारत में बीसवीं सदी के आरम्भ से ही ब्रिटिश साम्राज्यवाद के विरुद्ध कांग्रेस की गाँधीवादी विचारधारा के समानान्तर एक क्रान्तिकारी धारा भी बह रही थी।

1922 ई. में महात्मा गाँधी द्वारा 'असहयोग आन्दोलन' के आकस्मिक स्थगन के बाद नवयुवकों और क्रान्तिकारियों के हृदय में आक्रोश और आवेग उफान मारने लगा था। स्वभावतः भारतीय राष्ट्रवाद उग्रतर रूप धारण करने लगा। भगतसिंह और चन्द्रशेखर आज़ाद-जैसे क्रान्तिकारी देश के युवाओं के मन-प्राण में बसने लगे। संयोगवश इसी दौर में दिनकर की राष्ट्रीय चेतना रूपाकार ग्रहण कर रही थी। 'विजय सन्देश' (1928 ई.), 'रेणुका' (1935 ई.) और 'हुंकार' (1940 ई.) की कविताओं को देखते हुए यह कहा जा सकता है कि उग्र राष्ट्रवाद की क्रान्तिकारी चेतना युवाकवि दिनकर के मन को मोह रही थी। उनकी कविताओं में उग्र राष्ट्रवाद का यह सिलसिला 'हिमालय के प्रति' (1933 ई.) शीर्षक कविता की रचना से लेकर 'सामधेनी' (1947 ई.) नामक काव्य-संकलन की कविताओं तक चलता है। उनकी कविताओं में जो आक्रोश का प्रखर स्वर दिखाई देता है वह तत्कालीन राष्ट्रीय परिस्थितियों में स्वाभाविक था।

उनकी उग्र राष्ट्रवादी चेतना 1933 ई. में रची गई 'हिमालय के प्रति' शीर्षक कविता में बहुत स्पष्ट रूप में विद्यमान है। वे लिखते हैं—

रे रोक युधिष्ठिर को न यहाँ
जाने दे उनको स्वर्ग धीर
पर फिरा हमें गांडीव गदा
लौटा दे अर्जुन भीम वीर।

1930 ई. के 'नमक सत्याग्रह' की कामयाबी के फलस्वरूप अंग्रेजों को ऐसा लगा कि अब भारत में उनका राज बहुत दिनों तक नहीं चल पाएगा और उन्हें भारतीयों को सत्ता में भागीदारी देनी ही होगी। इसी के मद्देनजर ब्रिटिश सरकार ने लन्दन में गोलमेज सम्मेलनों का आयोजन किया। प्रथम गोलमेज सम्मेलन 12 नवम्बर 1930 ई. से 13 जनवरी 1931 ई. तक लन्दन में आयोजित हुआ। मदनमोहन मालवीय, भीमराव अम्बेदकर, आगा खाँ, मुहम्मद अली जिन्ना और महात्मा गाँधी ने इस सम्मेलन में भाग लिया था। इधर क्रान्तिकारियों ने अपने ही अन्दाज़ में ब्रिटिश सत्ता को चुनौती दी। यद्यपि भगतसिंह और चन्द्रशेखर आजाद शहीद हो गए, तथापि उनके बलिदान ने इस देश की चेतना को झकझोर कर रख दिया। निश्चित रूप से दिनकर की उपर्युक्त पंक्तियों में युधिष्ठिर महात्मा गाँधी का प्रतिनिधित्व कर रहे हैं और अर्जुन-भीम जैसे वीर भगतसिंह और चन्द्रशेखर आजाद का। कवि यहाँ कहना चाहता है कि युधिष्ठिर (यानी महात्मा गाँधी) को जहाँ जाना हो जाएँ, लेकिन अर्जुन और भीम (यानी भगतसिंह और चन्द्रशेखर आज़ाद) जैसे वीर योद्धा यहाँ फिर से लौट आएँ। प्रकारान्तर से, कवि यह कह रहा है कि तत्कालीन परिस्थितियों में हमारे हतदर्प देश को शान्तिवाद की बजाय क्रान्तिवाद की जरूरत है।

क्रान्तिकारी चेतना से भरे युवावर्ग को देश की पराधीनता बेचैन कर रही थी। इसलिए 'हिमालय' का कवि यह कहता है कि—

रे मौन तपस्या लीन यती
पल भर को तो कर दृगोन्मेष।
रे ज्वालाओं से दग्ध विकल
है तड़प रहा पद पर स्वदेश।

इस कविता में 'हिमालय' वस्तुतः भारत की युवाशक्ति का प्रतीक है। उसको लक्ष्य करके कवि कहता है कि यहाँ गुलामी की आग में झुलसा हुआ तुम्हारा प्यारा देश विकल होकर तुम्हारे पैरों पर पड़ा हुआ है; इसके बावजूद तुम मौन और निश्चेष्ट बैठे हुए हो ! ऐसा कहकर कवि अपने देश की युवाशक्ति का आह्वान कर रहा है; ताकि उसकी चुप्पी, उदासीनता और निष्क्रियता दूर हो; और उसके भीतर दबी हुई क्रान्ति की चिनगारी किसी दावानल की तरह भड़क उठे। कवि देश की युवाशक्ति से यह भी कहता है कि तुम्हारी उदासीनता के कारण ही तुम्हारा देश अधोगति को प्राप्त हुआ है—

कितनी मणियाँ लुट गईं!
मिटा कितना तेरा वैभव अशेष।
तू ध्यानमग्न ही रहा, इधर
वीरान हुआ प्यारा स्वदेश।

राष्ट्रकवि दिनकर भारत की युवाशक्ति के असीम बल से परिचित थे। उन्हें पता था कि यदि नवयुवकों की सोई हुई शक्ति को जगा दिया गया तो फिर स्वतंत्रता का सवेरा होकर ही रहेगा।

राष्ट्रकवि दिनकर

हिन्दी साहित्य में मैथिलीशरण गुप्त और रामधारी सिंह दिनकर को 'राष्ट्रकवि' कहलाने का गौरव प्राप्त हुआ। इन्होंने राष्ट्र की प्रबलतम आकांक्षा को सर्वाधिक शक्ति और आसक्ति के साथ व्यक्त किया था। पराधीनता के उस दौर में राष्ट्र की प्रबलतम आकांक्षा संघर्ष के पथ पर चलकर स्वाधीनता प्राप्त करने की थी।

हिन्दीभाषी जनता ने दिनकर को राष्ट्रकवि का विरुद इसलिए दिया क्योंकि वे बड़े व्यापक आधार और अवधारणा वाले कवि थे। यह विरुद प्रदान किए जाने का मुख्य कारण दिनकर का वह प्रखर राष्ट्रवादी स्वर था, जिसमें भारत की राष्ट्रीय चेतना और उसकी सांस्कृतिक अस्मिता का गौरव-बोध समाहित था; और जो जनसामान्य को अनुप्राणित करने में समर्थ भी था।

दिनकर ने एक चिन्तक और विचारक के रूप में भारत राष्ट्र की अवधारणा और उसकी राष्ट्रीयता पर गम्भीरता से विचार किया है; और ऐसा करते हुए वे

भाषा, राष्ट्र और राष्ट्रीयता सम्बन्धी किसी संकीर्णता के शिकार नहीं हुए हैं। वे भारत की समावेशी संस्कृति के अनन्य गायक थे। उन्होंने अपनी कविताओं द्वारा भारत के सर्वतोभद्र सांस्कृतिक व्यक्तित्व को उभारने का यथेष्ट प्रयास किया है। भारत के गौरवशाली अतीत के प्रति मोहासक्त होने के बावजूद वे यह भी कहते हैं कि—

जिए देश का वह अतीत, जो आगे जी सकता है,
पिए हिन्द नूतन प्रकाश, जितना भर पी सकता है।
गत के साथ अनागत का संघर्ष मुक्त चलने दो,
सूख चुकी जो स्वयं, शीर्ण उस शाखा को जलने दो।
पर, तुम रहो तटस्थ, शस्त्र मत दो भविष्य या गत को,
भारत स्वयं बचा लेगा अपने स्वरूप शाश्वत को।
जितना ही यह देश अन्धड़ों के झोंके खाता है,
पुनः आप अपने समान उतना ही हो जाता है।

(दिनचर्या; संसद में; कोयला और कवित्व)

उन्होंने जिस प्रकार के सर्वतोभद्र भारत राष्ट्र का स्वप्न देखा था, उसका समग्र स्वरूप 'किसको नमन करूँ मैं?' शीर्षक कविता में सर्वाधिक मुखर रूप में व्यंजित हुआ है।

भारत नहीं स्थान का वाचक, गुण विशेष नर का है,
एक देश का नहीं, शील यह भूमंडल-भर का है।
जहाँ कहीं एकता अखंडित, जहाँ प्रेम का स्वर है,
देश-देश में वहाँ खड़ा भारत जीवित, भास्वर है।

(किसको नमन करूँ मैं?)

उनकी भारतीयता विश्वबन्धुत्व से संवलित दिखाई देती है। उनके चिन्तन में भारतवर्ष की तेजस्विता के साथ ही एक उदार छवि भी नजर आती है। कदाचित् इसीलिए लोग उनको राष्ट्रकवि कहने लगे।

राष्ट्रकवि की पहचान

दिनकर ने लिखा है—"गेटे के अनुसार, 'राष्ट्रकवि' उसे कहना चाहिए जिसने अपनी जाति के इतिहास की सभी प्रमुख घटनाओं के पारस्परिक सम्बन्धों का सन्धान पा लिया है; जिसे यह ज्ञात हो चुका है कि उसके जातीय (राष्ट्रीय) इतिहास में कौन-कौन बड़ी घटनाएँ घटी हैं। उनके परिणाम क्या निकले हैं? राष्ट्रकवि की एक पहचान यह भी है कि उसे अपने देशवासियों के भीतर निहित महत्ता का ज्ञान होता है। अपनी जाति की गहरी अनुभूतियों से परिचय होता है। उसे इस बात का पता होता है कि उसकी जाति की कर्मठता की प्रेरणा के स्रोत क्या हैं। राष्ट्रकवि का एक

लक्षण यह भी है कि उसकी जाति जिस उमंग से परिचालित होकर संपूर्ण इतिहास में काम करती आई है, उसे वह कलात्मक ढंग से अभिव्यक्त करे। राष्ट्रकवि केवल वह कवि हो सकता है जिसकी रचना में जाति अपनी आत्मा की प्रतिच्छाया देखती हो। जिसमें उस जाति के बाहुबल का आख्यान हो। उसके विचारों की ज्योति और भावनाओं की गुंजन विद्यमान हो। कोरे कवि जातीय (राष्ट्रीय) कवि होने का दावा कर भी नहीं सकते? जातीय कवि तो वे ही लोग होते हैं जिनमें कल्पना के साथ कर्मठता को भी प्रेरित करने की शक्ति है। जो केवल अतीत की आराधना नहीं करके अपने व्यक्तित्व के ज़ोर से भविष्य को भी प्रभावित करते हैं। राष्ट्रकवि वह गरुड़ है, जो बहुत ऊँचाई पर उड़ता है—जिसकी एक पाँख तो अतीत को समेटे रहती है किन्तु जो अपनी दूसरी पाँख से भविष्य की ओर संकेत करता है।"[2]

राष्ट्रकवि उसे कहना चाहिए जो देश के प्रत्येक वर्ग का अपने को प्रतिनिधि समझता है। और सभी सम्प्रदायों के बीच जो देशगत ऐक्य है उसे मुखर बनाता है। इसी प्रकार, विश्वकवि उसे कहना चाहिए जो दुनिया के हर देश के भीतर ज़ो अन्तर्राष्ट्रीय तत्त्व है, उसे वाणी दे। विश्वकवि बनने की पहली शर्त यह है कि कवि राष्ट्रकवि हो। जो राष्ट्र के विभिन्न अवयवों का प्रतिनिधित्व नहीं कर सकता, वह विश्व के विभिन्न देशों का प्रतिनिधित्व कैसे करेगा? और भारत में जो भी राष्ट्रकवि होगा, उसे विश्वकवि ही समझना चाहिए, क्योंकि भारत, छोटे पैमाने पर सारा संसार ही है।[3]

दिनकर ने यह भी लिखा है कि—"अपने देश में और कई अन्य देशों में भी यह प्रथा चल रही है कि जो भी कवि राष्ट्रीय कविताएँ लिखता हो, उसे राष्ट्रकवि कह देते हैं। किन्तु, यह काफी नहीं है। प्रत्येक जाति की आध्यात्मिक विशेषता होती है, कोई सांस्कृतिक वैशिष्ट्य होता है, संसार और जीवन को देखने की कोई दृष्टि होती है; जो कवि इस दृष्टिबोध को अभिव्यक्ति दे सके वही राष्ट्र का राष्ट्रकवि कहलाने योग्य है। भारतवर्ष में हम मैथिलीशरण जी, माखनलाल चतुर्वेदी जी और सुब्रह्मण्यम भारती जी को राष्ट्रकवि कहते हैं, किन्तु यह आंशिक सत्य है। हमारे असली राष्ट्रकवि वाल्मीकि हैं, कालिदास हैं, तुलसीदास हैं और रवीन्द्रनाथ ठाकुर हैं, क्योंकि भारत धर्म को इन्होंने सबसे अधिक अभिव्यक्ति दी है।[4]

गोपालकृष्ण कौल को दिए एक साक्षात्कार में रामधारी सिंह दिनकर ने राष्ट्रकवि की पहचान को और स्पष्ट किया है। उनके अनुसार, "वैसे तो भारत के राष्ट्रकवि वाल्मीकि, कालिदास, तुलसीदास और रवीन्द्र हैं, क्योंकि भारत की सनातन आत्मा का जैसा सुगम्भीर घोष इन कवियों में सुनाई देता है, वैसा किसी और कवि में सुनाई नहीं देता। फिर भी, हम इन्हें राष्ट्रकवि नहीं कहते हैं, वाल्मीकि, कालिदास और तुलसीदास को तो बिलकुल नहीं। कारण, 'राष्ट्रीय'

विशेषण भारत में नहीं चलता था। राष्ट्र शब्द का प्रयोग यहाँ अधिकतर उस अर्थ में होता था जिस अर्थ में आज हम प्रान्त या प्रदेश शब्द का व्यवहार करते हैं। यह दूसरी बात है कि वैदिक प्रार्थना में आए हुए 'राष्ट्र' शब्द को अब हम नए अर्थ में ग्रहण करने लगे हैं। भारत का मन राष्ट्रीय कम, अन्तर्राष्ट्रीय अधिक रहा है। तब भी, दासता से मुक्ति पाने के लिए हमने राष्ट्रीय विशेषण को स्वीकार कर लिया, सिर्फ इस भाव से कि राष्ट्रीयता के जागरण के बिना दासता का अन्त असम्भव है। दासता और साम्राज्यवाद हम पर यूरोप ने लादे थे और यूरोप ने ही हमें यह भी सिखा दिया कि दासता और साम्राज्यवाद से छुटकारा पाने का उपाय राष्ट्रीय भावों का विकास है। पीड़ित समाज का ध्यान पूर्ण पर कम, खंड पर अधिक रहता है। वह युग की पीड़ाओं से मुक्ति पाने के जोश में युग-युग की पीड़ाओं की उपेक्षा करता है। इसी जोश के कारण छायावादी युग में प्रेम और रहस्यवाद की कविताओं की तुलना में राष्ट्रीय कविताएँ अधिक लोकप्रिय हो उठीं।"[5]

राष्ट्रीयता विषयक परिकल्पना

दिनकर के मन में स्वतंत्र भारत की एक सुचिन्तित परिकल्पना थी, जिसे उन्होंने 1948 ई. में लिखी गई अपनी कविता 'भारत का आगमन' में इस रूप में व्यक्त किया था—

निज से विरत, सकल मानवता के हित में अनुरत-से,
भारत! राजभवन में आओ, सचमुच, आज भरत-से।

'किसको नमन करूँ मैं?' इसकी पूरक कविता है। इसमें उन्होंने भारत को एक भूखंड-मात्र नहीं, बल्कि एक मूल्य बताया है, जो एकता और प्रेम का वाचक है।

भू के मानचित्र पर अंकित त्रिभुज, यही क्या तू है?
नर के नभश्चरण की दृढ़ कल्पना नहीं क्या तू है?
भेदों का ज्ञाता, निगूढ़ताओं का चिर ज्ञानी है;
मेरे प्यारे देश! नहीं तू पत्थर है, पानी है।
जड़ताओं में छिपे किसी चेतन को नमन करूँ मैं?
किसको नमन करूँ मैं भारत! किसको नमन करूँ मैं?

(किसको नमन करूँ मैं; 'नीलकुसुम')

उनकी राष्ट्रीयता कोई अमूर्त वस्तु नहीं थी। वे समझ गए थे कि राष्ट्र का आशय वहाँ के समस्त निवासियों से है। उनकी पक्षधरता भारतीय जनता के प्रति थी। अतः स्वभाविक रूप से उनमें राष्ट्रीयता के साथ-साथ सामाजिकता का स्वर भी प्रबल होता गया। 'कविता की पुकार' और 'हाहाकार' जैसी उनकी आरम्भिक कविताओं में यह बात सिद्ध होती है। 'स्वर्ग के दीपक' और 'नींव का हाहाकार'-

जैसी बाद की कविताएँ उसी भावधारा का सहज विकास हैं।

वहाँ नहीं तू जहाँ जनों से ही मनुजों को भय है;
सबको सबसे त्रास सदा, सब पर सब का संशय है।
जहाँ स्नेह के सहज स्रोत से हटे हुए जनगण हैं।
झंडों या नारों के नीचे बँटे हुए जनगण हैं।
कैसे इस कुत्सित, विभक्त जीवन को नमन करूँ मैं?
किसको नमन करूँ मैं भारत! किसको नमन करूँ मैं?

(किसको नमन करूँ मैं, नील कुसुम)

दिनकर ने राष्ट्रीयता की पहचान को मात्र भावनात्मक प्रतिक्रिया से उबारकर चिन्तन, परीक्षण तथा आत्मालोचन का स्वस्थ रूप देने का प्रयत्न किया, साथ ही इस राष्ट्रीयता को सार्वभौम मानवता के रूप में विकसित होने का स्वप्न देखा। यह विकास तभी सम्भव है जब बुद्धि के ऊपर संवेदनशील हृदय का शासन हो। 'कुरुक्षेत्र' में भीष्म के माध्यम से बुद्धि से वस्तुस्थिति की पहचान और हृदय के सार्वभौम सुख-साम्राज्य की स्थापना की कामना का सुन्दर समन्वय हुआ है[6]—

कर पाता यदि मुक्त हृदय को/मस्तक के शासन से
उतर पकड़ता बाँह दलित की/मंत्री के आसन से
स्यात् सुयोधन भीत उठाता/पग कुछ और सँभल के
भरत भूमि पड़ती न स्यात्/संगर में आगे चल के। (कुरुक्षेत्र)

राष्ट्रभाषा : राष्ट्रीय चेतना के प्रसार का साधन

भाषा राष्ट्रीय चेतना के प्रसार का एक सशक्त साधन है। मध्यकाल में विद्यापति ने जनभाषा के महत्त्व को रेखांकित करते हुए कहा था—'देसिल बैना सब जन मिट्ठा।' फिर 19वीं शताब्दी के अंतिम चरण में भारतेन्दु हरिश्चन्द्र ने अपनी भाषा के विकास को सर्वतोमुखी विकास का मूल घोषित किया था—"निज भाषा उन्नति अहै, सब उन्नति को मूल"। लेकिन निज भाषा को लेकर दिनकर का भावबोध कहीं अधिक गहरा है। उन्होंने लिखा है—"ज्ञान का साहित्य मनुष्य किसी भी भाषा में लिख सकता है, जिसे उसने भलीभाँति सीख लिया हो, किन्तु रस का साहित्य वह केवल अपनी भाषा में रच सकता है। प्रत्येक ऐसे देश की आत्मा, जिसका कोई इतिहास है, उस देश की अपनी भाषा में बोलती है। भारत की भाषा उसकी अपनी भाषा है। अंग्रेजी के माध्यम से हमने भारत की महिमा का प्रचार किया है। अन्यथा अंग्रेज और अंग्रेजी के युग में भी भारत की आत्मा की भाषा उसकी अपनी ही भाषा थी। ...अपनी भाषा की उन्नति करना और उन्नत देशों की भाषाएँ सीखना, ये दोनों परस्पर विरोधी कार्य नहीं हैं। किन्तु भारत को यदि मौलिक राष्ट्र बनाना है,

तो उसकी अपनी भाषाओं को सर्वाधिक महत्त्व देना ही पड़ेगा।"[7]

उन्होंने कहा था कि—"यह देश तो बचेगा, लेकिन अंग्रेजी के पक्षधर अतल गर्त में फेंक दिए जाएँगे। जब जनता को अपनी भाषाएँ मिल जाएँगी और जब मिनिस्टर और अफसर वे लोग होने लगेंगे जिन्हें अपनी भाषा और अपने साहित्य का ज्ञान और उससे प्रेम है, तभी साहित्य का भी वास्तविक उद्धार होगा। जब तक देश की भाषाएँ निर्बाध रूप से देश में प्रसार नहीं पातीं, तब तक न तो साक्षरता बढ़ेगी, न साहित्यिक स्वाधीन होंगे। साहित्यकार तभी स्वाधीन होता है जब वह अपनी रोटी सीधे जनता से प्राप्त करता है।"[8]

भारतीय संस्कृति एवं स्वतंत्रता-आंदोलन के प्रवक्ता कवि

कविता हो या गद्य दिनकर अपनी रचनाओं में भारत की सभ्यता और संस्कृति के प्रखर प्रवक्ता प्रतीत होते हैं। यहाँ तक कि अपनी प्रेम कविताओं में भी दिनकर पूरी मनुष्यता की ओर से बोलते दिखाई देते हैं। अपने काव्य-नाटक 'उर्वशी' में पुरूरवा के कंठ से मानो कवि ही कह उठता है—

मर्त्य मानव की विजय का तूर्य हूँ मैं,
उर्वशी! अपने समय का सूर्य हूँ मैं।

(उर्वशी, तृतीय अंक)

भारतीय स्वतंत्रता-आन्दोलन इतिहास का वह दौर था, जिसमें हिन्दी कविता में देशभक्ति आवेश का विषय बन गई थी, जैसे मध्ययुग में भक्ति। दिनकर स्वतंत्रता-आंदोलन के प्रवक्ता कवि थे, इसलिए उनमें देशभक्ति का आवेश प्रचंड रूप में अभिव्यक्त हुआ। वह हिन्दी में 'जवानी के काव्य' का भी दौर था। दिनकर की कविता आवेश के विस्फोट से नष्ट-भ्रष्ट नहीं हो गई। कारण यह कि उनमें जैसा तीव्र आवेश था, वैसी ही गहन वैचारिकता भी थी। उनकी प्रत्येक कविता की एक वैचारिक संरचना है, जो ऊपर से दिखलाई नहीं पड़ती। वह उनके आवेश को सँभाले रहती है। आवेश को सँभालनेवाली दूसरी चीज उनकी भाषा है, जिसमें न कभी कोई शब्द अनुपयुक्त होता है और न कोई वाक्य अव्यवस्थित। वह कविता अराजकतावादी क्रान्ति का रूप प्रस्तुत करनेवाली 'विपथगा' जैसी कविता हो या जनतंत्र की धारणा प्रस्तुत करनेवाली 'जनतंत्र का जन्म' शीर्षक कविता या फिर स्वतन्त्रता की संकल्पना उपस्थित करनेवाली 'रोटी और स्वाधीनता' शीर्षक कविता। निश्चय ही आवेश को विचार में और विचार को आवेश में बदलनेवाला ऐसा कवि कविता के इतिहास में विरल है। जैसे-जैसे समय बीतता गया, कवि का यथार्थ-बोध परिपक्व होता गया और वह पश्चिमी आधुनिक कविता के सम्पर्क में आता गया, उसमें आवेश की मात्रा कम होती गई, लेकिन वैचारिक ऊर्जा की प्रखरता बनी रही। भाषा भी 'आसिन के जल' की भाँति पारदर्शी हो उठी, पर कवि

का मस्तीभरा लहजा, जो शायद उसकी कविता का सबसे बड़ा आकर्षण है, अंत-अंत तक बना रहा।[9]

डॉ. लक्ष्मीनारायण सुधांशु ने बहुत पहले लिखा था कि भारत की राष्ट्रात्मा के मर्म को स्पर्श करने की जैसी क्षमता दिनकर में दिखाई पड़ रही है, वैसी किसी दूसरे कवि में नहीं मालूम होती। भारतीय लोकजीवन के सम्मुख राष्ट्रीयता का रसात्मक स्वरूप उपस्थित करने की आशा दिनकर से ही की जा सकती है और वह बहुत अंशों में पूरी हुई है। अपने देश के दलित-पक्ष को ऊपर उठाने के लिए वाणी में जिस संयम तथा दर्प की आवश्यकता है, वह दिनकर में पर्याप्त मालूम पड़ती है।[10]

दिनकर केवल समकालीन संवेदना या स्वाधीनता आंदोलन के कवि नहीं हैं। उनकी संपूर्ण कविता की दुनिया में गहरा और सघन-परम्परा-बोध है, जो संस्कृत, बांग्ला और उर्दू से एक साथ जुड़ता है।

राष्ट्रीयता बनाम अन्तर्राष्ट्रीयता

अपने काव्य-जीवन के शुरुआती दौर में दिनकर राष्ट्रीयता को परमधर्म समझते थे। 1946 ई. में प्रकाशित अपनी पुस्तक 'मिट्टी की ओर' में उन्होंने लिखा था : "हम पराधीन जाति के सदस्य हैं। अन्तर्राष्ट्रीयता की अनुचित उपासना से हमारी राष्ट्रीय शक्ति का ह्रास होगा। राष्ट्रीयता हमारा सबसे महान धर्म और पराधीनता हमारी सबसे बड़ी समस्या है।"[11] दिनकर कमोबेश इसी बात को अपनी कविताओं में भी दुहरा रहे थे। 'रेणुका', 'हुंकार' और 'सामधेनी' की कई कविताओं में वे इसे व्यंजित कर रहे थे। 'दिल्ली और मास्को' शीर्षक कविता में उन्होंने स्पष्ट शब्दों में यह कहा था :

चिल्लाते हैं 'विश्व-विश्व' कह जहाँ चतुर नर ज्ञानी,
बुद्धि भीरु सकते न डाल जलते स्वदेश पर पानी।
नगपति के पद में जब तक है बँधी हुई जंजीर,
तोड़ सकेगा कौन विषमता का प्रस्तर-प्राचीर?

'हुंकार' का रचयिता जब कविताएँ लिख रहा था तब पूरे देश में क्रान्ति की ज्वाला धधक रही थी। "उसके कक्ष से बाहर गाँवों और नगरों में आग लगी हुई थी और आग की कुछ चिनगारियाँ उसकी चित्रशाला में भी उड़ कर आ जाती थीं। इसलिए कुछ तो उसके चित्र जल जाते थे और कुछ आग से बचने के लिए वह चिनगारियों को समेट कर एकत्र करने लग जाता था। 'मिट्टी की ओर' का आलोचक वस्तुतः अपने कृत्य के औचित्य को सिद्ध करने का प्रयास करता है।"[12]

दिनकर का मानना है कि "जब दुनिया में चारों ओर आग लग गई हो ...और कौमें पगले कुत्तों की तरह आपस में लड़ रही हो, जब पराधीन जातियाँ अपने तौर-तरीके उतार फेंकने के लिए बड़े-बड़े आन्दोलन चला रही हों और साम्राज्यवाद

उन्हें कस कर बाँधने के लिए नई-नई कड़ियाँ गढ़ रहा हो, जब युद्ध के अन्त नए युद्ध के बीज बो रहे हों और मिनट-मिनट पर हृदय को हिला देनेवाले संवाद कान में पड़ रहे हों, तब कौन ऐसा कलाकार है जो अपनी वैयक्तिक भावनाओं को उचित से अधिक महत्त्व देने की धृष्टता करेगा।"[13] दिनकर को राष्ट्रीय कविताएँ इसी मनोभूमि में लिखी जा रही थीं।

आचार्य शिवबालक राय का मानना है कि दिनकर की राष्ट्रीय कविता समूह के श्रोताओं की सामान्य आदिम प्रवृत्तियों को चेतन-स्तर में लाकर उन्हें भावाभिभूत कर देती है, और एकांत में बैठे हुए बुद्धि प्रधान व्यक्तित्व को केवल झकझोर कर छोड़ देती है।[14]

जब राष्ट्रीय कविताओं के दिन पूरे हो गए तब तक; और उसके बाद भी दिनकर के मन में तालियों की गड़गड़ाहट का मोह बना हुआ था। उस समय वे यह महसूस कर रहे थे कि उनका वास्तविक व्यक्तित्व यही है। 1956 ई. तक अपने पुराने दिनों को याद कर वे विह्वल हो उठते थे। अपने एक अभिभाषण में उन्होंने कहा था कि "लोग कभी-कभी मुझसे पूछ बैठते हैं, तेरी आग ठंडी क्यों हो गई? लेकिन इसका जवाब क्या दिया जाए। देश स्वाधीन हो गया, अब तो हाकिम और महकूम, जालिम और मजलूम तथा शोषक और शोषित जो कुछ है, हमी हैं। अब आग किसके खिलाफ? क्या आग पैदा कर के अपने को जलाएँ?"

डॉ. विजेन्द्र नारायण सिंह के अनुसार, "सच तो यह है कि दिनकर की आग कभी ठंडी नहीं हुई। कवि और कलाकार का महत्त्व आग के कारण नहीं होता है। उसके हृदय में करुणा और शान्ति की स्रोतस्विनी प्रवाहित होती रहती हैं। दिनकर की कविताओं में चिनगारियाँ बाहर से आई थीं। वे चिनगारियाँ भगत सिंह के बलिदान से उत्पन्न हुई थी, चन्द्रशेखर आजाद की शहादत में पली थी। यह अच्छा हुआ कि दिनकर काव्य का यह अध्याय बहुत जल्द समाप्त हो गया। 'रसवन्ती' का कवि लिख रहा था, किन्तु उसे भय इस बात का था कि समाज के कटघरे में कहीं उसे सजा न दी जाए। इसलिए 'रसवन्ती' के प्रथम संस्करण की भूमिका में उसने यह प्रमाणित करने का प्रयास किया कि वह जब कविता लिख रहा था तब बाहर बम फूट रहा था। इसलिए बारूद की कुछ गन्ध उनकी कविता में आ गई है।"[15]

किन्तु 1950 ई. के बाद दिनकर यह महसूस करने लगे थे कि उनकी राष्ट्रीय कविताएँ उनके वास्तविक व्यक्तित्व का प्रतिनिधित्व नहीं करती और न इनके द्वारा उन्हें साहित्य के इतिहास में बहुत ऊँचा पद प्राप्त हो सकेगा। उन्होंने इस सत्य का साक्षात्कार किया कि कवि के रूप में जीने के लिए उन्हें अपनी मुद्रा बदलनी पड़ेगी। स्वभावतः उन्होंने अपनी मुद्रा बदल ली; और अपने नकाब को उतार फेंका। 'चक्रवाल' की भूमिका में उन्होंने लिखा है : "राष्ट्रीयता मेरे व्यक्तित्व के

भीतर से नहीं जन्मी, उसने बाहर से आकर मुझे आक्रान्त किया। उस समय सारा देश उत्साह से उच्छल और दासता की पीड़ा से बेचैन था। अपने समय की धड़कन सुनने को जब भी मैं देश के हृदय से कान लगाता, मेरे कान में किसी बम के धड़ाके की आवाज़ आती, फाँसी पर झूलनेवाले किसी नौजवान की निर्भीक पुकार आती अथवा मुझे दर्द-भरी ऐंठन की वह आवाज सुनाई देती जो गाँधीजी के हृदय में चल रही थी, जो उन सभी राष्ट्र-नायकों के हृदय में चल रही थी, जिनसे बढ़ कर मैं और किसी को श्रद्धेय नहीं समझता था। मेरे जानते उस समय सारे देश में एक स्थिति थी जो सार्वजनिक संघर्ष की स्थिति थी, सारे देश का एक कर्तव्य था जो स्वातंत्र्य-संग्राम को सबल बनाने का कर्तव्य था और सारे देश की एक मनोदशा थी जो क्रोध से क्षुब्ध, आशा से चंचल और मजबूरियों से बेचैन थी। भारतवर्ष के इतिहास में यह वह समय आया हुआ था जब, कुछ दिनों के लिए, वैयक्तिक कर्तव्यों के निशान मिट जाते हैं, वैयक्तिक अनुभूतियाँ सिमट कर एक कोने में चली जाती हैं और सब के स्थान पर सामूहिक कर्तव्य और सामूहिक अनुभूतियों का साम्राज्य छा जाता है।[16]

भारतवर्ष में वैदिक काल से ही 'उदारचरितानान्तु वसुधैव कुटुम्बकम्' की चिन्तन-परम्परा चली आई है। और संयोगवश उसी समय रवीन्द्रनाथ ठाकुर की कविताओं में विश्व मानवता का रूप उभर रहा था। उन सबसे प्रभावित होकर ही 'नील कुसुम' की कविताओं में दिनकर भारतीय चिन्ताधारा के उस मूल स्रोत के पास जा पहुँचे।

राष्ट्रीयता, दरअसल एक नकाब थी; लेकिन हिन्दी के कुछ आलोचकों ने उसे ही दिनकर का वास्तविक रूप समझ लिया था। इसलिए दिनकर के वास्तविक स्वरूप को देख कर उन्हें झुँझलाहट और निराशा हुई। परन्तु दिनकर अपनी राह चुन चुके थे। 1954 ई. के कुछ पहले से ही दिनकर ने अनुभव करना शुरू किया कि राष्ट्रीयता कोई बहुत ऊँचा तत्त्व नहीं हैं। 'साहित्य में आधुनिक बोध' शीर्षक निबन्ध में उन्होंने लिखा है कि, "राष्ट्रीयता लगभग पशु-धर्म है। भैंस अपने खूटे पर किसी दूसरी भैंस को आने देना नहीं चाहती। यही भाव विकसित और परिमार्जित होकर मनुष्यों के बीच राष्ट्रीयता कहलाता है।" कवि दिनकर इसी बात को 'कोयला और कवित्व' में दुहराते हैं :

टिकने देती भैंस नहीं बाहर वाली भैंसों को,
अपने खूटे से ढकेल कर बाहर कर देती है।
यही भाव विकसित, प्रशस्त हो कर नर की भाषा में
राष्ट्र, राष्ट्र का प्रेम, राष्ट्र का गौरव कहलाता है।

('कोयला और कवित्व', 1960 ई.)

पुनः वे अपनी बात को और स्पष्ट करते हुए लिखते हैं :

और आपको विदित नहीं क्या, राष्ट्रवाद यह कैसे,
विश्व-मनुज को जन्म ग्रहण करने से रोक रहा है?
कारण? राष्ट्रवाद उपयोगी भाव, निरी पशुता है।

जिस राष्ट्रीयता को उन्होंने अपनी युवावस्था से ही अपने मन में सँजो कर रखा था, आगे चलकर उससे उनका मोहभंग हो गया। वे देश-विदेश की काव्य-प्रगति से परिचित एक जागरूक कवि थे। समय की हर पुकार न सिर्फ उनके कानों तक पहुँची, बल्कि उन पर उसकी प्रतिक्रिया भी हुई। इसी युगबोध ने उन्हें नए साहित्यान्दोलनों का स्वर सुनने पर विवश किया और शुद्ध कविता की खोज में वे राष्ट्रीयता से अन्तरराष्ट्रीयता की ओर अग्रसर हुए।

उनका मानना था कि "युद्ध और राष्ट्रीयता एक ही तसवीर के दो पहलू हैं। राष्ट्रों के बीच जब तनाव आता है तब उससे युद्ध उत्पन्न होते हैं और युद्ध आरम्भ होने के बाद राष्ट्रीयता की शक्ति में और भी वृद्धि हो जाती है। जब एक देश किसी दूसरे देश पर अधिकार जमाता है, तब गुलाम देश के लोगों में शासक देश के विरुद्ध घृणा का ज्वार उमड़ता है। घृणा के इसी ज्वार से राष्ट्रीयता उत्पन्न होती है। ....जब तक राष्ट्रीयता है, दुनिया देशों में बँटी रहेगी। जब तक राष्ट्रीयता है, युद्ध होते रहेंगे। अन्तर्राष्ट्रीयता और शान्ति, ये एक ही तत्त्व के दो नाम हैं।"[17]

भारत के स्वाधीन होने तक दिनकर ने जीवन के अन्तर्राष्ट्रीय पक्ष पर विचार नहीं किया था। लेकिन स्वाधीनता के बाद वे जीवन को अन्तर्राष्ट्रीय परिप्रेक्ष्य में भी देखने की कोशिश करने लगे। 'जननी-जन्मभूमिश्च' शीर्षक लेख में भी उन्होंने यह सोचने का प्रयास किया है कि अपने देश को अन्य देशों से श्रेष्ठ समझने का नैतिक आधार क्या है। 'नील कुसुम' में संकलित दो कविताओं को पढ़कर ऐसा लगता है कि दिनकर राष्ट्रीयता का बन्धन तोड़कर अन्तर्राष्ट्रीयता का आलिंगन करना चाहते हैं। उनकी एक कविता का शीर्षक ही है—'राष्ट्रदेवता का विसर्जन'। परन्तु जिस कवि ने आजीवन राष्ट्रीयता का शंखनाद किया हो, उसे राष्ट्रीयता से मुक्ति का मार्ग मिलना भी कठिन है। बावजूद इसके दिनकर ने अपनी बदली हुई धारणा के पक्ष में समुचित तर्क दिए हैं। वे कहते हैं कि राह चलते यदि पैर में काँटा चुभ जाए तो उसे निकालने के लिए दूसरे काँटे की आवश्यकता होती है। किन्तु काँटा निकल जाने पर दोनों ही काँटों को फेंक देना चाहिए। इस तर्क के अनुसार, जैसे दासता एक प्रकार का शूल है, वैसे ही राष्ट्रीयता भी एक शूल है। भारत ने एक शूल का उपयोग करके दूसरे शूल को निकाल दिया है। अब इस उद्धारक शूल को फेंक देने की जरूरत है। दिनकर यह नहीं कहते कि राष्ट्रीयता कोई दूषित तत्त्व है, इसलिए उसका त्याग कर देना चाहिए, बल्कि वे यह कहते हैं कि राष्ट्रीयता का उपयोग समाप्त हो गया है। अब भलाई इसी में है कि राष्ट्रीयता को अलविदा कह दिया जाए।

खंड-प्रलय हो चुका, राष्ट्रदेवता! सिधारो,
क्षीरोदधि को अब प्रवाह जग का धोने दो।
महानाग फण तोड़ अमृत के पास झुकेगा,
विषधर पर आसीन विष्णु-नर को होने दो।

(राष्ट्रदेवता का विसर्जन)

अर्थात राष्ट्रीय भावों का विस्फोट वस्तुत: विषधर नाग है तथा अन्तर्राष्ट्रीय भाव विष्णु का प्रतीक है। विष्णु की शैया शेषनाग का शरीर है। इसी प्रकार, अन्तर्राष्ट्रीयता राष्ट्रीयता के आधार पर खड़ी होगी।

'नील कुसुम' में संकलित 'हिमालय का सन्देश' नामक कविता में राष्ट्रीयता को त्याज्य बताया गया है क्योंकि युद्ध अपने को राष्ट्रवाद का सखा समझता है।

जब तक ये झंडे फहर रहे, अभिमान नहीं यह सोता है,
देखें, तो, तब तक विश्व-मनुज का जन्म कहाँ से होता है?
मैं राष्ट्रवाद का सखा, कौन तोड़ेगा मेरा सम्मोहन?

(हिमालय का सन्देश)

राष्ट्रीय भावों के उभार से युद्ध की आशंका गहराती है। इसलिए मनुष्य जैसे-जैसे अन्तर्राष्ट्रीयता की दिशा में आगे बढ़ेगा, युद्ध की आशंका खत्म होती जाएगी और चारों ओर शान्ति की सुगन्ध फैलती जाएगी।

हिटलर के प्रबल राष्ट्रवाद को द्वितीय विश्वयुद्ध का मूल कारण माना गया है। अत: स्वाभाविक रूप से उस दौर के अन्तर्राष्ट्रीय चिन्तन में 'राष्ट्रीयता' को एक नकारात्मक शब्द मान लिया गया था। दिनकर तत्कालीन अन्तर्राष्ट्रीय परिस्थितियों से परिचित भी थे और प्रभावित भी; इसलिए आगे चलकर उन्होंने कहा कि यदि राष्ट्रीयता अन्तर्राष्ट्रीयता के विरोध में उठ खड़ी होती है, तो फिर उसका विसर्जन ही कर दिया जाना उचित होगा। वे मानते थे कि स्पृहणीय राष्ट्रीयता दूसरे देशों के हितों पर आघात करके नहीं, बल्कि सबके साथ आपसी मेलजोल और शान्तिपूर्ण सद्व्यवहार के आधार पर जीवित रहती है।

संदर्भ

1. कृष्णदत्त पालीवाल का लेख 'औपनिवेशिक दासता से मुक्ति की ध्वनि', आजकल, अक्टूबर 2008, पृ. 15
2. वट-पीपल, दिनकर; पृष्ठ 58-59; (जनवरी, 1951)
3. साहित्यमुखी ; दिनकर ; पृष्ठ 11-12, मार्च, 1968
4. दिनकर की डायरी, पृष्ठ 210; 1973 ई.
5. दिनकर; संपादक : सावित्री सिन्हा, पृ. 26
6. हिन्दी साहित्य का इतिहास; संपादक : डॉ. नगेन्द्र, पृ. 629

7. संचयिता, रामधारी सिंह दिनकर, आत्मकथन, पृ. 12
8. दिनकर; संपादक : सावित्री सिन्हा, पृ. 32
9. दिनकर रचनावली, खंड 1; संपादक : डॉ. नन्दकिशोर नवल, भूमिका, पृ. 20-21
10. डॉ. लक्ष्मीनारायण सुधांशु, 'जीवन के तत्त्व और काव्य के सिद्धान्त', पृ. 245-246
11. रामधारी सिंह दिनकर, मिट्टी की ओर, पृ. 166; उदयाचल, पटना, 1946 ई.।
12. डॉ. विजेन्द्र नारायण सिंह; दिनकर : एक पुनर्मूल्यांकन, पृ. 21
13. रामधारी सिंह दिनकर, मिट्टी की ओर, पृ. 139; उदयाचल, पटना, 1946 ई.।
14. शिवबालक राय, 'दिनकर', पृ. 126; यूनिवर्सल प्रेस, इलाहाबाद; 1952 ई.।
15. डॉ. विजेन्द्र नारायण सिंह; दिनकर : एक पुनर्मूल्यांकन, पृ. 23-24
16. रामधारी सिंह दिनकर, चक्रवाल, भूमिका, पृ. 33; उदयाचल, पटना, 1956 ई.।
17. दिनकर रचनावली, खंड 6; सं. डॉ. नन्दकिशोर नवल एवं तरुण कुमार, पृ. 91

अध्याय 12

दिनकर-काव्य में द्वन्द्व और द्विधा

दिनकर ने यह अनुभव किया है कि कविता में भावुकता को बुद्धि से अनुशासित होना चाहिए, लेकिन वे मूलत: आवेगों के कवि हैं। आवेग के किसी क्षण में जो बात उचित प्रतीत होती है, बाद में वही बात गलत भी लग सकती है। आवेगों ने दिनकर के विचारों में द्वन्द्व और द्विधा का समावेश कर दिया है।

उनका सामाजिक-चिन्तन गाँधीवादी-दर्शन और मार्क्सवादी-दर्शन के दोराहे पर खड़ा होकर अपने लिए नए रास्ते की तलाश करता दिखाई देता है। एक ओर वे अपने को सच्चा गाँधीवादी कहते हैं और गाँधी के विचारों को अपनी कविताओं के साँचे में ढालकर उसको अभिव्यक्त करते हैं, वहीं दूसरी ओर क्रान्तिकारियों का समर्थन करते हुए गाँधीवादी नीतियों की निन्दा भी करते हैं। यह उनके सामाजिक-चिन्तन में व्याप्त द्वन्द्व-द्विधा और उनके गहरे अन्तर्विरोध का परिचायक है।

1928 ई. में बारदोली सत्याग्रह के दिनों में कवि दिनकर की एक छोटी-सी काव्य-पुस्तिका छपी थी जिसमें राष्ट्रीयता के कुछ गीत थे। किन्तु, उसके बाद जो उनकी पहली पुस्तक प्रकाशित हुई, वह पौराणिक खंड-काव्य थी—'प्रण-भंग'। और 'रेणुका' को देख कर भी, जहाँ से उनके साहित्यिक जीवन का सुनिश्चित प्रारंभ होता है, कोई यह नहीं कह सकता था कि राष्ट्रीयता उनकी कविताओं का प्रधान गुण होने जा रही है। 'रेणुका' में राष्ट्रीय भावधारा को व्यक्त करनेवाली दो-तीन कविताएँ ही हैं। उस काव्य-संग्रह में ऐसी ही रचनाओं की प्रधानता है, जिनमें भारत के अतीत या जीवन की नश्वरता पर विलाप है।

जिन दिनों वे 'रेणुका' की कविताएँ लिख रहा थे, उन्हीं दिनों 'द्वन्द्व-गीत' के पदों की भी रचना चल रही थी। 'रेणुका' के प्रथम संस्करण में 'धूल के हीरे' शीर्षक से जो तीस-बत्तीस पद छपे थे, वे द्वन्द्व-गीत के ही पद थे। दिनकर ने स्वयं स्वीकार किया है कि "योद्धा का पद मुझे मन से पसन्द नहीं था, न मैं कलम छोड़कर तलवार उठाने को तैयार था।"[1] राष्ट्रवादी और क्रान्तिकारी होने का सुयश उन्हें 'हुंकार' के प्रकाशन के बाद मिला, किन्तु 'हुंकार' की पहली ही कविता में (यह कविता, शायद, दूसरे संस्करण से सम्मिलित की गई) संदेशवहन और आनंदवाद-विषयक उनकी द्विधा अत्यंत मुखर है। "समय-असमय का तनिक न

ध्यान, मोहिनी ! यह कैसा आह्वान" में केवल काल्पनिक पीड़ा नहीं है। यह उनके तत्कालीन कठोर आत्ममंथन से निःसृत उच्छ्वास है।

'रश्मिलोक' की भूमिका में दिनकर ने लिखा है—"प्रत्येक कवि जीवन भर में एक ही कविता लिखता है। उसकी भिन्न-भिन्न कविताएँ उसी एक कविता की विभिन्न कड़ियाँ होती हैं।" लेकिन जहाँ एक ओर उन्होंने 'हुंकार', 'कुरुक्षेत्र', 'सामधेनी' और 'परशुराम की प्रतीक्षा' जैसी ओजदीप्त काव्यकृतियों की सृष्टि की, वहाँ दूसरी ओर उन्होंने 'रसवन्ती', 'द्वन्द्वगीत', 'नील कुसुम' और 'उर्वशी' जैसी सुकोमल और रस-सिक्त काव्यकृतियों की भी रचना की। इतना ही नहीं 'हारे को हरिनाम' के रूप में उन्होंने बीसवीं सदी की विनय-पत्रिका ही लिख दी। उनकी इस त्रिपथगामी रचनात्मक यात्रा और उनके उपर्युक्त कथन की संगति बैठा पाना कठिन है। इन्हीं सब कारणों से उनको द्वन्द्व और द्विधा का कवि कहा गया है। खास बात यह है कि दिनकर स्वयं भी इससे इनकार भी नहीं करते हैं। उन्होंने लिखा है—

वर्तमान के लिए होम, लेकिन, सब कर देता हूँ,
और बदलती घड़ियों से आदेश सदा लेता हूँ।
एक नहीं, दोनों ध्रुव मेरे भीतर धँसे हुए हैं,
सभी सत्य अपने-अपने शिखरों पर बसे हुए हैं।
इसीलिए, चलदल-समान रह-रह डोला करता हूँ,
जब होता हूँ जहाँ, उसी ध्रुव से बोला करता हूँ।
अलम् नहीं, बस, आँख मूँद अपने मत का मंडन ही,
कभी-कभी चाहिए सत्य के लिए आत्म-खंडन भी।
इसीलिए, मैंने स्वतंत्रता-सार बचा रक्खा है,
अपनी बात काटने का अधिकार बचा रक्खा है।
खादी के नीचे महीन गैरिक वर्दी रखता हूँ,
जो खिलाफ लड़ते, उन पर भी हमदर्दी रखता हूँ।

(दिनचर्या; संसद में; कोयला और कवित्व)

उन्होंने यह भी लिखा है कि "सच तो यह है कि पृथ्वी और आकाश दोनों सत्य हैं और हम जब जहाँ रहते हैं तब वहीं की सत्यता प्रखर हो उठती है।"[2]

दिनकर अपने द्वन्द्व और अपनी द्विधा को छिपाते नहीं हैं। वे लिखते हैं—"रेणुका के बाद मैं कवि मान लिया गया, तब मेरे भीतर एक नया द्वन्द्व शुरू हो गया। कविता का प्रयोजन क्या है? क्या वह ज्ञान के लिए है अथवा आनन्द के लिए? वह मनुष्य को प्रसन्न करके छोड़ देती है या उसे कर्म की ओर भी प्रेरित करती है? मेरा गुरु कौन है? रवीन्द्र या इकबाल? कविता युग के अनुसार चलती है अथवा वह सार्वयुगीन है? हमारे युग को आवश्यकता बिहारीलाल की है या भूषण और कबीर की?"[3]

1930 से 1945 ई. के दौरान ऐसे ही प्रश्न उनको व्याकुल किए रहते थे। उनकी व्याकुलता का कारण यह भी था कि बहुत-से आलोचक यहाँ तक कहते थे कि ये कविताएँ क्षण-स्थायी हैं तथा दिनकर में कला की बारीकी कम है। ऐसे आरोप अल्लामा इकबाल पर भी लगाए गए थे; जिसके जवाब में उन्होंने कहा भी था कि "हाँ, मैं कवि नहीं हूँ। मगर मेरे भीतर कुछ बातें हैं, जो कविता में ही कही जा सकती हैं। अतएव कविता का उपयोग मैं अपनी बातें कहने के लिए कर रहा हूँ।"

दिनकर भी कविता का उपयोग अपनी बातें (यानी अंग्रेजी राज का विरोध, समता का प्रचार, क्रान्ति की प्रेरणा, विद्रोह का प्रचार) कहने के लिए कर रहे थे, लेकिन, इकबाल की तरह वे सन्तुष्ट नहीं थे। कल्पना का विलास-कुंज उन्हें भी लुभाता था, सितारों के बीच निरुद्देश्य घूमने की इच्छा उन्हें भी बेचैन करती थी; और धरती की हलचल से ऊपर उठकर वे भी शून्य में विहार करना चाहते थे।

दिनकर आस्तिक होने के बावजूद अंधभक्त नहीं हैं। 'हुंकार' का कवि देश के नौनिहालों को भूख से तड़ते देखकर भगवान को भी खरी-खोटी सुनाता है, कभी उनसे प्रार्थना करता है; और कभी स्वर्ग-लोक को लूटने की चेतावनी भी देता है।

'हुंकार' में संकलित 'हाहाकार' शीर्षक कविता में कवि ने उन कविताओं के प्रति ईर्ष्या व्यक्त की है, जो धरती की हलचल से दूर हैं और जिनके रचयिता स्वप्नलोक में विहार कर रहे हैं।

वही धन्य, जिनको लेकर हम बसे कल्पना के शतदल पर।
जिनका स्वप्न तोड़ पाती है मिट्टी नहीं चरण-तल बजकर।
मेरी भी यह चाह, विलासिनि! सुन्दरता को सीस झुकाऊँ।
जिधर-जिधर मधुमयी बसी हो, उधर वसन्तानिल बन धाऊँ।
एक चाह कवि की यह देखूँ—छिपकर कभी पहुँच मालिनि-तट,
किस प्रकार चलती मुनि-बाला यौवनवती लिये कटि पर घट।

(हाहाकार, हुंकार)

फिर उन्होंने यह इच्छा व्यक्त की है कि वे भी आकाश में अपनी कुटी बनाकर बस जाएँ, ताकि पृथ्वी का आर्तनाद सुनकर उन्हें अपना कलेजा न फाड़ना पड़े। लेकिन यह सम्भव नहीं हुआ। वे दुनिया की हलचल से ऊपर उठ तो जाते, लेकिन आकाश में ठहर पाना मुश्किल था।

पर नभ में न कुटी बन पाती, मैंने कितनी युक्ति लगाई,
आधी मिटती कभी कल्पना, कभी उजड़ती बनी-बनाई।
रह-रह पंखहीन खग-सा मैं गिर पड़ता भू की हलचल में,
झटिका एक बहा ले जाती स्वप्न-राज्य आँसू के जल में।

(हाहाकार, हुंकार)

'वसन्त के नाम पर' शीर्षक कविता में दिनकर लिखते हैं—

प्रात जगाता शिशु वसन्त को नव गुलाब दे-दे ताली;
तितली बनी देव की कविता वन-वन उड़ती मतवाली।
सुन्दरता को जगी देखकर जी करता मैं भी कुछ गाऊँ;
मैं भी आज प्रकृति-पूजन में निज कविता के दीप जलाऊँ।

लेकिन परिस्थितियों का दबाव कुछ ऐसा था कि कवि की वह आकांक्षा अधूरी रह गई। हुआ यह कि-

कलम उठी कविता लिखने को, अन्तस्तल में ज्वार उठा रे!
सहसा नाम पकड़ कायर का पश्चिम-पवन पुकार उठा रे!
देखा, शून्य कुँवर का गढ़ है, झाँसी की वह शान नहीं है।
दुर्गादास-प्रताप बली का प्यारा राजस्थान नहीं है।

× ×

चढ़े अश्व पर सेंक रहे रोटी नीचे कर भालों को,
खोज रहा मेवाड़ आज फिर उन अल्हड़ मतवालों को।

और अन्त में कवि फिर कहता है—

हाँ, वसन्त की सरस घड़ी है, जी करता मैं भी कुछ गाऊँ;
कवि हूँ, आज प्रकृति-पूजन में, निज कविता के दीप जलाऊँ।
क्या गाऊँ! सतलज रोती है, हाय! खिलीं बेलियों किनारे।
भूल गए ऋतुपति, बहते हैं, यहाँ रुधिर के दिव्य पनारे।

उफ, वसन्त या मदन-बाण है? वन-वन रूप-ज्वार आया है।
सिहर रही वसुधा रह-रहकर यौवन में उभार आया है।
कसक रही सुन्दरी—'आज मधु-ऋतु में मेरे कन्त कहाँ?'
दूर द्वीप में प्रतिध्वनि उठती, 'प्यारी और वसन्त कहाँ?'

यहाँ दिनकर ने रीतिकालीन कवि देव के एक प्रसिद्ध कवित्त की इस पंक्ति का हवाला दिया है: 'मदन महीप जू को बालक बसन्त ताहि/प्रात ही जगावत गुलाब चटकारी दै'। लगता है कि कवि ने हिन्दी कविता की प्रेम और शृंगार की परम्परा को भी आत्मसात किया था, अन्यथा संघर्ष के कवि को बिहारी और देव से दूरी बनाकर चलना चाहिए था। इस कविता की 'चढ़े अश्व पर सेंक रहे रोटी नीचे कर भालों को,/खोज रहा मेवाड़ आज फिर उन अल्हड़ मतवालों को' पंक्तियों में देशभक्ति का प्रबल आवेग दिखाई देता है।

दिनकर के भीतर देश-भक्ति और प्रेम-शृंगार को लेकर तीव्र द्वन्द्व था। 'हुंकार' की 'असमय आह्वान' शीर्षक कविता में उस द्वन्द्व का सशक्त चित्रण हुआ है। कवि ने इस कविता के माध्यम से दिखाया है कि उनके द्वन्द्व का अन्त देश-प्रेम की

भावना के विजय के साथ होता है। कवि अपने सौन्दर्य-प्रेम की भावना को छोड़कर अन्ततः देश-प्रेम के पथ का अनुगामी बन जाता है।

इस कविता में कवि दिनकर ने भारतमाता को 'मोहिनी' तथा अपनी 'स्वामिनी' कहा है; और अपने को उनका अनुचर माना है। दिन-भर धूप में खटने के बाद रात के समय सेवक भी सुस्ताते हैं। सितारों की ओर देखना, नारी की कल्पना में विभोर हो जाना और नर तितली बनकर फूलों पर मँडराते फिरना, यह सब सुस्ताना ही तो है। जब अनुचर सपनों में खोया है, तभी पुकार आती है; और स्वामिनी के आह्वान पर उसे सब कुछ छोड़कर मन्दिर की ओर भागना पड़ता है। कवि कहता है—

समय-असमय का तनिक न ध्यान,
मोहिनी, यह कैसा आह्वान?
गया दिन धूलिधूम के बीच
तुम्हारा करते जयजयकार।
देखने आया था इस साँझ
पूर्ण विधु का मादक श्रृंगार।
एक पल सुधा-वृष्टि के बीच
जुड़ा पाए न क्लान्त मन-प्राण।
कि सहसा गूँज उठा सब ओर
तुम्हारा चिर-परिचित आह्वान।

कवि को ऐसा लगता था कि केवल वही नहीं, देश के सभी कवि देशमाता के अनुचर हैं, किन्तु सब सोए हुए हैं। यहाँ 'सोने' का आशय आनन्द और सौन्दर्य की कविताएँ लिखना है। उस अर्थ में 'सोना' तो कवि भी चाहता था, लेकिन स्वामिनी इसके लिए तैयार नहीं थी।

अन्य अनुचर सोए निश्चिन्त
शिथिल परियों को करते प्यार।
रात में भी मुझ पर ही पड़ा
द्वार-प्रहरी का गुरुतर भार।
तुम्हारी भरी सृष्टि के बीच।
एक नया तरल अग्नि ही पेय?
सुधा-मधु का अक्षय भांडार
एक मेरे ही हेतु अदेय?

सौन्दर्य के प्रति मोहासक्त होने के कारण कवि यह भी कहता है कि-

न लूँगा आज रजत का शंख, न गाऊँगा पौरुष का राग;
स्वामिनी! जलने दो उर-बीच एक पल तो यह मीठी आग।

देवि, कितना कटु सेवा-धर्म! न अनुचर को निज पर अधिकार,
न छिपकर भी कर पाता हाय! तड़पते अरमानों को प्यार।

प्रेम, प्रकृति और नारी-मूर्ति के चिन्तन में जो रस है, वह रस कवि ने इस द्वन्द्व की कविता में ही प्राप्त कर लिया। लेकिन कवि की सौन्दर्य-प्रेम की भावना अन्ततः हार जाती है। वह भारतमाता के आह्वान की उपेक्षा करके अपने मनोनुकूल कुछ कर पाने में अपने को अक्षम पाता है। वह इस नतीजे पर पहुँचता है कि भावना का सुख उनके लिए नहीं है। उसके लिए तो कर्तव्य ही प्रमुख है।

फेंकता हूँ लो, तोड़-मरोड़ अरी निष्ठुरे, बीन के तार।
उठा चाँदी का उज्ज्वल शंख फूँकता हूँ भैरव हुंकार।
नहीं जीते जी सकता देख विश्व में झुका तुम्हारा भाल;
वेदना-मधु का भी कर पान आज उगलूँगा गरल कराल।
सोख लूँ बनकर जिसे अगस्त्य कहाँ बाधक वह सिन्धु अथाह?
कहो खांडव-वन वह किस ओर आज करना है जिसका दाह?

'नहीं कायल मैं किसी धुरी का'

दिनकरजी के पहनावे-ओढ़ावे और रहन-सहन में उनका आभिजात्य झलकता था। देश की उच्चस्तरीय गोष्ठियों में उनका व्यवहार प्रथम श्रेणी के नागरिक-जैसा होता था। लेकिन उनके भीतर देहाती संस्कार भी उतने ही प्रबल थे। वे अपने समय में भारत की आंचलिकता और आभिजात्य के सर्वोत्तम प्रतिनिधि थे।

उनकी आत्मचेतना सौन्दर्यवादी थी, जबकि उनकी लोकचेतना यथार्थवादी थी। 'कोयला और कवित्व' (1964 ई.) की 'संसद में' शीर्षक कविता में उनके द्वन्द्व और उनकी द्विधा का अद्‌भुत निरूपण हुआ है—

मुझे पूछते हैं, 'दिनकर' कविता में जो लिखते हो,
वह है सही याकि वह जो तुम संसद में दिखते हो?"
मैं कहता हूँ, मित्र! सत्य का मैं भी अन्वेषी हूँ।
सोशलिस्ट ही हूँ, लेकिन, कुछ अधिक जरा देशी हूँ।
बिलकुल गलत 'कमून', सही स्वाधीन व्यक्ति का घर है,
उपयोगी विज्ञान, मगर, मालिक सबका ईश्वर है।
अच्छे लगते मार्क्स, प्रेम है अधिक, किन्तु गाँधी से,
प्रिय है शीतल पवन, प्रेरणा लेता हूँ आँधी से।
नहीं चाहता युद्ध, लड़ाई, लेकिन, अगर ठनेगी,
किसी तरह भी शान्तिवाद से मेरी नहीं बनेगी।
जब तक युद्ध शेष, तब तक है बड़ा महत्त्व छुरी का,
झूठ नहीं यह बात, नहीं कायल मैं किसी धुरी का।

डॉ. राममनोहर लोहिया संसद में दिनकर से पूछते हैं कि 'कवि के रूप में तुम जो लिखते हो वह सही है या फिर वह जैसा तुम संसद में दिखते हो?' इस प्रश्न के माध्यम से दिनकर के द्वन्द्वात्मक व्यक्तित्व की ओर संकेत किया गया है। दिनकर अपनी कविताओं में शोषितों, उपेक्षितों और वंचितों के हितों के प्रहरी हैं, किन्तु केन्द्र सरकार की सांस्कृतिक नीति के मेरुदंड होने के कारण एक प्रकार के आभिजात्य से आक्रान्त दीखते हैं। वे प्रधानमंत्री जवाहरलाल नेहरू के मित्र थे। भारतीय राजनीति में लोहिया और नेहरू—विपरीत ध्रुव हैं। नेहरू के मित्र होने और कांग्रेसी सांसद होने के नाते दिनकर के प्रति लोहिया का यह व्यंग्यात्मक प्रश्न अनपेक्षित नहीं है। परन्तु कवि बताता है कि वह भी सत्य के पथ का अन्वेषी है। वह समाजवादी तो है, लेकिन उसकी प्रेरणा स्वदेशी है। कवि विज्ञान को उपयोगी मानता है, लेकिन ईश्वर की सत्ता को भी मानता है। वह धर्म और विज्ञान को एकसाथ धारण करने की प्रवृत्ति रखता है। आधुनिक विज्ञान की उपलब्धियों को विश्व के लिए उपयोगी बताने के बावजूद वह नास्तिक नहीं है। उसको मार्क्स की समतामूलक विचारधारा और उनकी जनपक्षधर सोच अच्छी लगती है, लेकिन महात्मा गाँधी की शान्ति एवं अहिंसावाली नीतियाँ भी आकर्षित करती हैं। वह शान्तिकामी है, लेकिन वह यह भी कहता है कि यदि कभी संघर्ष की नौबत आई, तो वह क्रान्ति के पथ का अनुगमन करने में कोई संकोच नही करेगा। वह लकीर का फकीर नहीं है। जब जैसी परिस्थिति होगी, वह तदनुसार निर्णय लेने को स्वतंत्र है।

उनका अनुभव-संसार बहुत व्यापक था। दिल्ली-प्रवास के दौरान उनके भीतर कुछ नए द्वन्द्वों का जन्म हुआ। दिल्ली में उन्होंने राजनेताओं के खोखले जीवन की अन्तरंग झाँकी देखी; सरकारी दाँव-पेंच देखा, निजी हितों को साधने के तिकड़म देखे, और जनसामान्य के प्रति हृदयहीन उपेक्षाभाव भी देखा। इन सब त्रासद छवियों को दिनकर ने गहरे क्षोभ के साथ अभिव्यक्त किया-

मैं भारत के रेशमी नगर में रहता हूँ।
जनता तो चट्टानों का बोझ सहा करती
मैं चाँदनियों का बोझ किसी विध सहता हूँ।
गन्दगी, गरीबी, मैलेपन को दूर रखो
शुद्धोधन के पहरेवाले चिल्लाते हैं,
है कपिलवस्तु पर फूलों का श्रृंगार पड़ा
रथ-समारूढ़ सिद्धार्थ घूमने जाते हैं।
रेशमी कलम से भाग्य-लेख लिखनेवालों
तुम भी अभाव से कभी ग्रस्त हो रोए हो?
बीमार किसी बच्चे की दवा जुटाने में
तुम भी क्या घर पर पेट बाँधकर सोए हो?

उन्होंने अपने कार्यकाल के कुल 38 वर्षों में से लगभग 19 वर्ष गाँवों में और 19 वर्ष दिल्ली में बिताए। संसद सदस्य के रूप में 12 वर्ष और फिर केन्द्र सरकार के हिन्दी सलाहकार के रूप में 7 वर्ष। परन्तु दिल्ली आकर उन्हें निराशा हुई। 'नई दिल्ली' को उन्होंने एक नया विशेषण भी दिया—'कृषक-मेध की रानी !' दिनकर कृत 'हुंकार' की भूमिका में रामवृक्ष बेनीपुरी ने लिखा था कि "कभी हमारे राजे अश्वमेध, गोमेध करते थे; नई दिल्ली कृषक-मेध करती है।"

दिनकर का भारत विषयक चिन्तन गम्भीर था। 'हिमालय का सन्देश' शीर्षक कविता में उन्होंने शान्तिवादी भारत विषयक अपनी धारणा का प्रतिपादन किया था—

भारत एक स्वप्न भू को ऊपर ले जानेवाला,
भारत एक विचार स्वर्ग को भू पर लानेवाला।
भारत एक भाव जिसको पाकर मनुष्य जगता है,
भारत एक जलज जिस पर जल का न दाग लगता है।
भारत है संज्ञा विराग की, उज्ज्वल आत्म-उदय की,
भारत है आभा मनुष्य की सबसे बड़ी विजय की।
जहाँ त्याग माधुर्यपूर्ण हो, जहाँ भोग निष्काम,
समरस हो कामना, वहीं भारत को करो प्रणाम।

(हिमालय का सन्देश)

उनकी दृष्टि में बुद्ध, अशोक और महात्मा गाँधी भारतीयता के महानतम प्रतीक हैं। पूरी दुनिया में ये तीनों शान्तिवादिता और भारतीयता के सबसे उज्ज्वल प्रतीक स्वीकार किए गए हैं। कवि कहता है—

गाँधी, बुद्ध, अशोक नाम है बहुत बड़ी महिमा के।
भारत स्वयं मनुष्य जाति की बहुत बड़ी कविता है।

(इतिहास का न्याय)

लेकिन जिस दिनकर ने शान्तिकामी भारत का ऐसा सौम्य चित्रांकन किया हो, उसी ने 'परशुराम की प्रतीक्षा' जैसे युद्ध-काव्य की रचना किस प्रकार की होगी ! वे युद्ध को एक अनिवार्य पाप मानते थे, जिसे यथावसर पुण्यात्माओं को भी अंगीकार करना पड़ता है।

समर पाप साकार, समर क्रीड़ा है पागलपन की,
सभी द्विधाएँ व्यर्थ समर में साध्य और साधन की।

(आपद्धर्म; 'परशुराम की प्रतीक्षा)

'रश्मिरथी' में वे बहुत पहले ही यह कह चुके थे कि—

है वृथा धर्म का किसी समय/करना विग्रह के साथ ग्रथन,
करुणा से कढ़ता धर्म विमल,/है मलिन पुत्र हिंसा का रण।

उनकी विशेषता है कि वे किसी विचार को लेकर जड़वत् बैठ नहीं जाते। कई बार वे अपने ही विचारों का अतिक्रमण करते हैं। वे समय और परिस्थिति के अनुकूल अपनी वैचारिकता को रूपाकार देने में किसी प्रकार का कोई संकोच नहीं करते। यही कारण है कि गाँधीवाद और अहिंसा के प्रबल पक्षधर होने के बावजूद 'कुरुक्षेत्र' में उन्होंने लिखा था कि—

कौन केवल आत्मबल से जूझकर,
जीत सकता देह का संग्राम है,
पाशविकता खड्ग जो लेती उठा,
आत्मबल का एक वश चलता नहीं।
योगियों की शक्ति से संसार में,
हारता लेकिन नहीं समुदाय है।

जिस कवि ने 'नील कुसुम' के अलावा अन्यत्र भी शान्तिकामी भारत का सौम्य चित्रांकन किया हो, उसी ने 'परशुराम की प्रतीक्षा'-जैसा युद्धकाव्य कैसे लिखा होगा, इस विषय में डॉ. लक्ष्मीनारायण सुधांशु ने लिखा है कि—"यही वह प्रश्न है जिसके कारण दिनकरजी को मैं समस्यापुंज कहता हूँ। .....कवि बादल होता है जो बरसने के समय यह नहीं सोचता कि इस खेत में बरसना चाहिए और उस खेत में नहीं बरसना चाहिए।

तार्किक पंडित का प्रयत्न यह होता है कि वह कोई ऐसी उक्ति मुँह से न निकाले जिससे उसकी किसी अन्य उक्ति का खंडन होता हो। कलाकार को लोभ इस बात का होता है कि वह आनन्ददायी अधिक, उपदेशकार बहुत कम हो। विशेषतः कलाकारों में सौन्दर्य के प्रति पक्षपात होता है। वे गुलाब और कमल के वर्णन में रस लेते हैं तथा जो कवि भूख और अभाव से पीड़ित लोगों की बातें करता है, उसे लगभग अकवि बनाना चाहते हैं। किन्तु, वास्तविकता सौन्दर्यबोध के इन काल्पनिक नियमों का सदैव आदर नहीं करती। जब क्षुधा, दुर्भिक्ष, अभाव और हाहाकार की सेना हुंकार भरकर खड़ी हो जाती है, तब कलाकार भी उस आतंक की उपेक्षा नहीं कर सकता। चीनी आक्रमण से उत्पन्न स्थिति भी वास्तविकता के गर्जन से पूर्ण थी। उस समय भारत, आबालवनितावृद्ध, जिस क्रोध से फुंकार उठा था, उस क्रोध को इतिहास के भीतर कहीं स्थान चाहिए था। सौभाग्य की बात है कि यह स्थान उसे भारत के सबसे समर्थ कवि के हाथों प्राप्त हुआ। काल ने देश के कवियों को एक चुनौती भेजी थी। उसका उत्तर सबसे आगे बढ़कर दिनकर ने दिया। इस कविता से विचारक दिनकरजी को भले कुछ आघात पहुँचा हो, किन्तु, कवि दिनकर और समग्र राष्ट्र के लिए यह कविता गौरव की कृति है।"[4]

डॉ. लक्ष्मीनारायण सुधांशु ने आगे लिखा है—'परशुराम की प्रतीक्षा' से दिनकरजी के किस रूप को आघात पहुँचा है, यह विषय भी विचारणीय है।

'परशुराम की प्रतीक्षा में हिंसा को मुक्त उत्तेजना दी गई है क्योंकि यह काव्य एक ऐसी घड़ी में रचा गया जब धर्म नहीं, आपद्धर्म ही ग्राह्य धर्म था। किन्तु, जहाँ तक हिंसा के आंशिक समर्थन का प्रश्न है, वह दिनकर के काव्य में आरम्भ से ही विद्यमान था। 'रेणुका', 'हुंकार', 'कुरुक्षेत्र' और 'सामधेनी' की कविताएँ इस का प्रमाण हैं। 'रश्मिरथी' में कवि की मुद्रा अहिंसा पर आने की मुद्रा है। वह एक स्थान पर इस विचिकित्सा में भी पड़ा है कि महाभारत करके राज्य भोगने की अपेक्षा यह कहीं श्रेष्ठ होता यदि पांडव कौरवों को राज्य देकर स्वयं पुनः वनवास में चले जाते। किन्तु, अपने इस विचार को वह स्वयं यह कहकर काट देता है कि नहीं, यदि यह मार्ग पकड़ा गया तो संसार से अन्याय का उच्छेद नहीं होगा।"[5]

विचार के धरातल पर हिंसा और अहिंसा का द्वन्द्व दिनकर को बहुत परेशान करता था और बार-बार उन्हें यही दिखाई देता था कि आत्मबल यथेष्ट नहीं है। स्वतंत्रता की प्राप्ति के लिए शारीरिक शक्ति की शायद अधिक आवश्यकता है। 'हुंकार' में संग्रहीत एक कविता का शीर्षक है—'कल्पना की दशा'। उस कविता में दिनकर का हिंसा-अहिंसावाला द्वन्द्व काफी मुखर दिखाई देता है—

ऊब गया हूँ देख चतुर्दिक अपने
अजा-धर्म का ग्लानिविहीन प्रवर्तन।

युग-सप्तम सम्बुद्ध पुनः कहता है—

ताप कलुष है, शिखा बुझा दो मन की।
मैं मनुष्य हूँ, दहन धर्म है मेरा,
मृत्ति साथ अग्निस्फुलिंग हैं मुझमें,
तुम कहते हो : 'शिखा बुझा दो' लेकिन,
आग बुझी, तो पौरुष शेष रहेगा?

राष्ट्रीयता और प्रेम-श्रृंगार का द्वन्द्व

दिनकर की कविताओं में जितनी राष्ट्रीयता और सामाजिकता है, उतना ही प्रेम और श्रृंगार भी है। जैसे पहले स्वर के बिना 'कुरुक्षेत्र' की रचना सम्भव नहीं थी, वैसे ही दूसरे स्वर के बिना 'उर्वशी' की। दोनों स्वरों के संयोग से ही दिनकर की अग्निवीणा से सुकोमल रागिनी फूटी है। उनका स्वर जितना उदात्त है, उतना ही मधुर भी।

वे कविता में सुस्पष्टता के प्रबल पक्षधर थे; लेकिन वे छायावाद में अस्पष्टता या स्वप्निलता का सौन्दर्य भी देखते थे, इसलिए उनकी समस्या सरल नहीं थी। वे 'स्वप्न की भाषा में वास्तविकता का आख्यान' करना चाहते थे, या फिर 'पन्त के सपने को मैथिलीशरण की सफाई से' लिखना चाहते थे। उन्होंने इस समस्या का समाधान द्विवेदी-युग और छायावाद के बीच से रास्ता निकालकर किया और सच्चे

स्वच्छन्दतावादी कवि की तरह कविता के विषयों की सीमा तोड़ दी। स्वभावत: उन्होंने राष्ट्रीय और सामाजिक कविताओं के समानान्तर प्रेम और श्रृंगार की भी प्रचुर कविताएँ लिखीं। जैसे उनकी समाजोन्मुख कविता का शीर्ष-बिन्दु 'कुरुक्षेत्र' है, वैसे ही उनकी प्रेम-श्रृंगारपरक कविताओं का शीर्ष-बिन्दु 'उर्वशी'। छायावादी प्रेम और श्रृंगारपरक कविताएँ अमूर्तीकरण का शिकार हैं, लेकिन दिनकर की ऐसी कविताएँ भरपूर चित्रात्मक होते हुए भी द्विवेदी-युगीन स्पष्टता से युक्त हैं। कहना चाहिए कि उनकी नई भाषा की परीक्षा प्रेम और श्रृंगार-विषयक कविताओं में ही होनी थी, जिसमें निस्संदेह वे पूर्णत: सफल हुए।[6]

यद्यपि उन्होंने देश-भक्ति को चुन लिया था, तथापि उनकी प्रेम और सौन्दर्य की भावना रह-रहकर प्रभावशाली ढंग से व्यक्त होती रही। उन्होंने कई बार इस बात को दुहराया था कि 'ख्याति तो मुझे 'हुंकार' से मिली, लेकिन मेरी आत्मा 'रसवन्ती' में बसती है।' प्रेम और श्रृंगार के प्रति इस आत्मिकता ने उनकी सौन्दर्य-मूलक कविताओं को प्रभावशाली बना दिया था। उनकी ओजस्विता ने उनकी प्रेम-श्रृंगार-परक कविताओं को एक विशेष आभा से मंडित कर दिया है।

'चक्रवाल' की भूमिका में उन्होंने यह संकेत दिया है कि राष्ट्रीयता उनकी कविता का मूल स्वर नहीं था। उनके भीतर यह तत्त्व काल ने बरबस समाविष्ट कर दिया। परन्तु डॉ. लक्ष्मीनाराण सुधांशु कहते हैं कि—"मैं दिनकरजी के इस आत्मविश्लेषण को स्वीकार नहीं करता। राष्ट्रीयता उनकी आत्मा का प्रधान स्वर रहा है। इससे बचने का उन्होंने जो भी प्रयास किया है, वह बौद्धिक है। किन्तु संकट के समय मनुष्य बुद्धि नहीं, भावना के अधीन हो जाता है। स्वराज के उपरान्त दिनकरजी ने राष्ट्रीयता से पिंड छुड़ाने को कितनी ही बार कठोर चिन्तन किया, कई भाषण दिए और कुछ कविताएँ भी लिखीं, किन्तु भारत पर जब चीन ने आक्रमण किया, दिनकरजी के समस्त अस्तित्व पर राष्ट्रीयता अत्यन्त उग्र बनकर छा गई और उन्होंने कई ऐसी ओजस्विनी कविताएँ लिख डालीं जिनसे कला और दर्शन-विषयक उनके अनेक ऐसे विचार खंडित हो गए जिन्हें उन्होंने बड़ी ही तन्मयता से गढ़ा था।"[7]

वैचारिक द्वन्द्व के प्रमुख आधार

अपनी कविता-यात्रा में दिनकर आद्योपान्त द्वन्द्वों से जूझते हैं। द्वन्द्व कवि को चिन्तन और भावना के स्तर पर घेरते, भरमाते और बेचैन करते हैं; लेकिन कवि उन चुनौतियों को धैर्यपूर्वक स्वीकार करके अपनी रचनात्मकता को साधना एवं समाधान के पथ पर आगे ले जाता है। 'रेणुका' में छायावाद की आभिजात्य शैली और रहस्यात्मक कथ्य से सहज रचना-शिल्प और जन-सुबोध सामयिक कथ्य का एक द्वन्द्व देखा जा सकता है। कुरुक्षेत्र' में उस द्वन्द्व की एक समर्थ

अभिव्यक्ति है; जो युद्ध और शान्ति, हिंसा और अहिंसा, प्रवृत्ति और निवृत्ति की जीवन-पद्धति तथा विज्ञान और आत्मज्ञान की परिणति में निहित है। 'द्वन्द्वगीत' तो अभिधा में ही स्पष्ट है। जहाँ तक 'उर्वशी' का प्रश्न है, वह अप्सरा एवं गृहणी, द्विधाग्रस्त मानव एवं द्विधामुक्त देवता; और काम एवं अध्यात्म के द्वन्द्वों की एक अद्‌भुत गाथा है।

लक्ष्मीचन्द्र जैन ने 'हारे को हरिनाम' के संदर्भ में टिप्पणी की है कि—"क्या आन्तरिक संघर्ष ने दिनकर को तोड़ दिया? या, नीचे की कर्दम और ऊपर की धूल से ऊँचे उठकर ...जीने की साधना का यह प्रवेश-द्वार है? शायद दोनों ही। क्योंकि द्वन्द्व दिनकर के जीवन के श्वास-प्रश्वास हैं।[8]

दिनकर के काव्य में वैचारिक द्वन्द्व निरन्तर विद्यमान है। रवीन्द्र और इकबाल, मार्क्स और गाँधी, हिंसा और अहिंसा, युद्ध और शान्ति, धरती और स्वर्ग, पत्नी और प्रेयसी आदि शब्द-युग्म दिनकर के वैचारिक द्वन्द्व के प्रमुख आधार हैं। वे मार्क्स के लाल रंग में गाँधी का सफेद रंग मिलाकर अपना वैचारिक रंग तैयार करते हैं। उर्वशी' उनके वैचारिक द्वन्द्व का ही रचनात्मक परिणाम है। मनुष्य और देवता धरती और स्वर्ग, मानवी और अप्सरा तथा पत्नी और प्रेयसी का द्वन्द्व इसके केन्द्र में है। इन शब्द-युग्मों पर ध्यान दें तो पता चलेगा कि दिनकर यथार्थ और स्वप्न—दोनों के कवि हैं। मनुष्य, धरती, मानवी और पत्नी हमारा यथार्थ है तो देवता, स्वर्ग, अप्सरा और प्रेयसी हमारा स्वप्न। देखने की बात यह है कि द्वन्द्व के बावजूद दिनकर का ज़ोर मनुष्य, धरती, मानवी और पत्नी पर है।[9]

अपने निर्माण के दिनों में प्रत्येक नए कवि को किसी एक महाकवि का पता लगाना पड़ता है, जिसके समान वह बनना चाहता है। दिनकर का दुर्भाग्य या सौभाग्य यह रहा कि उन्होंने एक के बदले ऐसे दो महाकवियों का पता लगा लिया, जिनके समान बनने की उनमें उमंग थी। इनमें से एक थे रवीन्द्रनाथ ठाकुर और दूसरे थे इकबाल, जिनकी कविताएँ मन के भीतर चिन्तन के द्वार खोल देती थीं। इन दोनों कवियों का प्रभाव तो उन पर पहले ही पड़ गया था; बाद में उन्होंने जाना कि रवीन्द्र और इकबाल दो भिन्न ध्रुवों के कवि हैं। कवि दिनकर के लिए विचित्र द्विधा की स्थिति थी। उन्हें राष्ट्रीयता, क्रान्ति और गर्जन-तर्जन की कविताएँ लिखते देखकर उनके भीतर बैठे हुए रवीन्द्रनाथ दुःखी होते थे। तब कवि दिनकर 'असमय आह्वान', 'हाहाकार' आदि कविताओं में अपनी किस्मत पर रोते थे कि उनके भीतर जो कोमल स्वप्न हैं, क्या के भीतर ही कुम्हलाकर मर जाएँगे? उन्हें क्या शब्द नहीं मिलेंगे?

'रसवन्ती' और 'द्वन्द्व-गीत' इन्हीं कोमल कविताओं के संग्रह हैं। लेकिन दिनकर का विरुद चारण और वैतालिक का ही रहा। 'हुंकार' के आमुख में उन्होंने स्वयं स्वीकार किया था—

अमृत-गीत तुम रचो कलानिधि,
बुनो कल्पना की जाली।
तिमिर-ज्योति की समर भूमि का
मैं चारण, मैं वैताली।

अत: स्वाभाविक रूप से उनकी कविताओं में जहाँ एक ओर वेदना, निराशा एवं विद्रोह है; वहीं दूसरी ओर प्रेम और आशा भी है।

प्रगतिवाद या छायावादोत्तर-काल

'चक्रवाल' की भूमिका में दिनकर ने लिखा है कि "छायावादोत्तर काल को ही लोग, भ्रमवश, प्रगतिवाद का काल कहने लगे हैं।" जबकि हरिवंशराय बच्चन का मत था कि यदि "उन्हें वाद का शौक हो तो उन्हें अपने को प्रगतिवादी कहना चाहिए। द्वन्द्व और उनकी द्विधा के दृष्टिगत हरिवंशराय बच्चन ने दिनकर को 'अन्त: शाक्त: बहि: शैव: सभा मध्ये च वैष्णव:' कहा है।[10]

लेकिन दिनकर कहते हैं कि "अच्छा समाज वह है जिसमें केवल भौतिक सुविधाओं का विकास होता है अथवा वह जिसमें भौतिक और आध्यात्मिक दोनों प्रकार की उन्नति होती है? राज्य वह अच्छा है, जिसमें एक या दस नेताओं के खिलाफ जीभ खोलने से लोग डरते हैं अथवा वह जिसके नागरिक बड़े-से-बड़े सत्ताधारियों की भी आलोचना निर्भय होकर कर सकते हैं? और यदि दस या दस हजार व्यक्ति यह कहने लगें कि मत वही है जिसे हम मानते हैं और पूरे संसार को हम उसी मत में दीक्षित कर देंगे, तो इससे क्या मनुष्य की प्रगति होती है? पहले की धर्मान्धता जितनी निन्दित वस्तु थी, आज की राजनीतिक अन्धता क्या उससे कम निन्दनीय है? अदृश्य वास्तविकता के प्रति सन्देह की स्थिति का कुछ थोड़ा औचित्य है, किन्तु यह कहना तो प्रगति का सूचक नहीं हो सकता कि अदृश्य वास्तविकता है ही नहीं, अतएव अदृश्य का स्वप्न हम किसी को भी देखने नहीं देंगे। धर्म की निन्दा मार्क्स ने ऐतिहासिक आवश्यकता के कारण की थी। किन्तु, तब से भौतिकी बैठी नहीं रही हैं। वह अब जिस ऊँचाई पर पहुँच गई है, वहाँ से दर्शन का समुद्र दिखाई देता है। ये कुछ कारण हैं जिनके चलते मैं प्रचलित प्रगतिवाद को अपना जीवन-दर्शन मानने से इन्कार करता हूँ। किन्तु, जहाँ तक दासता, साम्राज्यवाद, शोषण और विषमता के विरोध का प्रश्न है, मैंने खुलकर उस विरोध में भाग लिया है और मैं उन सभी लोगों का प्रशंसक हूँ जो दासता, विषमता, साम्राज्यवाद और सामाजिक न्याय के बारे में लिखते हैं और अपने को प्रगतिवादी कहते हैं।"[11]

राष्ट्रीय कविता प्रगतिशील प्रवृत्तियों से उद्‌भूत थी, किन्तु ऐसी कविताएँ 1934 ई. के पहले, भारतेन्दु-युग में भी लिखी गई थीं। इसलिए, प्रगतिशील प्रवृत्ति की बात तो वे मानते थे, लेकिन उसे 'प्रगतिवादी युग' कहना निरर्थक मानते थे।

हिंसा-अहिंसा का द्वन्द्व

दिनकर भारत के प्रधानमंत्री जवाहरलाल नेहरू के करीबी थे। उन्होंने पहले 'लोकदेव नेहरू' नामक एक किताब लिखी थी, लेकिन 1962 ई. के चीनी-आक्रमण में भारतीय सरकार की नीतियों की विफलता को रेखांकित करते हुए उन्होंने तत्कालीन केन्द्रीय नेतृत्व पर बहुत तीखा प्रहार भी किया था।

घातक है जो देवता-सदृश दिखता है,
लेकिन कमरे में गलत हुक्म लिखता है।
जिस पापी को गुण नहीं गोत्र प्यारा है,
समझो उसने ही हमें यहाँ मारा है।

(परशुराम की प्रतीक्षा)

दिनकर के विचारों में शुरू से ही एक द्वन्द्व की स्थिति देखने को मिलती है। यह द्वन्द्व हिंसा और अहिंसा तथा मार्क्स और गाँधी को लेकर भी है। शुरू में ही उनका झुकाव महात्मा गाँधी की ओर था, जिसकी सर्वोत्कृष्ट झाँकी उनकी 'बापू' शीर्षक लम्बी कविता है। लेकिन अहिंसा को उन्होंने जीवन के एकमात्र मूल्य के रूप में कभी स्वीकार नहीं किया। इसीलिए जब चीन ने भारत पर आक्रमण किया, तब उन्होंने 'परशुराम की प्रतीक्षा' की कविताएँ लिखीं; जिसमें हिंसा और अहिंसा सम्बन्धी अपना दर्शन युक्तियुक्त ढंग से प्रस्तुत किया।

अपनी एक आरम्भिक कविता 'मगध की ओर से' में कवि की दो प्रकार की परस्पर विरोधी चिन्ताएँ हैं। पहली चिन्ता यह है कि प्रियदर्शी अशोक के अहिंसामूलक सन्देश का विश्वव्यापी प्रसार कैसे होगा—

अब जागृति के स्वर्णकाल में
मेरा अमर स्वर्ण-सन्देश
किस 'अशोक' की पृथुल बाँह चढ़
प्रसरित होगा देश-विदेश?

(प्रणभंग तथा अन्य कविताएँ, 1930)

लेकिन अगले ही क्षण कवि की चिन्ता यह है कि यदि कोई आक्रमणकारी हमारे देश पर पुनः आक्रमण कर बैठे तो उसे कौन बताएगा कि मगध की शक्ति अभी यथावत है—

चढ़ आवे यदि आज देश पर
फिर कोई अत्याचारी
गरज उठेगा कौन—अभी
जीवित है मगध-शक्ति सारी?

(प्रणभंग तथा अन्य कविताएँ, 1930)

'मंगल-आह्वान', 'उत्तर में', 'कविता का हठ' आदि अपनी आरम्भिक कविताओं में दिनकर ने काव्य-रचना को लेकर अपनी द्विधा और अपने द्वन्द्ध का चित्रण किया है; और अपना उददेश्य भी बताया है। वे भौतिकता के प्रबल आग्रही थे; लेकिन उस भौतिकता के विरोधी थे, जिसमें सुख की प्राप्ति भोग और शोषण से होती है। वे शुरू से धार्मिक थे। 1933 में अपनी 'तांडव' कविता उन्होंने देवघर के प्रसिद्ध मन्दिर में जाकर महादेव को सुनाई थी। तभी से उनमें धार्मिकता का एक दबा हुआ स्वर था, जो उम्र बढ़ने के साथ उभरता गया। 'रश्मिलोक' की भूमिका में उन्होंने लिखा है, 'लाजिक और पुरुषार्थ का मैं बड़ा भारी समर्थक रहा था, किन्तु इस चौथेपन में आकर दोनों के प्रति मेरा विश्वास उठ गया', जिसके फलस्वरूप उन्होंने अपने जीवन, जगदीश और भाग्य के सामने हार मान ली।

लेकिन, नन्दकिशोर नवल के अनुसार "उनकी कविताएँ हारे हुए कवि की कविताएँ नहीं हैं, क्योंकि वे हमें जीवन-जगत् से विमुख न कर हमारी चेतना को सिर्फ एक आध्यात्मिक आयाम प्रदान करती हैं। उन्होंने 'संचयिता' की भूमिका में यह लिखा है कि कविता में वे साकार से निराकार की ओर, लेकिन धर्म में निराकार से साकार की ओर गए हैं। यह बात भी अंशतः ही सही हो सकती है, क्योंकि उनकी 'अशब्द', 'अगोचर का आमंत्रण', 'नई आवाज' और 'सबसे बड़ी आवाज'-जैसी कविताएँ आरम्भिक नहीं, बल्कि उनके मध्यवर्ती काल की कविताएँ हैं, जो असीम, अज्ञात और अशब्द के प्रति उनके प्रबल आकर्षण की सूचना देती हैं। .....खास बात यह कि कुछ कविताओं को छोड़कर, जिनमें उत्कट आत्म-निवेदन है, आखिरी दौर की उनकी ज्यादा कविताओं में आध्यात्मिकता को एक मूल्य के रूप में स्थापित करने पर बल है।"[12]

विडंबना यह है कि एक कविता में दिनकर अपने देशवासियों को ललकारते हुए कहते हैं कि—

एक ही पंथ अब भी जग में जीने का,
अभ्यास करो छागियो ! रक्त पीने का !

यह बात मानवीय दृष्टिकोण से ठीक नहीं है। यह सच है कि आज गोलियों का जवाब ध्यानस्थ होकर नहीं दिया जा सकता; लेकिन यदि छागियों ने रक्त पीने का सचमुच अभ्यास कर लिया तो वह देश क्या हो जाएगा, जिसके सम्बन्ध में कवि की गर्वोक्ति है—'भारत स्वयं मनुष्य-जाति की बहुत बड़ी कविता है।'

संदर्भ

1. रामधारी सिंह दिनकर, चक्रवाल, भूमिका, पृ. 32; उदयाचल, पटना, 1956 ई.।
2. दिनकर रचनावली, खंड 4, सं. डॉ. नन्दकिशोर नवल एवं तरुण कुमार, पृ. 246
3. दिनकर रचनावली, खंड 4, सं. डॉ. नन्दकिशोर नवल एवं तरुण कुमार, पृ. 384

4. सावित्री सिन्हा द्वारा सम्पादित 'दिनकर' में लक्ष्मीनारायण सुधांशु का लेख 'स्वराज्योत्तर दिनकर साहित्य', पृ. 94-95
5. सावित्री सिन्हा द्वारा सम्पादित 'दिनकर' में लक्ष्मीनारायण सुधांशु का लेख 'स्वराज्योत्तर दिनकर साहित्य', पृ. 95-96
6. दिनकर रचनावली, खंड 2; संपादक : डॉ. नन्दकिशोर नवल; भूमिका, पृ. 5-6
7. दिनकर; संपादक : सावित्री सिन्हा, पृ. 89-90
8. लक्ष्मीचन्द्र जैन की टिप्पणी, संचयिता; रामधारी सिंह दिनकर, पृ. 8; भारतीय ज्ञानपीठ, नई दिल्ली; 10वाँ संस्करण, 2005 ई.।
9. गोपेश्वर सिंह, कल्पना का उर्वशी विवाद, भूमिका, पृ. 13
10. हरिवंशराय बच्चन, 'आजकल': स्वर्ण-जयन्ती अंक, 1994, पृ. 130
11. दिनकर; संपादक : सावित्री सिन्हा, पृ. 27
12. दिनकर रचनावली, खंड 3; संपादक : डॉ. नन्दकिशोर नवल, भूमिका, पृ. 8

अध्याय 13

दिनकर की काव्यभाषा

भाषा और भाव के संयोग से ही काव्य की रचना होती है। दिनकर ने कविता को 'भाव-समूह का आन्दोलन' कहा है। काव्य में भाषा भाव-समूह को वहन करती हुई चलती है। अत: स्वाभाविक रूप से वही कवि अपने हृदय के भावों को सुरुचिपूर्ण ढंग से अभिव्यक्त करने में सफल हो सकता है जो शब्द-शक्ति से सुपरिचित हो। किसी भाव को सरल-सहज ढंग से व्यक्त किया जाना है या उसमें वक्रोक्ति[1] का चमत्कार पैदा करना है या फिर उसमें लोकोक्तियों-मुहावरों की छौंक की दरकार है, इस बात का निर्णय करने के लिए कवि का भाषा की प्रकृति और प्रवृत्ति से सुपरिचित होना आवश्यक है। जिस कवि को शब्द की शक्ति और उसकी सीमा का स्पष्ट बोध नहीं होगा उसकी रचना पाठक को अनुरंजित करने में सफल नहीं होगी।

भाषा किसी भी काव्य या साहित्य का एक विशिष्ट अवयव है। लेकिन कविता की भाषा और शास्त्र की भाषा में अन्तर होता है। काव्यभाषा सामान्य-भाषा से ही उत्पन्न होती है; उसका स्वरूप भी समान होता है, लेकिन उसके उद्‌देश्य में अन्तर होता है। सामान्य-भाषा में संकेत और संकेतित के स्थिर सम्बन्धों में किसी प्रकार का विचलन नहीं होता, जबकि काव्यभाषा में शब्द और अर्थ के स्थिर सम्बन्धों में सर्जनात्मक विचलन संभव है। काव्यभाषा सामान्य-भाषा के शब्दों का प्रयोग करते हुए भी उसके सामान्य अर्थ से इतर अर्थ की खोज करती है। इसलिए यहाँ संकेत स्वयं ही संकेतित का रूप ग्रहण कर लेता है।

काव्यभाषा अतिप्रयुक्त होकर सामान्य-भाषा बन जाती है और उससे किसी नए अर्थ की व्यंजना संभव करने के लिए कवि को उसे फिर ताज़ा करना होता है, किसी नए संदर्भ या नए विन्यास में रखकर। इसे अन्यथाकरण भी कहा जा सकता है; अर्थात—जो जैसा है, उसे कुछ और बना देना। इसी से चमत्कार की सृष्टि होती है। लेकिन यहाँ चमत्कार का प्रयोजन सामान्य अर्थों में चौंकाना या विस्मित करना नहीं है, बल्कि उसके माध्यम से नए कार्य की ओर ध्यान आकर्षित करना है।[2]

शास्त्र की भाषा तार्किक मन से उत्पन्न होती है, जबकि कविता की भाषा कल्पनाशील मन से। भाषा के किसी अन्य प्रकार और प्रयोग में, ध्वनि और भाव

का वैसा विलक्षण संयोजन नहीं होता, जैसा कि कविता में संभव हो पाता है। शब्दों को अधिक कवित्वमय और व्यंजक बनाने के दौरान कविता भाषा की सुप्त शक्तियों को जगाकर उसके अधूरे लक्ष्य को पूरा करती है। कविता में भाषा की महिमा अपने उफान पर रहती है और जिस कवि को भाषा की जितनी बारीक परख होती है वह उतना ही श्रेष्ठ होता है।

दिनकर की काव्यभाषा सम्बन्धी मान्यताएँ

दिनकर के अनुसार, पूर्ण भाषा कोई नहीं है यानी ऐसी भाषा कहीं है ही नहीं, जो हर विचार के लिए, हर भावना के लिए, एक अलग शब्द रखती ही। चेतना की हर सनसनाहट एक नया शब्द माँगती है, लेकिन हर सनसनाहट के लिए अलग शब्द किसी भी भाषा में नहीं है। यानी सनसनाहट की ठीक-ठीक मात्रा का अभिव्यंजक शब्द कहीं नहीं है। प्रेम और घृणा, केवल दो शब्द हमारे पास हैं, जिनसे हम हजारों तरह की प्रीति और घृणा को अभिव्यंजित करते हैं।[3]

कवि दिनकर की काव्यभाषा की आलोचकों ने मुक्तकंठ से प्रशंसा की है। दरअसल, कविता की भाषा के महत्त्व से वे सुपरिचित थे। खास बात यह है कि वे मुख्यतः काव्य के आलोचक हैं। कविता में भाषा की शक्ति पर उन्होंने अपने कई निबन्धों में विचार किया है। 'कामायनी : दोषरहित-दूषणसहित' शीर्षक समीक्षा-निबन्ध में भाषा की कसौटी पर कसते हुए उन्होंने 'कामायनी' के भाषा-दोषों को उजागर किया है। इस समीक्षा-निबन्ध में उन्होंने काव्य-भाषा के विविध पक्षों पर विचार करते हुए उन तत्त्वों को ढूँढ़ने का प्रयास किया है जिनके कारण कविता की भाषा का स्वतंत्र महत्त्व स्थापित होता है। उन्होंने लिखा है—"कविता केवल भाव और विचार को लेकर सफल नहीं होती है। सफल वह तब होती है जब भाव और विचार अनुकूल भाषा में अनुकूल ढंग से व्यक्त होते हों।"[4]

उनका मानना था कि "भाषा के भीतर सारी शक्तियाँ सब दिन मौजूद रहती हैं। हाँ, जब प्रयोग-विशेष का समय आता है तब भाषा के अपेक्षित गुण स्पष्ट होने लगते हैं।"[5] अपने युग की भाषा के संदर्भ में उन्होंने लिखा है कि—"छायावादोत्तर-कालीन भाषा द्विवेदी-युगीन भाषा की याद दिलाती है। दोनों युगों की भाषाएँ सफाई और हिन्दी के बोलचालवाले रूप के अधिक निकट हैं। भेद केवल यह है कि छायावाद काल में भाषा के क्षेत्र में कोमलता के जो प्रयोग हुए उनकी शिक्षाएँ छायावादोत्तर-काल के कवियों को याद रहीं।"[6]

काव्य में चाहे लक्ष्यार्थ प्रमुख हो या फिर व्यंग्यार्थ, पाठक को आनन्द की अनुभूति तभी होगी जब उसका अभिधेयार्थ स्पष्ट और बोधगम्य होगा। लक्षणा और व्यंजना की आधारभूमि तो वस्तुतः अभिधा ही है। इस दृष्टि से सरल, सहज और सुबोध शब्दावली कविता का प्राण-तत्त्व है।

आचार्य महावीर प्रसाद द्विवेदी ने एक ओर व्याकरण-सम्मत भाषा को श्रेष्ठ बताया था; दूसरी ओर भाषा में सौन्दर्य की अपेक्षा सुस्पष्टता लाने पर अधिक बल दिया था। लेकिन दिनकर के अनुसार "कल्पना के ताप के नीचे जब भाषा पिघलने लगती है, तब व्याकरण के किनारे टूट जाते हैं। छायावाद ने व्याकरण के बाँध में से नहरें फोड़कर अपनी कल्पना के अनुरूप कोमल भाषा तैयार कर ली, यह कवि और भाषा, दोनों की विजय का प्रमाण है। किन्तु भाषा जब कोमलता के अतिरेक पर जा पहुँची, जब केवल कविता ही नहीं उसकी भाषा भी छायावादी कहलाने लगी, तब भावों के साथ-साथ काव्यभाषा के विरुद्ध भी प्रतिक्रिया उत्पन्न हो गई।"[7]

दिनकर का कहना है कि छायावादोत्तर काल के कवियों ने छायावादी प्रयोग में से भाषा के निमित्त उतनी ही कोमलता स्वीकार की जितने से भाषा का सौन्दर्य, उसकी शक्ति को घटाए बिना, सँवारा जा सकता था। भाषा का छायावादोत्तर प्रयोग छायावाद और द्विवेदी-युगीन भाषाओं के बीच समन्वय उपस्थित करता है, यद्यपि इस समन्वय में प्रधानता छायावाद-युगीन कोमलता की अधिक है।[8]

दिनकर की काव्यभाषा के संदर्भ में आचार्य शिवपूजन सहाय ने लिखा है—'चित्तौड़ का साका' और 'मिर्च का मजा' उनकी दो बालोपयोगी गद्य और कविता-पुस्तकें हैं, जिनकी सुबोध भाषा यह प्रमाणित करती है कि जैसे वह संस्कृतनिष्ठ भाषा लिखने में क्षमताशाली हैं वैसे ही मुहावरेदार सुगम भाषा लिखने में भी सिद्धहस्त हैं। 'धूप और धुआँ' तथा 'नीम के पत्ते' पढ़ते समय भी यही बात ध्यान में आती है। किंतु गद्य ही यदि कवि की कसौटी है तो कहना पड़ेगा कि उनकी कविता-पुस्तकों के समान ही उनकी गद्य रचनाएँ भी भाषा पर उनके असामान्य अधिकार का पता देती हैं।[9]

अपने काव्य-जीवन के शुरुआती दौर में दिनकर को क्लासिक और रोमांटिक, द्विवेदी-काल और छायावादी काल या मैथिलीशरण गुप्त और सुमित्रानन्दन पन्त की काव्यभाषा के बीच से अपनी काव्यभाषा का चयन करना था। यह एक विकट द्वन्द्व था। स्वयं उनका कहना है कि "अनुभूतियाँ और भाव तो मुझे छायावादियों के ही अच्छे लगते थे, किन्तु, अभिव्यक्ति की सफाई मैं वह चाहता था जो मैथिलीशरण गुप्त और रामनरेश त्रिपाठी में निखरी थी। दूसरे शब्दों में, द्विवेदी-युग की कल्पना मुझे भी स्थूल और किंचित भोंडी लगती थी, किन्तु, पन्तजी की अभिव्यक्ति के भी चारों ओर मुझे कुहासा दिखाई देता था। मैं दोनों से हटकर अपने लिए कोई ऐसी राह निकालना चाहता था जो दोनों से समीप और दोनों से कुछ दूर हो।

कदाचित्, पन्त के सपने को मैं मैथिलीशरण की सफाई से लिखना चाहता था, किन्तु जोखिम इसमें यह था कि दोनों को मिलाने से या तो पन्त के सपने घायल होते थे या मैथिलीशरण के मार्ग पर मिहिका छा जाती थी। छायावाद बड़ा

ही प्रतापी आन्दोलन था और उसके रोब की उपेक्षा करके मनमानी राह पकड़ लेना छायावादोत्तर कवियों के लिए कोई सरल कार्य न था।"[10]

दिनकर का मानना था कि साहित्य में कभी-कभी कई युग एक साथ जीते हैं और जब छायावाद-युग जीवित था तब उसके साथ-साथ द्विवेदी-युग की आत्मा भी अपना काम कर रही थी। इसलिए यह भी कहा जा सकता है कि उनकी राह इन दो युगों के मिश्रण से तैयार हुई। किन्तु, उन्हें यही मानना अच्छा लगता है कि यह शैली द्विवेदी और छायावादी युगों के बीच की शैली है जिसका प्रमाण यह है कि पन्त के सपने उनके हाथों में आकर उतने वायवीय नहीं रहे जितने कि वे छायावाद काल में थे; किन्तु, द्विवेदी-युगीन अभिव्यक्ति की शुभ्रता उन लोगों के पास आते-आते कुछ रंगीन अवश्य हो गई।[11]

भाषा की स्वच्छता

दिनकर के अनुसार साहित्य का प्रत्येक आन्दोलन, आरम्भ में धूमिल रहता है, किन्तु आगे चलकर वह स्वच्छ हो जाता है। छायावादी कवियों में जो धूमिलता थी वह छायावादोत्तर काल में आकर उस आन्दोलन के नायकों में भी कम होने लगी थी। चूँकि उनका आरम्भ इसी काल में हुआ था, इसलिए अभिव्यक्ति की स्वच्छता की नई विरासत उन्हें स्वतः प्राप्त हो गई।

उनका कहना था कि यह उनकी वैयक्तिक शैली का ही विश्लेषण नहीं है, बल्कि यह बात उन सभी छायावादोत्तर कवियों की शैली पर लागू है जिन्होंने हिन्दी-कविता को कुहासे से निकाल कर उसे धूप में खड़ा किया तथा अभिव्यक्ति की धूमिलता और कच्चेपन से बचने के लिए छायावाद की उन रंगीनियों को छोड़ दिया जो प्रायः कवियों की असमर्थता पर झीना-परदा डाला करती थीं।

दिनकर के अनुसार, छायावाद-युग के कवि अपने गिने-चुने विषयों के वृत्त से बाहर नहीं जाते थे, क्योंकि उहें भय था कि वृत्त की परिधि के बाहर जो कुछ है वह नीरस है तथा उसके स्पर्श मात्र से कविता की कोमलता नष्ट हो जाएगी। छायावाद में जो कोमलता थी, वह जीवन की रुक्षताओं से अलग रहकर प्राप्त की गई थी। कर्म की कठोरता और जीवन की रुक्षता का स्मरण दिलानेवाले शब्द कविता में छायावादोत्तर काल में भरने लगे और छायावादी कवियों की कविताओं में भी ये शब्द छायावाद के बाद प्रविष्ट हुए।[12] उनके अनुसार, स्वप्न की भाषा में वास्तविकता का आख्यान छायावाद-युग में अशक्य कार्य था, जिसे छायावादोत्तर युगीन कवियों ने संभव बनाया।

दिनकर, हरिवंशराय बच्चन और गोपाल सिंह नेपाली छायावाद के उत्तरार्ध में आए। ये तीनों कवि छायावादी भाषा की कुहेलिका से बचते रहे। छायावादी भाषा आडम्बरपूर्ण थी, जबकि इन तीनों की भाषा सहज है। भाषा की स्वच्छता

छायावादोत्तरकालीन कवियों की सामूहिक विशेषता है। दिनकर ने 'मिट्टी की ओर' में लिखा है—"इस दूसरी पीढ़ी के कवियों की मनोदशाएँ परस्पर एक-दूसरे से बहुत कुछ भिन्न थी, परन्तु एक बात में उन सभी में आश्चर्यजनक एकता थी। यह थी सुन्दर होने के पहले सुस्पष्ट होने की प्रवृत्ति। इन कवियों में से कोई भी रुक्ष अथवा नीरस नहीं था, सौन्दर्य के प्रति भी सभी में उद्दाम आसक्ति थी, रूप-सृष्टि के लिए ये लोग भी उतने ही प्रयत्नशील थे जितने छायावादकाल के समर्थ कलाकार, किन्तु सौन्दर्य ढूँढ़ने के प्रयास में कविता के प्रसाद-गुण को खोना नहीं चाहते थे। छायावाद की माया-किरण इनकी दुनिया में भी चमकती थी, किन्तु वह किरण ही थी, कुहेलिका नहीं। इनकी एक विशेषता भी थी कि ये कभी भी ऐसी चीज को नहीं उठाते थे जो इनकी समझ में अच्छी तरह से नहीं आती हो।"

भाषा की यह सफाई रहते हुए भी दिनकर भाषा के कौशल को कविता का चरम लक्ष्य नहीं मानते थे। कविता में वे कारीगरी की अपेक्षा भाव पक्ष को अधिक महत्त्व देते थे। उस समय की उनकी कविताएँ इस बात का प्रमाण हैं और उनके आलोचनात्मक लेखों में भी यही बात दुहराई गई है। 'मिट्टी की ओर' में उन्होंने लिखा है—"जाग्रत युग के स्वप्न फूलों से नहीं, चिनगारियों से सजाए जाते हैं।"[13]

'रश्मिरथी' (1952 ई.) तक दिनकर का काव्य इसी मनोवृत्ति का काव्य है। 'रश्मिरथी' के बाद उनकी कविता के अन्तरंग और बहिरंग दोनों बदलने लगते हैं और उनके काव्यालोचन सम्बन्धी सिद्धान्तों में भी बदलाव आता है। 'रश्मिरथी' की भूमिका में उन्होंने लिखा है कि—"कविता केवल चित्र, चिन्तन और विरल संगीत के धरातल पर जा अटकी है और जहाँ भी स्थूलता एवं वर्णन के संकट में फँसने का भय है, उस ओर कवि-कल्पना जाना नहीं चाहती। लेकिन स्थूलता और वर्णन के संकट का मुकाबिला किए बिना कथाकाव्य लिखनेवाले का काम नहीं चल सकता। कथा कहने में, अक्सर, ऐसी परिस्थितियाँ आकर मौजूद हो जाती हैं जिनका वर्णन करना तो जरूरी होता है, मगर वर्णन काव्यात्मकता में व्याघात डाले बिना निभ नहीं सकता।"

दिनकर ने 'पन्त, प्रसाद और मैथिलीशरण' शीर्षक पुस्तक में 'कामायनी' की भाषा की कटु आलोचना की है और उसे आदर्श भाषा मानने से इनकार किया है। 'कामायनी : दोषरहित दूषणसहित' शीर्षक निबन्ध में दिनकर लिखते है—"कविता का अन्तिम विश्लेषण उसमें प्रयुक्त भाषा का विश्लेषण है, कविता का चरम सौन्दर्य उसमें प्रयुक्त भाषा की सफाई का सौन्दर्य होता है।"[14] बाद में दिनकर ने स्वयं अपने विचारों में संशोधन किया है। 'विचारक कवि पन्त' शीर्षक निबन्ध में वे लिखते हैं : "भाषा की शक्ति वहीं प्रशंसनीय नहीं होती जहाँ सब कुछ सुस्पष्टता के साथ वर्णित हो जाता है। भाषा जब अरूप चिन्तन को लिबास पहनाने में पसीने-पसीने होने लगती है, उसका सौन्दर्य वास्तव में वहीं देखते बनता है।"[15]

'हिमालय', 'हाहाकार', 'दिगम्बरि' आदि कविताओं से दिनकर को तात्कालिक ख्याति मिली, लेकिन प्रतिष्ठा उन्हें 'कुरुक्षेत्र' से मिली; और कवित्व एवं भाषा की व्यापक क्षमता का वास्तविक प्रदर्शन उनकी 'नील-कुसुम' से लेकर 'मृत्ति-तिलक' तक की विभिन्न कविताओं ने किया। उनकी परवर्ती कविताओं में नए चिन्तन और नई भाषा-शैली की स्पष्ट झलक दिखाई पड़ती है।

आधुनिक हिन्दी काव्यभाषा की विकासयात्रा में हरिवंशराय बच्चन और दिनकर मील के पत्थर हैं। उन्होंने छायावादी कविता की तत्सम-बहुल भाषा की जगह सरल-सहज हिन्दी-उर्दू मिश्रित बोलचाल की भाषा को काव्यभाषा बनाया। बोलचाल की आमफहम गद्यात्मक शैली को अपनी काव्यशैली बनाकर उन्होंने हिन्दी काव्यभाषा को नया संस्कार दिया। हिन्दी कविता को उनकी यह अनुपम देन है।

कविता और शास्त्र की भाषा

रोमांटिक चिन्तकों में वर्ड्स्वर्थ ने इस धारणा का प्रचार किया था कि गद्य और कविता की भाषा में कोई तात्त्विक अन्तर नहीं होता है। बाद में कॉलरिज ने इस भ्रान्त व्याख्या का खंडन किया। गद्य सीधे बोलचाल की भाषा से रूप ग्रहण करता है, इसलिए उसमें सतर्कता और लयात्मकता का अभाव रहता है। कविता और गद्य में शब्द-प्रयोग और वाक्यों का गठन एक-जैसा हो सकता है, लेकिन जैसे ही इसमें लय आती है, कुछ ऐसा तत्त्व आ जाता है जो संगीतमय प्रतीत होता है। कविता और शास्त्र की भाषा के इस तत्त्वगत भेद को दिनकर ने बहुत बारीकी से लक्ष्य किया था। उनका मानना था कि "जब हम काव्यभाषा जैसे शब्द का प्रयोग करते हैं तब हमारा अभिप्राय उस भाषा से भिन्न होता है, जो विज्ञान की भाषा है, जो वारदातों का ठीक-ठीक ब्योरा देती है, जिसका प्रयोग उन चीजों के लिखने के लिए होता है जिनका चिन्तन, विकास और लेखन, सभी कुछ गद्य में ही होता है और जो स्पष्टता की हत्या किए बिना पद्य में लिखी ही नहीं जा सकती।"[16] दिनकर एक अन्तर यह बताते हैं कि गद्य की भाषा कविता की भाषा की तुलना में अधिक स्पष्ट होती है। यानी कविता की भाषा गद्य की भाषा की तुलना में साफ कम, व्यंजक अधिक होती है। वे आगे लिखते हैं—"इसके विपरीत कविता या कवि की भाषा कल्पना, भावोद्रेक, चित्र और काव्यात्मक अनुभूति की भाषा होती है।"[17] 'चक्रवाल' की भूमिका में वे इस बात को दुहराते हैं—"विज्ञान और कविता में जो भेद है, वह दोनों के भाषा-प्रयोगों में स्पष्ट हो जाता है। वैज्ञानिक और कवि शब्द तो, प्रायः, एक ही कोष से लेते हैं, किन्तु शब्दों को वाक्यों के भीतर बिठाने में दोनों के तरीकों में भेद पड़ जाता है। कवि शब्दों को इस उद्‌देश्य से बिठाता है कि वे अपनी ध्वनि को झंकृत कर सकें, एक नहीं अनेक अर्थों का संकेत दे सकें, उनसे प्रभावोत्पादकता टपके और वे पाठकों के भीतर किंचित आवेश भी उत्पन्न

कर सकें। किन्तु वैज्ञानिक का उद्देश्य इसके सर्वथा विपरीत होता है। किसी भी वैज्ञानिक का विश्वास हम इसलिए नहीं करते कि वह प्रभावोत्पादक ढंग से बोलता है, बल्कि वह यदि प्रभाव जमाने को बोलने लगे तो हमें उस पर सन्देह होने लगेगा। वैज्ञानिक एक शब्द से एक ही अर्थ लेना चाहता है और न तो वह स्वयं आवेश में आता है न अपने शब्दों के द्वारा दूसरों को आविष्ट बनाना चाहता है।"[18]

दिनकर के विश्लेषण के अनुसार कविता और शास्त्र की भाषा के प्रमुख अन्तर निम्नवत हैं :

(1) शब्दों को वाक्य में बैठाने की अदा एक नहीं होती।

(2) कवि अनेक अर्थ झंकृत करना चाहता है, वैज्ञानिक केवल एक अर्थ।

(3) कवि शब्द-प्रयोग से आवेश उत्पन्न कर प्रभावोत्पादकता बढ़ाना चाहता है, वैज्ञानिक का ऐसा उद्देश्य नहीं होता।

भाषा के अन्तर के कारण काव्य और शास्त्र में वर्णन की प्रकृति के अन्तर का विश्लेषण करते हुए दिनकर ने लिखा है—"प्रकृति अथवा सुन्दरता का वर्णन यदि कविता में किया जाए और फिर वैज्ञानिक ढंग से गद्य में तो, प्रायः काव्यगत वर्णन अधिक सत्य और सुनिश्चित वर्णन प्रतीत होगा। कारण यह है कि अर्थों के जितने बिम्ब हैं, किसी भी भाषा में उन सब के लिए अलग-अलग शब्द नहीं है। किन्तु, शब्दाभाव की कठिनाई को कवि अपने शब्दों की कलापूर्ण योजना से दूर कर देता है। कविता का अर्थ समझने के पहले ही हम पर छन्द, वाक्य-विन्यास और शब्दों के बैठने की अदा का असर होने लगता है। परिणाम यह होता है कि कविता पढ़ते-पढ़ते हमारे भाव जग पड़ते हैं, हममें एक विशेष प्रकार की भावदशा उत्पन्न हो जाती है और भावों की जागृति की अवस्था में हम शब्दों से वह अर्थ ले लेते हैं जो कवि हमें बतलाना चाहता है। किन्तु वैज्ञानिक पद्धति से प्रयुक्त शब्द ऐसे अर्थ देने में असमर्थ होते हैं क्योंकि शब्दों के भीतर वे अर्थ होते ही नहीं। यह तो कवि-कौशल का चमत्कार है कि वह कई शब्दों को कलापूर्वक आस-पास बिठाकर कोई ऐसा अर्थ उत्पन्न कर दे जो अलग-अलग खोजने पर किसी भी एक शब्द मे नहीं मिल सकता।"[19]

दिनकर ने लिखा है—'जो बातें हम कविता में कहते हैं, उन्हें हम गद्य में कह सकते हैं या नहीं? वस्तुतः कल्पना, कोमल चिन्तन, रागपूर्ण और ओजस्विनी अभिव्यंजना, जो काव्य के तत्त्व हैं, गद्य में भी हो सकते हैं, और होते भी हैं। किन्तु, उन्हें हम कविता नहीं कहते, बल्कि, एक उपसर्ग जोड़ कर, गद्य-काव्य कहते हैं, जिसका अभिप्राय यह है कि काव्यात्मक अभिव्यंजना से जिस गद्य की शक्ति और सुन्दरता बढ़ जाती है, वह औसत गद्य से ऊपर उठ जाता है, पर वह काव्य का पद नहीं पाता। रवि बाबू की बंगला गीतांजलि और अंगरेजी अनुवाद में भाव, कथानक, अलंकार और शैली में तनिक भी भेद नहीं है। फिर क्या कारण है कि अनुवाद में

हम वह आनन्द नहीं पाते जो मौलिक गीतों में मिलता है? क्या कारण है कि कविता का अन्वय करने पर उसका सौन्दर्य छिन्न-भिन्न हो जाता है, मानो पंक्तियों पर के ओस कण हथेली पर आ कर टूट-फूट कर पानी बन गए हों और उनकी पहली चमक, ताजगी और आकर्षण शक्ति नष्ट हो गई हो?"[20]

एक ही प्रकार के शब्दों में एक बात कहकर गद्य और फिर उन्हीं शब्दों में वही बात कहकर काव्य लिखा जा सकता है। इसके बावजूद जो चमत्कार उस काव्य में उत्पन्न होगा, वही कविता की अपनी अदा है। दिनकर के लेखन से ही एक उदाहरण देखिए। 'उजली आग' में वे लिखते हैं : "विस्मृति के जिस सुधा-सिन्धु में तुम्हें कविता और दर्शन पहुँचाते हैं, वहाँ मैं नारी-प्रेम की नाव पर चढ़ कर गया हुआ हूँ। रूप साकार कवित्व है और सौन्दर्य की लहर दर्शन की लहर से मिलती जुलती है।"[21] ठीक यही बात लगभग इन्हीं शब्दों में दिनकर ने 'उर्वशी' के तृतीय अंक में कही है, लेकिन शब्द-विन्यास की अदा या लय के कारण 'उर्वशी' की पंक्तियों का प्रभाव अधिक मोहक है—

चिन्तन की लहरों के समान सौन्दर्य-लहर में भी है बल,
सातों अम्बर तक उड़ता है रूपसि नारी का स्वर्णांचल।
जिस मधुर भूमिका में जन को दर्शन तरंग पहुँचाती है,
उस दिव्य लोक में हमें प्रेम की नाव सहज ले जाती है।

(उर्वशी)

यही अन्तर कविता और गद्य का अन्तर है जो भाषा में विलक्षणता उत्पन्न होने के कारण आता है।

दिनकर ने स्वयं काव्य-भाषा की दृष्टि से खड़ी-बोली की कविता पर विचार किया और द्विवेदी-युग तथा छायावाद-युग को आमने-सामने रख कर अपनी बात को स्पष्ट करने का प्रयास किया। वे लिखते हैं—"खड़ी बोली का कवि अगर कवि की तरह प्रसिद्ध होना चाहता था, तो उसके सामने केवल यही उपाय था कि वह विरोधी जनमत के सामने अपनी रचनाओं के द्वारा यह सिद्ध कर दे कि उसकी भाषा सच्चे अर्थों में कल्पना, अनुभूति और चित्र की भाषा है। लेकिन तब तक खड़ी बोली की काव्यगत क्षमताओं और उसकी प्रच्छन्न सम्भावनाओं का अनुसन्धान नहीं हो पाया था। अतएव, खड़ी बोली के प्रारम्भिक कवियों की रचनाएँ, प्राय: गद्य और कविता के बीच की चीज रहीं।"[22] निश्चित रूप से द्विवेदी-युग की प्रतिनिधि कविताएँ कवित्व में छायावाद-युग के गद्य से हीन हैं। द्विवेदी-युग की कविताएँ, कविताएँ थी ही नहीं, वे वस्तुत: पद्य थीं।

कविता और गद्य की भाषा के एक होने को दिनकर ने साहित्य के स्वास्थ्य की निशानी माना है। वे लिखते हैं—"कविता की भाषा भी बोल-चाल की भाषा हो, इस आन्दोलन का प्रारम्भ अंग्रेजी में वडर्स्वर्थ ने किया था और हिन्दी में कदाचित्

स्वयं भारतेन्दु ने। किन्तु अब तक के प्रयोगों से काम पूरा नहीं हुआ। कविता बार-बार अपने लिए विशिष्ट भाषा उत्पन्न कर लेती है। फिर भी प्रयास जारी है कि कवि की भाषा सामान्य मनुष्य की भाषा से भिन्न नहीं हो।"[23]

शब्द-चयन का महत्त्व

कविता को परिभाषित करते हुए कॉलरिज ने इसको 'सबसे अच्छे शब्दों का सर्वश्रेष्ठ क्रम' कहा है। (Poetry if best words in best order.) कविता के शब्द कहते नहीं, ध्वनित करते हैं। और ध्वनन करने का गुण प्रत्येक शब्द में नहीं होता है। अत: कवि को ऐसे शब्दों को चुनना पड़ता है, जो ध्वनित और व्यंजित कर सकें। इस प्रकार, कविता की भाषा में उपयुक्त शब्दों के चयन का विशेष महत्त्व है।

दिनकर शब्द-चयन के महत्त्व से सुपरिचित हैं। उनके मतानुसार—"शब्द-चयन की कसौटी पर कवि-कला की जैसी परीक्षा होती है, वैसी, शायद, अन्यत्र नहीं हो सकती। ...शब्दों का स्वभाव है कि प्राचीन होते-होते ये अपनी ताज़गी, शक्ति और सुन्दरता खो बैठते हैं। अधिक प्रयोग से उनमें एकरसता आ जाती है और उनका अर्थवृत्त संकुचित हो जाता है! कवि नवीन प्रयोगों के द्वारा उनके सौन्दर्य और शक्ति को पुनरुज्जीवित करता है। भाषा पर शब्द के अभाव का लांछन लगा कर जो कवि निरंकुशता का दावा करता है, वह शक्तिशाली नहीं हो सकता। उसकी प्रतिभा सीमित है। .....सच्चे कवि नए शब्द भी गढ़ते हैं और प्राचीन शब्दों की पूरी शक्ति को भी नवीन तथा प्रतिभापूर्ण प्रयोगों के द्वारा जाग्रत और प्रत्यक्ष कर के भाषा का बल बढ़ाते हैं। शब्दों के रूप, गुण और ध्वनि से जितना सम्बन्ध कवि का है, उतना किसी अन्य साहित्यकार का नहीं। अतएव, भाषा की अभिव्यंजना शक्ति की वृद्धि कवि को करनी ही चाहिए; जिसमें यह शक्ति नहीं है, उसे कवि कह कर हम कवि-प्रतिभा का अनादर करते हैं।"[24]

प्रतिभाशाली कवि यह जानता है कि कोई भी शब्द पर्यायवाची नहीं होता है, हर शब्द की अपनी आत्मा होती है। दिनकर लिखते हैं—"काव्य-रचना के सिलसिले में कवि-मानस की सबसे बड़ी द्विधापूर्ण स्थिति उस समय उत्पन्न होती है, जब वह अपनी कल्पना की अभिव्यक्ति के लिए अनुकूल तथा शक्तिशाली शब्दों के चुनने की चिन्ता करता है और इसी कार्य की सफलता से उस महान आश्चर्य का जन्म होता है जिसके सामने समालोचना पराजित हो जाती है। जो लोग कविता को उन्माद की अवस्था में किया गया पागल का प्रलाप समझते हैं, वे गलती करते हैं। कविता ऐसी आसान चीज नहीं है। ...शब्द-चयन ही कविता की वास्तविक कला है। और इसके बिना कविता में कलात्मकता आ ही नहीं सकती।"[25] दिनकर ने अपनी बात को स्पष्ट करने के लिए सुमित्रानन्दन पन्त की कविता से एक उदाहरण भी दिया है—

कालाकाँकर का राजभवन
सोया जल में निश्चिन्त प्रमन।

(नौका-विहार; सुमित्रानन्दन पन्त)

दिनकर कहते हैं कि—"रेखांकित शब्दों के प्रयोग पर ध्यान दीजिए। दृश्य की शान्ति की गम्भीरता इन शब्दों में साकार हो रही है। कवि ने यह बतला दिया है कि 'सोया' और 'निश्चिन्त' जिनका हम रोज ही प्रयोग करते है, अभिव्यक्ति के लिए कितने शक्तिशाली हैं, उनमें चित्र और अर्थपूर्णता किस मात्रा में छिपी हुई है।"[26]

शब्द-चयन की कला की सबसे अधिक पहचान विशेषणों के प्रयोग में होती है। दिनकर के शब्दों में—"विशेषणों के प्रयोग के समय शब्द चुनने के क्रम में ही कवि को भाषा के स्रष्टा का गौरवपूर्ण पद प्राप्त होता है।"[27] वे 'कविता की परख' शीर्षक लेख में लिखते हैं कि "कवि में जो प्रज्ज्वलनवाला गुण है, प्रेरणा के आलोक में शब्दों को सजीव बना देनेवाली शक्ति है, उसका सबसे बड़ा चमत्कार विशेषणों के प्रयोग में देखा जाता है। विशेषणों के प्रयोग में आधी सफलता और साधी असफलता नहीं होती। कवि या तो पूर्ण रूप से सफल अथवा सर्वथा असफल हो जाता है। ...शब्दों के सम्यक् चुनाव की जैसी पहचान विशेषण में होती है, वैसी संज्ञा और क्रिया में नहीं।"[28] यहीं वे सुमित्रानन्दन पन्त का उदाहरण देते हैं—'दूर उन खेतों के उस पार, जहाँ तक गई नील झंकार।' पन्त की इस पंक्ति में 'नील' विशेषण का अत्यन्त सार्थक और विलक्षण प्रयोग हुआ है।

दिनकर का वक्रोक्ति सम्बन्धी दृष्टिकोण

संसार के साहित्य में सबसे पहले आचार्य कुन्तक ने इस तथ्य का अन्वेषण किया था कि कविता को गद्य से अलग करनेवाला तत्त्व वक्रोक्ति है। दिनकर चमत्कारवादी नहीं हैं, लेकिन वे कविता से गद्य को पृथक करनेवाला प्रमुख तत्त्व वक्रोक्ति को ही मानते हैं। वे लिखते हैं—"कई विद्वान कविता को वक्रोक्ति का पर्याय मानते हैं जो बहुत अंशों में सही और दुरुस्त है। वक्रोक्ति ही कविता का वह प्रमुख गुण है जो उसे गद्य से भिन्न करता है। काव्य में कला का विकास, अन्ततः, वक्रोक्ति का ही विकास है। कला अथवा वक्रोक्ति जब अपने चरम विकाम पर पहुँचती है तब काव्य का रहस्य गद्योद्घाटनपटु उँगलियों से नहीं खुलता।"[29] आगे चल कर 'काव्य की भूमिका' में संकलित 'कविता ज्ञान है या आनन्द?' शीर्षक निबन्ध में वक्रोक्ति के महत्त्व को उन्होंने पुनः स्वीकार किया है। उनके अनुसार, कविता में भाव और शैली की प्रतिस्पर्धा रहती है, और यही कवित्व है। यही बात गद्य के सम्बन्ध में नहीं कही जा सकती है। वे लिखते हैं—"'शब्द और अर्थ अथवा भाव और शैली के बीच जो यह नित्य सम्बन्ध है, उसी को दृष्टिगत रखते हुए आचार्य कुन्तक ने साहित्य को शब्द और अर्थ अर्थात भाव और शैली की

पारस्परिक स्पर्धा का परिणाम कहा है। किन्तु कुन्तक यहाँ इलियट की अपेक्षा अधिक वैज्ञानिक और गंभीर भी हैं। इलियट के कथनानुसार भाव और शैली के ये दो अलग मापदंड हो सकते हैं, जिनमें से एक के द्वारा तो हमें साहित्य की ऊँचाई की माप करनी चाहिए और दूसरे के द्वारा उसके सौन्दर्य की परीक्षा। किन्तु, कुन्तक के अनुसार परस्परस्पर्धी होने के कारण ये दोनों मापदंड वस्तुत: एक ही है। यह भी विचारणीय है कि कविताएँ ऐसी भी हो सकती हैं जिनमें भाव तो ऊँचे नहीं हैं, जो हैं, वे अनुरूप शैली में अभिव्यक्त हुए हैं। ऐसी कविताएँ इलियट की कसौटी पर कविताएँ तो कही जाएँगी, किन्तु अच्छी या ऊँची नहीं। किन्तु कुन्तक के अनुसार काव्य में ऊँचाई-नीचाई का प्रश्न ही नहीं उठता। देखने की बात मात्र इतनी ही है कि कविता में जो भाव हैं, वे अपने अनुरूप शैली में व्यक्त हुए हैं या नहीं; अर्थात कविता के भीतर यह प्रमाण उपलब्ध है तो वह कविता श्रेष्ठ कही जाएगी। मैं समझता हूँ, संसार में कविता की आज जो परिभाषा प्रचलित हो रही है उसे देखते हुए कुन्तक का यह मत सबको ग्राह्य होना चाहिए। .....कविता को कविता होने के लिए शैली और भाव के बीच परस्परस्पर्धी समभाव चाहिए, अनुभूति और अभिव्यक्ति के बीच सन्तुलन चाहिए, विचार और भाषा में से किसी को भी एक दूसरे के पीछे नहीं रहना चाहिए।"[30]

अलंकार विषयक दृष्टि

दिनकर का मानना है कि कविता में अलंकार बाहर से आरोपित नहीं होता है। उसमें बिम्बमय भाषा का आगमन भावनाओं के अनुकूल स्वत: होता है। उनके अनुसार "जब तक काव्य अपनी पूर्णता को नहीं पहुँच पाता तब तक हम अलंकार और काव्यशास्त्र के नियमों से उसे थाह सकते हैं। पर, ज्यों ही कवि अपने सच्चे संसार में पहुँचकर आवेश की अवस्था में बोलने लगता है, उसी समय उसकी वाणी अपरिमेय हो जाती है और जो विश्लेषण-पद्धति उसे थाहने को चलती है वह स्वयं उसकी गंभीरता में डूब जाती है। तब कहीं थाहनेवाले को यह भान होने लगता है कि अलंकार अथवा शास्त्रीय नियमों के बाद भी काव्य की एक बड़ी अलौकिकता अविश्लिष्ट रह जाती है।"[31]

दिनकर यह भी लिखते हैं कि—"चित्र रेगिस्तान से उड़ कर नहीं आते। वे उस कवि के मस्तिष्क से निकलते हैं, जो कल्पना और विचार से लबालब भरा हुआ है तथा जो संक्षिप्त होने के लिए अलंकारों में बोलना चाहता है। अलंकार शब्द से, वैसे तो, अनावश्यक बनाव-शृंगार की भी ध्वनि निकलती है, किन्तु कविता में अलंकारों के प्रयोग का वास्तविक उद्देश्य अतिरंजना नहीं, वस्तुओं का अधिक से अधिक सुनिश्चित वर्णन ही होता है। साहित्य में जब भी हम संक्षिप्त और सुनिश्चित होना चाहते हैं, तभी रूपक की भाषा हमारे लिए स्वाभाविक हो उठती है ! ...सच्चे

अर्थों में मौलिक कवि वह है जिसके उपमान मौलिक होते हैं और श्रेष्ठ कविता की पहचान यह है कि उसमें उगनेवाले चित्र स्वच्छ और सजीव होते हैं।"[32]

जिस कवि का भाषा पर पूर्ण अधिकार नहीं होगा वह स्वच्छ अभिव्यक्तिवाला काव्य नहीं लिख सकता। दिनकर के अनुसार, "कविता न तो भाषा है, न केवल भाव और विचार। कविता की रचना करते समय कवि दो धरातलों पर काम करता होता है। एक धरातल तो वह है जिस पर उसकी अनभूतियाँ, भाव और विचार उत्पन्न होते हैं और दूसरा वह जिस पर वह कलम पकड़कर रचना में तल्लीन रहता है। और दोनों धरातलों पर कवि को एक साथ जगना पड़ता है। पहले धरातल पर जागरूक रहने की आवश्यकता इसलिए होती है कि कवि अपनी अनभूतियों और विचारों को ठीक से समझ सके। और दूसरे धरातल पर जगने की आवश्यकता इसलिए होती है कि पहले धरातल पर कवि ने जिन अनुभूतियों को ग्रहण किया है उन्हें वह अनुकूल भाषा में व्यक्त कर सके। ये दो धरातल वस्तुतः एक-दूसरे से अभिन्न होते हैं। अभिन्न न भी हों तो भी वे एक-दूसरे से लगे होते हैं। फिर भी दूसरे धरातल पर काम करते समय कवि के लिए यह आवश्यक है कि लिखते समय वह बार-बार अपने आपसे पूछता जाए कि जो कुछ वह लिख रहा है वह ठीक वही बात है या नहीं, जिसे उसने अनुभूतिवाले धरातल पर ग्रहण किया है। जहाँ अपने आपसे ऐसे प्रश्न नहीं किए जाते, जहाँ रचना के समय अनवरत ऐसी सतर्कता नहीं बरती जाती वहीं 'लिखत सुधाकर लिखिगा राहू' वाली कहावत चरितार्थ होने की आशंका रहती है।"[33] अत: कविता का चरम विश्लेषण भाषा का ही विश्लेषण हो जाता है।

दिनकर आगे कहते हैं—"इसी आशय को आचार्य कुन्तक ने यह कहकर व्यक्त किया है कि सफल कविता में भाव और भाषा के बीच परस्पर स्पर्धा की भावना काम करती है। भाव उतनी दूर तक विकसित होने की चेष्टा करते हैं जितनी दूर तक जाने की उनमें सामर्थ्य है। और भाषा भी उसी प्रकार विकासमान भावों का पद-पद पर साथ देने को अपना चरम विकास करती है। इस स्पर्धा में भाषा और भाव जब सम-सन्तुलित स्थिति में आकर ठहरे होते हैं तभी कविता सफल मानी जाती है। भाव और भाषा के बीच 'परस्परस्पर्धिसमभाव', यह सच्ची कविता की सबसे बड़ी पहचान है।"[34]

दिनकर के अनुसार, "कुन्तक के मत पर भी यदि गहराई से विचार किया जाए तो यह अनुमान होता है कि सफल काव्य रचना की असली कुंजी भाषा के ही हाथ में होती है। क्योंकि हम, आप या स्वयं रचनाकार यह कैसे समझे कि भाव क्या हैं और वे किस स्तर तक विकसित हैं? यह तो तभी ज्ञात होगा जब भाव भाषा का जामा पहन लें। भाषा-विषयक अर्थ-विज्ञान का सामान्य सिद्धान्त है कि वही भाव भाव और वही विचार विचार है जो भाषा में प्रकट किया जा सकता हो। जहाँ भाषा का अभाव है, वहाँ भाव अनगढ़ छोड़कर और कुछ हो ही नहीं सकते।"[35]

दिनकर की काव्यभाषा

दिनकर अपने काव्य-सृजन के प्रारम्भिक दौर में भाषा के प्रति उतने सजग नहीं थे। वैसे उस समय भी उनकी भाषा निश्चित रूप से सुस्पष्ट थी, लेकिन उसमें कलात्मकता का समावेश नहीं हो पाया था। 'चक्रवाल' की भूमिका में दिनकर ने कहा है कि "रेणुका की भाषा-सम्बन्धी कई अशुद्धियों पर मैं आज भी मस्तक धुनता हूँ, पर उन्हें हटा नहीं पाता। कदाचित्, मोहवश मैं इस चिन्ता से हार जाता हूँ कि अशुद्धियों को हटाने पर उनके साथ लिपटा हुआ कुछ सौन्दर्य भी दूर हो जाएगा। यह ऐसी बात है जो जबरन मुझे भी सौन्दर्यवादियों के शिविर में पहुँचा देती है, यद्यपि, कविता में जिसे सजाव और सँवार कहते हैं उस पर मैंने कम ही ध्यान दिया है।"[36]

बहरहाल, जहाँ तक प्रचलित काव्यभाषा का प्रश्न है, छायावाद की लाक्षणिक और अस्वाभाविक भाषा-शैली से कविता के भावकों का जी भर चुका था। उन्हें भाषा में स्पष्टता और सहजता की अपेक्षा थी। आगे चलकर, दिनकर इस अपेक्षा को पूरा करते हैं।

लेकिन हिन्दी साहित्य-परम्परा में दिनकर के प्रति उपेक्षाभाव रखनेवालों का यह आरोप है कि उनमें वक्तृता का आधिक्य है, प्रचारात्मकता है और अभिव्यक्ति में अत्यधिक फैलाव है। स्वाधीनता-आन्दोलन के दौर के जनकवि होने के कारण उनकी कविताओं में कहीं-कहीं वक्तृता और कुछ प्रचारात्मकता स्वाभाविक रूप से आ गई है। लेकिन यह प्राय: विषयोचित और युगानुकूल है। डॉ. नन्दकिशोर नवल ने लिखा है—"राष्ट्रीय कविताएँ उन्होंने इतने प्रकार की और इतने कोणों से, इतने स्वरों में लिखी हैं कि देखकर आश्चर्य होता है। प्रचार या प्रचारवाद की बात भी उस हद तक सही नहीं है। दिनकरजी में प्राय: कुछ भी साहित्य या काव्य के स्तर से च्युत नहीं है। जहाँ तक अभिव्यक्तिगत फैलाव की बात है, यह नोट करने लायक बात है कि उनमें फैलाव तो है, पर शिथिलता नहीं है। सर्वत्र एक तनाव है। जहाँ अपवाद-स्वरूप थोड़ी शिथिलता आ गई है, वहाँ प्रभाव की सान्द्रता कुछ कम हो गई है।[37]

डॉ. विजेन्द्र नारायण सिंह ने आधुनिक हिन्दी कवियों में दिनकर को 'भाषा का सम्राट' कहा है। दिनकर के कृतित्व का सबसे महत्त्वपूर्ण अंश उनकी भाषा ही है। छायावाद की अत्यधिक सुकुमार और दुरूह भाषाशैली को दरकिनार कर जिन कवियों ने हिन्दी-कविता को सहज, स्पष्ट और गतिमान भाषा का दान दिया, उनमें दिनकर अग्रगण्य हैं। हरिवंशराय बच्चन ने खड़ीबोली की अभिधेयात्मक सामर्थ्य का विकास तो किया लेकिन संस्कृत के रिक्थ से दूर और बोलचाल की भाषा के प्रबल आग्रह के कारण उनकी काव्यभाषा बहुधा इकहरी और गद्यात्मक हो गई

है। जबकि दिनकर की भाषा में संस्कृत के अपार शब्द-भंडार की गरिमा है और आमफहम उर्दू की रवानी भी। अपनी सारग्राही वृत्ति के कारण उन्होंने जीवन के विभिन्न क्षेत्रों से शब्द ग्रहण किया है। उन्होंने भाषा की लाक्षणिकता का अद्‌भुत विकास किया है। चूँकि उनके पास बिम्बविधायिनी शक्ति का बल था, इसलिए वे जीवन की हर कटु-मधु अनुभूति को चित्रों में ढालने में सफल हुए।

उन्होंने प्रस्तुत के स्थान पर तद्‌बोधक प्रतीक का भी प्रयोग कर अपनी शैली को आकर्षक बनाया है। दीपक, कमल, आलोक, होम-शिखा और सामधेनी सृजन के प्रतीक हैं; तथा अग्नि, रुद्र, तांडव, काल-सर्प, हलाहल आदि विनाश के प्रतीक हैं। प्रेम और सौंदर्य-भावना सृजन के अन्तर्गत होने के कारण, चंद्र, हंस, तितली, भ्रमर आदि सृजनमूलक प्रतीक कहे जाएँगे। भय, आतंक, क्रोध, घृणा आदि का विनाश से सम्बन्ध है, इसलिए राक्षस, भूकंप, वज्र, पतझर, अंधकार आदि विनाश मूलक प्रतीक कहलाएँगे।

डॉ. नन्दकिशोर नवल ने लिखा है—"उनकी भाषा एक तरफ सरल है और दूसरी तरफ बीच-बीच में उसमें संस्कृत के ऐसे गूढ़ शब्दों का प्रयोग हुआ है कि एक बार मैंने उनके द्वितीय सुपुत्र केदार बाबू से फोन पर पूछा कि क्या दिनकरजी को अमरकोष कंठस्थ था? उन्होंने हर्षविह्वल होकर उत्तर दिया : 'आपने पकड़ लिया! अमरकोष हमेशा उनके साथ रहता था। एक तरफ सरलता की साधना और दूसरी तरफ अभिव्यक्ति के आभिजात्य की रक्षा—कविता में यह कोई मामूली साधना नहीं है। एक बात यह कि दिनकरजी की काव्य-भाषा की बनावट द्विवेदीयुगीन है, यानी पूरे-पूरे वाक्योंवाली व्यवस्थित भाषा, लेकिन उनके साथ बच्चन को भी ले लें, तो इन दोनों बड़े कवियों की काव्य-भाषा पूरे-पूरे वाक्योंवाली होती हुई भी स्वच्छन्दतावादी रंग में रँगी हुई है, जिससे द्विवेदीयुगीन काव्य-भाषा की गद्यात्मकता पर हमारा ध्यान नहीं जाता। स्मरणीय है कि उर्दू गजलों में पूरे-पूरे वाक्यों का प्रयोग देखकर हिन्दी में भी उस चीज को लाने के लिए निराला ने 'बेला' की गजलें लिखी थीं, जिनमें उन्हें कविता को उम्दा गजल तक उठाने में आंशिक सफलता ही मिली, पर उससे उनके एक महत्त्वपूर्ण प्रयोग का पता तो चलता ही है। अपनी बाद की कविताओं में यथासम्भव उन्होंने पूर्ण वाक्यों का प्रयोग करने की कोशिश की और इसी कारण जहाँ वाक्य पूरा हो, कविता की पंक्ति के बीच में ही पूर्णविराम देना शुरू किया। निश्चय ही इससे कविता में एक नया सौन्दर्य और तनाव सम्भव हुआ। इसका कारण यह था कि उसे एक ओर गद्य की व्यवस्थित भाषा खींचती थी और दूसरी ओर कविता की स्वच्छन्द भाषा।"[38]

कविता में प्रमुखता चाहे लक्ष्यार्थ की हो या व्यंजनार्थ की, अपने पाठकों को वह तभी प्रभावित करती है जब उसका अभिधेयार्थ स्पष्ट हो। यानी लक्षणा और व्यंजना का मूलाधार अभिधा ही है। इस दृष्टि से सरल, सहज और बोधगम्य

शब्दावली कविता का एक महत्त्वपूर्ण और आधारभूत गुण है। यदि हम दिनकर-काव्य के संदर्भ में देखें तो 'रेणुका', 'हुंकार', 'रसवन्ती और 'रश्मिरथी' की काव्यभाषा सरल, सहज और बोधगम्य है।

भाषा की सुबोधता उन्हें अनुभूति के अछूतेपन से कम प्रिय नहीं है। 'चक्रवाल' की भूमिका में उन्होंने कहा था कि "मैं सौन्दर्य से अधिक सुस्पष्टता का प्रेमी हूँ। कविताओं में अनुभूतियों की बारीकियाँ या ऊँचे-ऊँचे भाव मुझे तभी जँचते हैं, जब वे अनुरूप शैली में स्वच्छता से व्यक्त किए गए हों।" उन्होंने लिखा है—

सुन्दरता पर कभी न भूलो, शाप बनेगी वह जीवन में।

दिनकर का मानना है कि सुन्दरता बहुधा लक्ष्य-भ्रष्ट कर देती है। इसलिए वे जीवन के साथ ही कविता में भी सत्य की अपेक्षा सुन्दरता को कम महत्त्व देते हैं। यद्यपि साहित्य में शब्द-विवेक का अपना महत्त्व है, तथापि कला केवल शब्दों का चयन मात्र नहीं है। दिनकर ने 'पानी की चाल' शीर्षक कविता में लिखा है—

रक्तहीन जो कला पूजती/केवल शब्द-चयन को
कैसे बाँध सकेगी वह/तूफां, आँधी, प्लावन को।

उनकी शैली एक सार्वजनिक मंच के प्रवक्ता की शैली है। अपनी भाषा को उन्होंने परम्परागत वाग्धाराओं से तो समृद्ध किया ही है, तमाम नए शब्द और मुहावरे भी गढ़े हैं। सूक्तियों से उनको बहुत लगाव था। आधुनिक काल में हिन्दी के कम ही कवियों ने उनके जितनी सूक्तियों की रचना की होगी। इनके चमत्कारपूर्ण प्रयोग से उनकी काव्यभाषा में एक अलग निखार आ गया है।

कविता में कुछ विशेष अवसरों पर पदावृत्ति भावाभिव्यंजना में बड़ी सहायक होती है। 'हाय', 'आह', 'रे' आदि पदों की आवृत्ति से बढ़ती हुई वेदना या करुणा का वर्णन किया जाता है—

दिल्ली आह, कलंक देश का,/दिल्ली, आह ग्लानि की भाषा
दिल्ली, आह मरण पौरुष का,/दिल्ली छिन्न-भिन्न अभिलाषा।

(दिल्ली और मास्को; सामधेनी, 1945 ई.)

'हिमालय' में 'तू पूछ अवध से राम कहाँ' आदि पंक्तियों में 'कहाँ' और 'रे' की आवृत्ति से देश की विपन्न, नि:सहाय और आर्त दशा का चित्रण किया गया है। 'हाहाकार' में 'दूध-दूध' की कई बार आवृत्ति हुई है। प्रत्येक आवृत्ति में खौलते हुए क्षोभ को कई प्रकार से व्यक्त किया गया है। मंदिरों के पाषाण को बहरे कह कर कोसा गया है, आकाश के देवता के आगे कुछ बूँदों के लिए हाथ पसारा गया है; हर दिशा से निराश होकर आकुल कवि गंगा से कहते हैं—' 'दूध, दूध गंगा तू ही बहते पानी को दूध बना दे।" दूध-दूध की प्रतिध्वनि से कब्र, मंदिर, आसमान गूँजने लगते हैं। इस पदावृत्ति से पाठक या श्रोता का हृदय उफना उठता है। प्रत्येक

आवृत्ति में भावावेग तीव्रतर होता जाता है।[39] उत्साह और ओज को प्रखरतर करने के लिए 'आलोकधन्वा' में 'दिए देता हूँ' की आवृत्ति की गई है—

जड़ को उड़ने की पाँख दिए देता हूँ,
चेतन के मन को आँख दिए देता हूँ।
दौड़ा देता हूँ तरल आग नस-नस में,
रहने देता बल को न बुद्धि के बस में।
स्वर को कराल हुंकार बना देता हूँ,
यौवन को भीषण ज्वार बना देता हूँ।
शूरों के दृग अंगार बना देता हूँ,
हिम्मत को ही तलवार बना देता हूँ।

(आलोकधन्वा, हुंकार, 1940 ई.)

उक्त पद की पहली और दूसरी पंक्ति में प्रकाश की व्यापकता एवं कल्पना की दूरदर्शिता के लिए 'पाँख', 'आँख' जैसे मुलायम और फुर्तीले शब्दों का प्रयोग दिया गया है।

अनुकरण करना मानव का स्वभाव है। कवि भी प्रकृति के संगीत का अपनी रचना में अनुकरण करते हैं। नादानुकरण द्वारा शैली में सौंदर्य उत्पन्न किया जा सकता है। 'दिनकर ने 'रुनझुन-रुनझुन किसका शिंजन' में नूपुर की झंकार का अनुकरण किया है। विपथगा की 'झनन-झनन' में शब्दों की झंकार प्रत्यक्ष सुनाई पड़ती है। 'संहार-लपट के चीर पहन नाचा करती मैं छूम छनन' के अंतिम पद में पैरों में कसे घुँघरू की ध्वनि सुनाई पड़ती है। इसी प्रकार, अवसर मिलने पर दिनकर ने 'नाद-सौंदर्य' का अपनी शैली में अच्छा समावेश किया है।[40]

अभिव्यक्ति की स्वच्छता दिनकर की काव्यभाषा की सर्वप्रमुख विशेषता है; और यह उनके सहज, सार्थक और भावानुकूल शब्दों के प्रयोग द्वारा सम्भव हुई है। डॉ. सावित्री सिन्हा ने लिखा है—"चाहे उनकी भाषा 'हुंकार' की आग बरसा रही हो, 'रसवन्ती' के रस की अभिव्यक्ति के लिए शब्द खोज रही हो, जीवन के वैषम्यों और कठोर यथार्थ को व्यक्त करने के लिए अकुला रही हो, अथवा 'कुरुक्षेत्र' और 'उर्वशी' के अन्तर्मन्थन को रूप देने की चेष्टा कर रही हो, उसकी गतिमयता, सरसता और प्रसन्न गम्भीरता में अन्तर नहीं आता। दिनकर को शब्दों की अन्तरात्मा का ज्ञान है; यह कहने की अपेक्षा यह कहना अधिक उपयुक्त होगा कि उनमें अपने भावों को शब्दों में भर देने की सामर्थ्य है। उनके द्वारा प्रयुक्त भावगर्भित शब्द अपने चारों ओर एक वातावरण का निर्माण कर देते हैं। उनके शब्द ससंदर्भ भावगर्भित, अर्थ-गर्भित और चित्रमय होते हैं तथा उनका शब्दकोष समृद्ध, व्यापक और अक्षय है। विभिन्न पर्यायों के प्रयोगों की कुशलता और उपयुक्तता उन्हें कुशल भाषा-शिल्पी सिद्ध करती है। उनकी शब्द-योजना की एक प्रमुख

विशेषता है उसकी लाक्षणिक रमणीयता। लाक्षणिक शब्दों में यदि दुरूह-कल्पना हो तो भाषा के प्रसादत्व की हानि होती है, परन्तु दिनकर के लाक्षणिक शब्द इस दोष से मुक्त हैं।"[41]

दिनकर द्वारा प्रयुक्त तत्सम शब्द भावानुकूल और सहज होने के कारण भावों की प्रेषणीयता में सहायक होते हैं। यद्यपि उन्होंने अक्सर हिन्दी में प्रचलित संस्कृत तत्सम शब्दों का ही प्रयोग किया है, तथापि अप्रचलित और दुरूह शब्दों के प्रयोग से भी उनको परहेज नहीं है। जहाँ वे शब्दों में भाव, चित्र और वातावरण एक साथ गुम्फित करना चाहते हैं वहाँ संस्कृत के प्रचलित शब्दों की अपेक्षा दुरूह शब्दों का प्रयोग करते हैं। जैसे-

ज्योतिर्धर कवि मैं ज्वलित सौरमंडल का,
मेरा शिखंड अरुणाभ, किरीट अनल का।

('आलोकधन्वा', हुंकार)

क्रान्ति के वाहक के इस आलोकमय व्यक्तित्व का निर्माण इन पंक्तियों में प्रयुक्त तत्सम शब्दों में निहित आभा एवं प्रखरता से ही हुआ है।

तत्सम शब्दों का वास्तविक वैभव 'उर्वशी' में देखा जा सकता है। 'उर्वशी' के प्रतिपाद्य की गम्भीरता और गरिमा के निर्वाह के लिए पुरातन शब्दावली के प्रयोग से उसमें भव्यता आ गई है। तत्सम शब्दों का प्रयोग दिनकर ने अधिकतर या तो दार्शनिक तत्त्वों के निरूपण के लिए किया है या शब्दों की अर्थवत्ता के कारण चित्र-निर्माण के लिए। जैसे—

दो प्राणों से उठने वाली वे झंकृतियाँ गोपन मधुमय,
जो अगरु-धूम-सी हो जातीं, ऊपर उठ एक अपर में लय।
दो दीपों की सम्मिलित ज्योति वह एक शिखा जब जगती है,
मन के अगाध रत्नाकर में यह देह डूबने लगती है। (उर्वशी)

'रसवंती' में संकलित 'बालिका से वधू' शीर्षक कविता में माधुर्य और प्रसाद गुण कूट-कूटकर भरे हुए हैं। भोली ग्राम-वधू के वर्णन में कवि ने संस्कृत गर्भित पदावली का भूल कर भी कहीं प्रयोग नहीं किया है। 92 पंक्तियों की इस कविता में शायद एक भी सामासिक पद प्रयुक्त नहीं हुआ है। 'कनक-कली', 'चंद्र-किरण' और 'प्रेम सुधा' इन तीन पदों में वैयाकरण के अतिरिक्त किसी सहृदय को समास नजर नहीं आएगा। शृंगार की मिठास और कोमल-पद विन्यास ने इस कविता को अक्षय सुहाग प्रदान किया है।[42] यद्यपि आचार्य हजारीप्रसाद द्विवेदी ने 'कुरुक्षेत्र' को हिन्दी भाषा का गौरव कहा है, तथापि निश्चित रूप से इसकी भाषा में क्लिष्टता है। इसमें प्रसाद गुण उनकी अन्य काव्य-कृतियों की अपेक्षा कम है।

वह कौन रोता है वहाँ-
इतिहास के अध्याय पर,

जिसने लिखा है, नौजवानों के लहू का मोल है,
प्रत्यय किसी बूढ़े कुटिल नीतिज्ञ के व्यवहार का,
जिसका हृदय उतना मलिन जितना कि शीर्ष बलक्ष है।

(कुरुक्षेत्र, प्रथम सर्ग)

तत्सम, तद्भव तथा देशज शब्दों का संतुलन

उनके द्वारा प्रयुक्त तत्सम शब्दों के प्रयोग में औचित्य और संतुलन का निर्वाह हुआ है। ये शब्द उनके प्रतिपाद्य की गम्भीरता और भव्यता के प्रतिपादन में सहायक हुए हैं तथा इन्हीं के द्वारा उनकी भाषा में लाक्षणिक भाव-गर्भत्व, अर्थ-गरिमा और चित्रमयता का संश्लिष्ट प्रयोग हो सका है। उनके तत्सम शब्द प्रायः तद्भव शब्दों के साथ मिलजुल कर आए हैं। उनकी सामाजिक कविताओं में भाषा की भावानुकूलता की रक्षा के लिए साधारण बोल-चाल की शब्दावली का प्रयोग ही प्रमुखता से हुआ है।

भाषा में सहजता की रक्षा करनेवाला प्रत्येक कवि तद्भव शब्दों का ही सहारा लेता है। तत्सम की गम्भीरता के साथ तद्भव शब्दों की सहजता का समन्वय करके दिनकर ने अपनी भाषा को सहज-स्वाभाविक बनाया है। निठुर, सपना, ब्याह, सुहाग, नैन, छाँह, हिया, पिया, पिन्हाना इत्यादि शब्दों के प्रयोग से उनकी भाषा जीवन की भाषा के निकट आ गई है। कहीं-कहीं तो इन्हीं के द्वारा रमणीयता और स्वाभाविकता का समावेश किया गया है। जैसे—

माँ की ढीठ दुलार, पिता की ओ लजवन्ती भोली
ले जाएगी हिया की मणि को, अभी पिया की डोली। (रसवन्ती)

लाजवती, हृदय और प्रिय की अपेक्षा लजवन्ती, हिया, पिया में अधिक भावप्रवणता है। ग्रामीण नववधू का भोला रूप और उसकी विदा की बेला इन शब्दों के प्रयोग से बड़ी मनोरम प्रतीत हो रही है। यहाँ कवि ने वर्ण्य-विषय को प्रभावोत्पादक बनाने के लिए तद्भव शब्दों का प्रयोग किया है।

आंचलिक शब्दों के प्रयोग में भी दिनकर सिद्धहस्त हैं। वे लोकभाषा के देशज और आंचलिक शब्दों को बहुत ही सुन्दर ढंग से अपनी कविताओं में पिरो देते हैं। इन प्रयोगों से भाषा का अनुरंजक और अकृत्रिम सहज रूप एकदम खिल उठा है। कुछ उदाहरण देखिए—

(1) पपनी पर आँसू की बूँदें, मोती-सी, शबनम-सी।

(बालिका से वधू, रसवन्ती)

(2) मँह-मँह कर मंजरी गले से मिल किसको चूमेंगी?

(बालिका से वधू, रसवन्ती)

(3) दाँत पजाती हुई घात में छिपी मृत्यु बैठी है।

(उर्वशी)

(4) पर तत्क्षण सब बिला गया

(उर्वशी)

यहाँ आँख की बरौनियों के लिए 'पपनी', गन्ध देने के अर्थ में 'मँह-मँह' और लुप्त होने के अर्थ में बिला जाने का प्रयोग कितना लाक्षणिक और प्रीतिकर है!

पद-पद पर छितराती दुलार
वन हरित भूमि का कंठ-हार।

(कोयल, रेणुका, 1933 ई.)

यहाँ दुलार छितराती हुई मतवाली निर्झरिणी की छटा मनोहर है। 'दुलार छितराना' कितना सुंदर प्रयोग है। आचार्य शिवबालक राय ने ठीक ही कहा है कि दिनकर ने जहाँ-जहाँ गाँव के (बोलचाल के) क्रियापदों का प्रयोग किया है, वहाँ काव्य की व्यंजना-शक्ति निखर उठी है।[43]

नीचे आने विधु ललक रहा,
मृदु चूम परी की पलक रहा;
वह स्वर्ग बीच ललचाता है,
भू पर रस प्याला छलक रहा।

(मिथिला में शरत्, रेणुका, 1934 ई.)

यहाँ ललकना और ललचना क्रियापदों का अद्भुत प्रयोग है।

दिनकर द्वारा प्रयुक्त मुहावरे और लोकोक्तियाँ

मुहावरे और लोकोक्तियों का प्रयोग प्राय: दो उद्देश्यों से किया जाता है—भाषा में विदग्धता तथा जटिल भावों की अभिव्यक्ति के लिए। दीर्घकालीन परम्परा से चली आ रही उक्तियों में समय की सीमा का अतिक्रमण करके जीवित रहने की शक्ति होती है। दिनकर का मानना था कि—"यदि कामचलाऊ ज्ञान के लिए सीखी जाए, तो हिन्दी से अधिक आसान और कोई भाषा नहीं है। किन्तु इसके मुहावरों और प्रयोगों में दक्षता पानेवाले लोग बड़े लेखकों में भी बहुत कम हैं। .....उर्दू में अभी हाल तक यह परम्परा थी कि शब्दों या मुहावरों का यदि कोई दूषित प्रयोग करे तो साहित्य में बावेला मच जाता था, किन्तु हिन्दी में यह परम्परा केवल तभी तक रही, जब तक आचार्य (महावीर प्रसाद) द्विवेदी जी कार्य-क्षेत्र में विद्यमान थे।"[44]

दिनकर के मुहावरे अनुभूति के साथ एकात्म होकर प्रयुक्त हुए हैं; और वे भाव के अंग बन कर आए हैं जहाँ विषय-वस्तु और अभिव्यंजना का भेद मिट गया है। कुछ उदाहरण प्रस्तुत हैं—

धर कर चरण विजित शृंगों पर झंडा वही उड़ाते हैं
अपनी ही उँगली पर जो खंजर की जंग छुड़ाते हैं।
पड़ी समय से होड़ खींच मत तलवों से काँटे रुक कर
फूँक-फूँक चलती न जवानी चोटों से बचकर झुककर।

(हुंकार)

हम धोते हैं घाव इधर सतलज के शीतल जल से
उधर तुझे भाता है इन पर नमक हाय छिड़काना।

(दिल्ली)

फट न जाए अम्बर की छाती।

(दिल्ली)

अपना रक्त पिला देती यदि फटती आज वज्र की छाती।

(हुंकार)

अभय बैठ ज्वालामुखियों पर अपना मंत्र जगाते हैं;
ये हैं वे जिनके जादू पानी में आग लगाते हैं।

(हुंकार)

दिनकर की प्रबन्धात्मक काव्य-कृतियों में प्रसाद गुण की दृष्टि से 'रश्मिरथी' उल्लेखनीय है। इसमें 'गहगहा' और 'कलमला'-जैसे तमाम ठेठ पद तो हैं ही, जहाँ-तहाँ संस्कृत के तत्सम और कुछ-कुछ अप्रचलित शब्दों के प्रयोग भी हैं, लेकिन उनका नियोजन इतना सटीक है कि कविता का सहज प्रवाह आद्योपान्त बना रहता है। '*रश्मिरथी*' में महाभारत युद्ध के दौरान कुरुक्षेत्र की रणभूमि में कौरव सेनाप्रमुख भीष्म के आहत होकर गिरने का प्रसंग है। इस प्रसंग में तत्समबहुल शब्दावली के प्रयोग के बावजूद कविता में अद्‌भुत प्रेषणीयता है—

गिरि का उदग्र गौरवाधार
गिर जाए शृंग ज्यों महाकार,
अथवा सूना कर आसमान
ज्यों गिरे टूट रवि भासमान।
कौरव दल का कर तेज हरण
त्यों गिरे भीष्म आलोकवरण।

अनुभूति की मार्मिकता के साथ अभिव्यक्ति की कुशलता दिनकर का नैसर्गिक गुण है। उनकी भाषा प्रौढ़, प्रांजल और व्याकरणसम्मत है। न्यून-पदत्व एवं अधिक-पदत्व का दोष उनमें नहीं मिलता है। वे, प्रायः, अपने भावों को छन्दों में पिरोते हुए चलते हैं। आमफहम उर्दू के तमाम शब्द जो हिन्दी की प्रकृति के अनुकूल हैं; और हिन्दी कविता में आसानी से खप सकते हैं, दिनकर ने उनका यथेष्ट प्रयोग किया है।

जिनमें बाकी ईमान, अभी वे भटक रहे वीरानों में
दे रहे सत्य की जाँच, आखिरी दम तक रेगिस्तानों में।

(द्वन्द्व-गीत)

हिन्दी-उर्दू का गंगा-जमुनी रूप दिनकर कृत 'द्वन्द्व-गीत' की कविताओं में विशेष रूप से लक्ष्य किया जा सकता है।

आधुनिक हिन्दी-कवियों में दिनकर, हरिवंशराय बच्चन और गोपाल सिंह नेपाली की भाषा एक प्रकार की कही जा सकती है। इस तुलना के दो आधार हैं—प्रसादगुण और अव्यर्थपदत्व। दिनकर की अपेक्षा बच्चन और नेपाली में प्रसाद गुण कुछ अधिक हो सकता है, परन्तु कविता में वाक्यों का जैसा व्याकरणसम्मत विन्यास और शब्दों का जैसा उचित संस्थान दिनकर में है, वैसा किसी में नहीं। प्रसाद के साथ-साथ ओज और माधुर्य भी उनमें मिलता है। 'दिगम्बरि' और 'विपथगा' का ओज बड़ा ही कलात्मक है। दिनकर की कला यह है कि वे रीतियों का सहारा लिए बिना ही कविता में गुणों का समावेश कर लेते हैं। उपर्युक्त कविताओं में एक भी परुष वर्ण नहीं, फिर भी क्रान्ति का वर्णन पढ़कर रोमांच हो आता है। शब्द-मैत्री के अभाव में, केवल भावनाओं के ज़ोर से यह प्रभाव उत्पन्न करने की कला हिन्दी-साहित्य में विरल है। 'विपथगा' का शीर्षक और पहली पंक्ति पढ़कर कोई नहीं कह सकता कि अभिसार के लिए प्रस्थान करती हुई किसी परकीया नायिका की पायल का स्वर यह नहीं है। केवल 'स्वर्ग-दहन' में कवि ने ओज लाने के लिए संयुक्त और परुष व्यंजनों, दीर्घ स्वरों तथा बिम्ब विधायक शब्दों का प्रयोग किया है।[45]

भावानुकूलता दिनकर की भाषा-नीति की सर्वप्रमुख और अनिवार्य शर्त है। जन-जीवन से सम्बन्धित प्रतिपाद्य के अनुकूल काव्यभाषा गढ़ने के लिए जैसे उर्दू, हिन्दी और संस्कृत के प्रचलित शब्दों का वे साथ-साथ प्रयोग करते रहे, वैसे ही अंग्रेजी के शब्दों को भी आवश्यकता पड़ने पर उन्होंने अपना लिया। 'एनार्की' शीर्षक कविता इस प्रवृत्ति का सबसे अच्छा उदाहरण है।

एक कैबिनेट के अनेक यहाँ मुख हैं।

डिमोक्रेसी दूर करो हमें तानाशाह दो

चिन्तन में सोशलिस्ट गर्क है,
कम्युनिस्ट और कांग्रेसी में क्या फर्क है?

रेलवे का स्लीपर उठाए कहाँ जाता है?

(एनार्की, परशुराम की प्रतीक्षा)

इस प्रकार दिनकर की भाषा का सबसे बड़ा गुण है उसका लचीलापन। 'उर्वशी' की तत्सम-बहुल भव्य भाषा, 'कुरुक्षेत्र' की सहज गतिमयी प्रसादपूर्ण भाषा, 'रसवन्ती' की कोमल मधुर शब्दावली और 'नए सुभाषित' तथा 'एनार्की जैसी कविताओं की चलती हुई भाषा, तीनों के रूप अलग-अलग हैं। कविता की आत्मा के अनुकूल उसके बाह्य-रूप के निर्माण की कला में दिनकर सिद्धहस्त हैं। दिनकर की इस सिद्धि का सबसे बड़ा कारण यह है कि उनके मन में प्रतिपाद्य का रूप प्रधान रहता है; उनका ध्यान शब्दों पर केन्द्रित न होकर भावों पर केन्द्रित रहता है।

अपने काव्य-सृजन की प्रक्रिया में शब्दों के प्रयोग के सम्बन्ध में दिनकर ने चक्रवाल की भूमिका में कहा है कि "शब्दों का चयन मैं उनके रूप नहीं, सामर्थ्य के कारण करता था।"[46] 'रेणुका' से लेकर 'परशुराम की प्रतीक्षा' तक, दिनकर के शब्द-चयन का मुख्य उद्देश्य अभिव्यक्ति की सफाई ही है। भाषा की शुद्धि-अशुद्धि से अधिक ध्यान उनका इस पर रहता है कि जिस मन:स्थिति और भाव को वह प्रेषित करना चाहते हैं, उसे उनके शब्द व्यक्त कर रहे हैं कि नहीं। इस उद्देश्य की पूर्ति के क्रम में शब्दों को तोड़ने-मरोड़ने में भी संकोच नहीं करते हैं। सामिधेनी के स्थान पर सामधेनी और रसवती की जगह रसवन्ती शब्द का प्रयोग उनकी इसी प्रवृत्ति का द्योतक है।

नई काव्यभाषा का निर्माण

गोपालकृष्ण कौल ने एक भेंटवार्ता के दौरान जब दिनकर से प्रश्न करते हुए यह कहा कि—"लोगों की भी मान्यता है कि आपने छायावादी भाषा-जाल से हिन्दी-कविता को मुक्त किया और उसके काव्य-सौष्ठव को कायम रखते हुए उसके अभिव्यक्ति के भाषा-माध्यम को ज्यादा जन-सुलभ बनाकर उसे अधिक व्यापक रूप दिया। और दूसरी ओर काव्य-भाषा में प्रयोगशीलता भी आई। आप काव्य-भाषा के उस छायावादी और इस प्रयोगशील रूप से अलग, शिल्प की दृष्टि से काव्यभाषा के किसी और प्रभावशाली रूप की कल्पना करते हैं?"

तब दिनकर ने कहा था कि "छायावादोत्तर काव्य की भाषा केवल मेरा निर्माण नहीं है। जगन्नाथ प्रसाद मिलिन्द, हरिकृष्ण प्रेमी, भगवतीचरण वर्मा, बच्चन, अंचल, नरेन्द्र और बाद को इस पंक्ति को भूषित करनेवाले कवि नागार्जुन और शिवमंगलसिंह सुमन, ये सभी कवि घट-बढ़कर छायावादी भाषा से दूर थे। और नई भाषा का निर्माण कवि क्या सचेष्ट होकर करता है? अनुभूतियाँ जैसी होती हैं, वे भाषा भी वैसी ही पकड़ लेते हैं। जब कुछ समय बीत जाता है, तब इतिहासकार कहता है, यह भाषा अमुक कवि का निर्माण है! वस्तुस्थिति यह होती है कि नई भाषा का आविष्कार नई अनुभूतियाँ करती हैं, अनुभूति की दिशा हम लोगों के बाद

भी बदली है, बल्कि, सद्यः हिन्दी में अनुभूतियों की जो दिशाएँ दिखाई दे रही हैं जिनमें से एक की भाषा उनके साथ है, जो नई कविता के कवि हैं और दूसरी की उनके साथ जो गीतकार हैं। जब-जब अनुभूतियाँ बदलती हैं, भाषा नवीन हो जाती है और कभी-कभी इतनी नवीन हो जाती है कि पहले की काव्य-भाषा से उसका कोई खास सम्बन्ध नहीं रह जाता।"[47]

प्रश्न—आपकी कविता में अभी तक तीन बार मोड़ आया है। पहला मोड़ 'रसवन्ती' की कविताओं में, दूसरा मोड़ 'नीलकुसुम' की कविताओं में और तीसरा मोड़ 'उर्वशी' काव्य में दिखाई देता है। इसको आपके काव्य के विकास के चरण भी कह सकते हैं। मूलतः आप विचार-प्रधान कवि हैं। शिल्प की दृष्टि से इन तीन मोड़ों पर आपकी क्या प्रतिक्रिया है?

उत्तर—तब तो अब तक मैंने चार तरह की कविताएँ लिखी हैं, क्योंकि ये तीन मोड़ तो मुझे 'रेणुका' और 'हुंकार' से कुछ अलग ले जानेवाले ही मोड़ रहे होंगे, लेकिन सचमुच में, ऐसी बात हुई है क्या? प्रत्येक कवि जीवन-भर में एक ही कविता लिखता है। उसकी सभी कृतियाँ उसी एक काव्य की विभिन्न कड़ियाँ होती हैं। मैं भी इसी भ्रम में हूँ कि 'रेणुका' से लेकर 'उर्वशी' तक मैंने जो कुछ लिखा है वह एक ही काव्य है। किसी भी समय शिल्प का अनुसन्धान मैंने प्रयासपूर्वक नहीं किया। कविता लिखने के पूर्व मेरा मन शिल्प की अवधारणा नहीं करता, कथ्य और शैली, दोनों मुझे हमेशा परस्पर लिपटे हुए दिखाई देते हैं। जब मुझे कहने की कोई बात सूझती है, तब उसकी शैली भी साथ-साथ ही सूझ जाती है।[48]

दिनकर के अनुसार, "छायावाद-युग की सबसे बड़ी देन यह रही कि उसके यंत्र-गृह में, एक समय कर्कश समझी जानेवाली, खड़ीबोली गल कर मोम हो गई। कितने आश्चर्य की बात है कि पंडित सुमित्रानन्दन पन्त को उत्तराधिकार तो श्री मैथिलीशरण गुप्त की भाषा का मिला था, किन्तु, अपने लिए उन्होंने 'पल्लव' की भाषा तैयार कर ली। छायावाद-काल में भाषा ने जो रूप धारण किया उसी का यह परिणाम हुआ कि खड़ीबोली में भी कविता कविता-सी लगने लगी। यह ठीक है कि पन्त और निराला ने कविता की जो भाषा प्रस्तुत की, वह ठीक उसी रूप में, आगे के कवियों को स्वीकृत नहीं हुई, किन्तु, मेरी या बच्चन की कविताओं की भाषा भी छायावादी युग के प्रयोगों से शिक्षा लेकर तैयार हुई है। और इस युग ने छन्दों में तो इतनी विविधता उत्पन्न की कि, सचमुच ही, हिन्दी-कविता की वीणा सहस्र तारोंवाली हो गई।"[49]

छन्द और मुक्त-छन्द

छन्द वस्तुतः भाषा में लय के रूप में विद्यमान रहता है; और यह बलाघात, विराम और उच्च-निम्न स्वर से निर्मित होता है। काव्यशास्त्रियों का मानना है कि

लय जब नियमित हो जाती है, यानी जब नियमित इकाइयों में उसकी आवृत्ति होती है, तब भाषा की वह लय 'छन्द' बन जाती है।

संगीत की लय अथवा छन्द की जान गति है। कोश में शब्द यों ही पड़े रहते हैं, लेकिन जब भाषा में लयात्मक रूप में प्रयुक्त होते हैं, तब ये गतिशील होकर नए प्रभाव की सृष्टि करते हैं। लट्टू निष्क्रिय पड़ा रहता है लेकिन जब उसमें गति ला दी जाती है, तब वह नाचने लगता है। भाषा में लय से युक्त होकर शब्द उसी तरह नाचते हैं। श्रेष्ठ कवि अपनी कविता की भाषा में शब्दों की गति को कभी शिथिल नहीं पड़ने देते। यह गति जहाँ हैं, चीजें एक शक्ति और प्रभाव से युक्त हैं। छन्द की शक्ति उन्हें काफी बदल देती हैं और वे अपने से काफी बड़े लक्ष्य को प्राप्त करने का साधन या हेतु बन जाती हैं।[50]

छन्द तुकान्त भी होते हैं और अतुकान्त भी। 'वर्णिक छन्द' प्रायः अतुकान्त होते हैं, जबकि 'मात्रिक छन्द' प्रायः तुकान्त होते हैं। दिनकर ने 'उर्वशी' में 'सार छन्द' का तुकान्त और अतुकान्त दोनों रूपों में प्रयोग किया है। 'सार छन्द' एक सरल, गीतात्मक और लोकप्रिय मात्रिक छन्द है। इसमें प्रत्येक पद के विषम या प्रथम चरण की कुल मात्रा 16 तथा सम या दूसरे चरण की कुल मात्रा 12 होती है; अर्थात, पदों की 16-12 पर यति होती है। 'हुंकार' में दिनकर ने 22 मात्राओं के छन्द का प्रयोग किया था, जबकि 'नीलकुसुम' की कुछ कविताओं में 24 मात्राओं के छन्द प्रयुक्त हुए हैं।

आचार्य महावीर प्रसाद द्विवेदी ने यद्यपि अतुकान्त कविता का समर्थन किया था, तथापि 'मुक्त छन्द' (या 'स्वच्छन्द छन्द') का समर्थन उन्होंने कभी नहीं किया। हिन्दी काव्य-परंपरा में सूर्यकान्त त्रिपाठी निराला को मुक्त-छन्द का प्रवर्तक माना गया है। उनका कहना था कि "मनुष्यों की मुक्ति कर्मों के बन्धन से छुटकारा पाना है और कविता की मुक्ति छन्दों के शासन से अलग हो जाना है।" परन्तु मुक्त-छन्द के प्रवर्तक होने के बावजूद निराला ने अपनी अधिकांश कविताएँ छन्दोबद्ध ही लिखीं। उनकी तीनों प्रसिद्ध कविताएँ—'तुलसीदास', 'सरोज-स्मृति' और 'राम की शक्ति-पूजा' छन्दोबद्ध हैं।

अमेरिकी कवि और आलोचक एजरा पाउंड ने कवियों को यह सलाह दी थी कि "मुक्त छन्द की ओर तभी जाओ, जब उसके भीतर छन्द से अधिक सुन्दर संगीत उभर रहा हो, कोई ऐसी लय उत्पन्न हो रही हो, जो अधिक सत्य हो।" दिनकर ने 'शुद्ध कविता की खोज' में एजरा पाउंड की इस उक्ति का उल्लेख किया था। शुरू में दिनकर ने यह कल्पना भी न की थी कि छन्द-मुक्त कविताएँ भी लिखी जा सकती हैं। 'नए सुभाषित' में संकलित 'मुक्त छन्द' शीर्षक कविता में उन्होंने लिखा था—

मुक्त छन्द कुछ वैसा ही बेतुका काम है,
जैसे कोई बिना जाल के टेनिस खेले।

(मुक्त छन्द, नए सुभाषित, 1957 ई.)

उनका मानना था कि गद्य की अपेक्षा छन्दोबद्ध वाणी रागात्मक आनन्द को उत्तेजित करने में अधिक समर्थ है। 'मिट्टी की ओर' (1946 ई.) में उन्होंने लिखा था—"जिस दिन आदिकवि के मुँह से श्लोक निकला था उसी दिन इस बात का प्रमाण मिल गया था कि जब मनुष्य का हृदय किसी असाधारण आवेश में बाहर निकलना चाहता है, तब उसकी भावना गेय हो उठती है। मेरे जानते, छन्द काव्य-कला का सहायक नहीं बल्कि उसका स्वाभाविक मार्ग है।"[51] परन्तु अपने उसी लेख में दिनकर आगे कहते हैं—"जहाँ काव्य की बारीकियों की छानबीन करनी होगी वहाँ हम छन्द को अधिक महत्त्व नहीं दे सकते, क्योंकि पद्य-बद्ध होने से ही कोई वाणी कविता नहीं हो जाती।"[52] 1950 ई. के बाद उनके विचारों में बड़ा बदलाव आया। उनकी कविताओं के छन्द क्रमशः गद्य के समीप आने लगे।

हिन्दी में 'नई कविता' मुक्त-छन्द में लिखी गई। इसके बाद छन्द की जगह 'अर्थ की लय' ने ले ली; और फिर स्वभाविक रूप से हिन्दी कविता का एक बड़ा भाग गद्यात्मक हो उठा।

दिनकर कृत 'कोयला और कवित्व' के कई छन्द 'मुक्त-छन्द' के उत्कृष्ट उदाहरण हैं। 'नूतन काव्य शास्त्र' शीर्षक निबन्ध में दिनकर ने लिखा है—'जब मैं अपने युग में खड़ा हो कर देखता हूँ, तब छन्द मुझे भी अनिवार्य-से लगते हैं। किन्तु, जब मैं तेरे पास होता हूँ तब मुझे भी यह भासित होने लगता है कि छन्द, सचमुच ही, शायद वह भूमि है, जिस पर कल्पना नृत्य का पहला पाठ सीखती है। पद्य के रचयिताओं ने गलत किस्म की कविता लिखी, यह बात सत्य नहीं है। किन्तु, यह सत्य है कि तेरे सामने भग्न मान्यताओं के जो अम्बार हैं, वे केवल पद्य में सजाए नहीं जा सकते। विषण्णता को मस्ती में समेटने का प्रयास भी कोई प्रयास है? टूटे हुए संगीत को बाँधने के लिए टूटे हुए छन्द चाहिए।"[53] आगे उन्होंने इतना तक कहा कि "जिस धरातल पर गीत गाए जाते हैं, सधे-सधाये छन्दों में गजल, तराने और दादरे सुनाये जाते हैं, वह धरातल आज कविता के जड़त्व का धरातल बन गया है। मनुष्य की आत्मा पर जमी हुई पपड़ियों को तोड़ना हो तो अब मनोरंजन के निमित्त रचे जानेवाले छन्दों को तोड़ डालना ही पुण्य है।"[54] जिस दिनकर ने कभी छन्द को कविता का स्वाभाविक मार्ग कहा था, उसी ने बाद में यह कहा कि "कविता साहित्य का निचोड़ है और छन्दों से बाहर निकलकर वह अपने इस पद को और भी ऊँचा कर सकती है।"[55]

इन विचारों की पृष्ठभूमि में 'कोयला और कवित्व' की कविताओं को यदि हम देखें तो दिनकर का रूप खुलकर सामने आता है। 'उर्वशी' में जो कवित्व का

प्रकर्ष दो स्थलों पर है, वह मुक्त छन्द में है। पृष्ठ 48 पर पुरूरवा का जो लम्बा वक्तव्य शुरू होता है वह और कुछ नहीं तो मात्र छन्द की दृष्टि से भी हिन्दी कविता के इतिहास में विलक्षण है। दिनकर ने वस्तुतः यहाँ अनेक छन्दों को कहीं आंगिक रूप में, कहीं पूर्ण रूप में, कही संशोधित रूप में ग्रहण कर जो नमनीयता उत्पन्न की है वही छन्द की मुक्तता है।

कवित्त और सवैया के लिए दिनकर 'अभिनव भूषण' बन कर अवतरित हुए थे। खड़ी बोली हिन्दी में कवित्त और सवैया का इतना सफल प्रयोग किसी अन्य कवि ने नहीं किया। दिनकर ने इन छन्दों को नया संस्कार प्रदान किया हैं। 'कुरुक्षेत्र' प्रधानतया कवित्त और सवैयों का काव्य है। दिनकर को यह विदित था कि उनकी प्रतिभा इन छन्दों में निखरती है। 'हिन्दी कविता और छन्द' शीर्षक निबन्ध में उन्होंने लिखा है—"कवित्त और सवैया विशेषतः आशा, उत्साह और आनन्द के छन्द हैं तथा इनमें उन भावों की पुष्ट अभिव्यक्ति होती है जो साधारणतः विषाद से सम्बन्ध नहीं रखते। इसके सिवा, इनके अन्त्यानुप्रास अन्य छन्दों की अपेक्षा अधिक जमते हैं तथा प्रत्येक बन्द में चमत्कारपूर्ण यति और प्रवाह के कारण इनका पाठ भी अत्यन्त प्रभावोत्पादक होता है। ये छन्द किसी न किसी रूप में सभी युगों में प्रचलित रहे हैं और महाकवियों से लेकर भाटों तक ने इनका सफलतापूर्वक उपयोग किया है। सच पूछिए, तो यह छन्द हिन्दी का कल्पवृक्ष रहा है तथा इसने कभी भी किसी याचक को निराश नहीं किया। जिसने भी इस छन्द में अपनी कोई बात कही, अच्छी तरह कही। कभी ऐसा न हुआ कि इस छन्द के चुनाव के कारण किसी को पश्चाताप करना पड़ा हो।"[56]

डॉ. नन्दकिशोर नवल के अनुसार, दिनकर स्वतंत्रता-आन्दोलन के प्रवक्ता कवि थे, इसलिए उनमें देशभक्ति का आवेश सबसे प्रचंड रूप में अभिव्यक्त हुआ। वह हिन्दी में 'जवानी के काव्य' का भी दौर था। इसने कवि के आवेश के कृपाण पर सान चढ़ाया। लेकिन दिनकर को इसलिए श्रेय देना चाहिए कि उनकी कविता आवेश के विस्फोट से नष्ट-भ्रष्ट नहीं हुई। कारण यह कि उनमें जैसा तीव्र आवेश था, वैसी ही गहन वैचारिकता भी थी। उनकी प्रत्येक कविता की एक वैचारिक संरचना है, जो ऊपर से दिखलाई नहीं पड़ती। वह उनके आवेश को सँभाले रहती है। आवेश को सँभालनेवाली दूसरी चीज उनकी भाषा है, जिसमें न कभी कोई शब्द अनुपयुक्त होता है और न कोई वाक्य अव्यवस्थित। वह कविता अराजकतावादी क्रान्ति का रूप प्रस्तुत करनेवाली 'विपथगा' जैसी कविता हो या जनतंत्र की धारणा प्रस्तुत करनेवाली 'जनतंत्र का जन्म' शीर्षक कविता या फिर स्वतंत्रता की संकल्पना उपस्थित करनेवाली 'रोटी और स्वाधीनता' शीर्षक कविता। निश्चय ही आवेश को विचार में और विचार को आवेश में बदलनेवाला ऐसा कवि कविता के इतिहास में विरल है। जैसे-जैसे समय बीतता गया, कवि का यथार्थ-बोध परिपक्व

होता गया और वह पश्चिमी आधुनिक कविता के सम्पर्क में आता गया, उसमें आवेश की मात्रा कम होती गई, लेकिन वैचारिक ऊर्जा की प्रखरता बनी रही। भाषा भी 'आसिन के जल' की भाँति पारदर्शी हो उठी, पर कवि का मस्तीभरा लहजा, जो शायद उसकी कविता का सबसे बड़ा आकर्षण है, अन्त-अन्त तक बना रहा।[57]

दिनकर कृत 'उर्वशी' की काव्यभाषा

दिनकर की भाषा में हमेशा एक सादगी दिखती रही है, परन्तु 'उर्वशी' में भाषा अलंकृति और आभिजात्य की आभा लेकर आई है। परन्तु मुक्तिबोध को 'उर्वशी' में दिनकर की काव्यभाषा बोझिल लगती है। उनका मानना है कि कवि दिनकर के प्रथम उत्कर्ष काल में उनकी काव्य-भाषा ऐसी जड़ नहीं थी। उसमें स्वाभाविक रूमानी चपलता थी, स्वाभाविक गीतात्मक स्वर था। उन्होंने लिखा कि—"वे कामात्मक मनोरति और संवेदनाओं में डूबना-उतराना चाहते हैं; साथ ही इस गतिविधि को सांस्कृतिक-आध्यात्मिक श्रेष्ठत्व प्रदान कर, उस श्रेष्ठत्व का प्रतिपादन ....करना चाहते हैं। अतएव, उन्हें काव्यात्मक स्थिति के बाहर जाकर भी सोचना पड़ता है। इसलिए भाषा में बोझिल गुण हैं, विचित्र-विचित्र प्रयोग हैं, शब्दों की तोड़-मरोड़ है, ठूँसठाँस है। भाषा का अनायास प्रांजल, निर्मल, सरल, चपल प्रवाह देखने को भी नहीं मिलता। भाषा भी समारोहपूर्वक चलती है, बृहत् आयोजन के साथ; इसीलिए उसकी प्रदीर्घ पंक्तियों में सांस्कृतिक ध्वनियों और प्रतिध्वनियों का निनाद है, और बहुत-से स्थानों पर अर्थ की वायवीय शून्यताएँ हैं। कामात्मक ऐकान्तिक क्षणों की आत्मीयता का स्वर तो भाषा में है ही नहीं। वहाँ तो हर चीज प्रदर्शनीय है, भड़कीली है।"[58]

जबकि नेमिचन्द्र जैन का मानना है कि "दिनकर के समस्त काव्य में ओजस्विता, प्रवाह और आवेग की प्रबलता का विशेष स्थान है। वह अपने शब्दों के चयन और लय-विन्यास, दोनों के द्वारा ही एक प्रबल दुर्दमनीय शक्ति का प्रभाव उत्पन्न करते हैं। पर 'उर्वशी' की भाव-वस्तु कुछ भिन्न प्रकार की है; काम भाव के आवेग को, उसके ज्वार की शक्ति को, ओजपूर्ण शब्दावली में नहीं व्यक्त किया जा सकता। तीसरे अंक के बहुत-से स्थलों पर दिनकर भावावेग की प्रबलता को व्यक्त करने में सफल होते हैं। किन्तु साधारणतः छन्दात्मक अंशों में उनके पद्यों में बड़ी एकरसता है। अधिकांश काव्य एक ही छन्द की एक ही लम्बाई की पंक्तियों में लिखा गया है और उसकी अधिकांश पंक्तियाँ सहायक क्रियापद 'है' या 'था' में समाप्त होती है। उनकी समस्वरता, समलयता और यति तथा स्वराघातों की यांत्रिक पुनरावृत्ति बड़ी उबा देनेवाली है। समूचे काव्य में बहुत कम पंक्तियाँ ऐसी हैं जिनमें भाव उमड़कर एक पंक्ति से दूसरी पंक्ति तक जाता हो। अभिव्यक्ति की ऐसी वैविध्यहीनता बड़ी आश्चर्यजनक लगती है, विशेषकर जबकि दिनकर बड़ा

वैविध्यपूर्ण छन्द लिखने में सहज ही समर्थ हैं।"[59] नेमिचन्द्र जैन का मानना है कि पुनरावृत्ति और अनावश्यक विस्तार इस काव्य के हर अंग में विद्यमान है। वर्णनों, भावों और विचारों की पुनरावृत्ति तो है ही, बहुत-से बिम्ब बार-बार आते हैं, जैसे रक्त, रक्त की धारा, रुधिर की वह्नि, रक्त की उत्तप्त लहरें, रेंगने लगते सहस्रों साँप सोने के रुधिर में आदि।

दिनकर और मुख्य रूप से उनकी 'उर्वशी' को लेकर मुक्तिबोध और नेमिचन्द्र जैन के अपने-अपने पूर्वाग्रह हैं। इसलिए उन्हें दिनकर में दूषण के अलावा कुछ और नहीं दिखता है। बहरहाल, शिल्प के लिहाज से 'उर्वशी' में कुछ नए प्रयोग भी हैं। लेकिन उसकी सबसे बड़ी सफलता भाषा की शक्ति के चरम विकास; और अरूप को लिबास पहनाने के प्रयत्न में है। इस दृष्टि से यह आधुनिक हिन्दी-साहित्य की अनुपम निधि है।

संदर्भ

1. संस्कृत काव्यशास्त्र के प्रसिद्ध आचार्य कुन्तक ने वाग्वैदग्ध्यपूर्ण विचित्र उक्ति को 'वक्रोक्ति' कहा है। आचार्य भामह के अनुसार वक्र शब्द और अर्थ की उक्ति ही वाणी का काम्य अलंकार है। रीतिकाल में इस अलंकार का बहुत अधिक प्रयोग किया गया था। नायिकाओं के रूप और उनके प्रेम की विभिन्न स्थितियों के चित्रण में इनका प्रयोग चमत्करपूर्ण ढंग से किया गया है।
2. हिन्दी साहित्य ज्ञानकोश, खंड 2, प्रधान संपादक : शम्भुनाथ; पृ. 975
3. दिनकर की डायरी, 15 जनवरी, 1972, पटना
4. 'कामायनी, दोषरहित-दूषणसहित'; पन्त, प्रसाद और मैथिलीशरण, दिनकर रचनावली, खंड 7, पृ. 377
5. दिनकर रचनावली, खंड 7; संपादक : डॉ. नन्दकिशोर नवल, भूमिका, पृ. 118
6. वही, पृ. 118
7. वही, पृ. 119
8. वही, पृ. 119
9. डॉ. सतीश कुमार राय द्वारा सम्पादित 'दिनकर की साहित्य-साधना' में आचार्य शिवपूजन सहाय का लेख 'दिनकर : एक परिचय', पृ. 16; किताब पब्लिकेशन, मुजफ्फरपुर; 2008 ई.।
10. दिनकर रचनावली, खंड 7; संपादक : डॉ. नन्दकिशोर नवल, भूमिका, पृ. 120
11. वही, पृ. 121
12. दिनकर रचनावली, खंड 4, सं. डॉ. नन्दकिशोर नवल एवं तरुण कुमार, पृ. 310
13. रामधारी सिंह दिनकर, 'मिट्टी की ओर', पृ. 66; उदयाचल, पटना; 1946 ई.।
14. 'पन्त, प्रसाद और मैथिलीशरण', दिनकर रचनावली, खंड 7, पृ. 376
15. वही, पृ. 434-435

16. रामधारी सिंह दिनकर, 'मिट्टी की ओर', पृ. 76; उदयाचल, पटना; 1946 ई.।
17. रामधारी सिंह दिनकर, 'मिट्टी की ओर', पृ. 76; उदयाचल, पटना; 1946 ई.।
18. दिनकर रचनावली, खंड 4, पृ. 339
19. 'चक्रवाल' की भूमिका; दिनकर रचनावली, खंड 4, पृ. 339-340
20. रामधारी सिंह दिनकर, 'मिट्टी की ओर', पृ. 145; उदयाचल, पटना; 1946 ई.।
21. 'नर-नारी' शीर्षक निबन्ध, उजली आग, पृ. 37
22. रामधारी सिंह दिनकर, 'मिट्टी की ओर', पृ. 76; उदयाचल, पटना; 1946 ई.।
23. 'नई कविता के उत्थान की रेखाएँ', अर्धनारीश्वर, दिनकर रचनावली, खंड 7, पृ. 206
24. रामधारी सिंह दिनकर, 'मिट्टी की ओर', पृ. 151; उदयाचल, पटना; 1946 ई.।
25. वही, पृ. 151-152
26. वही, पृ. 150
27. वही, पृ. 151
28. काव्य की भूमिका, दिनकर रचनावली, खंड 6, पृ. 282-283
29. 'बलिशाला ही हो मधुशाला' शीर्षक निबन्ध, 'मिट्टी की ओर', दिनकर रचनावली, खंड 7, पृ. 339
30. 'काव्य की भूमिका'; दिनकर रचनावली, खंड 6; पृ. 284-285
31. चक्रवाल की भूमिका, दिनकर रचनावली, खंड 4, पृ. 346
32. रामधारी सिंह दिनकर, 'चक्रवाल', भूमिका, पृ. 73; उदयाचल, पटना, 1956 ई.।
33. 'कामायनी, दोषरहित-दूषणसहित' शीर्षक निबन्ध; 'पंत, प्रसाद और मैथिलीशरण', दिनकर रचनावली, खंड 7, पृ. 376-377
34. वही, पृ. 377
35. वही, पृ. 377
36. रामधारी सिंह दिनकर, 'चक्रवाल', भूमिका, पृ. 28; उदयाचल, पटना; 1956 ई.।
37. दिनकर : अर्धनारीश्वर कवि, पृ. 15
38. वही, पृ. 15
39. शिवबालक राय, 'दिनकर', पृ. 124-125; यूनिवर्सल प्रेस, इलाहाबाद; 1952 ई.।
40. शिवबालक राय, 'दिनकर', पृ. 126-127; यूनिवर्सल प्रेस, इलाहाबाद; 1952 ई.।
41. डॉ. सावित्री सिन्हा, युगचारण दिनकर, पृ. 208-209
42. शिवबालक राय, 'दिनकर', पृ. 120-121; यूनिवर्सल प्रेस, इलाहाबाद; 1952 ई.।
43. शिवबालक राय, 'दिनकर', पृ. 92; यूनिवर्सल प्रेस, इलाहाबाद; 1952 ई.।
44. रामधारी सिंह दिनकर; 'स्मरणांजलि', पृ. 107
45. विश्वनाथ सिंह, 'दिनकर', संपादक : सावित्री सिन्हा, पृ. 52
46. रामधारी सिंह दिनकर, 'चक्रवाल', भूमिका, पृ. 29; उदयाचल, पटना, 1956 ई.।
47. दिनकर; संपादक : सावित्री सिन्हा, पृ. 29-30
48. वही, पृ. 30
49. रामधारी सिंह दिनकर, 'चक्रवाल', भूमिका, पृ. 19-20; उदयाचल, पटना; 1956 ई.।

50. हिन्दी साहित्य ज्ञानकोश, खंड-3, प्रधान संपादक : शम्भुनाथ; पृ. 1296; भारतीय भाषा परिषद्, कोलकाता; 2019 ई.।
51. रामधारी सिंह दिनकर, 'मिट्टी की ओर', पृ. 146; उदयाचल, पटना; 1946 ई.।
52. रामधारी सिंह दिनकर, 'मिट्टी की ओर', पृ. 147; उदयाचल, पटना; 1946 ई.।
53. रामधारी सिंह दिनकर; उजली आग, पृ. 56
54. वही, पृ. 56
55. वही, पृ. 57
56. मिट्टी की ओर, दिनकर रचनावली, खंड 6, पृ. 339
57. दिनकर रचनावली, खंड 1; संपादक : डॉ. नन्दकिशोर नवल, भूमिका, पृ. 20-21
58. मुक्तिबोध, समीक्षा की समस्याएँ, पृ. 167
59. 'कल्पना' का उर्वशी-विवाद', संपादक : गोपेश्वर सिंह, पृ. 81-82

अध्याय 14

दिनकर-काव्य में अप्रस्तुत-विधान

साहित्यशास्त्रीय चिन्तन में 'अप्रस्तुत विधान' एवं 'अप्रस्तुत योजना' शब्दों का प्रयोग सबसे पहले आचार्य रामचन्द्र शुक्ल ने किया था। भारतीय काव्यशास्त्र-परम्परा में 'उपमान' एक पुरातन शब्द है; इसका अर्थ है—'जिसकी उपमा दी जाए। परन्तु आचार्य रामचन्द्र शुक्ल ने 'उपमान' के स्थान पर 'अप्रस्तुत विधान' एवं 'अप्रस्तुत योजना' शब्दों का प्रयोग किया है।

काव्य के दो पक्ष होते हैं—प्रस्तुत पक्ष एवं अप्रस्तुत पक्ष। प्रस्तुत पक्ष 'अनुभूति' (अर्थात अलंकार्य) से सम्बद्ध होता है, जबकि अप्रस्तुत पक्ष 'अभिव्यक्ति' (अर्थात अलंकार) से। संस्कृत काव्यशास्त्र में अलंकारों का विवेचन-विश्लेषण करते समय 'प्रस्तुत' को 'उपमेय' के रूप में ग्रहण किया गया है और 'अप्रस्तुत' को 'उपमान' के रूप में। काव्य के प्रस्तुत पक्ष अर्थात किसी वस्तु या भाव के रूप, गुण और व्यापार में तीव्रता लाने का कार्य अप्रस्तुत के द्वारा ही सम्भव हो पाता है।

उल्लेखनीय है कि हिन्दी काव्यालोचना में 'अप्रस्तुत' केवल उपमान के अर्थ तक ही सीमित न होकर व्यापक संदर्भ ग्रहण कर चुका है। 'अप्रस्तुत विधान' में बिम्ब, प्रतीक, शब्द-शक्ति आदि सौन्दर्य-रूप भी परिगणित किए जाते हैं।

कविताओं में प्रयुक्त उपमानों पर अपने युग तथा वातावरण का प्रत्यक्ष एवं परोक्ष प्रभाव पड़ता है। कवि को वातावरण के अनुकूल उपमान ग्रहण करने के लिए सजग भी रहना पड़ता है। कवि के लिए प्रस्तुत से सम्बद्ध युग, संस्कृति, समाज तथा स्थिति-परिस्थिति के अनुकूल उपमानों का संयोजन अभीष्ट है; लेकिन उससे भी ज्यादा जरूरी है मार्मिक अनुभूति। मार्मिक अनुभूति के अभाव में अप्रस्तुत-विधान फीका रह जाता है। युग की बदलती हुई परिस्थितियाँ उपमानों के रूप, अर्थ और सौन्दर्य-बोध में बदलाव लाती रहती है।

प्रत्येक देश और संस्कृति की सौन्दर्य-विषयक अपनी-अपनी धारणा होती है। इन बँधी हुई धारणाओं से भिन्न मान्यताओं के आधार पर अप्रस्तुत-विधान की योजना में कवि की मौलिक उद्‌भावना तथा कल्पना-शक्ति अपेक्षित होती है। प्रकृति-विरुद्ध उपमान विद्रूप और हास्यास्पद बन जाते हैं। आचार्य रामचन्द्र शुक्ल

के शब्दों में, "सिद्ध कवियों की दृष्टि ऐसे ही अप्रस्तुतों की ओर जाती है जो प्रस्तुतों के समान ही सौन्दर्य, दीप्ति, कान्ति, कोमलता, प्रचंडता, भीषणता, उग्रता, उदासी, अवसाद, खिन्नता इत्यादि की भावना जगाते हैं।"

उपमान-संयोजन मुख्यतः पाँच प्रकार से किया जाता है[1]—

1. मूर्त के मूर्त उपमान : जहाँ उपमेय और उपमान दोनों ही मूर्त पदार्थ या व्यक्ति हों।
2. अमूर्त के अमूर्त उपमान : अमूर्त उपमेय और अमूर्त उपमान के सामंजस्य-विधान में सूक्ष्म कल्पना तथा श्रेष्ठ काव्य-प्रतिभा अपेक्षित रहती है। सूक्ष्म दृष्टि के अभाव में इसका संयोजन सम्भव नहीं, यह सर्वसाध्य और सर्वसुगम नहीं है।
3. मूर्त के अमूर्त उपमान : मूर्त प्रस्तुत के लिए अमूर्त अप्रस्तुत का नियोजन उतना कठिन नहीं है, क्योंकि मूर्त वस्तु के रूप, रंग, गुण तथा अवगुण प्रत्यक्ष और अनुभूत रहते हैं और अनुभूत वस्तु की अभिव्यक्ति स्वयमेव सहज होती है।
4. अमूर्त के मूर्त उपमान : अमूर्त भावों के मूर्त उपमानों का संयोजन बहुत कठिन है। भावात्मक अमूर्त के ऐसे मूर्त उपमानों का चयन, जिनसे उनमें भाव-व्यंजक साम्य की स्थापना की जा सके, कठिन कार्य है।
5. मूर्तामूर्तरूप उपमान : एक ही प्रस्तुत के लिए, चाहे वह मूर्त हो या अमूर्त, मूर्त तथा अमूर्त दोनों ही प्रकार के उपमान नियोजित किए जाते हैं। इस प्रकार की योजना करते समय कवि को इस बात के लिए सतत रूप से जागरूक रहना पड़ता है कि उसका विधान कहीं दूरारूढ़ न हो जाए।

दिनकर ने अलंकारों को केवल बाह्य अलंकरण का साधन न मान कर उसे काव्य के आन्तरिक विकास में सहायक माना है। उनके अनुसार "अलंकार शब्द से, वैसे तो, अनावश्यक बनाव-सिंगार की भी ध्वनि निकलती है, किन्तु कविता में अलंकारों के प्रयोग का वास्तविक उद्देश्य अतिरंजन नहीं, वस्तुओं का अधिक से अधिक सुनिश्चित वर्णन ही होता है। साहित्य में भी जब हम संक्षिप्त और सुनिश्चित होना चाहते हैं तभी रूपक की भाषा हमारे लिए स्वाभाविक हो उठती है। रूपकों पर संपूर्ण अधिकार को अरस्तू ने कवि प्रतिभा का सबसे बड़ा लक्षण कहा है। और यीट्स का विचार था कि परिपक्व ज्ञान बराबर रूपकों में व्यक्त होता है। सच्चे अर्थों में मौलिक कवि वह है जिसके उपमान मौलिक होते हैं और श्रेष्ठ कविता की पहचान यह है कि उसमें उगनेवाले चित्र स्वच्छ और सजीव होते हैं। चित्र भी कविता के साधन होते हैं, साध्य नहीं। शक्तिशालिनी कविता केवल चित्र दिखला कर सन्तुष्ट नहीं हो जाती, वह चित्रों के भीतर से कुछ और दिखलाना चाहती है।" (चक्रवाल, भूमिका, पृ. 73)

दिनकर की अप्रस्तुत-योजनाओं के तीन मुख्य रूप हैं—(1) सादृश्यमूलक, (2) अतिशयोक्तिमूलक, (3) विरोधमूलक। इन तीनों में सर्वप्रमुख है सादृश्यमूलक अप्रस्तुत-योजना। सादृश्य-योजना के आधार अधिकतर तीन प्रकार के हैं—रूप-साम्य, धर्म-साम्य और प्रभाव-साम्य। इन सादृश्य-विधानों में परम्परा, उत्प्रेक्षा, रूपक, उपमा, उदाहरण आदि अलंकारों के रूप में तथा नए प्रयोग मानवीकरण, विशेषण विपर्यय इत्यादि अलंकारों के रूप में विद्यमान हैं।

दिनकर की सादृश्यमूलक योजनाओं का सर्वप्रमुख गुण है—उसकी संश्लिष्ट चित्रात्मकता, जो सभी प्रकार की साम्य-योजनाओं पर आधारित है। उपयुक्त उपमान-चयन तथा लाक्षणिक प्रयोग की कुशलता के कारण उनके अलंकार बाह्य सज्जा के उपकरण नहीं रह जाते। मोती की आभा की तरह उनका सौन्दर्य अन्तर्निहित रहता है। सादृश्य-योजना का यह कौशल उनकी प्रारम्भिक रचनाओं में ही मिलने लगता है। उपमा और रूपक उनके प्रिय अलंकार हैं। उत्प्रेक्षा में अपेक्षित असम्भाव्य अनिवार्यता ने उन्हें अधिक आकर्षित नहीं किया है। कुछ उदाहरण द्रष्टव्य हैं—

स्वर्ग-स्रोत, करुणा की धारा, भारत माँ का पुण्य तरल,
भक्ति अश्रु धारा-सी निर्मल गंगा बहती है अविरल।

(रेणुका)

निर्मल गंगा के लिए प्रयुक्त चारों ही उपमान अमूर्त हैं और अलग-अलग प्रभाव व्यंजित करते हैं। स्वर्ग-स्रोत से एक ओर 'अच्युत-चरण-तरंगिनी' का रूप साकार होता है और दूसरी ओर उस पौराणिक विश्वास की ध्वनि व्यंजित होती है जिसके अनुसार गंगा पतित पावनी है; और प्राणीमात्र को पृथ्वी के दूषणों से मुक्त करके नैसर्गिक पुण्य प्रदान करती है। करुणा की धारा में वर्ण और धर्म-साम्य का मिश्रित संयोजन है। करुणा का रंग श्वेत माना गया है और गंगा का स्वच्छ निर्मल जल भी श्वेत है। इसके अतिरिक्त भक्तों के प्रति गंगा की करुण-आर्द्र कृपा भी प्रसिद्ध है। तीसरे उपमान 'भारत माँ का पुण्य तरल' में उसकी भौगोलिक और प्राकृतिक महत्ता की ओर संकेत किया गया है। द्वितीय पंक्ति में साम्य-योजना प्रभाव पर आधारित है। भक्ति की अश्रुधारा हृदय की द्वन्द्वरहित राग-द्वेष से परे की अनुभूति के अनुभाव रूप में व्यक्त होती है, गंगा की धारा भी स्वच्छता और निर्मलता की प्रतीक है। उपमानों के मूर्त और अमूर्त दोनों ही पक्षों का संश्लिष्ट साम्य-विधान कवि के सूक्ष्म सौन्दर्य-बोध का परिचायक है।

जहाँ दिनकर ने एक ही उपमेय पर अनेक उपमानों का आरोपण किया है, वहाँ भी रस और वाणी का आन्तरिक सम्बन्ध टूटने नहीं पाया है और न उनमें परिगणन दोष आ पाया है। रसबोध और सौन्दर्य-बोध वहाँ भी सम्पृक्त रहते हैं। उदाहरण के लिए—

अवनी के नक्षत्र! प्रकृति के उज्ज्वल मुक्ताहार।
उपवन दीप! दिवा के जुगनू! वन के दृग सुकुमार
मेरी मृदु कल्पना-लहर से, पुलकाकुल उद्भ्रान्त
उर में मचल रहे लघु लघु भावों में कोमल कान्त
निज सौरभ से सुरभित, अपनी आभा में द्युतिमान।
मुग्धा-सी अपनी ही छवि पर भूल पड़े छविमान।

(रेणुका)

प्रथम दो पंक्तियों के रूपकात्मक उपमान अपने में लक्षणा का वैभव समेटे हुए हैं और वह अर्थगर्भित हैं। अन्तिम दो पंक्तियाँ गुण-साम्य पर आधारित हैं। अपने रूप और सौन्दर्य पर स्वयं ही मोहित मुग्धा नायिका की रस-स्निग्ध सहज सुन्दर मुद्राएँ उपमेय में सजीव हो उठी हैं। सभी उपमान मोहक हैं और उनका विन्यास कौशलपूर्ण है।

रूप, धर्म और प्रभाव-साम्य की यह कुशल संयोजनाएँ 'कुरुक्षेत्र' जैसे समष्टि-चेतना के काव्य में भी उतनी ही प्रभावपूर्ण बन पड़ी हैं। शर-शय्या पर पड़े हुए भीष्म की ओजस्विता और गौरवपूर्ण पराजय के प्रतीक रूप में प्रयुक्त उपमान बड़े सार्थक हैं—

शरों की नोंक पर लेटे हुए गजराज जैसे।
थके टूटे गरुड़-से स्रस्त पन्नगराज जैसे। (कुरुक्षेत्र)

गजराज से उनके दृढ़ और ओजस्वी व्यक्तित्व का प्रतिबिम्ब उतरता है। 'टूटे' तथा 'गरुड़-से स्रस्त' शब्द भीष्म के गौरवपूर्ण पराभव को व्यंजित करते हैं। यहाँ उपमान और उपमेय दोनों मूर्त हैं।

निम्नलिखित पंक्तियों में धर्म-साम्य का सुन्दर उदाहरण मिलता है—

और तब चुप हो रहे कौन्तेय,
संयमित करके किसी विध शोक दुष्परिमेय,
उस जलद-सी एक पारावार,
हो भरा जिसमें लबालब, किन्तु जो लाचार
बरस तो सकता नहीं, रहता मगर बेचैन है। (कुरुक्षेत्र)

घनीभूत पीड़ा के आँसू रूप में बरसने का भाव नया नहीं है—उमस भरे बादल, परम्परा से कामानुभूतियों की घुटन के रूप में प्रयुक्त होते रहे हैं, यहाँ बादल केवल आँसुओं और आहों का भार ढोनेवाले उपकरण नहीं रह गए हैं। युधिष्ठिर की समस्त गरिमा और गम्भीरता को उन्होंने अपने में समेट लिया है। युधिष्ठिर के हृदय में उठता हुआ पश्चाताप और दुख उपमेय बादल में समा गया है।

कुरुक्षेत्र के सप्तम सर्ग में संघर्ष-रत मनुष्य की गतिविधियों के लिए सँजोए हुए उपमान भी सार्थक और सुन्दर हैं। इन्हीं कुशल संयोजनाओं द्वारा दिनकर

गीता के 'कर्मयोग' को काव्यात्मक बाना पहना सके हैं। एक उदाहरण पर्याप्त होगा—

रागानल के बीच पुरुष कंचन-सा जलने वाला
तिमिर सिन्धु में डूब रश्मि की ओर निकलने वाला,
ऊपर उठने को कर्दम से लड़ता हुआ कमल-सा,
ऊब-डूब करता उतराता घन में विधु मण्डल-सा। (कुरुक्षेत्र)

संसार के अवरोधों-विरोधों तथा संघर्षों को झेलते हुए आशा और निराशा, दुख और सुख, अन्धकार और प्रकाश दोनों का ही सामना करके जीवन की विजय-भेरी बजानेवाले कर्मयागी के लिए संकलित सभी अप्रस्तुतों में दिनकर की सूक्ष्म अन्तर्दृष्टि का परिचय मिलता है। राग की भयंकर अग्नि में तप कर व्यक्ति अपनी दुर्बलताओं और परिसीमाओं पर विजय प्राप्त करता है, सत्यासत्य का ज्ञान उसके व्यक्तित्व को निखार कर कुन्दन और पारदर्शी बना देता है। परिस्थितियों और संघर्षों की भट्टी में जलता हुआ मन, अग्नि के ताप से द्रवित स्वर्ण के उपमान द्वारा चित्रमय हो उठता है। यद्यपि यह उपमान परम्परागत और पुराना है, तथापि विषय और अभिव्यंजना की संश्लिष्ट संयोजना ने उसे नई शक्ति से समन्वित कर दिया है। दूसरी पंक्ति का प्रच्छन्न उपमान है सूर्य जिसके प्रखर उदय और गहन अस्त के क्रम को मानव जीवन के सुख-दुखात्मक पक्षों पर आरोपित करके आशा और विश्वास की रश्मि में जीवन की विजय प्रतिष्ठित की गई है। तीसरी पंक्ति की साम्य-योजना में पाप पर पुण्य की विजय की प्रतिष्ठा है। कीचड़ जीवन की उन मलिनताओं, दूषणों ओर दुर्बलताओं का प्रतीक है जिनके मूल में वैयक्तिक रागद्वेष रहता है—इन प्रवृत्तिमूलक विकृतियों से बच कर रहनेवाला ही कर्मयोगी है। कमल उसी कर्मयोगी का प्रतीक है, जो संसार का पंक झेल कर भी उसकी मलिनताओं से अपने को बचाने के प्रयास में लगा रहता है। चौथी पंक्ति में 'ऊब-डूब करता' शब्दों के द्वारा संघर्ष का चित्र निराशा की अन्धकारपूर्ण उदासी और आशा की स्निग्ध मुस्कान का चित्र एक साथ प्रस्तुत करते हैं। निराशा की मुद्रा की ऐसी ही एक संयोजना थोड़े बदलाव के साथ 'रश्मिरथी' में मिलती है। परशुराम से झूठ बोलने के अपराध में अभिशप्त निस्तेज कर्ण का चित्र है—

परशु के चरण की धूलि लेकर, उन्हें अपने हृदय की भक्ति देकर,
निराशा से विकल टूटा हुआ-सा, किसी गिरिशृंग से छूटा हुआ-सा,
चला खोया हुआ-सा कर्ण मन में
कि जैसे चाँद चलता है गहन में। (रश्मिरथी)

पहले उपमान में नियोजित स्थिति-साम्य तपस्या की अन्तिम सिद्धि तक पहुँच कर लौट आने की विवशता का अंकन करती है तथा दूसरे उपमान, भावोत्कर्ष में पूर्ण सहायक है। अभिशप्त कर्ण के लिए राहु-ग्रस्त चन्द्र का उपमान बहुत उचित

बन पड़ा है, परन्तु इससे भी अधिक सार्थकता 'उपमान' में व्यंजित आशामूलक ध्वनि की आभा से पूर्ण हो जाता है। ग्रहण की स्थिति को पार कर चन्द्रमा फिर अपनी आभा से पूर्ण हो जाता है, शापग्रस्त कर्ण की उदासी का अस्थायित्व तथा भावी आशा का संकेत उपमान में निहित है।

'रसवन्ती' की उपमाएँ एक ओर सहज कोमल और मधुर हैं, दूसरी ओर उसमें छायावादी मानवीकरण की परम्परा का अवशेष भी मिलता है जिसमें कवि और उसके युग की अपेक्षाकृत स्पष्ट और स्थूल अभिव्यंजना का समावेश मिलता है।

माथे में सेंदूर की छोटी दो बिन्दी चमचम-सी
पपनी पर आँसू की बूँदें, मोती-सी शबनम-सी।
लदी हुई कलियों से मादक टहनी एक नरम-सी
यौवन की विनती-सी भोली, गुमसुम खड़ी शरम-सी।

यहाँ प्रथम दो पंक्तियों के उपमानों द्वारा बालिका वधू का रूप-सौन्दर्य निखर उठा है। तीसरी पंक्ति का उपमान उसकी कोमल देह-यष्टि और मादक सौन्दर्य का संश्लिष्ट प्रभाव देने में समर्थ है। जबकि अन्तिम पंक्ति के दो अमूर्त उपमानों द्वारा वधू की शालीनता, सुशीलता और मधुर लज्जाशीलता को साकार किया गया है।

दिनकर द्वारा यथा-अवसर प्रस्तुत की जगह अप्रस्तुत की सुंदर योजना के कुछ और उदाहरण द्रष्टव्य हैं :—

1. "आज दीनता को प्रभु की पूजा का भी अधिकार नहीं।"
2. "जागो, विप्लव के वाक! दंभियों के इन अत्याचारों से"
3. "दहक रही मिट्टी स्वदेश की, खौल रहा गंगा का पानी;
   प्राचीरों में गरज रही है जंजीरों से कसी जवानी।"
4. "सुंदरता जलती मरघट में मिटती यहाँ जवानी।"

तीसरे उदाहरण में जेलों में तड़पते वीरों की व्याकुल मूर्तियाँ प्रत्यक्ष हो उठी हैं।

जहाँ विशेषण अपने उपयुक्त विशेष्य का साथ छोड़कर किसी और विशेष्य का गुणगान करता है, वहाँ उसे 'विशेषण विपर्यय' कहा जाता है। कवि दिनकर ने भावावेग में कहीं-कहीं विशेषण के प्रयोग में व्यतिक्रम भी कर दिया है। जैसे-

1. "रानी, सब दिन गीली रही कथा है।"
2. "सिहरता शरमीला चुम्बन, कहाँ वह सोने का संसार।"
3. "मीठे सपने मँडराते हैं, मादक वेदना गरजती है।"
4. "यह पार लगी तो धरती की घायल किस्मत भी लगी पार।"
5. "पर, तू इन सब से परे, देख तुझको झंकार लजाते हैं;
   मेरे उद्वेलित ज्वलित गीत सामने नहीं हो पाते हैं।"

कथा गीली नहीं, रानी का दिल (आँसुओं से) गीला है। चुम्बन नहीं सिहरते वरन्, प्रथम-मिलन में प्रेमिका लाज से सिहरती हुई प्रियतम को चूम रही है। 'मीठे

सपने' और 'मादक वेदना' मधुर अभिलाषा वाले टूटे हुए दिल की याद कराते हैं। 'किस्मत' कोई साकार मूर्त वस्तु नहीं, जो घायल होगी। 'घायल किस्मत' का आशय घायल मानवता है। इसी प्रकार 'उद्वेलित ज्वलित' गीत की अपेक्षा कवि की चित्त दशा को अधिक व्यक्त कर रहा है।

दिनकर की बिम्ब-योजना

दिनकर को प्राय: ओज और ऊर्जा का कवि कहा गया है। लेकिन सच्चाई यह है कि वे मूलत: कोमलता के कवि हैं। 'रसवन्ती', 'द्वन्द्वगीत', 'नील-कुसुम', 'उर्वशी' तथा 'कोयला और कवित्व' जैसी कृतियाँ इस बात की स्पष्ट प्रमाण हैं। लेकिन हिन्दी कविता के पाठकों के मन-मस्तिष्क में दिनकर की गर्जन-तर्जनवाली छवि इतनी बद्धमूल कर दी गई है कि इस स्थापना को सहजता से स्वीकार करने में दिक्कत हो सकती है।

प्रसंगवश उल्लेखनीय है कि कवि केदारनाथ सिंह ने 'तीसरा सप्तक' के अपने वक्तव्य में बिम्ब-विधान को कविता में सर्वाधिक महत्त्व देते हुए काव्य-बिम्बों के आधार पर मानव-चेतना के विकास के इतिहास का अध्ययन करने की सम्भावना को स्वीकार किया है। उनके अनुसार, "एक आधुनिक कवि की श्रेष्ठता की परीक्षा उसके द्वारा आविष्कृत बिम्बों के आधार पर ही की जा सकती है। उसकी विशिष्टता और उसकी आधुनिकता सबसे अधिक उसके बिम्बों में ही व्यक्त होती है।"[2]

काव्य-प्रक्रिया का यह एक स्वीकृत सिद्धान्त है कि बिम्ब और प्रतीक कवि की चेतना को मूर्त रूप देते हैं; और नई चेतना अपने परिवेश के नए बिम्बों को ग्रहण करती है। समर्थ कवि पुराने प्रतीकों और बिम्बों को नए अर्थ और नई भंगिमाएँ प्रदान करता है। 'नीलकुसुम' की 'भूमिका' में दिनकर ने नए प्रयोगों की बात कही है, लेकिन उसमें संकलित कविताओं में भी उन्होंने नए बिम्ब-प्रतीक नहीं लिये। हाँ, यह सच है कि यद्यपि उन्होंने व्यास, लोमश, सूरज, चाँद, सितारे, शबनम, पेड़, वंशी, दर्पण आदि के पौराणिक एवं प्राकृतिक प्रतीक और बिम्ब ही लिये हैं, तथापि अपने आवेग के ताप से उनको सार्थक और जीवन्त बना दिया है।

दिनकर ने अपनी डायरी में लिखा है कि जिस वातावरण का कवि को पूरा ज्ञान रहता है, उसके बिम्ब उसी वातावरण से आते हैं।[3] अत: स्वाभाविक रूप से कविताओं में प्रयुक्त होनेवाले 'बिम्ब' कवि के व्यक्तित्व को प्रकट करते हैं। इसलिए यदि बिम्बों का सम्यक विश्लेषण किया जाए तो किसी भी कवि की आधारभूत प्रवृत्ति को प्रामाणिक रूप से जाना जा सकता है।

संस्कृत और हिन्दी काव्यशास्त्र में प्रयुक्त 'बिम्ब' शब्द अंग्रेजी के 'इमेज' शब्द का समानार्थक है। कविता की आलोचना में जब बिम्ब शब्द का प्रयोग होता है तो उसका जास्तविक तात्पर्य किसी ऐन्द्रिक प्रत्यक्ष वर्णन से नहीं, बल्कि उसके

माध्यम से भावानुभूति से है। "यह किसी अमूर्त विचार या भाव को शब्दों के ज़रिये मूर्तता प्रदान करने और चित्रबद्ध करने का विधान है। बिम्ब को अपूर्व क्षमतावाला और शब्द में निर्मित वह भाव-गर्भित चित्र कहा जा सकता है जिससे कवि की कल्पना और पाठक के भावन व्यापार को आकार दे पाना सम्भव हो पाता है।"[4] कालान्तर में रूढ़ होकर बिम्ब 'प्रतीक' का रूप धारण कर लेते हैं।

डॉ. विजेन्द्र नारायण सिंह ने लिखा है कि—"बिम्ब कवि के मनोदेश का वास्तविक परिचय देते हैं। कवि की मूल चेतना बिम्बों में ही ढल कर व्यक्त होती है। बाह्य परिवेश के कारण कवि सामयिक अग्नि को अपनी कविता में पचाना चाहता है क्योंकि यह असामाजिक नहीं बन सकता। व्यक्ति होने के नाते वह समाज से समझौता करके चलेगा ही। किन्तु, उसके बिम्ब—यानी उसकी अप्रस्तुत योजना—उसकी मूल चेतना को प्रकट कर ही देते हैं।"[5]

यहाँ 'बिम्ब' शब्द का आशय सादृश्य-विधान से है। 'बिम्ब' दरअसल, शब्द-चित्र होते हैं। वे भाषा को जीवन्त और सवाक् बना देते हैं। असदृश वस्तुओं का सादृश्य ही बिम्ब का आधार है। दरअसल, कवि एक विशेष क्षमतावाला प्राणी होता है। अन्य प्राणियों की तुलना में सादृश्य को वह अधिक समझता है और अपने व्यक्तित्व के अनुसार ही बिम्बों का विधान करता है। अतः बिम्ब की रचना करते समय वह जाने-अनजाने अपने व्यक्तित्व का पता उनमें टाँक देता जाता है। इसलिए यदि कोई उसके बिम्बों का सम्यक विश्लेषण करे तो कवि के मुखौटे को उतार कर उसका असली चेहरा पाठकों को दिखा सकता है। यद्यपि श्रेष्ठ कवि अपने विचार और दृष्टिकोण में प्रायः निरपेक्ष और यथार्थवादी रहने का प्रयास करता है। इस प्रयास के क्रम में ही वह अपने चेहरे पर एक मुखौटा लगा लगता है। या यह कहा जाए कि वह अपने व्यक्तित्व को छिपा लेता है। अच्छी रचना का तकाज़ा भी यही है। दिनकर ने लिखा भी है कि—

कविता में कवि कहाँ छिपा है,
इसका सुराग नहीं मिले।
यह कलाकार की सच्ची स्थिति है।

('कला', हारे को हरिनाम)

लेकिन "जिस प्रकार कोई सुसंस्कृत व्यक्ति यदि भावावेश में आता है तो अपनी आँख या चेहरे से उस आवेश को जाहिर नहीं होने देता, तथापि इस आवेश का प्रभाव स्नायविक तनाव पर पड़ता ही है, उसी प्रकार एक कवि अनजान रूप से अपनी भीतरी पसन्द-नापसन्द, अपनी दिलचस्पी और पर्यवेक्षण की बात, मनोवृत्ति और विश्वास आदि को अपने बिम्बों के माध्यम से व्यक्त कर देता है। यह बात दूसरी है कि कविता में जो शब्द-चित्र उसने अपने पात्रों के कथन से खड़ा किया है, एकदम भिन्न-सा लगता हो।"[6]

इस प्रकार, बिम्ब अपने रचयिता के वास्तविक व्यक्तित्व को अनावृत्त कर देते है। "कवि भाव के उत्कर्ष के समय सहजात ढंग से अवचेतन को वाणी देता है। इससे उसके मन की प्रकृति, विचार की सरणि, वस्तुओं के गुण, वे घटनाएँ जिन्हें वह देखता और याद रखता है, तथा वैसी चीजें भी जिन्हें न तो वह देखता है और न याद रख पाता है, सब पर प्रकाश पड़ता है। कलाकृति जितनी महान और समृद्ध होगी, बिम्ब भी उतने ही मूल्यवान और सम्प्रेषक होंगे। दूसरे शब्दों मे, बिम्ब की सम्प्रेषकता और मूल्यवत्ता पर ही कलाकृति का महत्त्व निर्भर करता है।"[7]

चित्रात्मकता

कवि की भावानुभूति, सृजनात्मक कल्पना, स्मृति और स्मृतिजन्य ऐन्द्रिय अनुभव बिम्ब के वे मूलभूत प्रेरक तत्त्व है जो सार्थक शब्दों (अर्थात भाषा) के जरिये मूर्त हो पाते हैं। बिम्ब-निर्माण की प्रक्रिया के इन पक्षों को 'रूपविधान' कहा जाता है। रूपविधान के तीन प्रकार बताए जाते हैं—प्रत्यक्ष रूपविधान, स्मृति रूपविधान और कल्पित रूपविधान। रूपविधान करके कवि या सर्जक अपने सूक्ष्म भावों को चित्रांकित करता है और भावक उस सृजन की रूप-रचना से प्रभावित होता है। शब्द रूपी कल्पनाचित्र होने के कारण बिम्ब में 'चित्रात्मकता' की अनिवार्य उपस्थिति होनी चाहिए। इस मानस छवि के मूल में भाव या संवेग की अनुप्रेरणा रहती है, जो ऐन्द्रिय संवेदना को जाग्रत करने का कारण बन जाती है। वास्तव में, भावक दृश्य जगत् के पदार्थों से परिचित होता है और उस परिचय की वजह से उसकी चेतना मानसिक बिम्बों और भावनाओं में जीवन का आरोप कर लेती है। इससे अमूर्त भाव, विचार और संवेदना मूर्तित हो उठते हैं। काव्य में चित्रित बिम्ब-विधान की इस प्रक्रिया में भावक काव्य का आस्वादन कर पाता है। इसमें मुख्य बात यह होती है कि कवि या सर्जक द्वारा किए गए सशक्त रूपविधान के ज़रिये जो चित्रोपम वर्णन होता है वह भावक में भी समान अनुभूति पैदा करनेवाले बिम्ब की सृष्टि करता है। यह सम्प्रेषणीयता ही सही मायने में बिम्ब-विधान की शक्ति है, जो कलाकार और भावक की अनुभूति के धरातल पर सहज-समान सम्बन्ध स्थापित करती है। भाव-संवेदना का आन्तरिक साम्य-सौन्दर्य ही बिम्ब की मूलभूत विशिष्टता है।[8]

दिनकर का काव्य-विकास भाव-पक्ष से कला पक्ष की ओर हुआ है। प्रारम्भ की कविताओं में वे उद्वेग में लिखते थे और कला की बारीकियों की उपेक्षा करते थे। फलत: उनकी कविताएँ विचार अधिक उठाती थीं, चित्र कम। कविता वस्तुत: ज्ञान की अन्य विधाओं से भिन्न इस बात में है कि उसकी भाषा चित्र-भाषा होती है। कवि शब्दों के माध्यम से वस्तुओं का चित्र खड़ा करता है। ये चित्र स्थिर और गत्यात्मक दोनों प्रकार के हो सकते हैं। दिनकर की प्रारम्भिक कविताओं में चित्रों

का नितान्त अभाव है। उन दिनों दिनकर चित्रों की महिमा को हृदयंगम नहीं कर पाए थे। डॉ. विजेन्द्र नारायण सिंह का मानना है कि, चित्रों के अभाव के कारण 'कुरुक्षेत्र' में अभिव्यक्त भावना कविता नहीं बन पाई है।

बाद में दिनकर ने चित्रों की महत्ता को समझा। चित्र के महत्त्व की मीमांसा करते हुए 'चक्रवाल' की भूमिका में उन्होंने लिखा है—"चित्र कविता का अत्यन्त महत्त्वपूर्ण गुण हैं, प्रत्युत् कहना चाहिए कि यह कविता का एकमात्र शाश्वत गुण है जो उससे कभी भी नहीं टूटता। कविता और कुछ चाहे करे या न करे, किन्तु चित्रों की रचना वह अवश्य करती है और जिस कविता के भीतर बननेवाले चित्र स्वच्छ या विभिन्न इन्द्रियों से स्पष्ट अनुभूत होने के योग्य होते हैं, वह कविता उतनी ही सफल और सुन्दर होती है। कविताओं में क्रान्तियाँ होती हैं, किन्तु प्रत्येक क्रान्ति अपने को अनुरूप चित्रों में व्यक्त करती है। कविताओं की प्रवृत्तियाँ बराबर बदलती रहती हैं, छन्द बदल जाते है और कभी-कभी छन्द टूट भी जाते हैं; किन्तु चित्र कभी भी नहीं रुकते, वे टूटे छन्दों के भीतर भी वाक्यों में मोती के सामान जड़े रहते हैं। और तो और, जब कविता के भीतर का सारा द्रव्य बदल जाता है, दर्शन और दृष्टिकोण सभी कुछ परिवर्तित हो जाते हैं, तब भी चित्र कविता का साथ नहीं छोड़ते। कविता में चित्रों का आना संयोग की बात नहीं है। प्रत्येक सुन्दर कविता चित्रों का अलबम अथवा स्वयं एक पूर्ण चित्र होती है।"[9]

चित्रों के सम्बन्ध में दिनकर के मोह का कारण यह है कि 'नील-कुसुम' की 'स्वप्न और सत्य' तथा 'नर्तकी' शीर्षक कविताओं सहित कई अन्य कविताओं में अच्छी चित्रकारी सम्भव हुई है। 'उर्वशी' तो आद्योपान्त चित्र-व्यंजना का ही काव्य है। 'उर्वशी' के रचयिता के हाथ में जो कलम है वह ज्ञान को चित्र बना डालती है। 'कोयला और कवित्व' में भी बहुत अधिक चित्रात्मकता है।

'रसवन्ती' और 'उर्वशी' प्रेम एवं शृंगार की रचनाएँ हैं। स्वभावतः उनके बिम्ब सहज ही सुकुमार हैं। इसलिए उनका विश्लेषण अनपेक्षित है। दिनकर के 'हुंकार' के सम्बन्ध में आलोचकों की यह राय है कि उसमें राष्ट्रीयता और क्रान्तिकारी चेतना का उद्दाम विस्फोट है। 'हुंकार' को प्रायः सभी आलोचकों ने क्रान्ति सम्बन्धी उनकी कविताओं का सर्वश्रेष्ठ संग्रह स्वीकार किया है। ऐसे में यदि 'हुंकार' के बिम्बों के विश्लेषण के द्वारा यह सिद्ध किया जा सके कि वे अपनी प्रकृति में क्रान्ति सम्बन्धी भावना के अनुकूल नहीं है, तो दिनकर को 'कोमलता का कवि' स्वीकार करने में किसी को भी एतराज नहीं होगा।

दिनकर मूलतः रोमांटिक कवि थे। रोमांटिक कवि सुकुमार मनोवृति का होता है। सुकुमारता के कारण उसके अधिकांश बिम्ब या तो नारी से गृहीत होते हैं या प्रकृति से। साथ ही रोमांटिक कवि वैसे बिम्बों को अधिक चुनता है जिनका सम्बन्ध तार्किकता से कम और उद्वेग से अधिक होता है।

'हुंकार' की बिम्ब-योजना

'हुंकार' में क्रान्ति सम्बन्धी कई कविताएँ हैं, लेकिन उनमें तीन श्रेष्ठ हैं—दिल्ली, विपथगा और हिमालय। इन तीनों कविताओं ने अपने समय में भारत के एक बड़े जनसमुदाय को आन्दोलित किया था और दिनकर इन्हीं तीन कविताओं के सोपान पर चढ़कर लोकप्रियता के शिखर पर पहुँचे थे। किन्तु, यदि हम इन तीनों कविताओं के बिम्बों का सम्यक विश्लेषण करें तो यह पता चलेगा कि क्रान्ति की जो लपटें दिखाई दे रही हैं वे दरअसल आयातित हैं; और कवि के हृदय में वस्तुत: सुकुमार भावनाएँ पल रही हैं।

दिनकर दिल्ली को भारत की ऐसी कुलवधू के रूप मे देखते है जो उजड़े हुए चमन में श्रृंगार रच रही है। यह कुलवधू अपने वैभव के मद में इठला रही है, विलास की दासी बन गई है और ऐसी बेहया है कि परकीया-सी सैन चलाती है। दिनकर भारत की कुलवधू से नाराज हैं, और उसे 'कृषक-मेध की रानी' तक कह देते हैं। दिनकर दिल्ली को एक कुलटा के रूप में देखते हैं जो अपने ही पति की समाधि पर इतरा रही है और परदेशी के साथ गलबाही डाल कर चलती है। ऐसी नारी आधुनिक फैशन के कारण बॉल डांस करेगी ही।

डाल-डाल पर छेड़ रही कोयल मर्सिया तराना
और तुझे सूझा, इस दम ही उत्सव हाय मनाना।
हम धोते हैं घाव इधर सतलज के शीतल जल से
उधर तुझे आता है इन पर नमक हाय! छिड़काना।

(नई दिल्ली के प्रति, 1933 ई.)

दिल्ली तेरे रूप-रंग पर कैसे हृदय फँसेगा?
बाट जोहती खंडहर में हम कंगालों की रानी।

दो दिन के 'बाल-डांस' में बेपानी हुई दिल्ली को उपालम्भ देते हुए कवि कहता है—

अरी हया कर, है ज़ईफ़ यह खड़ा कुतुब मीनार,
इबरत की माँ जामा भी है यहीं अरी! हुशियार!
इन्हें देखकर भी तो दिल्ली! आँखें हाय फिरा ले,
गौरव के गुरु रो न पड़ें, हा घूँघट ज़रा गिरा ले!

(दिल्ली, 'हुंकार', 1933 ई.)

दिनकर रसिक हैं। वे भारत की कुलवधू को घूँघट में देखना चाहते हैं। घूँघट से छन कर छिटकने वाले रूप की प्रभा कुछ और होती है। वे दिल्ली से कहते हैं कि सामने कितना जईफ कुतुब मीनार खड़ा है, ज़रा इसका भी तो ख्याल करो। बगल में ही 'इबरत की माँ' जामा मस्जिद खड़ी हैं, भला वह क्या कहेगी?

दिनकर यदि सुकुमार तन्तु के बने न होते तो दिल्ली की गरदन उतार लेते, पर वे उसे केवल घूँघट गिरा लेने को ही कहते है। संपूर्ण कविता में केवल नारी-सम्बन्धी बिम्बों का उपयोग किया गया है। इस कविता का मूल आकर्षण नारी-बिम्बों का आकर्षण है !

'विपथगा' को क्रान्ति की सर्वश्रेष्ठ कविता माना गया है। इस कविता में कवि से प्रचण्ड बिम्ब-योजना की अपेक्षा थी। लेकिन क्रान्ति को सर्वश्रेष्ठ कल्पना भी दिनकर को नारी-रूप में ही साकार होती है। दिनकर चाहते तो सहज ही किसी प्रचण्ड दानव का चित्र खड़ा कर देते, किन्तु, उनकी रोमांटिक मुद्रा नारी-रूप में ही सन्तुष्ट हुई। क्रान्ति का ही दूसरा नाम है—विपथगा। कोई नर्तकी जिस प्रकार पायल पहन कर झन-झन करती हुई चलती है उसी प्रकार क्रान्ति भी—अन्तर यही है कि तलवारों की झनकारों में कवि को नूपुरों की झनकार सुनाई पड़ती है। इसकी अँगड़ाई में भूचाल है और साँस में लंका के उनचास पवन। यदि यह विपथगा कोई रूपसी मात्र रहती तो यह भूचाल पुरुष के हृदय में उठता और उसकी साँस से मलय-पवन निकलता। यह विपथगा अपने मस्तक पर छत्र-मुकुट भी पहनती है, यद्यपि वह मुकुट काल-सर्पिणी के सैकड़ों फनों से बना है। यह चिर-कुमारिका है और अपने ललाट में 'नित्य नवीन रुधिर-चन्दन' लगाती है।

दिनकर सदा से अपने मन में चिर कुमारिका की कल्पना सँजोये रहे हैं। यह कल्पना 'रसवन्ती' में भी है और 'उर्वशी' में तो उसका उत्कर्ष ही है। 'रूपसी अमर मैं चिरयुवती सुकुमारी हूँ।' देश बेहाल न रहता तो यह नारी मूलतः कुंकुम ही लगाती, रुधिर का चंदन तो वह समय की पुकार के कारण लगाती है। वह अंजन भी लगाती है, दरिद्र देश को चिता-धूम के सिवा और क्या मिलता; तथा वह संहार की लपट का चीर भी पहनती है। इस विपथगा की पायल की पहली झमक से सृष्टि में कोलाहल छा जाता है; यों भी यह कोलाहल नर्तकी की पहली झमक से पुरुष के हृदय में छाता ही है। यह जब चितवन फेरती है तब पर्वत के शृंग टूट कर गिर जाते हैं। यदि वह रूपसी होती तो पुरुष कट कर गिर जाता। यौवन इस नारी का भी कसमस करता है।

'विपथगा' का निर्माण रूमानी है। यह मृत्युंजय वीर कुमारों पर जुनून की तरह चलती है। नारी का स्वभाव ही है पुरुष को उन्मत्त बना देना। यह रानी तो है, किन्तु, विपरीत परिस्थितियों के कारण ज्वाला की। सोने-सी निखरकर यह ज़वान होती है। यह झन-झन-झन-झन करती हुई आती है। इस प्रकार 'विपथगा', मूलतः नारी-बिम्बों से भरी कविता है। इसका आक्रोश मादकता की कोख से फूटा है।

'हिमालय' की कल्पना मूलतः रोमांटिक है—सुकुमार है। रोमांटिक व्यक्ति वस्तुओं को सही रूप में नहीं देखता है—या तो वह अत्यन्त उदात्त रूप में देखता है या एकदम गर्हित रूप में। सन्तुलन उसकी कोई विशिष्टता नहीं होती। दिनकर

मूलत: रोमांटिक आवेग से ही चालित हो कर हिमालय को 'साकार दिव्य गौरव विराट्' के रूप में देखते हैं। उसे पौरुष के 'पुंजीभूत ज्वाल' कहने के पीछे भी यही प्रेरणा है। इतना विराट् पुरुष 'हिमालय' और उसके पैरों पर पड़ी हुई भिखारिणी मिथिला है। भिखारिणी होने के कारण, प्रकारान्तर से, मिथिला भी सुकुमारी है।

'हुंकार' की 'आलोकधन्वा' कविता में दिनकर की एक पंक्ति है—'ज्योतिर्धनु की शिंजिनी बजा गाता हूँ।' शिंजिनी का एक अर्थ तो धनुष की डोरी होता है, किन्तु यहाँ 'बजा गाता हूँ' के कारण उसका करधनी अर्थ ही ध्वनित होता है। अत: शिंजिनी के बिम्ब को भी दिनकर ने रूमानी बना दिया। उसी प्रकार 'दिगम्बरि' शीर्षक कविता का शीर्षक ही रूमानी है। उसी कविता में दिनकर ने लिखा है : 'उठाने मृत्यु का घूँघट हमारा प्यार बोला।' मृत्यु के प्रसंग में सभी कवियों ने क्लासिकल बिम्बों का ही प्रयोग किया है। प्रसाद-जैसे छायावादी कवि ने भी 'कामायनी' में मृत्यु के लिए क्लासिकल बिम्बों का ही प्रयोग किया है अथवा रूमानी बिम्बों की रूमानियत का अपहरण कर लिया। जयशंकर प्रसाद ने मत्यु को 'चिरनिद्रा' कहा है। निद्रा अपने आप में रूमानी बिम्ब है, किन्तु 'चिर' विशेषण जोड़ कर प्रसाद ने उसकी रूमानियत का अपहरण कर लिया। वे मृत्यु को 'महानृत्य' कहते हैं, कितना भयंकर बिम्ब विधान है यह—परिस्थिति के अनुकूल। ठीक इसके विपरीत दिनकर 'मृत्यु का घूँघट' उठाने की बात करते हैं—लगता है कि उस घूँघट से कोई रूपसी झाँक उठेगी। यह रूमानी दृष्टिकोण की पराकाष्ठा है।

'भविष्य की आहट' शीर्षक कविता में 'ऐंठती वसुधा प्रसव की पीर' जैसी अभिव्यंजना भी रोमांटिक ही कही जाएगी। दिनकर क्रान्ति के लिए जिस शंख को फूँकते हैं, वह चाँदी का उज्ज्वल शंख है। पुन:, क्रान्ति करने के लिए वे आदेश भी किसी 'स्वामिनी' से ही लेना चाहते हैं। छायावाद पर 'सजनीवाद' का आरोप लगाया गया था। लेकिन दिनकर 'कुमारीवाद' से ग्रस्त हैं। केवल 'हाहाकार' शीर्षक कविता में ही चार बार 'कुमारी' को उन्होंने सम्बोधित किया है। कुमारी के समानार्थक शब्दों के प्रयोग तो अलग हैं, जैसे 'विलासिनी'।

'हुंकार' में प्रकृति सम्बन्धी प्रसंग कम हैं, किन्तु, कहीं-कहीं सामाजिक प्रसगों में भी प्राकृतिक बिम्ब उभर आए हैं। 'वन-फूलों की ओर' शीर्षक कविता प्रधानतया कथ्य की दृष्टि से सामाजिक है, किन्तु बिम्ब रूमानी हैं। कविता कवि से बड़ा ही रोमांटिक अनुरोध करती है कि तुम भिखारी का वेश धारण करो और मैं 'भिखारिणी' बन जाती हूँ। सन्ध्या स्वर्ण अंचलों वाली है, खेतों में श्यामपरी उतर आई है। चौपाल में बैठे हुए कृषक गा रहे हैं : 'कहँ अटके बनवारी'। उसी समय पनघट से पीतवसना सुकुमार युवती किसी भाँति गागर ढोती आ रही है, क्योंकि एक ओर यौवन के दुर्वह भार को भी उसे ढोना पड़ता है। परदेशी की प्रिया विरह गीत गाती है, कविता उसकी दूतिका बन कर जाना चाहती है। दिशा भी नारी है; वह

शुक्र का कर्णफूल पहने है। कविता आषाढ़ की रिमझिम में धनखेतों में जाना चाहती है, कृषक सुन्दरी के स्वर में अटपटे गीत गाना चाहती है। इन सारी कविताओं में सुकुमार तत्त्व बिखरे हुए हैं।

'हुंकार' की राष्ट्रीय कविताओं के विश्लेषण से पता चलता है कि कवि दिनकर ने अपने कथ्य के अनुकूल बिम्बों का चुनाव नहीं किया। 'हुंकार' की गर्जन-तर्जनवाली कविताओं के बिम्ब भी परुष के स्थान पर मसृण है। इसलिए यह माना जा सकता है कि राष्ट्रीय कविताएँ दिनकर का स्वाभविक पथ नहीं हैं। उनका प्रकृत पथ वह है जिसकी झाँकी 'रेणुका' की कुछ कविताओं में मिलती है, कुछ दर्शन 'रसवन्ती' में होता है और पूर्ण अभिव्यंजन 'उर्वशी' में हो पाया। 'उर्वशी' का रचयिता वस्तुतः प्रारम्भ से ही सुकुमार कल्पना का कवि रहा है।

'उर्वशी' की बिम्ब-योजना

'उर्वशी' के संदर्भ में दिनकर की बिम्बयोजना पर विचार करते हुए डॉ. नगेन्द्र ने लिखा है, "समृद्धि और वैचित्र्य में यदि वे पन्त के बिम्बों से हीनतर हैं तो आयाम में उनसे बढ़कर भी हैं। इसी प्रकार, यदि प्रसाद और निराला के बिम्बविधान अपने आयाम के कारण दिनकर के बिम्बविधान से भव्यतर हैं तो समद्धि में दिनकर की बिम्बयोजना भी उनसे कम नहीं है। छायावादी कवियों की अपेक्षा दिनकर का बिम्बविधान अधिक प्रत्यक्ष, मूर्त और अनुभवगम्य है। उसमें चित्रकला के साथ मूर्तिकला के गुण विद्यमान हैं—वह वायवी कम, लौकिक अधिक है।"[10]

सर्प-बिम्ब

आधुनिक हिन्दी काव्य-परम्परा में सर्प-बिम्ब का सर्वाधिक प्रयोग दिनकर ने ही किया है। 'रेणुका' में 5, 'हुंकार' में 7, 'सामधेनी' मे 7, 'कुरुक्षेत्र' में 13, 'बापू' में 7, 'धूप-छाँह' में 1, 'रश्मिरथी' में 22, 'नील कुसुम' में 11, 'नए सुभाषित' में 1, 'सीपी और शंख' में 4, 'उर्वशी' में 8, 'परशुराम की प्रतीक्षा' में 15, 'कोयला और कवित्व' में 1, 'आत्मा की आँखें' में 2, और 'मृत्ति-तिलक' में 7 सर्प-बिम्ब हैं। सबसे अधिक सर्प-बिम्ब 'रश्मिरथी' में हैं और सबसे कम 'धूप छाँह', 'नए सुभाषित' एवं 'कोयला और कवित्व' में। 'रसवन्ती' और 'द्वन्द्वगीत' में एक भी सर्प-बिम्ब नहीं है।

साँप मानवीय वक्रताओं का एक भयंकर प्रतीक है। प्राचीन काल से यह मनुष्य की वक्रताओं को व्यक्त करनेवाला प्रतीक रहा है। ईसाई धर्मशास्त्रों में यह मनुष्य को लुब्ध कर पाप की ओर ढकेलनेवाला माना गया है। यह मनुष्य के भय का कारण रहा है। जीवन में जहाँ कहीं छल, प्रपंच, धोखा और विश्वासघात है, वहाँ-वहाँ साँप है। हिन्दी में 'आस्तीन का साँप' और 'छाती पर साँप लोटना' बहुप्रयुक्त

मुहावरे हैं। यहाँ साँप दुष्टता, ईर्ष्या, रोष, संहार, छल-छद्म आदि का प्रतीक माना गया है। दिनकर की कविताओं में सर्प-बिम्ब का अधिकांश प्रयोग इसी रूढ़िगत अर्थ में हुआ है।

भाषा पर कवि के अधिकार को बिम्ब-विधान का आवश्यक घटक माना गया है। इस दृष्टि से विचार करें तो, भाषा पर कवि दिनकर के असाधारण अधिकार के कारण ही उनकी कविताओं का बिम्ब-विधान प्रभावशाली बन सका है।

संदर्भ

1. डॉ. सावित्री सिन्हा, 'युगचारण दिनकर', पृ. 247-248
2. हिन्दी साहित्य ज्ञानकोश, खंड-2, प्रधान संपादक : शम्भुनाथ; पृ. 975
3. दिनकर की डायरी, 12 नवम्बर, 1971, पटना
4. हिन्दी साहित्य ज्ञानकोश, खंड-5, प्रधान संपादक : शम्भुनाथ; पृ. 2448
5. दिनकर : एक पुनर्मूल्यांकन, पृ. 10
6. दिनकर : एक पुनर्मूल्यांकन, पृ. 10
7. दिनकर : एक पुनर्मूल्यांकन, पृ. 10-11
8. हिन्दी साहित्य ज्ञानकोश, खंड-5, प्रधान संपादक : शम्भुनाथ; पृ. 2449
9. चक्रवाल की भूमिका, दिनकर रचनावली, खंड-4, सं. नन्दकिशोर नवल एवं तरुण कुमार, पृ. 345
10. डॉ. नगेन्द्र, 'उर्वशी-विचार और विश्लेषण', पृ. 15

अध्याय 15

दिनकर का गद्य-लेखन

अपनी एक कविता 'कनफ्युसियस' में दिनकर ने लिखा है—

मेरी चुप्पी की
दोस्तों में चर्चा होती है।
वे सोचते हैं, कवि कवि-सा
तो अभी भी दिखता है,
लेकिन कविता छोड़ कर वह गद्य क्यों लिखता है?

राज न तो बहुत मोटा है,
न ज्यादा महीन है।
ग़म के मौसम से निजात मुश्किल है।
अरसे से कवि चिन्ता में तन्मेय और दर्द से ग़मगीन है।

कनफ्युसियस अक्ल की बातें तो रोज बताता था,
मगर जिस दिन वह रोता था,
उस दिन गीत नहीं गाता था। (हारे को हरिनाम)

रामधारी सिंह दिनकर की प्रसिद्धि मूलतः कवि के रूप में है। लेकिन वे एक प्रमुख कवि ही नहीं, श्रेष्ठ विचारक और अप्रतिम गद्यकार भी हैं। उन्होंने हिन्दी गद्य की कई विधाओं को अपनी रचनात्मक मेधा से सजाया-सँवारा है। आचार्य शिवपूजन सहाय ने लिखा है—दिनकर जी की कविता जैसी ओजस्विनी होती है वैसा ही आकर्षक उनका गद्य भी होता है। वह सफल कवि हैं तो समर्थ निबन्धकार भी हैं। उनकी रचनाओं की यह एक बड़ी विशेषता है कि उनमें कहीं दुरूहता नहीं होती। कविता में उनकी रससिद्धता जितनी दिखाई पड़ती है, गद्य में उतनी ही प्रांजलता भी। उनकी गद्य-रचनाओं में कितने ही ऐसे स्थल मिलते हैं जिनमें काव्य की छटा दीख पड़ती है। उनके काव्यग्रंथों की तरह उनके गद्य-ग्रंथ भी भाव और भाषा की सरसता तथा प्रौढ़ता से पाठक को प्रभावित करते हैं।[1]

भारतीय साहित्य परम्परा में गद्य को साहित्य की कसौटी माना गया है। (गद्य कविनां निकषं वदन्ति।) इसलिए दिनकर की रचनाधर्मिता को गद्य की कसौटी पर भी कसा जाना अपेक्षित है।

दिनकर ने जब गद्यकार बनना चाहा तब उनके सामने यह स्पष्ट नहीं था कि वे आलोचक बनें या विशुद्ध गद्यकार। गद्यकार दिनकर को समझने के लिए 'मिट्टी की ओर' का विशेष महत्त्व है। सच पूछा जाए तो यह आलोचना की पुस्तक नहीं है। न केवल नामकरण की दृष्टि से, बल्कि विषयवस्तु के चयन और प्रतिपादन की दृष्टि से भी यह आलोचना कम और गद्य अधिक है। दिनकर इस पुस्तक का शीर्षक 'हमारे सामने की हिन्दी कविता' रखना चाहते थे। यदि वे यह नाम रखते तो उन्हें विशुद्ध आलोचना लिखनी पड़ती। लेकिन समकालीन कविता की क्रमबद्ध आलोचना लिखना उनका उद्देश्य नहीं था। उन्होंने भूमिका में लिखा है कि "पूरी आशंका है कि पुस्तक आलोचना की कोटि में गिन ली जाएगी और आलोचक बनकर प्रकट होने की न तो मुझमें योग्यता है और न हिम्मत।" दिनकर का द्वन्द्व यहाँ स्पष्ट देखा जा सकता है। आलोचना उनकी जरूरत है, लेकिन उनकी प्रकृति गद्य की है। आलोचना उनको आकर्षित तो करती है, लेकिन गद्य उनके भीतर से प्रकट होता है।

'अर्धनारीश्वर'

'मिट्टी की ओर' में जो द्वन्द्व और संशय है वह 'अर्धनारीश्वर' में आकर समाप्त हो जाता है। 'अर्धनारीश्वर' का गद्य कविता की चौहद्दी के पास है। इसको आलोचना मानने का आधार मात्र इतना ही है, अन्यथा यह विशुद्ध रचनात्मक गद्य है। "जैसे कविता लिखकर कवि आनन्दित होता है, वैसे ही गद्य लिख कर गद्यकार भी आनन्दित होता है। दिनकर के गद्यकार का यह आनन्द 'अर्धनारीश्वर' में पहली बार प्रत्यक्ष हुआ है।"[2]

'अर्धनारीश्वर' के आरम्भिक चार-पाँच निबन्ध कवित्वपूर्ण हैं, जो गद्यकाव्य के अधिक निकट हैं, जबकि परवर्ती निबन्ध बौद्धिक-चिन्तन या विश्लेषण प्रधान हैं। 'और चाहिए किरण जगत् को, और चाहिए चिनगारी', 'दीपक की लौ अपनी ओर' और 'हड्डी का चिराग' जैसे शुरुआती निबन्ध दीपावली के अवसर पर लिखे गए हैं; जिनमें अन्दर और बाहर के जीवन में व्याप्त अन्धकार की चर्चा करते हुए प्रकाश की ओर अग्रसर होने और अपने भीतर की दिव्य ज्योति को बाहर फैलाने का आह्वान किया गया है।

इस गद्य-संग्रह में रवीन्द्रनाथ ठाकुर, श्री अरविन्द, विवेकानन्द, मार्क्स, महात्मा गाँधी और जॉर्ज रसल के विचारों का विश्लेषण हुआ है। श्री अरविन्द को वे इस अर्थ में महान मानते हैं कि उन्होंने 'सावित्री' काव्य के माध्यम से हृदय और

मस्तिष्क की खाई को पाट दिया। महात्मा गाँधी, उनकी दृष्टि में, मार्क्स से इसलिए आगे हैं क्योंकि उन्होंने अपने अहिंसक प्रयोगों के द्वारा मनुष्य को पशुता से ऊपर उठा दिया। मार्क्स ने यदि मानव समाज का लक्ष्य बदल दिया तो गाँधी ने मनुष्य को उसके लक्ष्य तक जाने का निर्मल रास्ता बताया। दिनकर का मानना है कि—

"हृदय को जाग्रत एवं चैतन्य करने के लिए गाँधी के समान नेता और रवीन्द्र के समान कवि की आवश्यकता है। नेता वह, जो यह कहे कि विज्ञान से अगर लपटें निकलती हैं तो, आओ, हम पैदल या बैलगाड़ियों पर चलें। और कवि वह, जो कहे कि-'सबार ऊपरे मानुस सत्य, ताहार ऊपरे नाइ।' ...विश्व में शान्ति की स्थापना करने के लिए केवल यही आवश्यक नहीं है कि हम आँखें मूँदकर अपने शत्रुओं के हृदय में संगीनें चुभोते चले जाएँ, बल्कि यह भी कि हम अचानक अपनी हमदर्दी का कुछ भाग अपने दुश्मनों के लिए रखकर खुद अपने आपके विरुद्ध भी लड़ने लगें।"

दिनकर ने गद्य की प्रकृति के विषय में इस गद्य-संग्रह के 'आमुख' में लिखा है—"मैंने इस संग्रह का नाम 'अर्धनारीश्वर' रखा है यद्यपि इसमें अनुपाततः नरत्व अधिक और नारीत्व कम है। किन्तु यही अनुपात मेरी कविता में भी रहा है।"

यहाँ दिनकर का स्पष्ट संकेत है कि उनके गद्य को उनकी कविता के प्रसंग में देखना उचित होगा। उनका गद्य उनकी कविता की तरह ही अद्भुत और रचनात्मक है। यहाँ रचनात्मकता से तात्पर्य रचना में रचनाकार की संलग्नता (इन्वाल्वमेन्ट) से है। गद्य की प्रकृति ही कुछ ऐसी है कि उसके अरचनात्मक होने की आशंका अधिक रहती है। कम ही गद्यकार अपने गद्य को रचनात्मकता का संस्कार दे पाते है। संलग्नता से रचना व्यक्तित्व का एक अभिन्न अंग बनती है। 'अर्धनारीश्वर' तक आते-आते दिनकर का स्वच्छ और निर्द्वन्द्व गद्यकार पूरी तरह प्रकट हो जाता है।

गद्य का अनुशासन

'कवि दिनकर' और 'गद्यकार दिनकर' में कौन अधिक प्रभावशाली है, यह अध्ययन का एक रोचक विषय हो सकता है। बहरहाल, दिनकर के गद्य का अनुशासन उनकी कविता के अनुशासन की अपेक्षा अधिक दृढ़ है। यह भी कहा जा सकता है कि आगे चलकर उनकी कविता में जो अनुशासन आता है, वह दरअसल उनके गद्य का ही प्रभाव है।

श्यामसुन्दर घोष ने लिखा है—"दिनकर का गद्य उनके रचनाकार की विवशता का परिणाम नहीं है। जैसे मुक्तिबोध या दूसरे कवि, अपने मनोमन्थन को स्पष्ट करने के लिए गद्य लिखने को विवश हुए, वैसी कोई विवशता दिनकर के

साथ नहीं है। उनका मनोमन्थन कविता में ज्यादा अच्छी तरह प्रत्यक्ष है। 'कलिंग विजय' से लेकर 'कुरुक्षेत्र' और 'उर्वशी' इसके प्रमाण हैं। उनके गद्यकार की अपनी स्वायत्तता है।[3]

दिनकर का गद्य मात्र उनके कवि व्यक्तित्व का विस्तार नहीं, उनके संपूर्ण व्यक्तित्व का प्रतिफलन है। कविता में जो कुछ छूट गया है वह उनके गद्य में स्पष्ट हुआ है। इस प्रकार उनका गद्य उनकी कविता का पूरक तो है परन्तु उनका संपूर्ण रूप भी है। यदि दिनकर का केवल कवि-रूप ही रहे, और गद्यकार रूप लुप्त हो जाए, तो उनकी कविता के आधार पर उनके गद्यकार का अनुमान बहुत कुछ कठिन हो जाएगा। लेकिन यदि उनका कवि-रूप लुप्त हो जाए और गद्यकार रूप बचा रह जाए तो उनके गद्य के आधार पर उनके कवि-रूप के बारे में बहुत कुछ अनुमान किया जा सकता है।[4]

प्रवाहपूर्ण गद्य

दिनकर के गद्य की कुछ अपनी विशेषताएँ हैं। उसमें वक्तृत्व कला के तत्त्व प्रचुर मात्रा में हैं। उनमें स्वगत की अपेक्षा सम्बोधन ज्यादा है। वे स्वयं से बातें करने की अपेक्षा दूसरों से बातें करने में अधिक आनन्द का अनुभव करते हैं। इस प्रकार उनके गद्य में एक प्रकार का खुलापन है। वहाँ तर्क का घटाटोप नहीं है। जहाँ-तहाँ कविसुलभ चित्रमयता के दर्शन होते हैं, पर उसकी योजना सायास नहीं है। वे नैसर्गिक रूप से विद्यमान हैं। उनके गद्य में करुणा की अपेक्षा ओज ज्यादा है, आवेग पर उत्साह अधिक प्रखर है। विचारों की कड़ियाँ परस्पर जुड़ी हुई हैं।

उनका गद्य न ठेठ गद्य है और न ललित गद्य, फिर भी उसमें दोनों का चमत्कार है। उनके गद्य में शब्द-योजना सामान्य है। उसमें आंचलिक भाषा के शब्द कम ही हैं, पर रचना में जो वातावरण निर्मित होता है वह नगरीय भी नहीं है। फिर भी उसके गद्य में एक अद्भुत आत्मीयता है। उनके गद्य में ऊर्जा भी है और हृदय का सौन्दर्य तथा सादगी भी।

दिनकर का गद्य अलग से पहचाना जानेवाला है। उसमें सरलता, ऋजुता और तेजस्विता है। जहाँ विचारों का घमासान छिड़ा होता है, वहाँ व्यूह को भेदकर साफ आगे निकल जानेवाली उसकी गति देखते ही बनती है। "मनुष्य पहले गरीब था, मगर, तब वह हरियालियों के पास रहता था। अब वह अमीर है, मगर रेगिस्तान में बसता है। ...जब दुनियाँ अँधेरी थी, आसमान साफ था। जब दुनियाँ रोशनी से भर गई, आसमान पर अँधियाली छा गई।"[5] ऐसी स्पष्ट उक्तियाँ दिनकर के गद्य में बहुत है। दिनकर के गद्य में जहाँ-तहाँ जो विचारों की मनोरम उक्तियाँ या कथन-भंगिमाएँ हैं वे कर्ण के कुण्डल की तरह दमकती नजर आती हैं।[6]

दिनकर के अनुसार "कविता की जाँच विशेषणों के प्रयोग में होती है। या फिर ऐसे शब्दों के प्रयोग में जिनके बैठने की अदा से ही कविता चमक उठती है।"[7] शब्दों के प्रयोग की यह अदा उनके गद्य में भी दिखाई देती है।

अपने कवि-रूप के निर्माण की प्रक्रिया में उन्होंने गद्य में भी काफी रचनात्मक उद्यम किया था। "दिनकर का कवि अपनी कविता के साँचे के भीतर भी हिन्दी गद्य की लय और उसकी वाक्य-संरचना की भरसक रक्षा करता रहा है; निश्चय ही प्रायः कवित्व की बलि दिए बिना। शायद कवित्व रक्षा के प्रयास में ही उन्हें गद्य को भी अपनी अभिव्यक्ति का माध्यम बनाना पड़ा हो।"[8]

उनका गद्य-लेखन बहुआयामी और विविधतापूर्ण है। आलोचनात्मक और विचारात्मक लेखन के अतिरिक्त उन्होंने ललित निबन्ध, गद्य-काव्य, रेडियो-रूपक, यात्रा-वृत्तान्त, बाल साहित्य, संस्मरण, पत्र-लेखन और डायरी-जैसी कई गद्य-विधाओं में समर्थ लेखन के माध्यम से हिन्दी गद्य को समृद्ध बनाया। उन्होंने काव्य, संस्कृति, सामाजिक जीवन आदि कई विषयों पर बहुत ही उत्कृष्ट लेख लिखे हैं। वे निबन्ध, बोधकथा, संस्मरण-दैनिकी, समीक्षा-इतिहास आदि विभिन्न साहित्य-विधाओं की पच्चीस प्रांजल गद्य कृतियों के प्रणेता थे। उन्होंने अपनी यात्राओं से सम्बन्धित दो पुस्तकें भी लिखीं—'देश-विदेश' (1957 ई.) और 'मेरी यात्राएँ (1970 ई.)।

दिनकर ने कई प्रकार के निबन्ध और लेख लिखे हैं। इनमें कुछ ऐसे भी हैं जिन्हें ललित निबन्ध कहा गया है। यहाँ निबन्धकार दिनकर ने भाव-तरंगों पर सवार होकर जीवन-जगत् के किसी विशेष पक्ष का सुरुचिपूर्ण उद्घाटन किया है। 'अर्धनारीश्वर' और 'रेती के फूल' नामक पुस्तकों में उनके ऐसे कई लेख संकलित हैं। दिनकर के निबन्ध-संग्रह सुरुचिपूर्ण और पठनीय हैं। उनसे उनके कवित्व और व्यक्तित्व को जानने-समझने में मदद मिलती है। सरल एवं प्रवाहपूर्ण भाषा और प्रांजल शैली में उन्होंने विभिन्न साहित्यिक विषयों पर निबन्ध के अलावा दर्शन एवं इतिहासगत तथ्यों के विवेचन भी लिखे। उनके गद्य में विषयों की विविधता और शैली की प्रांजलता सर्वत्र दिखाई देती है। शैली की प्रांजलता दिनकर के गद्य को बहुत ही आकर्षक बना देती है। उनका गद्य उनकी कविताओं के समान ही सजीव और प्रवाहपूर्ण है।

उनके गद्य-साहित्य का विवरण निम्नवत है :

1. मिट्टी की ओर (1946 ई.)
2. चित्तौड़ का साका (1949 ई.)
3. अर्धनारीश्वर (1952 ई.)
4. रेती के फूल (1954 ई.)
5. हमारी सांस्कृतिक एकता (1954 ई.)

6. भारत की सांस्कृतिक कहानी (1955 ई.)
7. राष्ट्रभाषा और राष्ट्रीय एकता (1956 ई.)
8. उजली आग (1956 ई.)
9. संस्कृति के चार अध्याय (1956 ई.)
10. देश विदेश (1957 ई.)
11. काव्य की भूमिका (1958 ई.)
12. पन्त, प्रसाद और मैथिलीशरण (1958 ई.)
13. वेणुवन (1958 ई.)
14. धर्म, नैतिकता और विज्ञान (1959 ई.)
15. वट-पीपल (1961 ई.)
16. लोकदेव नेहरू (1965 ई.)
17. शुद्ध कविता की खोज (1966 ई.)
18. साहित्यमुखी (1968 ई.)
19. राष्ट्रभाषा आन्दोलन और गाँधीजी (1968 ई.)
20. हे राम (1969 ई.)
21. संस्मरण और श्रद्धांजलियाँ (1969 ई.)
22. मेरी यात्राएँ (1970 ई.)
23. भारतीय एकता (1970 ई.)
24. दिनकर की डायरी (1973 ई.)
25. चेतना की शिखा (1973 ई.)
26. आधुनिक बोध (1973 ई.)
27. विवाह की मुसीबतें (1974 ई.)

मरणोत्तर प्रकाशित साहित्य

1. दिनकर के पत्र; संपादक : कन्हैयालाल फूलफगर (1981 ई.)
2. शेष-नि:शेष; संपादक : कन्हैयालाल फूलफगर (1985 ई.)

'भारतीय एकता' शीर्षक संक्षिप्त निबन्ध-संग्रह में भारत की राष्ट्रीय एकता के सभी प्रमुख पक्षों पर गहरी अन्तर्दृष्टि और स्पष्टता के साथ विचार किया गया है। इस पुस्तक की 'भूमिका' में दिनकर ने लिखा है—"स्वतन्त्रता तो हमने प्राप्त कर ली, लेकिन राष्ट्रीय एकता का प्रश्न, ज्वलन्त रूप में हमारे सामने खड़ा है। हमारे सारे इतिहास की शिक्षा है कि हम स्वतन्त्र तभी तक रहते हैं जब तक हम एक रहते हैं। जब भी एकता खिड़की से होकर निकल भागती है, हमारी स्वतन्त्रता सदर दरवाजा खोलकर चल देती है।" भारतीय एकता के सवाल को दिनकर ने 'उत्तर-दक्षिण कर एकता' और 'हिन्दू-मुस्लिम एकता'—इन दो रूपों में देखने का प्रयास किया है।

'साहित्यमुखी' दिनकर के भाषणों और आलोचनात्मक निबन्धों का एक संग्रह है। 'आधुनिकता और भारत-धर्म', 'कविता में परिवेश और मूल्य', 'हिन्दी साहित्य पर गाँधीजी का प्रभाव', 'हिन्दी और उसकी उपभाषाओं का सम्बन्ध', 'हिन्दी साहित्य में निगम धारा', 'साहित्य में आधुनिकता' आदि निबन्धों के अतिरिक्त इस संग्रह में शेक्सपीयर पर एक महत्त्वपूर्ण लेख है। 'कविता में परिवेश और मूल्य' शीर्षक निबन्ध में आधुनिकता को एक नई दृष्टि के रूप में व्याख्यायित करते हुए संस्कृत कवि भवभूति की आधुनिकता का परीक्षण किया गया है। भवभूति के पास राम के चरित्र को लेकर कुछ वैसे प्रश्न भी थे, जैसे प्रश्न महाकवि वाल्मीकि के पास नहीं थे। दिनकर के अनुसार परिवेश साहित्य को प्रभावित ही नहीं करता, उसके मार्ग में अवरोध भी उत्पन्न करता है। इस संकलन के एक लेख में गिरिजाकुमार माथुर की काव्यभाषा पर विचार करते हुए उनको 'लैण्डस्केप का कवि' कहा गया है।

दिनकर ने अपनी अन्य कृतियों में अनेकत्र अपने कृतित्व पर भी विचार किया है। हिन्दी के किसी अन्य कवि ने अपने कवि-कर्म के विषय में दिनकर से अधिक चिन्तन-आलोचन शायद ही किया होगा। परन्तु "यह दिनकर की आत्मरति का नहीं, अपने कवि-कर्म के प्रति उनके दायित्व के बोध का प्रमाण है कि वे समय-समय पर इस प्रकार आत्म-परीक्षण करते रहे।"[9]

दिनकर का भाषा-चिन्तन

'राष्ट्रभाषा और राष्ट्रीय एकता' दिनकर के भाषणों और लेखों का संग्रह है। किसी जाति की भावना, सभ्यता-संस्कृति और उसका समग्र मौलिक चिन्तन उसकी अपनी भाषा में ही व्यंजित होते हैं; और भाषा में ही संरक्षित भी रहते हैं। दिनकर का मानना है कि भाषा का राष्ट्रीय एकता से बड़ा गहरा सम्बन्ध है। इतिहास और भूगोल की स्थूल एकता के नीचे सूक्ष्म स्तर पर संस्कृति की भी एकता होती है। इस दृष्टि से देखें तो, भाषा का प्रश्न मनुष्य के अस्तित्व के साथ जुड़ा हुआ है। दिनकर ने भाषा के प्रश्न को गम्भीरता से लेते हुए उसके सम्बन्ध में अपने विचार प्रकट किए हैं। वे मानते हैं कि परायी भाषा व्यक्ति को सांस्कृतिक दृष्टि से गुलाम बनाती है। इसीलिए महात्मा गाँधी ने अंग्रेजी भाषा से मुक्ति को भी स्वराज्य का एक लक्ष्य माना था।

दिनकर के अनुसार भारत की सभी भाषाएँ हमारी मिट्टी की उपज हैं। अत: उनका आपसी विरोध नहीं हो सकता। भारत की सभी भाषाओं और उनके साहित्य में एक आन्तरिक सम्बन्ध है जिसमें भारत की सांस्कृतिक एकता के सूत्र ढूँढ़े जा सकते हैं।

उनका कहना था कि "हिन्दी के समर्थन का अर्थ प्रादेशिक भाषाओं का विरोध

नहीं है। विरोध केवल अंग्रेजी का है; और उसको हटाकर प्रादेशिक भाषाओं को प्रतिष्ठित करना ही इस आन्दोलन का मूल लक्ष्य है। हर भाषा के समर्थक का यह कर्तव्य है कि सबसे पहले अंग्रेजी को राजसिंहासन से हटाए। संपूर्ण देश की सम्पर्क भाषा और राष्ट्रभाषा के रूप में एक भाषा का होना आवश्यक है। भारत के लिए यह भाषा हिन्दी ही हो सकती है। इस समय हिन्दी ही वह भाषा है जो व्यापकता और समृद्धि की दृष्टि से सबसे आगे है। इसीलिए उन्नीसवीं शताब्दी के नेताओं और सुधारकों ने राष्ट्रभाषा और सम्पर्क-भाषा के रूप में हिन्दी का चुनाव किया।"

दिनकर ने लिखा है—"जैसे धर्म का ज्ञान जानवरों को नहीं, केवल मनुष्य को होता है, उसी प्रकार भाषा भी केवल मनुष्य-योनि का गुण है। जानवर रूस में रहें या हिन्दुस्तान में, बोली उनकी एक ही होती है, किन्तु रूस में बसनेवाले मनुष्य वही भाषा नहीं बोलते, जो भाषा हिन्दुस्तान में रहनेवाले लोग बोलते हैं। मनुष्य भी जब पशु था, उसके पास भाषा नहीं थी। उसकी भाषा का आरम्भ तब हुआ, जब वह पशु-योनि से अलग होने लगा। भाषा सभ्यता का मूल है। भाषा संस्कृति की असली शक्ति है। भाषा चिन्तन का लिबास है। जिस जनसमूह में चिन्तन उच्च कोटि का होता है, उसकी भाषा भी उतनी ही प्रखर और महीन हो जाती है। और जो जनसमूह अभी संस्कृति की दिशा में पिछड़ा हुआ है, उसकी भाषा भी उसी परिमाण में स्थूल और भोंडी होती है। अतएव हमारी भाषाओं में चिन्तन की स्वस्थ परम्परा का विकास होना चाहिए, जिससे भारत अपने उस स्वरूप को सँवार सके, जिसके कारण वह जगत्-भर में इतना विख्यात रहा है।

भाषा कोई भी बुरी नहीं होती; बुरे अगर होते हैं, तो उसके बोलनेवाले लोग होते हैं, किन्तु खेद का विषय है कि स्वराज्य के बाद से हिन्दी पर जो अनेक आरोप लगाए जा रहे हैं, उनमें से एक कुत्सित आरोप यह भी हैं कि हिन्दी फकत हिन्दुओं की भाषा है, हिन्दुत्व के अतिरिक्त इस देश में जो नाना धर्म हैं, उनके प्रति वह उदार नहीं है तथा इस भाषा का स्वर साम्प्रदायिक और उसकी दृष्टि संकीर्ण है। शब्द चाहें ये नहीं रहे हों, किन्तु ये अथवा इनसे मिलते-जुलते आक्षेप हिन्दी पर दो-एक बार ऊँची-ऊँची जगहों पर भी लगाए गए हैं। अवश्य ही इस प्रकार के आक्षेप करनेवाले लोग भाषा और साहित्य के अध्येता नहीं, राजनीति के निरंकुश खिलाड़ी होते हैं, अन्यथा वे ऐसी बात नहीं बोलते, जो सत्य के बिलकुल विपरीत और निराधार है।"[10]

दिनकर कहते हैं कि "हिन्दी केवल हिन्दुत्व की ही नहीं, इस्लाम और सिख-धर्म की भी भाषा है। हिन्दी केवल वैदिक या वर्णाश्रम-धर्म की रूढ़ियों का पिष्ट-पेषण नहीं करती, वह उनके विरुद्ध क्रान्ति की भी शिक्षा देती है। वह केवल आगम-धर्म तक ही सीमित नहीं है, बल्कि निगम-धर्म का भी आख्यान उसने बड़ी ही निर्भयता से किया है।

हिन्दी के प्रमुख कवियों में गिनती केवल उन्हीं की नहीं होती, जो जन्म या धर्म से हिन्दू थे, बल्कि उसके शीर्षस्थ कवियों में कितने ही कवि ऐसे भी हुए हैं, जो धर्म से सिख या मुसलमान थे। अगर अप्रमुख कवियों की गिनती की जाए, तो उस सारणी में दो-चार नाम ईसाइयों के भी आ जाएँगे। अमीर खुसरो और कबीरदास, जायरी और उस्मान, रहीम और रसखान, अनीस, अहमद और कमाल, ताज और तानसेन, नेवाज और फकरुद्दीन, आलम और शेख तथा मुबारक और रसलीन—ये सब-के-सब अत्यन्त उच्च कोटि के कवि हुए हैं। खासकर कबीर, जायसी, रहीम, रसखान और रसलीन ने हिन्दी की जो अपरिमित सेवा की, वह हिन्दी-साहित्य के इतिहास में अत्यन्त गौरवपूर्ण स्थान रखती है; और इन कवियों का सम्यक अध्ययन किए बिना कोई भी व्यक्ति हिन्दी-साहित्य का मर्मज्ञ नहीं माना जा सकता। इसी प्रकार सिख गुरुओं, विशेषतः गुरु नानक और गुरु गोविन्दसिंह की रचनाएँ हिन्दी-साहित्य का अभिन्न अंग हैं और हिन्दी के प्राचीन साहित्य का संकलन उनके समावेश के बिना अधूरा समझा जाता है।"[11]

साम्प्रदायिक एकता के संदर्भ में विचार करते हुए दिनकर कहते हैं कि "आन्दोलन के रूप में साम्प्रदायिक एकता की माँग इधर हाल में आकर बीसवीं शताब्दी में उठी है; किन्तु इस एकता की आवश्यकता भारतवासी आरम्भ से ही महसूस करते आ रहे थे और हिन्दू-मुस्लिम-मिलन का एक मुख्य क्षेत्र होने के कारण साम्प्रदायिक एकता पर जितना अधिक ज़ोर हिन्दी-भाषी क्षेत्र में दिया गया उतना ज़ोर और कहीं दिया गया या नहीं, इसका यथेष्ट प्रमाण उपलब्ध नहीं है। कबीर साहब ने पन्द्रहवीं सदी में हिन्दू-मुस्लिम एकता का जो नारा दिया, वह नारा आज तक हिन्द में निःशब्द नहीं हुआ है और इन चार-पाँच सौ वर्षों के बीच कई सौ कवि हिन्दी में ऐसे हुए, जिन्होंने आँख मूँदकर इस नारे को दुहराया है।

तुलसीदास की असाम्प्रदायिकता इस बात से भी सिद्ध है कि अरबी और फारसी के जो शब्द हिन्दी में चले गए थे, उनका उन्होंने बहिष्कार नहीं किया। यह भाषा के चरम विकास का समय था और जो कवि विभिन्न भाषाओं के प्रचलित शब्दों को अपनी भाषा में जितना अधिक पचा लेता था, वह उतना ही महान समझा जाता था। आचार्य भिखारीदास ने तुलसीदास की प्रशंसा उनके कवित्व के कारण नहीं, उनकी भाषा की छटा के लिए की है।[12]

तुलसी गंग दोऊ भये सुकविन को सरदार।
जिनके काव्यन में मिली भाषा विविध प्रकार।"

राष्ट्रभाषा और सम्पर्क-भाषा के रूप में हिन्दी के पक्ष में दिनकर के बहुमूल्य विचारों को पढ़ने से ऐसा लगता है कि यह किसी हिन्दी-प्रेमी के ही नहीं, बल्कि राष्ट्र-प्रेमी के भी विचार हैं।

दिनकर का समन्वयवादी चिन्तन

दिनकर के अनुसार, "यह स्मरण रखने की बात है कि एकता की यह धारा केवल हिन्दुओं की ही ओर से नहीं, बल्कि मुस्लिम कवियों और सन्तों ने भी इस धारा में निश्छल योगदान दिया। अमीर खुसरो खड़ी-बोली हिन्दी और उर्दू, दोनों ही भाषाओं के जनक समझे जाते हैं। वास्तव में एकता के महा-आन्दोलन के भी वे ही आदि प्रवर्तक थे। अपनी फारसी की मसनवी 'नूहेसिफ्र' में उन्होंने भारत को अपनी जन्म-भूमि माना है और उसकी भूरि-भूरि प्रशंसा लिखी है। खास बात यह है कि खुसरो ने यह भी लिखा है कि 'सम्भव है मुझसे कोई पूछे कि भारत के प्रति इतनी श्रद्धा मैं क्यों रखता हूँ, तो मेरा जवाब यह होगा कि सिर्फ इसलिए कि भारत मेरी जन्म-भूमि है, भारत मेरा अपना देश है। खुद नबी ने कहा कि आदमी का देश-प्रेम उसके धर्म-प्रेम में शामिल होता है।' पृथ्वीराज की पराजय सन् 1192 ई. में हुई और अमीर खुसरो का जन्म-वर्ष सन् 1253 ई. माना जाता है। इसके मानी ये होते हैं कि भारत पर इस्लामी शासन के आरम्भ होने के केवल इकसठ साल बाद, भारत ने उस मुसलमान को जन्म दे दिया था, जो हिन्दुस्तान के राष्ट्रवादी मुसलमानों का अग्रणी महापुरुष था।

इसी प्रकार जायसी ने 'पद्मावत' काव्य में हिन्दुओं के आचारों, विचारों और विश्वासों के प्रति जो श्रद्धा दिखलाई है, उसे देखकर आश्चर्य होता है। वेदों और पुराणों की निन्दा हिन्दू नहीं सुन सकते थे, किन्तु 'पद्मावत' का एक चरित्र राघव-चेतन वेद-निन्दक है। अतएव जायसी ने उसे खल बताया है और उसकी निन्दा लिखी है। अल्लाउद्दीन हिन्दुओं की दृष्टि में हेय समझा जाता था। जायसी ने ग्रंथ के अन्त में सूचना दी है कि अल्लाउद्दीन माया का प्रतीक है—'माया अलाउदीन सुलतानूं।'

और रहीम तो मानो हिन्दी के हृदयहार हैं। पं. रामचन्द्र शुक्ल ने लिखा है कि 'तुलसी के वचनों के समान रहीम के वचन भी हिन्दी-भाषी भूभाग में सर्वसाधारण के मुँह पर रहते हैं। भाषा पर तुलसी का-सा ही अधिकार हम रहीम का भी पाते हैं। उनकी कविताओं में आए हुए प्रसंगों को देखते ही यह प्रत्यक्ष हो जाता है कि हिन्दू-दर्शन और साहित्य का रहीम को उतना ही अच्छा ज्ञान था, जितने अच्छे ज्ञान का दावा बड़े-से-बड़ा हिन्दू विद्वान कर सकता है। अपने धार्मिक विश्वासों पर अटल रहते हुए भी मुसलमान कितना अधिक भारतीय हो सकता है, खानखाना रहीम इसके उज्ज्वलतम प्रमाण हैं।"[13]

दिनकर के मतानुसार, "हिन्दी का सन्त-साहित्य, जो आकार में महोदधि के समान विशाल है, इसी एकता का साहित्य है। असल में यह साहित्य उस क्रान्ति का साहित्य है, जिसका प्रवर्तन बुद्ध ने किया था। यह साहित्य आदमी की ऊँचाई

की जाँच उसके जन्म से नहीं, कर्म से करता है। यह साहित्य धर्म के बाह्याचारों को ढकोसला समझता है और मनुष्य के धर्म को उसके चरित्र में प्रतिबिम्बित देखना चाहता है। यह साहित्य अस्पृश्यता का विरोधी और जाति-अहंकार का कट्टर शत्रु है। यह साहित्य बैठकर खानेवालों का मजाक उड़ाता है और इज्जत उसकी करता है, जिसके हाथों में मेहनत के घट्ठे का निशान है। यह साहित्य उस मानव-समाज की भूमिका तैयार करता है, जिसकी कल्पना गाँधीजी ने की थी—एक ऐसा समाज जिसमें शोषण नहीं है, धन की पूजा नहीं है, धर्म का आडम्बर नहीं है, अस्पृश्यता नहीं है और जिस समाज में स्त्री और शूद्र दबाकर नहीं रखे जाते हैं, न कोई व्यक्ति इसलिए अहंकार करता है कि उसका जन्म ऊँचे या धनी खानदान में हुआ है। हिन्दी के सन्त-साहित्य की सामाजिक विशेषता यह है कि अगर गाँधीजी की कल्पना का समाज अस्तित्व में आ जाए तो यह साहित्य उस समाज की रामायण बन सकता है अथवा अगर समाजवादी लोग धर्म को स्वीकार करके अपनी कल्पना के समाज की स्थापना कर सकें, तो यह साहित्य उनका असली 'मेनिफेस्टो' बन सकता है, बशर्ते कि वे सन्तोष की महिमा को भी स्वीकार कर सकें।"[14]

दिनकर ने लिखा है—"लगभग हजार वर्षों से हिन्दी साहित्य के भीतर जिन भावों की प्रबलता रही है; वे भाव भारतीय एकता की ताकत बढ़ानेवाले भाव हैं। एक समय शासकीय अत्याचारों के प्रमुख क्रीड़ा-क्षेत्र हिन्दी-भाषी क्षेत्र ही थे, किन्तु उस घोर उत्तेजनापूर्ण युग में भी भूषण को छोड़कर और कोई बलशाली कवि नहीं जनमा, जो इस उत्तेजना को अपनी कविता में स्थान दे। हमारे अधिकांश कवियों ने तात्कालिक ज़हर को नहीं देखकर, दो संस्कृतियों के सम्पर्क से उत्पन्न होनेवाले अमृत को महत्त्व दिया और चार-पाँच सौ वर्षों तक उन्होंने जो कुछ लिखा, उसमें इसी अमृत की वाणी प्रधान रही।"[15]

दिनकर का दिल्ली-प्रवास उनकी रचनात्मकता का एक महत्त्वपूर्ण पड़ाव है। यहीं उन्होंने 'संस्कृति के चार अध्याय' जैसा सशक्त गद्य-ग्रंथ लिखा। भारत के सांस्कृतिक इतिहास विषयक उनकी इस प्रसिद्ध पुस्तक की भूमिका जवाहरलाल नेहरू ने लिखी थी। इस ग्रंथ को यदि भारतीय संस्कृति का विश्वकोश कहा जाए तो कोई अतिश्योक्ति नहीं होगी।

दिनकर ने सांस्कृतिक बोध करानेवाली तीन कृतियों की रचना की—'हमारी सांस्कृतिक एकता' (1954 ई.), 'भारत की सांस्कृतिक कहानी' (1955 ई.) और 'संस्कृति के चार अध्याय' (1956 ई.)। उनकी गद्य-कृतियों में 'संस्कृति के चार अध्याय' सर्वप्रमुख है। पहली दोनों पुस्तकें उनके भारतीय संस्कृति विषयक गद्य-लेखन की पूर्वपीठिका है। 'संस्कृति के चार अध्याय' एक विराट ग्रंथ है। इसमें उन्होंने मुख्यतः शोध और अनुशीलन के आधार पर मानव सभ्यता के इतिहास को चार सोपानों में बाँटकर उसका विशद अध्ययन किया है। यह ग्रंथ हिन्दी-जगत् में

सादर स्वीकृत हुआ और 1956 ई. में इस पर 'साहित्य अकादमी पुरस्कार' भी मिला। 'संस्कृति के चार अध्याय' के आशय को लेखक द्वारा 'वट-पीपल' (1961 ई.) नामक गद्य-संग्रह में संकलित 'चार सांस्कृतिक क्रान्तियाँ' शीर्षक लेख में स्पष्ट किया है।

रामधारी सिंह दिनकर और हरिवंशराय बच्चन ने कविता के क्षेत्र में जैसी लोकप्रियता प्राप्त की, वैसी ही गद्य-लेखन के क्षेत्र में भी। 'संस्कृति के चार अध्याय' और बच्चन की आत्मकथा ने स्वतन्त्रता-प्राप्ति के बाद गद्य पुस्तकों में लोकप्रियता का नया रिकार्ड बनाया। ऐसा रिकार्ड जिसे किसी उपन्यास ने भी शायद ही तोड़ा हो। इसका प्रथम और बड़ा कारण सरल और प्रौढ़ हिन्दी गद्य का वह रूप था, जो जनता के भाषायी संस्कार के अनुरूप था। कर्त्ता, कर्म और क्रिया के क्रमानुसार लिखे जाने वाले गद्य का सबसे सुन्दर और सुष्ठु रूप बच्चन-दिनकर के गद्य-लेखन में, खासकर इन कृतियों में दिखाई पड़ा। न सिर्फ भाषा की दृष्टि से, बल्कि विचारों की दृष्टि से भी वे कृतियाँ प्रौढ़ और नई हैं। 'संस्कृति के चार अध्याय' पर अज्ञेय ने नेहरू की छाया देखी, पर वे यह भूल गए कि सामासिक संस्कृति की वकालत के बावजूद 'संस्कृति के चार अध्याय' पर भारत-विभाजन की छाया है और विभाजन के मूल की गहरी पड़ताल है।[16]

कविता और साहित्य से सम्बन्धित जटिल-से-जटिल विषयों पर विचार करते हुए भी उनकी भाषा हमेशा पारदर्शी बनी रहती है। उनकी आलोचना में उनके गद्यकार रूप में कई बार प्रतिस्पर्धा की भी स्थिति दिखाई पड़ती है। लेकिन वे अपनी आलोचना में भरसक अपने गद्यकार रूप को नियन्त्रित रखते हैं।

आजादी के पहले दिनकर की केवल एक गद्य कृति प्रकाशित हो पाई थी— 'मिट्टी की ओर'। उनके गद्य की महिमा स्वराज्योत्तर कृतियों में प्रमुखता से निखरी है। आजादी के बाद आलोचनात्मक और विचारात्मक लेखन के साथ गद्य की अनेक विधाओं में उनकी कई पुस्तकें प्रकाशित हुईं जो प्रभावशाली भी हैं और आकर्षक भी। लेकिन उनकी गद्य कृतियों में ऐसा साहित्य भी शामिल है जिसको किसी विधा-विशेष में बाँध पाना सहज नहीं है। उदाहरण के लिए, 1956 ई. में प्रकाशित उनकी 'उजली आग' नामक कृति की विधा को लेकर विद्वानों में ऊहापोह की स्थिति रही है। डॉ. लक्ष्मीनारायण सुधांशु के अनुसार, 'उजली आग' नामक छोटी-सी पुस्तक में बोध-कथाओं की प्रधानता है। इन कथाओं के कथानक कभी तो यूरोप में प्रचलित पुराणों से लिये गए हैं तो कभी चीन के दर्शनाचार्यों से किन्तु, कितने ही कथानक बिलकुल मौलिक हैं। इसके अतिरिक्त इस ग्रंथ में कुछ विचारोत्तेजक काव्यगन्धी निबन्ध भी हैं। सबसे विलक्षण निबन्ध 'नूतन काव्य-शास्त्र' है जिसकी शैली गद्यकाव्य की है किन्तु, चिन्तन काव्यशास्त्रीय है।"[17] लेकिन डॉ. तरुण कुमार के अनुसार, "इसमें काल्पनिक कथा-कहानी का

आश्रय लेकर, और कई बार यूँ ही, दिनकर अपने अनेक प्रकार के जीवनानुभवों और रचनानुभवों को अत्यन्त कलात्मक रूप में और पूरी संक्षिप्तता एवं सटीकता के साथ व्यंजित करते हैं। अनावश्यक एक शब्द भी नहीं। इसे बोध-कथा कहना नितान्त अनुपयुक्त जान पड़ता है। गद्य-काव्य कहे जाने में भी भ्रम की गुंजाइश नहीं है, सो बात नहीं। कई बार एक खास तरह की गद्यमय संरचना को गद्य-काव्य कहा जाता है। अपने यहाँ आलंकारिक गद्य के लिए भी गद्य-काव्य जैसे पदबन्ध का इस्तेमाल किया जाता रहा है। यहाँ हम 'उजली आग' को गद्य-काव्य उक्त दोनों अर्थों से भिन्न अर्थ में कहना चाहते हैं—काव्यगन्धी गद्य के अर्थ में।[18]

दिनकर के गद्य की एक बानगी

'शुद्ध कविता की खोज' में एक लम्बा निबन्ध है—'साहित्य में आधुनिक बोध'। विचार एवं भाषा दोनों ही दृष्टियों से यह बहुत महत्त्वपूर्ण है। उन्होंने लिखा है—"धर्म पर जो अश्रद्धा विज्ञान के प्रभाव से बढ़ी है, उसका प्रभाव भी साहित्य पर काफी पड़ा है। ईश्वर का आलम्बन मानकर पहले जो प्रेम और श्रद्धा निवेदित की जाती थी, साहित्य में अब वह मजाक की चीज है और सारे के सारे रहस्यवादी कवि अब बौद्धिक पगले यानी 'इंटलेक्चुयल क्रिटीन' समझे जाते हैं। रहस्यवाद की धूमिलता साहित्य से तब भी नहीं मिटी, क्योंकि अब उसका निवास वहाँ पड़ता है, जहाँ कवि किसी अनुभूति की स्पष्ट व्याख्या नहीं दे पाता है अथवा जहाँ भाषा असमर्थ हो जाती है अथवा जहाँ मनोविज्ञान की किसी ऐसी गहराई की बात की जाती है, जिसका वर्णन स्वभाव से ही दुष्कर कार्य है।"[19]

दिनकर ने लिखा है—"विद्या के रूप में मनोविज्ञान का आविर्भाव बिलकुल हाल की घटना है, किन्तु, प्रक्रिया के रूप में मनोविज्ञान उतना ही प्राचीन है, जितना प्राचीन स्वयं मनुष्य है। यह वैसी ही बात है, जैसे रक्तचाप की बीमारी पहले भी होती थी, किन्तु, उसका पता मनुष्य को नहीं था। इस बीमारी का नाम तब से सुनाई देने लगा, जबसे रक्तचाप-मापक यन्त्र का आविष्कार हुआ। मनोवैज्ञानिक प्रक्रियाओं का ज्ञान शेक्सपियर को भी था और कालिदास को भी। लेकिन, वे इस शास्त्र का नाम नहीं जानते थे। इस शास्त्र का जन्म उन्नीसवीं सदी के उत्तरार्ध में हुआ और बीसवीं सदी में आकर उसने इतनी प्रतिष्ठा प्राप्त कर ली कि उपन्यासकार और कवि भी उसका अनुसरण करने को ललचाने लगे।

जब तक आधुनिकता का विकास नहीं हुआ था, मनुष्य सृष्टि की कल्पना उस रूप में करता था, जिस रूप में उसकी कल्पना धर्माचार्यों, नबियों और पैगम्बरों ने की थी। यह ईसा के जन्म से एक हजार वर्ष पूर्व की बात है। संसार के सभी द्रष्टा ई.पू. से एक सहस्र वर्ष पूर्व जन्म ले चुके थे और उसी समय मनुष्य के सृष्टि-सम्बन्धी सभी विचार निरूपित हो चुके थे। बाद की शताब्दियों में इन्हीं विचारों

का पल्लवन होता रहा है। यह सभ्यता टेक्नोलॉजी से नहीं, कल्पना और विचार से बनी थी और तकनीक के अभाव में इस सभ्यता के भीतर जो रिक्तता रह गई थी, आदमी ने आदर्शों से युक्त वातावरण तैयार करके उस रिक्तता को भर दिया था। इसीलिए, वह सुखी कम, सन्तुष्ट अधिक था। प्रकृति को जीतने की चिन्ता उसे कम थी, अपने आप पर विजय पाने का जोश अधिक था। सृष्टि का विषय जैसे आज के वैज्ञानिकों की समझ में नहीं आता है, वैसे ही वह उस समय के आदमियों की भी समझ में नहीं आता था। किन्तु, प्राचीन मनुष्य यह मानकर बैठ गया था कि सृष्टि लीला है, रहस्य है, वह जानने नहीं, विस्मित होने की चीज है। चूँकि हम इसे जान नहीं सकते, इसलिए अपने आप पर खेद या खीझ हमें नहीं होनी चाहिए। हम तो इस रहस्य पर सोचेंगे और आनन्द से पुलकित होंगे।

इस मनुष्य का विश्वास यह था कि आदमी को ईश्वर ने पैदा किया है। कहीं-कहीं यह कल्पना भी थी कि ईश्वर ने उसे अपने, अधिक-से-अधिक, अनरूप बनाया है। भारतवासी मानते थे कि आत्मा और परमात्मा एक है तथा जीव जन्म-जन्मान्तर के बाद ईश्वर-कोटि को पहुँच सकता है। सामी (यानी बेबीलोन की) सभ्यतावालों का यह भी विश्वास था कि आदमी पहले देवता था। एक छोटे-से पाप के कारण वह लुढ़ककर आदमी बन गया है। तब भी, वही सृष्टि का सिर-मुकुट है और वह फिर से देवता बन सकता है। पृथ्वी सृष्टि का केन्द्र मानी जाती थी और मनुष्य उसका सबसे सुन्दर, सबसे विलक्षण और सबसे अलौकिक जीव। और इस मनुष्य का सबसे श्रेष्ठ कर्म पाप से बचना तथा पुण्य की आराधना करना था, जिससे वह निर्मल रहकर ईश्वरत्व को प्राप्त कर सके।

किन्तु, जैसे-जैसे विज्ञान का विकास हुआ, मनुष्य की सृष्टि-विषयक पुरानी धारणा छूँछी पड़ने लगी। विज्ञान का पहला सांस्कृतिक प्रभाव यह हुआ कि सृष्टि यन्त्र समझी जाने लगी, जिसके पुर्जे गणित और यन्त्र-विज्ञान के अनुसार काम करते हैं। इस मान्यता से, स्वभावतः ही, यह अनुमान निकल आया कि सृष्टि यदि यन्त्र है, तो इसके निर्माण के लिए ईश्वर की कल्पना अनिवार्य नहीं है। फिर खगोलविदों ने यह स्थापना रखी कि पृथ्वी गोल है और असंख्य गोल नक्षत्रों की तरह वह भी शून्य में लटकी हुई है। इससे मनुष्य की यह कल्पना नष्ट हो गई कि पृथ्वी सृष्टि का केन्द्र है तथा ईश्वर की योजना में उसका कोई खास स्थान है। तब डारविन (1809-1882) का 'जीवों की उत्पत्ति' नामक ग्रंथ प्रकाशित हुआ, जिसमें उन्होंने यह स्थापना रखी कि आदमी ईश्वर का पुत्र नहीं है, वह बन्दर से बढ़कर आदमी हुआ है। और सब के बाद फ्रायड (1856-1939) का मनोविज्ञान आया, जिसने यह कहा कि आदमी का जप-तप, योग और वैराग्य, सब ऊपरी बातें हैं। वह अपने किसी भी कार्य में स्वाधीन नहीं है। उसके भीतर अपनी और समग्र मनुष्य-जाति की युगों की अगणित अदम्य वासनाएँ दबी पड़ी हैं और आदमी के

कर्म इन्हीं अज्ञात वासनाओं की प्रेरणा का अनुगमन करते हैं। ...मनोविज्ञान की एक अन्य शाखा आचरणवाद (बिहेवियरिज़्म) ने यह सिद्ध कर दिखाया कि मनुष्य अपने आचरण में स्वतन्त्र नहीं है। परिस्थितियाँ जैसी होती हैं, मनुष्य का आचरण भी वैसा ही होता है।"[20]

'कला, धर्म और विज्ञान' शीर्षक लेख में दिनकर ने लिखा है—"इस युग के सबसे बड़े वैज्ञानिक आइंस्टीन का यह विचार है कि जीवन को हम दो भागों में बाँट सकते हैं। पहला भाग वह है जो स्थूल है, जहाँ बुद्धि काम कर सकती है, जहाँ गणित के नियम चल सकते हैं तथा जो भाग विज्ञान के औजारों से छुआ जा सकता है। किन्तु जीवन का एक भाग और हो सकता है, जो आदर्श का भाग है तथा जो इस चिन्ता को प्रधान मानता है कि जीवन को कैसा होना चाहिए एवं उसे किस दिशा में जाना चाहिए। विज्ञान हमें जीवन के स्थूल रूप का विश्लेषण देता है, नए-नए आविष्कारों के द्वारा हमारे हाथ में नई शक्ति रखता है। किन्तु इस शक्ति का उपयोग किन उद्देश्यों के लिए किया जाए, यह बताना विज्ञान का काम नहीं है। इसका जिम्मा सदा से धर्म पर रहा है और आज भी इस सम्बन्ध में धर्म ही हमारा पथ-प्रदर्शक होगा। देखा गया है कि जब-जब धर्म और विज्ञान अपनी सीमाओं का अतिक्रमण करते हैं, तब-तब मानव-समाज का अकल्याण होता है। गैलिलियो और डारविन के खिलाफ जब चर्च ने तलवार उठाई थी, तब यह इस बात का उदाहरण था कि धर्म कैसे विज्ञान की भूमि पर दखल देता है। और आज जो लोग टेक्नोलॉजी से जीवन की सभी समस्याओं का समाधान खोजते हैं, वे इस बात के उदाहरण हैं कि विज्ञान कैसे धर्म और साहित्य को अपदस्थ करना चाहता है।"[21]

'उत्तर-दक्षिण की एकता' शीर्षक अपने एक लेख में दिनकर जी ने प्रजाति के सिद्धान्त का विश्लेषण करते हुए लिखा है—

चिन्ता की बात यह भी है कि दक्षिण में एक आन्दोलन पैदा हो गया है, जो उत्तर का विरोध करता है, जो कहता है कि दक्षिण के ब्राह्मण आर्य-वंश के हैं और दक्षिण के ब्राह्मणेतर लोग द्रविड़ हैं। अतएव द्रविड़ों को चाहिए कि वे आर्यों को बर्दाश्त न करें।

यह क्या चीज है? इसके मूल में रेस-थ्योरी अथवा प्रजाति का सिद्धान्त हैं। लोग मानते हैं कि उत्तर में रहनेवाले आर्य एक अलग जाति के हैं और दक्षिण में रहनेवाले द्रविड़ एक दूसरी जाति के हैं। प्रमाण में वे यह कहते हैं कि उत्तर की सभी भाषाएँ संस्कृत से निकली हुई हैं और दक्षिण की भाषाओं का भंडार अलग है, जिसको द्रविड़ भंडार कहते हैं। इस देश के इतिहास को आप देख जाइए। किसी भी समय प्रजाति का सिद्धान्त, रेस की थ्योरी, इस देश में नहीं थी। 'द्रविड़' शब्द बहुत पुराना है, लेकिन पंचद्रविड़ में कर्नाटक, आन्ध्र, गुजरात, द्रविड़ और महाराष्ट्र की गिनती की जाती थी। पंचद्रविड़ प्रजाति का नाम नहीं था। यह भौगोलिक नाम

था। जैसे गौड़ और मिथिला भौगोलिक नाम थे, वैसे ही द्रविड़ भी भौगोलिक नाम था। यह रेस की थ्योरी यूरोप की चलायी हुई है और 19वीं सदी में जब इस थ्योरी के अधीन बड़ी-बड़ी किताबें लिखी जाने लगी और एशियाटिक सोसाइटी के जर्नल में लेख छापे जाने लगे, तब स्वामी विवेकानन्द को बड़ा खेद हुआ था। अपने मद्रास के भाषण में उन्होंने कहा था कि यूरोप द्वारा चलाये गए प्रजाति के सिद्धान्त के चक्कर में पड़े तो तुम लोग लड़कर मर जाओगे। उन्होंने कहा था कि रेस की थ्योरी में विश्वास मत करो। दो अलग भाषाएँ होने के कारण दो अलग प्रजातियाँ नहीं बनती हैं, और भाषा-विज्ञान के आधार पर तुमको यह समझाया जा रहा है कि आर्य अलग जाति के हैं तथा द्रविड़ अलग जाति के। यह भ्रम की बात है। ... क्योंकि एक ही जाति में अनेक भाषाएँ चल सकती है और एक भाषा बोलनेवाले लोग अनेक जातियों के हो सकते हैं।

प्रजाति का सिद्धान्त बड़ा ही खतरनाक सिद्धान्त है। हिटलर का नारा प्रजातिवाद था। जिन्ना का नारा प्रजातिवाद था। जब यूरोप को प्रजातिवाद से उत्पन्न कालकूट से पाला पड़ा, तब सन् 1939 ई. में जूलियन हक्सले ने कहा था कि, "प्रजातिवाद का सिद्धान्त झूठा भी है और खतरनाक भी।" प्रजाति के अर्थ में आर्य शब्द का प्रयोग पहले-पहल सन् 1853 ई. में मैक्समूलर ने किया था और 1939 ई. में आकर हिटलर ने प्रमाणित कर दिया कि आर्यों को प्रजाति मानने के सिद्धान्त का नतीजा क्या हो सकता है। भारत को भी नहीं मानना चाहिए कि आर्य और द्रविड़ नाम दो प्रजातियों के नाम हैं। मैक्समूलर को जब अपनी गलती महसूस हुई, उन्होंने स्वयं घोषणा करके कहा था कि, "जब मैं एरियन शब्द कहता हूँ, तब मेरा अभिप्राय न रक्त से होता है, न अस्थि, बाल और खप्पर से। मेरा तात्पर्य उन लोगों से है, जो आर्य-भाषा बोलते हैं।" बस, आर्य शब्द का इतना ही अर्थ भारत के लिए भी ठीक है।

स्वामी विवेकानन्द ने उन्नीसवीं सदी में जो चेतावनी दी थी, उस पर अमल न करने के कुपरिणाम हम आज देख रहे हैं। पहले यूरोपवालों ने कहा कि आर्य और द्रविड़ दो हैं। फिर भारतीय विद्वान भी उसी बात को दुहराने लगे। स्वामी विवेकानन्द के दर्द को किसी ने नहीं समझा। सब के सब यूरोप की नकल करने लग गए।[22]

हिन्दी गद्य-शैली के उन्नायक

'चक्रवाल' की प्रस्तावना में उन्होंने हिंदी कविता की प्रगति का जो विश्लेषणात्मक विवेचन किया है वह इस बात का साक्षी है कि वह हिंदी-साहित्य के इतिहास के भी मर्मज्ञ हैं और उसके क्रम-विकास की गतिविधि का सूक्ष्मदर्शिता से निरीक्षण करने में सजग तथा दक्ष भी।[23]

उनका गद्य हिन्दी गद्य-शैली की प्रगति का एक उत्कृष्ट नमूना है। 'चक्रवाल'

की भूमिका में कवि ने कहा था कि "मैं सौन्दर्य से अधिक सुस्पष्टता का प्रेमी हूँ। कविताओं में अनुभूतियों की बारीकियाँ या ऊँचे भाव मुझे तभी जँचते हैं, जब वे अनुरूप शैली में, स्वच्छता से अभिव्यक्त किए गए हों।" यही बात उनके गद्य के संदर्भ में भी कही जा सकती है। यद्यपि अपने गद्य में उन्होंने यथास्थान उपमा-रूपक या लाक्षणिकता के प्रयोग भी किए हैं, तथापि ऐसा करने का उनका मूलोद्देश्य कभी चमत्कार-प्रदर्शन नहीं रहा, बल्कि अपनी बात को अधिक प्रभावशाली, प्रवाहपूर्ण और सम्प्रेषणीय बनाने के लिए ही वैसे प्रयोग किए गए। यही कारण है कि हिन्दी भाषा-साहित्य में दिनकर के समान स्पष्ट और प्रभावशाली गद्य-लेखक बहुत कम हैं।

हिन्दी के अधिकांश आलोचकों की निस्तेजता गद्य-लेखन के क्षेत्र में प्रकट होती है। सुमित्रानन्दन पन्त के गद्य में फेन अधिक है और निराला तो कटा-छँटा गद्य लिखने के लिए कभी प्रसिद्ध ही नहीं रहे। जयशंकर प्रसाद का गद्य फीलपाँवी है और महादेवी के गद्य में वाक्य-विधान बड़ा ही चक्करदार होता है। श्री हजारीप्रसाद द्विवेदी आकर्षक और तेजस्वी गद्य लिखते हैं किन्तु उनमें भी उच्छ्वास अधिक है। प्रशंसा की जानी चाहिए नगेन्द्र और नलिन विलोचन शर्मा की, जिनका गद्य अत्यन्त ही प्रौढ़ और परिमार्जित है। दिनकर का गद्य सूर्यलोक के समान स्वच्छ है और उसमें कहीं फेन नहीं है। सफाई और सन्तुलन ने दिनकर के गद्य को महिमामय और तेजस्वी बना दिया है।[24]

संदर्भ

1. डॉ. सतीश कुमार राय द्वारा सम्पादित 'दिनकर की साहित्य-साधना' में आचार्य शिवपूजन सहाय का लेख 'दिनकर : एक परिचय', पृ. 14; किताब पब्लिकेशन, मुजफ्फरपुर; 2008 ई.।
2. डॉ. गोपाल राय एवं सकलदेव शर्मा द्वारा सम्पादित 'राष्ट्रकवि दिनकर' में श्यामसुन्दर घोष का लेख 'दिनकर का गद्य'; सं., पृ. 72
3. वही, पृ. 75
4. वही, पृ. 75
5. रामधारी सिंह दिनकर, 'शुद्ध कविता की खोज', पृ. 128
6. श्यामसुन्दर घोष का लेख 'गद्यकार दिनकर'; राष्ट्रकवि दिनकर' सं. डॉ. गोपाल राय एवं सकलदेव शर्मा,, पृ. 76-77
7. रामधारी सिंह दिनकर, 'साहित्यमुखी', पृ. 82
8. दिनकर रचनावली, खंड 6, सं. डॉ. नन्दकिशोर नवल एवं तरुण कुमार, पृ. 5
9. हिन्दी साहित्य कोश, भाग 2; प्र. संपादक : डॉ. धीरेन्द्र वर्मा, पृ. 515
10. दिनकर रचनावली, खंड-7, पृ. 27-28
11. दिनकर रचनावली, खंड-7, पृ. 28

12. दिनकर रचनावली, खंड-7, पृ. 32-33
13. दिनकर रचनावली, खंड-7, पृ. 33
14. दिनकर रचनावली, खंड-7, पृ. 28-29
15. दिनकर रचनावली, खंड-7, पृ. 33-34
16. गोपेश्वर सिंह, कल्पना का उर्वशी विवाद, भूमिका, पृ. 11
17. सावित्री सिन्हा द्वारा सम्पादित 'दिनकर' में लक्ष्मीनारायण सुधांशु का लेख 'स्वराज्योत्तर दिनकर साहित्य', पृ. 98
18. दिनकर रचनावली, खंड 11; संपादक : डॉ. नन्दकिशोर नवल, तरुण कुमार; भूमिका, पृ. 5
19. दिनकर रचनावली खंड 6, सं. नन्दकिशोर नवल एवं तरुण कुमार, पृ. 107
20. दिनकर रचनावली खंड 6, पृ. 108-109
21. रामधारी सिंह दिनकर, रेती के फूल, पृ. 37
22. दिनकर रचनावली, खंड 9, सं. डॉ. नन्दकिशोर नवल एवं तरुण कुमार, पृ. 281-282
23. डॉ. सतीश कुमार राय द्वारा सम्पादित 'दिनकर की साहित्य-साधना' में आचार्य शिवपूजन सहाय का लेख 'दिनकर : एक परिचय', पृ. 15-16; किताब पब्लिकेशन, मुजफ्फरपुर; 2008 ई.।
24. डॉ. विजेन्द्र नारायण सिंह; 'दिनकर : एक पुनर्मूल्यांकन', पृ. 20

अध्याय 16

आलोचक दिनकर

श्रेष्ठ कविताओं के मूल्यांकन की प्रविधि को 'काव्यालोचन' कहा गया है। रामधारी सिंह दिनकर का मानना था कि समालोचना कविता में प्रयुक्त उन समस्त कला-कौशलों का सम्यक विश्लेषण है, जिनके द्वारा कलाकार अपनी कृति में सौन्दर्य तथा अलौकिकता उत्पन्न करता है। काव्यालोचक अनुभूति की लय के भीतर की लय, बिम्ब के भीतर के बिम्ब तथा शब्दों के अर्थों में छिपे हुए अर्थों का उद्घाटन कर काव्य के आनन्द को बढ़ा देता है।

दिनकर के अनुसार, "प्रत्येक रुक्ष और नीरस वस्तु का एक सरस पक्ष है। इस सरसता को खोज निकालना अछूती कविता को खोज निकालना है।"[1] लेकिन जिस प्रकार अच्छी कविताएँ लिखने के लिए एक खास किस्म की प्रतिभा और प्रेरणा की आवश्यकता होती है, ठीक उसी प्रकार कविता में प्रयुक्त कौशलों का उद्घाटन करने के लिए भी एक विशेष प्रकार की आलोचनात्मक दृष्टि-सम्पन्नता अपेक्षित है।

दिनकर केवल मतों और सम्मतियों के यथार्थ अंकन को ही समालोचक का एकमात्र कर्तव्य नहीं मानते हैं। उनके अनुसार आलोचक का काम उपलब्ध तथ्यों को तर्क की तुला पर तोलना-परखना और उनका यथासंभव मूल्यांकन करना है।

उन्होंने आलोचक को भी सर्जक और उच्च कोटि का भावक माना है। उनके अनुसार आलोचक काव्यमर्मज्ञ ही नहीं, उच्च कोटि का ऐसा साहित्य स्रष्टा होता है जो 'आलोचना के जरिये पाठकों के आनन्द की वृद्धि' करता है। वस्तुतः "काव्य के सम्बन्ध में चर्चा सभी तरह के लोग किया करते हैं, किन्तु काव्य की उच्चतम कोटि की आलोचनाएँ केवल उन्हीं लोगों ने लिखी हैं जो स्वयं कवि थे।"[2]

उनका मानना था कि "सच्चे समालोचक की आत्मा सुन्दर कवि की आत्मा होती है और वह बहुधा कवि ही हुआ करता है।"[3] टी. एस. इलियट और रवीन्द्रनाथ ठाकुर को देखकर यह बात सही लगती है। लेकिन विडम्बना यह है कि कोई कवि जब काव्यालोचना लिखता है तब चाहे-अनचाहे उसकी आलोचना, उसकी कविता की प्रतिरक्षा के लिए ढाल बन जाती है।

दिनकर के अनुसार, "कविता तो कवि की आत्मा का आलोक है, उसके हृदय का रस है जो बाहर की वस्तु का अवलम्ब लेकर फूट पड़ती है। जब कवि

के जीवन में कविता की ऋतु आती है तब वह अन्तरतम में एक बेचैनी का अनुभव करने लगता है। उस समय उसे यह तो पता चल जाता है कि दिल का यह दर्द कुछ कहना चाहता है, किन्तु, क्या कहना चाहता है, इसका ज्ञान उसे तब तक नहीं हो पाता जब तक किसी वस्तु या विषय-विशेष का अवलम्बन लेकर वह कहना शुरू नहीं कर दे!"[4] दिनकर ने कविता को भाव-समूह का आन्दोलन कहा है। उनके अनुसार, "कवि की आत्मा जब उभार पर आती है, जब काव्यात्मक भावों का सतरंगा समुद्र लहरा उठता है, तब उसके रंग से पर्वत भी रँगा जा सकता है और मरु भी; पर्वत और मरु न तो स्वयं काव्य हैं, न काव्य को जगानेवाले उपकरण। कवि के अन्तर में जब तक रस का स्रोत बह रहा है, तब तक हृदय की कोंपल जीवन अथवा प्रकृति से रस ग्रहण करने की ओर चैतन्य है, तब तक बहाना मात्र से उसकी प्रतिभा चमत्कार दिखलाती रहेगी। किन्तु, जिस दिन कवि की भावना अन्धी हो जाएगी, उस दिन हिमालय से लेकर थार तक, सागर से लेकर पुष्प तक उसकी प्रेरणा को कोई भी जगा नहीं सकेगा।"[5]

दरअसल, कवि के पास वह भावक हृदय होता है जिसके कारण वह कविता के कौशल के विश्लेषण में अधिक दक्षता दिखाता करता है। कवि-आलोचक कविता-निर्माण की प्रक्रियाओं से सुपरिचित रहता है, इसलिए उसके कौशल के विश्लेषण में उसकी उपलब्धियाँ अन्य आलोचकों की तुलना में श्रेष्ठ सिद्ध होती है।

हिन्दी के अधिकांश बड़े कवियों ने अपनी काव्य-रचनाओं की भूमिकाओं या कला-साहित्य विषयक निबन्धों के माध्यम से अपनी आलोचनात्मक दृष्टि का संकेत दिया है। लेकिन यदि कवि-आलोचकों की विशिष्ट परम्परा की दृष्टि से देखा जाए तो हिन्दी में अज्ञेय, दिनकर और मुक्तिबोध के नाम ही उल्लेखनीय प्रतीत होंगे। दिनकर के लेखन का एक बड़ा भाग उनके आलोचनात्नक रचनाकर्म से जुड़ा हुआ है। प्राच्य एवं पाश्चात्य काव्य-परम्परा के विशद ज्ञान, स्वस्थ अन्तर्दृष्टि, सारग्राही वृत्ति और भाषा-शैली की प्रौढ़ता के कारण दिनकर की आलोचनात्मक कृतियाँ उनकी कविताओं के समान ही पठनीय हैं।

वे हिन्दी साहित्य की समृद्ध परम्परा और समकालीन परिदृश्य के साथ ही साहित्य की मूल प्रेरक शक्तियों से भी सुपरिचित थे। अपने काव्यालोचन की आधारभूमि के निर्माण के क्रम में यदि एक ओर वे संस्कृत काव्यशास्त्र की परम्परा से रस ग्रहण करते हैं, तो दूसरी ओर पाश्चात्य चिन्तकों की वैचारिक मान्यताओं से प्रेरणा भी लेते हैं।

काव्यालोचन

अमरीकी कवि और आलोचक एजरा पाउंड (1885-1972 ई.) के अनुसार 40 पेज की भूमिका लिखने के बजाय चार पंक्तियों की कविता लिखना कहीं

ज्यादा अच्छा काम है। लेकिन दिनकर ने 1956 ई. में प्रकाशित अपने काव्य-संग्रह 'चक्रवाल' की 75 पृष्ठ लम्बी भूमिका लिखी थी। इसमें उनकी 'रेणुका' से लेकर 'नील कुसुम' तक की चुनी हुई कविताओं का संकलन था। फिर 1974 ई. में 'रश्मिलोक' का प्रकाशन हुआ जिसमें 'रेणुका' से लेकर 'हारे को हरिनाम' तक की चुनी हुई कविताएँ संकलित थी। दिनकर ने 'मेरी काव्य-यात्रा' शीर्षक से इसकी भी एक लम्बी भूमिका लिखी थी। महत्त्वपूर्ण बात यह है कि इन दोनों काव्य-संकलनों की सुदीर्घ भूमिका से दिनकर की जीवन-यात्रा और काव्य-यात्रा, दोनों का बहुत ही प्रामाणिक परिचय प्राप्त होता है।

दिनकर एक सिद्ध कवि होने के साथ ही श्रेष्ठ आलोचक भी थे। 'चक्रवाल' की लम्बी भूमिका के अतिरिक्त 'रश्मिलोक' की भूमिका से उनकी आलोचना-दृष्टि की प्रखरता का परिचय मिलता है। इनसे उनके काव्यबोध के साथ ही हिन्दी कविता की क्रमागत परम्परा और तत्युगीन परिवेश पर भी यथेष्ट प्रकाश पड़ता है।

समालोचक के सम्बन्ध में उनकी धारणा यह है कि—"जब कोई रसिक व्यक्ति, आत्मा में निर्भीकता और हृदय में विनम्रता लेकर, अपनी सारी कलात्मक प्रवृत्तियों को जाग्रत रखते हुए, दृष्टि को गम्भीर तथा रस-ग्राहिता को व्यापक बनाकर किसी कलापूर्ण कृति का रहस्योद्घाटन करने बैठता है तब हम उसे समालोचक के नाम से पुकारते हैं।"[6] उनके मतानुसार सच्ची कविता की ही तरह समालोचना भी एक असाधारण प्रतिभा का काम है। उनका मानना है कि "समालोचना का उद्देश्य साहित्य के गाम्भीर्य की थाह लेना है। सच्चा समालोचक दूसरों की कृति पर सम्मति प्रकट करने की कला का प्रचार नहीं करता, बल्कि, वह यह बतलाता है कि किसी कृति के निर्माण में किन प्रवृत्तियों तथा किस कौशल से काम लिया गया है।"[7]

यद्यपि उनकी आलोचना का बहुत गहरा सम्बन्ध उनकी अपनी काव्य-रचना-प्रक्रिया से रहा है, तथापि वे अपनी आलोचना को केवल अपनी रचना-प्रक्रिया के स्पष्टीकरण का माध्यम भर नहीं मानते। वे इसे अपनी काव्य-संवेदना और काव्य-कौशल को विस्तृत करने के माध्यम के रूप में भी ग्रहण करते हैं। उनके आलोचनात्मक लेखों में विषयों का वैविध्य भी सजग पाठकों का ध्यान आकृष्ट करता है। इस दृष्टि से बिलकुल प्रारम्भिक काल में लिखा गया 'हिन्दी-कविता और छन्द' नामक उनका लेख देखा जा सकता है। छन्दों पर ऐसा प्रौढ़ चिन्तन देखने को कम ही मिलता है। छन्द को वे काव्य के बाह्य-साधन के रूप में न ग्रहण कर कवि की आन्तरिक मनोदशा से जोड़कर देखने के पक्षधर रहे हैं। विभिन्न युगों में विभिन्न प्रकार के छन्दों के प्रचलन की उनकी व्याख्या भी ध्यान देने लायक है।[8]

उनके द्वारा लिखी गई आलोचनाएँ विभिन्न निबन्ध-संग्रहों में बिखरी हुई हैं। 'उजली आग' में 'नूतन काव्यशास्त्र' शीर्षक एक अद्भुत निबन्ध संकलित है।

इस निबन्ध की शैली तो गद्यकाव्य की है लेकिन इसका चिन्तन काव्यशास्त्रीय है।

दिनकर के आलोचनात्मक लेखन का पहला पुस्तकाकार परिचय 'मिट्टी की ओर' (1946 ई.) से प्राप्त होता है। चक्रवाल की भूमिका में उन्होंने स्पष्ट किया है कि 'मिट्टी की ओर' की रचना प्रथम 'तारसप्तक' पर विचार करते हुए की गई थी। छायावाद के बाद हिन्दी कविता का विकास जिस दिशा में हो रहा था, 'मिट्टी की ओर' उसी दिशा का संकेतक है। 'मिट्टी की ओर' यानी यथार्थ की दिशा में विकसित होती हिन्दी कविता। यह वस्तुतः एक युवा कवि का अपने समय और साहित्य की समकालीनता की व्याख्या करने की एक शुरुआती कोशिश है। इस पुस्तक में संकलित निबन्ध 1935 ई. के आसपास से ही कभी पत्र-पत्रिकाओं में और कभी व्याख्यानों के रूप में प्रकाश में आए थे।

उसमें संकलित 'हिन्दी कविता पर अशक्तता का दोष' शीर्षक निबन्ध में दिनकर ने लिखा है—"खड़ीबोली की कविता को इतिवृत्तात्मकता से खींचकर चित्रव्यंजना के मोहक देश में प्रतिष्ठित करने का श्रेय छायावाद को ही प्राप्त है और यद्यपि पाठकों का एक बहुत बड़ा समुदाय कविता के द्रव्य और दृष्टिकोण में ऐसा परिवर्तन चाहता है जो काव्य को अधिक बोधगम्य, प्रेरक तथा शक्तिशाली बना दे, किन्तु, कोई पाठक यह नहीं चाहता कि कविता की वह विलक्षणता भी विदा हो जाए जो उसे छायावाद से मिली है।"[9] इसी निबन्ध में वे यह स्थापना देते हैं कि "कविता का उद्देश्य जीवन के उपयोगी तत्त्वों का संयोग उन तत्त्वों से स्थापित करना है, जो हमें आनंद देते हैं।"[10]

'मिट्टी की ओर' को और कुछ नहीं तो गद्य की सफाई के लिए ही बहुत दिनों तक याद किया जाएगा। डॉ. विजेन्द्र नारायण सिंह का मानना है कि इसके समीक्षा-सिद्धान्त 'रेणुका', 'हुंकार' और 'सामधेनी' की कविताओं को ध्यान में रख कर निःसृत हुए हैं। उन्होंने लिखा है—'हुंकार' और 'सामधेनी' के रचयिता के पास तूलिका तो वही थी जिससे अन्ततः 'उर्वशी' बनी, किन्तु, उसकी कटोरी में जो रंग थे, वे कच्चे थे। इसलिए उनसे जो वस्त्र रँगे गए, उनके रंग अब समय के पाट पर छूटते जा रहे हैं। लेकिन बाद में 'उर्वशी' एवं 'कोयला और कवित्व' में उन्होंने इतने पक्के रंग का प्रयोग किया है, जिसे जल्द मिटा पाना काल के लिए भी सम्भव नहीं होगा। 'चक्रवाल' की भूमिका तथा 'उर्वशी' की भूमिका में उन्होंने काव्यालोचन के जिन सिद्धान्तों का निरूपण किया है वह बहुत ही सुदृढ़ और दीर्घजीवी हैं।

आगे चलकर दिनकर अपने आलोचक होने की योग्यता के प्रमाण निरन्तर प्रस्तुत करते चले गए। उनकी काव्यालोचन सम्बन्धी पुस्तकों में 'मिट्टी की ओर' के बाद 'अर्धनारीश्वर' (1952), 'काव्य की भूमिका' (1958), 'पन्त, प्रसाद और मैथिलीशरण' (1958), 'शुद्ध कविता की खोज' (1966), 'साहित्यमुखी' (1968) और 'आधुनिक बोध' (1973) के नाम लिये जा सकते हैं। 'रेती के फूल' (1954),

'वेणु वन' (1958), 'वट-पीपल' (1961), 'संस्मरण और श्रद्धांजलियाँ' (1969) के अलावा मरणोत्तर प्रकाशित 'शेष-निःशेष' (1985) के साथ ही 'संस्कृति के चार अध्याय' (1956) में भी यत्र-तत्र आलोचनात्मक सामग्री बिखरी पड़ी है।

शुद्ध आलोचना सम्बन्धी उपर्युक्त पुस्तकों में दिनकर के काव्य-सम्बन्धी विचार वर्णित हैं। उनमें से 'काव्य की भूमिका' मुख्यतः सैद्धान्तिक ग्रंथ है। इसमें उन्होंने काव्य-तत्त्व सम्बन्धी जो सुस्पष्ट चिन्तन प्रस्तुत किया है वह हिन्दी आलोचना के विकास का एक महत्त्वपूर्ण सोपान है। 'काव्य की भूमिका' में कुल 11 आलोचनात्मक निबन्ध हैं, जिनमें रीतिकाव्य से लेकर प्रयोगवादी कविता तक का पुनर्मूल्यांकन किया गया है। कुछ लेखों में काव्य के प्रयोजन, प्रेरणा एवं कविता के भावी स्वरूप पर विचार किया गया है। 'कविता की परख' शीर्षक निबन्ध में कविता की पहचान सम्बन्धी चार बिन्दुओं को रेखांकित किया गया है—

1. शैली की मौलिकता, रीति की नवीनता और सबके स्वरों से अलग अपना स्वतन्त्र स्वर फूँकने की योग्यता कवि की सबसे पहली पहचान है।
2. कवि ने जो कुछ कहना चाहा था, वह समुचित ढंग से कह सका है या नहीं, यह कविता की दूसरी पहचान है।
3. कविता अन्धी है या पारदर्शी, यह उसकी तीसरी पहचान है। अर्थात वह अलंकारों की चमक-दमक दिखाकर ही रह गई है या वह अपने रचनात्मक उद्देश्य को भी व्यक्त करने में समर्थ हुई है।
4. कविता में विशेषणों का समुचित प्रयोग हुआ है या नहीं, यह उसकी चौथी पहचान है।

दिनकर रीतिकालीन कविता का दोष शृंगारिकता नहीं, बल्कि उसकी निर्जीवता और नकलीपन मानते हैं। उनके अनुसार रीतिकालीन कविताएँ 'बुरी नहीं, निस्तेज' हैं।

'छायावाद की भूमिका' शीर्षक निबन्ध में उन्होंने घनानन्द को 'छायावाद' का प्रवर्तक माना है। उनका मानना था कि भाषाई परिवर्तन के कारण ही छायावाद अपने पूर्ववर्ती युगों से सर्वथा भिन्न है। वे यह भी कहते हैं कि रीतिकाल के बाद स्वामी दयानन्द सरस्वती ने वीरता, ब्रह्मचर्य, त्याग, सदाचार और विवेक का उपदेश देकर भारतीयों को शृंगारिकता और रसिकता से हटाकर शौर्य और बुद्धिवाद की ओर उन्मुख करने का प्रयास किया। उसके बाद ही हमारे साहित्यिक मूल्यों में भी युगान्तरकारी परिवर्तन हुआ; और सर्वप्रथम भारतेन्दु हरिश्चन्द्र ने रीतिकालीन कविता की आलोचना की।

'काव्य की भूमिका' में संकलित 'सत्यं, शिवं, सुन्दरम्' शीर्षक निबन्ध में उन्होंने बताया है कि कला का सर्वोपरि धर्म सौन्दर्य है; लेकिन सर्वोत्तम कृति वह है, जो सुन्दर होने के साथ ही सत्य (यथार्थपरक) और शिव (कल्याणकारी) भी हो।

'पन्त, प्रसाद और मैथिलीशरण' में एक महत्त्वपूर्ण समीक्षात्मक लेख है—'कामायनी : दोष रहित, दूषण सहित'। इसमें जयशंकर प्रसाद कृत 'कामायनी' का आलोचनात्मक मूल्यांकन करते हुए उसकी भाषा में व्याप्त दोषों का उद्घाटन किया गया है। इसमें दिनकर ने एक महत्त्वपूर्ण स्थापना देते हुए लिखा है कि 'कविता की रचना के पीछे स्मृति का बहुत बड़ा हाथ होता है। कल्पना अपनी सारी सामग्री स्मृति के कोश से चुनती है।

'शुद्ध कविता की खोज' कवि-आलोचक के पूर्वाग्रहों से मुक्त एक उल्लेखनीय आलोचना पुस्तक है। दिनकर ने इसमें क्रमशः कविता और शुद्ध कविता, शुद्ध कविता के ऐतिहासिक विकासक्रम को, कविता में दुरुहता, शुद्ध काव्य की सीमाओं, साहित्य में आधुनिकबोध और संवेदना के विकास को लक्ष्य किया है। इसके पहले ही अध्याय 'कविता और शुद्ध कविता' में दिनकर एक जरूरी सवाल उठाते हैं। जिसे हम शुद्ध कविता कहते हैं, वह साहित्य की कोई सर्वथा नवीन विधा नहीं है। जब से मनुष्य ने काव्यकला का आविष्कार किया, शुद्ध कविता की रचना वह तभी से करता आ रहा है। किन्तु, पहले उसे यह पता नहीं था कि जो कुछ वह लिखता है, उसमें दो प्रकार की कविताएँ होती हैं। एक वे, जिनका उद्देश्य केवल आनंद-दान होता है और दूसरी वे, जिनमें आनंद के साथ कुछ ज्ञान भी रहता है, प्रत्यक्ष या अप्रत्यक्ष कुछ उपदेश भी रहते हैं अथवा दूर पर कहीं, किसी कर्तव्य की प्रेरणा भी रहती है। दिनकर मानते हैं कि सारी अच्छी कविता आखिर परम्परा का अतिक्रमण करती है। वह वैयक्तिक के साथ निर्वैयक्तिक भी होती है।[11]

'शुद्ध कविता की खोज' में पश्चिम के अद्यतन साहित्यिक वादों का सूक्ष्म और गम्भीर विवेचन हुआ है, जिससे पता चलता है कि दिनकर में काव्यालोचक की नैसर्गिक प्रतिभा तो थी ही; वे प्राच्य और पाश्चात्य—दोनों काव्य परम्पराओं से सुपरिचित थे। परन्तु 'शुद्ध कविता की खोज' में मूल्यांकन का अभाव है। उन्होंने केवल एक तटस्थ व्याख्याकार का काम किया है। रामचंद्र प्रसाद के अनुसार, दिनकरजी मूल्यांकन से कतराते रहे हैं। शायद आलोचना की गुत्थियों में वे इसलिए नहीं उलझे कि 'शुद्ध कविता की खोज' का एक सीमित उद्देश्य है : "हिन्दी के जो लेखक, कवि और पाठक अंग्रेजी अथवा किसी अन्य विदेशी भाषा के द्वारा पाश्चात्य साहित्य के सीधे सम्पर्क में नहीं हैं, इस पुस्तक का उद्देश्य विशेषतः उन्हीं के साथ वार्तालाप करना है।" इस उद्देश्य में दिनकरजी को सफलता मिली है।[12]

वे हिन्दी की जातीय-परम्परा में गहरी पैठ रखनेवाले, उन्मुक्त दृष्टि से परम्परा और आधुनिकता की गहरी पड़ताल करनेवाले और एक साथ विनम्रता, निर्भीकता एवं स्पष्टता के साथ अपनी बात कहनेवाले विलक्षण आलोचक है। अपने उक्त गुणों के कारण उनके काव्यालोचन ने एक विशाल पाठक समुदाय को आकर्षित किया। वे कला, साहित्य, संस्कृति और कविता से जुड़े तमाम गम्भीर और सामयिक

प्रश्नों का विश्लेषण करते हैं। इस क्रम में वे भारतीय काव्यशास्त्रीय परम्परा, हिन्दी आलोचना की परम्परा और अधुनातन पाश्चात्य आलोचना के साथ देशी-विदेशी रचनात्मक परम्परा से जीवन्त संवाद करते दिखाई पड़ते हैं। अकादमिक सुविधा की दृष्टि से उनके आलोचनात्मक लेखन को निम्नलिखित वर्गों में बाँटा जा सकता है—

(1) सैद्धान्तिक आलोचना
(2) व्यावहारिक आलोचना; और
(3) काव्येतिहास के पुनर्निर्माण के प्रयास से जुड़ी आलोचना।

सैद्धान्तिक आलोचना से तात्पर्य साहित्य के मूल्य-निर्धारण, मूल्यों के स्थिरीकरण एवं प्रतिमानीकरण से जुड़ी आलोचना से है। यद्यपि उनकी आलोचना के केन्द्र में कविता ही है, तथापि साहित्य से जुड़े तमाम प्रश्नों से भी वे उलझते दिखाई पड़ते हैं। कविता और साहित्य के जिन प्रश्नों से वे अनेक रूपों में संवाद करते दिखाई पड़ते हैं, उनमें से प्रमुख हैं कविता सोद्‌देश्य होती है या निरुद्‌देश्य? कविता-ज्ञान है या आनन्द? कविता के सम्बन्ध में भावुकता और कल्पना का महत्त्व है या बौद्धिकता का? रचना के भीतर परम्परा और आधुनिकता या नवीनता का रिश्ता क्या होता है? कविता कोमल होनी चाहिए या कठोर? कविता का राजनीति से कोई रिश्ता होता है या नहीं? यदि होता है तो उसका स्वरूप क्या होता है? रोमांटिक कविता अच्छी होती है या यथार्थवादी कविता? कविता का विचारधारा विशेष से किसी प्रकार का लगाव होना चाहिए या नहीं? सामान्य साहित्यिक प्रश्नों में से साहित्य के धर्म की पड़ताल के साथ साहित्य पर विज्ञान और आधुनिकता के प्रभाव का अध्ययन भी दिनकर के लिए दिलचस्पी का विषय है। ये और ऐसे ही कुछ अन्य प्रश्न हैं जिनसे दिनकर लगातार मुठभेड़ करते दिखते हैं। लेकिन इस दौरान वे किसी रूढ़ या बनी-बनाई धारणा से परिचालित होते नहीं दीखते। कुल मिलाकर, द्वन्द्व' उनके कवि-व्यक्तित्व का ही नहीं, आलोचकीय व्यक्तित्व का भी अभिन्न अंग प्रतीत होता है।

डॉ. विजेन्द्र नारायण सिंह के अनुसार, दिनकर हिन्दी के उन तीन-चार आलोचकों में से एक हैं, जिन्होंने हिन्दी काव्यालोचन के स्तर को बहुत ऊँचा उठाया है। सच तो यह है कि काल-देवता के पुस्तकालय में उनकी कम ही कविताएँ सुरक्षित रहेंगी, किन्तु आलोचना के लिए काल-देवता को अधिक स्थान देना पड़ेगा। दिनकर हिन्दी के उन कतिपय दो-चार गद्य-लेखकों में हैं जो प्रौढ़ और सन्तुलित गद्य लिखते हैं।[13]

टी. एस. इलियट को बहुत ही श्रेष्ठ आलोचक माना गया है। किन्तु उनकी आलोचना के अनेक सिद्धान्त उनकी कविताओं की रक्षा के निमित्त गढ़े गए हैं। दिनकर की आलोचनाओं के सम्बन्ध में भी यही बात कही जा सकती है। दिनकर

का कवि और आलोचक एक-दूसरे का पूरक है, परस्पर विरोधी नहीं। कवि दिनकर भावुक और कल्पनाशील हैं, जबकि आलोचक दिनकर मिट्टी की ओर उन्मुख हैं।

डॉ. विजेन्द्र नारायण सिंह का मानना है कि दिनकर की आलोचना उनकी कविताओं की प्रतिरक्षा में लिखी गई है। उनके अनुसार, "मिट्टी की ओर' से ले कर 'उर्वशी' की भूमिका तक यह क्रम अनवरत और अप्रतिहत रहा है। सच तो यह है कि दिनकर की कविता का विकास बड़ा ही स्पष्ट रूप से हुआ है। भावपक्ष की दृष्टि से तो 'रेणुका' से लेकर 'कोयला और कवित्व' तक कोई बड़ा और क्रान्तिकारी परिवर्तन नहीं आया है किन्तु भाषा और शिल्प की दृष्टि से 'रेणुका' से लेकर 'कोयला और कवित्व' तक की यात्रा बहुत लम्बी है। दिनकर ...हमेशा आत्मनिरीक्षण करते रहे हैं। यह कितने आश्चर्य की बात है कि जहाँ 'बच्चन', 'अंचल' और जानकीवल्लभ शास्त्री ऐसे कवि एक ही मनोदशा से आजीवन ग्रस्त रहे हैं और छायावादी कविता की रंगीनियों और तन्वंगिता (सुकुमारिता) में ही उलझ कर रह गए, वहीं दिनकर अपनी ही सीमा का बार-बार अतिक्रमण करते रहे और नई कविता की धारा जब बही तब तट पर के ठूँठ की तरह खड़े न रह कर उस धारा से कुछ जल अपने पादप को सींचने के लिए भी ले आए। दिनकर की कविताओं में ज्यों ज्यों निखार आता गया त्यों-त्यों उनकी आलोचना के मूल्य भी बदलते गए।"[14]

सोद्देश्य कविता

दिनकर उस कविता को श्रेष्ठ मानते हैं जो संसार को आगे बढ़ाने में सहायक हो। उन्होंने लिखा है—"कविता ने संसार की बड़ी सेवा की है। यह दुःख में आँसू, सुख में हँसी और समर में तलवार बन कर, मनुष्यों के साथ रही है। मनुष्य की चेतना को ऊर्ध्वमुखी रखने में कविता का बहुत प्रबल हाथ रहा है, स्वयं कवि ही पारिजात का वह पुष्प है जो स्वर्ग का सन्देश लेकर पृथ्वी पर उतरा है।"[15] सोद्देश्य कला की कल्पना समाज से विच्छिन्न होकर नहीं की जा सकती और समाज नीति और मूल्य के बिना जी नहीं सकता। वे लिखते हैं—"कवि-कल्पना और सामाजिक जीवन के बीच सामंजस्य स्थापित किए बिना साहित्य आयुष्मान नहीं हो सकता। छोटी-छोटी क्षणिक और हल्की भावनाओं का गीत-प्रणयन भी अपनी जगह मूल्य रखता है, किन्तु कलाकारों में श्रेष्ठ तो वही गिना जाएगा, जो जीवन में महान प्रश्न पर महान रूप से कला का रंग छिड़क सके। सच तो यह है कि ऊँची कला कोशिश करने पर भी अपने को नीति और उद्देश्य के संसर्ग से बचा नहीं सकती, क्योंकि नीति और लक्ष्य जीवन के प्रहरी हैं और कला जीवन का अनुकरण किए बिना जी नहीं सकती।"[16]

मैथ्यु ऑर्नल्ड ने कविता को जीवन की आलोचना कहा है। लेकिन यदि

कविता का लक्ष्य जीवन की आलोचना ही हो तो कई अन्य शास्त्र कविता से अधिक महत्त्व के अधिकारी होंगे। फूलों का मुख्य कार्य हृदय को आनन्दित करना है और यदि उससे हृदय का परिष्कार भी हो जाए तो यह एक गौण कार्य होगा। उसी प्रकार कविता का चरम लक्ष्म आनन्ददान ही हो सकता है। दिनकर 'मिट्टी की ओर' में आर्नल्ड से प्रभावित प्रतीत होते हैं। वे लिखते हैं : "कला की ऊँची कृतियाँ केवल जीवन की समीक्षा ही नहीं करतीं, वरन् उसकी समस्याओं का निदान, उनके अर्थों की टीका और कभी-कभी उसका हल भी निकालती हैं।"[17] लेकिन उनकी परवर्ती कविताएँ अन्तर्मुखी होती गईं और प्रचलित अर्थ में समाज से उनका वह प्रत्यक्ष सम्बन्ध न रहा जो उनकी राष्ट्रीय कविताओं का रहा था। वे यह महसूस कर रहे होंगे कि उन्हीं के द्वारा निर्मित काव्यालोचन के सिद्धान्त अब उनकी कविताओं की व्याख्या ठीक-ठीक नहीं कर पाते हैं। 'उर्वशी' का रचयिता आनन्दलोक में विचरण तो करता है, किन्तु समाधान प्रस्तुत करने से हिचकता है। दिनकर ने 'उर्वशी' की भूमिका में अपनी कविता का औचित्य सिद्ध करते हुए लिखा है : "प्रश्नों के उत्तर, रोगों के समाधान, मनुष्यों के नेता दिया करते हैं। कविता की भूमि केवल दर्द को जानती है, केवल बेचैनी को जानती है, केवल वासना की लहर और रुधिर के उत्ताप को पहचानती है।"

दिनकर का प्रारम्भिक रचनात्मक व्यक्तित्व सोद्‌देश्यता का पक्षधर है लेकिन वे साहित्य या कविता को केवल सोद्‌देश्य या निरुद्‌देश्य के सरल-सपाट खाने में रखकर देखने के विरुद्ध हैं। उनकी दृष्टि में सशक्त कवि वह है जिसने जीवन-संग्राम में संघर्षरत रहकर अपने को अनुभूतिप्रवण बनाया है।

काव्यादर्श में एक स्वस्थ परिवर्तन

'हुंकार' से ले कर 'कोयला और कवित्व' तक दिनकर के काव्यादर्श में एक स्वस्थ परिवर्तन आया है। उनकी प्रारम्भिक कविताएँ कवि-सम्मेलनों की छाया में लिखी गई थीं। इसलिए उनमें आवेग अधिक है। 'मिट्टी की ओर' में उसका औचित्य सिद्ध करते हुए दिनकर लिखते हैं : 'सच्चा काव्य जाग्रत पौरुष का निनाद है।' लेकिन, यदि इस कसौटी पर 'उर्वशी' या 'कोयला और कवित्व' की कविताओं को कसा जाए तो वे असमर्थ सिद्ध होंगी। 'हुंकार' और 'कुरुक्षेत्र' की कविताओं को, अपने दौर में, श्रोताओं की चाहे जितनी प्रशंसा मिली हो, किन्तु 'उर्वशी' की श्रेष्ठता स्वयंसिद्ध है। इसलिए 'उर्वशी' की रचना के बाद दिनकर काव्यालोचन सम्बन्धी अपना सिद्धान्त भी बदल देते हैं। 'नूतन काव्य-शास्त्र' में वे लिखते हैं : "तू यह देखना भूल जा कि तेरी कविता को सुन कर कोई सिर हिलाता है या नहीं। तेरे देखने की बात तो यही हो सकती है कि कविता सुन कर श्रोता की आँखें बन्द होती है या नहीं, वह बाहर से सिमट कर भीतर की ओर डूबता

है या नहीं। तेरी कसौटी तालियों की गड़गड़ाहट नहीं, श्रोताओं का नीरव वैकल्य है।"[18] जो दिनकर समस्याओं के निदान की बात कभी करते थे, वे अब लिखते है : "और कवि जब, सचमुच, कवि होता है तब वह समझाने को नहीं, मात्र समझने के निमित्त रचना करता है। कविता गाकर रिझाने के लिए नहीं, समझकर खो जाने के लिए है।"[19]

दिनकर की शुरुआती कविताओं में कोलाहल है। लेकिन आत्मपरिष्कार करते हुए 'नूतन काव्य शास्त्र' में उन्होंने लिखा है—"कविता कोलाहल नहीं मौन है।... कविता सजावट और रंगीनी नहीं, अपने आप को चीरने का प्रयास है और जो अपने आप को चीरता है, वही मनुष्य की जड़ता को चीर सकता है।"[20] 'उर्वशी' के अधिकांश स्थल और 'कोयला और कवित्व' की अनेक कविताएँ इस कसौटी पर खरी उतरती हैं। सबसे पहले 'रसवन्ती' की कुछ कविताओं में निरुद्देश्य आनन्द का जो निर्झर फूटा था, उस निरुद्देश्य आनन्द की महिमा को यहाँ आकर दिनकर ने स्पष्टतः समझ लिया है।

उनका मानना है कि "कला की सर्वोच्च कृतियाँ कवि की जन्मजात रहस्यमयी सहज प्रवृत्तियों के बल पर उत्पन्न होती हैं और जहाँ काव्य में चमत्कारपूर्ण प्रभाव उत्पन्न करने के लिए कवि अपनी इस प्रवृत्ति से अधिकाधिक काम लेता है वहीं कला अपनी चरम विजय से आह्लादित हो उठती है।"[21]

दिनकर ने अपने जमाने की कुछ सैद्धांतिक बहसों में भी हिस्सा लिया था; जैसे—कला की सोद्देश्यता का सवाल। वे कलावादियों के साथ एकदम नहीं थे। उन्होंने बार-बार ज़ोर देकर कहा कि कला निरुद्देश्य हो ही नहीं सकती। उन्होंने यह जरूर कहा कि कला के उद्देश्य और राजनीति के उद्देश्य को एकमएक करना ठीक नहीं है। निरुद्देश्य कला का कोई मतलब नहीं है। विशेष रूप से 'साहित्य और राजनीति' नाम का उनका एक निबंध बहुत ध्यान देने लायक है। इस निबंध में दिनकर ने लिखा है कि क्रांति जनसमूह को जगाकर उसे नई सांस, नई संस्कृति और तरंगित होने वाले जीवन की ओर प्रेरित करती है। जीवन का आदेश है कि साहित्य नए इतिहास के निर्माण में योग दे। यह काम केवल कला को पूजने वाले साहित्य से नहीं हो सकता। इसलिए दिनकर अपनी सारी आलोचना में बार-बार कलावाद के विरुद्ध खड़े दिखाई देते हैं।[22]

'छायावाद' सम्बन्धी दृष्टिकोण

डॉ. मैनेजर पांडेय ने लिखा है—हिंदी के एक से एक बड़े आलोचकों ने छायावाद पर लिखा है पर छायावाद का जो मूल्यांकन दिनकर ने किया है वह पहले का है। तब न नामवर सिंह की 'छायावाद' मौजूद थी और न रामविलास जी की 'निराला की साहित्य-साधना' आई थी। दिनकर के इस कथन पर ध्यान

दीजिए—'छायावाद हिंदी में उद्दाम वैयक्तिकता का पहला विस्फोट था। केवल साहित्य की शैली ही नहीं, समग्र जीवन की परम्पराओं, रूढ़ियों, शास्त्र निर्धारित मर्यादाओं एवं मनुष्य की चिंता को सीमित करने वाली परिपाटियों के विरुद्ध जन्मे हुए एक व्यापक विद्रोह का परिणाम था तथा मनुष्य की दबी हुई स्वतंत्रता की भावना को प्रत्येक दिशा में उभारने वाला था छायावाद।'

ध्यान दीजिए, नामवर जी ने वर्षों बाद यह बात अपनी किताब में घुमा-फिराकर कही है कि व्यक्तिवाद और उसका सार्थक रूप है वह। यह दिनकर 'मिट्टी की ओर' में लिख रहे थे। दिनकर छायावाद को समग्र विद्रोह मानते हैं। दिनकर की आलोचना को गंभीरता से जाँचने-परखने की जरूरत है। यह जो छायावाद का मूल्यांकन है, न तो नंददुलारे बाजपेयी के यहाँ है और न ही शांतिप्रिय द्विवेदी के यहाँ, न नामवर सिंह के यहाँ और न रामविलास शर्मा के यहाँ।

दूसरी बात दिनकर ने कही है कि छायावाद को जो रहस्यवाद सिद्ध करने की कोशिश हुई वह भी छायावाद के साथ ज्यादती है। रहस्यवाद अपने क्लासिकल रूप में छायावाद में नहीं है। उन्होंने यह कहा कि छायावाद में इस समाज की समस्याओं से किनारे जाने की जो थोड़ी चेतना है, चिंता है, उसको भारतीय कविता की परम्परा में देखना चाहिए। दो कविताओं को एक साथ देखिए। प्रायः पलायनवाद के उदाहरण के रूप में प्रसाद जी का उल्लेख किया जाता है—'ले चल मुझे भुलावा देकर मेरे नाविक धीरे-धीरे'। दिनकर ने उद्धृत किया है गालिब को—रहिए अब ऐसी जगह चलकर जहाँ कोई न हो। गालिब के यहाँ जो है वह प्रसाद जी से अलग नहीं है। पहले हैं गालिब, प्रसाद बहुत बाद के हैं। दिनकर का कहना यह है कि इस कवि की मनोदशा को समझने की जरूरत है। दिनकर की एक अलग किताब ही है—'पंत, प्रसाद और मैथिलीशरण'। उसमें उन्होंने इन संबंधों की खोज की है।[23]

दिनकर के छायावाद सम्बन्धी बिचार बहुत स्पष्ट हैं। उनके अनुसार छायावाद के आन्दोलन से एक नई कविता का ही आविर्भाव नहीं हुआ था, ऐसे कवि भी उत्पन्न हुए थे जिनके व्यक्तित्व में नयापन था। छायावादी आन्दोलन के पहले 'इतिवृत्तात्मक' कवियों में शालीनता पाई जाती थी, लेकिन छायावाद के विद्रोह के बाद ऐसे कवियों का अवतरण हुआ जिनकी चंचलता उनकी कृतियों में ही नहीं, उनके व्यक्तित्व में भी झलकती है। इन कवियों ने काव्य-क्षेत्र में प्रचलित भाषा, भाव, शैली आदि के विरुद्ध विद्रोह किया था। पाश्चात्य स्वच्छन्दतावादी कवियों के कई गुण इनमें भी विद्यमान थे। वे वर्डस्वर्थ, कीट्स और शेली की भाँति भावुक, कोमलताप्रिय एवं आत्मनिष्ठ थे।

दिनकर के 'इतिहास के दृष्टिकोण से' शीर्षक निबन्ध में छायावाद का ऐतिहासिक परिचय है। जब प्रगतिवाद नामक आन्दोलन का प्रारम्भ हुआ तब लोगों ने छायावाद को पलायनवाद कहना शुरू किया। उनके अनुसार छायावादी

कवि आकाश को क्रान्ति के बादलों से आच्छादित देखकर कल्पना-लोक में छिप गए थे।

दिनकर के अनुसार छायावाद पर रवीन्द्रनाथ ठाकुर का प्रभाव तो था ही, उसके कवियों पर अंग्रेजी के रोमांटिक कवियों का भी प्रभाव पड़ा था। छायावाद "जीवन की सबसे बड़ी क्रान्ति का भी प्रतीक था और उसकी स्थूलता से दूर भागने का प्रयासी भी।"

खड़ी बोली की कर्कशता को गलाकर मोम बना देने की कला को दिनकर ने छायावाद की सबसे बड़ी देन माना है। उनका मानना था कि "वास्तव में छायावाद की विशेषता ध्वनि और वेदनाप्रियता नहीं, प्रत्युत भावुकता और कल्पना की अतिशयता तथा परिचित से दूर जाकर अपरिचित में विहार करने की प्रवृत्ति थी।"

दिनकर ने छायावादी कवियों की वैयक्तिकता पर बहुत बल दिया है। "छायावाद पर रोमांटिक कवियों का ही नहीं, रवीन्द्रनाथ का भी प्रभूत प्रभाव है। परन्तु ये दोनों प्रकार के प्रभाव परस्पर विरोधी नहीं हैं, कारण रवीन्द्रनाथ भी कला को व्यक्तित्व की अभिव्यक्ति मानते थे।" उनके अनुसार, "छायावाद हिन्दी में उद्दाम वैयक्तिकता का पहला विस्फोट था।" वे यह भी मानते हैं कि "व्यक्तित्व की उद्दामता से रोमांटिक शैली का आविर्भाव होता है।" छायावाद और रोमांटिसिज्म इस दृष्टि से अभिन्न है कि दोनों उद्दाम व्यक्तित्व की अभिव्यक्ति में विश्वास करते हैं।

दिनकर कृत 'हुंकार' जब छपा, तब तक छायावाद के दिन ढल चुके थे। 1936 में प्रेमचन्द की अध्यक्षता में प्रगतिशील लेखक संघ का अधिवेशन हुआ और प्रगतिवाद के माध्यम से वामपन्थी राजनीति साहित्य के मन्दिर में प्रवेश कर रही थी। डॉ. विजेन्द्र नारायण सिंह के शब्दों में—उस समय छायावाद की भर्त्सना करना एक फैशन हो गया था। जिस प्रकार अंग्रेजों को गालियाँ देकर उस समय कोई भी व्यक्ति नेता बन जाता था, उसी प्रकार छायावाद की भर्त्सना करना और प्रगतिशीलता का जामा पहन लेना साहित्य के क्षेत्र में आम बात हो गई थी। रोमांटिक मुद्रा की एक विशेषता यह है कि उसमें आवेश अधिक होता है, चिन्तन कम। दिनकर नवयुवक थे, फलतः उनमें उत्साह का आधिक्य था। बड़े आवेश में वे छायावाद की मृत्यु पर प्रसन्नता प्रकट करते हैं : "यह अच्छा ही हुआ कि पुंसत्वहीन और अभिशप्त छायावाद की मृत्यु हो गई और आज उसका जनाजा निकाला जा रहा है।"

किन्तु छायावाद की व्याप्तियाँ बहुत दूर तक गई थी और हमारे जीवन का वह एक अंश बन गया था। दिनकर छायावाद की भर्त्सना करते समय यह भूल गए थे कि उसी की कुक्षि से उनका जन्म हुआ था। बाद में जब दिनकर को प्रगतिवादियों

ने आड़े हाथों लिया और अपने समाज से बहिष्कृत कर दिया तब आत्मनिरोक्षण का उन्हें अवसर मिला। उन्होंने महसूस किया कि प्रगतिवाद साहित्य की अपेक्षा राजनीति का आन्दोलन था। वे तब यह मानने को बाध्य हो गए कि छायावाद का परिष्कार ही प्रगतिवाद था। दिनकर का परवर्ती काव्य वस्तुत: छायावाद की छाया में लिखा गया है। परिणामत: उनकी परवर्ती आलोचना छायावाद से उस प्रकार नहीं भड़कती है जिस प्रकार वह पहले भड़कती थी।[24]

डॉ. विजेन्द्र नारायण सिंह के अनुसार, 'उर्वशी' के अधिकाश रंग छायावाद की कटोरी से लिये गए हैं। 'उर्वशी' का काव्य-सौन्दर्य छायावाद का काव्य-सौन्दर्य है। दिनकर 'चक्रवाल' की भूमिका में ही अपना सुर बदलने लग गए थे और आलोचना के उन सिद्धान्तों का निर्माण कर रहे थे जो 'उर्वशी' और 'कोयला और कवित्व' के लिए ढाल बन सके। छायावाद सचमुच बड़ा प्रतापी काव्यान्दोलन था। 'चक्रवाल' की भूमिका में छायावाद की प्रशंसा करते हुए वे थकते नहीं हैं। वे लिखते हैं : "यह आन्दोलन विचित्र जादूगर बन कर आया था। जिधर को भी इसने एक मुट्ठी गुलाल फेंक दी, उधर का क्षितिज लाल हो गया।"[25] यह वही दिनकर हैं जिन्होंने 'मिट्टी की ओर' में छायावाद को पुंसत्वहीन कहा था।

रीतिकाल का मूल्यांकन

दिनकर के मूल्यांकन में जो तेजस्विता है उसका एक प्रमाण रीतिकाल के मूल्यांकन में दिखाई देता है। रीतिकाल पर उनके दो लेख हैं। उन्होंने लिखा है कि घनानंद अनेक अर्थों में रीतिकाल के नहीं, प्रत्युत छायावाद के कवि हैं। यह कहने की हिम्मत उस जमाने में किसी की नहीं थी और आज भी यह स्वीकार करने की तत्परता किसी में नहीं है। अगर आप रामचंद्र शुक्ल के विचारों से मिलाकर देखिए तो शुक्लजी ने छायावाद की कविता से घनानंद की कविता की समानता की चर्चा अनेक स्तरों पर की है। दिनकर की आलोचना में बहुत सारी ऐसी महत्वपूर्ण स्थापनाएँ हैं, जिन पर नए ढंग से सोचने और विचार करने की जरूरत है।[26]

शिल्प सम्बन्धी प्रतिमानों में बदलाव

काव्य-शिल्प के सम्बन्ध में भी दिनकर के विचारों में आमूल परिवर्तन हुए हैं। उनकी प्रारम्भिक कविताओं में शिल्प गौण था, और भाव प्रबल थे। डॉ. विजेन्द्र नारायण सिंह के शब्दों में—"उन दिनों दिनकर अपनी कविताओं में आँधी और तूफान को बाँध रहे थे। फलत: भाषा चरमरा कर टूट जाती थी। उद्वेग की वह्नि में शिल्प का ईंधन जल जाता था। दिनकर इस ओर से एकदम बेफिक्र थे। कथ्य प्रमुख था, कथन की प्रणाली गौण। 'उर्वशी' तक आते-आते दिनकर 'भाषा के सम्राट' बन जाते हैं।" इसलिए काव्यालोचन सम्बन्धी उनके सिद्धान्तों में भी

परिवर्तन उपस्थित होते हैं।

चित्र : स्थायी प्रतिमान

दिनकर का काव्य-विकास भाव-पक्ष से कला पक्ष की ओर हुआ है। प्रारम्भ की कविताओं में वे उद्वेग में लिखते थे और कला की बारीकियों की उपेक्षा करते थे। इसलिए उनकी कविताओं में विचार अधिक और चित्र कम होते थे। कविता ज्ञान की अन्य विधाओं ने भिन्न इस बात में है कि उसकी भाषा चित्र-भाषा होती है। कवि शब्दों के माध्यम से वस्तुओं का चित्र खड़ा करता है। ये चित्र स्थिर और गत्यात्मक दोनों प्रकार के हो सकते हैं। दिनकर की प्रारम्भिक कविताओं में चित्रों का नितान्त अभाव है। उन दिनों दिनकर चित्रों की महिमा को हृदयंगम नहीं कर पाए थे। 'मिट्टी की ओर' में शायद ही कहीं चित्रों के सम्बन्ध में दिनकर ने एक भी पंक्ति लिखी हो।

लेकिन 'चक्रवाल' की भूमिका (1956 ई.) में आकर दिनकर चित्रों की महत्ता समझने लगे हैं। चित्र के सार्वभौम महत्त्व की मीमांसा करते हुए वे लिखते हैं—"चित्र कविता का अत्यन्त महत्त्वपूर्ण गुण हैं, प्रत्युत् कहना चाहिए कि यह कविता का एकमात्र शाश्वत गुण है जो उससे कभी भी नहीं टूटता। कविता और कुछ चाहे करे या न करे, किन्तु चित्रों की रचना वह अवश्य करती है और जिस कविता के भीतर बननेवाले चित्र स्वच्छ या विभिन्न इन्द्रियों से स्पष्ट अनुभूत होने के योग्य होते हैं, वह कविता उतनी ही सफल और सुन्दर होती है। ...कविताओं में क्रान्तियाँ होती हैं, किन्तु प्रत्येक क्रान्ति अपने को अनुरूप चित्रों में व्यक्त करती है। कविताओं की प्रवृत्तियाँ बराबर बदलती रहती हैं, छन्द बदल जाते है और कभी-कभी छन्द टूट भी जाते हैं; किन्तु चित्र कभी भी नहीं रुकते, वे टूटे छन्दों के भीतर भी वाक्यों में मोती के समान जड़े रहते हैं। और तो और, जब कविता के भीतर का सारा द्रव्य बदल जाता है, दर्शन और दृष्टिकोण सभी कुछ परिवर्तित हो जाते हैं, तब भी चित्र कविता का साथ नहीं छोड़ते। कविता में चित्रों का आना संयोग की बात नहीं है। प्रत्येक सुन्दर कविता चित्रों का अलबम अथवा स्वयं एक पूर्ण चित्र होती है।"[27] चित्र के सम्बन्ध मे दिनकर का यह मत बाद में उनके काव्यालोचन सम्बन्धी सिद्धान्तों का अपरिहार्य अंग बन गया। उन्होंने 'रीति काल का नया मूल्यांकन' शीर्षक आलोचनात्मक निबन्ध में रीति-काल का जो महत्त्व-विश्लेषण किया है, वह चित्रों को कसौटी बनाकर ही।

दिनकर ने रीति-कालीन कवियों के चित्रों की प्रशंसा करते हुए उसको चित्र की दृष्टि से हिन्दी का सबसे समृद्ध काल बताया है। पद्माकर की प्रशंसा में वे लिखते हैं : "पद्माकर के हाथ में जो कलम है वह विचार कम, चित्र अधिक उठाती है। दोनों में श्रेष्ठ कौन है? विचार उठानेवाला या चित्र उठानेवाला? कहना

कठिन है। किन्तु, जहाँ काव्य कला का पर्याय माना जाता है वहाँ चित्रकारी कविता का बहुत बड़ा गुण बन जाती है।" इसी निबन्ध में दिनकर ने लिखा है : 'कहानी में जो स्थान मनोविज्ञान का है, कविता में वही स्थान चित्र को दिया जाता है और यह ठीक भी है, क्योंकि चित्रमयता ही कविता को विज्ञान से अलग करती है। दार्शनिक और इतिहासकार जिस ज्ञान को सूचना के भांडार में जमा करते हैं, कवि उसी ज्ञान को चित्र बना कर लोगों की आँखों के आगे तैरा देता है। जो ज्ञान चित्र में परिवर्तित नहीं किया जा सकता, वह कविता के लिए बोझ बन जाता है। इसलिए जिस कविता में जितने अधिक चित्र उठते हैं उसकी सुन्दरता भी उतनी ही अधिक बढ़ जाती है।"

'नील-कुसुम' में संकलित 'स्वप्न और सत्य' तथा 'नर्तकी' शीर्षक कविताओं में दिनकर ने भाषा को चित्रमय बनाने में सफलता हासिल की है। 'उर्वशी' तो आद्योपान्त चित्र-व्यंजना का ही काव्य है। 'कोयला और कवित्व' में भी चित्रात्मकता का प्राचुर्य है। उनके काव्यालोचन सम्बन्धी सिद्धान्तों में परिवर्तन का रहस्य यही है।

'रूपकाव्य' और 'विचार-काव्य'

'चक्रवाल' की भूमिका में दिनकर ने लिखा है—"रीतिकाल शुद्ध कला का काल था, उसमें विचारों की नहीं, केवल भावों की प्रधानता थी, वह अमिश्रित अथवा खाँटी कविता का काल था एवं उसके कवियों ने कारीगरी का इतना अच्छा उपयोग किया जितना और किसी काल के कवि नहीं कर पाए थे। आज की आलोचना के अनुसार, ये सारे गुण शुद्ध कविता के गुण हैं। फिर भी, ये गुण रीतिकाल को निन्दित होने से न बचा सके। इस स्थिति से दो शिक्षाएँ निकलती हैं। पहली तो यह कि साहित्य की धारा बराबर परिवर्तित होना चाहती है और दूसरी यह कि चित्र और भाव चाहे जितने भी बड़े गुण हों, किन्तु, विचारों का आधार लिये बिना, बहुधा, सुन्दर साहित्य भी निष्प्राण हो जाता है।"[28]

काव्य की श्रेष्ठता का दिनकर ने पग-पग पर समर्थन किया है। इस प्रसंग में उन्होंने 'रूपकाव्य' (भाव या कल्पना प्रधान-कविता) और 'विचार-काव्य' (विचार या ज्ञान-प्रधान कविता) का विश्लेषण करते हुए भी श्रेष्ठ काव्य की कसौटी यह दी है—"शुद्ध कविताओं के पढ़ने या सुनने पर पाठकों में जो अनुभाव पैदा होते हैं, वे ही अनुभाव यदि विचार-काव्य भी जगा सकें तो उन कविताओं को सत्काव्य की कोटि में रखने में मुझे कोई आपत्ति दिखाई नहीं देती। किन्तु विचारों की प्रमुखता में वृद्धि होने से कहीं कवित्व का ह्रास न हो जाए इसलिए ज़ोर हमें बराबर इसी बात पर देना चाहिए कि काव्य भी काव्य विचारों से नहीं, कल्पना और भाव से बनता है और विचार-काव्य इसीलिए नहीं माने जाते हैं कि उनमें ऊँचे-ऊँचे विचार हैं वरन् इसलिए कि उनके रचयिताओं को इन विचारों की अनुभूति कल्पना के आवेश में

हुई थी और उन्होंने अभिव्यक्ति का मार्ग भी वही चुना, जो शास्त्रकारों का नहीं, कलाकारों का मार्ग है।"[29]

रूपकाव्य का ध्येय आनन्द है और विचार-काव्य का ध्येय ज्ञान, लेकिन कविता इस प्रकार अलग-अलग परिधियों को स्वीकार नहीं करती। वह एक अखंड वस्तु है। दिनकर ने इसकी व्याख्या 'प्रेरणा का स्वरूप' नामक निबन्ध में की है। प्रेरणा का स्वरूप बताते हुए दिनकर ने लिखा है—"चिन्तन की प्रक्रिया में जब केवल मन ही नहीं, संपूर्ण अस्तित्व विलीन हो जाता है उस समय हमारे अन्दर एक विलक्षण शक्ति जग पड़ती है जो छलाँग मारकर अदृश्य पर से आवरण को खींच लेती है, जो तर्कों की राह से न चलकर अनायास समाधान के दर्शन करा देती है। यही शक्ति प्रेरणा है।"[30] उसकी परिभाषा उनके शब्दों में यह है, "प्रेरणा बुद्धि के केन्द्रीकरण से उत्पन्न कोई अनिर्वचनीय शक्ति है जिसके मूल हमारे संस्कारों में रहते हैं, जिसकी शिरायें हमारी स्मृतियों में गड़ी रहती हैं तथा जो मनुष्य की संबुद्धि से समन्वित होती है।"[31] एक स्थान पर वे इस बात को दूसरे प्रकार से कहते हैं, "प्रेरणा उन संस्कारों के उभार का नाम है, जिन्हें हमने रहन-सहन, विचार-विमर्श, अध्ययन और संगति के द्वारा अर्जित किया है।"[32] और "प्रेरणा अदृश्य की वह दूती है, जो कवि-कल्पना को जगाकर फिर तुरन्त छिप जाती है। कवि-प्रतिभा का काम यह रह जाता है कि वह कल्पना को उस प्रकार चलावे जैसे कवि की रुचि उसे चलाना चाहती है।"[33]

यही प्रेरणा काव्य का मूल स्रोत है, जिसके अभाव में काव्य-भूमि मरुस्थल ही बनी रहती है। जिस कवि में यह जितनी ही सहज होगी, वह उतना ही बड़ा कवि होगा। इसके कारण कविता स्वयं बनती जाती है, बनाई नहीं जाती। दिनकर ने सम्बुद्धि (इन्ट्यूशन) का विवेचन भी किया है, जिसे वे आधुनिक विचारकों की भाँति बुद्धि का विकसित रूप या केन्द्रीय चिन्तन का परिणाम कहते हैं।

सच्ची कविता के लिए दिनकर ने सातत्य अथवा एक ही दिशा में अधिकाधिक सोचने की शक्ति की अनिवार्यता पर ज़ोर दिया है। उनका विचार है कवि में लगातार एक ही दिशा में सोचते जाने की जितनी बड़ी क्षमता होगी, चित्रों और विचारों के जुलूस का जमकर अनुमान करने का जितना ही उसमें धैर्य होगा, उसकी रचना भी उतनी ही पूर्ण और समर्थ होगी।"[34] ऐसी कविता निस्सन्देह मौलिक होगी। वैसे मौलिकता, दिनकरजी की दृष्टि में, विचारों को नए एवं प्रभावोत्पादक ढंग से सजाने की कला का नाम है। काव्य और कला के सम्बन्ध में उपयोगिता और आनन्द के लक्ष्यों को लेकर चिरकाल से विवाद चलता आया है। 'कला में सोद्देश्यता का प्रश्न' शीर्षक व्याख्यान में उन्होंने इस प्रश्न को बड़े ज़ोर से उठाया है। उन्होंने कहा है कि सच्ची कला में यह प्रश्न उठता ही नहीं कि वह सोद्देश्य है अथवा नहीं। उनका मत है—"कभी-कभी उद्देश्य को ध्यानगत रखते हुए भी कवि

उसे इस प्रकार प्रदान करता है मानो, यह उसका लक्ष्य ही न रहा हो, मानो सौन्दर्य-सृष्टि की क्रिया से ही नीति और पुण्य का आलोक फूट पड़ा हो। सच्ची कला सुन्दरता नीति-प्रचार का शिकार नहीं होती, उद्देश्य के सामने माथा नहीं टेकती। ऊँची कविता का अगर रूप सुन्दर होता है तो उसकी आत्मा तथा उसके अन्तर्गत भाव भी पुण्य को प्रेरित करनेवाले तथा मंगलकारी होते हैं।"[35] लेकिन वे स्पष्ट रूप से यह मानते हैं कि कलाकार या कवि में सौन्दर्य-रक्षा की क्षमता होनी चाहिए। तब सोद्देश्यता कोई गुनाह नहीं रह जाती है। यदि सोद्देश्यता ऊपर से लादी हुई है और अनुभूति की गहराई में नहीं उतरी तो उससे कोई लाभ नहीं।

यहीं कला और आचार का प्रश्न भी उठता है। दिनकर ने रवीन्द्रनाथ, टाल्स्टाय, इकबाल, जार्ज रसल आदि के परस्पर-विरोधी विचारों को एक साथ रखा है। टाल्स्टाय और इकबाल ने आचार पर बहुत बल दिया है, पर रवीन्द्रनाथ और रसल आनन्दमयता और मनोरंजन को ही यथेष्ट मानते हैं। दिनकर ने 'सत्यं शिवं सुन्दरं' शीर्षक निबन्ध में भी इस विषय पर प्रकाश डालते हुए कलाकार के व्यक्तित्व की ऊँचाई को इस विवाद के समाहार का मूल कारण माना है। उनकी दृष्टि में 'ऊँची मनुष्यता' और 'निश्छल सौन्दर्योन्माद' का संगम जिस कलाकार के व्यक्तित्व में होगा उसकी कला में स्वयमेव पूर्णता आ जाएगी; और उसके लिए 'कला कला के लिए' अथवा 'कला जीवन के लिए' का प्रश्न नगण्य हो उठेगा क्योंकि वह सौन्दर्य और उपयोगिता दोनों के समर्थकों को तृप्ति दे सकेगा।

दिनकर की कार्यपद्धति उनकी व्यावहारिक समीक्षाओं का आधार है; इसलिए उनकी व्यावहारिक समीक्षा को अच्छी तरह परखने के लिए उसको भली भाँति समझना आवश्यक है। सबसे पहले वे आलोच्य लेखक अथवा कवि की ऐतिहासिक पीठिका का वर्णन करते हैं, फिर उस पर दृष्टिगत प्रमाणों का आकलन और अन्ततः उसके जीवन-दर्शन का विवेचन करते हैं। वे इस बात का अनुसन्धान करते हैं कि आलोच्य कवि प्रवृत्तिवादी है अथवा पलायनवादी और उस पर किस ऐतिहासिक 'वाद' या प्रवृत्ति का सर्वाधिक प्रभाव पड़ा है। इन प्रवृत्तियों का वर्णन भारतीय विचार-सरणियों तक ही सीमित नहीं रहता। सभी भारतीय वादों और प्रवृत्तियों को पश्चिम के समानान्तर आन्दोलनों और दर्शनों से—भारतीय नवोत्थान को रेनेसां से, छायावाद को रोमांटिसिज्म से तथा अरविन्द दर्शन को नीत्से एवं 'हिस्टोरिकल मेटीरियलिज्म' से—सुशृंखलित किया गया है। 'कामायनी' की समीक्षा के क्रम में उन्होंने छायावाद की विशेषताओं का तथा, परोक्षतः, रोमांटिसिज्म का वैसा ही वर्णन प्रस्तुत किया है, जैसा पुनरुत्थान के बहाने यूरोपीय नवजागरण का। वस्तुतः इन सभी वैचारिक आन्दोलनों में तात्त्विक साम्य है जिसके फलस्वरूप एक-दूसरे का आभास होता है।[36]

आलोचक दिनकर पर पाश्चात्य काव्यालोचकों का प्रभाव

दिनकर का पाश्चात्य भाषा-साहित्य सम्बन्धी ज्ञान विशद है। वे पश्चिम की प्रमुख साहित्यिक परम्पराओं और विचारधाराओं से सुपरिचित थे। पश्चिमी विचारधाराओं में वे स्वच्छन्दतावाद से अधिक भिज्ञ थे, जिसका प्रथम उन्मेष उस नवजागरणकालीन मानवतावादी चिन्तन में हुआ था, और जो पेट्रार्क, बुकेचियो, लियोनार्डो द विंची, वीवे, बॉटिचेली, मार्लो एवं शेक्सपीयर की साहित्यिक रचनाओं या चित्रों में व्यंजित हुआ है।

डॉ. रामचन्द्र प्रसाद के अनुसार, अभिव्यक्ति की शुद्धता, गहन ज्ञान, परिपक्व मनन एवं निर्भीक गुणदोष-विवेचन का जैसा परिपाक दिनकर की सैद्धान्तिक एवं व्यावहारिक समीक्षाओं में मिलता है, वैसा पाश्चात्य समीक्षकों में हर्बर्ट रीड, एम्पसन, विल्सन नाइट प्रभृति लेखकों की रचनाओं में ही दृष्टिगत होता है। दिनकर की व्यावहारिक समीक्षाओं ने यह सिद्ध कर दिया है कि कवि में अन्तर्निहित समीक्षक केवल अपनी ही रचनाओं पर मार्मिक आलोचनाएँ लिखने में सफल नहीं होता, वह वस्तुनिष्ठ भी हो सकता है और अपने समसामयिकों की उपलब्धियों पर वैसी ही वस्तुगत, स्वस्थ, निष्पक्ष एवं सन्तुलित आलोचना लिख सकता है, जैसी प्राचीन साहित्यकारों की रचनाओं पर। शास्त्रीय समीक्षा एवं परम्परानुयायिता के समर्थक भले ही यह न मानें कि कवि-आलोचक उन आलोचकों से श्रेष्ठ होता है जो कवि नहीं होते, पर यह सर्वमान्य है कि सर्जन प्रक्रिया के रहस्यों का उद्घाटन जितना कवि की समीक्षात्मक रचनाओं में होता है, उतना अन्यत्र नहीं। दिनकर जी इस सर्जन प्रक्रिया से ही नहीं, साहित्य समीक्षण के मर्म से भी बहुविध अवगत हैं और जानकीवल्लभ शास्त्री के लिए प्रयुक्त उनके ही शब्दों में हम कह सकते हैं कि "उनके निबन्धों में भी आलोच्य कवि की कला अथवा कौशल का जैसा रहस्य खुलता है, वैसा चमत्कारपूर्ण रहस्योदघाटन हिन्दी की आलोचनाओं में कम ही हो पाता है।" वे बेन जॉनसन के इस कथन से सहमत होंगे कि कवियों का सच्चा मूल्यांकन कवि ही कर सकते हैं—वह भी ऐसे वैसे कवि नहीं, प्रत्युत् प्रवीण और उच्च कोटि के कवि ही।[37]

जानकीवल्लभ शास्त्री रचित 'साहित्य दर्शन' के मूल्यांकन के क्रम में उन्होंने कवि-आलोचकों के सम्बन्ध में अपनी मान्यताओं का उल्लेख किया है और कहा है—"कविता की आलोचना भी, कविता की ही तरह, विज्ञान न होकर शुद्ध साहित्य है तथा किसी भी गुरु के लिए यह सम्भव नहीं है कि वह अपने शिष्यों में काव्यालोचन की शक्तियाँ मनमाने ढंग से भर दे। कवि का सच्चा आलोचक वही व्यक्ति हो सकता है जिसमें काव्यानन्द के उपभोग की पूरी क्षमता हो, जो कवि की उस मनोदशा में प्रवेश पा सके जिसमें रह कर उसने आलोच्य कविता की रचना की

है। सच्ची आलोचना केवल नीर-क्षीर की विवेचना नहीं, प्रत्युत उन समग्र कौशलों का विश्लेषण हैं जिनके द्वारा काव्य में चमत्कार उत्पन्न किया जाता है।"

दिनकर पाश्चात्य आलोचकों में मुख्यत: एजरा पाउण्ड और टी. एस. इलियट से प्रभावित प्रतीत होते हैं। आधुनिक युग में एजरा पाउण्ड कवि-आलोचक के सर्वश्रेष्ठ प्रतिनिधि हुए हैं। उनके अनुसार उन लोगों की समीक्षा पर ध्यान देना उचित नहीं है, जिन्होंने एक भी स्मरणीय कृति की रचना नहीं की। उल्लेखनीय है कि पाउंड द्वारा प्रवर्तित परम्परा का अनुसरण ऐलन टेट, जॉन की रैम्सम, इलियट प्रभृति कवि-आलोचकों ने किया।

यद्यपि दिनकर ने अपने मत की पुष्टि के लिए कॉलरिज और स्विनबर्न, आर्नल्ड और इलियट का संकेत किया है, तथापि वे इलियट के ही सर्वाधिक समर्थक दिखाई देते हैं। माइकल रॉबर्ट्स के इस कथन को वे अपूर्ण कहेंगे कि "आलोचक का पहला कर्तव्य न प्रशंसा करना है न गर्हणा, उसका कर्त्तव्य है कवि के भावार्थ एवं रचना-कौशल का विश्लेषण करना।" इसके विपरीत 'द पोयटिक इमेज' के लेखक सी. डे लुइस की यह धारणा उन्हें स्वीकार्य होगी कि कविता के प्रति हमारी संवेदनाओं को सुगम, व्यापक अथवा गम्भीर बनाना ही समीक्षक का कर्तव्य है। इस कार्य को सम्पन्न करने के कितने ही ढंग है, किन्तु कोई भी समीक्षात्मक पद्धति इस कार्य को तब तक सन्तोषप्रद ढंग से पूरा नहीं कर सकती जब तक समीक्षक में कविता और पाठक के प्रति श्रद्धा न हो। ऐसा प्रतीत होता है कि दिनकर कतिपय अन्य कवि-आलोचकों एवं सौष्ठववादी समीक्षकों की तरह आर्थर सायमन्स से भी प्रभावित हैं। इस कारण जहाँ उन्होंने 'विश्लेषण' और 'नीर क्षीर विवेचन' पर इलियट की भाँति बल दिया है, वहाँ सायमन्स, पेटर आदि की तरह, 'सरसता', समीक्षक में 'काव्यानन्द के उपयोग की पूरी क्षमता', 'पाठकों में आनन्द संचार' आदि पर भी ज़ोर दिया है।[38]

दिनकर के मतानुसार कवि का वैयक्तिक जीवन-दर्शन उसके पात्रों के विचारों और गतिविधियों में प्रतिफलित होता है, उनके विचारों और गतिविधियों को संचालित करता है। कवि के भाव युग में पोषित, समर्थित और गृहीत होते हैं। युग स्रष्टा एवं विचारक भावजगत् में क्रान्ति घटित करते हुए युग को नया दर्शन एवं नई दृष्टि देते हैं। इस दर्शन और दृष्टि से कोई भी सत्कवि बच नहीं सकता।

चूँकि आलोचक दिनकर का 'भारतीय पुनरुत्थान' यूरोपीय 'रेनेसां' की ही भारतीय प्रतिकृति है, इसलिए मैथिलीशरण गुप्त पर लिखी गई उनकी समीक्षा अंशत: मार्लो और स्पेन्सर पर लिखी हुई समीक्षा-जैसी लगती है। भारतीय पुनरुत्थान का विश्लेषण यूरोपीय रेनेसां की विशेषताओं को ध्यान में रखकर किया गया है। दोनों आन्दोलनों में निस्सन्देह प्रचुर साम्य दिखता है। दोनों में बुद्धि की स्वतन्त्रता और प्रवृत्तिमार्ग की उद्घोषणा है तथा पौराणिक एवं मध्यकालीन संस्कारों का

बहिष्कार। दोनों ने मध्यकालीन निवृत्तिवादी दर्शन के अन्धकार पर 'प्रकाश के बाण' बरसाए, लोक को सत्य सिद्ध किया, कर्मठता की शिक्षा दी और परलोक की कल्पना से ग्रस्त रहनेवाले व्यक्तियों की उपेक्षा की। इसी अपूर्व साम्य के कारण जब दिनकर जी भारतीय पुनरुत्थान की विशेषताओं को प्रोद्भासित करने लगते हैं, तब ऐसा प्रतीत होता है कि वे यूरोपीय नवजागरण के वैशिष्ट्य का ही उद्घाटन कर रहे हैं। उन्होंने जिस मूल प्रतिमान से ('कवि की रचनाओं में उसके युग और उसके विश्वासों एवं धारणाओं का मूर्त प्रतिबिम्बन होता है) गुप्त जी के 'साकेत' को आँका है, उससे हम उनके विचारों को भी, कुछ हद तक, परख सकते हैं। यदि वे साम्प्रतिक मानवतावाद से प्रभावित न होते तो 'साकेत' की समीक्षा में मानवतावादी पुनरुत्थान एवं यूरोपीय नवजागरण पर इतना बल न देते।[39]

दिनकर ने पाश्चात्य नवजागरण की विशेषताओं का विशद वर्णन किया है : "स्वर्ग और नरक की कल्पना के निस्सार होने से अमरता की इच्छा इसी भूमि पर अनन्त काल तक टिकनेवाली कीर्ति की कामना बन गई। साहित्य में साहित्यकार के व्यक्तित्व की खोज की प्रवृत्ति इसी कीर्ति-कामना का परिणाम है। मध्यकालीन नैतिकता के पीछे अतिप्राकृत (सुपरनेचुरल) विश्वासों का बल था। उस बल के क्षीण होते ही नैतिकता के रूप में परिवर्तन आने लगा। फिर भी, समाज का जो भाग ईश्वर, स्वर्ग और नरक में विश्वास करता था, मुख्यत: उस जनता के भय से भारत में अनैतिकता की वह बाढ़ नहीं आई जो 'रेनेसां' आन्दोलन के बाद इटली में आई थी। इटली में 'रेनेसां' के बाद अचानक धन में भी वृद्धि हुई और धन की वृद्धि से अनैतिकता को प्रोत्साहन मिलने लगा। समाज का जो वर्ग सबसे अधिक सुखी था, वहाँ बुद्धिवाद का विकास भी उसी के बीच हुआ था। जब भीतर आनन्द भोगने की उद्दाम इच्छा और बाहर सुख के सभी साधन उपलब्ध हों, तब विरला ही व्यक्ति होगा जो संयम के उपदेश से रुष्ट न हो। 'रेनेसां' के समय इटली के सम्पन्न लोगों ने भी यही किया।"

दिनकर जी का अध्ययन अंग्रेजी के कवियों और आलोचकों तक नहीं है और न उनका समीक्षक युग-विशेष की प्रवृत्तियों को ही सत्समालोचना के लिए पर्याप्त समझता है। उनकी सैद्धान्तिक एवं व्यावहारिक समीक्षा से यह स्पष्ट होता है कि उन्होंने फ्रांसीसी और जर्मन लेखकों का भी अध्ययन किया है। उन्होंने कितने ही स्थलों पर नीत्से और बॉदलेयर को संकेतित किया है, एकाध स्थल पर आइंस्टीन के सापेक्षवादी सिद्धान्त का भी उल्लेख है। 'विचारक कवि पन्त' शीर्षक लेख में उन्होंने मार्क्सवादी सिद्धान्तों का भी उल्लेख किया है। अंग्रेजी स्वच्छन्दतावादी कवियों में वे वडर्स्वर्थ और कीट्स से सर्वाधिक प्रभावित हैं।

दिनकर काव्यगत सत्य को वैज्ञानिक एवं तार्किक सत्य से भिन्न मानते हैं। इस संदर्भ में उन्होंने कीट्स रचित 'द ईव ऑव सेंट एगनेस' नामक खंडकाव्य का

उल्लेख किया है और कीट्स की यह उक्ति उद्धृत की है कि "कल्पना जिसे सौन्दर्य समझती है, वह सत्य भी होगा, भले ही वस्तुजगत् में उसका अस्तित्व न हो।" यदि वे चाहते तो कीट्स की इस उक्ति की ओर भी संकेत कर सकते थे जिसमें कीट्स ने चैपमन द्वारा अनूदित होमर के काव्य के अध्ययन से उत्पन्न अपनी प्रतिक्रियाओं का रूपांकन किया है। इसमें की गई भूल भी इस कविता की सौन्दर्य गरिमा को कम नहीं करती, जिससे स्पष्ट है कि कवि की विचार और भाव सम्बन्धी भूलों का उतना महत्त्व नहीं जितना उसके द्वारा सृजित काव्य और सौन्दर्य का है।[40] दिनकर के अनुसार "कविता केवल विचार और भाव को लेकर सफल नहीं होती। सफल वह तब होती है जब भाव और विचार अनुकूल भाषा में, अनुकूल ढंग से, व्यक्त होते हों। कविता का अन्तिम विश्लेषण उसमें प्रयुक्त भाषा का विश्लेषण है। कविता का चरम सौन्दर्य उसमें प्रयुक्त भाषा की सफाई का सौन्दर्य है।"

इन शब्दों में मलार्मी की यह उक्ति व्यंजित हो रही है कि कविता भावों से नहीं, शब्दों से लिखी जाती है; कविता क्या है, उसका महत्त्व है, न कि वह क्या कहती है उसका। इसका यह अर्थ नहीं कि कवि अथवा काव्य को हम उस समाज से पृथक् कर सकते हैं जिसने उसकी सृष्टि की; इससे हम यह भी निष्कर्ष नहीं निकाल सकते कि कलाकृतियाँ अपने युग का प्रतिबिम्बन और प्रोद्भासन नहीं करतीं। इससे इस बात का भी द्योतन नहीं होता कि कवि का भाव-भंडार शून्य होता है और वह जिस विषय पर लिखता है, और उसकी जो व्याख्या प्रस्तुत करता है, उसका कोई विशेष महत्त्व नहीं होता। किन्तु, उस आलोचना से यदि वह महत्त्व विकृत नहीं होता तो छिप अवश्य जाता है, जो केवल कवि के भावों पर ध्यान केन्द्रित करती है, उन भावों की अभिव्यक्ति पर नहीं, जो कवि को दार्शनिक और चिन्तक बना देती है और इस प्रक्रिया में उसके उस गुण की उपेक्षा करती है जिसके फलस्वरूप कवि की वाणी को अक्षयता प्राप्त होती है—वह गुण कवि के मर्म में अवस्थित कलाकार का गुण है।[41]

दिनकर जी की व्यावहारिक समीक्षा-पद्धति पर भारतीय भाष्यकारों के अतिरिक्त एम्पसन, रिचर्ड्स और इलियट का भी प्रभाव है। इन पाश्चात्य समीक्षकों की तरह उन्होंने भी उद्धरणों का प्रयोग करते हुए उनके शब्दप्रयोग, वाक्य-विन्यास और उनकी दुरुहता का वर्णन किया है। 'सिमैण्टिक क्रिटिसिज्म' (सिमैण्टिक अनैलिसिस) शब्दों के विभिन्न अर्थों का उद्घाटन करती है, शब्द-प्रयोग पर ज़ोर देती है और उद्धरणों का विश्लेषण भाषा की परिशुद्धि एवं व्याकरण के नियमों के आलोक में करती है। 'कामायनी' की समीक्षा सिमैण्टिक अनैलिसिस का हिन्दी में ज्वलन्त उदाहरण है और स्थल-स्थल पर एम्पसन की याद दिलाती है।[42]

उनकी आलोचनात्मक कृतियाँ और काव्यग्रंथों की भूमिकाएँ परस्पर मिलकर एक व्यवस्थित निबन्ध का रूप धारण करती है। इसलिए अपूर्ण दीखनेवाले निबन्धों

और निष्कर्षों की परिणति अन्य निबन्धों में ढूँढ़नी चाहिए। तभी हम लेखक की समीक्षात्मक रचनाओं में परस्परविरोधी तत्त्वों के औचित्य और सामंजस्य की ठीक परख कर सकने में सफल होंगे।

दिनकर की समीक्षा-दृष्टि पर इलियट का प्रत्यक्ष और व्यापक प्रभाव है। उन्हीं से प्रभावित होकर वे यह सूत्र-कथन रचते हैं—'आलोचक नए कवि को पुरानी कसौटी पर कसकर उसके साथ न्याय नहीं कर सकता है।'

काव्य की समीक्षा के लिए दिनकर ने जो सूत्र दिए हैं वे एक सिद्धकवि द्वारा निर्मित हैं। उनके अनुसार "समालोचना शायद वहीं पूर्ण हो सकती है, जहाँ कविता अपूर्ण हो। जब कविता अपनी निखिल पूर्णता में प्रकट होती है तब समालोचना पंगु, अत: अपूर्ण रह जाती है।"[43] वे यह भी कहते हैं कि "अगर समालोचना साहित्य के गाम्भीर्य की थाह अथवा उसके अपरिमेय तत्त्वों का विवेचन है तो समालोचक में कविवत् भावुकता, चिन्तन की कोमलता, भावों की प्रवीणता और रसग्राहिता होनी ही चाहिए; अन्यथा वह उन मनोदशाओं के धूमिल विश्व में पहुँच ही नहीं सकता जिनमें कविता की सृष्टि की जाती है।"[44] इस प्रकार, उनके मतानुसार, कविता लिखने के समान ही काव्य की समालोचना भी असाधारण प्रतिभा का काम है।

दिनकर की समीक्षा की भाषाशैली पर भी पाश्चात्य प्रभाव के अनेक चिह्न दृष्टिगत होते हैं, परन्तु उनके शब्द न कहीं खटकते है, न अनुपयुक्त दीखते हैं। वे पाश्चात्य दृष्टान्त को उपस्थित कर सन्तुष्ट नहीं हो जाते। वे दृष्टान्तों का प्रसंगानुकूल चयन करते हैं।

दिनकर के समालोचनात्मक सिद्धान्त उनकी कविताओं से नि:सृत हुए हैं। कई विद्वानों को ऐसा लगता रहा है कि उनकी आलोचनाएँ उन्हीं की कविताओं के समर्थन के लिए लिखी गई हैं। इन सबके बावजूद दिनकर को हिन्दी के आधे दर्जन श्रेष्ठ आलोचकों में परिगणित किया जा सकता है। कुल मिलाकर हम यह कह सकते हैं कि उनकी आलोचना-दृष्टि प्राय: सन्तुलित एवं निर्भ्रान्त हैं, उनकी गद्य-भाषा अत्यन्त परिमार्जित है; और उनके विचार बहुत स्पष्ट हैं। इन्हीं गुणों के कारण हिन्दी आलोचना के इतिहास में दिनकर का स्थान अक्षुण्ण रहेगा।

संदर्भ

1. रामधारी सिंह दिनकर कृत 'उजली आग' में 'नूतन काव्य-शास्त्र' शीर्षक निबन्ध, पृ. 54
2. नन्ददुलारे वाजपेयी, 'नए साहित्य, नए प्रश्न', पृ. 20
3. मिट्टी की ओर, दिनकर रचनावली, खंड 6, सं. डॉ. नन्दकिशोर नवल एवं तरुण कुमार, पृ. 242
4. दिनकर रचनावली, खंड-6, पृ. 235
5. दिनकर रचनावली, खंड 6, पृ. 235-236

6. रामधारी सिंह दिनकर 'मिट्टी की ओर', पृ. 140-141; उदयाचल, पटना; 1946 ई.।
7. रामधारी सिंह दिनकर 'मिट्टी की ओर', पृ. 141; उदयाचल, पटना; 1946 ई.।
8. दिनकर रचनावली, खंड 6; संपादक : डॉ. नन्दकिशोर नवल, तरुण कुमार; भूमिका, पृ. 17
9. रामधारीसिंह दिनकर, मिट्टी की ओर, पृ. 67; उदयाचल, पटना; 1946 ई.।
10. रामधारीसिंह दिनकर, मिट्टी की ओर, पृ. 72; उदयाचल, पटना; 1946 ई.
11. 'समय का सूर्य : रामधारी सिंह दिनकर' (संपादक : दीपक प्रकाश त्यागी एवं राजेंद्र प्रसाद चतुर्वेदी) में डॉ. परमानंद श्रीवास्तव का लेख 'हिंदी आलोचना और दिनकर का काव्य-विमर्श'; पृ. ; सृजन प्रकाशन, लखनऊ; 2009 ई.।
12. डॉ. गोपाल राय एवं सकलदेव शर्मा द्वारा सम्पादित 'राष्ट्रकवि दिनकर' में रामचन्द्र प्रसाद का लेख 'शुद्ध कविता की खोज', पृ. 231
13. डॉ. विजेन्द्र नारायण सिंह; दिनकर : एक पुनर्मूल्यांकन, पृ. 20
14. वही, पृ. 20-21
15. रामधारीसिंह दिनकर, मिट्टी की ओर, पृ. 54; उदयाचल, पटना; 1946 ई.।
16. रामधारीसिंह दिनकर, मिट्टी की ओर, पृ. 60; उदयाचल, पटना; 1946 ई.।
17. रामधारीसिंह दिनकर, मिट्टी की ओर, पृ. 72; उदयाचल, पटना; 1946 ई.।
18. रामधारी सिंह दिनकर; 'उजली आग', पृ. 44
19. वही, पृ. 57
20. वही, पृ. 48
21. दिनकर रचनावली, खंड 6, पृ. 238
22. 'समय का सूर्य : रामधारी सिंह दिनकर' (संपादक : दीपक प्रकाश त्यागी एवं राजेंद्र प्रसाद चतुर्वेदी) में डॉ. मैनेजर पांडेय का लेख 'दिनकर : व्यापक सामाजिक चेतना के कवि'; पृ. 17; सृजन प्रकाशन, लखनऊ; 2009 ई.
23. 'समय का सूर्य : रामधारी सिंह दिनकर' (संपादक : दीपक प्रकाश त्यागी एवं राजेंद्र प्रसाद चतुर्वेदी) में डॉ. मैनेजर पांडेय का लेख 'दिनकर : व्यापक सामाजिक चेतना के कवि'; पृ. 16-17; सृजन प्रकाशन, लखनऊ; 2009 ई.
24. दिनकर : एक पुनर्मूल्यांकन
25. रामधारी सिंह दिनकर, 'चक्रवाल', भूमिका, पृ. 20; उदयाचल, पटना; 1956 ई.।
26. 'समय का सूर्य : रामधारी सिंह दिनकर' (संपादक : दीपक प्रकाश त्यागी एवं राजेंद्र प्रसाद चतुर्वेदी) में डॉ. मैनेजर पांडेय का लेख 'दिनकर : व्यापक सामाजिक चेतना के कवि'; पृ. 17; सृजन प्रकाशन, लखनऊ; 2009 ई.
27. रामधारी सिंह दिनकर, चक्रवाल, भूमिका, पृ. 73; उदयाचल, पटना, 1956 ई.।
28. रामधारी सिंह दिनकर, चक्रवाल, भूमिका, पृ. 3; उदयाचल, पटना, 1956 ई.।
29. काव्य की भूमिका, दिनकर रचनावली, खंड 6, पृष्ठ-358-359
30. काव्य की भूमिका, दिनकर रचनावली, खंड 6, पृष्ठ-270
31. काव्य की भूमिका, दिनकर रचनावली, खंड 6, पृष्ठ-270
32. काव्य की भूमिका, दिनकर रचनावली, खंड 6, पृष्ठ-270

33. काव्य की भूमिका, दिनकर रचनावली, खंड 6, पृष्ठ-273
34. काव्य की भूमिका, दिनकर रचनावली, खंड 6, पृष्ठ-272
35. रामधारीसिंह दिनकर, मिट्टी की ओर, पृ. 60; उदयाचल, पटना; 1946 ई.।
36. डॉ. गोपाल राय एवं सकलदेव शर्मा द्वारा सम्पादित 'राष्ट्रकवि दिनकर' में रामचन्द्र प्रसाद का लेख 'आलोचक दिनकर', पृ. 65-66
37. वही, पृ. 58-59
38. वही, पृ. 61
39. वही, पृ. 60
40. वही, पृ. 67
41. वही, पृ. 68
42. वही, पृ. 68
43. काव्य-समीक्षा का दिशा-निर्देश; 'मिट्टी की ओर', दिनकर रचनावली, खंड 6; पृ. 238
44. वही, पृ. 242

अध्याय 17

सौन्दर्य के कवि दिनकर

दिनकर मानते थे कि "कविता का महत्त्व ज्ञान-दान में नहीं, सौन्दर्य की सृष्टि में है। ज्ञान देनेवाली विद्याएँ साहित्य से बाहर भी मौजूद हैं जो इतना ज्ञान देती है जितना किसी भी कविता के लिए अदेय है। और जब कविता में ऊँचे विचारों का प्राधान्य हो, तब भी कवि की गरिमा के कारण वे विचार नहीं, वह काव्यात्मक प्रणाली होगी जिससे विचारों का भाव पक्ष उभार पाता है।"[1]

दिनकर को प्राय: ओज और ऊर्जा का क्रान्तिकारी कवि कहा गया है; और कभी 'अर्धनारीश्वर कवि' भी। वे, अपनी एक कविता में, कदाचिद् अपने लिए कहते हैं—

नारियाँ बिलखने लगीं, बाँसुरी के भीतर
जादू था, कोई अदा बड़ी मतवाली थी,
गर्जन में भी थी नमी, आग से भरे हुए
गीतों में भी कुछ चीज रुलानेवाली थी।

चिन्तन में डूबा हुआ, सरल, भोला-भाला
बालक था, कोई पुरुष दिव्य अवतारी था।
तुम तो कहते हो मर्द, मगर तन के भीतर
यह कलावन्त हमसे भी बढ़कर नारी था।

(कवि की मृत्यु, 'नीलकुसुम', 1952 ई.)

सच पूछा जाए तो "उनके लिए पुरुष का पौरुष और स्त्री की कोमलता तथा पुरुष की ओजस्विता और स्त्री की मधुरता—ये दोनों चीजें काम्य थीं। वे पुरुष को संघर्षशील रूप में भी देखना चाहते थे और प्रेमी तथा श्रृंगारी के रूप में भी। उनका आदर्श उनकी 'अर्धनारीश्वर' शीर्षक कविता में इस रूप में अभिव्यक्त हुआ है—

मही माँगती, प्राण-प्राण में सजी कुसुम की क्यारी,
पाषाणों में गूँज गीत की, पुरुष-पुरुष में नारी।"[2]

(अर्धनारीश्वर, 'नीलकुसुम', 1952 ई.)

वे प्रेम और सौन्दर्य के एक श्रेष्ठ कवि हैं। उनकी 'रति' की पहली किरण की झिलमिलाहट 'रेणुका' में 'परदेशी' शीर्षक कविता में दिखाई पड़ती है; 'रसवन्ती' में 'आधुनिका' का आश्रय लेकर वह युवती-रूप में थिरक उठती है; और अन्तत: 'उर्वशी' में रतिमदा बनकर हिन्दी काव्य-गगन में छा जाती है। उनकी कविताओं के अन्तर्लोक में एक नारी का वास है। कवि उसके प्रति आसक्त है। वह उल्लसित होकर उससे कहता है—

सात रंगों के दिवस, सातों सुरों की रात,
साँझ रच दूँगा गुलाबों से, जवा से प्रात।
पाँव धरने के लिए पथ में मसृण, रंगीन,
भोर का दूँगा बिछा हर रोज मेघ नवीन।
कंठ में मोती नहीं, उजली जुही की माल,
अंग पर दूँगा उढ़ा मृदु चाँदनी का जाल।
दूब की ले तूलिका, ले नीलिमा से वारि,
आँक दूँगा दो धनुष भ्रू-देश पर सुकुमारि!
श्रवण के ताटंक दो, पीले कुसुम सुकुमार,
पहुँचियों के दो वलय, उजली कली के हार।
स्वर्णदीप्त ललाट पर दे एक टीका लाल,
बाल-रवि से आँक दूँगा चन्द्रमा का भाल।
कल्पना जग में बनाऊँगा तुम्हारा वास,
और ही धरती जहाँ, कुछ और ही आकाश।

(गीतवासिनी, रेणुका, 1946 ई.)

जीवन में जो कुछ कोमल है, उसके प्रति दिनकर का आन्तरिक लगाव है, और जो कुछ भीषण है उसे वे सामाजिक चेतना के आदेश से अपनाते हैं। उनका कवि 'फूलों की मुसकान' भी बनना चाहता है और कुसुम का कमनीय गात लेकर काँटों की चुभन भी सहता है। 'हुंकार' में अपना परिचय देते हुए कवि ने इसी प्रकार विरोधी भावनाओं का सहारा लिया है। एक ओर वे कहते हैं कि "गिरा हूँ भूमि पर नन्दन-विपिन से,/अमर-तरु का सुमन सुकुमार हूँ मैं।" वहीं दूसरी ओर कहते हैं कि "सुनू क्या सिन्धु ! मैं गर्जन तुम्हारा?/स्वयं युग-धर्म का हुंकार हूँ मैं,/कठिन निर्घोष है भीषण अशनि का,/प्रलय-गांडीव की टंकार हूँ मैं।" किन्तु, इस परिचय से यह नहीं पता चलता कि कवि में कौन-सा मनोभाव प्रधान है।

'असमय आह्वान' शीर्षक कविता में यह बात स्पष्ट हो गई है। कवि अपनी स्वामिनी (क्रान्ति-कुमारी) के आदेश पर पौरुष का राग गाता है। दिन भर 'रक्त-कर्दम' में रजत-शृंगी से भैरवनाद फूँककर एक बार जब वह सन्ध्या-समय 'पूर्ण

विधु का मादक शृंगार' देखने लगा तब उसके अन्तर में सोई हुई कोई पुरानी पीड़ा जाग गई। कवि का मन मचल उठा—

न लूँगा आज रजत का शंख,
न गाऊँगा पौरुष का राग
स्वामिनी ! जलने दो उर-बीच
एक पल तो यह मीठी आग। (असमय आह्वान, हुंकार)

पर इस अनुनय-विनय की कोई सुनवाई नहीं। स्वामिनी का यह 'असमय आह्वान' इतना 'निष्ठुर' है कि कवि अपने तड़पते अरमानों को छिपकर भी प्यार नहीं कर पाता। सेवा-धर्म बहुत ही कठिन होता है। इसमें अनुचर अपने पर कोई अधिकार नहीं रख पाता। इसलिए कवि भी अपने प्रेम को दबा देता है; और झुँझलाकर स्वामिनी के आदेश का पालन करने के लिए चल पड़ता है—

फेंकता हूँ, लो, तोड़-मरोड़
अरी निष्ठुरे ! बीन के तार,
उठा चाँदी का उज्ज्वल शंख
फूँकता हूँ भैरव हुंकार। (असमय आह्वान, हुंकार)

लेकिन जाते-जाते वह अपनी उपेक्षित अन्तर्व्यथा की ओर संकेत करता गया है—

हँसो, हिल-डुल वृन्तों के दीप !
हँसो, अम्बर के रत्न अनन्त !
हँसो, हिल-मिलकर लता-कदम्ब !
तुम्हें मंगलमय मधुर वसन्त।
चीर कर मध्य, निशा की शान्ति
कोकिले, छेड़ो पंचम तान,
पल्लवों में तुमसे भी मधुर
सुला जाता हूँ अपने गान।
भिगोएगी वन के सब अंग
रोर कर जब अबकी बरसात,
बजेगा इन्हीं पल्लवों-बीच
विरह मेरा तब सारी रात। (असमय आह्वान, हुंकार)

अपनी एक अन्य कविता में कवि दिनकर यह भी कहते हैं-

मेरी भी यह चाह, विलासिनि! सुन्दरता को सीस झुकाऊँ।
जिधर-जिधर मधुमयी बसी हो, उधर वसन्तानिल बन धाऊँ।
एक चाह कवि की यह देखूँ—छिपकर कभी पहुँच मालिनि-तट,
किस प्रकार चलती मुनि-बाला यौवनवती लिये कटि पर घट।

(हाहाकार, हुंकार, 1937 ई.)

फिर उन्होंने यह इच्छा व्यक्त की है कि जनारण्य से ऊपर उठकर वे भी आकाश में अपनी कुटी बना कर बस जाएँ, ताकि पृथ्वी का आर्तनाद सुनकर उनका कलेजा न फट जाए। लेकिन तत्कालीन परिस्थितियों में यह सम्भव नहीं हुआ।

पर नभ में न कुटी बन पाती, मैंने कितनी युक्ति लगाई,
आधी मिटती कभी कल्पना, कभी उजड़ती बनी-बनाई।
रह-रह पंखहीन खग-सा मैं गिर पड़ता भू की हलचल में,
झटिका एक बहा ले जाती स्वप्न-राज्य आँसू के जल में।

(हाहाकार, हुंकार, 1937 ई.)

कवि दिनकर की सौन्दर्य-भावना

कवि दिनकर ने गाँवों के प्राकृतिक-सौन्दर्य पर अधिक नहीं लिखा है; किंतु जो भी लिखा है वह अद्‌भुत है। नगर के कृत्रिम सौन्दर्य में कवि की कविता का मन नहीं रमता। नालंदा और वैशाली के खंडहरों में विहार करना भी उसको नहीं भाता। कविता उसे उपालंभ देती है कि कवि ने उसे कई बार इन खंडहरों में ले जाकर रुलाया है। अब वह स्वच्छंद रूप से ग्राम-श्री के दर्शन करना चाहती है। लेकिन कविता (या कहें कि कवि का संवेदनशील मन) गाँवों की यह विडम्बना देखकर व्यथित है कि वहाँ के तमाम बच्चे पोषण के अभाव में अकाल काल-कवलित हो गए हैं।

कितने दीप बुझे झाड़ी-झुरमुट में ज्योति पसार?
चले शून्य में सुरभि छोड़कर कितने कुसुम-कुमार?
कब्र पर मैं कवि ! रोऊँगी, जुगनु-आरती सँजोऊँगी।

(कविता की पुकार, रेणुका, 1933 ई.)[3]

दिनकर की कविता महलों के चमक-दमक और बिजली की चकाचौंध से दूर भागना चाहती है। वह तो कुटिया के दीप की लौ देखकर अपनी आँखों को सुकून देना चाहती है।

विद्युत छोड़ दीप साजूँगी, महल छोड़ तृण-कुटी-प्रवेश,
तुम गाँवों के बनो भिखारी, मैं भिखारिणी का लूँ वेश।

(कविता की पुकार, रेणुका, 1933 ई.)

कवि दिनकर के पास किसी भी दृश्य को साकार कर देने की अद्‌भुत कला है। यदि गाँवों की बात की जाए तो वहाँ की सबसे मनोहर बेला साँझ है। दिन भर के थके-माँदे किसान साँझ को घर लौट रहे हैं, बच्चे हरी दूब पर मस्ती से उछल रहे हैं, गायें घंटियों के मधुर स्वर करती और धूल के बादल बिखेरती घर आ रही हैं; और चौपालों में घूरे के निकट गप्प-गोष्ठी जमी हुई है। कवि कहता है—

स्वर्णांचला अहा! खेतों में उतरी संध्या श्याम परी,
रोमंथन करती गायें आ रहीं रौंदती घास हरी।
घर-घर से उठ रहा धुँआ, जलते चूल्हे बारी-बारी
चौपालों में कृषक बैठ गाते—"कँह अटके बनवारी?"

(कविता की पुकार, रेणुका, 1933 ई.)

इस कविता की प्रत्येक पंक्ति में सुंदर चित्र अंकित है। सुनहले आँचल सँभालती श्याम-परी संध्या खेतों में धीरे-धीरे उतर रही है। गाँवों में स्त्रियाँ अपने चूल्हे जला रही हैं। घरों के छप्परों को भेदता हुआ धुआँ रेशम की जाली-जैसा दिख रहा है। इसी बीच चौपाल में बैठा कोई किसान मधुर तान छेड़ देता है।

मंदिर, दीपक, शंखध्वनि, पनघट, आखेट, स्वर्ग आदि शब्द अपने आसपास एक भावलोक बसाए हुए हैं। घर-घर में बिजली की रोशनी हो जाने के बावजूद दीपक हमारे मन-मंदिर को स्निग्ध आभा से आलोकित करता है। पनघट, मंदिर, दीपक, घंटा-ध्वनि आदि शब्दों के प्रयोग द्वारा इस कविता में कवि ने हमारे सनातन भावों को जगा दिया है। 'पनघट' सुनते ही हमारी आँखों के सामने आसाढ़ की नव घटा-सी सुंदर युवतियाँ मुस्कुराती हुई प्रकट हो जाती हैं। कोई जल में घड़े डुबो रही है, कोई उसे हौले-से माथे पर रख रही है, कोई एक दूसरे को किसी सरस प्रसंग पर छेड़ रही है—

पनघट से आ रही पीतवसना युवती सुकुमार,
किसी भाँति ढोती गागर-यौवन का दुर्वह भार।
बनूँगी मैं कवि! इसकी माँग, कलश, काजल, सिंदूर सुहाग।

(कविता की पुकार, रेणुका, 1933 ई.)

'पीत-वसना' शब्द के प्रयोग से पीले बसंती रंग की चुनरी में सिमटी हुई सुंदरी का चित्र प्रत्यक्ष हो जाता है। इस सुकुमारी को गागर और यौवन दोनों का भार वहन करना है, तभी तो वह भार दुर्वह है, जिसे वह 'किसी भाँति' ढोती चली आ रही है। यहाँ तक तो युवती के वर्णन में श्रृंगारिकता-रसिकता है, लेकिन आगे 'सुहाग' और 'सिंदूर'-जैसे शब्दों के प्रयोग से उसमें भव्यता का समावेश हो जाता है। कलश, काजल, सिंदूर और सुहाग ने पनिहारिन को कुलवधू के रूप में प्रतिष्ठित कर दिया है।

संध्या समय का एक अन्य चित्र देखिए—

टिमटिम दीपक के प्रकाश में पढ़ते निज पोथी शिशुगण,
परदेसी की प्रिया बैठ गाती यह विरह गीत उन्मन।
'भैया लिख दे एक कलम खत मों बालम के जोग,
चारों कोने खेम कुसल माँझे ठाँ मोर वियोग।'

(कविता की पुकार, रेणुका, 1933 ई.)

ओसारे पर चटाई बिछाकर दीपक की रोशनी में ग्रामीण बच्चे पोथी (किताब) पढ़ रहे हैं। टिमटिमाता दीपक गाँव की गरीबी और साधनहीनता का परिचायक है। कवि ने परदेसी प्रियतम के वियोग में उन्मन विरहिणी के दिल की धड़कन सुनी है। 'चारों कोने खेम कुसल, साँझे ठाँ मोर वियोग' पंक्ति द्वारा कवि ने ग्रामीण प्रेमिका का भोला प्यार चित्रित किया है।

वसन्त को सभी लोग ऋृतुराज मानते हैं, लेकिन ग्रामीणों ने पावस ऋतु को ही सर्वाधिक स्नेह दिया है। भारतीय किसान मानसून का मुखापेक्षी है। किसानों की सारी आशाएँ वर्षा पर निर्भर रहती हैं। वर्षाकाल के रोपनी के समय धन-खेतों की शोभा बढ़ जाती है:—

कवि! असाढ़ की इस रिमझिम में धनखेतों में जाने दो,
कृषक-सुंदरी के स्वर में अटपटे गीत कुछ गाने दो।

(कविता की पुकार, रेणुका, 1933 ई.)

'रोपनी' गरीब किसानों का उत्सव है। आषाढ़ की रिमझिम वर्षा हो रही है। रोपनियाँ भींगते हुए रोपनी कर रही हैं; और गा भी रही हैं। 'अटपटे' शब्द से उनका अल्हड़ आनंद ध्वनित हो रहा है। इस कविता में बच्चों के दूब-बिछौने पर खेलने का भी वर्णन है। कवि की कविता 'मकई की सुरभि' और 'पके आमफल की लाली' बनने के लिए मचल रही है। नायिका के गुलाबी कपोलों की लाली बनना अब उसे पसंद नहीं। सिंदुरिया आम की लाली और मकई की सुगंध गँवई-सौंदर्य के सुपरिचित प्रतीक हैं। धन-खेतों की हरियाली से गंध मंद-मंद कुछ ऊपर उठती है और फिर हरे-हरे पत्तों पर ही पसर जाती है। धीमी-हल्की गंध के लिए 'मकई की सुरभि' का प्रयोग बहुत ही कलात्मक है।

चलते हुए हल को खड़ा करके (धर कर हल) रोटी खाने में किसानों के जीवन की व्यस्तता वर्णित हुई है। खेतों में दिन भर बैलों के साथ खटने के बाद अभागे किसान को सूखी रोटी खाने को मिलती है। लेकिन सूखी रोटी खाने के बाद लोटे भर गंगाजल पी कर वह तृप्त हो जाता है।

सूखी रोटी खाएगा जब कृषक खेत में धर कर हल,
तब दूँगी मैं तृप्ति उसे बन कर लोटे का गंगाजल।

(कविता की पुकार, रेणुका, 1933 ई.)

बहरहाल, 'वन फूलों की ओर' में गाँव की भयंकर दरिद्रता का चित्र देखकर पाठक उसके सौन्दर्य को भूल कर शोकाभिभूत हो जाता है।

राष्ट्रीय चेतना : ऊपर से आरोपित

डॉ. विजेन्द्र नारायण सिंह के अनुसार, दिनकर की राष्ट्रीय चेतना वस्तुतः ऊपर से आरोपित थी। वे सामाजिक परिवेश के साथ समझौता करना चाहते थे।

इसलिए उन्होंने राष्ट्रीय क्रान्तिकारी कविताएँ लिखीं। यों मन ही मन अपने भाग्य से वे सन्तुष्ट नहीं थे। 'हाहाकार' शीर्षक कविता में वे अपनी गाँठ खोलते हैं। वे कहते हैं कि यह तो नियति का वैषम्य हैं कि मैं सुन्दरता की उपासना नहीं कर पाता हूँ। धन्य तो वह कवि है जिसके लिए कविता नग्न अनावृत्त छवि की झाँकी बनती है :

यह वैषम्य नियति का मुझ पर
किस्मत बड़ी धन्य उन कवि की,
जिनके हित कविते ! बनती तुम
झाँकी नग्न अनावृत्त छवि की।

उनकी वास्तविक कामना यह है :

मेरी भी यह चाह विलासिनि !
सुन्दरता को शीश झुकाऊँ,
जिधर-जिधर मधुमयी बसी हो
उधर वसन्तानिल बन धाऊँ।

डॉ. विजेन्द्र नारायण सिंह का कहना है कि 'दिनकर मूलत. सुकुमार कल्पना के कवि हैं।' और यदि यह बात सही है तो कलात्मक दृष्टि से उनकी राष्ट्रीय कविताएँ सफल नहीं कही जा सकती हैं। दरअसल, उनके भावपक्ष का समुचित विश्लेषण नहीं हुआ है। आलोचकगण 'हुंकार' को राष्ट्रीय कविताओं का संकलन कह कर निश्चिन्त हो गए। दिनकर के इस पक्ष पर बहुत अधिक बल दिया गया कि : 'सुनूँ क्या सिन्धु ! मैं गर्जन तुम्हारा? स्वयं युग-धर्म का हुंकार हूँ मैं।' किन्तु, इसके पहले कही गई पंक्तियों पर कभी ध्यान ही नहीं दिया गया—

जलन हूँ, दर्द हूँ, दिल की कसक हूँ
किसी का हाय, खोया प्यार हूँ मैं,
गिरा हूँ भूमि पर नन्दन-विपिन से,
अमर तरु का सुमन सुकुमार हूँ मैं।

डॉ. नन्दकिशोर नवल मानते हैं कि "दिनकरजी की देश-भक्ति सरल न थी, बल्कि उसे वैयक्तिकता का गहरा स्पर्श प्राप्त था, जिससे वह प्रभावशाली बनी है। आप उस पंक्ति की मार्मिकता देखिए, जिसमें कवि अपने को 'कायर' कहता है : 'कलम उठी कविता लिखने को, अन्तस्तल में ज्वार उठा रे!/सहसा नाम पकड़ कायर का पश्चिम-पवन पुकार उठा रे।' यह स्थिति ठीक मुक्तिबोध वाली है, जिनकी कविताओं को प्रभावशाली बनानेवाली चीज है उनका आत्मसंघर्ष, जो हिन्दी के अन्य प्रगतिशील कवियों में अनुपस्थित है। वे जैसे मार्क्सवाद को बने-बनाए हार की तरह अपने गले में धारण कर लेते हैं। दूसरी ओर मुक्तिबोध हैं, जो अपने व्यक्तित्वान्तरण के लिए भयानक आत्मसंघर्ष के दौर से गुजरते हैं। 'हाहाकार' की 'रह-रह पंखहीन खग-सा मैं गिर पड़ता भू की हलचल में' बेचैनी

से भरी पंक्ति हमें सीधे उनकी याद दिलाती है। 'वसन्त के नाम पर' की आरम्भिक पंक्तियो में दिनकरजी ने देव-जैसे कवि के एक प्रसिद्ध कवित्त की इस पंक्ति का हवाला दिया है : 'मदन महीप जू को बालक बसन्त ताहि/प्रात ही जगावत गुलाब चटकारी दै', जिससे इस बात का पता चलता है कि कवि ने हिन्दी कविता की प्रेम और श्रृंगार की परम्परा को भी आत्मसात किया था, वर्ना संघर्ष का कवि बिहारी और देव को अस्पृश्य मानता। इस कविता की 'चढ़े अश्व पर सेंक रहे रोटी नीचे कर भालों को,/खोज रहा मेवाड़ आज फिर उन अल्हड़ मतवालों को' पंक्तियाँ तो किसी भी देशभक्त को पागल कर देने के लिए काफी हैं। 'उफ, वसन्त या मदन-बाण है? वन-वन रूप ज्वार आया है' यह उक्ति हमें कवि की प्रचंड वर्णन-शक्ति से परिचित कराती है। आज वसन्त देशभक्ति में ही है, प्रेम में नहीं, क्योंकि कवि उस कान्ता से यही कहता है, जो मादक वसन्त ऋतु में अपने कन्त की प्रतीक्षा करती है : 'कसक रही सुन्दरी—आज मधुऋतु में मेरे कन्त कहाँ?/दूर द्वीप में प्रतिध्वनि उठती, प्यारी और वसन्त कहाँ?'[4]

दिनकर के भीतर व्यक्ति-तत्त्व और समाज-तत्त्व का घात-प्रतिघात निरन्तर चलता रहा। उसमें परिस्थिति या मन:स्थिति के कारण, कभी किसी एक की प्रधानता हो जाती है। 'हुंकार' में समाज-तत्त्व की प्रधानता है। दिनकर ने समाज की वेदी पर अपनी व्यक्तिगत आशा-आकांक्षाओं को उत्सर्ग कर दिया है। 'असमय आह्वान' उनकी आन्तरिक दुर्बलता की ओर संकेत करते हुए क्रान्ति-भावना के द्वारा उसका पराभव व्यक्त करता है। फिर भी, गौर से देखने पर दबी हुई प्रेम-भावना की प्रमुखता झुठलाई नहीं जा सकती। उन्होंने स्पष्ट शब्दों में लिखा भी है—

रंगों की दुनिया जो एक मिली थी,
मिट्टी को दी चढ़ा भेंट वह मैंने।
यज्ञारणि की कलम आज है कर में
सुप्रणीत सिद्धाग्नि जलाने वाली।

(कल्पना की दिशा, हुंकार)

दिनकर ने लिखा है—"विपत्ति की चोट जब असह्य हो जाती है, आदमी जीवन के मूल से सटना चाहता है। जीवन का मूल यानी काम। नारी नर को पकड़कर जीना चाहती है, और नर नारी का अवलम्ब खोजने लगता है।

मेरी ऐसी अनेक कविताएँ हैं, जो भोगे हुए सत्य से न जनम कर कल्पना से जनमी थीं। मगर आगे चलकर वे सत्य हो गईं; मुझी पर सत्य हो गईं। उदाहरण के लिए उर्वशी की ये पंक्तियाँ:

असफलता में उसे जननि का वक्ष याद आता है,
संकट में युवती का शय्याकक्ष याद आता है।
संघर्षों से श्रमित-श्रान्त हो पुरुष खोजता विह्वल,
सिर धरकर सोने को क्षण भर नारी का वक्षस्थल।

आँखों में जब अश्रु उमड़ते, पुरुष चाहता चुम्बन
और विपद में रमणी के अंगों का गाढ़ालिंगन।"[5]

दिनकर ने अपनी डायरी में लिखा है—"रफाइल ने मैडोना का चित्र बनाया। उद्देश्य यह था कि चित्र वे ईसा की माता का बनाएँ, जो पवित्र हो, आध्यात्मिक प्रेरणाओं से युक्त हो। किन्तु आलोचकों का कहना है कि चित्रकार के मन में उसकी अपनी प्रेयसी बसी हुई थी। अतएव पवित्रता में शृंगार की झलक आ गई।

लियोनार्डो द विंचि ने मोनालिसा का चित्र बनाया, जिसकी स्मिति की व्याख्या अनेक प्रकार से की जाती है। कोई कहता है, इस स्मिति में व्यंग्य है, कोई कहता है घृणा है, कोई कहता है उपेक्षा है, कोई कहता है तिरस्कार है। फ्रायड ने इस विषय पर कोई लेख लिखा है, जिसमें बताया गया है कि लियोनार्डो कानीन थे, कुमारी के गर्म से जनमे थे, वे विवाह-बाह्य सन्तान थे। वे बराबर सोचते थे कि उनकी माँ कोई रहस्य छिपाए हुए हैं। कलाकार की यही भावना मोनालिसा की स्मिति में समा गई।"[6]

ठीक उसी प्रकार, चूँकि सौन्दर्य और शृंगार कवि दिनकर के मन, प्राण और हृदय में बसा हुआ है, इसलिए वह शौर्य की कविताओं में भी सुकुमार बिम्बों का ही विधान करता है।

प्रकृति चित्रण

दिनकर के हृदय में सौन्दर्य के प्रति अनुराग और आकर्षण शुरुआती दौर से ही है। उनके हृदय में विद्यमान रति-भाव की पहली झलक 'रेणुका' में दिखाई देती है। 'मिथिला में शरद' शीर्षक कविता में उनका सौन्दर्यानुराग मुखर हो उठा है।

दिनकर को मानव से भी प्रेम है और प्रकृति से भी। खास बात यह है कि कवि की प्रकृति भी उतनी ही मूर्त है, जितना उनका प्रेम। इस दृष्टि से 'निर्झरिणी', 'अमा-सन्ध्या' और 'जागरण' शीर्षक कविताएँ द्रष्टव्य हैं, जिनमें प्रकृति का बहुत ही मोहक चित्रण हुआ है। 'वसन्त के नाम पर' शीर्षक कविता में दिनकर लिखते हैं-

प्रात जगाता शिशु वसन्त को नव गुलाब दे-दे ताली;
तितली बनी देव की कविता वन-वन उड़ती मतवाली।
सुन्दरता को जगी देखकर जी करता मैं भी कुछ गाऊँ;
मैं भी आज प्रकृति-पूजन में निज कविता के दीप जलाऊँ।

लेकिन परिस्थितियों का दबाव कुछ ऐसा था कि कवि ने जैसा सोचा था, वैसा हो न सका। कवि दिनकर सुंदरता को जगी देखकर कुछ गाना चाहते हैं, लेकिन कवि की यह इच्छा अधूरी ही रह जाती है—

कलम उठी कविता लिखने को, अन्तस्तल में ज्वार उठा रे!
सहसा नाम पकड़ कायर का पश्चिम-पवन पुकार उठा रे!

देखा, शून्य कुँवर का गढ़ है, झाँसी की वह शान नहीं है।
दुर्गादास-प्रताप बली का प्यारा राजस्थान नहीं है।
('वसंत के नाम पर', हुंकार, प्रथम संस्करण)

और अन्त में कवि फिर कहता है कि-

हाँ, वसन्त की सरस घड़ी है, जी करता मैं भी कुछ गाऊँ;
कवि हूँ, आज प्रकृति-पूजन में, निज कविता के दीप जलाऊँ।
क्या गाऊँ! सतलज रोती है, हाय! खिलीं बेलियों किनारे।
भूल गए ऋतुपति, बहते हैं, यहाँ रुधिर के दिव्य पनारे।
('वसंत के नाम पर', हुंकार, प्रथम संस्करण)

पराधीन कवि को वसंतोत्सव मनाने का कोई हक नहीं है। रावी-सतलज को रोते देखकर गीत कैसे फूटेंगे! राष्ट्र-प्रेम की दृष्टि से देखा जाए तो कवि की यह विवशता उचित है।

दिनकर की काव्य-कृतियों में प्रकृति के अधिक चित्र 'रेणुका' और 'रसवंती' में ही अंकित हैं; 'हुँकार', 'सामधेनी', 'कुरुक्षेत्र' आदि में वह नहीं हैं। रसवंती की 'संध्या' में निस्तब्धता, अंधकार और सन्नाटे का दृश्य अंकित है। 'रेणुका' में कवि की चित्त-वृत्ति प्राय: अतीत-सुख में रमण करती दिखती है। इसमें प्रकृति, नारी और स्वदेश तीनों के प्रति कवि के सहज प्रेम-भाव व्यक्त हुए हैं। यथार्थ जीवन के संघर्ष से परिचित नहीं होने के कारण किशोर-जीवन, कल्पना-लोक में विचरण कर सुख पाता है। भारत का स्वर्णिम अतीत, खंडहरों की कथाएँ और प्रकृति की रंगस्थली कवि-कल्पना को अनुरंजित करती रहती है।

आचार्य शिवबालक राय का मानना है कि सुमित्रानंदन पंत के प्रकृति-अंकन में जिस प्रकार आध्यात्मिकता बाधक हुई है, दिनकर में उसी प्रकार राष्ट्रीयता। किसी भी परिस्थिति में कवि दिनकर अतीत की मीठी कसक को नहीं बिसार पाते हैं। अतीत का प्रेमातिरेक प्रकृति-सौंदर्य में हिलकोरें उत्पन्न कर उसे हिला-डुला देता और चित्र थरथरा कर ओझल होने लगते हैं।[7] वसन्त, शरत्, पावस—किसी भी दृश्य को आँकते समय भी वे अतीत को भूल नहीं पाते।

भावुक मन था, रोक न पाया,
सज आए पलकों में सावन।
नालंदा-वैशाली के
ढूहों पर बरसे पुतली के घन।

दिल्ली की गौरव समाधि पर
आँखों ने आँसू बरसाए।
सिकता में सोए अतीत के
ज्योति-वीर स्मृति में उग आए। (कस्मै देवाय', रेणुका, 1931 ई.)

'मिथिला में शरत्' 'विश्व-छवि' और 'अमा-संध्या' (रेणुका) के प्रकृति-चित्र अतीत के आँसुओं से गीले नहीं हुए हैं।[8] 'मिथिला में शरत्' के आरंभ में लिखा है—

खंडहर से निकली एक परी;
गंडकी कूल खेतों में आ,
हरियाली में हो गई खड़ी।

(मिथिला में शरत्, रेणुका, 1934 ई.)

मर्म की आँखों से कपिलवस्तु की ओर बार-बार देखकर वह शारदीय-सौंदर्य में आत्मविभोर हो जाती है।

ग्रीष्म हो, तरु की छाँह रहे,
पावस हो प्रिय की बाँह रहे।

(मिथिला में शरत्, रेणुका, 1934 ई.)

कवि दिनकर ने शरद ऋतु की रात्रि की दिव्य शोभा का बहुत सुंदर वर्णन किया है—

शारद निशि की शोभा विशाल,
जगती, ज्योत्सना का स्वर्ण-ताल,
श्यामल, शुभ शस्यों का प्रसार,
गंडक मिथिला का कंठहार।
चंद्रिका-धौत बालुका-कूल,
कंपित काँसों का श्वेत फूल;

(मिथिला में शरत्, रेणुका, 1934 ई.)

यहाँ चारों ओर फैली हुई चाँदनी की शोभा का सरस वर्णन है। प्राकृतिक सुषमा से सुशोभित अपनी जन्मभूमि के प्रति कवि दिनकर का यह उद्गार कितना स्वाभाविक है—

हे जन्मभूमि! शत बार धन्य!
तुझ-सा न 'सिमरिया घाट' अन्य,
तेरे खेतों की छवि महान,
अनिमंत्रित आ उर में अज्ञान,
भावुकता बन लहराती है,
फिर उमड़ गीत बन जाती है।

(मिथिला में शरत्, रेणुका, 1934 ई.)

खेतों की हरियाली छवि भावुकता बन कर गीतों में परिणत हो जाती है। कूलों पर फूली हुई काँस-परी की सुंदरता कवि की आँखों में बस गई है। शरत्-ऋतु में कई प्रकार के फूल खिलते हैं, जिनमें रूप और गंध की कोई कमी नहीं होती। लेकिन उन सबको छोड़कर कवि की दृष्टि बबूल के पेड़ों पर जाती है। बबूल और

बेर में भीनी-भीनी सुगंध वाले फूल और मंजरियाँ होती हैं। दिनकर ने इनकी शोभा को बहुत ही भावपूर्ण ढंग से चित्रित किया है :—

है बिछी दूर तक दूब हरी,
हरियाली ओढ़े लता खड़ी,
काँसों के हिलते श्वेत फूल,
फूली छतरी ताने बबूल;
अब भी लजवंती भीनी है,
मंजरी बेर रस भीनी है।
कोयल न, कीर तो बोले है,
कुररी-मैना रस घोले है।
कवियों की उपमा की आँखें;
खंजन फड़काती हैं पाखें।
रजनी बरसाती ओस ढेर,
देती भू पर मोती बिखेर;
नभ नील स्वच्छ सुंदर तड़ाग;
तू शरत न शुचिता का सुहाग।

(मिथिला में शरत्, रेणुका, 1934 ई.)

इसके बाद कवि दिनकर ने 'सिमरिया घाट' का वर्णन किया है। कार्तिक में गंगा स्नान के लिए मिथिला के नर-नारी यहाँ एकत्र होते हैं। कई वृद्धजन पूरे माघ महीना भर गंगा के तट पर ही कल्पवास करते हैं। पूर्णिमा की सुहावनी संध्या, गंगा की निर्मल धारा और सुंदरियों की जल-क्रीड़ा कवि की कल्पना को सरस बना देती हैं—

शारद संध्या यह उगा सोम,
बन गया सरित में एक व्योम,
शेखर उर में अब बिंधे बाण,
सुंदरियाँ यहाँ कर रही स्नान।

(मिथिला में शरत्, रेणुका, 1934 ई.)

स्नान करती हुई सुंदरी को देखकर सरस हृदय मुग्ध हो जाता है। राह चलती हुई युवती अपने रूप, मर्यादा और वस्त्राभूषण के प्रति सशंक और सचेत रहती है। लेकिन स्नान करते समय उसका सौंदर्य उन्मुक्त और नि:शंक हो जाता है। विद्यापति, बिहारी, भारतेन्दु आदि कवियों ने जल-केलिरत कामिनियों का सरस वर्णन किया है। दिनकर ने उन रमणियों का वर्णन इस प्रकार किया है—

आग्रीव, वारि के बीच खड़ी,
गा रही मधुर प्रत्येक परी,

बिछली पड़ती किरणें जल पर,
नाचती लहर पर स्वर-लहरी।

(मिथिला में शरत्, रेणुका, 1934 ई.)

जल में आकंठ खड़ी प्रत्येक परी मधुर गीत गा रही है। डुबकी लगाती हुई रमणियों की एक झाँकी दिखाते हुए कवि लिखता है—

डुबकी रमणियाँ लगाती हैं,
लट ऊपर ही लहराती हैं।
जलमग्न कमल को खोज-खोज
मधुपावलियाँ मँडराती हैं।

(मिथिला में शरत्, रेणुका, 1934 ई.)

यहाँ कमल और भौंरे की उपमा ने रमणी के मुख और लट को रमणीय बना दिया है। रमणियों के सौंदर्य को निहारने के लिए गगन का चाँद नीचे उतरना चाहता है—

नीचे आने विधु ललक रहा,
मृदु चूम परी की पलक रहा;
वह स्वर्ग बीच ललचाता है,
भू पर रस प्याला छलक रहा।

(मिथिला में शरत्, रेणुका, 1934 ई.)

सुंदरियाँ स्नान करके जल से बाहर निकल रही हैं :—

परियाँ अब जल से चलीं निकल,
तन से लिपटे भींगे अंचल
चू रही चिकुर से वारि-धार,
मुख-शशि-भय रोता अंधकार
विद्यापति! सिक्त बसन तन में,
मन्मथ जागे न मुनी-तन में।

(मिथिला में शरत्, रेणुका, 1934 ई.)

तन से लिपटे हुए भींगे अंचल पर कवि की दृष्टि पहुँची नहीं कि उसे विद्यापति की ये पंक्तियाँ याद हो आती हैं—'चिकुर गिरय जल धारा, जनु-मुख शशि भय रोव अँधारा।' सद्यःस्नाता के वर्णन में विद्यापति का ध्यान स्वाभाविक है। लेकिन कवि की शील-संकोची आँखें यहाँ से झटपट पिंड छुड़ाकर गंगा-पूजन के पवित्र दृश्य को देखने में संलग्न हो जाती हैं। यहाँ श्रृंगारिकता संयमित होने के लिए गार्हस्थ्य का रुख कर लेती है।[7] उल्लेखनीय है कि दिनकर की श्रृंगार-भावना सदा संयमित और लोक-मर्यादा से अनुशासित रही है। इनके श्रृंगार पर गोस्वामी तुलसीदास जी के आदर्शवाद का प्रभाव पड़ा है। कवि दिनकर ने नारी को रमणी, सुंदरी कहकर फिर मातृरूप में नमस्कार कर लिया है :-

कढ़ी जमुना से कर तुम स्नान,
पुलिन पर खड़ी हुई कच खोल,
सिक्त कुंतल से भरते देवि !
पिए हमने सीकर अनमोल !

तुम्हारे अधरों का रस प्राण !
वासना-तट पर पिया अधीर;
अरी ओ माँ, हमने है पिया
तुम्हारे स्तन का उज्ज्वल क्षीर। (नारी, रसवंती, 1936 ई.)

आचार्य शिवबालक राय ने ठीक ही कहा है कि उपर्युक्त पद में नारी के विभिन्न रूपों का वर्णन तो ठीक है; लेकिन, एक ही साँस में कामिनी और जननी सम्बन्धी रति की व्यंजना रस-दृष्टि से दोषपूर्ण है।[10]

'विश्व-छवि' शीर्षक कविता में कवि सृष्टि के सौंदर्य को देखकर मुग्ध है। इस कविता में कवि की किशोर-प्रवृत्ति का सुंदर दिग्दर्शन हुआ है। निसर्ग की शोभा देखकर मन स्वत: उस पर रीझता है, फिर उसमें जिज्ञासा उत्पन्न होती है कि इसे प्यार करने से जी क्यों नहीं अघाता? अपने और प्रकृति के बीच एक रागात्मक सम्बन्ध का अनुभव कर कवि 'धन्य री जगती पुलक भरी', कह कर पुलकित हो जाता है।[11] इस कविता में कवि पहले तो प्रकृति के सौन्दर्य को देखकर मुग्ध होते हैं और फिर किसी संगिनी के संग की कामना करते हैं—

चंद्रिका-पट का कर परिधान,
सजा नक्षत्रों से शृंगार,
प्रकृति पुलकाकुल आँखें खोल,
देखती, निज सुवर्ण-संसार।

चमकते तरु पर झिलमिल फूल
बौर जाता है कभी रसाल।
अंक में लेकर नीलाकाश,
कभी दर्पण बन जाता ताल।

चहकती चित्रित मैना कहीं,
कहीं उड़ती कुसुमों की धूल
चपल तितली सुकुमारी कहीं
दीखती, फुदक रहे ज्यों फूल।

(विश्व-छवि, रेणुका, 1931 ई.)

फूलों का झिलमिलाना, तालाब के आईने में नीले आकाश का चमकना, रंग-बिरंगी मैना का चहकना, तितली का फूल की तरह फुदकना, फूलों के पराग का उड़ना—ये सभी अभिव्यक्तियाँ बाल-क्रीड़ा से सम्बन्धित है। दिनकर ने प्रकृति की रूप-माधुरी को इसी बाल-सुलभ भावना से देखा है।

हरे वन के कंठों में कहीं,
स्रोत बन जाते उज्ज्वल हार।
पिघल कर चाँदी ही बन गई,
कहीं गंगा की झिलमिल धार।

उतरती हरे खेत में इधर
खींचकर संध्या स्वर्ण-दुकूल
व्योम की नील वाटिका बीच
उधर हँस पड़ते अगणित फूल।

(विश्व-छवि, रेणुका, 1931 ई.)

'पिघलकर चाँदी ही बन गई' की 'ही' में बालक के हठ और विश्वास की झाँकी मिलती है, कंठ-हार और सुनहली साड़ी के प्रति आकर्षण है; 'हँस पड़ना' तो बालक का स्वभाव ही ठहरा। निम्नलिखित पंक्तियों में साफ बोलने की प्रवृत्ति व्यक्त हुई है :—

फूलों की क्या बात? बाँस की हरियाली पर मरता हूँ।
अरी दूब, तेरे चलते जगती का आदर करता हूँ।

इच्छा है, सौ-सौ जीवन पा इस भू-तल पर आऊँ मैं,
घनी पत्तियों की हरियाली से निज नयन जुड़ाऊँ मैं।

तरु के नीचे बैठ सुमन की सरस प्रशंसा गाऊँ मैं,
नक्षत्रों में हँसू, ओस में रोऊँ और रुलाऊँ मैं।

(विश्व-छवि, रेणुका, 1931 ई.)

हँसना, गाना, रोना, रुलाना—इसमें बच्चों को आनंद आता है। बच्चे का रोना भी अच्छा लगता है। आकाश के बिखरे मोतियों की एक माला तैयार कर कवि अपनी प्रेयसी को पहनाना चाहते हैं। रंगों के प्रेमी किशोर अपनी प्रेयसी का विविध प्रकार से श्रृंगार करना चाहते हैं-

किसी बाल-युवती की ग्रीवा में वह हार पिन्हाऊँ मैं
हरी दूध पर चंद्र-किरण में सम्मुख उसे बिठाऊँ मैं।

श्वेत, पीत, बैजनी कुसुम से मैं उसका शृंगार करूँ,
कविता रचूँ, सुनाऊँ उसको हृदय लगाऊँ प्यार करूँ।

(विश्व-छवि, रेणुका, 1931 ई.)

उक्त पद की एक पंक्ति में दिल की सारी बातें कितनी सरलता से कह दी गई हैं।

'रेणुका' में संकलित 'अमा-संध्या' शीर्षक कविता कल्पना प्रधान है। इसमें संध्या एक सुंदरी के रूप में चित्रित की गई है। झींगुर (झिल्ली) की झंकार सुनकर कवि के मन में तरह-तरह की भावनाएँ उत्पन्न होती हैं। यह झंकार न जाने किस सुंदरी के नूपुर से उत्पन्न हो रही है। यह विश्व की हृदय-वीणा की झंकार है या अंधकार की लहरियों का कंपन है या अमा-सुंदरी के हृदय का गुण-गान है या किसी विरह गीत का उन्मन स्वर है? संध्या समय सूर्य की अंतिम किरणें लहरों पर पड़ रही हैं-

अंतिम किरणें भर गईं उर्मि-अधरों में मोती के चुंबन,
वन-कुसुम वृंत पर ऊँघ रहे, दूर्वा-मुख सींच रहे हिम-कण।

(अमा-संध्या, रेणुका, 1933 ई.)

बिछुड़ते समय प्रिय का चुंबन कितना रस प्रदान करता है। अपनी कबरी (यानी बालों को गूँथ कर बनाई गई चोटी) से तारे रूपी कलियों को बिखेर कर अमा-सुंदरी अब लहरों से अठखेलियाँ कर रही है—

नीलिमा सलिल में अमा खोल
कलिका गुंफित कबरी-बंधन
लहरों पर बहती इधर-उधर
कर रही व्योम में अवगाहन।

(अमा-संध्या, रेणुका, 1933 ई.)

रेणुका की 'कोयल' शीर्षक कविता कवि दिनकर के प्रकृति-प्रेम का एक सुंदर उदाहरण है। ऋतुओं में वसंत और पक्षियों में कोयल कवियों को बहुत प्रिय रहे हैं। अमराइयों में बौरों के बीच छिपी हुई कोयल की 'कु-हू' से पूरा वातावरण गूँज उठता है। इस कोयल ने कवि का ध्यान आकृष्ट किया है। कवि उसके स्वर की मिठास के उद्गम की कल्पना करने लगते हैं। ऐसा मीठा स्वर कोयल कहाँ से ले कर आई है? किस नंदन-वन की स्वर्ण-तटी से वह अपने स्वरों के लिए ये मधुकण भर पाती है। कवि उस स्वर्ण प्रभात और अमरावती की कल्पना करता है जहाँ कोयल अपनी काकली में मधुरस घोलती है। कवि के सामने उस आश्रम का चित्र आ जाता है, जहाँ सखियों से घिरी हुई शकुंतला अपने प्रियतम के ध्यान में मग्न है। हो न हो इसी शकुंतला के हृदय-स्पंदन से कोयल ने अपने स्वर में कसक भर ली हो। कोयल की काकली कवि को यथार्थ जगत् से हटाकर कल्पना के छाया-वन में पहुँचा देती है।[12]

"कैसा होगा वह नंदन वन! सखि, जिसकी स्वर्ण तटी से तू स्वर में भर-भर लाती मधुकण।" इसी कविता में षोडशी उषा का एक चित्र है—

नत नयन लाल कुछ गाल किए,
पूजा हित कंचन थाल लिये,
ढोती यौवन का भार, अरुण
कौमार्य-बिंदु निज भाल दिए।

स्वर्णिम दुकूल फहराती-सी,
अलसित, सुरभित, मदमाती-सी
दूबों से हरी-भरी भू पर
आती षोडशी उषा सुंदर।

(कोयल, रेणुका, 1933 ई.)

पर्वत और निर्झर अपने बीच इस स्वर्गीय षोडशी को देखकर फूले न समाते। ऊषा की किरणें पड़ते ही स्वच्छ पत्थर चमकने लगते हैं। झरने के दोनों किनारे फूल मुस्कुराते हैं। निर्झर षोडशी के सुनहले सुहाग भरे अंचल को देखकर मन गदगद हो रहा है।

कवि दिनकर पर्वत की तलहटी का स्वाभाविक वर्णन करते हुए लिखते हैं-

गिरि के पदतल पर आस पास,
मखमली दूब करती विलास
भावुक पर्वत के उर से झर,
बह चली काव्य-धारा (निर्झर),
हरियाली में उजियाली-सी,
पहने दूर्वा का हरित चीर
नव चंद्रमुखी मतवाली-सी;

पद-पद पर छितराती दुलार
वन हरित भूमि का कंठ-हार।

(कोयल, रेणुका, 1933 ई.)

दुलार छितराती हुई मतवाली निर्झरिणी की छटा मनोहर है। इसी क्रम में आश्रम का भी वर्णन आया है। झरना बह रहा है। उसके किनारे कुछ मृगछौने पाँव पसारे (निश्चिंत होकर) लेटे हैं; और कुछ मृगी की देह पर उछल-कूद रहे हैं। कहीं गायें चर रही हैं, बछड़े दूध पी रहे हैं; और ऋषि कन्याएँ पौधों को सींच रही हैं—

रोमंथन करती मृगी कहीं,
कूदते अंग पर मृग कुमार,

अवगाहन कर निर्झर तट पर
लेटे हैं कुछ मृग पद पसार।
टीलों पर चढ़ती गाय सरल,
गो-शिशु पीते माता का थन,
ऋषि बालाएँ ले-ले लघु घट
हँस-हँस करतीं द्रुम का सिंचन।

(कोयल, रेणुका, 1933 ई.)

कवि बहुत ही सरस ढंग से कोयल से यह पूछता है कि—

किन कलियों ने भर दी श्यामा,
तेरे कंठों में यह मिठास?
किस इन्द्रपुरी ने सिखा दिया,
स्वर का कंपन, लय का विलास?

'रसवंती' में कवि की भावना मानव हृदय में रस खोज रही है। प्रकृति की 'नग्न माधुरी' की ओर वह उन्मुख नहीं दीखती। नारी के रूप और निर्मल प्रेम के सामने प्रकृति बिसर गई है। शायद नारी में ही प्रकृति की सारी छवियाँ समा गई है। 'रेणुका' की 'ऊषा', 'निर्झरिणी' आदि में नारी छवि दिखाई देती है और 'रसवंती' की नारी छवि में ऊषा, निर्झरिणी आदि दिखती है। गौरतलब है कि 'रसवंती' में प्रकृति के स्वतंत्र चित्र बहुत ही कम आए हैं।

'विजन' में कवि ने प्रकृति का शांत-एकांत रूप चित्रित किया है। दिनकर कृत 'रश्मिरथी' में भी कई स्थानों पर प्रकृति का बहुत ही मनोरम चित्रण किया गया है—

आसपास कुछ कटे हुए पीले धनखेत सुहाते हैं,
शशक, मूस, गिलहरी, कबूतर घूम-घूम कण खाते हैं।
कुछ प्रशान्त, अलसित बैठे हैं, कुछ करते शिशु का लेहन,
कुछ खाते शाकल्य, दीखते बड़े तुष्ट सारे गोधन।

(रश्मिरथी, द्वितीय सर्ग)

उनकी 'जागरण' शीर्षक कविता दरअसल, वसन्त के प्रति शिशिर की उक्ति है—

खोल दृग, मधु नींद तज, तन्द्रालसे, रूपसि विजन की!
साज नव श्रृंगार, मधु-घट संग ले, कर सुधि भुवन की।
विश्व में तृण-तृण जगी है आज मधु की प्यास आली!
मैं शिशिर-शीर्णा चली, अब जाग ओ मधुमासवाली।
वर्ष की कविता सुनाने खोजते पिक मौन भोले,
स्पर्श कर द्रुत बौरने को आम्र आकुल बाँह खोले,
पन्थ में कोरकवती जूही खड़ी ले नम्र डाली।

मैं शिशिर-शीर्णा चली, अब जाग ओ मधुमासवाली।
है विकल उल्लास वसुधा के हृदय से फूटने को,
प्रात-अंचल-ग्रंथि से नव रश्मि चंचल छूटने को।
मद्य पीने को खड़े हैं भंग ले कर रिक्त प्याली।
मैं शिशिर-शीर्णा चली, अब जाग ओ मधुमासवाली।
इन्द्र की धनुषी बनी तितली पवन में डोलती है;
अप्सराएँ भूमि के हित पंख-पट निज खोलती हैं।
आज बन साकार छाना चाहते कवि-स्वप्न आली!
मैं शिशिर-शीर्णा चली, अब जाग ओ मधुमासवाली।

('जागरण', रेणुका, 1934 ई.)

बाद में भी उन्होंने 'चन्द्राह्वान', 'ओ नदी!' और 'बादलों की फटन'-जैसी मोहक प्रकृति-कविताएँ लिखीं।

रत्न-जड़ित-पथ-चारी, जागो,
उडु-वन-वीथि-विहारी, जागो,
जागो रसिक विराग-लोक के, मधुवन के संन्यासी!
जागो हे अविनाशी!
जागो शिल्पि अजर अम्बर के!
गायक महाकाल के घर के!
दिव के अमृतकंठ कवि, जागो, स्निग्ध-प्रकाश-प्रकाशी।
जागो हे अविनाशी!
विभा-सलिल का मीन करो हे!
निज में मुझको लीन करो हे!
विधु-मंडल में आज डूब जाने का मैं अभिलाषी!
जागो हे अविनाशी!

('चन्द्राह्वान', नील कुसुम, 1946 ई.)

नदी को सम्बोधित करते हुए कवि उससे यह पूछता है कि—

किन्तु, अब सब झूठ; तारे तो गगन में हैं,
मगर, पानी कहाँ जिसमें जरा वे झिलमिलाएँ?
तू गई, जादू जहर का चल गया,
कूल का सौन्दर्य सारा जल गया।

और जीवित ही खड़ी तू मुस्कुराती है अभी भी?
फूल जब मुरझा रहे थे, क्यों तुझे मूर्छा न आई?

क्यों नहीं, हरियालियाँ मरने लगी, तब मर गई तू?

ओ नदी! सूखे किनारों के कँटीले बाहुओं से डर गई तू।

(ओ नदी!, 'कोयला और कवित्व')

जहाँ तक मानव-प्रेम की बात है, अपने काव्य-जीवन के शुरुआती दौर में ही दिनकर ने 'प्रीति'-जैसी कविता लिखी थी। इस कविता में प्रेम को परिभाषित करने का प्रयास किया गया है।

प्रीति न अरुण साँझ के घन सखि!
पल-भर चमक बिखर जाते जो
मना कनक-गोधूलि-लगन सखि!
प्रीति नील, गम्भीर गगन सखि!
चूम रहा जो विनत धरणि को
निज सुख में नित मूक-मगन सखि!

('प्रीति', रसवन्ती, 1936 ई.)

इसी के आस-पास उन्होंने भावाभिभूत कर देनेवाली प्रेम की दो विलक्षण कविताएँ लिखीं-'दाह की कोयल' और 'अन्तर्वासिनी'।

काँपता उजली कली का वृन्त,
फिर गया दृग में समग्र वसन्त।
मुँद गईं पलकें, खुले जब कान,
सज गया हरियालियों का ध्यान।

मुँद गईं पलकें कि जागी पीर,
पीर, बिछुड़ी चीज की तस्वीर।
प्राण की सुधि-ग्रंथि भूली खोल,
कौन तुम बोली पिकी के बोल?

('दाह की कोयल', रसवन्ती, 1938 ई.)

'नील कुसुम' तो निर्विवाद रूप से प्रेम की एक असाधारण कविता है। इसकी शैली नाटकीय और नई होने के कारण यह कविता बहुत ही प्रभावशाली है। कविता के अन्त में कवि कहता है—

हो जहाँ कहीं भी नील कुसुम की फुलवारी,
मैं एक फूल तो किसी तरह ले जाऊँगा,
जूड़े में जब तक भेंट नहीं यह बाँध सकूँ,
किस तरह प्राण की मणि को गले लगाऊँगा?

(नील कुसुम, 1950 ई.)

अपनी काव्य-रचना के आखिरी दौर में भी उन्होंने 'आज शाम को' और 'धन्यवाद, मैं सचमुच नहीं मरूँगा'-जैसी उत्कृष्ट प्रेम-कविताएँ लिखीं।

प्रथम-प्रथम तुम से जब आँखें चार हुईं
दहल उठा था मैं अपनी दीनता देखकर।
तुम सुवर्ण साकार,
ताम्र का मैं सिक्का खोटा-सा; मैं करील श्रीहीन,
दीपती-सी तुम लता विभा की,
तुम गिरि की निर्झरी,
गाँव का मैं सोता छोटा-सा।

कुसुम-कमलेश्वर में प्रकाश का मन देखा,
कहूँ, चमेली को करते चिन्तन देखा।
और सोचने लगा, आरती अबकी कहाँ सजाऊँ मैं?
मन की किस ऊँची तरंग पर इस छवि को ले जाऊँ मैं?
('धन्यवाद, मैं सचमुच नहीं मरूँगा', कोयला और कवित्व)

विषम परिस्थितियों के रहते हुए भी दिनकर के हृदय की सुकुमार भावना ने ही उन्हें कवि बना दिया। यदि युग की विभीषिका प्रबल न होती तो वे निश्चय ही सौन्दर्य और प्रेम के अनूठे गायक होते।

संदर्भ

1. रामधारी सिंह दिनकर, 'चक्रवाल', भूमिका, पृ. 24, उदयाचल, पटना; 1956 ई.।
2. डॉ. नन्दकिशोर नवल, 'दिनकर : अर्धनारीश्वर कवि', पृ. 52
3. 'रेणुका' शीर्षक काव्य-कृति में यह कविता 'कविता की पुकार' शीर्षक में छपी थी। यही कविता 'हुंकार' में 'वनफूलों की ओर' शीर्षक से पुनः प्रकाशित हुई थी।
4. डॉ. नन्दकिशोर नवल, 'दिनकर : अर्धनारीश्वर कवि', पृ. 18-19
5. दिनकर की डायरी, 15 सितम्बर, 1963; दिल्ली
6. दिनकर की डायरी, 14 मार्च, 1964; भागलपुर
7. शिवबालक राय, 'दिनकर', पृ. 85; यूनिवर्सल प्रेस, इलाहाबाद; 1952 ई.।
8. शिवबालक राय, 'दिनकर', पृ. 86; यूनिवर्सल प्रेस, इलाहाबाद; 1952 ई.।
9. शिवबालक राय, 'दिनकर', पृ. 88; यूनिवर्सल प्रेस, इलाहाबाद; 1952 ई.।
10. शिवबालक राय, 'दिनकर', पृ. 117; यूनिवर्सल प्रेस, इलाहाबाद; 1952 ई.।
11. शिवबालक राय, 'दिनकर', पृ. 88-89; यूनिवर्सल प्रेस, इलाहाबाद; 1952 ई.।
12. शिवबालक राय, 'दिनकर', पृ. 90-91; यूनिवर्सल प्रेस, इलाहाबाद; 1952 ई.।

अध्याय 18

दिनकर की नारी विषयक दृष्टि

मध्ययुगीन हिन्दी साहित्य के रीतिकाल में नारी के कामिनी रूप को प्रमुखता दी गई थी। लेकिन आधुनिक काल में साहित्यकारों और कवियों ने कामिनी के स्थान पर उसके गृहिणी रूप को विशेष महत्त्व दिया। छायावाद-युग में वह श्रद्धा की प्रतीक थी जो पुरुष के हृदय में पीयूष-स्रोत-सी प्रवाहित हो रही थी। समर्पण उसका लक्ष्य तो अब भी था, परन्तु, इस समर्पण में विवशता नहीं थी।

अपने पूर्ववर्ती काव्यान्दोलनों के दौरान कवियों की नारी विषयक भावना के बारे में दिनकर ने लिखा है—"नर और नारी के भीतर जो पारस्परिक आकर्षण का तार है, कैसे कहा जाए कि वह तार द्विवेदी युग में टूट गया था? किन्तु, इस विषय में द्विवेदी-युगीन कवि अत्यन्त सावधान, बल्कि, चौकन्ना मालूम होते हैं, मानों, हर समय वे सोच रहे हों कि स्वामी दयानन्द पास ही खड़े सब कुछ देख रहे हैं। इस संयम का परिणाम यह हुआ कि इस काल की रचनाओं में जो नारियाँ चित्रित की गईं, वे या तो सती-साध्वी देवियाँ हैं अथवा वीर क्षत्राणियाँ जो अपनी निर्भीकता और तेज से नारी जाति में नूतन प्रेरणा भरती हैं। नारी का जो कामिनी-रूप है, वह इस काल में जानबूझ कर उपेक्षित छोड़ दिया गया। किन्तु, इसे मैं संन्यास नहीं, गार्हस्थ्य का लक्षण मानता हूँ। गृहस्थ के घर में केवल पत्नी ही नहीं होती, माँ, चाची, बहन और बेटियाँ भी होती हैं। और इन सब के सामने बोलते हुए हम कभी भी ऐसी बातें नहीं बोलते जो एकान्त कक्ष में बोली जाने के योग्य हैं।"[1]

दिनकर के अनुसार, "छायावादी कवि अपनी वासना की अभिव्यक्ति खुल कर नहीं कर सके। जिस भय से द्विवेदी-युग के कवि कामिनी नारी का ध्यान करने से घबराते थे, उसी भय के मारे छायावादी कवि भी प्रत्यक्ष नारी के बदले 'जुही की कली' अथवा 'विहंगिनियों' का आश्रय लेकर अपने भावों का रेचन करते रहे। छायावाद-काल की नारी-भावना कुंठित-सी लगती है। यौन-वासना द्विवेदी-युग से दमित चली आ रही थी। छायावाद-काल में आकर वह फूटी तो अवश्य, किंतु, इस प्रकार नहीं, जिसे हम स्वाभाविक कह सकें। छायावादियों की वासना उन्हें कुरेदती भी है और अपनी अधीनता में भी ले जाती है, किंतु, ये कवि बराबर यह कहते रहे

हैं कि हमारी वासना वासना भले ही हो, किंतु, हमने उसे गंगा में नहला दिया है।"[2] प्रसंगवश उल्लेखनीय है कि पूर्व में रवींद्रनाथ ठाकुर में इतना नैसर्गिक साहस था कि उन्होंने 'विजयिनी'-जैसी उल्लंग शृंगार की कविता लिखने के साथ ही 'स्तन' शीर्षक देकर पद्यों की रचना की थी।

दिनकर के युग तक आते-आते स्वामी दयानंद सरस्वती का पवित्रतावादी आंदोलन कुछ शिथिल पड़ गया था। छायावादोत्तर कालीन कवि-गण उस आंदोलन के आतंक को कुछ हद तक भूल गए थे। यही कारण है कि 'नए सुभाषित' में संकलित एक कविता में चुम्बन को परिभाषित करते हुए दिनकर लिखते हैं-

सब तुमने कह दिया, मगर, यह चुम्बन क्या है?
'प्यार तुम्हें करता हूँ मैं,' इसमें जो 'मैं' है,
चुम्बन उस पर मधुर, गुलाबी अनुस्वार है।
चुम्बन है वह गूढ़ भेद मन का, जिसको मुख
श्रुतियों से बच कर सीधे मुख से कहता है।

(चुम्बन, नए सुभाषित)

लेकिन मर्यादा के आवरण में लिपटी नारी ही कवि दिनकर को काम्य है। वह नग्नता को हेय मानता है। उसके संदर्भ में विचार करते हुए कवि का कहना है कि-

एक नग्नता वह थी जब भू के पहले नर-नारी
सहज नग्न थे, किन्तु, नग्न होने का ज्ञान नहीं था;
दोनों के सब अंग खुले थे, सब समान सुन्दर थे,
इस अवयव पर अधिक और उस पर कम ध्यान नहीं था।

नयन देर तक नहीं किसी द्रुम के समीप रुकते थे।
विचरण करते हुए देह की उघरी फुलवारी में;
नारी को नर में रहस्य तब तक न भास पाया था,
नहीं जगा था नर का त्यों ही, कौतूहल नारी में।

तब कहते हैं, दृष्टि पुरुष की भूल भरे उपवन को,
किसी-किसी क्यारी में रमने लगी चेतना खोकर;
जहाँ-जहाँ वह गड़ी, लगी लगने गुदगुदी त्वचा में,
आखिर जाग पड़ी नारी लज्जा से आकुल होकर।

लज्जा प्रथम शील नारी का, शीलमयी सकुचाई,
पत्तों से आवृत्त कर तन को, करतल से लोचन को;

दृग मूँदे-मूँदे ही सम्भ्रममयी सहम कर बोली,
प्रियतम! तुम भी किसी भाँति आवृत्त कर लो निज तन को।

तब से ही, सौन्दर्य आवरण में छिपता आया है,
तब से ही, लज्जा का हम आदर करते आए हैं;
खो न जाए वह ज्योति कहीं, जो वसनों में बसती है,
इस विचार से खुली नग्नता से डरते आए हैं।

(नग्नता, नील कुसुम, 1953 ई.)

दिनकर के काव्य में नारी के विविध रूप

दिनकर के काव्य में नारी के विविध रूप अंकित हैं; जैसे—शक्ति-स्वरूपा देवी, अबला, रूपसी, आधुनिका, कुलवधू और माता। कवि नारी के आदर्श रूप का समर्थन करता है एवं उसके उन्नयन के लिए प्रयत्नशील भी है। राष्ट्रीय भावबोधवाली उनकी आरम्भिक रचनाओं में नारी के शक्ति-स्वरूपा देवी रूप को स्वीकार किया गया है। उनकी कल्पना में कभी वह विपथगा, कभी दिगम्बरि और कभी क्रान्ति-कुमारी के रूप में अवतरित होती है। कवि ने नारी के रण-चंडी रूप का बहुत ही आकर्षक चित्रण किया है—

मेरे मस्तक के छत्र-मुकुट, वसु-काल-सर्पिणी के शत फन।
मुख चिर-कुमारिका के ललाट में नित्य नवीन रुधिर-चन्दन।
आँजा करती हूँ चिता धूम का दृग में अन्ध तिमिर अंजन।
संहार-लपट का चीर पहन नाचा करती मैं छूम-छनन।

(विपथगा, हुंकार, 1938 ई.)

क्रांतिधोष वाली रचनाओं में कवि दिनकर नारी के इसी रण-चंडी रूप की कल्पना करते हैं।

शुरू में नारी के प्रति उनका दृष्टिकोण परम्परावादी था। 'रेणुका' में संकलित 'राजा-रानी' शीर्षक कविता में नारी का अबला रूप चित्रित है। कवि रानी की तुलना वर्षा से करता है जो आँसुओं से सिक्त है। ऐसा लगता है मानो अपने अश्रु-जल से पुरुष के जीवन-उपवन को हरा-भरा बनाना ही उसका एकमात्र कर्तव्य है। इस कविता में दिनकर ने नारी को पुरुष की भावनात्मक प्रेरणा के रूप में देखा था।

'रसवन्ती' में भी नारी के प्रति उनकी दृष्टि परम्परवादी ही दिखाई देती है। इसमें नारी शीर्षक दो कविताएँ संकलित हैं। पहली कविता में उनकी कल्पना छायावादी अतीन्द्रियता के बहुत निकट है, जबकि दूसरी कविता में उनकी नारी-भावना सामाजिक संदर्भों में व्यक्त हुई है। कवि ने पहली कविता में नारी को विधि

की अम्लान कल्पना, ज्योति की कली और एक दिव्य विभा के रूप में देखा है। 'रसवन्ती' की यह नारी कोमल, दिव्य और कान्तिमयी है। अपनी ही माटी के महाकवि विद्यापति का अनुगमन करते हुए कवि दिनकर ने कई बार नारी को सद्य:स्नाता के रूप में भी देखा है—

कढ़ी यमुना से कर तुम स्नान,
पुलिन पर खड़ी हुई कच खोल
सिक्त कुन्तल से झरते देवि!
पिये हमने सीकर अनमोल।

(नारी; रसवन्ती, 1936 ई.)

'रसवन्ती' की नारी विषयक दूसरी कविता में नारी के तीन पक्षों का उद्घाटन हुआ है—आधुनिका, रक्षणीया (अबला) और माँ। आधुनिका को केवल कवि की भर्त्सना ही मिली है। इस कविता के आरम्भ में रूपसज्जा के प्रति जागरूक और अपने रूप को अपनी महत्त्वाकांक्षाओं की पूर्ति का साधन बनानेवाली नारियों के विकृत जीवनदर्शन का उपहास किया गया है—

निरावरण, उद्दाम, किरण-सी खिलती और मचलती,
आज दीखती नहीं समाती हुई आप अपने में।
अपना चित्र विविध रंगों में आप सृजन करती हो,
और जाँचती हो फिर उसको स्वयं पुरुष के दृग से।

(नारी; रसवन्ती)

रूपसी नारी प्रकृति का वह अंश है जो युग-युग से पुरुष के आकर्षण का केन्द्र रही है। उसके सौन्दर्य ने न केवल पुरुष को परास्त किया है; बल्कि उसे प्रेरणा भी दी है। कवि दिनकर ने नारी के इस सौन्दर्य-युक्त आकर्षक रूप का अनेकत्र चित्रण किया है। कवि नर-नारी को एक ही सत्य के दो पहलू मानता है। कवि दिनकर के आरम्भिक नारी-चित्रण में छायावाद का स्पष्ट प्रभाव है। 'रसवन्ती' में संग्रहीत 'नारी' शीर्षक दोनों कविताओं में नारी का आधुनिका रूप प्रस्तुत है। नारी के आकर्षक रूप का वर्णन करते हुए कवि कहता है कि नारी कलाकार को प्रेरणा प्रदान करती है; और हिंस्र मानव को भी स्नेह की भूमि पर ले आती है। उसके पास योगी को भी समाधि-च्युत करने की शक्ति है। अन्यत्र दिनकर ने कहा है कि औरतें अपनी वासना को काबू में ला सकती हैं, मगर अपनी रिझाने की प्रवृत्ति को वे रोक नहीं सकतीं।"[3]

विडंबना यह है कि आधुनिका गृहस्थ जीवन के बंधन को तोड़कर मुक्त आकाश में उड़ना चाहती है। उसे मातृत्व से घृणा है। उसका लक्ष्य केवल रूप-सज्जा ही है। वह अहंवादी होकर पुरुष के साथ स्पर्धा में जुटी है; और वह अपने व्यक्तित्व की शालीनता को स्वयं नष्ट कर रही है। चंचल वृत्ति के कारण उसे किसी

पुरुष का अकुंठ प्यार नहीं मिलता; और मातृत्व की अवहेलना के कारण उसे किसी की सहानुभूति भी नहीं प्राप्त होती है। कवि दिनकर की दृष्टि में ऐसी आधुनिकाएँ भर्त्सना की पात्र हैं। 'उर्वशी' के बाद की कृति 'नील कुसुम' में भी कवि उन्माद जगाने वाली आधुनिकाओं के प्रति व्यंग्य करता है।

भारत के परम्परागत आदर्शों से युक्त कुलवधू की स्थिति दयनीय रही है। उसका सर्वस्व पति के लिए समर्पित होता है। संसार की कुत्सित भावनाओं से बचने के लिए वह आवरण में छिपी रहती है। लज्जा ही उसका आभूषण बन जाता है। रसवन्ती की 'गीत-अगीत' एवं 'बालिका से वधू' शीर्षक कविताओं में नारी के लज्जाशील कुलवधू रूप को ही प्रस्तुत किया गया है। लेकिन कवि दिनकर इस भोली कुलवधू को ऐसी शक्ति देना चाहते हैं जिससे वह आत्मरक्षा कर सके-

जी करता है अपना पौरुष, इज्जत इसे उढ़ा दूँ।
या कि जगा दूँ उसके भीतर की उस लाल शिखा को
आँखों में जिसके जलने से दिशा काँप जाएगी।

दिनकर ने उर्वशी में नारी के 'कुलवधू' रूप की प्रतिस्थापना सुन्दर ढंग से की है। इस रूप में नारी का त्याग और समर्पण ही महत्त्वपूर्ण है। नारी सर्वस्व खोकर भी अपनी मर्यादा का त्याग नहीं करती। कुलवधू में एक ओर पति-प्रेम की तड़प है दूसरी ओर मातृत्व की चाह है। 'औशीनरी' का चित्रण ऐसी ही नारी के रूप में किया गया है। कुलवधू का दूसरा रूप सुकन्या का है जो अपनी गृहस्थी में ही सुखी और सन्तुष्ट है।

दिनकर ने 'उर्वशी' में भी नारी के आकर्षण का चित्रण किया है, परन्तु, इस कथा-नाटक की नायिका उर्वशी पुरूरवा के आकर्षण का केन्द्र ही नहीं बनती, बल्कि मातृत्व का गौरव भी धारण करती है। कवि उसके उस मानवी रूप का पक्षपाती है जिसमें दैवीय रूपाकर्षण से अधिक कर्तव्य आबद्ध है। 'उर्वशी' यद्यपि आधुनिका की भाँति ही उपस्थित होती है, परन्तु, कवि उसमें मातृत्व की स्थापना द्वारा उसके प्रति श्रद्धा जागृत करता है। दिनकर को नारी का कुलवधू, गृहिणी एवं माता रूप ही प्रिय है। नारी जब मातृत्व के गौरवान्वित पद पर सुशोभित होती है तब वह सर्वश्रेष्ठ स्थान प्राप्त कर लेती है। वात्सल्य उसकी निधि हो जाता है। वह लोकमंगल की भावना से भर उठती है। कवि दिनकर की दृष्टि में मातृत्व नारी जीवन की तपस्या का नवनीत है। वे नारी की मातृत्व-गरिमा को उसके प्रेयसी या पत्नी रूप में अधिक महत्त्वपूर्ण मानते हैं। 'रश्मिरथी' में कर्ण के पास जाते ही कुंती का मातृत्व करुणा और गरिमा के साथ प्रकट होता है। कुंती कहती है कि महाभारत के युद्ध में चाहे जिस किसी पक्ष का संहार हो—वह उसी की क्षति है। कुंती के माध्यम से कवि संभवत: यह कहना चाहता है कि इस धरती पर केवल माताएँ ही हैं जिनकी रुचि सृजन में है, संहार में नहीं।

दिनकर की दृष्टि में मातृत्व ही नारीत्व का चरमोत्कर्ष है। उनके अनुसार स्त्री की सार्थकता माता बनने में है। स्वभावतः उन्होंने उन आधुनिकाओं की तीव्र भर्त्सना की है, जिनका मूल ध्येय अपनी देह की भूख को मिटाना है। अपनी एक कविता में वे कहते हैं—

पहन नील, किर्मीर वसन, तितली-सी पंख लगाए,
उर-गृह से बाहर आकर तुम किसको ढूँढ़ रही हो?
भ्रू की रेखा सजा, राग से रँग कपोल-अधरों को,
मुकुर देख खिलखिला रही हो किस आसन्न विजय से?

(नारी, रसवंती)

इस कविता की पहली पंक्ति में आए संस्कृत शब्द 'किर्मीर' का अर्थ है—नारंगी या चितकबरा रंग। इस कविता से स्पष्ट है कि दिनकर नागरिकाओं में नारी की वास्तविक छवि नहीं देखते थे। 'रसवन्ती' में वे आधुनिका के भीतर बसनेवाली एक अन्य नारी को देखते हैं, जो 'म्लानमुखी' है।

पुरुष वज्रलेखन का भूखा, सो वह लिखने वाली
सात पत्थरों के नीचे है दबी अभी तक तुम में।
तुम जितना विभ्रम करती, यह आकुल होती उतनी;
जितना व्यर्थ बनाव, क्षीण उतनी होती जाती है।
मृषा रभस के कोलाहल से प्राण विकल हैं उसके
सारहीन चुम्बन से उसका दम घुटता जाता है।
कौतुक हास-विलास रभस की अयि सजीव प्रतिमाओं !
देखो निज में झाँक कभी उस म्लानमुखी नारी को।

('नारी', रसवन्ती)

दिनकर मातृत्व को नारी की गरिमा का शिखर और स्त्री-जीवन की सार्थकता का मानदंड मानते हैं। वे स्त्री के प्रसव को वस्तुतः उसका पुनःसृजन मानते हैं। आज की आधुनिकाएँ देह की फिटनेस बनाए रखने के लिए कृत्रिम वन्ध्यत्व को भी सहजता से स्वीकार कर लेती हैं। परन्तु दिनकर के अनुसार यह नारी का वास्तविक रूप नहीं है। वे कहते हैं-

काश ! समझतीं जन्म निरोधातुर कृत्रिम वन्ध्याएँ,
पुत्र-कामना इच्छा है अपने को ही पाने की। (नारी, रसवन्ती)

कोई युवती जब माँ बनती है, तब उसके चेहरे पर झलकनेवाले 'सरल सन्तोष' की चर्चा दिनकर ने 'रसवन्ती' में की है। वासना की भठ्ठी में जलनेवाली युवती माता बनते ही 'शमित-वह्नि' हो जाती है। उसकी तन की आग दरअसल, ठंडी हो जाती है। इस शमित-वह्नि नारी का आत्मसन्तोष संक्रामक होता है। 'रसवन्ती'

का वह 'सरल संतोष' ही विकसित होकर 'उर्वशी' में संक्रामक प्रभाव उत्पन्न करनेवाली शमित-वह्नि नारी के रूप में प्रकट हुआ है—

युवा जननि को देख शान्ति मन में कैसी जगती है!
रूपमती भी सखी! मुझे तो वही त्रिया लगती है,
जो गोदी में पड़े क्षीर-मुख शिशु को सुला रही हो
अथवा खड़ी प्रसन्न पुत्र का पलना झुला रही हो।

(उर्वशी)

नारी में उपभोग नहीं, उपयोग भावना

दिनकर की कविताओं में नारी-जाति के प्रति प्रायः आदर-भाव प्रकट करते हुए उनको पुरुषों के समकक्ष स्वीकार किया गया है। उनका कहना था कि "लेडी के लिए महीयसी शब्द चलना चाहिए। महीयसी वह है, जो सामाजिक, पारिवारिक, नैतिक तथा स्त्रैण गुणों की प्रतिमा है।"[4]

बहरहाल, उनकी कविताओं में वर्णित नारी में स्नेह, प्रेम, बलिदान, कल्पना, सुंदरता, स्वर्गिकता आदि भावनाओं की अभिव्यंजना हुई है। आचार्य शिवबालक राय ने ठीक ही लिखा है कि "दिनकर की नारी में उपयोग-भावना है—उपभोग भावना नहीं।'[5] कवि दिनकर का मानना है कि—

नारी सृष्टि के दीपक की लौ है।
नारी जाति के जीवन का प्रकाश है।
नारी सोंधी, स्थूल मिट्टी है।
नारी सूक्ष्म है।
नारी हवा है।
नारी आकाश है।

नारी-रूप पर सोचना
मन को सुवास से भरना है।
नारी के हृदय की झलक पाना
स्वर्ग का दर्शन करना है।

नारी सर्वसहा पृथ्वी है।
नारी वह जाति है,
जो अत्याचारों से
पीड़ित रही है।

किताबें तो बड़ी-बड़ी लिखी गईं,
किन्तु नारी की पूरी व्यथा
किसने कही है?

पुरुष पशु होता है
या फिर अबोध बालक,
जिसे हिताहित का ज्ञान नहीं है।
नारी दोनों हालतों में
उसे पुचकारती और बहलाती है।

घर के बाहर पुरुष
जो विजय और कीर्ति कमाता है,
घर के भीतर उसका मूल्य
नारी चुकाती है।

सखी, स्वसा या कन्या,
नारी जिस रूप में भी उतरे,
वह महिमामयी, पूजनीया
और ललाम है।
किन्तु मनुष्य के अधरों पर
सब से बड़ा माता का नाम है।

(नारी, हारे को हरिनाम)

'कला के अर्धनारीश्वर' शीर्षक निबन्ध में दिनकर ने लिखा है—"तांडव की उत्पत्ति शिव से हुई थी जब वे सती की मृत्यु से क्षुब्ध थे। लास्य का जन्म पार्वती से हुआ, जब वे प्रेम के कारण प्रसन्न थीं। ...कहते हैं, पुरुष पहले बना था, किन्तु मानवता का पूरा चमत्कार उसमें नहीं निखर सका, तभी ब्रह्मा को लाचार होकर नारी मूर्ति की रचना करनी पड़ी। तबसे सभ्यता का रथ नारी और नर दोनों के सन्तुलित योग से चलता रहा है।"

परन्तु इतिहास साक्षी है कि पुरातन काल से ही स्त्री के प्रति पुरुष का दृष्टिकोण सामन्तवादी रहा है। वह नारी को व्यक्ति की अपेक्षा वस्तु मानता रहा है। दिनकर भी यह स्वीकार करते हैं कि सभ्यता जब आदिम अवस्था में थी, मर्द के सबसे पहले पालतू जीव का नाम नारी था। उनका यह भी मानना था कि अगर औद्योगिक सभ्यता नहीं आई होती, तो औरतों को घर के बाहर के कामों से छुटकारा नहीं मिलता, न वे नारी-स्वाधीनता आन्दोलन के लिए समय निकाल पातीं। छाती से दूध

पिलाने की प्रथा इसलिए खत्म हो रही है कि औद्योगिक सभ्यता ने शिशुओं के लिए अलग से दूध तैयार कर दिया है।[6]

कैसी नारी काम्य है?

जब से यह धरती बनी है, तभी से स्त्रियाँ पुरुषों के लिए प्रबल आकर्षण का केन्द्र रही हैं। लेकिन प्रश्न यह है कि "रोमांटिक मर्द किस नारी की ओर जाना चाहता है? उस नारी की ओर, जो सभी नारियों में छिपी विचित्रता का सार है; जो आकर भी नहीं आती है, जो आलिंगन में बँधने पर भी स्पर्श से दूर है, जो आकांक्षा जगाकर उसे तृप्त करने से भागती है, जो शैया में होकर भी पूर्ण रूप से वहाँ नहीं होती, जो सपने के सदृश बाँह में उड़ी-उड़ी आती है और लहर-सी लौट तिमिर में डूब-डूब जाती है :

प्रियतम को रख सके निमज्जित जो अतृप्ति के रस में;
पुरुष बड़े सुख से रहता है उस प्रमदा के वश में। (उर्वशी)

परिधि में रहना स्त्रियों की नियति है। देश-दुनिया का समाज स्त्रियों को सामाजिक मर्यादाओं के बन्धनों में बाँधे रखने का पक्षधर रहा है। दिनकर ऐसा मानते थे कि "जो समाज अपनी औरतों को परदों में बन्द रखता है और जो समाज उन्हें घूमने-फिरने की आज़ादी देता है, उन दोनों की कविताएँ अलग-अलग ढंग की होंगी।"[7] वे यह भी मानते हैं कि औरतों की उपेक्षा देहात में है, शहर में तो मर्द औरतों के पीछे भागते हैं।[8]

नारी के प्रति दिनकर का दृष्टिकोण शुरू से ही रूमानी रहा है। रूमानी दृष्टिकोण में नारी को क्रिया से अधिक प्रेरणा माना गया है।

एक इंगित पर दौड़े सूर कनक-मृग पर होकर हतज्ञान
हुई ऋषियों के तप का मोल तुम्हारी एक मधुर मुस्कान।
(रसवन्ती)

रोमांटिक कवियों के लिए नारी चाँदनी है, कमल की नाल है, शबनम की नन्ही-सी बूँद है।

याद है, तुम तो सुधा की धार
याद है, तुम चाँदनी सुकुमार
याद है, तुम तो कमल की नाल
मंजरी के पासवाली नर्म कोंपल लाल। (रसवन्ती)

यद्यपि जगत् के संघर्ष में उसका योगदान प्रत्यक्ष नहीं है, तथापि वह पुरुष में उत्साह का संचार करती है।

कवि दिनकर का मन, प्राण और हृदय नागरी स्त्रियों की अपेक्षा ग्राम-बालाओं या ग्राम-वधुओं के सौंदर्य में अधिक रमता है। वे लिखते हैं—

भींग रहा मीठी उमंग से दिल का कोना-कोना
भीतर-भीतर हँसी देख लो बाहर-बाहर रोना।

ये पंक्तियाँ ग्रामबाला के ससुराल जाते समय का चित्र उपस्थित करती हैं।

अंग-संज्ञा के पार पहुँचने की चाह

प्रेम पर दिनकर ने अनेकत्र विचार किया है। 'उर्वशी' में रम्भा कहती है—

जहाँ प्रेम राक्षसी भूख से क्षण-क्षण अकुलाता है।
प्रथम ग्रास में ही यौवन की ज्योति निगल जाता है।
धर देता है भून रूप को दाहक आलिंगन से;
छवि को प्रभाहीन कर देता ताप-तप्त चुम्बन से;
पतझड़ का उपमान बना देता वाटिका हरी को,
और चूमता रहता फिर सुन्दरता की ठठरी को। (उर्वशी)

मानव जीवन में दैहिक सुख ही सब कुछ नहीं है। प्रेम में तो तन का अतिक्रमण भी हो जाता है। 'उर्वशी' की भूमिका में नर-नारी के द्विविध व्यक्तित्व का बहुत ही सटीक विश्लेषण करते हुए उन्होंने लिखा है—"नारी नर को छू कर तृप्त नहीं होती, न नर नारी के आलिंगन में सन्तोष मानता है। कोई शक्ति है जो नारी को नर और नर को नारी से अलग नहीं रहने देती और जब वे मिल जाते हैं, तब भी उनके भीतर किसी ऐसी तृषा का संचार करती है, जिसकी तृप्ति शरीर के धरातल पर अनुपलब्ध है।" फिर आगे लिखते हैं—"नारी के भीतर एक और नारी है, जो अगोचर और इन्द्रियातीत है। इस नारी का सन्धान पुरुष तब पाता है, जब शरीर की धारा उछालते-उछालते उसे मन के समुद्र में फेंक देती है, जब दैहिक चेतना से परे वह प्रेम की दुर्गम समाधि में पहुँचकर निष्पन्द हो जाता है। और पुरुष के भीतर भी एक और पुरुष है, जो शरीर के धरातल पर नहीं रहता, जिनके मिलन की आकुलता में नारी अंग-संज्ञा के पार पहुँचना चाहती है।"

नारी और सौन्दर्य के संदर्भ में दिनकर ने अपनी अन्तिम काव्य-रचना 'हारे को हरिनाम' में भी विचार किया है—

कविता दृष्टि मात्र से समझ में नहीं आती,
उसे समझना या समझाना पड़ता है।

लेकिन खूबसूरती को
दलील देने की हाजत नहीं होती।

रूपसी नारी देखी नहीं,
कि आँखें उसे पहचान लेती हैं।

सौन्दर्य के भीतर जो अर्थ भरा है,
उसे बिना पढ़े ही जान लेती हैं।

(प्रतिभा और सौन्दर्य, हारे को हरिनाम)

"नील कुसुम' में संकलित एक कविता में दिनकर ने नर्तकी की अन्तर्वेदना को विश्लेषित करने का प्रयास किया है। कवि नर्तकी को लक्ष्य करके पूछता है कि क्या—

तुम्हें भी शूल चुभते हैं?

बरसते हैं तुम्हारे अंग पर भी बाण आँखों के
असूया में बुझे, विद्वेष के तीखे जहरवाले?
उन्हीं के सामने हो नाचती जिनकी निगाहों में
नहीं तुम और कुछ, केवल सुयश की भिक्षुणी भर हो?

सुधा से तृप्त कर सब को स्वयं जब लौटती घर को,
तुम्हारे भी हृदय के कूप से आवाज उठती है?
'लगा लाई नया फिर एक धब्बा आज भी तन में,
मरण के हाथ फिर थोड़ी अमरता बेच आई है।'

हृदय का देवता कहता, न बाहर धूप में घूमो।
नगर के लोग कहते हैं, प्रशंसा की भिखारिन है।

(नर्तकी, नील कुसुम, 1953 ई.)

नर्तकी रूप को कवि उसके पेशे के प्रति घृणा भाव से नहीं, करुणा भाव से निहारता है। कवि वासना नहीं, पावन प्रेम का पुजारी है। वह कहता है—

तुम्हें देखते ही मुझमें कुछ अजब भाव जगता है;
भीतर कोई सन्त, खुशी में भर, रोने लगता है।
कितनी शुभ्र! पवित्र! नहा कर अभी तुरत आई हो?
अथवा किसी देव-मन्दिर से यह शुचिता लाई हो?
एकाकिनी नहीं तुम, कोई शिखा और जलती है;
किसी शक्ति की किरण तुम्हारे संग-संग चलती है।
और नहीं तो क्यों न सुलगती तृषा अंक भरने की?
क्यों जलती है तुम्हें देख इच्छा पूजा करने की?

(सौन्दर्य, कोयला और कवित्व)

भारतीय समाज में वैधव्य एक अभिशाप से कम नहीं है। दिनकर ने विधवा स्त्री की वेदना को बहुत संजीदगी से महसूस किया है। 'विधवा' शीर्षक कविता में वे लिखते हैं—

सूखी-सी सरिता के तट पर
देवि! खड़ी सूने पनघट पर
अपने प्रिय-दर्शन अतीत की कविता बाँच रही हो मन में।
नव यौवन की चिता बना कर
आशा-कलियों को स्वाहा कर
भग्न मनोरथ की समाधि पर तपस्विनी बैठी निर्जन में।
जीवन के शुचि शून्य सदन में।

(विधवा; 'रेणुका', 1931 ई.)

दिनकर के अन्तर्लोक में एक नारी का वास है। कवि का मानना है कि नारीत्व वस्तुतः नारी की देह के परे है। उस देहातीत नारी के बारे में कवि यह कहता है कि-

तुम्हें ज्ञात है, नारी का नारीत्व कहाँ बसता है?
ग्रीवा में? टेढ़ी चितवन के चोज में?
त्रिवली-तट पर या शिल्पित वक्षोज में?
नहीं, त्रिया इन रेखाओं से
बहुत दूर है।

पंचेन्द्रिय से परे एक चेतना और है।
जब वह जगती है, मनुष्य विस्मय से भर जाता है।
रेशम के लच्छे-सी लगती किरण;
व्योम दीखता ध्यान में निरत
किसी निश्चित महायोगी-सा;
त्रिया पुण्य की प्रभा,
प्रेरणा के समान लगती है।

(छठी संज्ञा का जागरण, कोयला और कवित्व)

इस कविता से पता चलता है कि कवि के मन में स्त्रियों की एक दिव्य छवि विद्यमान थी; और स्त्रियों के प्रति उनके भाव उच्च कोटि के थे। कवि दिनकर 'उर्वशी' के बाद की अपनी कृतियों में शिल्प और प्रतीक की दृष्टि से नारी का वर्णन नवीन ढंग से करते हैं, परन्तु उनकी आस्था नारी के आदर्श रूप में ही है। वे नारी को अनुपम और अतुलनीय मानते हुए कहते हैं कि-

तुम्हारी माधुरी, शुचिता, प्रभा, लावण्य की समता
अगर करते कभी तो एक केवल पुष्प करते हैं।
तुम्हें जब देखता हूँ, प्राण जानें क्यों विकल होते,
न जानें, कल्पना से क्यों जुही के फूल झरते हैं।

(सौन्दर्य, नए सुभाषित)

संदर्भ

1. रामधारी सिंह दिनकर, चक्रवाल, भूमिका, पृ. 6; उदयाचल, पटना, 1956 ई.।
2. रामधारी सिंह दिनकर, 'चक्रवाल', भूमिका, पृ. 9-10; उदयाचल, पटना; 1956 ई.।
3. दिनकर की डायरी, 8 मई, 1963 ई., दिल्ली
4. दिनकर की डायरी; 16 अगस्त, 1971 ई., पटना
5. शिवबालक राय, 'दिनकर', पृ. 118; यूनिवर्सल प्रेस, इलाहाबाद; 1952 ई. ।
6. दिनकर की डायरी, 9 मई, 1971 ई., दिल्ली
7. दिनकर की डायरी, 18 मई, 1963 ई., दिल्ली
8. दिनकर की डायरी, 2 जून, 1971 ई., दिल्ली

अध्याय 19

'उर्वशी' का कामाध्यात्म

रामधारी सिंह दिनकर मूलतः सौन्दर्य के कवि हैं। जीवन में जो कुछ भी आवेग, आक्रोश एवं गर्जन-तर्जन से भरा है, वह उनकी सामाजिक चेतना का प्रतिफल है; जबकि जो कुछ भी सुन्दर और सुकुमार है, उसके प्रति उनमें एक आन्तरिक आग्रह है। वे उत्तर-छायावादी सौन्दर्य-चेतना के कवि हैं। इसलिए उनका सौन्दर्यबोध छायावादी कवियों की तरह सीमित-संकुचित और एकांगी नहीं है। उनकी 'उर्वशी' 'नई कविता' आन्दोलन के उत्कर्ष काल में प्रकाशित हुई। इसलिए 'उर्वशी' को 'नई कविता' की कसौटी पर रखकर नहीं देखा जा सकता। इसका मूल्यांकन आधुनिक हिन्दी कविता की उसी परम्परा में रखकर किया जा सकता है जिसमें उसकी रचना हुई है।

प्रत्येक सिद्ध कवि का अपना एक जीवन-दर्शन होता है। दिनकर का भी अपना एक जीवन-दर्शन है। उसमें भारतीय दर्शन, संस्कृत वाङ्मय, पाश्चात्य दर्शन और विश्व साहित्य के विविध काव्य-विधानों का मणिकांचन संयोग है। दिनकर का समस्त काव्य-चिन्तन वस्तुतः उसी संश्लिष्ट दर्शन के चतुर्दिक घूमता है। 'उर्वशी' में उनका जीवन-दर्शन भारत के उस परम्परागत गार्हस्थ-जीवन से मेल खाता है, जिसमें नारी-जीवन की सार्थकता और सुन्दरता उसके मातृत्व में निहित बताई गई है।

दिनकर की प्रेम-भावना का सर्वाधिक उदात्त रूप उर्वशी और पुरूरवा के प्रेम में व्यक्त हुआ है। यह एक अन्योक्तिपरक कथा है। इसमें पुरूरवा सनातन नर का प्रतीक है, और उर्वशी सनातन नारी का। दिनकर का मानना है कि "नारी नर का छूकर तृप्त नहीं होती, न नर नारी के आलिंगन में सन्तोष मानता है। कोई शक्ति है जो नारी को नर तथा नर को नारी से अलग रहने नहीं देती और जब वे मिल जाते हैं, तब भी उनके भीतर किसी ऐसी तृप्ता का संचार करती है, जिसकी तृप्ति शरीर के धरातल पर अनुपलब्ध है।"

दिनकर कहते हैं कि—"नारी के भीतर एक और नारी है, जो अगोचर और इन्द्रियातीत है। इस नारी का सन्धान पुरुष तब पाता है, जब शरीर की धारा उछालते-

उछालते, उसे मन के समुद्र में फेंक देती है, जब दैहिक चेतना से परे, वह प्रेम की दुर्गम समाधि में पहुँच कर निस्पन्द हो जाता है। और पुरुष के भीतर भी एक और पुरुष है, जो शरीर के धरातल पर नहीं रहता, जिससे मिलने की आकुलता में नारी अंग-संज्ञा के पार पहुँचना चाहती है।" सच पूछा जाए तो 'उर्वशी' में प्रेम की अतीन्द्रियता का एक अद्‌भुत आख्यान है; और बहुधा इसी अर्थ में उसको 'कामाध्यात्म की कविता' कहा गया है।

आजकल 'काम' का अर्थ बिगड़ गया है, वह भोग और इन्द्रियलिप्सा के अर्थ में प्रयुक्त होने लगा है। भारत के अधिकांश साधकों ने इसे अछूत करार देकर उस से सदैव बचे रहने की ही शिक्षा दी—बिना यह बूझे कि उनकी यह भक्ति और विरक्ति, आध्यात्मिकता, तपस्या और साधना स्वयं उनके काम की ही देन हैं। आधुनिक युग में सिग्मण्ड फ्रायड ने काम की महती सर्जनशीलता और अदम्य प्रेरक शक्ति की ओर हमारा ध्यान आकृष्ट किया। उन्होंने पुनः, वैदिक ऋषियों की ही तरह हमारे सभी कार्य-कलापों की मूल शक्ति काम को ही स्वीकार किया है।[1]

'उर्वशी' की भूमिका में दिनकर कहते हैं कि—"जीवन में सूक्ष्म आनन्द और निरुद्‌देश्य सुख के जितने भी सोते है, वे कहीं न कहीं, काम के पर्वत से फूटते हैं। जिसका काम कुंठित, उपेक्षित अथवा अवरुद्ध है, वह आनन्द के अनेक सूक्ष्म रुपों से वंचित रह जाता है।" इसका विश्लेषण करते हुए प्रो. कामेश्वर शर्मा ने लिखा है—"काम वह मूल अनंग शक्ति है जिसका आस्वादन रुप, स्पर्श, रस, गन्ध तथा ध्वनि द्वारा किया जाता है, और जिसका प्रधान पात्र नर के लिए नारी का शरीर तथा नारी के लिए नर का शरीर है। प्रत्येक सप्राण सत्ता में यह मूल शक्ति विद्यमान है, और उसकी पहली अनुभूति स्पर्श से तथा पहला बोध यौन-क्रिया से प्राप्त होता है। वह मनुष्य के समस्त क्रिया-कलापों का मूल प्रेरक तत्त्व है; और, उसके इस ओर वासना है, उस ओर उपासना। एक ही वृत्ति जब शरीर के आधार पर अग्रसारित की जाती है तो वह वासना कहलाती है, और जब परोक्ष का अवलम्बन ले प्रयाण करती है तब उपासना कहलाती है। इन्हें ही हम दूसरे शब्दों में प्रेम और 'प्रेम की अतीन्द्रियता' या 'कामाध्यात्म' कह सकते हैं।"[2]

दिनकर का मानना है कि "देवता वह नहीं जो सब कुछ को पीठ देकर, सबसे भाग रहा है। देवता वह है जो सारी आसक्तियों के बीच अनासक्त है, सारी स्पृहाओं को भोगते हुए भी निस्पृह और निर्लिप्त है।" उर्वशी काव्य-नाटक का वैचारिक धरातल, दरअसल, यही है।

दिनकर पुरूरवा और उर्वशी की कथा के माध्यम से सनातन नर और नारी के प्रबल आकर्षण और प्रेम का वर्णन करते हैं। इस काव्य-नाटक में दो अन्य कथाएँ भी हैं—पुरूरवा की पत्नी औशीनरी की कथा; और ऋषि च्यवन तथा उनकी पत्नी सुकन्या की कथा। च्यवन-सुकन्या की कथा में गार्हस्थ और संन्यास का अद्‌भुत

मेल है। औशीनरी अपने पति पुरूरवा द्वारा उपेक्षित गृहणी है। उर्वशी एक अप्सरा है। यदि अप्सरा को प्रतीक मान लिया जाए तो यह कहा जा सकता है कि नारी में अप्सरापन की खोज नर की सनातन आकांक्षा है। लेकिन नारी का वास्तविक महत्त्व पत्नी होने और माता बनने में ही है। यही वह मूल जीवन-दर्शन है, जिसे 'उर्वशी' का रचनाकार बतलाना चाहता है।

गलती है हिमशिला सत्य है गठन देह की खो कर
पर हो जाती वह असीम कितनी पयस्विनी हो कर।

(उर्वशी, पृ. 19)

'रसवन्ती' को 'उर्वशी' की पूर्वपीठिका कहा जा सकता है। 'उर्वशी' के सभी प्रमुख भाव और विचार बीज रूप में 'रसवन्ती' में विद्यमान हैं। 'रसवन्ती' के दिनकर की दृष्टि में मातृत्व ही नारीत्व का चरमोत्कर्ष है। स्वभावत: उन्होंने उन आधुनिकाओं की भर्त्सना की है जिनका मूल ध्येय अपनी देह की भूख को मिटाना है। बहरहाल, जो नारी केवल शरीर के धरातल पर उपलब्ध है उसकी भर्त्सना करके दिनकर ने, प्रकारान्तर से, दैहिक आसक्ति की भर्त्सना की है।

'रसवन्ती' में उगा प्रेम का भावांकुर 'उर्वशी' में आकर एक वटवृक्ष बन गया है। इस भावतरु के रूप में विकसित 'उर्वशी' शीर्षक काव्यकृति को आलोचकों ने 'कामाध्यात्म की कविता' कहा है। जबकि दिनकर का कहना है कि—"पता नहीं, 'उर्वशी' के साथ यह शब्द कहाँ से जुड़ा। काम और अध्यात्म बिल्कुल अलग-अलग चीजें हैं। उनका क्या मेल? बनाया होगा तो आलोचकों ने बनाया होगा ...। हाँ, इलाचन्द्र जोशी के कुछ सिद्धान्त हैं, जो काम से 'अध्यात्म' तक पहुँचने की बात करते हैं। उनकी रचनाओं में 'कामाध्यात्म' हो सकता है। मैं तो नहीं मानता कि काम से अध्यात्म मिलता हो।"[3]

उन्होंने बल देकर कहा कि—"उर्वशी में अध्यात्म का कोई विशेष सम्बन्ध नहीं है, इसमें मेरा प्रतिपाद्य यही रहा है कि शरीर के काम से जो एक अशरीरी झंकार उठती है, वह काम पुरुषार्थ की चरम उपलब्धि है, चरम प्राप्तव्य है। 'उर्वशी' में काम है, पर वह अपने आप में साध्य के रूप में नहीं बतलाया गया, साधन-मात्र है। साध्य कुछ दूसरा ही है। हमारे प्राचीन इतिहास में भी उसका उद्देश्यमूलक उपयोग था, सन्तानोत्पत्ति के लिए वह भी एक साध्य था। अब कोई साध्य ही नहीं रहा; अब काम एक कला हो गया है। उसमें न पुरुषार्थ रहा, न कोई उद्देश्य, न साध्य!"[4]

यह पूछने पर कि क्या पुरूरवा आपकी कल्पना का आदर्श पुरुष है, दिनकर का कहना है कि—"पुरूरवा आदर्श नहीं, एक विशेष प्रकार का पुरुष है, जो लोक और परलोक, दोनों चाहता है। लोक तो उसे पूर्ण रूप से प्राप्त हुआ। परलोक की बात मुझे मालूम नहीं, क्योंकि राज-भवन से उसे वन में भेज कर मैंने उसकी कोई

खोज-खबर नहीं ली है। हाँ, यदि वह आदर्श पुरुष होता, तो नेपथ्य से (या पुरूरवा के ही हृदय से) यह आवाज नहीं आती—

चिन्तन कर यह जान कि तेरी क्षण-क्षण की चिन्ता से
दूर-दूर तक के भविष्य का मनुज जन्म लेता है।
उठा चरण यह सोच कि तेरे पद के निक्षेपों की
आगामी युग के कानों में ध्वनियाँ पहुँच रही हैं।

अवश्य ही, पुरूरवा ने कुछ ऐसे काम किए हैं, जिनके लिए उसकी आत्मा उसे चेतावनी दे रही है।[5]

दिनकर कहते हैं कि "पुरूरवा को मैंने आदर्श पुरुष नहीं कहा। वह काम के माध्यम से मुक्ति चाहता था; फँस गया, उसे भागना पड़ा। .....काम से पतन ही हो सकता है, अध्यात्म या श्रेय नहीं। उसके उदात्तीकरण द्वारा भले ही किसी उद्‌देश्य की प्राप्ति हो सकती है। तो काम का उपयोग उदात्तीकरण के साधन के रूप में अधिक हो सकता है। निवृत्ति के बिना हमारे यहाँ तो श्रेय हो ही नहीं सकता।"[6]

वैसे, कन्हैयालाल नन्दन को दी गई एक भेंटवार्ता में दिनकर ने इतना अवश्य स्वीकार किया कि "जब 'उर्वशी' छपी, तो लोग उसके कामाध्यात्म से बहुत घबराए। लेकिन तुमने देखा 'उर्वशी' में जो कामाध्यात्म है, वही विषय अधिक पल्लवित और विकसित होकर रजनीशजी की पुस्तक 'सम्भोग से समाधि की ओर' में आ गया।"[7] उल्लेखनीय है कि आचार्य रजनीश की यह विवादास्पद पुस्तक 'सम्भोग से समाधि की ओर' पहली बार 1969 ई. में प्रकाशित हुई थी।

कन्हैयालाल नन्दन द्वारा आगे यह पूछे जाने पर कि आपके और आचार्य रजनीश के कामाध्यात्म में फर्क क्या है? दिनकर ने कहा कि "फर्क यह है कि मेरा पुरूरवा नारी को बाँहों में समेटकर नारी का अतिक्रमण करना चाहता है। यह काम और अध्यात्म के बीच का द्वन्द्व भी हो सकता है। किन्तु रजनीशजी मानते हैं कि जो व्यक्ति घंटे भर की एक रति कर लेगा, वह जीवन भर के लिए काममुक्त हो जाएगा। मैं ऐसे अध्यात्मवादी की भी कल्पना करता हूँ, जो काममुक्त नहीं है, जैसे मेरी कल्पना के महर्षि च्यवन।"[8]

जो भी हो, 1961 ई. में 'उर्वशी' के प्रकाशन के शीघ्र बाद ही हिन्दी के पाठकों और आलोचकों के मध्य एक लम्बा साहित्यिक वाद-विवाद चल पड़ा था। नेमिचन्द्र जैन ने लिखा है कि "इन प्रतिक्रियाओं की विविधता और तीव्रता से अज्ञेय के उपन्यास 'नदी के द्वीप' को लेकर होनेवाली चर्चा की याद आती है, क्योंकि एक हद तक 'नदी के द्वीप' की भाँति ही 'उर्वशी भी नर-नारी के प्रबल उद्‌दाम आकर्षण और मिलन का, काम और प्रणय के अतिरेक का काव्य है। प्रसाद की 'कामायनी' में भी नर और नारी के आकर्षण और मिलन का, उनके द्वन्द्व का चित्रण है, पर 'रोमांटिक' युग के कवि प्रसाद बुद्धि और भावना की, इड़ा और

श्रद्धा की दार्शनिक ऊहापोह में अधिक उलझे रहे, मनु और श्रद्धा तथा इड़ा के बीच सम्बन्धों के काम-पक्ष पर उनका ध्यान इतना अधिक नहीं गया।"[9]

मुक्तिबोध ने 'उर्वशी' के मनोविज्ञान पर विचार करते हुए उसके कामाध्यात्म का उपहास किया है। उन्होंने लिखा है—"दिनकर कृत 'उर्वशी' एक विलक्षण काव्य है। दैहिक काम संवेदनाओं की प्रतिपूर्ति में परमतत्त्व के साक्षात्कार का प्रयत्न ही इस विलक्षणता को जन्म देता है। कृत्रिम मनोविज्ञान ही इस विलक्षणता का प्राण है। उर्वशी का कामात्मक अध्यात्म एक अत्यन्त कृत्रिम मनोवैज्ञानिक व्यापार पर स्थित है।"[10] उन्होंने आगे यह भी लिखा है कि, "उसमें एक दुर्निवार कामुक अहं ने अस्वाभाविक ढंग से आध्यात्मिक मुकुट पहनने की कोशिश की है। स्वच्छन्द स्वतन्त्र ऐन्द्रियता को महत्तम और श्रेष्ठतम औचित्य और मान्यता प्रदान करने के लिए उसे रहस्यवाद से, अध्यात्मवाद से, जोड़ा गया है। लेकिन इस प्रकार के संयोजन के कार्य में बनावटीपन आ गया है, मनोवैज्ञानिक कृत्रिमता उत्पन्न हो गई है।

यह मनोवैज्ञानिक कृत्रिमता कामानुभवों के आधार पर जबरदस्ती उत्तेजित की गई, उस कल्पना-क्रिया से प्रकट होती है, कि जिस कल्पना-क्रिया द्वारा काम-स्पन्दनों को अत्यन्त बृहद और गहन रूप दिया गया है, आकाश-पाताल एक किया गया है, और इस प्रकार समुत्तेजित कल्पना के ज़ोर से काम-लीला के सर्वोच्च शिखर को प्रस्तुत करते हुए, और उस शिखर को आत्म-विलय तथा 'समाधि'-सदृश अवस्था में परिणत होते हुए बताकर, रहस्यवाद साधने का, कामात्मक अध्यात्म साधने का, प्रयत्न किया गया है।"[11]

मुक्तिबोध का मानना है कि "सम्भवतः शिक्षित समाजों में विशुद्ध काम का कोई अध्यात्म सम्भव नहीं हो सकता, जब तक कि प्रेम के साथ उसका विशेष संयोजन न किया जाए। किन्तु 'उर्वशी' में काम-पूर्ति को परम-तत्त्व के बोध का एक मार्ग माना गया है।"[12] वे कहते हैं—"काम-संवेदनाएँ वस्तुतः ऐकान्तिक, व्यक्तिगत और निजी विषय हैं-तब तो और भी निजी ऐकान्तिक और आत्मीय जबकि स्त्री और पुरुष उन पर बातचीत करते हों। ऐसी स्थिति में उनमें आडम्बर नहीं होता। किन्तु पुरूरवा और उर्वशी की बातचीत में ऐसा शब्दाडम्बर है कि मानो शब्द-सुख द्वारा, ध्वनि-सुख द्वारा, अवचेतन वासनाओं की तृप्ति की जा रही हो। अर्थात् विषय जितना आत्मीय है, काव्य का स्वर उतना ही आत्मीय होना चाहिए था। किन्तु 'उर्वशी' में ऐसा आत्मीय स्वर धोखे से भी नहीं मिलता। बात यह है कि कवि महोदय ने काम-संवेदनात्मक कल्पना का ऐसा सहेतुक आडम्बर खड़ा किया है, जिससे पाठकों के मन में अध्यात्म का भ्रम उत्पन्न हो सके।"[13] अन्त में, मुक्तिबोध यह भी कहते हैं कि "उर्वशी में दुर्निवार कामुक अहंवाद का उग्र रूप उद्घाटित हुआ है, भले ही वह अहंवाद अध्यात्म का बाना धारण कर ले।"[14]

मुक्तिबोध के अनुसार, "लेखक ने यह स्थापित करना चाहा है कि 'प्रज्ञावान भोगियों के लिए' ऐन्द्रिक सुख के चरम क्षणों की परिणति अतीन्द्रिय सत्ता की उपलब्धि में होती है। क्या उनका मतलब सिद्धों और तान्त्रिकों से है? इस समय वे कहाँ हैं? क्या इस प्रकार की उपलब्धि पुरूरवा और उर्वशी को हुई थी? क्या सचमुच हुई थी? और, यदि हुई थी तो उससे दिनकर जी ने क्या ग्रहण किया? वे क्या स्थापित करना चाहते हैं?

और, यदि ऐसी उपलब्धि सचमुच हुई होती तो भारत के विभिन्न मार्गों (धर्मों) में जितेन्द्रियत्व का इतना महत्त्व न होता। फिर, प्रश्न यह उठता है कि आखिर दिनकर इस 'लाइन' की पैरवी क्यों कर रहे हैं? क्या उनकी मंशा पर शक करना गलत है? कौन हैं वे प्रज्ञावान भोगी, जिन्हें रति-सुख की चरम परिणति में अतीन्द्रिय सत्ता से साक्षात्कार होता है? क्या वे इस समय भारत में उपलब्ध हैं? और, क्या उनके लिए काव्य का सृजन किया जाना चाहिए, किया जा सकता है!! राष्ट्रकवि दिनकर जवाब दें।"[15]

रति-सुख की समुत्तेजित कल्पना द्वारा, पुरूरवा और उर्वशी, कामात्मक संवेदनाओं में पुनः-पुनः खो जाते-से, उन संवेदना-जालों में बार-बार उलझते-से, उद्दीप्त कल्पना के आकाश की रंगीनियों में उड़ते-से (वे प्रतीकों में भी बात करते हैं) वागाडम्बर द्वारा, शब्द-सुख द्वारा, रति-सुख का पुनः-पुनः बोध करते-से, सांस्कृतिक ध्वनियों और प्रतिध्वनियों का निनाद करते हैं, मानो पुरूरवा और उर्वशी के रति-कक्ष में भोंपू लगे हों, जो शहर और बाजार में रति-कक्ष के आडम्बरपूर्ण कामात्मक संलाप का प्रसारण-विस्तारण कर रहे हों।"[16]

मुक्तिबोध यह भी लिखते हैं कि—"वैसे तो मैं कल्पना भी नहीं कर सकता कि रति-सुख की विविध संवेदनाओं की बारीकियाँ और गहराइयाँ नर और नारी के बीच चर्चा का विषय हो सकती है। यही क्या, नर भी सम्भवतः उन्हें भूल जाता होगा। फिर भी, अगर यह मान भी लें कि रति-सुख के स्मरण-चित्र उसके मन में उपस्थित होते हैं, तो उसके साथ यह भी जोड़ना होगा कि उन स्मरण-चित्रों में उसे अतीन्द्रिय सत्ता की प्रतीति नहीं हो सकती। वह उन स्मरण-क्षणों में रत रहते हुए इतना विरत नहीं हो सकता कि ऐन्द्रिक सुख के चरम क्षणों के चित्र उपस्थित होते ही उसे अतीन्द्रिय सत्ता की उपलब्धि का मार्ग दिखाई दे। संक्षेप में, न वास्तविक कामोत्कर्ष के क्षणों में, न रति-सुख के स्मरण-चित्रों में डूबे होने की अवस्था में, अतीन्द्रिय सत्ता—परम तत्त्व—का बोध हो सकता है। यह कहना कि कुछ प्रज्ञावान भोगियों के लिए ऐसा होता है या हो सकता है, कोई मतलब नहीं रखता, क्योंकि सामान्य मनुष्य के लिए आज जो स्थिति अप्राकृतिक है वह सम्भवतः केवल अस्वस्थ मनोदशावाले के लिए ही प्राकृतिक हो सकती है।"[17]

काम और अध्यात्म का सन्तुलन

उन्होंने उर्वशी-पुरूरवा का बहुत ही प्रभावशाली चित्रण किया है। उर्वशी के हृदय में प्रेम का जो आलोड़न हो रहा है, उससे व्यथित हो, वह कल्पनालोक से बाहर जाकर प्रत्यक्ष जगत् में अपने प्रियतम को प्राप्त करने के लिए व्याकुल है। वह कहती है :

नहीं दीखती कहीं शान्ति मुझको अब देव-निलय में,
बुला रहा मेरा सुख मुझको प्रिय के बाहु-वलय में।
स्वर्ग स्वप्न-जल, किन्तु सत्य का स्पर्श खोजती हूँ मैं,
नहीं कल्पना का सुख, जीवित हर्ष खोजती हूँ मैं।
तृप्ति नहीं अब मुझे साँस भर-भर सौरभ पीने से,
ऊब गई हूँ दबा कंठ, नीरव रहकर जीने से।

मांसल सुख से ऊबकर उर्ध्व-गमन की अकुलाहट में बेचैन पुरूरवा को उर्वशी समझाती है कि मैं :

भ्रान्ति नहीं, अनुभूति, जिसे ईश्वर हम सब कहते हैं
शत्रु प्रकृति का नहीं, न उसका प्रतियोगी, प्रतिबल है
किसने कहा तुम्हें, परमेश्वर और प्रकृति ये दोनों
साथ नहीं रहते, जिसको भी ईश्वर तक जाना है,
उसे तोड़ लेने होंगे सारे सम्बन्ध प्रकृति से,
और प्रकृति के रस में जिसका अन्तर रमा हुआ है,
उसे और जो मिले, किन्तु परमेश्वर नहीं मिलेगा।

ईश्वरीय जग भिन्न नहीं है इस गोचर जगती से
इसी अपावन में अदृश्य वह पावन सना हुआ है
माया कह क्यों मृषा मेटते हो, अस्तित्व प्रकृति का
ये नदियाँ ये फूल, वृक्ष ये और स्वयं हम तुम भी
शून्य मंच पर सत्वशील जीवित, साकार खड़े हैं।
और यहाँ जो कुछ करते हैं उसकी गन्ध हवा में
उड़ते-उड़ते दूर जन्म-जन्मान्तर तक जाती है।

यद्यपि उर्वशी के हृदय में पुरूरवा के लिए अपार प्रेम है, तथापि वह नहीं चाहती कि पुरूरवा उसका पूर्ण परिचय प्राप्त करे। वह रहस्यमयी ही बनी रहना चाहती है। वह कहती है :

मैं नहीं गगन की लता
तारकों में पुलकित फूलती हुई,
मैं नहीं व्योमपुर की बाला,

विधु की तनया, चन्द्रिका-संग,
पूर्णिमा—सिन्धु की परमोज्ज्वल आभा-तरंग,
मैं नहीं किरण के तारों पर झूलती हुई भू पर उतरी।
मैं नाम-गोत्र से रहित पुष्प
अम्बर में उड़ती हुई मुक्त आनन्द-शिखा
इतिवृत्तहीन,
सौन्दर्य-चेतना की तरंग,
सुर - नर - किन्नर - गन्धर्व नहीं,
प्रिय ! मैं केवल अप्सरा
विश्वनर के अतृप्त इच्छा-सागर से समुद्‌भूत।

उर्वशी धरती पर आकर भी कल्पना-लोक की नारी बनी रही, किन्तु पुरूरवा की पत्नी-औशीनरी बिलकुल भौतिक जगत् की नारी है। डॉ. लक्ष्मीनारायण सुधांशु का मानना है कि औशीनरी की भावनाओं के चित्रण के समय कवि के मनस्तत्त्व पर उपेक्षिता उर्मिला तथा यशोधरा की स्मृति जागरित रही है।

डॉ. गोपेश्वर सिंह के अनुसार, दिनकर "नारी के दो रूप देखते हैं। एक अप्सरावाला रूप, जो छलना का रूप है, दूसरा पत्नी का रूप। दिनकर को नारी का छलनामय रूप पसन्द नहीं। समाज के पतन में नारी के इस रूप की वे बड़ी भूमिका मानते हैं। 'उर्वशी' का सारा जीवन-दर्शन पितृसत्तात्मक सोच से संचालित है। दिनकर औशीनरी यानी पत्नी की पीड़ा को देखते तो हैं, लेकिन नारी जाति को दो रूपों में देखना नहीं भूलते। वे उस परम्परागत सोच से मुक्त नहीं हैं कि छलनामयी स्त्री ही गार्हस्थ जीवन में दरार पैदा करती है।"[18]

इस काव्य-नाटक में दिनकर ने उर्वशी और पुरूरवा के प्राचीन आख्यान को एक नए अर्थ से जोड़ना चाहा है। इस कृति में पुरूरवा और उर्वशी अलग-अलग तरह की प्यास लेकर आए हैं। पुरूरवा धरती-पुत्र है और उर्वशी देवलोक से उतरी हुई नारी है। पुरूरवा के भीतर देवत्व की तृषा है और उर्वशी सहज निश्चिन्त भाव से पृथ्वी का सुख भोगना चाहती है। 'उर्वशी' का दर्शन-पक्ष है—प्रेम और ईश्वर, जैव और आत्म धरातल को परस्पर मिलाना। वैसे तो यह एक शाश्वत प्रश्न है जो इस युग के मूलभूत प्रश्नों से जुड़ता नहीं दीखता, किन्तु प्रकारान्तर से कहा जा सकता है कि धरती और स्वर्ग, स्वर्ग और धरती के मिलने के स्वर को ऊँचा करना और उपेक्षित धरती की महत्ता स्थापित करना मुख्यत: आज की प्रवृत्ति है। उर्वशी की चर्चा को दार्शनिक उहापोह से निकालकर काव्य के धरातल पर प्रतिष्ठित किया जाए तो निश्चय ही कुछ महत्त्वपूर्ण उपलब्धियाँ लक्षित होंगी।

'उर्वशी' प्रेम और सौन्दर्य का काव्य है। प्रेम और सौन्दर्य की मूल-धारा में जीवन-दर्शन सम्बन्धी अन्य छोटी-छोटी धाराएँ आकर मिल जाती हैं। प्रेम और सौन्दर्य का विधान कवि ने बहुत व्यापक धरातल पर किया है। समस्त परिवेश इससे अनुप्राणित हो उठा है। कवि ने प्रेम की छवियों को मनोवैज्ञानिक धरातल पर पहचाना है।[19]

'उर्वशी' में जिस कामाध्यात्मवाद का आख्यान किया गया है, उस पर 'सहजिया सम्प्रदाय' की कुछ बातों का प्रभाव भी परिलक्षित होता है। सहजिया सम्प्रदाय का सम्बन्ध सहजयानी सिद्धों (750 से 1175 ई.) की उस साधना से है, जो संक्रमणकाल में वैष्णव प्रभाव से युक्त हो गई थी। सिद्धों (वज्रयानी बौद्ध तान्त्रिकों) के 'सहजयान सम्प्रदाय' और वैष्णवों के 'सहजिया सम्प्रदाय' में मुख्य अन्तर यह है कि सहजिया सम्प्रदाय के उपास्य देवता कृष्ण है, लीला की अवधारणा पर इनका विश्वास है और परकीया-प्रेम इनका मान्य आदर्श है। सिद्धों के 'सहजयान सम्प्रदाय' की देखा-देखी आगे चलकर सहजिया सम्प्रदाय की प्रेम-साधना से भी काम-वासना का एक सँकरा रास्ता निकल गया। स्वयं दिनकर जी का मानना था कि "सहजिया सम्प्रदाय ने सामाजिक मर्यादाओं का अनुसरण करनेवाले 'विधिमार्ग' के विरुद्ध उस 'राजमार्ग' का प्रस्ताव किया, जिस पर मनुष्य के मन की वृत्तियाँ सहज भाव से चलने की अभ्यस्त हों। परकीया प्रेम विधिमार्ग में निम्न है लेकिन राजमार्ग में वह स्वीकार्य है। सामिष-निरामिष आहार का भी यहाँ कोई विचार नहीं किया जाता। यहाँ प्रत्येक परकीया राधा है और प्रत्येक साधक कृष्ण; तथा उनका प्रेम दूषित नहीं, विशुद्ध समझा जाता है।" (संस्कृति के चार अध्याय) 'उर्वशी' में पुरूरवा और उर्वशी के प्रेम-सम्बन्धों की भावभूमि भी प्राय: यही है। वहाँ पतिव्रता पत्नी औशीनरी के रहते हुए काव्यनायक पुरूरवा एक परकीया नायिका उर्वशी के प्रेम में पागल और कामाभिभूत है।

वैसे 'उर्वशी' में दिनकर ने काम और अध्यात्म में सन्तुलन स्थापित करने की चेष्टा की है। जीवन में काम की क्या स्थिति है और काम के मार्ग से चलकर अध्यात्म तक पहुँचा जा सकता है या नहीं, इसी को 'उर्वशी' में सजीव, चित्रात्मक और प्रभविष्णु भाषा में उपस्थित किया गया है। कामाध्यात्म का यह द्वन्द्व नया नहीं है। सिद्धों से लेकर भक्त कवियों तक ने इस द्वन्द्व का अनेक रूपों में चित्रण किया है। दिनकर इतिहास के विद्यार्थी होने के नाते इस राह के खतरों से भी परिचित थे। शायद इसीलिए वे किसी निष्कर्ष तक पहुँचने की उतावली नहीं दिखाते।[20]

सच तो यह है कि प्रेम के अगोचर छोरों को छुए बिना 'उर्वशी' जैसा प्रबन्धकाव्य लिखा जाना सम्भव ही नहीं था।

मैं तुम्हारे बाण का बींधा हुआ खग,
वक्ष पर धर शीश मरना चाहता हूँ।

मैं तुम्हारे हाथ का लीला कमल हूँ,
प्राण के सर में उतरना चाहता हूँ।
मैं तुम्हारे रक्त के कण में समाकर
प्रार्थना के गीत गाना चाहता हूँ।

(उर्वशी', तृतीय सर्ग)

'रश्मिलोक' की भूमिका में दिनकर ने कहा था कि "उर्वशी के जो गूढ़ प्रसंग हैं, उनकी विवेचना का दायित्व मैं विश्वासपूर्वक नहीं उठा सकता। यह इस कारण कि कविता हमेशा लिखी ही नहीं जाती। कभी-कभी वह आपसे आप लिख जाती है। तब कवि केवल निश्चेष्ट माध्यम होता है, तब कविता कहीं से बहकर कागज पर, आपसे आप, उतर जाती है।[21]

एक आत्मा से दूसरी आत्मा का गहन सम्पर्क अध्यात्म की भूमि बन सकता है, यह उर्वशी काव्य का गुणीभूत व्यंग्य है। इससे ब्रह्मचर्य की महिमा का खंडन नहीं होता। प्रकृतित: लोग खाते भी हैं और उपवास भी करते हैं। किन्तु प्रकृति स्वयं न तो खाने को कहती है, न वह उपवास की ही शिक्षा देती है। उपवास की तरह ब्रह्मचर्य भी न्याय्य कृत्य है, अगर शक्ति लिबिंडो (कामवासना) से निकलकर किसी अन्य दिशा में काम करे। केवल धार्मिक कृत्य मानकर ब्रह्मचर्य धारण करनेवाले का दोष यह है कि काम को वह अध्यात्म का विरोधी मान लेता है, मानों, ईश्वर और प्रकृति दो हों, मानो, आदमी ईश्वर और प्रकृति में से किसी एक को ही पा सकता हो।[22]

प्रेम ने अपना संपूर्ण मार्ग अभी नहीं देखा है। मनुष्यता जैसे-जैसे आगे बढ़ती है, प्रेम का मार्ग और भी विस्तीर्ण होता जाता है। प्रेम नहीं हो, तो काम कुछ नहीं है। काम की सारी सार्थकता प्रेम को लेकर है, क्योंकि प्रेम ही काम को पवित्रता प्रदान करता है। कोई भी शारीरिक मिलन काम है, किन्तु सभी शारीरिक मिलन प्रेम के पर्याय नहीं हैं। प्रेम वहाँ है, जहाँ शरीर, मन और आत्मा, तीनों ही धरातलों पर नर और नारी एकाकार हैं।[23]

काम केवल प्राणिशास्त्रीय कृत्य नहीं है, वह आध्यात्मिक भी हो सकता है। नर और नारी का मिलन प्रकृति केवल प्रजावृद्धि के लिए ही नहीं करवाती है, उसका उद्देश्य दोनों का आध्यात्मिक प्रसार भी होता है। प्रेम सन्तानोत्पादन के साथ-साथ आनन्द का उत्कर्ष भी है, वह शारीरिक होने के साथ-साथ रहस्यवादी अनूभूति भी है।[24]

दिनकर का कहना है कि—"उर्वशी की रचना का समय वह है, जब ललित कला उपयोगी कला से बहुत दूर हो गई है। इसलिए आज सन्तानोत्पत्ति काम का ध्येय नहीं रहा। काम का उपयोगी पक्ष गौण, उसका ललित पक्ष ही प्रधान है। अब ज्यादातर लोग विवाह इसलिए नहीं करते कि वे सन्तान चाहते हैं अथवा नारी के

बाँझपन को दूर करना चाहते हैं, बल्कि इसलिए कि उनका ध्येय प्रेम है। ज्यों-ज्यों सभ्यता आगे बढ़ती है, काम के भीतर से ज्योति और आनन्द के अनेक स्तर खुलते जाते हैं और वह अपनी सार्थकता आप सिद्ध करता जाता है। प्राउस्ट का विश्वास था कि प्रेम चाहे जैसे भी व्यक्तियों के बीच उत्पन्न हो, वह शारीरिक थरथराहट के अलावे एक अलौकिक सुख का आभास भी देता है, जो शरीर से उत्पन्न होने पर भी शारीरिक सुखों से भिन्न है।

काम मानवीय प्रेम के लिए ज़मीन तैयार करता है, किन्तु इतने से ही नर या नारी को प्रेम का स्वाद नहीं मिलता। प्रेम को जड़ें तो लहू और मांस में अवश्य गड़ी होती हैं, किन्तु शाखाएँ उसकी आकाश तक जाती हैं। काम के स्पर्श से नया जन्म पानेवाले व्यक्ति ही प्रेम के प्रकाश में स्नान करते हैं। किन्तु शारीरिक प्रेम से वह प्रकाश स्वतः नहीं फूटता, जो मनुष्य को दिव्य धरातल पर ले जाता है। पुरूरवा की दृष्टि ऊपर की ओर जाती है, इसीलिए वह उर्वशी के शरीर का अतिक्रमण करना चाहता है। किन्तु पुरूरवा जो कुछ चाहता है, वह ध्येय ईश्वरानुग्रह के बिना प्राप्त नहीं किया जा सकता। ईश्वर की कृपा के बिना प्रकृति अपने को उस धरातल तक नहीं ले जा सकती, जो उसकी सीमा के पार है। पुरूरवा ईश्वरानुग्रह की महिमा को जानते हैं।"[25] इसीलिए उर्वशी जब सुख के शृंग पर खड़ी अर्धचेतन अवस्था में पुरूरवा से यह पूछती है कि—

अन्तर्नभ का यह प्रसार, यह परिधि-भंग प्राणों का!
सुख की इस अपार महिमा को कहाँ समेट धरें हम?

तब पुरूरवा उत्तर देता है—

उस अदृश्य के पद पर जिसको दयासिक्त मृदु स्मृति में
हम दोनों घूमते और क्रीड़ा-विहार करते हैं।
नारी बन जो स्वयं पुरुष को उद्वेलित करता है
और वेधता पुरुष-कान्ति बन हृदय-पुष्प नारी का।

पुरूरवा प्रतीक है ऊर्ध्वगमन की प्रवृत्ति का और उर्वशी प्रतीक है अधोगमन की प्रवृत्ति की। उर्वशी और पुरूरवा दोनों मिलते हैं, देह की दहलीज के आकर्षण द्वार पर, किन्तु अपनी-अपनी प्रवृत्तियों की प्रक्रियाएँ दोनों में बराबर होती रहती है। पुरूरवा कहता है कि—

मैं मनुष्य, कामना वायु मेरे भीतर बहती है
कभी मन्द गति से प्राणों में सिहरन-पुलक जगाकर
कभी डालियों को मरोड़ झंझा की दारुण गति से
मन का दीपक बुझा बनाकर तिभिराच्छन्न हृदय को
किन्तु, पुरुष क्या कभी मानता है तम के शासन को?
फिर होता संघर्ष, तिमिर में दीपक फिर जलते हैं।

पुरूरवा की वासना के कंठ में प्रायः सद्‌विवेक की इस प्रकार की ऋचाओं की ध्वनि सुनकर उर्वशी खिन्न होने लगती है :

यह भी कैसी द्विधा? देवता गन्धों के घेरे से
निकल, नहीं मधुपूर्ण पुष्प का चुम्बन ले सकते हैं
और देहधर्मी नर, फूलों के शरीर को तजकर
ललचाता है दूर गन्ध के नभ में उड़ जाने को

तन से मुझ को कसे हुए अपने दृढ़ आलिंगन में
मन से, किन्तु विषण्ण दूर तुम कहाँ चले जाते हो?
बरसा कर पीयूष प्रेम का, आँखों से आँखों में
मुझे देखते हुए कहाँ तुम जाकर खो जाते हो?
कभी-कभी लगता है, तुम से जो कुछ भी कहती हूँ
आशय उसका नहीं, शब्द केवल मेरे सुनते हो।

उर्वशी-पुरूरवा संवाद के माध्यम से, दिनकरजी ने वासनाजन्य प्रेम के अशरीरी आकर्षण की आध्यात्मिक महिमा का दिव्य गान किया है—

दृष्टि का जो पेय है, वह रक्त का भोजन नहीं
रूप की आराधना का मार्ग आलिंगन नहीं है
रूपसी नारी प्रकृति का चित्र है सबसे मनोहर।
मर्त्य नर को देवता कहना मृषा है
देवता शीतल, मनुज अंगार है।
देवताओं की नदी में ताप की लहरें न उठतीं
किन्तु, नर के रक्त में ज्वालामुखी हुंकारता है
धूणियाँ चिनगारियों की नाचती हैं।
प्राण की चिर-संगिनी यह, वह्नि
इसको साथ लेकर
भूमि से आकाश तक चलते रहो।
मर्त्य नर का भाग्य
जब तक प्रेम की धारा न मिलती
आप अपनी आग में जलते रहो।

इस जलन और तपन भरी महायात्रा में ही मानव-जीवन का कल्याण और उसकी सार्थकता है। यही 'उर्वशी' का सन्देश है, यही उसकी चिरन्तन कामना है।

कामाध्यात्म

'काम' (सेक्स) पर पश्चिम के चार चिन्तकों—सिग्मंड फ्रायड (1856-1939 ई.), डी.एच. लॉरेन्स (1885-1930 ई.), किंजी (1894-1956 ई.) और मिशेल

फूको (Michel Foucault) (1929-1984 ई.) ने सविस्तार लिखा है। इन सबके विचारों ने साहित्य जगत् का बहुत प्रभावित किया है। दिनकर केवल 'उर्वशी' में ही नहीं, अपनी अन्य रचनाओं में भी प्रेम-शृंगार के निरूपण और प्रेम-प्रसंगों के चित्रण में डी.एच. लॉरेन्स से प्रभावित दिखते हैं।

लॉरेन्स के अनुसार 'सेक्स' ऋतु-चक्र की लय पर आधारित एक गम्भीर विषय है। तभी तो ऋतुओं से 'सेक्स' का घनिष्ठ सम्बन्ध है। इसी घनिष्ठ सम्बन्ध के कारण नर-नारी की संलग्नता पृथ्वी, सूर्य और चन्द्रमा की युति-गति-लय के साथ बनी रहती है, जिससे जीवन का गोपन संगीत नि:सृत होता है। पुरूरवा और उर्वशी के प्रेम-प्रसंग में दिनकर द्वारा वर्णित रक्त-दर्शन (फिलॉसॉफी आव ब्लड) पर डी.एच. लॉरेन्स का पूरा प्रभाव है। पुरूरवा और उर्वशी के अंग-अंग में अनंग की लहर चलती है और दो देह-देही के बीच रुधिर का संवाद भी संक्रमित होता है।[26]

उर्वशी के प्रेम-शृंगार-निरूपण और कामाध्यात्म का एक सूत्र हारे को हरिनाम में संकलित 'नेमत' शीर्षक कविता में मिलता है, जिसमें कवि ने भक्ति और शृंगार के बीच अधिक अन्तर नहीं माना है। इसी संग्रह की एक कविता 'सिन्दूर-घोरे का कैदी' नर और नारी सम्बन्धों की दृष्टि से पठनीय है।

उर्वशी के कामाध्यात्म का सार-संक्षेप यह है कि नर-नारी का दैहिक मिलन केवल शारीरिक, सांसारिक या स्थूल कर्म नहीं है, क्योंकि मांसलता के आवरण में भी नर-नारी का मन सूक्ष्म दिशाकाश की ओर उड़ान भरता है। यह एक वास्तविकता है कि प्रेम शरीर में जन्म लेता है, लोकन वह ऊर्ध्व गति धारण कर प्रेमी-प्रेमिका के मन के आकाश और अन्तरिक्ष की ओर भी उड्डीयमान होता है। इस प्रकार नर-नारी-सम्बन्धों के अनेक स्तर होते हैं। यह नर-नारी की वैयक्तिक रुचि-क्षमता पर निर्भर करता है कि उन्हें किस स्तर का सम्बन्ध काम्य है।[27]

पंक वासना का प्रतीक है, पंकज प्रेम का। पंक के बिना पंकज का अस्तित्व नहीं। अत: जहाँ-जहाँ प्रेम की अभिव्यक्ति है, वहाँ वासना की अनिवार्यता असंदिग्ध है। 'उर्वशी' की रचना में काम की महिमा के असंख्य इन्द्रधनुष स्थल-स्थल पर कवि ने चित्रित किए हैं। देवलोक और वहाँ की अप्सराएँ धरती की गन्ध और रूप के सम्मुख विमुग्ध हो-हो कर तड़प जाती हैं। वे सहज भाव से कोसने लगती हैं स्वर्ग को, उसके अमरत्व को।[28]

मेनका रम्भा से कहती है :

भू को जो आनन्द सुलभ है, नहीं प्राप्त अम्बर को।
हम भी कितने विवश गन्ध पीकर ही रह जाते हैं
स्वाद व्यंजनों का न कभी रसना से ले पाते हैं।

क्या है यह अमरत्व? समीरों-सा सौरभ पीना है
मन में धूम समेट शान्ति से युग-युग तक जीना है
पर सोचो तो मर्त्य मनुज कितना मधु रस पीता है
दो दिन ही हो, पर कैसे वह धधक-धधक जीता है
इन ज्वलन्त वेगों के आगे मलिन शान्ति सारी है
क्षण भर की उन्मद तरंग पर चिरता बलिहारी है।

दिनकर जी विचारक कवि हैं। अपनी प्रगल्भ, ऊर्ध्वचेता, कल्पना-पंखों के सहारे वह जागृति से स्वप्न तक समरस होकर उड़ते-उमड़ते हैं। उद्दामता और वेग उनकी अनुभूति के अटूट स्वर हैं। सहजन्या मानो स्वयं कवि का स्वर बनकर उर्वशी के रूप का कैसा अद्भुत बखान करती है और कैसा पुरूरवा के प्रथम दर्शन पर उर्वशी का समर्पण चित्रित होता है[29]—

सिद्ध बिरागी की समाधि में राग जगाने वाली,
देवों के शोणित में मधुमय आग लगाने वाली।
विधु की प्राणेश्वरी, आरती-शिखा काम के कर की
जिसके चरणों पर चढ़ने को विकल व्यग्र जन-जन हैं
जिस सुषमा के मदिर ध्यान में मगन मुग्ध त्रिभुवन है
पुरुष रत्न को देख न वह रह सकी आप अपने में
डूब गई सुरपुर की शोभा मिट्टी के सपने में।
प्रस्तुत है देवता जिसे सब कुछ देकर पाने को
स्वर्ग कुसुम वह स्वयं विकल है वसुधा पर जाने को।

एक बार किसी ने पूछा कि "आध्यात्मिक काम की कल्पना आप किस आधार पर करते हैं?" इसके उत्तर में दिनकरजी ने कहा था कि "काम की उत्तेजना दो व्यक्तियों को पिघलाकर एक कर देती है, यानी ऐसी स्थिति हो जाती है कि वे बहकर एक-दूसरे में समा जाते हैं। उस समय शारीरिक वासना शारीरिक नहीं रहती, वह रूपान्तरित होकर दिव्य प्रेम बन जाती है, जिसकी हम केवल कल्पना कर सकते हैं।"[30]

दिनकर जी कहते थे कि "काम को आध्यात्मिक विकास का बाधक इसलिए समझा जाता है कि अध्यात्म और प्रकृति को हमने परस्पर भिन्न मान लिया है। अध्यात्म को हमने इस दृष्टि से समझा है कि वह क्या नहीं है, इस दृष्टि से नहीं कि वह क्या है। पिछली दृष्टि से देखने पर अध्यात्म प्रकृति विरोधी नहीं है, न काम अध्यात्म का शत्रु है।[31]

"ब्रह्मचर्य को हमने अध्यात्म का नित्य संगी मान लिया है। किन्तु जनक और व्यास क्या अखंड ब्रह्मचारी थे? श्री अरविन्द और कबीर ने नारी के कामिनी-रूप

को जाना था या नहीं?"

"भोजन और उपवास, ये दोनों प्राकृतिक कार्य हैं। लेकिन मनुष्य पर प्रकृति की ओर से यह बाध्यता नहीं है कि वह संभोग करे ही, खाना खाये ही या जीवित रहे ही।

उपवास की तरह ब्रह्मचर्य भी स्वाभाविक कृत्य है। लेकिन धर्म के नाम पर ब्रह्मचर्य धारण करनेवालों का मुख्य दोष यह है कि अध्यात्म के लिए वे काम को निश्चित बाधा मानकर चलते हैं, मानो ईश्वर की अनुभूति और नारी की अनुभूति, इन दो में से मनुष्य को कोई एक ही अनुभूति प्राप्त हो सकती है, दोनों नहीं।"

"काम के प्रति सन्तों की दृष्टि निषेधात्मक रही है। शारीरिक कृत्य का तो निषेध है ही, सन्त मानस चित्रों का भी निषेध सिखाते हैं। इससे शरीर और मन की एकता का भंजन होता है। वास्तव में मन शरीर का ही एक अंश है।

ईश्वर और प्रकृति, इन दोनों के बीच प्रतियोगिता नहीं है कि मनुष्य एक को ग्रहण करे और दूसरे को त्याग दे।"

"शरीर का काम, संयत काम, सामाजिक मर्यादा को मानकर एक घाट पर बहनेवाला काम पाप नहीं है। पाप वह तब हो जाता है, जब काम मन को अपने वश में कर लेता है और मन शरीर को हाँकने लगता है, जबरदस्ती हाँकने लगता है। तन का काम अमृत है, लेकिन मन का काम गरल है।

आनन्दातिरेक प्रकृति का धर्म होना चाहिए। जब यह आनन्द जीवन के अन्य क्षेत्रों में नहीं मिलता, तब मनुष्य बलपूर्वक, इच्छापूर्वक उसकी खोज काम में करने लगता है। यही पाप है।"

"उर्वशी में जितना कहा गया है, उससे शायद कुछ अधिक कहा जाना चाहिए था। लेकिन उस अकथ्य की भाषा उर्वशी के पास नहीं है, क्योंकि वह मेरे पास नहीं है। मैं सिर्फ यह इंगित करना चाहता था कि प्रकृत जीवन बिताकर भी आदमी सन्त हो सकता है। अगर आपको मुझ पर विश्वास नहीं हो, तो कनफ्युसियस का विश्वास कीजिए। वे भी मानते थे कि जो और कुछ न करके प्रकृत जीवन बिताता है, वह भी सन्त है।"[32]

पढ़ो रक्त की भाषा को, विश्वास करो इस लिपि का,
यह भाषा, यह लिपि मानस को कभी न भरमायेगी,
रक्त बुद्धि से अधिक बली है और अधिक ज्ञानी भी
क्योंकि बुद्धि सोचती और शोणित अनुभव करता है।

दिनकर कृत 'उर्वशी' कथा-काव्य मानवता के इस नए उद्‌घोष पर ही आधारित है। विशेषकर, इसके तृतीय सर्ग में, 'अरूप की छवि' को 'रूप की लिपि' में आँकने का एक काव्यात्मक प्रयास किया गया है। इसलिए उर्वशीकार का मन कामाकुल ऐन्द्रियता और आध्यात्मिक निरीन्द्रियता के बीच भ्रमण करता

है। डॉ. कुमार विमल के अनुसार, "संवेगों की भावों में परिणति और विचारों में पर्यवसान तथा विचारों और प्रत्ययों का पुन: भावों एवं संवेगों में रूपान्तरण—यह उर्वशी-काव्य का, मुख्यत: पुरूरवा और उर्वशी के प्रेम-प्रसंगों का गति-पथ है। इस तरह उर्वशी का प्रेम-निरूपण काम के मृन्मय और चिन्मय—दोनों पक्षों के द्वन्द्व से परिपूर्ण है। यों अशरीरी काम का स्तवन और शरीरी काम का विगर्हण भारत-जैसे अध्यात्म-प्रिय देश की पुरानी रीत है।"[33]

उर्वशीकार ने प्रेम के तीन रूपों को तीन प्रतीक-चरित्रों द्वारा व्यक्त किया है—उर्वशी का प्रेम मृन्मय-चिन्मय काम का प्रतीक है, औशीनरी का प्रेम भोगहीन समर्पण-युक्त उदात्त काम का प्रतीक है और सुकन्या का प्रेम प्रजननशील गार्हस्थ्य प्रेम-युक्त मर्यादित काम का प्रतीक है। उर्वशी एक विचारमूलक शृंगारिक काव्य है। चूँकि शरीर ही प्रेम की जन्म-भूमि है, इसलिए उर्वशीकार की दृष्टि में अंग-संज्ञा का परवर्ती प्रेम पहले शरीर से ही प्रारम्भ होता है :

देह प्रेम की जन्म-भूमि है, पर, उसके विचरण की
सारी लीला-भूमि नहीं सीमित है रुधिर-त्वचा तक।
यह सीमा प्रसरित है मन के गहन, गुह्य लोकों में,
जहाँ रूप की लिपि अरूप की छवि आँका करती है।
और पुरुष प्रत्यक्ष विभासित नारी-मुखमण्डल में
किसी दिव्य अव्यक्त कमल को नमस्कार करता है।

सांसारिक प्रेम से मोक्ष की ओर गमन उर्वशीकार का मुख्य ध्येय है। शास्त्रीय शब्दावली में हम यह कह सकते हैं कि प्रेय से श्रेय की ओर उड्डयन 'उर्वशी' का मूल स्वर है।

'उर्वशी' काव्य का उद्देश्य

उर्वशी काव्य का उद्देश्य क्या है, इस प्रश्न को लेकर एक समय काफी चर्चा चलाई गई थी। दिनकर का मानना है कि "उद्देश्य, सन्देश या शिक्षा उर्वशी काव्य से भी निकाली जा सकती हैं, किन्तु मैंने किसी भी ध्येय को सामने रखकर इस काव्य की रचना नहीं की है। सौन्दर्यबोध नैतिकता और उपयोग के वृत्त के भीतर भी हो सकता है और वह उसके बाहर भी जा सकता है। सौन्दर्य-बोधात्मक आनन्द एक ऐसे सन्तोष की स्थिति है, जिसका कोई भी निश्चित लक्ष्य नहीं होता, जो एक प्रकार से तटस्थ और प्रयोजनहीन होता है। एमर्सन ने कहा था कि मैं सभी चीजों के भीतर हलचल मचा दूँगा, किन्तु पक्ष मैं किसी का भी नहीं लूँगा। उर्वशी के कवि के सामने भी प्रश्न और उत्तर अनेक हैं, किन्तु वह किसी भी उत्तर को रेखांकित करना नहीं चाहता। उसका यह भाव है कि शायद सभी उत्तर सही हैं, शायद सभी उत्तर गलत हैं। उर्वशी किसी निष्कर्ष पर पहुँचने के लिए नहीं, प्रेम की अतल गहराई

का अनुसन्धान करने के लिए लिखी गई है। शुद्ध प्रेम से उठनेवाली तरंग मन और कल्पना के दूर-दूर तटों का स्पर्श करती है और मनुष्य क्षण-भर के लिए अरूप जगत् में जाकर खो जाता है। उर्वशी में इसी अरूप लोक का वर्णन है। उर्वशी धर्म नहीं, प्रेम की अतीन्द्रियता का आख्यान है और यही आख्यान उसका आध्यात्मिक पक्ष है। काम या प्रेम के द्वारा मुक्ति, यह विषय उर्वशी का प्रतिपाद्य नहीं है। प्रेम में भी अध्यात्म की निस्सीमता है, इसे ही हम उसका प्रतिपाद्य मान सकते हैं। उर्वशी में प्रेम की मादकता और उसके रहस्यवादी रूप का चित्रण करने पर भी दिखलाया यही गया है कि पुरूरवा अपने कर्मों का भार वहन करने में असमर्थ हो गए। इससे ध्वनित यही होता है कि काम मुक्ति का मार्ग नहीं है। मनुष्य मुक्त तभी होता है, जब अपने आप पर उसका पूरा अधिकार हो जाता है।"[34]

कामाध्यात्म की पूर्णता तो तब प्रकट होती जब संभोग के ऐसे अद्भुत सम्मूर्तन के समान्तर 'समाधि' के भी बिम्ब-चित्र उपस्थित किए जाते। दिनकर को, जैसा मुक्तिबोध का आरोप है—"एक बात को छोड़कर और कोई खास बात कहनी नहीं है। उसके पास कहने के लिए ज्यादा कुछ है ही नहीं। और, जो कहना है वह यही कि कामात्मक अनुभवों के माध्यम से आध्यात्मिक प्रतीति सिद्ध हो सकती है। किन्तु, यह कहने के लिए उसने व्यापक आयोजन किया है, वह उसे पूरे समारोह के साथ अपना समय लेते हुए, कहना चाहता है।" अध्यात्म का पलड़ा ऊपर फिंका जाता है—सम्भोग भारी और समाधि हल्की पड़ती है। तुला का काँटा एकबारगी काम की ओर झुक जाता है।[35]

परन्तु दिनकर का कहना है कि—"रास आरम्भ होने के पूर्व ही गोपियाँ सभी मनोरथों से ऊपर उठ गई थीं। रास के समय प्रवाहित मौन का वातावरण था। वह निष्काम आनन्द अथवा अकाम सुख का प्रतीक है। 'उर्वशी' में मैंने निष्काम काम की क्लिष्ट कल्पना की है। किन्तु वह भागवत की इस कल्पना से मेल खाती है।"[36] निष्कर्षतः हम यह कह सकते हैं कि उद्दाम काम से आरम्भ करके कवि दिनकर ने इस कथा-काव्य का समापन धीर-गम्भीर अकाम के आलोक में किया है। आचार्य हजारीप्रसाद द्विवेदी भी यह मानते हैं कि—"निश्चय ही, यह समाधिस्थ चित्त की रचना है।"

संदर्भ

1. कामेश्वर शर्मा; 'बोध और व्याख्या', पृ. 358
2. कामेश्वर शर्मा; 'बोध और व्याख्या', पृ. 358
3. दिनकर रचनावली, खंड 11, सं. डॉ. नन्दकिशोर नवल एवं तरुण कुमार; पृ. 504
4. दिनकर रचनावली, खंड 11, सं. डॉ. नन्दकिशोर नवल एवं तरुण कुमार, पृ. 504
5. दिनकर रचनावली, खंड 4, सं. डॉ. नन्दकिशोर नवल एवं तरुण कुमार, पृ. 394

6. दिनकर रचनावली, खंड 11, सं. डॉ. नन्दकिशोर नवल एवं तरुण कुमार, पृ. 504
7. दिनकर रचनावली, खंड 11, सं. डॉ. नन्दकिशोर नवल एवं तरुण कुमार, पृ. 484
8. दिनकर रचनावली, खंड 11, सं. डॉ. नन्दकिशोर नवल एवं तरुण कुमार, पृ. 484
9. कल्पना का उर्वशी विवाद, सं. गोपेश्वर सिंह, पृ. 69
10. गजानन माधव मुक्तिबोध, समीक्षा की समस्याएँ, पृ. 157
11. समीक्षा की समस्याएँ, पृ. 157
12. समीक्षा की समस्याएँ, पृ. 158
13. समीक्षा की समस्याएँ, पृ. 158
14. समीक्षा की समस्याएँ, पृ. 159
15. समीक्षा की समस्याएँ, पृ. 162
16. समीक्षा की समस्याएँ, पृ. 163
17. समीक्षा की समस्याएँ, पृ. 163
18. गोपेश्वर सिंह, कल्पना का उर्वशी विवाद, भूमिका, पृ. 18-19
19. हिन्दी साहित्य कोश, भाग 2; प्र. संपादक : डॉ. धीरेन्द्र वर्मा, पृ. 55-56
20. डॉ. आनन्द नारायण शर्मा, सुकवि समीक्षा, पृ. 224
21. दिनकर रचनावली, खंड 4, सं. डॉ. नन्दकिशोर नवल एवं तरुण कुमार, पृ. 393
22. दिनकर रचनावली, खंड 4, सं. डॉ. नन्दकिशोर नवल एवं तरुण कुमार, पृ. 393
23. दिनकर रचनावली, खंड 4, सं. डॉ. नन्दकिशोर नवल एवं तरुण कुमार, पृ. 393
24. दिनकर रचनावली, खंड 4, सं. डॉ. नन्दकिशोर नवल एवं तरुण कुमार, पृ. 393
25. दिनकर रचनावली, खंड 4, सं. डॉ. नन्दकिशोर नवल एवं तरुण कुमार, पृ. 394
26. रामधारी सिंह दिनकर रचना संचयन, सं. डॉ. कुमार विमल, भूमिका, पृ. 35
27. रामधारी सिंह दिनकर रचना संचयन, सं. डॉ. कुमार विमल, भूमिका, पृ. 31
28. प्रभागचन्द्र शर्मा का लेख 'उर्वशी', 'हिन्दी महाकाव्य' (आकाशवाणी पुस्तकमाला) पृ. 53
29. प्रभागचन्द्र शर्मा का लेख 'उर्वशी', 'हिन्दी महाकाव्य', आकाशवाणी पुस्तकमाला, पृ. 53
30. दिनकर की डायरी; 27 मई, 1968, दिल्ली
31. दिनकर की डायरी; 29 जून, 1969, दिल्ली
32. दिनकर की डायरी; 29 जून, 1969, दिल्ली
33. रामधारी सिंह दिनकर रचना संचयन, सं. डॉ. कुमार विमल, भूमिका, पृ. 30
34. दिनकर रचनावली, खंड 4, सं. डॉ. नन्दकिशोर नवल एवं तरुण कुमार, पृ. 395
35. कामेश्वर शर्मा; 'बोध और व्याख्या', पृ. 360
36. दिनकर की डायरी; 8 सितम्बर, 1971, पटना

अध्याय 20

'उर्वशी': एक काव्य-नाटक

दिनकर कृत 'उर्वशी' एक पुरातन कथा का आधार लेकर आधुनिक विज्ञान की वास्तविक भूमि पर अवतरित हुई है। उर्वशी और पुरूरवा की कथा के माध्यम से कवि ने वर्तमान मानवता की पाप-पुण्यमयी शंकाओं पर विचार किया है। दिनकर एक समर्थ कवि हैं, और समर्थ कवि की तरह दिनकर ने अपनी प्रवृत्तियों तथा उनसे उद्भूत मान्यताओं को बड़ी दृढ़ता से अपने पात्रों में प्रतिष्ठित किया है।

'उर्वशी' की शुरुआत 'रेडियो रूपक' के रूप में हुई थी। लेकिन एक अंक लिखने के बाद दिनकरजी को इसमें कुछ ऐसी सम्भावना दिखाई दी, जिसको रेडियो-रूपक में सँभाल पाना सम्भव नहीं था। अत: उन्होंने इसको संवाद-काव्य में बदल दिया। उन्हीं के शब्दों में—"उर्वशी काव्य की रचना का आरम्भ मैंने सन् 1953 ई. में किया था और समाप्त वह 1 जनवरी, 1961 को रात में हुआ। वह काव्य जिस प्रकार का बन गया, उसे वैसा बनाने की मेरी कोई योजना नहीं थी। विक्रमोर्वशीयम् को मैंने बड़े ही चाव से पढ़ा था। रवि बाबू की उर्वशी कविता जैसे सबको प्यारी है, वैसे ही वह मुझे भी पसन्द थी। और मैंने जब श्री अरविन्द की उर्वशी पढ़ी, तब मुझे इस कथा का आध्यात्मिक आयाम भी झलक गया था। फिर भी उर्वशी का लेकर मैं कोई सरल-सा ही काव्य लिखना चाहता था। सच पूछिए तो उर्वशी का प्रथम अंक आकाशवाणी के कार्यक्रम अधिशासी श्री कर्तारसिंह दुग्गड़ के आग्रह पर आकाशवाणी के लिए लिखा था। किन्तु उसके बाद इस कथा के भीतर मुझे अनेक गहराइयों का आभास मिलने लगा। अतएव मैंने दुग्गड़ जी से कहा कि अब यह काव्य आकाशवाणी की दृष्टि से मैं नहीं लिखूँगा। रेडियो की अपनी सीमाएँ हैं और उन सीमाओं के भीतर रहकर मैं वे सारी बातें नहीं कह सकता, जो मुझे इस कथा के भीतर दिखाई देती हैं।"[1]

उर्वशी की कथा मूलत: ऋग्वेद में कही गई है। कुछ परिवर्तन के साथ 'शतपथ ब्राह्मण' और विष्णु पुराण में भी इसका उल्लेख मिलता है। मत्स्य पुराण और 'कथासरित्सागर' में लोक कथा के रूप में इस कथा का समावेश किया गया है। वहीं से महाकवि कालिदास ने इस कथा को ग्रहण किया। दिनकर कृत उर्वशी

की पृष्ठभूमि कालिदास कृत 'विक्रमोर्वशीयम्' नाटक है। महर्षि अरविन्द और रविन्द्रनाथ ठाकुर को भी उर्वशी के मोहक चरित्र ने आकर्षित किया, लेकिन इस पुरातन कथा को दिनकर ने जिस वैचारिक प्रगल्भता से निरूपित किया वह हिन्दी कविता का एक अविस्मरणीय अध्याय है।

काव्यविधा की दृष्टि से 'उर्वशी' प्रथमद्रष्टया काव्यनाटक प्रतीत होती है। यह पाँच अंकों में ग्रथित है। इसमें कई स्थानों पर रंगमंचीय निर्देश भी दिए गए हैं। नाटक की तरह इसमें पात्रों का प्रवेश और निष्क्रमण दिखाया गया है। उनके संवादों से कथावस्तु का प्रसार होता है। इस पद्यात्मक नाटक का आरम्भ राजा पुरूरवा की राजधानी प्रतिष्ठानपुर के निकट पुष्पवाटिका में शुक्लपक्ष की रात्रि में सूत्रधार और नटी की आपसी बातचीत से होता है। अचानक आकाश से धरती पर सहजन्या, रम्भा आदि अप्सराओं का आगमन होता है। धरती पर उनके आगमन का कारण बताते हुए सूत्रधार कहता है कि—

जो कामना खींचकर नर को सुरपुर ले जाती है,
वही खींच लाती है मिट्टी पर अम्बरवालों को। (उर्वशी, पृ. 8)

नाट्यशास्त्र की शब्दावली में इस परिचयात्मक टिप्पणी को आमुख या प्रस्तावना कहा जाता है। सूत्रधार का कार्य वस्तु, बीज या पात्र की सूचना देना है।

अप्सराओं की बातचीत से यह पता चलता है कि उर्वशी और पुरूरवा के परस्पर-प्रेम की ज्वाला का 'ताप उभय दिक् सम है।' उस पुष्पवाटिका में उर्वशी भी आ गई है और वह प्रतिष्ठान की महारानी औशीनरी के वहाँ से जाने की प्रतीक्षा कर रही है, ताकि एकान्त होने पर वह अपने प्रियतम (पुरूरवा) से मुक्तभाव से मिल सके।

द्वितीय अंक में अपने पति की अन्य रमणी के प्रति अनुरक्ति देखकर महारानी औशीनरी को अपने मन की व्यथा निपुणिका आदि अपनी सखियों के समक्ष व्यक्त करते हुए दिखाया गया है। वह अपनी अन्तर्व्यथा और निस्सहायता को प्रकट करते हुए कहती है—

पति के सिवा योषिता का कोई आधार नहीं है।
जब तक है यह दशा, नारियाँ व्यथा कहाँ खोएँगी?
आँसू छिपा हँसेंगी, फिर हँसते-हँसते रोएँगी। (उर्वशी, पृ. 39)

औशीनरी यहाँ तक कहती है कि 'जीते जी यह मरण झेलने से अच्छा मरना है।' उसकी सखी निपुणिका उसको समझाते हुए कहती है कि एक वर्ष बाद पुरूरवा द्वारा नैमिषेय नामक यज्ञ होना है जो विवाहिता पत्नी के बिना सम्पन्न नहीं हो सकता। अत: उस यज्ञ की सफलता के लिए आपको जीवित रहना होगा। तब औशीनरी मर्माहत होकर उर्वशी को उन गणिकाओं में गिनती है जो 'पुरुषों को दे मोद प्राण वधुओं के ले लेती हैं।'

महारानी और उनकी सखियों की बातचीत के दौरान कंचुकी का नाटकीय ढंग से प्रवेश होता है और वह बताता है कि राजा पुरूरवा विहार के लिए गन्धमादन पर्वत पर सकुशल पहुँच गए हैं। सैनिकों के माध्यम से प्राप्त सन्देश के अनुसार वे वहाँ सकुशल हैं, लेकिन वहाँ भी उन्हें एक वंशधर पुत्र की चिन्ता सता रही है जिसे दूर करने के लिए रानी 'करती रहे प्रार्थना, त्रुटि हो नहीं धर्मसाधन में।' अपने बारे में राजा का कहना है कि—'जहाँ रहूँ, मैं भी रत हूँ ईश्वर के आराधन में।'

यह बात औशीनरी को मर्माहत कर देती है। वह व्यंग्यपूर्वक कहती है—

अप्सरा के साथ रमना ईश की आराधना है?
पुत्र पाने के लिए, बिहरा करें वे कुंज-वन में,
और मैं आराधना करती रहूँ सूने भवन में।
कितना विलक्षण न्याय है?
कोई न पास उपाय है? *(उर्वशी, पृ. 40)*

विडम्बना यह है कि हमारी परम्परा में पुरुष स्वच्छन्द हो सकता है लेकिन 'नारी! उठे जो हूक मन में जीभ पर लाओ नहीं।'

तीसरा अंक 'उर्वशी' काव्य की आत्मा है। इस अंक में उर्वशी और पुरूरवा का प्रेम अंगीकृत हो चुका है। 'उर्वशी' के प्रथम दो अंकों में प्रधान पात्रों उर्वशी और पुरूरवा का साक्षात् समावेश नहीं है। उनमें अन्य पात्रों के माध्यम से उनकी कथा का निरूपण किया गया है। तृतीय अंक में ये दोनों पात्र प्रत्यक्ष रूप से प्रकट होते हैं।

गन्धमादन पर्वत पर उन दोनों का विस्तृत संवाद है, जो 'उर्वशी' शीर्षक इस ग्रंथ में कुल 61 पृष्ठों में वर्णित है। संपूर्ण ग्रंथ 166 पृष्ठों का है, उनमें भी 28 पृष्ठों में चित्रादि हैं। यदि चित्रों को निकाल दिया जाए तो पाठ्य-सामग्री मात्र 138 पृष्ठों की है। इस प्रकार 'उर्वशी' के आधे भाग में उर्वशी और पुरूरवा का संवाद है। तीसरे अंक में उर्वशी 10 पृष्ठों (पृ. 77 से 86) तक लगातार बोलती चली गई है। यह दीर्घ-संवाद 'उर्वशी' के नाटकत्व पर सबसे बड़ा प्रश्नचिह्न है। लेकिन कविवर दिनकर के अनुसार इस ग्रंथ का प्रतिपाद्य दार्शनिक मन्थन इस बृहद् संवाद में ही निहित है। बहरहाल, प्रणयलीला के मध्य के इस बृहद् संवाद से युक्त 'उर्वशी' के तृतीय अंक में गति और क्रियाशीलता का अभाव है, जो सैद्धान्तिक रूप से किसी नाटक का प्राण-तत्त्व होता है।

चतुर्थ अंक में प्रासंगिक कथावस्तु का समावेश है। महर्षि च्यवन और उनकी पत्नी सुकन्या की कहानी के माध्यम से कवि ने अपना मन्तव्य प्रकट करने का प्रयास किया है—

प्रणयपाश में बँधे हुए भी जो निमिग्न मानस से
उसी महासुख की चोटी पर चढ़े हुए रहते हैं,

जहाँ योग योगी को, कवि को कविता ले जाती है।
और निरंजन की समाधि में उन्मीलित होने पर,
जिनके दृग दूषते नहीं अंजनवाली आँखों को।

सुकन्या ने ध्यानस्थ महर्षि का ध्यान अपनी ओर खींचा था। रूपवती युवती को अपने सामने देखकर उन्होंने क्रोधित होने की बजाय यह कहा कि-'डरो नहीं, यह तपोभंग च्युति नहीं, सिद्धि मेरी है।' 'हरि प्रसन्न यदि नहीं, सिद्धि बनकर तुम क्यों आई।' उनकी भावना के संदर्भ में चित्रलेखा कहती है—

नारी का पर्याय बताकर तप:सिद्धि भूमा का,
सचमुच, त्रियाजाति को ऋषि ने अद्‌भुत मान दिया है।

क्रोधी स्वभाव के होने के बावजूद महर्षि च्यवन नारियों के प्रति श्रद्धा और शिशुओं के प्रति वत्सलता का भाव रखते हैं। यही कारण है कि सुकन्या ने भी बड़े प्यार से उर्वशी द्वारा समर्पित पुत्र आयु को उसकी किशोरात्रस्था (16 वर्ष का होने) तक पाला। भरतमुनि के शाप के कारण उर्वशी पुत्र और पति दोनों का आनन्द एकसाथ नहीं ले सकती थी—'पुत्र और पति नहीं, पुत्र या केवल पति पाओगी।' वह अपने प्रिय पुत्र को सुकन्या के पास छोड़कर अपने प्रियतम के आलिंगन-पाश में बँधने चली गई—

दिन भर रहना संग-संग प्रियतम के, जहाँ रहें वे,
और बिता देना समग्र रजनी उस प्रणयकथा में
जिसका कहीं न आदि, न तो मध्यावसान होता है।

पुरूरवा और उर्वशी अपने को पुरुष और प्रकृति का रूप समझ चुके थे, इसलिए उसका परिणाम वैराग्य नहीं होना चाहिए था। वे दोनों उस महाशून्य की दशा में पहुँच चुके थे—

वहाँ जहाँ कैलास-प्रान्त में शिव प्रत्येक पुरुष है,
और शक्तिदायिनी शिवा प्रत्येक प्रणयिनी नारी।

यदि वह प्रणयकथा च्यवन-सुकन्या की प्रणयकथा की अनुकृति थी तब उर्वशी को पुरूरवा के लिए तप:सिद्धि समझा जाना चाहिए। ऐसी स्थिति में पुरूरवा को तपस्या की कोई आवश्यकता ही नहीं थी। उर्वशी पुरूरवा को छोड़ना नहीं चाहती है; वह 'निखिल जीवन का तार' उसी के साथ बाँधना चाहती है।

'उर्वशी' के पाँचवें अंक में यथेष्ट नाटकीयता है। प्रतिष्ठानपुर के राजप्रासाद में राजा पुरूरवा, उर्वशी, महामात्य, राजज्योतिषी, अन्य सभासद-गण और परिचारक-परिचारिकाएँ यथास्थान स्थित हैं। राजा चिन्तित दिखाई दे रहे हैं, इसलिए शेष सब मौन हैं। उस सन्नाटे को भंग करते हुए महामात्य चिन्ता का कारण पूछता है। वार्तालाप बड़ी स्वाभाविक धारा में प्रवाहित होता है। राजा अपने स्वप्न की चर्चा करता है कि प्रतिष्ठानपुर में वट के नए पौधे को सब सींच रहे हैं, उसकी ओर किसी

का ध्यान नहीं, वह कानन में कुंजर पर चढ़कर चला जाता है, कुंजर भी चोरी से निकल जाता है, भटकते-भटकते वह च्यवनाश्रम पहुँच जाता है। इतना सुनना था कि उर्वशी सहम उठती है। वह अपाला नामक परिचारिका से पानी माँगकर पीती है। स्वप्न की कथा आगे बढ़ती है। राजा च्यवनाश्रम में एक कुमार को प्रत्यंचा माँजते हुए देखता है। उर्वशी बुरे संयोग का स्मरण कर अपाला से और पानी लेकर पीती है। राजा कुमार को भेंट लेने को ज्योंही आगे बढ़ता है, सब अन्धकार में खो जाता है। राजा को उर्वशी का प्रसन्न आनन डाली-डाली में दृष्टिगोचर होता है। वह धरती छोड़कर आकाश में उड़ता रहता है। रात बीतती है और वह जागता है। विश्वमना ज्योतिषी गणना करके पुरूरवा का प्रव्रज्यायोग बताता है और सन्ध्या तक पुत्र को राजमुकुट पहनाकर राजा के प्रव्रजित होने की भविष्यवाणी करता है।

समस्या यह थी कि उनके पुत्र का जन्म तो अभी हुआ नहीं! यहाँ उर्वशी की प्रतिक्रिया देखने योग्य है। तभी ब्रह्मचारी के साथ सुकन्या च्यवनाश्रम पहुँचती है। वह ब्रह्मचारी कोई और नहीं, पुरूरवा और उर्वशी का पुत्र आयु है। पुरूरवा उसको सीने से लगा लेते हैं और उर्वशी से उसकी उत्पत्ति के विषय में पूछते हैं। तब उर्वशी उसको सोलह वर्ष पहले हुए पुत्रेष्टि-यज्ञ की घटना की याद दिलाती है, जब च्यवनाश्रम में उनके पुत्र आयु का जन्म हुआ था। इसके आगे का रहस्य बताने के पहले ही उर्वशी अदृश्य हो जाती है। राजा पुरूरवा व्याकुल होकर उसको ढूँढने लगते हैं। तभी नेपथ्य से आवाज आती है—

जहाँ त्रिया कामिनी नहीं, छाया है परम विभा की
जहाँ प्रेम कामना नहीं, प्रार्थना, निदिध्यासन है।

इस आवाहन को सुनकर पुरूरवा अपना मुकुट आयु के मस्तक पर धर देता है; और चन्द्रवंश की जय करते हुए निष्क्रमण कर जाता है। दूसरी ओर से महारानी औशीनरी प्रवेश करती हैं और राजमहिषी से राजमाता बनकर युवराज आयु को सीने से लगा लेती हैं।

उसके बाद औशीनरी को सुकन्या आश्वासन देती है कि 'वैराग्योन्मुख पुरुष' बँध नहीं सकता। औशीनरी को पछतावा है कि वह अपने प्रियतम (पति) को वह भावमय आहार नहीं दे सकी, जिसकी उसको तृष्णा थी—

रही समेटे अलंकार क्यों लज्जामयी वधू-सी?
बिखर पड़ी क्यों नहीं कुट्टमित, चकित, ललित, लीला में?
बरस गई क्यों नहीं घेर सारा अस्तित्व दयित का
मैं प्रसन्न, उद्दाम तरंगित, मदिर मेघमाला-सी?

प्रो. कामेश्वर शर्मा ने ठीक ही लिखा है—"दिनकर 'उर्वशी' में रंगीन शब्दों का मेला खड़ा कर देते हैं। उपमाओं, रूपकों और उत्पेक्षाओं के प्रवाह में वे बड़ा ही मोहक दृश्य उपस्थित कर देते हैं। बिम्ब पर बिम्ब, चित्र पर चित्र—नारी-देह

का चाक्षुष प्रतिरूप खड़ा करने में, रुधिर और त्वचा की शिंजिनी रूपायित करने में उनकी सरस्वती कहीं हाँफती नहीं, बल्कि उमग-उमग कर भाग लेती है। दिनकर वासनात्मक उद्वेगों की संमूर्तन-कला में दक्ष हैं। मानना होगा, रति-शमन का यह संमूर्तन हिन्दी में अद्वितीय है—मैं तुम्हारे रक्त के कण में समा कर प्रार्थना के गीत गाना चाहता हूँ।' और प्रगाढ़ रति का वह बिम्ब भी अपूर्व है—

और सिमटते ही कठोर बाँहों के आलिंगन में,
चटुल एक-पर-एक उष्ण ऊर्मियाँ तुम्हारे तन की
मुझमें कर संक्रमण प्राण उन्मत बना देती हैं।
कुसुमायित पर्वत समान तब लगी तुम्हारे तन से
मैं पुलकित-विह्वल, प्रसन्न-मूर्च्छित होने लगती हूँ।
कितना है आनन्द फेंक देने में स्वयं-स्वयं को
पर्वत की आसुरी शक्ति के आकुल आलोड़न में?

(उर्वशी', तृतीय सर्ग*)*

'उर्वशी' का यह तृतीय अंक जिसमें काम की गूढ़ता और व्यापकता के विविध अनेक-रंगी चित्र सोने के तार में मढ़कर उपस्थित किए गए हैं; स्वर्ग और मर्त्य, वास्तविकता और कल्पना, वेग और विराम के द्वन्द्र का अद्‌भुत गान है। यह कवि के प्राण भेद कर, उसका समग्र रस आत्मसात कर निकली हुई काव्यलता का सर्वाधिक कमनीय कुसुम है—रंगीन, मादक, शामक। यह कवि की विराट् शक्ति, आश्चर्यजनक संमूर्तन-कौशल और समाहित चित्त की समृद्धि का परिणाम है।"[2]

कुल मिलाकर, 'उर्वशी' शीर्षक काव्य-नाटक कवि की प्रतिभा और एक चिन्तक के प्रेमभाव के अर्थ, उद्‌देश्य और विस्तार के अन्वेषण की फल-सिद्धि है।

संदर्भ

1. दिनकर रचनावली, खंड 4, सं. डॉ. नन्दकिशोर नवल एवं तरुण कुमार, पृ. 392-393
2. कामेश्वर शर्मा, 'बोध और व्याख्या', पृ. 359-360

संदर्भ-ग्रंथ सूची

1. दिनकर रचनावली, खंड 1-14; सं. डॉ. नन्दकिशोर नवल एवं तरुण कुमार; लोकभारती प्रकाशन, प्रयागराज; 2011 ई.।
2. 'दिनकर : अर्धनारीश्वर कवि', डॉ. नन्दकिशोर नवल; राजकमल प्रकाशन, नई दिल्ली; 2013 ई.।
3. 'दिनकर : एक पुनर्मूल्यांकन', डॉ. विजेन्द्र नारायण सिंह; परिमल प्रकाशन, इलाहाबाद; 1965 ई.।
4. रामधारी सिंह दिनकर; डॉ. विजेन्द्र नारायण सिंह; साहित्य अकादेमी, नई दिल्ली; 2006 ई.।
5. 'राष्ट्रकवि दिनकर', सं. डॉ. गोपाल राय एवं सकलदेव शर्मा; ग्रंथ निकेतन, पटना; 1975 ई.।
6. दिनकर; संपादक : डॉ. सावित्री सिन्हा; राधाकृष्ण प्रकाशन, नई दिल्ली; तृतीय संस्करण, 1990 ई.।
7. रामधारी सिंह दिनकर : व्यक्तित्व और कृतित्व; डॉ. खगेन्द्र ठाकुर; प्रकाशन विभाग, भारत सरकार, नई दिल्ली; 2008 ई.।
8. रामधारी सिंह दिनकर रचना-संचयन; सं. डॉ. कुमार विमल; साहित्य अकादेमी, नई दिल्ली; 2008 ई.।
9. समीक्षा की समस्याएँ; मुक्तिबोध; राजकमल प्रकाशन, नई दिल्ली; द्वितीय संस्करण 1989 ई.।
10. कल्पना का उर्वशी विवाद; डॉ. गोपेश्वर सिंह; वाणी प्रकाशन, नई दिल्ली; 2010 ई.।
11. उर्वशी : उपलब्धि और सीमा; डॉ. विजेन्द्र नारायण सिंह; परिमल प्रकाशन, इलाहाबाद; 1967 ई.।
12. 'आज के लोकप्रिय हिन्दी कवि : रामधारी सिंह दिनकर'; मन्मथनाथ गुप्त; राजपाल एंड संस, दिल्ली; 1974 ई.।
13. 'दिनकर की साहित्य-साधना' संपादक : डॉ. सतीश कुमार राय; किताब पब्लिकेशन, मुजफ्फरपुर; 2008 ई.।

14. दिनकर : चिन्तन-अनुचिन्तन; संपादक : डॉ. सतीश कुमार राय; विद्यावती प्रकाशन, दिल्ली; 2009 ई.।

15. समय का सूर्य : रामधारी सिंह दिनकर', संपादक : दीपक प्रकाश त्यागी एवं राजेंद्र प्रसाद चतुर्वेदी; सृजन प्रकाशन, लखनऊ; 2009 ई.।

16. हिन्दी साहित्य कोश भाग 1-2, प्रधान संपादक : डॉ. धीरेन्द्र वर्मा; ज्ञानमंडल लि. वाराणसी

17. संचयिता (कविता संग्रह), रामधारी सिंह दिनकर; भारतीय ज्ञानपीठ, नई दिल्ली

18. जीवन के तत्त्व और काव्य के सिद्धान्त; डॉ. लक्ष्मीनारायण सुधांशु; ज्ञानपीठ प्राइवेट लिमिटेड, पटना; 1963 ई.।

19. दिनकर काव्य में युगचेतना; डॉ. पुष्पा ठक्कर; अरविन्द प्रकाशन, बंबई; 1986 ई.।